Ymdaflodd ar unwaith, wedi cyrraedd y Glais, i ganol y Mudiad Llafur yn y Cwm, a daeth yn fuan yn un o gapteiniaid y garfan eithafol. Ef oedd un o 'hoelion wyth' y Gwyliau Llafur ar y cyntaf o Fai. Pregethai Gomiwnyddiaeth yn y pulpud, ar lwyfannau neuadd ac ar gorneli stryd a'r meysydd. Ef oedd y siaradwr llithricaf ohonynt i gyd; yr oedd yn rhy lithrig. Nid oedd ball ar air; nid arhosai; nid ymbwyllai, ond ysgubai ni oddi ar ein traed â llif ei ymadroddion. Ei gamp ef oedd dangos yn effeithiol y gwahaniaeth rhwng tlodi'r werin a chyfoeth y cyfalafwyr, â'i gymariaethau clyfar, cyflym a chartrefol. Cymysgai hiwmor a gwawd. Gwisgai farf winau, bigfain; tei liwiog, bwfflaes a dillad amhulpudaidd, ac edrychai yn debycach i un o artistiaid tlawd y Rhanbarth Lladin ym Mharis nag i weinidog gyda'r Annibynwyr. Daeth Niclas y Glais yn arwr i ni.

Gwenallt

Shgwlwch 'ma nawr, yn ôl nodiade fy mam fan hyn nawr, do'dd fy nhad-cu ddim drost rhoi galwad i Niclas yn y lle cynta. O'dd e a rhai eraill o'r cryts ifenc yn credu bod y diaconiaid wedi bod yn fyrbwyll i dynnu rhywun o America heb i'r gynulleidfa ga'l cyfle i'w glywed e yn y pwlpud, nage fe. Ond fe gymeron nhw ato fe'n weddol glou, fel ma Mam yn gwued fan hyn: 'Mewn byr amser daethant i ddeall mai ochri gyda'r gweithiwr cyffredin oedd eu gweinidog newydd a'r ail reswm iddyn nhw dawelu a gorffen protestio oedd rhag ofn y bydden nhw mewn perygl o golli eu gwaith.' Fel 'na o'dd hi, ch'wel.

Eirian Rees

Perthynai ar y cychwyn i'r traddodiad Sosialaidd-Gristnogol moesol, i'r hwn y perthynai hefyd William Morris, Bruce Glasier, R. J. Derfel, Keir Hardie, Ramsay MacDonald a Philip Snowden. Wedi'r Rhyfel Mawr aeth i berthyn, yn allanol beth bynnag, i draddodiad Sosialaeth wyddonol-faterol Karl Marx, Engels, Lenin, a Stalin. Sosialaeth ddatblygiadol ydyw'r cyntaf. Sosialaeth chwyldroadol ydyw'r olaf.

Ithel Davies

Dyna'r tro cyntaf imi ei weld. Gwisgai siwt frith olau, tei bo a chap brethyn, neu gap stabal fel y galwem ef bryd hynny. Roedd mor fywiog ac egnïol â llawer un chwarter ei oed a'r peth cyntaf a'm trawodd i, beth bynnag, oedd cyfaredd ei lais ac eglurder llwyr ei leferydd. Nid oedd byth ar goll am air ac yr oedd rhyw naws atseiniol (os dyna'r gair iawn) yn ei lais na chlywais ei debyg na chynt na chwedyn.

D. Tecwyn Lloyd

Fe dderbyniodd fy nhad sawl llythyr wrth Niclas, wedi'u sgrifennu pan oedd yn ei henaint. Bydde fe'n cyfeirio ata i fel ei 'dywysoges' neu ei 'dylwythen fach deg'. Mae yna un frawddeg ddadlennol yn un o'r llythyre sy'n holi fy nhad a oedd ei fam wedi sôn wrtho erioed am 'y cyfnod pan ddaethom ni at ein gilydd'. Cyfeiriad, wrth gwrs, at yr hyn fydden ni'n ei alw heddiw yn *affair*. Na, sdim gwadu mai T. E. Nicholas, fel y bydde fy nhad yn ei alw, oedd tad fy nhad.

Simona Richards

Mae'n rhaid i mi ddweud fod ton o edmygedd pur yn golchi drosof wrth feddwl fod yr hen Niclas wedi glynu a glynu yn ddiollwng wrth y weledigaeth a roes iddo'r cyffro mawr 60 mlynedd ynghynt, ac er gwaetha'r holl brofedigaethau, a'r sen a'r dirmyg a'r siom a ddaeth i'w ran, yn arbennig o weld ei hen gymheiriaid yn ildio ac yn parchuso, yn cadw ei olygon i edrych yn loyw a diwyro i'r un cyfeiriad, o ddyfodol pell 'y dydd yn dod'.

Athro T. J. Morgan

Arwydd o gryfder a dewrder oedd medru dweud bod Niclas wedi tynnu eich dannedd. Fues i 'da fe droeon yn y sied fach ar waelod yr ardd. Islwyn drws nesa yn gwneud dannedd dodi a rhyw bregethwr neu fardd gwlad falle'n dal pen rheswm yno. Lle cul oedd y sied – neu syrjeri os mynnwch – gyda smotiau o waed yn frith ar hyd y murie! Chwiliai am y nodwydd mewn bag yn llawn trugaredde ac yn y diwedd arllwys y cyfan ar y bwrdd, a'r nesaf peth fe welech y nodwydd gam wedi'i throchi mewn cocên yn nesu at eich ceg mewn llaw grynedig. 'John Jones' fydde fe'n galw'r pinswrn a gafaelai yn y dant cyn iddo rewi, a dyna groes dynnu milain. Pan fyddwn yn mynd sha thre ar hyd rhiw Penglais dyna pryd fydde fy ngheg yn dechre rhewi!

Vernon Jones

Cofiaf iddo fod o gymorth i mi yn 1963 pan oedd CND am ddatgelu dogfennau cudd yn nodi fod gan y llywodraeth fyncers dwfn dan y ddaear i guddio ynddyn nhw adeg ymosodiad niwcliar. Roedd ganddo offer printio mewn sied yn yr ardd a dyna ble fuom ni'n dau wrthi ffwl pelt yn cynhyrchu cannoedd o gopïau i'w dosbarthu ledled Cymru. Er ei fod dros ei bedwar ugain roedd wrth ei fodd yn tanseilio'r gyfundrefn gyfalafol unwaith eto!

Deian Hopkin

Roedd yn gymwynaswr bob modfedd ohono, yn gadael ei dâl am bregethu'r Sul i'r gweinidog oedd yn ymladd â'i dlodi; yn anghofio danfon bil am y dannedd gosod a roes i ambell bererin, a phan euthum drwy bapurau Dewi Emrys drannoeth ei farw gwelais amryw amlenni yn cynnwys pwt o nodyn tebyg i hyn: 'Dyma bunt i ti – gofala ar ôl dy iechyd, da thi.'

Parch D. Jacob Davies

Crwtyn 11 oed oeddwn i. Etho i a 'nhad draw i gapel yr Annibynwyr yn Rhigos un nos Sul i wrando ar Niclas. Hywel Davey Williams, y Comiwnydd, oedd ysgrifennydd y capel ac ysgrifennydd cyfrinfa'r Rhigos yn ogystal. Roedd fy nhad wedi cefnu ar y capel ers meitin ond yn bartnars gyda Niclas. Nawr, 1957 oedd hi ac i Gomiwnydd roedd hynny'n golygu deugain mlynedd ers y Chwyldro yn Rwsia. Ein diddordeb ni oedd clywed beth fydde Niclas yn ei ddweud am Rwsia. Chawson ni ddim o'n siomi. Roedd Rwsia wedi anfon spwtnic i'r gofod i ddathlu. Ac ychydig cyn diwedd y bregeth dyma Niclas yn cymharu'r spwtnic i'r seren dros Bethlehem yn arwydd o amser gwell i ddod. Roedd fy nhad wedi'i blesio.

Dr Hywel Francis

Bydde fy mam-gu, Mari, bob amser yn dannod fy nhad-cu, Islwyn, a'i dad, o beidio â gwneud bywoliaeth go iawn o ddeintydda. Doedd yna fyth fawr o arian ar gael. Bydde pobol yn cnoco ar y drws bob amser o'r dydd. Bydde fy hen dad-cu yn codi o'i wely weithie i dynnu dant rhywun ac yn ffarwelio ag ef wedyn heb ofyn am dâl. Bydde hynny'n hala colled ar Mam-gu. Roedd yna rai pethe wedyn na fydde'n cael eu trafod yn y tŷ. Pe bai rhywun yn holi rhywbeth am y cyfnod y bu'r ddau yng ngharchar bydde Mam-gu yn rhoi taw ar y sgwrs.

Shan Simkins

Yr oedd iddo galon fawr, a thosturi'r galon honno a symbylodd ei holl lafur a'i weithgarwch amrywiol gydol ei oes faith. Etifeddodd gydymdeimlad tuag at y diymgeledd oddi wrth ei fam, a dysgodd garu, er yn gynnar, werin syml onest llethrau'r Preseli a ffieiddio pob gallu a dylanwad a'i gormesai a'i hamddifadai o fywyd llawn. Trwy 'lygad y drws' hwn yr edrychai Niclas ar y byd, a lledu ei dosturi i anwesu gwerinoedd daear. Cafodd ddysgeidiaeth y Proffwydi a'r Efengyl yn sail gadarn i'w genhadaeth.

Parch Jonathan E. Thomas

Yr oedd nodyn lleisiol T.E.N. mor 'wooing' ag ansawdd llais Elfed – ond arall hollol oedd y defnydd a wnâi efe o'i gyfaredd. Ei bwyslais ef ydoedd nad oedd unrhyw nefoedd ymlaen oni symudid anghyfiawnderau'r awrhon. A gyda gwatwar ysgafn a dychan effeithiol fe barai i'w wrandawyr synnu paham y dioddefent y fath dwpdra yn eu plith. Nis clywais erioed yn codi'i lais nac mewn pregeth na darlith; doedd dim angen iddo. Roedd y ffeithiau ar flaenau'i fysedd – a'i dafod, ac fe'ch cymhellai i chwerthin gydag ef am ben ffolinebau dynion.

Parch Gerallt Jones

A dweud y gwir dwi'n meddwl mai pregethwr ddylsen i fod wedi bod. Os byswn i wedi cael mwy o addysg. Cofiwch, wneuthum i ddim gweld na chlywed na chyfarfod fy nhad erioed. Mam wedodd wrtha i mai Niclas y Glais oedd fy nhad a bydde Data yn dweud wedyn, 'Trueni na fydde pen dy dad 'da ti' pan oeddwn i'n gwneud gwaith ysgol. Cofiwch, fydde neb arall yn dweud wrtha i pwy oedd fy nhad wedyn. Fydde'r plant ddim yn dweud dim byd.

Dewi John

Nid oedd yn feirniadol iawn ei hun o natur a chrefft llenyddiaeth; tueddodd i dderbyn safonau dirywiol y rhamantwyr adfeiliol. Ac o ganlyniad, llithrodd i gywair parod a llipa parlyriaeth Fictoriaidd. Er mwyn bod yn 'boblogaidd' (nod hollol angenrheidiol iddo yn boliticaidd, meddid, yn ogystal ag oherwydd y diogi arferol ymhlith y darllenwyr arwynebol) ymgroesoedd rhag ymgodymu o ddifri ag iaith a meddylwaith barddoniaeth. Benthyciai arddull yr hen ganu merfaidd a Cheiriogaidd ar gyfer canu i chwys y gweithiwr. Tipyn yn blentynnaidd oedd ei 'ddicter' weithiau.

Dr Athro R. M. (Bobi) Jones

Mi fyddai'n seiat ar ein haelwyd ni yn Nolau-las, Tanygrisia. Roedd fy nhad, Dafydd, yn bartnars mawr â Niclas. Yn y cwmni wedyn byddai J. O. Roberts, J. W. Jones (Johnny'r Bardd), Dafydd Felin-y-wig, Dafydd Canada, Jim Richards, Johnny Coparét ac eraill. Mi fydden nhw'n herio'r byd a'r betws. Llafnyn ifanc oeddwn i yn gwrando. Dwi'n cofio Niclas yn gwneud i mi yrru ei gar un prynhawn dros y Moelwyn er mwyn iddo fo gael mwynhau'r olygfa. Dwi'n ei gofio'n tynnu dannadd fy mam wedyn yn y sinc ac yn dod â dannadd gosod iddi mewn ychydig a'r rheiny'n para iddi weddill ei hoes. Cyrans a chaws oedd ei fwyd fel llysieuwr ond byddai'r daliwr sigaréts yn ei geg bron yn wastadol.

Gwilym Price

Byddai fy nhad yn ei yrru yn yr Austin A30 lliw hufen oedd ganddo i bregethu ar draws y sir ac ymhellach. Roedd y berthynas rhyngddyn nhw yn cael ei gydnabod yn lled agored, (hynny yw, Niclas oedd tad biolegol fy nhad) yn arbennig ar ôl i Mam-gu farw. Roedd Niclas yn un o tua dwsin o bregethwyr oedd yn cymryd rhan yn ei hangladd a barodd am yn agos i bedair awr. Roedd hi'n ddiacon yn Salem. Rhaid dweud ein bod ni fel teulu yn meddwl y byd o Niclas.

Gaenor Fenner

Fel Marcsydd, yr oedd ei farddoniaeth yn ddarostyngedig i'r frwydr broletaraidd dros ryddid ac o'r herwydd propaganda diamwys yw llawer o'i waith. Mae'n ofynnol cadw'r cyswllt hwn rhwng bywyd a chreadigrwydd Niclas mewn golwg yn barhaus. Gwahaniaetha oddi wrth T. Gwynn Jones a T. H. Parry-Williams am nad amlygir yn ei gerddi drwodd a thro mo'r gofal hunanfeirniadol hwnnw dros gymal a gair. Eilbeth oedd 'crefft' yn ei awydd i gyfathrebu. Ac yntau'n gwybod am eu grym cyfathrebol, defnyddiai benillion odledig yn aml a oedd yn 'canu' fel emynau.

Gerwyn Williams

Heb amheuaeth, roedd Nicholas ymhlith cymeriadau mwyaf lliwgar Cymru hanner cyntaf yr ugeinfed ganrif, yn fwy na dim oherwydd ei fywyd anarferol. Fe'i dadrithiwyd gan yr ILP ar ôl y Rhyfel Mawr oherwydd ei arafwch i gyflawni ei amcanion. Daeth yn aelod o'r Blaid Gomiwnyddol ac yn wrandawr ffyddlon i ddarllediadau 'Wncwl Jo' Stalin ar y radio. Roedd ei dderbyniad anfeirniadol o bolisïau Stalin a'i gyfareddu diweddarach gan Tsieina y Cadeirydd Mao yn dangos diniweidrwydd os nad *naiveté* ei wleidyddiaeth – credai y buasai'r Wtopia Sosialaidd yn un llwyrymwrthodol!

Dr Robert Pope

Darllenais y rhagair tanbaid yn awchus, gan feddwi ar y datganiadau pendant, digymrodedd. Darllenais y cerddi, a chael eu hysbryd chwyldroadol yn heintus. Dyma fardd gwahanol, bardd a oedd yn sgrifennu yn nauddegau a thridegau'r ugeinfed ganrif gydag ysbryd chwyldroadol mor wahanol i'r beirdd o'r un cyfnod yr oeddwn i yn gyfarwydd â nhw. Yn ei gerddi gwleidyddol mae'n bwrw ei lach ar gyfalafiaeth, hiliaeth a'r frenhiniaeth, ond ar ôl pob beirniadaeth mae ei obaith am ddyddiau gwell yn pefrio drwyddo, a'r sicrwydd y daw'r chwyldro o du'r gweithwyr yn ei gario tuag at y wawr nesaf.

Hywel Griffiths

Ond y mae ffydd Nicholas wedi ei gwreiddio yn y pen draw nid yn y gwerinoedd a dwyllwyd gan eu meistri nac yn y gwerinoedd a fyn eu twyllo eu hunain ond yn y Werin Greithiog a ddyrchafwyd ar y Groes i dderbyn y Frenhiniaeth.

Dr Pennar Davies

ar drywydd

Niclas y Glais

COMIWNYDD
RHONC A
CHRISTION
GLOYW

Cyflwynaf y gyfrol i ysbryd rhydd y Preseli

Ma whithryn bach o'r 'annibinieth barn'
In dala i lechu rhynt y weun a'r garn.

"Slawer Dydd' Wyn Owens
Y Patshyn Glas, Cyhoeddiadau Barddas 2005

ar drywydd

Niclas y Glais

COMIWNYDD
RHONC A
CHRISTION
GLOYW

Glais

Hefin Wyn

yLolfa

Argraffiad cyntaf: 2017

Dymuna'r cyhoeddwyr gydnabod cymorth ariannol
Cyngor Llyfrau Cymru

Llun y clawr: Glen George
Cynllun y clawr: Y Lolfa

Rhif Llyfr Rhyngwladol: 978 1 78461 414 0

Cyhoeddwyd, rhwymwyd ac argraffwyd yng Nghymru gan
Y Lolfa Cyf., Talybont, Ceredigion SY24 5HE
gwefan www.ylolfa.com
e-bost ylolfa@ylolfa.com
ffôn 01970 832 304
ffacs 832 782

Diolchiadau

MAE FY NYLED yn fawr i bawb sydd wedi caniatáu i mi eu dyfynnu yn y gyfrol, yn ogystal ag aml i unigolyn a'm rhoes ar ben fy ffordd. Rhaid diolch i Huw Walters am fy nghyfeirio at yr adroddiad rhyfedd hwnnw yn *The Cambrian* am ordeinio a sefydlu Niclas yn Llandeilo ac am aml i awgrym pellach. Dyna oedd dechrau'r daith gyffrous a'm harweiniodd at adroddiadau di-ri pellach ac at swmp o lythyrau personol o eiddo Niclas, sydd i'w gweld yn y Llyfrgell Genedlaethol, at gydnabod a gwleidyddion. Diolch i Robert Humphreys am wybodaeth a lluniau am gyfnod Niclas yn Wisconsin. Fe'm harbedodd rhag teithio ar draws yr Iwerydd. Elwais o wybodaeth arbenigol yr Athro E. Wyn James am ein hemynyddiaeth gynnar.

Yr un modd cefais gymorth gwerthfawr gan Heini Davies yn y Llyfrgell Genedlaethol yn yr un maes. Bu staff Archifdy Prifysgol Bangor bob amser yn serchog a chroesawus wrth fy nghynorthwyo. Cefais sawl cymwynas amhrisiadwy gan Gareth Jones a Gerwyn Jones wrth ddilyn yr achau. Diolch i Valmai Sandbrook, Mair Davies a Dafydd Jones am sawl awgrym gwerthfawr wrth chwilota. Yr un modd Hedd Ladd-Lewis, James Ashe a Tulley Potter.

Cafwyd croeso gan John Williams a John Rees pan ymwelwyd â chapel Seion, Y Glais. Gwerthfawrogaf hynawsedd yr hanesydd David W. Howell a'i barodrwydd i rannu gwybodaeth ar sail ei lyfryn gwerthfawr *Nicholas of Glais The People's Champion*. Cyfraniad y Parch Ddr Felix Aubel oedd dau bennill talcen slip y byddid yn eu canu adeg yr etholiad 'khaki' yn 1918 yn difrïo Niclas. Dyledus wyf i Tegwyn Jones am wybodaeth am ei ewythr, Dan Jones, Goginan, ac am fenthyca ei lyfr *Atgofion*

11

Llafurwr i Ieuenctid Cymru. Diolch hefyd i Aneurin Jones am ganiatâd i atgynhyrchu'r llun 'Y Tangnefeddwyr'.

Yn bennaf oll mae fy nyled yn fawr i Glen George, 'y gornai', am ei anogaeth a'i gefnogaeth gyson, ac am fenthyca lluniau o'i archif bersonol. Diolchaf am y cyfle i ailgydio mewn cyfeillgarwch ar ôl bwlch hirfaith. Cadwodd yntau gysylltiad clòs â'r hen ardal gydol ei alltudiaeth, gan anrhydeddu papur bro'r Preselau, *Clebran*, gyda'i golofn 'O'r Hen Ogledd' yn ystod y blynyddoedd diwethaf.

Yn olaf bu Gwasg y Lolfa'n ddigon graslon i ymgymryd â'r gwaith golygu. Pob clod i Meinir Wyn Edwards am ei hamynedd a'i harbenigedd.

Hefin Wyn
Hydref 2017

Cynnwys

Rhagair   15

Cyflwyniad   18

1   Twm Llety   25

2   Tomi Treherbert   48

3   Tomi'r Gwynfryn, Llandeilo a Dodgeville   59

4   Dyddiau'r Glais   77

5   Niclas a'r dwymyn gystadlu   94

6   'Sarah' Llechryd   107

7   Keir Hardie a'r *Pioneer*   125

8   Llangybi a chymhelri   143

9   Dal ati ffwl pelt   163

10   Stanton a'r etholiad   187

11   Tynnu dannedd   208

12   Tynnu blewyn o drwyn   219

13   Ymrafael â'r *Cymro*   243

14   Brixton a'r Prif Gwnstabl milain   268

15   Terfysgoedd yr awen   295

16   Chwifio'r *Faner* a'r llythyru gered   324

17   Awena, Evan a Dan   341

18   Crugiau Dwy, Rwsia a Phantycelyn   359

13

Cyhoeddiadau Niclas y Glais   392

Atodiad   393

Cymanfa Fawr Llafur yn Merthyr (1 Mai, 1911)   393
Anerchiad T. E. Nicholas, Glais

Amlinelliad o Bregeth Goffadwriaethol draddodwyd yn   399
Siloa, Aberdâr, nawn Sul, Hydref 10, 1915, gan
T. E. Nicholas, Llangybi. Luc xii 49:
"Mi a ddeuthum i fwrw tân ar y ddaear".

Teyrnged T. E. Nicholas i Keir Hardie   403
a gyhoeddwyd yn y Merthyr Pioneer (16 Hydref, 1915)

Llythyr Agored T. E. Nicholas at Syr Henry Jones a   406
gyhoeddwyd yn y Merthyr Pioneer (20 Tachwedd, 1915)

Dogfen y Swyddfa Gartref (45/263275/f428)   412
Cyfarfod etholiadol Aberaman 29 Medi, 1918

Dogfen y Swyddfa Gartref (45/263275/f.418)   416
Cyfarfod Aberpennar bnawn Sul 29 Medi, 1918

Helynt y Preselau   418
Llythyr yn Y Faner (27 Tachwedd, 1946)

Nodiadau   420

Llyfryddiaeth   430

Mynegai   432

Rhagair

PAN OEDDWN YN blentyn, roedd galw yn Elm Tree Avenue i weld Wncwl Tomi ac Anti Alys yn rhan annatod o bob siwrne i Aberystwyth. Roedd Niclas y Glais yn ewythr i Mam ac roedd ei fab, Islwyn, yn byw gerllaw. I grwt oedd yn ysu am gael tro ar y traeth, roedd yfed te mewn ystafell dywyll yn dipyn o dreth. Bob hyn a hyn, rhuthrai gŵr â llygaid direidus i'r tŷ ond ni fyddai'n hir cyn diflannu i'r gweithdy ar waelod yr ardd. Newidiodd y stori wedi i mi gyrraedd fy arddegau a chael cyfle i ddysgu mwy amdano a darllen ei waith.

Treuliais fwy o amser yn ei gwmni ar ddiwedd y chwedegau pan oeddwn yn fyfyriwr ym Manceinion ac yn dal trên i Aberystwyth o dro i dro. Wedi byw yn hen ddinas Frederick Engels am gyfnod roeddwn wedi mabwysiadu byd-olwg nid annhebyg i Niclas. Roedd yr ymgyrchoedd yn erbyn rhyfel Fietnam yn eu hanterth ar y pryd, a chwyldro Paris wrth y drws.

Wedi deugain mlynedd o alltudiaeth yn Ardal y Llynnoedd, gofynnodd Hefin Wyn i mi lunio pennod ar fy hen ewythr i'w chyhoeddi mewn cyfrol ar blwyf Mynachlog-ddu, *O'r Witwg i'r Wern* (2011). Yn y bennod honno, cynigiais werthfawrogiad o gerddi Niclas cyn sylwi bod ei feirniadaeth o'r drefn gyfalafol yr un mor berthnasol yn ein dyddiau ni.

Wedi cyhoeddi'r gyfrol, cytunasom fod bywyd a gwaith Niclas yn haeddu mwy o sylw. Felly, roeddwn yn falch o glywed bod Hefin wedi dechrau ar y gwaith o lunio cofiant. Nid ar chwarae bach oedd ymgymryd â thasg o'r fath gan fod Niclas yn gymeriad cymhleth a'i ddaliadau yn rhai dadleuol. Yn ei ddydd, roedd yn feirniad cyson o'r drefn gyfalafol a thaeogrwydd y Cymry, ond roedd ei gyfraniadau ar wasgar ac roedd yna brinder deunydd personol.

Ni phoenodd Niclas lunio hunangofiant, ond fe gyhoeddwyd casgliad o'i atgofion bore oes yng nghyfrol Eirwyn George, *Estyn yr Haul* (2000) a llyfryn Jâms Niclas, *Pan oeddwn grwt diniwed yn y wlad* (1979). Ar un adeg roedd yn fwriad gan Dylan Morris i gyhoeddi un os nad dwy gyfrol yn Saesneg ar yrfa wleidyddol Niclas. Ond bu farw'r hanesydd disglair o Fynytho, ac yntau ond yn ŵr ifanc, heb gwblhau'r dasg.

Syndod hefyd yw gweld mai prin iawn yw'r cyfeiriadau at Niclas mewn llyfrau Saesneg a gyhoeddwyd gan haneswyr y cyfnod. Yng nghofiant Caroline Benn i Keir Hardie, a gyhoeddwyd yn 1992, dim ond un cyfeiriad a geir at 'Nicholas, Revd T.E' ond y mae yna chwech at 'Nicholas II, Czar'!

Un edmygydd oedd yr hanesydd David Howells o Brifysgol Abertawe a oedd wedi cyhoeddi'r llyfryn *Nicholas of Glais: The People's Champion* yn 1991. Ehangder gweledigaeth Niclas oedd wedi ennyn edmygedd David ond, fel hanesydd trylwyr, yr oedd hefyd yn barod i gydnabod ei wendidau:

'If that vision could at times blind him, if in his detestation of capitalism he was simply incapable of conceiving that Socialism might sometimes be in the wrong and so conveniently chose to ignore its faults, yet we must admire him for adhering to the truth as he saw it, no matter what the cost in terms of personal standing among his fellows.'

Da, felly, gweld bod Hefin wedi ymdrechu i osod gyrfa Niclas yng nghyd-destun y traddodiad radicalaidd Cymraeg. Newyddiadurwr wrth reddf yw Hefin a buan y gwelais ei fod mor awyddus i dwrio ag unrhyw ddaeargi! Bob hyn a hyn medrais daflu llygedyn o olau ar ryw gysylltiad neu gyfnod arbennig, ond roedd yna hefyd ddeunydd a oedd yn gwbl newydd i mi.

Ym myd gwyddoniaeth, y cwestiwn cyntaf o ofynnir mewn arolwg yw 'Beth sydd yn newydd?' Brysiaf i sicrhau'r darpar ddarllenydd fod yna ddigon sy'n newydd yn y gyfrol hon. Cawn gipolwg ar fywyd personol Niclas trwy ddarllen dyfyniadau o lythyrau a oedd wedi mynd ar goll yn yr archif.

Prif nod Hefin oedd dinoethi'r dyn a'i gymhellion ac amlygu'r dylanwadau a lywiodd ei fywyd. Nid syndod, felly, gweld ei fod yn pwysleisio dylanwad nid yn unig y teulu, ond y gymdeithas wledig ar weledigaeth Niclas. Nid syniadau estron oedd yn ei gorddi ond gwerthoedd y gymdeithas wâr a oedd yn byw wrth odre'r Preselau ar ddiwedd y bedwaredd ganrif ar bymtheg.

Yn sicr nid oedd bod yn dawel yn rhan o gyfansoddiad Niclas, a da gweld bod Hefin wedi neilltuo digon o le yn y gyfrol i'r darllenydd 'glywed' ei lais. Dim ond yn y bennod olaf y mentrodd gynnig rhai sylwadau personol, ond nid cyn rhoi cyfle i eraill draethu barn.

Hyderaf y bydd cyhoeddi'r cofiant hwn yn fodd i genhedlaeth newydd o Gymry werthfawrogi cyfraniad y crwt anesmwyth o odre'r Preselau i hanes ein gwlad.

Glen George
Bowness-on-Windermere

Cyflwyniad

DARLUN SY'N DAL llygad ar bared llawer o aelwydydd y gwn i amdanyn nhw yw 'Y Tangnefeddwyr' o waith Aneurin Jones, yr arlunydd o Gwm Wysg ac Aberteifi. Mae'r triawd sydd wedi'u portreadu mewn pen ac inc yn hoelio sylw. Waldo Williams (1904–1971) yn sefyll ychydig o'r neilltu yn y tu blaen, er o fewn clyw, wedi ymgolli yn ei feddyliau. Wrth gwrs. D. J. Williams (1885–1970) a Niclas y Glais wedyn yn ddwfn mewn sgwrs. Y ddau'n parablu am y praffaf. Dychmygaf Defi John yn adrodd gydag afiaith holl helyntion John Jenkins, y *Cart and Horses* a Nwncwl Jams, Penrhiw, ynghyd â gweddill cymeriadau ei blentyndod yn Rhydcymerau, Dyffryn Tywi. Gwerthfawroga T. E. Nicholas y doniolwch.

'Y Tangnefeddwyr' gan Aneurin Jones. Niclas, D. J. a Waldo.

A phan gaiff yntau ei big i mewn, sonia'n huawdl am ormes y Frenhiniaeth a'r meistri glo ar y werin a'r colier, pŵr dab, ond gan bwysleisio bod yna ymwared trwy ffordd decach o lywodraethu wedi'i chlymu wrth athrawiaeth y gŵr o Nasareth, Iesu Grist; Robert Owen (1771–1858) ac R. J. Derfel (1824–1905), a'u tebyg. Fiw i'r naill na'r llall oedi i lyncu poeri os yw am barhau â'r llifeiriant.

Tri aristocrat o fath. Ond deillia eu dyheadau o'r pridd, a hwnnw'n bridd Cymru yn hytrach nag o gyfoeth bydol, boed yn aur Periw neu sidan Siám. Pledia'r tri ymlyniad at y cysyniad o heddychiaeth a threch cariad dros gasineb.

Rhy Waldo lonydd i'r ddau barablwr am getyn wrth i'w osgo a'i wynepryd awgrymu, 'Wir, gwrandewch arnyn nhw'll dou'. Hwyrach eu bod yn cymharu profiadau ieuenctid yn y gweithfeydd glo yng Nghwm Rhondda, a hynny tua'r un adeg, pan oedd yno fwrlwm byw a'r diwydiant ar ei anterth. Dengys y sbectols crwn a'r hat cantel llydan o eiddo D. J., a'r dici bo a'r cap stabal o eiddo Thomas Evan, y perthyn iddynt hwythau eu hosgo unigolyddol a'u hannibyniaeth barn hefyd.

Yn sicr, ni pherthyn i'r un o'r tri fymryn o swildod o ran eu hargyhoeddiadau. Carcharwyd hwynt ill tri yn eu tro, nid am droseddau aflan ond am weithredoedd cyfiawn. Gwelir gwên gyfeillgar a thosturiol ar wefusau'r tri. Ffrydia goleuni'r gweledydd o wyneb Waldo. Mae ef yno, yn gyfysgwydd â D. J., ac eto nid yw yno.

Euthum eisoes ar drywydd Waldo Williams ar gewn beic ac ar drên, gan gyfarfod â chydnabod iddo a roes i mi olwg newydd ar ei bersonoliaeth. Pwy oeddwn i i amau'r honiad y perthynai iddo nodweddion sant os taw dyna gasgliad y rhai hynny a'i hadwaenai'n dda? Ac ystyr sant, yn ôl dehongliad y Testament Newydd, yw rhywun a berthynai i'r Eglwys Fore. Doedd dim amheuaeth ynghylch buchedd Waldo, ym meddwl y Chwaer Bosco. A gwyddai'r Wyddeles honno yn dda am natur seintiau. Mynnai Wil Glynsaithmaen fod Waldo'n perthyn i ryw fyd arall a'i fod yn dod heibio i'n gweld bob hyn a hyn. Ac roedd Waldo a W. R. Evans (1910–1991) yn bartners. Oedd, roedd Waldo'n sicr yn ddyn a fyfyriai am faterion uwchlaw'r bydol.

Gwyddwn am radlonrwydd D. J. Williams ar gownt ei glasur o hunangofiant, *Hen Dŷ Ffarm*, a'i gyfresi o straeon am drigolion ei filltir sgwâr. Onid oeddem yn rhannu'r un math o gefndir gwledig? Wel, dywed fod Jac Abertegan yn gymeriad o'r un maintioli â Thwm Waunbwll a oedd yn rhan o chwedloniaeth lafar fy nghynefin innau. Medrem uniaethu â smaldod yr un siolyn o gymeriadau.

Bûm yn ei gwmni ar bererindod o amgylch ardal yr *Hen Wynebau* pan oeddwn yn grwt ysgol ar ddiwedd y 1960au. Tywysodd griw ohonom o amgylch mynwentydd Dyffryn Tywi gan ein gorfodi i ganu emynau pa gyfansoddwyr bynnag a orweddai yn y mynwentydd hynny. Parodd ei asbri gydol y dydd ac yntau'n hynafgwr, tra oeddem ninnau, llanciau a llancesi'r Chweched Dosbarth, wedi diffygio ymhell cyn machlud haul. Seriodd ei anwyldeb arnom y diwrnod hwnnw. Ni phylodd ei wên.

Am T. E. Nicholas wedyn, gwyddwn iddo gael ei fagu mewn tyddyn o'r enw Y Llety uwchben Pentregalar. Bu'r ddau ohonom yn ddisgyblion yn Ysgol Hermon ond o dan amgylchiadau go wahanol – yntau ar ddiwedd y bedwaredd ganrif ar bymtheg pan oedd yr ysgol newydd ei sefydlu. Ei brofiad oedd cael ei wawdio am ei fod, fel y gweddill o'r disgyblion, i bob pwrpas yn blentyn uniaith Gymraeg. Bûm innau yno yng nghanol yr ugeinfed ganrif pan nad oedd dim yn llyffetheirio'r defnydd o'r Gymraeg.

Fe'i cofiaf yn darlithio yn y Gymdeithas Ddiwylliadol yng Nghapel Hermon pan oeddwn yn fy arddegau cynnar. Ni chofiaf ei destun ac ni chofiaf gynnwys ei ddarlith. Ond cofiaf iddo adael argraff pe bai dim ond am ei wisg; y siwt a'r wasgod frethyn a'r dici bo. Cofiaf nad oedd pall ar ei leferydd chwaith er nad oedd ganddo bripsyn o nodyn o'i flaen. Llais melfedaidd gydag un frawddeg yn llifo i'r llall heb fawr ddim oedi.

Aflonyddai'r gwragedd ar ôl rhyw awr am eu bod yn awyddus i weini'r lluniaeth oedd wedi'i baratoi yn y festri. Doedd dim argoel fod Niclas yn tynnu at y terfyn. Roedd ganddo lond bocs o lyfrau a chawn yr argraff na fyddai'n tewi nes y byddai pob copa walltog oedd yno yn addo prynu copi. Nid wyf yn amau i'r gweinidog, y Parch W. J. Gruffydd (1916–2011), dorri ar ei draws ac awgrymu y câi barhau â'r ddarlith uwchben dishgled o de. Deil y copi o'r gyfrol *Rwy'n Gweld o Bell* gyda'i lofnod, a brynwyd gan fy rhieni'r noson honno, ar fy silff lyfrau.

Cofiaf amdano ym mhulpud Antioch, Crymych, ym mis Awst 1969, adeg dathlu 150 mlynedd sefydlu'r eglwys a minnau'n fyfyriwr prifysgol yn Aberystwyth erbyn hynny. Eisteddwn ar y galeri gan gynifer oedd y gynulleidfa. Roedd yn oedfa dwy bregeth. Rhagflaenwyd Niclas gan y Parch Eifion Lewis (1932–2013), gor-nai'r emynydd Elfed (1860–1953) a fu'n weinidog Tabernacl, King's Cross, Llundain, am dros ddeugain mlynedd. Un o blant Pen-y-groes, y fam eglwys, oedd Eifion tra oedd Niclas yn un o blant Antioch. Traethai'n glir ac yn loyw heb sgrapyn o bapur, yn ôl ei arfer, a hynny er ei fod ymron yn 90 oed. Safai ar ei draed yn y pulpud gan bregethu chwyldro. Doedd dim angen cyffyrddusrwydd cadair arno. Ni tharfwyd arno gan lesgedd. Tebyg na fyddai'n briodol annog chwyldro a chwithau ar eich eistedd.

Y tu ôl i mi ar y galeri eisteddai dwy glebren nodedig o bentref Hermon. Clywn Sal Pack a Keri Evans yn sibrwd yn uchel wrth fwrw llinyn mesur dros 'Twm Llety', fel yr adwaenen nhw'r pregethwr gwadd, canys roedd ei gwircs a'i ddatganiadau ysgubol yn gybyddus iddyn nhw. Mawr oedd eu disgwyliadau ac ni chawsant eu siomi. Gwyddent ei hanes a'i bedigri.

Doedd dim rhaid disgwyl yn hir i glywed y dweud ymfflamychol. 'Ein Tad...' o Weddi'r Arglwydd oedd y testun ac o fewn pum munud condemniwyd Winston Churchill (1874–1965) fel gŵr na fyddai'n dda gan Dduw mohono. Daeth y Frenhiniaeth dan ei lach. Condemniodd yr Arwisgo a gynhaliwyd fis ynghynt yng Nghaernarfon. Aeth ymdeimlad o anesmwythdra drwy'r gynulleidfa. 'Pa hawl sy gan hwn i'w alw ei hun yn dywysog?' holai. Nid gwrthwynebu'r achlysur am nad tywysog o waed Cymreig a urddid a wnâi Niclas. Byddai wedi gwrthwynebu urddo Cymro yn Dywysog Cymru hefyd am na fyddai hynny'n gydnaws â'i syniad o gymdeithas wâr a theg. Deisyfai chwalu'r rhagfuriau rhwng bonedd a gwreng. 'Na foed i chi dywysog arall o dan y ne,' taranai.

Doedd dim amau nad oedd Niclas y Glais o ddifrif ynghylch ei ddatganiadau, cymaint oedd ei daerineb wrth draethu. Sosialydd oedd Crist a sosialaidd fyddai ei deyrnas pan gâi ei sefydlu. I lanc ar ei brifiant rhoddai wedd o'r newydd ar natur Cymreictod. Yn fwy na hynny roedd y gŵr a arddelai'r safbwyntiau anghyffredin wedi datblygu'r egin syniadau hyn o fewn yr un dirwedd a oedd yn gyfarwydd i minnau. Nid dyma ddull arferol y gweinidogion y gwyddwn i amdanyn nhw o draethu. Doedden nhw ddim yn sôn am newid trefn cymdeithas nemor cyhoeddi barn Duw a melltith uffern a'i gadael hi ar hynny. Rhaid oedd holi ymhellach. Deuthum i ddeall na phregethodd 'Twm Llety' erioed heb fflangellu brenhiniaeth a chyfalafiaeth a rhyfel.

Cefais ar ddeall bod T. E. Nicholas wedi rhoi'r gorau i'r weinidogaeth lawn amser ers dros ddeugain mlynedd ond ei fod wedi dal ati i ddringo i bulpudau'r wlad yn gyson ers y cyfnod hwnnw. Roedd yn Gomiwnydd ac yn ddeintydd. Ystyriwyd ef yn ddyn annwyl a byrbwyll, yn danllyd ac aflonydd. Deallais ei fod yn fardd a gynhyrchai sonedau wrth y dwsinau. Doedd yr enw 'Twm Llety' ddim wedi glynu y tu hwnt i'w filltir sgwâr ond cydiodd 'Niclas y Glais' am mai yno yn y pentref glofaol yng Nghwm Tawe y bu ei weinidogaeth hiraf a mwyaf ffrwythlon o ddeng mlynedd. Ond wedyn bu farw yn 1971, ac ysbeidiol y clywn y sôn amdano ar ôl hynny. Clywswn iddo gael ei garcharu o dan amgylchiadau chwerthinllyd yn ystod yr Ail Ryfel Byd. Clywais sibrydion nad oedd yn brin o blant siawns chwaith.

Lloffais am wybodaeth mewn llyfrau o bryd i'w gilydd a chlustfeiniais ar ambell sgwrs. Deuthum i ddeall bod Niclas yn ddyn ots i'r cyffredin. Anodd oedd amgyffred ei ddoniau a'i gymhelliad ar adegau. Cafwyd awgrym bod ei gredoau mor gadarn â chernydd ei gynefin. Wedyn, ar hap, gyda throad y milflwyddiant, deuthum ar draws un o'm cyfoedion ysgol, wedi bwlch o dros ddeng mlynedd ar hugain. Treuliodd Glen George y rhan helaethaf o'i oes waith yn Ardal y Llynnoedd. Teg dweud ei fod yn y Chweched Dosbarth yn Ysgol y Preseli pan oeddwn i'n un o'r disgyblion iau. Ond roeddwn yn ei gofio yn rhannol am ei bod yn uchelgais gen innau hefyd, rywbryd, i gael gwisgo *blazer* ddu a bathodyn *Prefect* ar ei llabed.

A'r hyn a oedd yn arwyddocaol oedd ei fod yn or-nai i Niclas, neu 'Wncwl Tomi' fel y byddai'n cyfeirio ato. Ymfalchïai Glen yn hynny o beth. Onid oedd y lluniau o drigolion y Llety yn ei gartref yn Aber-cuch, lle treuliai ei wyliau, yn brawf digamsyniol o hynny? Ymfalchïai yn ei ach, a thraethai'n wybodus amdani. Er mai gwyddonydd oedd Glen doedd hynny ddim yn rhwystr iddo lunio erthygl swmpus am ei hen-wncwl, gan gyfeirio'n helaeth at ei farddoniaeth a'i wleidyddiaeth, ar gyfer llyfr cymunedol plwyf Mynachlog-ddu, *O'r Witwg i'r Wern*, a gyhoeddwyd yn 2011.

Roedd 'O werin Cymru y codais i' yn gyfuniad o anian yr ysgolhaig a chrebwyll y gwyddonydd wrth i'r Athro Swoleg draethu am Niclas fel dyn y ffiniau, yn llythrennol ac yn drosiadol. Pa ots os nad oedd Niclas erioed wedi ei uniaethu ei hun â phlwyf Mynachlog-ddu? Yffach gols! Roedd y Llety o fewn rhyw hanner milltir i'r ffin. Gwelid yr annedd a'i hanner can erw o diriogaeth o ben y clawdd ffin. Adwaenai'r teulu drigolion y plwyf cyfagos hyd yn oed os nad oedd gofynion addysg a chrefydd yn eu tywys i'w gyfeiriad. Y Frenni Fawr a'u hwynebai. Pentrefi Crymych a Hermon a'u denai. Wrth eu cefn y safai Fwêl Dyrch, Crugie Dwy, Crug yr Hwch, Carn Ferched, Carn Gyfrwy a Fwêl Drygarn a gweddill y Preselau.

Rhy werthfawr oedd yr erthygl i'w hepgor ar sail ychydig lathenni daearyddol y tu hwnt i'r ffin. Rhywbeth ar gyfer gweinyddwyr yw ffiniau nid ysbryd rhydd fel Twm Llety. O'r cydweithio tyfodd cyfeillgarwch o'r newydd. Meddai Glen ar lawer mwy o wybodaeth am ei wncwl na'r hyn a fedrai ei arllwys i'w erthygl. Roedd yn awyddus i'w rannu, a minnau'n awyddus i wrando a darganfod. Pan oedd yn fyfyriwr yn teithio 'nôl a mlân i Fanceinion, ar ddiwedd y 1960au, arferai Glen alw heibio Tom ac Alys, ac Islwyn, eu mab, ar aelwyd Glasynys yn Aberystwyth, yn gyson. Gwyddai am y ddeintyddfa ryfeddol honno yn yr ardd. Cyfarfu â llenorion eraill fyddai'n crynhoi yno fel petaen nhw'n galw heibio efail y gof neu weithdy'r crydd slawer dydd. Roedden nhw fel haid o bicwns yn seiadu.

Buan y penderfynwyd mynd ati i geisio creu darlun llawnach o'r gwron. Lluniwyd rhestr o bobl i'w holi. Tybed a fyddai gan Max Mosley, y cyn-reolwr ceir rasio Fformiwla 1, ryw wybodaeth am y cyfnod y bu ei dad, Oswald, y ffasgydd amlwg, mewn cell drws nesaf i Niclas yn Brixton? Wel, rhaid taenu'r rhwyd yn eang, gwlei. Cytunwyd y byddai'n rhaid ymweld â Chwm Tawe, Dyffryn Aman, Aberdâr, Dinas Mawddwy, Llangybi a Blaenau Ffestiniog a hyd yn oed tyrchu yn yr Archifdy Cenedlaethol yn Llundain i ganfod beth oedd gan MI5 i'w ddweud amdano.

Hwyrach y cawn weld y sonedau papur tŷ bach yn y Llyfrgell Genedlaethol. Yn wir, canfuwyd wedyn eu bod wedi'u digido bellach ac i'w gweld ar-lein. Ni ddiystyrwyd y posibilrwydd o ymweld â Dodgeville, Wisconsin, UDA, lle bu Niclas yn weinidog am flwyddyn fer. Mae'n siŵr y byddai rhywrai, rywle, yn ei gofio'n pregethu, areithio neu hyd yn oed wedi cael tynnu eu dannedd ganddo.

Ac oedd, roedd gen innau hefyd boster Cyngor y Celfyddydau ar wal fy ystafell yn y coleg o soned Niclas, 'Rwy'n gweld o bell y dydd yn dod... Er bod y niwl ar gymoedd dwfn yn cau / Mae pen y bryniau'n dechrau llawenhau', sydd yn ei thro yn taflu cis at emyn ei hen athro, Watcyn Wyn (1844–1905), yn Ysgol y Gwynfryn, Rhydaman.

Felly, bant â'r cart. Ond heb anghofio am ddechrau wrth ein traed.

1

Twm Llety

TYN AM I fyny yw hi ar hyd y chwarter milltir i'r Llety o'r ffordd fawr ym Mhentregalar, nid nepell o Grymych, i gyfeiriad Arberth. Prin fod y llecyn yn bentref oherwydd dim ond rhyw ddwsin o dai gwasgaredig sydd rhwng y ddau arwydd a ddynoda'r enw, a hynny heb na siop na thafarn nac ysgol na chapel yn eu plith. Ond nid felly oedd hi erioed. Yn ystod y rhan helaethaf o'r bedwaredd ganrif ar bymtheg, cyn dyfodiad y rheilffyrdd, arferai'r Goets Fawr oedi yn Nhafarn Tŷ Mawr ar y sgwâr, sydd heddiw yn dŷ ffarm. Byddai rhaid newid ceffylau. Byddai yno brysurdeb a thipyn o fynd a dod. Cynigid lluniaeth a diod, a diau byddai newyddion a swae pell ac agos yn cael eu cyfnewid. Cynigid llety dros nos. Sdim dowt y byddai ambell berson mwy lliwgar na'i gilydd yn sefyll yno.

Tebyg y byddai'r Niclas ifanc yn gyfarwydd â'r hanes am Gabriel Davies, mab y Beni Iet-wen enwog o San Clêr, yn cael ei hebrwng o'r dafarn, rywbryd ym mis Tachwedd 1847, am ei fod yn dreth ar amynedd pawb ac wedi hen ddihysbyddu ei groeso. Tebyg i ddyn fydd ei lwdn, medden nhw, ac roedd Gabriel yn gymaint o gledrwr â'i dad. Yn wir, dyna oedd gwir fyrdwn y pedler nwyddau dwy ar hugain oed yn yr ardal; ei fwriad oedd ffusto Twm Carnabwth er mwyn profi unwaith ac am byth p'un ohonyn nhw oedd y cledrwr penna'r ochr hon i Gaerfyrddin.

Dim ond tair blynedd cyn i Twm Llety weld olau dydd y claddwyd Thomas Rees, Carnabwth (1806–1876). Byddai'r bychan yn gyfarwydd â'r straeon amdano ac am ei ran yn

arwain y fintai i chwalu tollborth Efail-wen yn rhacs jibidêrs
yn 1839, a hynny, hyd yn oed, pe na bai pawb yn sôn am yr
'arwr' mewn termau clodforus. Doedd yna ddim dirnadaeth
o arwyddocâd hanesyddol gweithred gyntaf Merched Beca
ar y pryd. Wedi'r cyfan roedd yna ochr ddishmol i gymeriad
Twm ar gownt ei erwinder a'i natur figitlyd. Dyna pam roedd
Gabriel am dynnu blewyn neu ddau o'i drwyn a phrofi bod yna
bencampwr pen ffeiriau newydd yn y fro rhwng Tywi, Taf a
Chleddau Ddu.

Cymaint oedd cynddaredd Ebenezer Davies, tafarnwr Tŷ
Mawr, tuag at Gabriel Davies nes iddo gynnig galwyn o gwrw
i Twm Carnabwth pe bai'n rhoi crasfa iddo. Fe'i cynghorodd i
fynd i dafarn cyfagos Stambar, rhyw filltir i'r de i gyfeiriad Efail-
wen, lle'r oedd Gabriel wedi ymgartrefu ers cael ei hebrwng o
Bentregalar. Fu Twm fawr o dro cyn cyrraedd Stambar a bwrw
ati i geisio codi cynnen gyda'r llanc ifanc nad oedd fawr hŷn
na hanner ei oed yntau; os oedd oed Twm wedi'i nodi'n gywir
ar Gyfrifiad 1851, yna roedd yn 39 yn 1847. Ond thyciai hynny
ddim ar y pryd. Roedd Gabriel yn ddigon cyfrwys i gadw ei
ben. Canmolodd gampau Twm gan gynnwys, mae'n siŵr, ei ran
yn arwain Merched Beca wyth mlynedd ynghynt ac yntau heb
gael ei ddal gan yr awdurdodau na'i fradychu gan y werin bobl.
Talodd am ddiod iddo. Ond ni feiriolodd Twm yn ei agwedd.
Fe'i sbardunwyd gan yr addewid o alwyn o gwrw. Pentyrrodd
lysnafedd geiriol ar ben y llanc gan ei ddilorni i'r fath raddau
nes yn y diwedd aeth yn sgarmes waedlyd rhyngddynt.

Roedd y llaw uchaf gan Gabriel, nid yn unig ar gownt ei
oed ond am ei fod wedi arllwys y rhan fwyaf o'r ddablen a
rannwyd i'r sodren yn ddiarwybod i Twm. Tra cadwodd y gŵr
ifanc ei sobrwydd, prin y medrai Twm sefyll ar ei draed pan
aeth yn fater o ddyrnau a doedd ei brofiad helaeth o fawr ddim
cymorth iddo bellach. Cofier bod Gabriel wedi torri ei fys yr
uwd â bwyell i wneud yn siŵr na fedrai dynnu clicied gwn pe
bai, yn ei fedd-dod, yn cael ei recriwtio i fod yn sowldiwr. Ond
doedd hynny ddim yn amharu ar ei nerth.

Y canlyniad fu i Twm golli ei olwg mewn un llygad ac iddo

gael ei gario adref ar draws gwlad y tu hwnt i Fynachlog-
ddu yn hanner celain i Garnabwth i lyfu ei friwiau. Tebyg
nad oedd Gabriel chwaith yn amddifad o olion yr ymrafael,
a hynny'n ddigon i Twm hawlio na chafodd ei drechu a'i fod
yn llawn haeddiannol o gyfran, os nad y cyfan, o'r alwyn o
gwrw a addawyd iddo yn Nhŷ Mawr, neu'r Union fel y'i gelwid
weithiau.

Ond nid blagardiaeth o'r fath a gwrhydri, os gwrhydri hefyd,
ymhlith gwerin dlawd ei gynefin fyddai'r dylanwad pennaf ar
y Niclas ifanc. Byddai wedi clywed hanesion am dafarnwr
blaenorol Tŷ Mawr. Pe dychwelai heddiw fe welai faen coffa
i Jams Dafi (1758–1844), a'r geiriau 'Oracl ei ardal' arni, wrth
ymyl y ffordd gyferbyn â'r hen dafarn. Mae'r fro yn nodedig am
godi meini o'r fath er nad oes yna'r un i Twm Carnabwth eto
chwaith, nac i Niclas y Glais o ran hynny.

Teilyngodd James Davies gofiant gan Clwydwenfro, neu'r
Parch J. Lloyd James (1835–1919), brodor o'r ardal, a fu'n
weinidog gyda'r Annibynwyr yn Swydd Caerloyw a Swydd
Caergrawnt yn ystod ei yrfa. Cyhoeddwyd y cofiant yn 1901
a hawdd credu y byddai copi ar aelwyd y Llety. Pedair ceiniog
oedd pris y llyfr 80 tudalen. Ni allaf wneud yn well na dyfynnu
rhan o'r geirda a roddir i'r gwrthrych:

> Roedd Jams Dafi yn dafarnwr, yn ysgolhaig, yn henuriad yng
> Nglandŵr, yn bregethwr cynorthwyol, yn brydydd, yn llenor ac yn
> un yr edrychid i fyny arno gan bawb. Ato ef yr elai yr ardalwyr am
> gytundebau ysgrifenedig, amodau arwerthiannau, archwiliad a
> phenderfyniad cyfrifon ac arolygiad ymdrafodaethau.[1]

'Oracl ei fro' yn wir. Ac nid dyna'r cwbl y gellir ei ddweud
amdano. Mae'n debyg mai ef yn anad neb fu'n gyfrifol am
drefnu ac arolygu'r gwaith o dorri ffordd o Aberteifi i Arberth
ar ddechrau'r bedwaredd ganrif ar bymtheg. Gwnâi hynny
deithio'n dipyn haws i drigolion yr ardal. Cart yn cael ei dynnu
gan ychen oedd hi cynt ar draws tir anwastad, a'r echelau yn
suddo a hollti byth a hefyd. Cymaint haws oedd tramwyo ar hyd

27

ffordd led wastad gyda cheffylau'n tynnu'r ceirt. Nid rhyfedd i Jams Dafi fanteisio ar y cyfle i droi ei ffermdy yn dafarn ar gyfer derbyn teithwyr y goets fawr a'u lletya.

Ond nid tafarn ar gyfer cyfeddach oedd yr Union. Yn wir, sefydlodd Jams Dafi Ysgol Sul yno a chynhelid cyrddau gweddi a chyfarfodydd defosiynol yno'n gyson, a hynny ar gyfer gwragedd oedrannus y fro yn bennaf. Roedd un o bregethau'r tafarnwr yn taranu yn erbyn 'Drygau Meddwdod' yn seiliedig ar adnod yn Llyfr yr Ephesiaid, 'Ac na feddwer chwi gan win, yn yr hyn y mae gormodedd'. Hawdd deall na fyddai'r gwrda syber, ac yntau'n 78 oed, wedi croesawu chwalu tollborth Efail-wen gerllaw yng ngwanwyn 1839, a hynny er garwed cyflwr y ffordd ac er y caledi a wynebai'r ffermwyr wrth dalu tollau afresymol.

Ond, wedyn, mae'n rhaid mai buchedd gwŷr fel Jams Dafi elai â bryd teulu'r Llety ar yr aelwyd gyda'r nos yn wythdegau'r ganrif wrth sgwrsio yng ngolau'r shime lwfer, yn hytrach na hanesion am rialtwch ffeiriau a champau cledrwyr fel Thomas Rees, Carnabwth. Gwrandewch ar dystiolaeth Niclas ei hun ynghylch sut fydde hi ar yr aelwyd:

> Darllenai fy nhad bregethau J. R. ac adroddai imi ddarnau o farddoniaeth. Cofiaf hyd y dydd heddiw y farddoniaeth gyntaf a glywais – caneuon Mynyddog ac 'Yr Eneth Ddall' gan Ceiriog. Hyd ddiwedd ei oes bu fy nhad yn ddarllenwr mawr. Hyfryd meddwl am hirnosau gaeaf, tân mawn ar y llawr, a golau go wan gan y gannwyll neu'r lamp fach agored, heb wydr arni. Sŵn gwynt a storm y tu allan a ninnau wrth y tân yn gwrando. Deuai'r *Faner* unwaith yr wythnos, a noson fawr oedd honno. Siaradai fy nhad am Thomas Gee fel pe bai yn ei nabod.
>
> *Cyfaill yr Aelwyd* hefyd, deuai hwnnw ar fenthyg o rywle, a rhyw nofel ynddo o wythnos i wythnos. Cyfieithiad ydoedd o un o nofelau Jules Verne os cofiaf yn iawn. Yr oedd barddoniaeth a thribannau yn y cyhoeddiad hwnnw hefyd. Ond penllanw'r darllen oedd pregethau J. R. Yr oedd gan fy nhad hen gyfrol o bregethau wedi datod oddi wrth ei gilydd. Rhoddai'r dail yn ofalus yn eu lle a'u clymu'n daclus. A gwyliem ni'r ddefod o ddatod y cortyn

a gosod y dail rhydd ar y bwrdd yn barod ar gyfer y darllen.
Wedi gorffen, clymid y cwbl yn ofalus a rhoddi'r llyfr o'r neilltu.
Weithiau byddem ni blant yn agor y cortyn, a darllen dipyn,
heb fod yn rhy ofalus i roddi'r dail yn ôl yn eu lle iawn. Yr oedd
cyffwrdd â'r llyfr hwnnw fel cyffwrdd â rhywbeth sanctaidd. Ni
welais fy nhad yn colli ei dymer erioed. Ni chodai ei lais, ac ni
chynhyrfid ef gan bethau mân y byd.[2]

Dyna ddarlun hyfryd o'r hyn a ddigwyddai ar aelwyd
garuaidd y Llety o'r darn o hunangofiant a gyfansoddwyd
gan Niclas am ddyddiau mebyd. Roedd sylw i dduwioldeb yn
ennill y blaen ar sylw i flagardiaeth. Roedd gan y tad dri brawd
hŷn, Dan, Caleb a William, a oedd, fel eu tad, yn faswniaid
ac wedi'u magu yng nghyffiniau Eglwyswrw. William oedd
tad-cu yr emynydd, W. Rhys Nicholas. Cafodd rhannau o'r
hunangofiant ei gyhoeddi mewn cyfrol o'r enw *Estyn yr Haul*
a olygwyd gan Eirwyn George. Mae'r gwreiddiol yn Archifdy
Prifysgol Bangor.

Pwy felly oedd ar yr aelwyd honno liw nos yng ngolau
egwan y gannwyll? Yn ffodus, mae yna lun o'r teulu cyfan ar
gael. Tebyg iddo gael ei dynnu pan oedd Niclas naill ai'n dal yn
weinidog yn y Glais, yng Nghwm Tawe, neu newydd symud i
Langybi ger Tregaron, am fod ganddo lai o wallt ar ei dalcen
nag sydd yn y llun ohono pan oedd yn ei ofalaeth gyntaf yn
Horeb, Llandeilo. Serch hynny, nid yw'n gwisgo tei bo ac mae
ganddo locsyn cyflawn am ei ên yn hytrach na'r fwstashen
honno a ddaeth yn adnabyddus yn ddiweddarach. Ta waeth,
roedd y teulu cyfan, fel yr oedden nhw pan oedd y tri brawd, eu
dwy chwaer a'u hanner chwaer yn blantos yn yr 1880au, wedi
dod at ei gilydd i gael eu llun wedi'i dynnu.

Yr hanner chwaer oedd Anna (1867–1939), plentyn
Elizabeth Thomas (1844–1937) o'i phriodas gyntaf. Bu farw
ei gŵr, Tomos, yn 34 oed yn 1870, yn ogystal â rhoces pedwar
mis oed, Mary. Bu Bet yn amaethu yn y Llety ar ei phen ei hun
fel gwraig weddw am gyfnod. Wedi iddi briodi Dafi Nicholas
(1844–1928) yn gynnar yn 1872 cafwyd pump o blant o'r

uniad – Sarah (1874–1967), David (1875–1942), William (1876–1915), Hannah (1878–1961), a Tomi (1879–1971), y cyw melyn olaf. Dywedir bod William yn hoff o farddoni a pha ryfedd hynny o ystyried yr holl farddoniaeth a glywyd ar yr aelwyd o gofio am yr holl gylchgronau a ddarllenid. Wele driban o'i eiddo:

Tri pheth wna im gwynfannu –
Gweld gwallt fy nhad yn gwynnu,
Y rhew yn oer a'r eira'n drwch
Ar Grug yr Hwch yn llechu.

A dyma englyn o'i eiddo i'r 'Awyren':

Taer ei llam uwch tir a lli, – pwerus
        Yw'r peiriant llawn egni;
    Yn uchel af o'i chael hi,
    Hofrannaf uwchlaw'r Frenni.

Tystiai Daniel John, Waunfelen, gerllaw, mai William ddysgodd iddo gynganeddu. Y Parch D. J. Davies (Daniel Wyn o Ddyfed, 1885–1970), Capel Als, Llanelli, wedyn, enillodd Gadair Eisteddfod Genedlaethol Aberafan 1932 am awdl ar y testun 'Mam' ac yntau wedi colli ei fam ei hun pan oedd yn ddeunaw oed. Roedd dipyn yn iau pan gollodd ei dad mewn damwain rheilffordd ym Moncath. Un o atgofion cynharaf Niclas oedd cwato o dan glawdd y Llety yn gwylio angladd tad ei gyfaill yn mynd ar hyd y briffordd obry i fynwent Glandŵr. Cario'r elor a wnaed yn y dyddiau hynny. Collodd D. J. ei ddau frawd hefyd yn fuan wedi colli ei fam a chafodd ymgeledd ar aelwyd y Llety am gyfnod wedi hynny cyn iddo ymgartrefu gyda'i fodryb ar ffarm Aberdyfnant, Llanfyrnach. Roedd yno gefnderwyr o gyffelyb anian, sef Curig a Tegryn, a buont ill dau yn weinidogion amlwg.

Bu farw William Llety yn ŵr ifanc 39 oed ym mis Medi 1915. Roedd wedi'i godi'n flaenor yn Antioch flwyddyn ynghynt.

Arwydd o galedi'r cyfnod oedd y ffaith mai ar y diwrnod y ganwyd Tomi, ar Hydref 6, 1879, y dechreuodd y tad gynaeafu cyn arwed y bu'r haf hwnnw; brwyn, eithin, grug ac ysgall a dyfai ar y rhan helaethaf o'r tir llwm. Fyddai'r tad fyth yn talu rhent nes y câi orchymyn llys, a hynny'n rhannol oherwydd ei bod hi mor fain arno'n ariannol ac yn rhannol fel protest yn erbyn y drefn landlordiaeth y daethai i gredu, ar sail ei ddarllen, ei bod yn drefn felltigedig.

David, neu Dafi, wedyn oedd tad-cu Glen George a oedd erbyn hynny'n cadw siop a gweithdy teilwriaid ym mhentref Boncath, rhwng Crymych ac Aberteifi. Gyda llaw, cred Glen i'r llun gael ei dynnu yn 1915 ychydig fisoedd cyn colli William. Byddai'r ddau riant yn 71 oed y flwyddyn honno. Yn ôl pob tebyg, tynnwyd y llun y tu fas i Frynceirios, y cartref roedd Dafi Niclas, gyda chymorth tylwyth o faswniaid, wedi ei godi ar gyfer ei deulu wrth ymyl y ffordd fawr ryw dafliad carreg go nerthol islaw'r Llety. Byddai'r flwyddyn fer a dreuliodd yn weinidog yn Wisconsin, a'r cyfnod yn y Glais y tu ôl i Tomi erbyn hynny, er nid yn angof, ac yntau'n profi'n ddraenen ddolurus yn ystlys yr awdurdodau o'i ofalaeth yn Llangybi a Llanddewi, Sir Aberteifi.

Clywsom eisoes am hynawsedd Dafi'r penteulu na fyddai fyth yn codi'i lais, yn ôl ei fab ieuengaf, ond beth am natur cymeriad y fam, Bet, neu Elizabeth? Edrydd Niclas amdani hithe hefyd:

> Yr oedd fy mam yn wahanol. Tymer wyllt oedd ganddi hi, ateb parod, ac ateb go ddeifiol hefyd ambell dro. Er bod y byd yn o dlawd arnom pan oeddem yn blant, llwyddodd fy mam i estyn llawer o gynhorthwy i rai oedd yn dlotach na hi. Hen wragedd ar y plwyf, yn derbyn rhyw ddeunaw'r wythnos, ati hi y deuent bob amser. Ni bu prinder llaeth a menyn a chaws ar fyrddau'r bobl dlawd a oedd yn byw yn agos iddi. Yr oedd yn hollol ddibris o bethau'r byd hwn, ac ni flinid hi gan brinder pethau materol. Ni ddaeth ofn mynd yn dlawd i'w meddwl erioed.[3]

Ategir y darlun hwn o'i rieni ymhellach ynghyd â

dadansoddiad o'u dylanwad arno mewn llythyr a anfonodd at Awena Rhun ym Mlaenau Ffestiniog ym mis Ionawr 1942:

> Yr oedd fy mam yn ddynes garedig dros ben, yn rhannu'r tamaid diwethaf â phawb pan oedd tameidiau yn brin, ac yn ddynes heb ofn neb. Yr oedd ei thafod fel nodwydd a'i hateb parod yn ddihareb yn y wlad. Yr oedd yn llawn hiwmor a thynnu coes, ac wedi pasio ei phedwar ugain a deg; cefais lawer o ddifyrwch wrth ei chlywed yn poeni bechgyn a genethod ar bwnc y caru. Yr oedd ei meddwl fel fflam dân. A fy nhad mor dawel a thyner ac amyneddgar. Os cai lyfr newydd yn fenthyg, nid oedd gwaith na phrysurdeb yn cyfrif dim. Ni welais ef erioed yn colli ei dymer am ddim byd nac at neb. Pam wyf yn dweud hyn wrthych? I ddangos fod gwrthryfelwr yn cael ei eni, fel bardd. Credaf i galedi'r dyddiau hynny effeithio ar fy holl bersonoliaeth. Fe'm crewyd a chasineb tuag at orthrymder ac ysbail yn fy esgyrn a'm mêr.
>
> Etifeddais lawer o bethau oddi wrth fy mam, dibristod llwyr o bethau'r byd hwn, a rhyw wroldeb sydd yn ddall i ganlyniadau geiriau a gweithredoedd, a thymeredd danllyd a thafod miniog hefyd, ac yn fwy na dim, ffydd diderfyn mewn dynion. Daeth i mi oddi wrth fy nhad gariad at lyfrau, a rhyw fath o amynedd di-ben-draw i gymryd trafferth gyda ffyliaid sy'n araf iawn i weld pethau. Ni bu dau yn taro ei gilydd yn well erioed na'm tad a'm mam... eu creadigaeth hwy ydwyf fi, a chreadigaeth amodau caled bywyd ar hynny o bryd. A minnau yw'r canlyniad trychinebus! 'Ydwyf yr hyn ydwyf' am eu bod hwy y peth oeddynt, ac am fod amodau eu bywyd yr hyn oeddynt hefyd.[4]

Cred Glen fod y darlun a dynnir, a'r dadansoddiad a gynigir gan Niclas o'i rieni, yn brawf pendant fod y mab yntau wedi etifeddu dogn go dda o'u nodweddion, dogn helaethach o nodweddion ei fam hwyrach nag o eiddo ei dad.

"Y cof sydd gen i ohono yw ei fod bob amser yn fishi, ar frys i gyflawni hyn a'r llall ac yn aflonydd yn hynny o beth," meddai'r gor-nai.

"Prin amser i ishte lawr i fwyta pryd o fwyd pan fyddwn i'n galw yn y cartref yng Nglasynys yn Aberystwyth. A bydde ganddo atebion parod a ffraeth i aml i ddatganiad neu safbwynt nad oedd yn cytuno ag e. Doedd dim angen iddo fynd i ddadle ynghylch unrhyw fater. Roedd y sylw byr a bachog yn ben ar y mwdwl. Ond roedd yna addfwynder a theimladrwydd yno hefyd. Doedd ei anfodlonrwydd a'i rwystredigaeth ynghylch cyflwr y byd ddim yn troi'n gynddaredd, er y byddai'n ei dweud hi'n go hallt am y teulu brenhinol a'r dosbarth breiniol bob amser, wrth gwrs."

O'r aelwyd gymharol dlawd honno yn faterol ond cyfoethog ei diwylliant a'i gwedd grefyddol, uwchben Pentregalar, yr âi Thomas Evan i'r ysgol ddyddiol ym mhentre Hermon. Codwyd yr ysgol yn 1878 ar ôl iddi gael ei chynnal yn festri Capel Hermon yn ystod y saith mlynedd blaenorol yn dilyn llunio Deddf Addysg 1870, deddf a oedd yn caniatáu sefydlu byrddau ysgol ynghyd â chynnig grant i dalu am hanner y gost o godi adeilad. Ni chodwyd ysgol yng Nghrymych tan 1923, neu mae'n siŵr y byddai Twm Llety wedi tramwyo'r siwrne ddyddiol fyrrach a chymharol wastad i'r pentref cyfagos. Mae'n rhaid bod ganddo yntau, a phlant eraill yr ucheldir, eu llwybrau tarw ar draws perci i dorri'r siwrnai o dair milltir i Hermon.

Gŵr o Ddinbych, Robert Bryan, oedd y prifathro ar y pryd. Fe'i hystyrid yn ddyn abl, ac yn ddiweddarach aeth yn ei flaen i astudio'r celfyddydau a cherddoriaeth yn Aberystwyth a Rhydychen. Cyhoeddodd gyfrol o farddoniaeth yn 1901, *Odlau Cân*, ond bregus oedd ei iechyd a threuliodd y rhan olaf o'i oes, cyn ei farw yn 62 oed yn 1920, yn cynorthwyo ei frodyr yng Nghairo, yn yr Aifft, lle'r oedden nhw wedi sefydlu busnes llewyrchus. Tebyg y byddai acen a geirfa Gymraeg Llanarmon-yn-iâl wedi bod yn ddieithr i blant bryniau'r Preselau petaen nhw wedi'i chlywed er, bid siŵr, yn amgenach na'r hyn a glywid o'i enau yn feunyddiol.

Roedd y pwyslais, wrth gwrs, ar ddefnyddio'r Saesneg fel cyfrwng dysgu a doedd hynny ddim wrth fodd y Niclas ifanc. Cafodd abwth wrth gerdded adref o oedfa yn Hermon yng nghwmni ei dad un nos Sul a chlywed John Davies, olynydd Robert Bryan, yn sgwrsio'n rhydd a rhwydd yn y Gymraeg. Ni fedrai ddirnad y peth. Pam na wnâi'r gŵr o Felin-foel, ger Llanelli, siarad Cymraeg yn yr ysgol drannoeth felly, er hwylustod i bawb?

Doedd gan y Niclas hŷn ddim da i'w ddweud am ei ddyddiau ysgol chwaith wrth iddo edrych yn ôl dros ysgwydd y blynyddoedd. Ymddengys fod plant y pentref yn cymryd yn erbyn plant yr ucheldir a bod y rhagfarn honno wedi ychwanegu at ei ddiflastod y tu ôl i'r desgiau pren. Ni fyddai'n gweld plant y pentref y tu fas i'r ysgol gyda'r nos nac ar benwythnosau chwaith, a thebyg fod hynny'n cyfrannu at y dieithrio. Ni welent ei gilydd mewn Ysgol Sul. Ni fyddai'r athrawon fyth yn cywiro ei waith sillafu na'i syms. Ni welai fawr o bwrpas i fynychu'r ysgol. Balch oedd o adael yn dair ar ddeg oed heb ddysgu fawr ddim. Doedd ganddo fawr o achos i fynd i Hermon fyth wedyn gydol ei ieuenctid. Nid rhyfedd nad oedd ganddo fawr o barch tuag at awdurdod gweddill ei oes:

Nid oes i mi hyfrydwch wrth edrych nôl ar y dyddiau hynny. Saesneg oedd iaith y gwersi. Yr oeddwn dros ddeuddeg oed cyn i mi ddysgu dim. Ceisid dysgu pethau i mi mewn iaith nas deallwn. Rhaid cofio nad oeddwn yn deall yr un gair o Saesneg. Aeth fy nhad a'm mam i'w bedd heb wybod gair o'r iaith honno. Ni ddeuai Sais i'n hardal ond ar ddamwain. Yr unig Saesneg a glywem yn blant oedd porthmyn yn bargeinio yn Ffair Crymych, a'r arwerthwr yn darllen amodau'r gwerthu allan cyn dechrau ar ei waith. Erbyn hyn, gwn nad oedd y ddau fachgen a'n dysgai yn gwybod llawer mwy na ninnau o'r iaith fain.

Yr oedd y ddau yn angharedig iawn wrth blant y wlad. Gofynnent gwestiwn syml i ni, beth oedd ein henw neu rywbeth felly, a ninnau heb ddeall, yn methu ateb. Yna deuai riwler hir lawr yn drwm ar ein pennau. Creodd y cyfan gasineb at ysgol ac addysg yn fy nghalon. Nid wyf wedi maddau eto i'r gyfundrefn a oedd yn defnyddio dau hogyn hŷn na ni i'n poenydio yn lle ein dysgu. Pa wallgofddyn a ddyfeisiodd drefn mor afresymol ac annheg? Ble oedd arweinwyr Cymru yn y senedd a'r wasg a'r pulpud? Gadael plant diniwed ar drugaredd trefn a oedd yn ddiraddiol i'w holl bersonoliaeth. Ychydig o ddim a ddysgwyd i mi gan yr athrawon am fod pob athro a gefais yn ceisio fy nysgu mewn iaith nas deallwn.[5]

Dyna gondemniad diflewyn ar dafod ar drefn a lesteiriodd ddatblygiad sawl cenhedlaeth o blant. Meddylier fel yr oedd y potensial a'r awydd i ddysgu wedi'i dagu yn achos Twm Llety. Gwelwn bellach mor greulon oedd y gyfundrefn ac mor ddifaol y bu o ran cynnal a hybu Cymreictod. Oni bai bod y gymdeithas ei hun yn uniaith Gymraeg, a gweithgareddau crefyddol yn cael eu cynnal trwy gyfrwng yr iaith, byddai'r gyfundrefn addysg wedi llwyddo yn ei hamcan o hastu tranc yr iaith.

Ond er y diflastod y tu fewn i furiau'r ysgol mae'n rhaid bod y siwrneiau meithion beunyddiol, boed law neu hindda, 'nôl a mlân i Hermon, ac yn arbennig y tyn am i fyny ling-di-long sha thre wedi gwneud Niclas yn gyfarwydd â gogoniannau byd natur. Fe fyddai shifis a llusi yn y cloddiau i'w bwyta yn eu tymor. Byddai yna flodau gwyllt aneirif i'w henwi. Clatsh y cŵn i'w pownso a blodau menyn i'w rhwto yn y croen ynghyd â hadau dant y llew i'w chwythu a'r iâr a cheiliog i'w taro yn erbyn ei gilydd. Sonia ei hun am y bererindod flynyddol i Gwm Cedni i gasglu cnau:

> Dyddiau hapus oedd y dyddiau hela cnau. Arferem fynd am dro unwaith y flwyddyn i Gwm Cedni i gneua. Hyfrydwch pennaf plentyn oedd tynnu cangau tua'r ddaear a chasglu'r cnau aeddfeta, a'u bwyta. Nid oedd eisiau gefail gnau na charreg i gyrraedd y cnewyllyn yn y dyddiau hynny. Dewis y gneuen lawn a'i thorri dan bâr o ddannedd perffaith, a gwledda ar fwyd y duwiau. Arferwn fyw am ddyddiau ar gnau a llaeth enwyn... Un o'r Indiaid Cochion oeddwn y pryd hwnnw, heb chwennych cysgod tŷ na chynhesrwydd tân na bwyd wedi ei goginio. Rhyw daflu'n ôl at y cynddyn a theimlo mor garedig oedd natur tuag at ei phlant. Llwybrau hud oedd y llwybrau hynny, a natur yn trefnu manna yn rhad.[6]

Gyda llaw, mae a wnelo cyffiniau Cwm Cedni â'r unig esboniad a glywais am darddiad yr enw Pentregalar. Dywedir bod yna anheddiad o gant o gryddion yn byw mewn cytiau pren yno ar un adeg. Ond llosgwyd y pentref gan filwyr rhyw Owain Frenin a bu yno alar mawr. Ni ddeuthum erioed ar draws tystiolaeth bendant i brofi dilysrwydd y stori. Hwyrach mai chwedl neu draddodiad onomastig sydd ar waith yma, sef yr arfer o ddyfeisio stori bwrpasol i esbonio tarddiad enw. Ond mae wedi'i chofnodi mewn cyfrol o hanes yr achos o'r enw *Dringo'r Mynydd... Hermon, Llanfyrnach 1808–1958* a olygwyd gan y Parch W. J. Gruffydd.

Ta waeth, ar yr aelwyd yn y Llety gyda'r nos y câi'r plant eu haddysgu a'u diwyllio wrth wrando a darllen penodau o'r Beibl, barddoniaeth a chynnwys y wasg Gymreig. Tebyg na fyddai caneuon y baledwr dall, Lefi Gibwn (Levi Gibbon, 1807–1870), yn ddieithr chwaith gan nad oedd modd osgoi ymweliad â'r ffeiriau yn y dyddiau hynny. Gadawodd argraff. Atgyfnerthid y profiadau hyn wrth fynychu'r oedfaon a'r Ysgol Sul yng nghapel Antioch, yr Annibynwyr yng Nghrymych. Ond un fantais o'r ysgolia yn Hermon oedd i'r Tomi ifanc gyfansoddi un o'i benillion cynharaf am wreigen a oedd yn byw mewn bwthyn union gyferbyn â'r ysgol ac a fu farw'n sydyn. Edrydd Glen George y pennill smala o'i gof am iddo gael ei gadw'n fyw fel rhan o draddodiad llafar y teulu:

> Coffa da am Ann o'r Gurnos,
> Marw wnaeth wrth grasu pancos,
> Cyn y bydd hi wedi codi
> Fydd y pancos wedi oeri.

Dywed Glen i'r pennill gael ei gyfansoddi pan oedd ei hen wncwl yn ddim ond pump oed, a mentra ymhellach fod Wncwl Tomi wedi dysgu darllen ac ysgrifennu Cymraeg cyn cychwyn yn yr ysgol, cymaint oedd ei allu a'i aeddfedrwydd. Os felly, cymaint creulonach oedd y gyfundrefn nad oedd yn ei ddysgu yn yr iaith honno. Ni chlywodd enwi'r un bardd Cymraeg yn yr ysgol heb sôn am ddysgu cerddi Cymraeg.

Ni fyddai llyffethair arno yn yr Ysgol Sul yn Antioch na'r cyrddau diwylliadol a gynhelid yn gysylltiedig â'r achos. Âi'r plant yno gyda'u mam. Arfer y gwragedd oedd gwau sanau wrth gerdded i'r moddion, yn sicr ar eu ffordd i gyfarfodydd yr wythnos os nad ar y Sabath. Erbyn cyrraedd gartref byddai hosan wedi'i gweu. Elai'r tad at y Bedyddwyr yn Hermon. Doedd dim yn anghyffredin yn y rhaniad hwnnw ac nid achosai unrhyw benbleth ar yr aelwyd.

Cyfyd hynny'r cwestiwn i ba raddau oedd gwahaniaethau diwinyddol enwadaeth yn cyfrif mewn gwirionedd ym mywydau beunyddiol y trigolion. Doedd teyrngarwch enwadol ddim yn rhwystro priodasau 'cymysg'. Arall oedd y cymhellion wrth baru. Hwylustod cerdded i'r capel agosaf fyddai'n penderfynu i ba le yr elai'r plant gan amlaf. Serch hynny, ni fedyddiwyd yr un o blant y Llety nes iddyn nhw gael eu derbyn yn eu harddegau hwyr, er mai arfer yr Annibynwyr oedd bedyddio babanod.

Cyfaddefai Tomi ofn afresymol o fedydd trochiad pan oedd yn iau, er na wyddai'n iawn pam chwaith, mwy nag ofn plentyn o foddi, cael ei wlychu mewn dŵr oer neu gael ei weld gan eraill yn cael ei drochi. Doedd unrhyw wahaniaethau enwadol ddim yn rhwystr i'r rhieni, Dafydd a Bet, gael eu claddu yn yr un bedd ym mynwent Antioch maes o law, y tad yn 1928 a'r fam yn 1937.

Yn nyddiau Tomi roedd capel Antioch wedi'i helaethu a'i ailgodi ers 1876 ond ni chafwyd organ yno tan 1922. Mater o bregethwr yn darllen yr emynau fesul dwy neu bedair llinell er mwyn i'r gynulleidfa eu canu yn ddigyfeiliant oedd hi wedyn. Ac roedd gan Tomi'r Llety ddegau o emynau ar ei gof o ganlyniad i glywed ei rieni yn eu hadrodd bron yn feunosol. Un o'r rhai cyntaf a ddysgodd oedd emyn yn dechrau gyda'r geiriau 'Blodeuodd y pren almon / A'i gannaid blodau gwynion'. Mewn darlith nodedig a draddododd yn Ysgol Uwchradd y Preseli, Crymych, tua chanol y 1960au soniodd fod *Detholiad Gwilym Hiraethog o 500 o Emynau Williams Pantycelyn* (1847) a *Dwy Fil o Emynau S. R.* (1841) yn gyfrolau mynych eu defnydd ar yr aelwyd.

Soniai am ei dad yn eu tywys at riniog y drws ar noson glir loergan ac yn adrodd pennill o eiddo'r Parch Daniel Evans (1802–1859), Maes-yr-haf, Castell-nedd, na welodd erioed yn yr un caniedydd, wrth iddyn nhw edrych tuag at y ffurfafen:

Mae'r ffurfafen wen yn olau,
Maes pleserau'r hyfryd wlad.
Gweld y lloer a'r sêr fel blodau
Yn britho'r ffordd i dŷ fy nhad.

Os yw'r fro o gylch y ddinas
Mor ardderchog, beth yw'r dre
Lle mae miloedd o'n cyfeillion
Yno'n gwledda? Dyna le.

Tebyg y perthynai'r penillion hyn i'r hyn a elwid yn draddodiad emynau llafar gwlad neu yn 'wreichion y diwygiad'. Serch hynny, fe welodd y penillion uchod olau dydd mewn cyfrol o'r enw *Hen Emynau* gan J. Bowen Jones (1829–1905) a gafodd ei hargraffu gyntaf yn 1877. O ran hynny mae 'Blodeuodd y pren almon' i'w gweld yng nghasgliad S. R. (rhif 167) a gyhoeddwyd yn 1841. Cyn i'r enwadau fwrw ati i gyhoeddi caniedyddion swyddogol at eu dibenion eu hunain cyhoeddwyd peth wmbreth o gasgliadau o emynau yn ystod y bedwaredd ganrif ar bymtheg.

Rhaid bydd dychwelyd at y ddarlith maes o law i ddangos pa mor gyfoethog fu profiadau ei blentyndod ar yr aelwyd a'i atgofion am fawrion y pulpud yn y cyfnod hwnnw. Dyna, yn ddigamsyniol, a'i mowldiodd yn fwy na'i ddealltwriaeth o syniadau Marcsaidd yn ddiweddarach. Yn y fan hon rhaid crybwyll cyfran o'r mynych sgyrsiau hynny gafodd Glen a minnau yn yr ardd uwchben Fron-glyd yn Aber-cuch.

Mae'n rhyfedd fel y mae sail bron pob tŷ yn y pentref wedi'i dorri i mewn i lethr serth gan wneud dringo i ben uchaf unrhyw ardd yn rheidrwydd. Gwna hynny'r dasg o arddio confensiynol yn her ynddo'i hun a rhaid canolbwyntio ar lwyni a blodau yn hytrach na'r pys a'r ffa. Wedi bwrw golwg ar gyflwr gwanllyd y blodyn bwa'r ach, a gludwyd o Windermere ychydig ddyddiau ynghynt ac nad oedd wedi penderfynu a oedd am bwdu neu beidio ym mhridd ei gynefin newydd, fe soniodd Glen am 'y Gwyddelod'.

"Dwi'n cofio amdano'n sôn am haid o Wyddelod oedd yn gweithio yng ngwaith mwyn Llanfyrnach yn ystod ei lencyndod, a meddwl oeddwn i a fydde bachgen chwilfrydig fel Wncwl Tomi wedi dysgu rhywbeth am wleidyddiaeth Iwerddon a'r terfysg dros hunanreolaeth a oedd ar waith yno, trwy ymddiddan â nhw. Mae'n siŵr y bydde ymdrechion Charles Parnell a'r Home Rulers cynnar yn wybyddus ar yr aelwyd trwy ddarllen colofne Thomas Gee yn *Y Faner*. Ond wedyn, wedi meddwl dros y peth, hwyrach fod ei ddiffyg Saesneg ar y pryd wedi bod yn rhwystr, a thebyg bod yna dipyn o ragfarn yn erbyn y Gwyddelod am eu bod yn Babyddion a'u bod braidd yn wyllt yn eu ffordd o fyw.

"Anodd dweud faint o gyfathrach, os o gwbl, a fu rhwng y crwt o Bentregalar a Gwyddyl Llanfyrnach, ond erbyn iddo gyrraedd ei ugeiniau roedd yn edmygydd mawr o James Connolly. Sosialydd ac undebwr oedd hwnnw ar y pryd, ond ymhen degawd roedd wedi arwain y Gwyddyl yng Ngwrthryfel y Pasg. Digon prin oedd cefnogaeth y Cymry i'r fenter herfeiddiol honno ond roedd yna sawl eithriad. Un a dynnodd nyth cacwn am ei ben trwy gefnogi'r Sinn Ffeinied oedd D. J. Williams Abergwaun ac roedd yna hefyd nifer o gefnogwyr yn yr ILP (Independent Labour Party). Gwelwyd tipyn o gyfathrach rhwng glowyr de Cymru a'r Gwyddyl yn ystod streic fawr Dulyn (1913–14) ac, yn ddiweddarach, fe deithiodd rhai i Iwerddon i ymuno â Citizen Army James Connolly. Yn sicr roedd gan bapure'r maes glo agwedd gwbl wahanol i ddyheadau'r Gwyddyl am annibyniaeth ac fe ymddangosodd erthygle cefnogol yn y *Merthyr Pioneer* ac yn *Llais Llafur*," meddai Glen.

Yn wir, mae Niclas, yn y ddarlith honno – *Telynau Seion* fel y'i galwai – a draddododd gerbron aelodau o Gymdeithas Llên a Dadlau Ysgol y Preseli, pan oedd ymhell dros ei bedwar ugain, a phan oedd Glen ei hun yn bresennol, yn sôn am y Gwyddelod. Roedd yn eu huniaethu â chynnwys un o'r emynau eraill hynny a ddysgodd pan oedd yn grwt ond nas gwelodd yn yr un caniedydd fyth wedi hynny:

Dewch, dewch o fawr i fân,
  Cyn delo'r dilyw tân
I'r arch mewn pryd,
  Fe lusg y byd yn lân.

O Ddinas distryw brysiwch, ffowch,
  Ar y gwastadedd nac ymdrowch,
I sanctaidd Fynydd Seion.
  O ddynion pam na ddowch.

Mewn gwirionedd roedd fersiwn o'r emyn wedi'i gynnwys mewn cyfrol o'r enw *Swp o Ffigys* a baratowyd gan y Parch Daniel Evans (1774–1835), Mynydd-bach, Abertawe, a'i gyhoeddi yn 1825. Ganwyd y Daniel Evans hwnnw yn Eglwyswrw, Sir Benfro, a'i fagu yn Nhrewyddel nid nepell. Gwelwyd yr emyn mewn detholiadau yn ddiweddarach yn y ganrif hefyd, megis *Llyfr Tonau ac Emynau* gan y Parch E. Stephen a J. D. Jones yn 1868. Ei theitl yn y fan honno oedd 'Arch rhag y diluw tân'.

Credai Niclas mai 'dinas distryw' oedd rhan o waelod y plwyf lle trigai'r Gwyddelod a'r sôn am eu hannuwioldeb yn ymladd, rhegi a meddwi byth a hefyd yn ferw trwy ben uchaf y plwyf. Am fod Yr Arch wedyn yn enw ar ddyddyn cyfagos i'r Llety – Bryn-gwyn yn ddiweddarach – credai'r crwt ifanc pan welai'r rhostiroedd oddi tano yn cael eu llosgi yn yr haf mai dyna oedd 'y diluw tân' a bod y Gwyddelod ar fin cyrraedd Yr Arch heibio i'r Llety i dderbyn nodded. Mae'n rhaid mai argraff gynnar iawn oedd honno, am fod yna dipyn o segurdod yn y gwaith mwyn yng nghanol yr 1880au a chaewyd y gwaith yn gyfangwbl yn 1890 pan oedd Tomi'n un ar ddeg oed. Mae'n bosib bod rhai o'r Gwyddelod wedi'u cyflogi yng nghwarre Glôg gerllaw am gyfnod wedyn wrth gwrs. Daeth y gwaith hwnnw i ben yn 1926.

Yn wir, gan fod presenoldeb y Gwyddelod a'r modd y cysylltai Niclas hwy â 'diluw tân' yn achosi braw i'r crwtyn ifanc, mae'n rhaid ei fod hefyd yn gyfarwydd â chlywed storïau am ysbrydion, toilïod, canhwyllau cyrff, cŵn Annwn a drychiolaethau cyffelyb. Roedd yna chwedleuwr nodedig o'r enw Thomas Harries yn y plwyf a fyddai'n galw yn ei dro ar aelwydydd y fro gyda'r nos i greu difyrrwch a dychryn. Yn ei ddarn o hunangofiant cawn ddisgrifiad o'r gŵr y byddai cryn edrych ymlaen at ei ymweliadau ar aelwyd y Llety:

> Eisteddai bob amser ar sil y ffenestr yn y 'penisaf'. Y penisaf oedd rhyw fath o barlwr lle yr oeddem yn byw yn y gaeaf. Mwy cynnes na'r gegin, a thân pele, wedi ei wneud o glai a glo mân, yn llosgi heb ddiffodd na dydd na nos drwy'r gaeaf. Rhoddi ei bwys ar sil y ffenestr a wnâi, bron sefyll yn syth, a'i ddwylo ym mhocedi ei drowsus. Deuai stori ddigrif ac atgof o'r dyddiau gynt; a mawr y mwynhad pan adroddai ambell stori ysbryd. Gwyddem y byddai diwedd y stori'n troi allan yn ddigon diniwed, er i ofnadwyaeth gerdded asgwrn ein cefn yn y munudau mwyaf dramatig. Hyfryd cofio'i chwerthin iach, a'i eiriau diwenwyn, a'i ysbryd caredig. Ni ddaeth gair angharedig dros ei wefus erioed, na meddwl drwg i'w galon. Un o foneddwyr natur. [7]

A siawns na fyddai Dafi Niclas, ei dad, wedi sôn wrth Tomi am yr achlysur rhyfedd hwnnw a arweiniodd at sefydlu'r achos Bedyddiedig yn Hermon yn 1808.

Wrth groesi Mynydd Lleban, gerllaw iet rhwng Mynydd Bach a Phenlan Fach, gwelodd William Evans, Felin Blaiddbwll, ysbryd ar ffurf y gŵr drwg, yn syllu arno. Gorchmynnodd yr hen Biwritan i'r ddrychiolaeth agor y glwyd iddo ond gwrthododd yr ysbryd, gan ddweud iddo fod yn y cyffiniau ers tri chan mlynedd ac nad oedd neb wedi'i gyfarch yn y fath fodd trahaus. Ceisiodd yr ysbryd gael William Evans i godi pedol iddo a oedd yn gorwedd gerllaw.

"Os wyt ti wedi bod yma ers tri chan mlynedd, cwyd y bedol dy hun. Mae gen ti fwy o amser ar dy ddwylo nag sydd gen i," mentrodd gwron Felin Blaiddbwll.

Gyda hynny, wedi ei ffromi, diflannodd y gŵr drwg ar ffurf pelen o dân ar draws y cae o flaen llygaid syn William Evans, ac ni welwyd ef byth mwy.

Adroddid y stori honno fel arwydd o gadernid gŵr a feddai ar flynyddoedd o brofiad ysbrydol i'w alluogi i wrthsefyll temtasiynau. O ganlyniad roedd yr amser yn briodol ac aeddfed i sefydlu achos crefyddol yn y pentre gerllaw, canys ni wyddom beth fyddai wedi digwydd pe bai William Evans wedi cydio yn y bedol, a beth ddigwyddodd tybed i'r sawl a gydiodd yn y bedol ar achlysuron cynt. Ond y tro hwn roedd goleuni wedi trechu grymoedd y tywyllwch. Gwasanaethodd tri phregethwr yn y cyrddau agoriadol, un ohonyn nhw, David Sanders, wedi teithio o Ferthyr. Ond ni chafodd William Evans fyw i weld y diwrnod hwnnw.

Beth bynnag, roedd y ffaith i'r rheilffordd gyrraedd pentre Crymych yn 1875 yn arwyddocaol o ran cychwyn gyrfa waith Tomi ddwy flynedd ar bymtheg yn ddiweddarach, ar ôl iddo adael yr ysgol yn 13 oed. Disodlwyd y Goets Fawr gan y ceffyl haearn ers tro. Byddai nwyddau, yn ogystal â theithwyr, yn cyrraedd a gadael yr ardal ar y trên erbyn hyn. Byddai angen cludo'r nwyddau i'r stesion neu oddi yno i wahanol ardaloedd, a thasg cart a phoni fyddai gwneud hynny. Dyna un o ddyletswyddau Twm Llety pan gafodd waith yn Nhafarn yr Alarch, neu'r Swan, ger Pontyglasier, ym mhlwyf Eglwys-wen, i'r gorllewin o Grymych i gyfeiriad Trefdraeth, yn 1892. Ni fu'r cyfnod heb ei helbul a chafodd Tomi ei hebrwng oddi yno yn y pen draw oherwydd ei felltith.

Er mwyn gosod ei gamwedd yn ei gyd-destun, cofiwn fod *Baner* Thomas Gee (1815–1898) yn cael ei darllen gydag awch ar aelwyd y Llety. Cefnogai'r wythnosolyn yr hyn a elwid yn Rhyfel y Degwm. Gwrthwynebai'r Anghydffurfwyr yr orfodaeth oedd arnynt i dalu degwm i gynnal eglwysi'r plwyf pan nad oedden nhw mwyach yn addoli ynddynt. Cafwyd helyntion ym mhlwyf Eglwys-wen pan ddeuai gweision y Comisiynwyr Eglwysig heibio'r ffermydd i hawlio eiddo am y degwm nad oedd wedi'i dalu. Byddai Tomi'n ymwybodol o'r cyffro a oedd yn gysylltiedig â'r gwrthdaro ar feidiroedd a chlosydd yr ardal. Byddai'r pwnc yn destun trafod yn y Swan yn ddiau, a phobl yn dadlau'n frwd dros ac yn erbyn.

Ym mis Ebrill 1889 hebryngwyd asiant o Lundain, William Stevens, gan ugain o blismyn, ynghyd â chynrychiolwyr o'r wasg, yn cynnwys y *South Wales Daily News*, i geisio atafaelu eiddo yn y cyffiniau. Wrth fynd trwy Pontyglasier gwaeddai'r gwragedd lleol, "Lladron, lladron" a "Diddymwch y degwm" ar y criw. Dilynwyd y giwed gan dorf yn canu clychau, yn chwythu cyrn a tharo sosbenni nes bod y sŵn yn fyddarol. Erbyn trannoeth roedd nifer y plismyn wedi cynyddu i dros hanner cant, a'r criw'n cael eu cludo mewn wyth o freciau yn cael eu tynnu gan geffylau. Bu'r plismyn yn difyrru eu hunain trwy ganu emynau pan fu raid iddyn nhw oedi i ddisgwyl brêc arall yn lle'r un oedd wedi diffygio. Mewn un man agorwyd fflodiart nes bod Mr Stevens yn gorfod rhydio trwy'r dŵr er mawr ddifyrrwch i'r dorf. Gadawn i'r adroddiad a ymddangosodd yn y *Haverfordwest and Milford Haven Telegraph* ddarlunio'r hyn a ddigwyddodd pan gyrhaeddwyd yr hyn a ddisgrifiwyd fel "the cursed parish of Whitechurch on account of the stubborness of its inhabitants":

> A great addition of horsemen and pedestrians was made to the cortège, and a hearty invitation was given by the crowd to all join the tithe's funeral procession as they were going to bury it that day. The noise made by the horns and the loud execrations of the populace became by this time deafening, and the sounding of horns in the district all round was an ample proof that they meant to impress Mr Stevens and his men with the unpopularity of their avocation, and that they were indignant that such a large force of police was brought to the locality.
>
> The next incident in the journey was reached when we passed Whitechurch Rectory, by the front gate of which stood the Rev. William Williams. He was invited to join the funeral procession, amidst loud execrations and blowing of horns and exclamations of 'Wil y Beili' (William the Bailiff). He is said to have earned the sobriquet because he took in hand the duty of personally serving the ten days notice on the farmers. The first farm visited was Felinisaf. The tenant, Mr William Sandbrooke, died some four months ago, and the family had left the place. As nothing was found to levy upon, the emergency men left in disgust. Mr Sandbrooke had been one of the leaders in the agitation against paying tithes.

Next, the distrainers proceeded to Tyddyn, the property of Mr
Melchior Evans, where a claim was put in for £11 1s 10d. Here
a very strong demonstration took place, and the people were not
wanting in revealing a menacing attitude indicative of the spirit
which inflamed them. Loud epithets of 'Jack the Ripper', the
'Whitechapel murderer,' etc, were hurled at Mr Stevens and his
men.[8]

O ganlyniad, dychwelodd Mr William Stevens i Lundain y
noson honno heb gyflawni ei waith yn llwyr gan ddweud y dylai
gael cefnogaeth 100 i 150 o blismyn yn hytrach na dim ond 50 i
gyflawni ei ddyletswyddau. Sefydlwyd Cymdeithas Amddiffyn
Clerigwyr yn ogystal â Phwyllgor Amddiffyn Ffermwyr erbyn
hyn. Byddai clustiau Tomi'r Llety yn gyfarwydd â'r hanes yn
union fel y gwyddai am yr hyn ddigwyddodd ym mis Mehefin
1891 pan ddaeth asiant degwm, Robert Lewis o Bentywyn, i
Grymych a chael croeso cynddeiriog. Bu raid iddo ddibynnu
ar ymyrraeth gweinidog Antioch i sicrhau ei ddiogelwch.
Llwyddodd i gael taliad ar ffarm Pen-rallt ond aflwyddiannus
fu ei ymdrech i gymryd caseg ifanc o Droed-y-rhiw Isaf wrth
i dorf ddicllon gymryd y stoc oddi yno. Cymerwyd yr holl
greaduriaid o Fwlchclawdd Mawr cyn iddo gyrraedd ac erbyn
iddo ddychwelyd i sgwâr y pentref roedd y dorf yn fileinig fel
y tystiodd ei hun:

Eggs and stones were thrown with such violence that I had to
seek shelter at the Inn. Quite a lot of men followed and I was
soon forced to leave. Outside I was rushed and had to defend
myself with all the power I could muster. At length I reached the
conveyance and entered it and called to the driver to hasten to
the Railway station. Then, in the fury, the crowd savagely threw a
shower of stones, one of these struck me on the head which caused
a nasty wound from which blood flowed freely. There was a race to
the station. The conveyance won; the station staff promptly helped
me into a secluded room, staunched the bleeding and bound up
the head.
Meanwhile the crowd filled the station entrance and vowed
they would force their way into the room and have their revenge.

However, just at that critical moment, be it gratefully recorded, the Revd John Evans, minister of Antioch, arrived at the station and seeing what was going on promptly used his influence to stop further riotous action. He succeeded, and the angry crowd dispersed. He also sent a message into the station expressing his regret and abhorrence at what had occurred. In due time the train arrived, I was helped in and returned to Cardigan where Dr Phillips dressed the wound and also attended to bruises caused by kicking. As soon as possible I returned to Pendine to recuperate...[9]

Ymhen mis dychwelodd Robert Lewis i Grymych yn gwisgo helmed diffoddwr tân yng nghwmpeini gwarchodlu o blismyn. Aed i Droed-y-rhiw Isaf ar eu hunion a chanfod y creaduriaid yn cael eu gyrru oddi yno. Gyrrwyd y gaseg y bwriadwyd ei hatafaelu i'w dwylo, a'i gwerthu ar y clos am £6 i'r Meistri Ebsworth a Garratt, prynwyr o Aberteifi, a oedd yn rhan o'r fintai.

Byddai Tomi'r Swan yn gyfarwydd â llawer o'r bobl a fu'n rhan o'r ddrama hon. Byddai wedi dod i gysylltiad â nhw yn ystod ei bum mlynedd yn gweithio yn y Swan. Yr un mor gyfarwydd iddo fyddai'r Parch John Evans, Antioch, a'r Parch William Williams, rheithor Eglwys-wen. Yn wir, ei adnabyddiaeth o'r rheithor a'i hoffter o farddoni fu ei ddymchweliad.

Prin fod dyletswyddau'r dafarn yn dreth ar allu'r llanc ifanc. Byddai disgwyl iddo fragu cwrw dablen a phorter, sef cwrw du. Adroddai stori am ffarmwr yn archebu bwcedaid o gwrw i ddisychedu ei geffyl. Taenu ceirch ar wyneb y ddiod i ddenu'r ceffyl ond yntau'n pallu'n deg ei yfed. Rhaid ei fod yn ddirwestwr, oedd dyfarniad Niclas. Ond rhag gwastraffu'r cwrw a brynwyd, dyma'r ffarmwr yn mynd ati i yfed y bwcedaid o gwrw ei hun. Deuai ar draws cymeriadau brith o'r fath yn ddyddiol. Mynych y byddai rhaid iddo deithio'n ôl a mlân i Grymych yn cludo nwyddau. Treuliai oriau yn pacio cannoedd o wyau mewn bocsys llawn gwellt i'w hanfon i Forgannwg.

Dechreuodd archebu llyfrau a dysgu awdlau meithion ar ei gof, megis 'Y Nefoedd' o waith Islwyn (William Thomas, 1832–1878) a 'Dinistr Jerusalem' o waith Eben Fardd (Ebenezer

Thomas, 1802–1863). Roedd y siwrneiau hynny o ddwy filltir, weithiau ddwy neu dair gwaith y dydd, i Grymych, yn fendithiol o ran dysgu barddoniaeth:

> Dechreuwn adrodd 'Y Nefoedd' wrth gychwyn o'r Swan, a'i gorffen cyn cyrraedd Crymych. Yr un fath wrth ddod 'nôl, ei hadrodd yn uchel, a'r cert yn gwneud digon o dwrw. 'Dinistr Jerusalem' yn cymryd mwy o amser, a chwynai'r meistr fy mod yn hir. Awdl Eben oedd yn cyfrif am hynny. Adrodd 'Y Nefoedd' wrth fynd a'r 'Dinistr' wrth ddod yn ôl, neu fel arall. Ceiniog oedd pris 'Plant y Beirdd' a thair ceiniog am y 'Dinistr'. Bûm Sul cyfan yn ceisio ysgrifennu'r archeb amdanynt. Dysgais lawer o eiriau drwy'r 'Dinistr', y 'Nefoedd' yn fwy esmwyth, a dysgais acenion y mesurau caeth. Wedi hynny bûm yn astudio Dafydd Morgannwg ond ni luniais ond ambell englyn. Y mae acen a hyd llinell yn go sicr gennyf o hyd. Dysgais yn y fargen barablu geiriau, a rhai anodd yn y 'Dinistr'. Daeth 'Iesu o Nasareth' Dyfed i'n llaw tua'r un amser, ac ysgrifennais hi allan i gyd, a thrwy hynny ddysgu sillebu. Ni fu fy arhosiad yn y Swan yn gwbl ofer.[10]

Mentrodd farddoni ei hun a llunio cerdd gellweirus, yn null yr hyn a sgrifennodd am Ann y Gurnos pan oedd yn bum mlwydd oed mae'n siŵr, am William Williams, ffeirad Eglwyswen. Rhaid nad oedd yn ei ganmol am ei ran yn Rhyfel y Degwm. Ond ei gamwedd mawr oedd sôn am y rheithor yn cael ei gario adref o'r dafarn mewn whilber yn feddw tabwt.

Penderfynwyd nad oedd angen gwasanaeth Tomi'r Llety fel negesydd na bragwr yn y Swan wedi hynny. Does dim o'r gerdd ar glawr yn anffodus. Mae'n siŵr pe bai rhywun wedi gofyn iddo yn ystod ei oes, o ystyried ei gof aruthrol, y byddai Niclas wedi medru dyfynnu rhannau helaeth ohoni. Mae Glen yn dyfalu unwaith eto yng nghanol y llwyni:

"Mae'n rhaid gen i mai dyna wnaeth iddo symud i'r Rhondda yn 18 oed yn 1897 – cynnwys y gerdd. Cael ei orfodi i adael yr ardal i bob pwrpas. Roedd y gerdd wedi pechu. Bron y medrem ddweud iddo gael ei erlid at y Shonis. Ond wedyn roedd Wncwl Tomi mewn oed pan mae awydd antur ar grwt ifanc. Roedd er lles iddo godi ei bac pe na bai'r gerdd wedi cythruddo. Dwi'n cofio fy mam yn dweud am Bet, yn siarsio Wncwl Tomi, pan adawodd gartref i letya yn y Swan, am beidio â dwyn, nac yfed yn ormodol. Ond doedd hi ddim wedi ei siarsio i beidio â barddoni," meddai.

Cyn parhau ar drywydd Tomi'r Swan yn Nhreherbert a thu hwnt, teg nodi na chafodd y ficer ei erlid o Eglwys-wen er ei amhoblogrwydd ymhlith rhai carfanau. Bu yno am gyfnod o 30 mlynedd tan 1912. Teg nodi hefyd beth oedd amgylchiadau dau o gymrodyr Tomi o fewn ei filltir sgwâr ar y pryd. Roedd Tom Gwndwn, fel y gelwai Thomas Rees (1869–1926), yn efrydydd yng Ngholeg Mansfield, Rhydychen, yn astudio Diwinyddiaeth ar ôl treulio peth amser yn y gweithfeydd ei hun. Ond dim ond deuddeg oed oedd Daniel John Davies, Waunfelen. Deuai'r tri i amlygrwydd cenedlaethol maes o law, a hynny nid yn unig oherwydd eu hymlyniad wrth heddychiaeth.

Wrth deithio i'r Rhondda, ar drên bid siŵr, mae'n rhaid y byddai syniadau'r brodyr S. R. (1800–1885) a J. R. (1804–1884) Roberts (Llanbrynmair), fel y clywsai ei dad yn eu darllen o dan y shime lwfer yn y Llety o dudalennau'r *Cronicl*, a Thomas Gee yn y *Faner*, yn erbyn landlordiaeth, caethwasiaeth ac imperialaeth yn ogystal ag o blaid heddychiaeth a phleidlais i bawb, yn atseinio yn ei glustiau. Digon iddo gnoi cil yn ei gylch felly wrth ddynesu at gwm y mwg a'r gloran.

Wrth ffarwelio â'r Frenni Fawr, diau y byddai'n cydnabod ei ddyled i'w weinidog, y Parch John Evans. Nid yn gymaint am achub croen y beili hwnnw ar stesion Crymych rhag llid y dorf ond am y cyrddau hynny yr arferai eu cynnal ar foreau Sadwrn er mwyn meithrin talentau ymhlith plant. Ac ychydig a feddyliai ar y pryd, o gofio am y cylchgronau a ddarllenai gartref yng ngolau'r gannwyll frwyn, y byddai yntau, maes o law, yn cyfrannu erthyglau yr un mor radical i gyfnodolion Cymraeg ei gyfnod yntau.

2

Tomi Treherbert

NID OES GENNYM dystiolaeth bendant mai yn Nhreherbert yn y Rhondda Fawr y treuliodd Niclas ei gyfnod byr yn 'y gweithfeydd'. Mewn gwirionedd, ni fu yno'n ddigon hir, ddim mwy na chetyn blwyddyn, i wir gyfiawnhau'r un llysenw yn codi o'i breswylfa newydd dros dro, boed yn 'Tomi Treherbert' neu 'Tomi Rhondda'. Prin y byddai 'Tomi Crymych' neu 'Tomi Pentregalar' wedi cydio ymhlith ei gydnabod o'r newydd chwaith. Ni wyddom i sicrwydd ble fu'n lletya na beth oedd ei waith yno. Gellir tybio mai gweithio mewn siop neu dafarn a wnâi ar sail ei brofiad cynt yn ei gynefin. Cyndyn oedd i grybwyll ei brofiadau yn y gweithfeydd.

Ond o dderbyn mai Treherbert oedd ei gyrchfan, ac fe nodir hynny wrth basio gan yr hanesydd David W. Howell yn ei lyfryn gwerthfawr, *Nicholas of Glais: The People's Champion*, gan gydnabod ei hun na wyddys dim oll am arhosiad Niclas yno, pwy, felly, a'i hudodd yno o'r Preselau? Oedd yna gydnabod neu gysylltiad teuluol iddo yno? Mae'n rhaid bod rhywun yno i dderbyn y crwt deunaw oed a bod rhyw drefniant wedi'i wneud. Ni all Glen ein goleuo ar y mater hwnnw. Ni all yntau chwaith wneud mwy na dyfalu. Nid oes ganddo gof o'r mater yn cael ei drafod o fewn y teulu. Tybed, felly, ai jengyd go iawn fu rhawd Niclas, gan obeithio'r gorau, heb unrhyw inclin o beth ddigwyddai iddo? Does dim sôn iddo gyfeirio fawr ddim at y cyfnod byr hwn yn ystod gweddill ei oes.

Nawr, pan fentrodd D. J. Williams i'r Rhondda bum mlynedd yn ddiweddarach, cawn gofnod manwl o'i hynt gydol y ddwy flynedd a fu yn Ferndale yn ail gyfrol ei hunangofiant, *Yn Chwech ar Hugain Oed*. Prentis colier oedd D. J. yn y Rhondda Fach, a chawn ddarlun byw ganddo o'r gymdeithas, o dan y ddaear ac uwch ei phen. Dychwelwn at rai o'i ddisgrifiadau yn y man am y bydden nhw'r un mor berthnasol i brofiad y Niclas ifanc, mae'n siŵr, a fyddai'r un mor chwilfrydig ac ymholgar wrth amsugno pob dim i'w gyfansoddiad.

A derbyn eto mai yn Nhreherbert rywle y lletyai, mae'n rhaid y byddai wedi canfod ei ffordd i gapel Carmel, yr Annibynwyr, yn y pentre ryw ben. Ar yr un pryd, rhaid nodi nad yw'r llyfryn, *Hanes yr Achos*, a gyhoeddwyd yn 1957 ar achlysur canmlwyddiant yr eglwys, yn crybwyll enw T. E. Nicholas fel un o'r ddau ar hugain a godwyd i'r weinidogaeth oddi yno. Nid oedd chwaith ymhlith y gweinidogion a wahoddwyd i bregethu yn ystod yr wythnos o ddathliadau yn 1957. Pe bai ganddo gysylltiad agos â'r capel, mae'n siŵr y byddai pregethwr mor nodedig danllyd wedi cael gwahoddiad i un o'r oedfaon? Neu efallai na fyddai. Cawn weld yn ddiweddarach nad oedd pob un o bulpudau ei enwad mor raslon â'i gilydd tuag ato.

Mae'n rhaid y byddai bwrlwm gweithgareddau'r capel yn 1897 wedi creu argraff arno ac y byddai wedi'i oleuo ynghylch traddodiad yr achos. Hyd yn oed os taw mewn rhan arall o'r cwm y lletyai Niclas, mae'n werth craffu ar hanes Carmel am y byddai'n nodweddiadol o hanes capeli eraill y Rhondda ar ddiwedd y bedwaredd ganrif ar bymtheg.

Roedd y Parch John Rees (1827–1908), mab i weinidog o Sir Aberteifi ond a godwyd i'r weinidogaeth yng Ngwernllwyn, Dowlais, wedi iddo ddilyn prentisiaeth fel teiliwr, newydd ymddeol fel gweinidog Carmel yn 1895, ar ôl 28 mlynedd yn y tresi, ond yn dal yn gyfrifol am weinyddu'r cymun o fis i fis. Roedd y diwydiant glo ar ei brifiant yn y cwm, ac nid rhyfedd i nifer yr aelodaeth gynyddu i dros bedwar cant yn ystod ei weinidogaeth wrth i'r boblogaeth gynyddu'n aruthrol. Ar un Sul yn 1879 derbyniwyd 105 o aelodau o'r newydd a 46 drachefn mewn cymundeb yn 1892.

Ar ben hynny roedd yna draddodiad o 'wrandawyr' yn

llenwi'r galeri ar y nos Sul. Addolwyr oedd y rhain na fydden nhw'n aelodau ond a fyddai'n mynychu'r gwahanol gapeli yn eu tro yn gymaint ag yn orchwyl cymdeithasol ag o barhad o arfer a thraddodiad o fynychu oedfaon a feithrinwyd yn eu cynefin. Mae'n bosib y byddai llawer ohonyn nhw wedi cadw eu haelodaeth yng nghapeli'r wlad os oedden nhw newydd symud i'r cyffiniau a heb ddechrau magu teuluoedd a bwrw gwreiddiau. Tebyg mai yn eu plith nhw fyddai Niclas.

Tebyg y byddai wedi clywed am y cyffro a fu yn y capel yn y Gymanfa Ganu ym mis Mai 1877. Fis ynghynt y boddwyd pwll Tynewydd ger y Porth pan gaethiwyd pump o lowyr o dan ddaear am ddeng niwrnod. Fe'u clywyd yn canu'r emyn, 'Yn y dyfroedd mawr a'r tonnau' wrth i'r achubwyr ddod o hyd iddyn nhw. Cyfansoddodd y Dr Joseph Parry (1841–1903) yr anthem, 'Molwch yr Arglwydd ar ffrwst', o fewn fawr o dro, ac er mai dim ond tair wythnos oedd cyn y Gymanfa daeth y cantorion ynghyd bron bob nos i'w dysgu dan arweiniad Moses Owen Jones (1842–1908), yr ysgolfeistr lleol o Ddeiniolen, a oedd yn arweinydd y gân a chyfeilydd yng Ngharmel ers naw mlynedd. Ef yw cyfansoddwr yr emyn-dôn 'Rhondda' sydd i'w gweld yng nghaniedydd *Caneuon Ffydd* ac y cenir emyn Elfed, 'Arglwydd Iesu dysg im gerdded', arni.

Fuodd yna erioed y fath ganu ar y nos Sul o dan fatwn yr arweinydd gwadd, y Parch Edward Stephen (1822–1885), neu Tanymarian fel y'i hadwaenid. Roedd yr anthem, cofier, yn y byr amser hwnnw ers ei chyfansoddi, wedi lledaenu fel tân gwyllt trwy Gymru gyfan oherwydd y sôn am yr hyn a'i hysgogodd. Dyma'r disgrifiad o'r awyrgylch yng Ngharmel y noson honno, trwy enau'r Parch H. T. Jacob (1864–1957), Abergwaun, a gafodd ei fedyddio yn yr eglwys yno gan y Parch John Rees:

> Wedi canu ychydig donau gwaeddodd rhywun – "Yr Anthem!"
> "Eitha da," ebe'r arweinydd, "awn ati!" Bobl annwyl, dyna ganu.
> Fe'i canwyd yn ddi-stop dros ddwsin o weithiau, a'r hen arweinydd druan wedi torri lawr, ac yn eistedd yn y gadair yn un swp o

ddagrau – wedi rhoi arwain heibio ers tro. Ni chanwyd dim wedyn! Pan dawodd y canu, cododd Tanymarian ar ei draed a dywedodd eiriau tebyg i hyn: "Nid wyf yn disgwyl clywed canu fel yna byth eto, nes awn yr ochr draw."[1]

Y noson honno roedd H. T. Jacob yn grwt 12 oed ac yn canu alto ar y galeri. Ni thewodd y canu yn ei glustiau tra bu fyw. A diau fod yna eraill yn Nhreherbert yn 1897 a fedrai gyfleu'r wefr a deimlwyd ugain mlynedd ynghynt wrth y crwt o Sir Benfro, gan ychwanegu bod Caradog (Griffith Rhys Jones, 1834–1897), arweinydd y Côr Mawr, a oedd yn byw yn Nhreherbert ar y pryd, yn cerdded 'nôl a mlân yn y sêt uchaf ar y galeri fel pe bai wedi colli arno'i hun.

Byddai rhywun hefyd, mae'n siŵr, wedi hysbysu Niclas bod Thomas Rowlands (1852–1921), a hanai o Drefgarn Owen, ger Hwlffordd, yn wreiddiol, wedi'i godi i'r weinidogaeth yng Ngharmel, a'i fod yn gwasanaethu fel cenhadwr ym Madagascar, ynghyd â'i wraig, Elizabeth, o Fwlch-y-ffridd, Sir Drefaldwyn, ers diwrnod eu priodas ym mis Ebrill 1879, pan oedd yn saith ar hugain oed. Hwyrach y byddai rhywun wedyn wedi'i gyflwyno i Miss Rosina Davies (1863–1949), a adwaenid fel 'yr efengyles'. Roedd yn 34 oed ar y pryd, ac wedi'i dylanwadu'n drwm gan y Cadfridog Booth (1829–1912) a Byddin yr Iachawdwriaeth yn ogystal â'r Mudiad Dirwest.

Ond efallai na fyddai'r un o'r ddau wedi creu fawr o argraff ar y Niclas ifanc wrth iddo ddygymod â'r holl ddylanwadau a'r profiadau a ddeuai i'w gyfeiriad yn y pair prysurdeb hwn a wnâi i Bentregalar, ar lethrau'r Preselau, ymddangos fel petai'n bodoli mewn cyflwr o syrthni parhaol. Prin y byddai'r un o'r ddau uchod yn eu cynnig eu hunain fel patrwm i'r Niclas ifanc er mor agored fyddai yn yr oedran hwnnw i gael ei arwain. Tebyg ei fod yn chwilio am frethyn amgenach, er yr un mor lliwgar, yng ngwlad Shoni'r colier.

Fel gwrandäwr ar y galerïau, teg tybio y byddai Niclas wedi crwydro i Gapel Tre'r Rhondda, Ferndale, ryw nos Sul pe bai dim ond oherwydd mai'r Parch G. Penrith Thomas (1855–1952),

brodor o ardal Boncath, yn Sir Benfro, oedd y gweinidog. A
byddai'n rhaid cyrraedd yn gynnar yn y fan honno hefyd i fod
yn sicr o sedd. Roedd y ffaith y byddai yna gôr yn canu yn yr
oedfaon hwyrol hyn yn atyniad ychwanegol i'r gwrandawyr,
heb anghofio y byddai yna ferched ifanc di-ri yn aelodau o'r
côr ac yn awyddus i gael eu hebrwng sha thre.

O gofio am y darlun yna o waith Aneurin Jones, 'Y
Tangnefeddwyr', drachefn, lle mae Niclas a D. J. yn ddwfn
mewn sgwrs, hawdd credu eu bod yn trafod eu profiadau yn
y Rhondda yn y blynyddoedd hynny ychydig cyn Diwygiad
1904–05. Hawdd y gallai D. J. fod yn ailadrodd y sylwadau am
gyflwr crefydd yn ardal y Gloran a gafwyd ganddo yn y gyfrol
Yn Chwech ar Hugain Oed a gyhoeddwyd yn 1959:

> ... y capeli'n llawn bob amser, dan eu sang ar nos Sul, ond nifer
> dda o'r gynulleidfa yn wrandawyr, heb fod yn aelodau o'r un
> eglwys; yr ail genhedlaeth a'r drydedd yn dechrau colli gafael ar
> bethau'r tadau wrth i'w gwreiddiau yn y tir wanhau. Fe'u tynnid at
> ei gilydd gan y reddf gymdeithasol a hen gysylltiadau'u rhieni yn
> gystal â'r canu godidog a geid ymhob capel fel ei gilydd. (Yr unig
> atyniad arall ar y Sul ydoedd Clybiau Cwrw'r Gweithwyr). Ond yr
> oedd ymhob capel nifer fawr o ffyddloniaid y gellid dibynnu ar
> eu presenoldeb, Sul, gŵyl a gwaith. Yr oedd mynd ar bethau yn
> Seion... yn Ferndale y blynyddoedd hyn cyn y Diwygiad y gwelais
> i'r gwahaniaeth amlycaf erioed rhwng pobl y byd a phobl yr
> eglwys. Adwaenwn amryw o wŷr blaenllaw yn y gwahanol eglwysi.
> Nid o fewn y sêt fawr yn eu capeli eu hunain yr oeddent yn
> flaenoriaid ond yr oedd iddynt barch yn y talcen glo ac edmygedd
> distaw eu cydweithwyr digon anystyriol yn fynych. Yr oeddent
> yn ddynion "ar wahân", a'u bywydau'n dystiolaeth o'r hyn a
> broffesent. A Gweinidogion yr Efengyl, nid y *Miners Agents* ydoedd
> Tywysogion y Cymoedd yr adeg honno.[2]

Cyn y byddai Niclas wedi cael cyfle i roi ei big i mewn, tebyg
y byddai D. J. wedi parhau i draethu am y modd y gwelodd
y Saesneg yn dechrau disodli'r Gymraeg ym mlynyddoedd
cynnar y ganrif honno, heb hidio p'un a fyddai'r Comiwnydd
yn cytuno â'i farn neu beidio. Gallai Niclas, mae'n siŵr, o leiaf

gadarnhau bod Carmel ei hun wedi bod yn gyfrwng i sefydlu'r 'Inglish Côs'. Corfforwyd capel Saesneg yn adeilad Ebenezer, Tynewydd, cangen o eglwys Carmel yn wreiddiol, yn yr 1880au, a chafwyd pregeth Gymraeg a phregeth Saesneg ar achlysur y corfforiad. Adwaenid y capel Saesneg yn ôl yr enw Emmanuel. Fel hyn y gwelai D. J. hanes trai'r Gymraeg:

> Deddf Addysg 1870 a'r iaith Saesneg yn yr ysgolion fel cyfrwng hanfodol i elwa a gwella byd ar gefn y Chwyldro Diwydiannol, ynghyd â'r Mudiad Sosialaidd i lefelu cymdeithas yn ei sgil a'i ysgogiad a'i lenyddiaeth yn helaeth o Loegr, fel rhai mudiadau pwysig o'i flaen, a fu'r pennaf offerynnau i droi'r fantol mor gyflym o blaid y Saesneg ym Morgannwg a Mynwy ddiwedd y ganrif o'r blaen a hanner gyntaf y ganrif hon. Addysg Seisnig a gwleidyddiaeth Seisnig a syniadau materol y dydd am werthoedd bywyd ydoedd y moddion – a thipyn o snobyddiaeth y taeog yn casglu fel ffroth ar wyneb hynny. Ond yn y gwaelod arhosodd yr ysbryd Cymreig yn gadarn, yn ymwybodol neu'n anymwybodol, neu'n fynych yn fath o gymhlethdod dryslyd, rhwystrus yn yr isymwybod. Y peth olaf hwn, gyda llaw, ydyw'r allwedd i lawer o lenyddiaeth yr Eingl Gymry.
>
> Ar ddiwedd y Rhyfel Byd Cyntaf fe fûm i'n athro am gyfnod byr, byr, ym Mhengam, yng Nghwm Rhymni, ar gydiad Morgannwg a Mynwy, a theimlwn fod yr ysbryd Cymreig yno, lle'r ymladdesid brwydr yr iaith ers rhai cenedlaethau, yn llawer mwy byw nag yn Abergwaun ym Mhenfro Gymraeg, yn eithafion y gorllewin diddig, digyffro yn niogelwch ei Gymreictod fel y tybid ar y pryd. Er gwaethaf gorlanw diweddar yr iaith Saesneg, yn nyfnder ei henaid ni pheidiodd Morgannwg a Mynwy erioed â bod yn Gymraeg. A dyna gryfder pennaf ein gobaith ni ar gyfer y dyfodol.[3]

Byddai 'Tomi Treherbert' yn ceisio creu ei Seion ei hun ar batrwm ots i'r traddodiadol ymhen y rhawg. Byddai ei weinidogion ef yn coleddu efengyl Farcsaidd yn ogystal â'r Bregeth ar y Mynydd. Dyna fyddai rhan o'i genhadaeth maes o law, wedi iddo ei drwytho ei hun yn nysg Academi'r Gwynfryn, Rhydaman. Tebyg y byddai Niclas wedi datgan yn ddiflewyn ar dafod mai un ateb sylfaenol sydd i'r treio ym myd crefydd a'r

iaith, sef troi'r gyfundrefn wleidyddol wyneb i waered a gorseddu
sosialaeth uwchlaw cyfalafiaeth. Nid ymrwymodd Niclas i
'frwydr yr iaith', fel y gwnaeth D. J. trwy gefnogi Cymdeithas
yr Iaith, ond fe'i defnyddiodd gydol ei fywyd yn amlach o lawer
na'r Saesneg, a hynny o'r pulpud, ar lwyfan gwleidyddol, yn ei
erthyglau di-ri ac yn ei farddoniaeth doreithiog.

Rhag i'r sgwrs rhyngddyn nhw fynd yn feichus o ran trafod
dyrys faterion, tybed a fydden nhw'n medru rhannu atgofion
am rai o gymeriadau'r Rhondda yn eu cyfnod? A fyddai Niclas
wedi dod ar draws Dai 'Tarw' Jones (1881–1933), blaenwr
cydnerth yn nhîm rygbi Treherbert nad oedd ei lysenw yn
gamarweiniol ac a enillodd ei gapan cyntaf dros ei wlad yn
ugain oed yn erbyn Lloegr yn 1902? Am na fyddai'n fawr hŷn
nag 16 yn 1897, hwyrach nad oedd wedi croesi Mynydd Pen-
pych o Aberaman i chwarae i dîm y pentre'r adeg hynny. Ac ni
fyddai chwaith, ac yntau'n blisman, wedi rhoi crasfa i arolygwr
heddlu yng ngorsaf y pentre na chwaith wedi ei wahardd rhag
chwarae rygbi'r undeb am dderbyn tâl am wneud.

Ond mae'n rhaid y byddai Niclas wedi clywed am y
chwedloniaeth oedd yn gysylltiedig â phaffwyr mynydd fel
Mocyn Caeo, Sam Bwtsiwr, Sioni'r Injinêr, Dai Llygad Eglur
a'r mwyaf o'u plith, o bosib, sef Ianto Llyged Toston a Wil
Cross Inn. Bu D. J. yn gweithio dan ddaear yn ymyl Ianto a
Wil a gwyddai fanylion yr ornest waedlyd a fu rhyngddyn nhw
ryw fore Sul ar fynydd Pen-rhys rywbryd cyn 1894. Doedd dim
dyfarnwr, a dal ati i gledro nes bod y naill neu'r llall yn ffusto
fyddai'r drefn, heb oedi i'r un o'r ddau gael ei wynt. Sofren
felen fyddai'r abwyd. Mae'n debyg mai ystryw ar ran un o'r
cefnogwyr ddaeth â'r ornest i ben y bore hwnnw.

O gyrion y dorf, a hynny ar ôl dwy awr a hanner o gledro
caled, clywid y waedd "Polîs!" a hynny er nad oedd golwg
o'r un heddgeidwad. Tra oedd un o'r gornestwyr wedi troi i
wynebu'r perygl honedig – ni wyddys pa un – fe'i tarwyd gan
y llall nes ei fod yn anymwybodol. Ni fodlonai'r un o'r ddau
ddatgelu wrth Defi John beth yn gwmws hapnodd yn y diwedd
un. Ond gwyddys i Ianto Thomas fynd i'r Amerig i weithio

am ddeng mlynedd ym maes glo Pennsylvania cyn dod sha thre i Flaenllechau, uwchlaw Glynrhedynnog (Ferndale), a dychwelodd William Evans i'w gynefin yng nglofa'r Betws, ger Rhydaman, sef yr enw newydd am Cross Inn.

Na, doedd y flwyddyn gwta y bu Tomi'r Llety yn Tomi Treherbert ddim heb ei gyffro, siawns. Tebyg y byddai wedi clywed mai yn Eisteddfod Nadolig Carmel yn 1877 yr enillodd y bardd o Gwm Sirhywi, Islwyn, Gadair am ei bryddest 'Y Nefoedd', a bod beirdd megis Watcyn Wyn a Nathan Dyfed (Jonathan Owen Reynolds, 1814–1891) ymhlith yr enillwyr cyson yn yr eisteddfodau blynyddol hynny. Byddai'n ymwybodol hefyd bod nifer o fechgyn y cwm wedi dilyn cwrs o addysg yn Athrofa'r Gwynfryn yn Rhydaman. A derbyn, wrth gwrs, mai yn Nhreherbert y cafodd flas ar ysbryd Klondyke-debyg y Rhondda.

Mae'n rhaid y byddai wedi'i gyffroi gan y siarad a glywai ymhlith y glowyr am amodau gwaith, eu beirniadaeth o'r meistri a'r arian mawr a wnaed gan y perchnogion ar draul cyflogau cymharol fychan y coliers. Byddai hynny yn y man yn ei gynddeiriogi. Byddai'n ystyried yr amgylchiadau'n annheg ac yn dechrau ymgyrchu i newid hanfod y drefn. Ym mis Medi 1897 dechreuodd y glowyr ymgyrchu dros sicrhau isafswm cyflog yn hytrach na dibynnu ar yr hyn a elwid yn Raddfa Lithrig, a olygai ostwng a chodi cyflogau yn ôl mympwy pris glo ar y farchnad. Pan gwympai'r pris fe gwympai cyflogau. Gwelwyd cwymp o dri swllt ar ddeg y dunnell i naw swllt a dwy geiniog y dunnell rhwng 1890 ac 1896 ar y doc yng Nghaerdydd.

Arweiniodd yr anghydfod hwn at bum mis o locowt y flwyddyn ganlynol a arweiniodd at dlodi enbyd ymhlith 100,000 o lowyr a'u teuluoedd. Byddai Niclas eisoes wedi'i danio gan yr hyn a ystyriai'n iau landlordiaeth ar warrau tenantiaid yn ei gynefin, a chan yr hyn a ddarllenai ar yr aelwyd am Bwnc y Tir. Yn 1898 y ffurfiwyd y Ffed – Ffederasiwn Glowyr Deheudir Cymru – i gynrychioli buddiannau'r glowyr. Erbyn diwedd y flwyddyn ffurfiwyd tua dau ddwsin o ganghennau o'r Blaid Lafur Annibynnol yn y cymoedd glofaol o ganlyniad i ymgyrchu'r cadeirydd, Keir Hardie (1856–1915), yn ystod y streic. Ni fyddai Niclas yn ddall a byddar i'r datblygiadau hyn.

Ond ai yn Nhreherbert y cafodd y profiadau hyn? Yn wir, ydi hi o bwys i wybod ble'n union yn y Rhondda y treuliodd ei amser? Yr un fyddai'r pair ymhob un o bentrefi'r Rhondda Fach a'r Rhondda Fawr yn 1897/8. Roedd Niclas ymhlith 52,000 o bobl a ddenwyd i Forgannwg yn ystod y degawd. Digon yw dweud bod Twm Llety wedi treulio blwyddyn ffurfiannol yn ystod ei ieuenctid yn y Rhondda. Ond byddai'n braf cael gwybod ble'n union hefyd.

Un o'r rheiny a godwyd i'r weinidogaeth yng Ngharmel, Treherbert, oedd y Parch. Ivor T. Rees. Fe'i hordeiniwyd yng Nghapel y Wern, Aberafan, yn 1956. Wedi gyrfa a'i gwelodd yn gweinidogaethu yn Llundain, Abertawe a Rochdale, ymddeolodd i ardal Sgeti, Abertawe, gan fwrw ati i lunio bywgraffiadau cyflawn o weinidogion a fu'n ymhél â gwleidyddiaeth. Un o'r rhai cyntaf iddo ei lunio oedd bywgraffiad o Niclas y Glais a'i gyhoeddi yn un o rifynnau *Cylchgrawn Llyfrgell Genedlaethol Cymru*. Ond, eto, er ei wybodaeth drylwyr am ei gynefin, ni all yntau chwaith warantu i sicrwydd mai yn Nhreherbert y bu Niclas yn lletya.

"Roedd fy nhad-cu, Ivor Thomas – Ivor Bwtsiwr – yn focsiwr proffesiynol, a phan oedd yn tynnu at derfyn ei yrfa fe'i trechwyd gan y Jimmy Driscoll ifanc. Roedd ei frawd, Sam Bwtsiwr, yn un o'r paffwyr mynydd. Arferai'r Parch H. T. Jacob ifanc fod yn *sparring partner* i fy nhad-cu ar lawr gweithdy'r gof ar ben Pwll Abergorky yn Nhreorci. Tad Jacob oedd y gof. Ond am arhosiad T. E. Nicholas yn yr ardal ni allaf ddweud dim i sicrwydd. Byr oedd ei gyfnod yno i adael argraff. Ond mae gen i ryw deimlad iddo gael ei gyflogi yn y Co-op yn Nhreherbert. Mwy na hynny ni allaf fentro dweud dim," meddai.

Mae'n debyg y byddai Niclas weithiau yn adrodd stori am bartner iddo o ardal Crymych a arferai letya 'ar y mynydd uwchben Tonypandy'. Cafodd y colier ei hysbysu, os nad ei rybuddio, gan ei letywraig un ben bore braf o wanwyn y byddai'n siŵr o weld pili-pala ar ei siwrnai i'r pwll y diwrnod hwnnw. Yntau'n cynhyrfu gan dderbyn y newyddion fel mater difrifol, a phenderfynu cymryd pastwn rhag ofn y byddai'r pili-pala rhyfedd yma'n ymosod arno. Ond stori oedd honno i ddangos y gwahaniaeth ieithyddol rhwng gwŷr Morgannwg a gwŷr y Preselau a fyddai'n defnyddio'r ymadrodd 'iâr fach yr haf' i ddynodi'r glöyn byw.

"Dwi wedi chwilio yn fy mocsys rhag ofn fod yna garden bost wrth Wncwl Tomi yno wedi'i hala o Dreherbert at ei rieni a'i frodyr yn yr hen gartre. Dwi'n siŵr bod yr arfer o hala cardie post wedi cydio erbyn y cyfnod hwnnw ac mor boblogaidd ag y mae hala e-byst neu negeseuon trydar at ein gilydd heddi," meddai Glen.

"Dwi'n gwybod o brofiad cymaint o lythyrwr oedd e'n ddiweddarach. Prin fod yna ddiwrnod yn mynd heibio yn ystod ei oes waith na fydde'n derbyn ac yn danfon bwndel o lythyre. Pan fyddwn i'n hala nodyn ato ddechre'r wythnos i ddweud y byddwn i'n dod trwy Aberystwyth ar y ffordd adre o'r coleg ym Manceinion ar y penwythnos, byddwn yn siŵr o gael llythyr 'nôl ganddo gyda'r troad i ddweud p'un a fydde gartre neu beidio. 'Dere di heibio, fe fydda i 'ma' fydde ei ateb fynycha.

"Ond er i mi dwrio yn yr atig, synna i wedi dod o hyd i garden wedi'i phostio yn Nhreherbert nac o unman yn y Rhondda. Fedrwn i ddim dweud i sicrwydd ble yn gwmws fuodd e. Clywais ryw sôn rywbryd mai yn Nhreharris y buodd Wncwl Tomi. Ond synno hynny yn y Rhondda, wrth gwrs," ychwanegodd.

Ond mewn cyfweliad dwy dudalen gyda D. Alun Lloyd yn *Y Cymro* ym mis Chwefror 1965 ceir y geiriau canlynol yng ngenau'r holwr:

Gwawriodd cyfnod newydd arno, fodd bynnag, yn 1897 pan benderfynodd adael tawelwch gwledig yr Eglwys-wen am siop yng nghanol berw diwydiannol Treherbert, y Rhondda. Cofiai ddathlu Jiwbili Victoria yno a dechrau pregethu.[4]

Nid ymhelaethir ac ni ddyfynnir 'Tomi Treherbert' yn sôn am ei brofiadau yn y gweithfeydd. Dichon, serch hynny, fod hynny'n ddigon o dystiolaeth dros bwyso'r glorian o blaid Treherbert fel lloches dros dro y crwt ifanc. Ym mis Mehefin 1897 y dathlodd y Frenhines ei Jiwbilî Diemwnt, sef trigain mlynedd ar yr orsedd. Yr un modd, nid yw'r papurau o eiddo ei gyfyrder, y Parch W. Rhys Nicholas (1914–1996), sydd yn y Llyfrgell Genedlaethol, yn dweud mwy nag iddo fod yn Nhreherbert am gyfnod. Ni wyddom y manylion.

3

Tomi'r Gwynfryn, Llandeilo a Dodgeville

NID YW'N ANODD dyfalu pam y dewisodd y Niclas ifanc gofrestru'n fyfyriwr yn Academi'r Gwynfryn, Rhydaman, wedi iddo benderfynu ei fod am ddilyn cwrs o addysg a gosod ei lygaid ar y weinidogaeth. Yn ystod deunaw mlynedd ei bodolaeth sefydlodd yr ysgol baratoawl, dan arweiniad Watcyn Wyn, enw da am hyfforddi darpar weinidogion. Âi llawer o'r myfyrwyr ymlaen i golegau prifysgol i astudio am raddau. Daeth llawer ohonyn nhw'n adnabyddus fel beirdd a llenorion. Cyfrannodd yr Academi'n helaeth tuag at gynnal y ffenomen o feirdd-bregethwyr yng Nghymru. Un o'r rheiny oedd Gwili (John Jenkins 1872–1936) a ddychwelodd at Watcyn Wyn fel athro cynorthwyol yn 1897 ac yntau'n chwech ar hugain oed. Bu yno am wyth mlynedd.

Sefydlodd Watcyn Wyn ei gredensials fel bardd trwy ennill Coron Eisteddfod Genedlaethol Merthyr Tudful yn 1881 pan gyfansoddodd bryddest ar y testun 'Bywyd'. Bedair blynedd yn ddiweddarach enillodd Gadair Eisteddfod Genedlaethol Aberdâr trwy gyfansoddi awdl ar y testun 'Gwir yn Erbyn y Byd'. Achosodd gryn gynnwrf pan enillodd Goron Eisteddfod Ffair y Byd Chicago 1893 gyda cherdd yn clodfori George Washington. Nid oedd yn bresennol i gael ei goroni ac mae'n debyg mai dim ond hanner y wobr o $200 ddaeth i'w ran.

Sicrhaodd anfarwoldeb fel emynydd trwy gyfansoddi 'Rwy'n gweld o bell y dydd yn dod' pan oedd yn hanner cant oed, fel emyn comisiwn ar gyfer caniedydd newydd. Dywedir iddo gael ei ysbrydoli wrth weld y wawr yn torri pan oedd ar ei wyliau yng Ngheinewydd, Sir Aberteifi, yr haf hwnnw yn 1894.

Profodd Gwili ei bedigri llenyddol hefyd trwy ennill Coron Eisteddfod Genedlaethol Merthyr Tudful yn 1901 gyda phryddest ar y testun 'Tywysog Tangnefedd'. Aeth i Goleg yr Iesu, Rhydychen, yn 1905, ac yn ddiweddarach fe'i penodwyd yn Athro'r Testament Newydd yng Ngholeg y Bedyddwyr yng Nghaerdydd. Wrth i ysgolion canolraddol gael eu sefydlu a chyda lleihad yn nifer yr ymgeiswyr am y weinidogaeth daeth rhawd Academi'r Gwynfryn i ben yn 1914 gyda chyhoeddi'r Rhyfel Byd Cyntaf.

Yn wahanol i'r rhelyw o sefydliadau tebyg anogwyd llenydda yn y Gwynfryn. Rhoddwyd lle teilwng i'r diwylliant Cymraeg. Ffurfiwyd Cymdeithas Lenyddol yn ystod gaeaf 1890. Deuai llenorion mwyaf adnabyddus y genedl i annerch yn eu tro am yn ail â chynnal dadleuon ymhlith y myfyrwyr eu hunain. Addysgwyd Watcyn Hezekiah Williams (Watcyn Wyn) yng Ngholeg Presbyteraidd Caerfyrddin, a thestun gofid iddo oedd na chynhwysid y Gymraeg fel rhan o'r maes llafur yno, fwy nag oedd hi'n rhan o feysydd llafur colegau cyffelyb eraill. Bwriad prifathro'r Gwynfryn oedd gwneud iawn am hynny yn Rhydaman. Arferai sôn yn gyson mai'r addysg orau a gafodd erioed oedd pan aeth i weithio dan ddaear yn wyth oed. Arferai'r coliers drafod pob math o bynciau a chynnal cystadlaethau dros ginio yng nghrombil y ddaear. Doedd y Welsh Not ddim yn amharu arnyn nhw yn y fan honno.

Dysgid Groeg, Lladin a Hebraeg yn ogystal â Chymraeg a Saesneg, mathemateg, gwyddoniaeth elfennol a llaw-fer yn y Gwynfryn, a rhoddid pwyslais ar wneud y myfyrwyr yn hyddysg ym mhethau'r Beibl, wrth gwrs. Ym mis Tachwedd 1898, dim ond ychydig fisoedd ers i Niclas ddechrau ar ei gwrs, gwelwyd yn dda i roi cyfle iddo bregethu yng Nghymanfa Myfyrwyr y Gwynfryn yng Nghapel Hope, Pontarddulais. Yn ôl y cyhoeddiad wythnosol, *Y Celt*, byddai T. E. Nicholas, Antioch, Crymych, ac R. Jones, Tir-y-dail, Rhydaman, yn pregethu yn y prynhawn. Ben Williams, Ystalyfera, oedd y cennad yn y bore a'r ddau yn yr hwyr oedd W. D. Roderick, Rhydaman, a J. T. Thomas, Llan-non, Llanelli. O leiaf dengys y nodyn bod Niclas yn arddel perthynas â'i fam eglwys yng Nghrymych yn hytrach na chapel yn y gweithfeydd.

Tebyg felly y byddai'n esgyn i bulpud Antioch a chapeli eraill y fro pan fyddai adref ar wyliau. Er iddo adael yr ardal o dan gwmwl ryw ddwy flynedd ynghynt mae'n rhaid bod perthynas glòs y teulu â'r achos yng Nghrymych yn sicrhau cyfle iddo fagu cwils yn yr oedfaon yno. Hyd yn oed os na châi bregethu, mae'n rhaid y byddai ei gyfraniadau yn y dosbarth Ysgol Sul yn go fywiog ym marn Glen George, ei or-nai.

"Alla i ddim dychmygu Wncwl Tomi yn sefyll yn llonydd nac yn ymddwyn yn ddywedwst yn yr un cyfarfod lle roedd cyfle i drafod. Bydde digon ganddo i'w ddweud ar sail ei brofiade wrth draed Watcyn Wyn a Gwili, dwi'n siŵr. Fe fydde fe'n greadur aflonydd," meddai.

Nodyn diddorol arall yn adroddiad *Y Celt* yw'r cyfeiriad at D. Hopkins (Gwalch Milo), un o gyn-fyfyrwyr y Gwynfryn, a oedd wedi ymfudo i'r Amerig a sicrhau lle iddo'i hun mewn coleg yn Kansas. Tebyg bod hynny yn hau hedyn ym meddwl Niclas wrth iddo bendroni ynghylch ei ddyfodol. Byddai hefyd yn ymwybodol fod ei weinidog yn ei fam eglwys yng Nghrymych wedi bod yn gwasanaethu yn Efrog Newydd. Ond tybed a oedd yn cydletya gydag un o'r cenhadon a draddodai yng Nghapel Hope, Pontarddulais? Yr arfer oedd i'r myfyrwyr letya bob yn ddau, gan dalu tua hanner coron yr wythnos am ystafell i astudio ynddi ac ystafell wely. Disgwylid iddyn nhw ddarparu eu bwyd eu hunain heblaw am dato, a gaent am ddim, a'r un modd eu golch. Telid pum swllt ar hugain y chwarter am yr addysg, a gellid disgwyl ennill tua choron am bob cyhoeddiad ar y Sul.

Ni chymerodd Watcyn Wyn na Gwili erioed ofal o eglwys. Dywedwyd nad oedd Watcyn yn fawr o bregethwr a bod tuedd yn Gwili i barablu'n glou. Serch hynny, gorchwyl arferol pnawn Gwener yn yr Academi oedd gwrando ar bregeth un o'r myfyrwyr ac yna ei dadansoddi a'i beirniadu. Ystyrid Gwili yn anghofus a lletchwith ei ffordd, a'i fod bron bob mis yn gorfod prynu sgarff newydd gan na wyddai ble'r oedd wedi colli'r un flaenorol. Ar sail y nodweddion hyn fe'i hystyriwyd yn athro hoffus gan ei fyfyrwyr. Tebyg oedd atyniad Watcyn Wyn, a thebyg bod y geirda a roddwyd iddo, sydd i'w gweld ar gofgolofn yng Nghapel Gwynfryn, Rhydaman, yn crynhoi ei gyfraniad i'r dim – 'Rhagorai mewn naturioldeb hawddgar, synhwyrau cryfion a ffraethineb digyfryw'.

Tystiolaeth Tomi'r Gwynfryn ar ddiwedd ei oes oedd na ddysgodd ddim a oedd yn newydd am yr efengyl wedi iddo adael Academi'r Gwynfryn. Parhaodd y cyflwyniad a gafodd yn y cyfnod hwnnw i 'Ddiwinyddiaeth Newydd' R. J. Campbell (1867–1956) a sosialaeth Gristnogol Keir Hardie yn ffon gynhaliaeth ysbrydol a syniadol iddo gydol ei yrfa. Tystia Glen i hynny.

"Mewn sawl sgwrs cyfeiriodd at ddoethineb a pharodrwydd Watcyn Wyn a Gwili i hybu syniadau newydd. Mae gen i gopi Wncwl Tomi o gyfrol R. J. Campbell *Christianity and the Social Order* a gyhoeddwyd yn 1907. Mae rhai darnau wedi'u tanlinellu. Teitl un o'r penodau a nodwyd oedd 'The Socialising of Natural Resources' lle ceir crynodeb hygyrch o syniadau economaidd Karl Marx: 'those natural resources belong by right to the people who live in the country... but their access to them is hampered and hindered by private ownership'. Roedd yna hefyd bennod ar 'The Socialising of Industry', testun perthnasol iawn i dde Cymru pan oedd y pyllau glo a'r diwydiant haearn yn eu hanterth: 'Our industrial organisation is autocratic, aristocratic, bureaucratic but it is not democratic and never will be until the power of capital is taken out of the hands of a small class and vested in the community for the benefit of all.' Pa ryfedd felly fod meddylfryd Niclas wedi gwyro i'r chwith ymhell cyn i Vladimir Ilyich Lenin a'i gymrodyr newid llif hanes ym 1917?" meddai Glen.

Lledwyd gorwelion Niclas ymhell y tu hwnt i gyfyngiadau'r sêt fawr. Yr un mor ddylanwadol ond mewn modd negyddol oedd llyfrau'r Piwritan o dras Cymreig, John Owen (1616–1683). Ymhlith ei bapurau yn Archidfy Prifysgol Bangor dywed Niclas iddo brynu un gyfrol ar bymtheg o'i weithiau yn ogystal â'i esboniadau ar yr Epistol at yr Hebreaid. Cafodd flas ar y darllen ond daeth i'r casgliad nad oedd y fath ddiwinydda yn berthnasol i ddeall Cristnogaeth:

> Gwelais mai nid ar gyfer dynion a allai ymresymu fel John Owen y trefnwyd efengyl Grist ond i'r rhai bychain. Gall dyn fod yn Gristion heb fedru darllen ac ysgrifennu, heb athrylith fawr i gysoni pethau anghyson. Gwawriodd ar fy meddwl y pryd hwnnw nad oedd a fynno pethau fel hyn â Christionogaeth o gwbl. Damcaniaethu dynol am efengyl syml oedd y cyfan. Pe bai rhaid deall pethau fel y deallid hwynt gan John Owen cyn cael sylfaen i ffydd, yna, dyna hi ar ben ar bedwar ugain a phedwar ar bymtheg o bob cant o'r hil ddynol.[1]

Ac roedd Niclas yn aflonydd. Penderfynodd gymryd gofal eglwys yn ddwy ar hugain oed, ar derfyn tair blynedd yn Academi'r Gwynfryn, yn hytrach na throi ei olygon i gyfeiriad addysg ddiwinyddol bellach a chwennych llythrennau gradd wrth ei gwt. Mae yna amheuaeth a oedd wedi cwblhau ei gwrs yn ffurfiol yn y Gwynfryn. Roedd yna ramant yn yr awyr hefyd ym mherson un o ferched prydferthaf Rhydaman. Ond yn gyntaf yr alwad, yr ordeinio a'r sefydlu.

Doedd yna ddim prinder ymgeiswyr ar gyfer y weinidogaeth yn y cyfnod hwnnw. Parheid i helaethu a chodi capeli o'r newydd yn enwedig yn ardaloedd poblog y de. Ceid cryn alw am weinidogion. Rhoddid bri ar bregethu. Yn wir, roedd yna gystadleuaeth ymhlith myfyrwyr i dderbyn galwadau i gapeli llewyrchus. Prin y byddai disgwyl i'r un gweinidog gymryd gofal o fwy nag un eglwys. Medrai nifer yr aelodau amrywio o tua dau gant i bum cant a mwy. Ymrannai capeli pan ystyrid fod nifer y cymunwyr yn teilyngu codi capel arall ar gyfer cyfran o'r gynulleidfa rywle gerllaw. Hwyrach y byddai gan ambell gapel gwledig yr hyn a elwid yn gangen ar gyfer aelodau oedd yn byw mewn man anghysbell yn bell o'r prif adeilad.

Bid siŵr, roedd yna fynd ar gyrddau pregethu wrth i bregethwyr deithio'r wlad i gymryd rhan mewn Cyrddau Mawr. Tyrrai pobl o bell i wrando ar yr huotlaf a'r mwyaf dawnus yn eu plith. Byddai lluniau o'r goreuon yn britho parwydydd aelwydydd ledled Cymru. Nhw oedd selebs eu cyfnod. Er yr amryfal bosibiliadau, dewisodd Tomi'r Llety gael ei ordeinio a'i sefydlu yn weinidog mewn capel o'r enw Horeb, yn nhref Llandeilo, yn Nyffryn Tywi. Doedd y capel ddim heb ei drafferthion a gellid dweud, yn nhafodiaith Niclas, fod ei hanes hytrach yn sgadlyn. Doedd hanes ei sefydlu ddim yn oranrhydeddus. Cyhoeddwyd adroddiad o'r achlysur ordeinio mewn wythnosolyn o'r enw *The Cambrian*, a gyhoeddid yn Abertawe, ym mis Hydref 1901. Ni ellir gwell na'i ddyfynnu yn ei grynswth:

CWRDD ORDEINIO ENWOG. Ar y 7fed o'r mis hwn urddwyd Mr. Nicholas, o Grymych, mewn capel bach o'r enw Horeb, yn Llandilo Fawr. Myfyriwr o ysgol y Gwynfryn ydoedd. Dechreuwyd y gwasanaeth urddasol am 2 o'r gloch, gan un Mr Morgan, llyfrwerthwr, Amanford. Holwyd y gofyniadau, dyrchafwyd (?) yr urdd weddi, a rhoddwyd siars i'r urddedig gan ryw weinidog o'r enw Mr James, Rhiwfawr, Cwm Tawe, Morganwg; a rhoddwyd siars i'r bobl gan un Mr Harries, o Bantyffynon. Nis gellid cael neb yn gymhwysach i roi y siars hon i'r bobl hyn, oblegyd yr oedd yn berthynas i rai o honynt.

Beth bynnag, nid am fod eisiau y siars ar y bobl hyn y rhoddwyd hi, ond am ei bod yn arferiad gysegredig. Ac am y siars ei hun, trueni na anfonid hi i'r Amgueddfa Brydeinig i fod yn un o gywreinion yr 20fed ganrif. Gwelsom yn bresennol, heblaw yr enwogion byd-enwog a nodwyd, ryw Miss Hopkins, Treforris, un sy'n arfer pregethu ymhell o gartref. Yr oedd yno hefyd rai myfyrwyr o'r Gwynfryn, a'r Parch Philip Jones, gweinidog Methodistiaid Llandilo. Ni chymerodd Mr Jones ran mewn gwaith fel hwn am ryw reswm. Wrth reswm, yr oedd yn bwysig bod gerllaw pe bai rhywbeth yn digwydd. A gawn i fynd

i bregethu am Sabbath i helpu y Parch W. O. Jones, Lerpwl, Mr Jones bach?[2]
HUMBUG

Be wnewch chi o'r adroddiad? Darllenwch ef eto. Ac eto. Ymddengys fod gan y gohebydd, pwy bynnag ydoedd, asgwrn i'w grafu. Mae yna ddrwg yn y caws yn rhywle. Nid yw am ein hysbysu a oedd teulu Niclas yn bresennol. A oedd cynrychiolaeth yno o gapel Antioch? A oedd y Parch John Evans yno yn cymryd rhan? A oedd Gwili a Watcyn Wyn yno'n cymeradwyo'r urddo? Yn wir, mae'n watwarus o'r holl ddigwyddiad.

Byr a chryno yw'r cyfeiriad at ordeinio Niclas ym mhapur ei gynefin, y *Cardigan and Tivyside Advertiser*. Ni wneir mwy na nodi'r ffaith ei fod yn un o dri o'r ardal oedd newydd eu hordeinio. Ordeiniwyd James Davies, Hermon, yng Nghapel Bethel, Cwm-parc, a James Nicholas, Cwmfelin, yntau yng Nghwm Rhondda hefyd, yng Nghapel Moriah, Tonypandy. Dengys hynny yr apêl oedd yn y weinidogaeth fel gyrfa a bod yna ofalaethau a oedd yn deisyf gweinidogion.

Ond hawyr bach, wele adroddiad tipyn mwy syber, er yr un mor annisgwyl, yn y *Carmarthen Journal*, ar y dydd Iau wedi'r sefydlu a'r ordeinio ar y Sul a'r Llun. Disgrifir Niclas fel 'highly successful character'. Nodir bod tri chennad ar y Sul – Morley Davies yn y bore, Miss Hopkin yn y prynhawn a W. Harries, Pantyffynnon, yn yr hwyr. Y Parch E. James, Rhiwfawr, oedd â gofal yr ordeinio a'r sefydlu. Ac oedd, roedd yna gynrychiolaeth o Antioch yn bresennol a chafwyd gair gan un ohonynt, a darllenwyd llythyr o eiddo'r gweinidog. Cyflwynodd ei gyd-fyfyrwyr yn y Gwynfryn fwndel o lyfrau'n anrheg i Niclas a chafwyd unawdau cysegredig gan Miss Phillips, Hebron, a'r dywededig Miss Hopkin.

Mae'n siŵr y byddai rhywun, yn ystod yr achlysur, wedi atgoffa'r gweinidog ieuanc ei fod mewn llinach anrhydeddus o ran tras. Roedd dau o frodyr ei fam-gu, Sarah, ar ochr ei dad, yn weinidogion ond gyda'r Bedyddwyr. Bu George Thomas M.A. (1796–1873) yn weinidog ym Mhontypŵl am 30 mlynedd ac yn gwasanaethu yng Ngholeg y Bedyddwyr yno. Bu Theophilus Thomas (1808–1871) yn weinidog ym Mwlchgwynt, ar gyrion Hendygwyn, cyn iddo fwrw ati i sefydlu capel Nasareth yn y dref, yn 1830, gan godi'r Mans ar ei draul ei hun.

Ond mae'n siŵr y byddai'r adroddiad yn *The Cambrian* wedi creu cryn gellwair a dyfalu ymhlith 'bois y Gwynfryn'. Pwy oedd yn llechu y tu ôl i'r ffugenw 'Humbug'? Rhoddai'r argraff ei fod yn bresennol. Ai un o'u plith nhw oedd yn talu'r pwyth yn ôl am ryw reswm? Fe ddeuai'r Parch Philip Jones (1855–1945), y cyfeirir ato, yn enwog yn ddiweddarach fel 'Philip Jones, Porthcawl', un o wir hoelion wyth y Methodistiaid, a fagwyd yn Nhai-Bach, ac a edmygid yn gymaint am ei huotledd â'i ddefnydd o dafodiaith Morgannwg yn y pulpud.

Roedd y Parch William Owen Jones (1861–1937) wedyn, a oedd hefyd yn Fethodsyn, mewn helynt gyda'i gapel yn Chatham Street, Lerpwl, am ei fod yn cael ei gyhuddo o ddiota'n drwm. Gadawodd o dan waradwydd yn 1901 gan sefydlu Eglwys Rydd y Cymry a fu'n llwyddiannus am gyfnod. Ymunodd â'r Annibynwyr yn 1920. Roedd yna watwar mileinig i'w deimlo yn ysgrifbin Humbug.

Mewn gwirionedd roedd nifer o drigolion y cylch wedi gwrthwynebu sefydlu Horeb yn gapel yn enw enwad yr Annibynwyr. Capel sblit oedd Horeb. Erbyn hyn cafodd ei addasu'n ystafell briodasol fel rhan o Westy'r Cawdor yng nghanol Llandeilo. Fe'i codwyd yn wreiddiol fel capel Wesleaidd yn 1810. Er ei helaethu yn 1849 fe'i caewyd yn 1900 pan gododd y Wesleaid adeilad newydd, St Paul's, yn Heol Latimer.

Yn yr un cyfnod roedd dros chwe chant o aelodau yng Nghapel Tabernacl, yr Annibynwyr, ym mhentre Ffairfach, dros y bont. Penderfynwyd y dylid codi capel newydd ar gyfer tua hanner yr aelodau yn nhref Llandeilo ei hun. Dyna a wnaed ac agorwyd Capel Newydd yn 1902. Yn y cyfamser penderfynodd carfan o'r aelodau brynu hen gapel y Wesleaid, ffurfio achos a galw gweinidog. T. E. Nicholas oedd y gweinidog cyntaf. Roedd y Parch William Davies, gweinidog Tabernacl, yn ddig.

Ceir rhywfaint o flas yr anghydfod gan W. T. Gruffydd yn ei *Hanes y Tabernacl, Ffairfach* a gyhoeddwyd yn 1951:

> Bu cyffro arswydus oblegid yr oedd hyn oll yn groes i fwriad
> y Parch William Davies ac yn ei wrthgefn. Ymarfogodd yn
> erbyn y mudiad. Ymladdodd ym mhob Cyfarfod Chwarter yn y
> Tabernacl, a gofir yn hir gan fod y lle mor ferw ac mor llawn a
> phe bai'n ddydd "Cyrddau Mawr." Aeth yr 'achos' ymlaen am rai
> blynyddoedd. Bu yno am ryw ysbaid, yn eu tro, ddau weinidog
> a ddaeth ar ôl hynny yn lled adnabyddus. Ni wyddom ddigon i
> ffurfio barn deg am yr helynt uchod. Yr oedd ei wreiddiau o'r
> golwg ac anodd yw eu cael i sicrwydd, ond trasiedi i Annibyniaeth
> oedd iddo ddigwydd. Achoswyd gryn chwerwder. Yr hyn a laddodd
> y symudiad hwn yn bennaf oedd llwyddiant yr anturiaeth o godi'r
> Capel Newydd.[3]

Yn wyneb y chwerwder uchod hwyrach mai rhywun o blith carfan wrthwynebus Tabernacl oedd yn mynegi ei ddicter yn rhith Humbug. Teg dweud fod Niclas wedi ei gael ei hun mewn patrwm o helbul a fyddai'n para gydol ei yrfa ac, yn wir, wedi'i blannu gyda'r erlid a fu ohono o'i gynefin oherwydd helynt 'ficer Eglwys-wen'. Ymddengys fod gweinidogaeth Niclas wedi bod yn eithaf llewyrchus yn Llandeilo. Roedd ei drawswch bras yn dal sylw, a diau ei fod yn weithgar waeth faint o chwerwder a fodolai ynghylch sefydlu'r achos.

Ar ddiwedd mis Tachwedd cynhaliwyd eisteddfod a chyngerdd mawreddog yn y dref er mwyn codi arian at ddefnydd Horeb. Denwyd beirniaid o fri, neb llai na'r Parchedig Nantlais Williams (1874–1959) o Rydaman i feirniadu'r adrodd a'r corfeistr enwog o Ddowlais, Harry Evans (1873–1914), i feirniadu'r canu. O fewn pythefnos i'w sefydlu nododd y *Carmarthen Journal* fod T. E. Nicholas ymhlith y gweinidogion a gymerodd ran yng ngwasanaeth angladdol merch ugain oed yng nghapel Bethlehem ger Llangadog. Gwelodd y papur yn dda i gyhoeddi cerdd goffa o eiddo Niclas fel rhan o'r adroddiad angladdol am yr ymadawedig, Anne Morgan:

Mae'r bywyd ieuanc wedi gwywo'n awr,
Caiff fod yn *ieuanc* byth yn nef y nef;
Yn *hen* yr elai yma ar y llawr,
Wrth ymladd beunydd â'r demtasiwn gref.

Ar lan y bedd y saif y tad a'r fam
A'u dagrau'n gwlitho'r blodau gylch y fan;
Eu meddwl pruddaidd weithiau ddyry lam
At ysbryd Annie, draw i'r dawel lan.

Oer iawn yw'r bedd lle gorphwys Annie fach,
Mae miloedd oesau wedi llwydo'r glyn;
Ond gwelant drwy y niwl ardaloedd iach,
A gwelant yno bawb yn gwisgo gwyn.

A gwelant Annie yno'n mysg y llu
Yn moli'r Gŵr fu gynt ar ben bryn;
Os ydynt hwy ill dau yn gwisgo *du*,
Mae ganddynt blentyn sydd yn gwisgo *gwyn*.

Duw teulu bach Bethania fyddo yn nodded iddynt,
   A llawenhaent am
   Iddynt gael y fraint o fagu
   Un o berlau'i 'Goron Ef'.[4]

Yn 1902 cymerodd y gweinidog newydd wraig, sef Mary Alice Hopkins. Tybed ai hi oedd y 'Miss Hopkins, Treforris' y cyfeiriai Humbug ati mor wawdlyd yn *The Cambrian*? Byddai'n anarferol i ddynes bregethu yn y cyfnod hwnnw ond, wedyn, roedd yn amlwg na hidiai Humbug ryw lawer ynghylch cywirdeb ei adroddiad. Beth bynnag, priodwyd Mary Alice a Thomas Evan ar ddydd Mercher, y diwrnod cyntaf o fis Hydref, yng nghapel yr Annibynwyr Walter Road, Abertawe, gan y gweinidog, y Parch Evans Jenkins. Nodir mai'r ddau dyst i'r achlysur oedd William Williams ac Annie Way. Noda'r dystysgrif briodasol hefyd mai cyfeiriad cartref Niclas oedd 55, Bond Street, Abertawe. Cyfeiriad y briodferch oedd Begonia House, Wind Street, Rhydaman a nodir bod ei thad yn oriadurwr a gemydd.

Ceir yr argraff mai priodas 'dawel' oedd achlysur yr uniad. Gellir deall hynny o sylweddoli bod Mary Alice yn feichiog ers chwe mis. Ar Ionawr 4, 1903 ganwyd Thomas Islwyn a hynny yn Bond Street. O dan amgylchiadau o'r fath, yn y cyfnod hwnnw, arferid disgyblu'r sawl oedd yn feichiog cyn priodi trwy ei 'thorri mas', sef ei diarddel. Ond wedyn byddid yn 'ei derbyn 'nôl' i'r gorlan o fewn cymundeb neu ddau. Yn y cyswllt hwn, tebyg y byddai'n anodd i'w gŵr weithredu'r gosb. A byddai'n lletchwith i'r diaconiaid wneud mwy na mynegi syndod. Doedd dim cosb i'r tad dan amgylchiadau o'r fath. Bernid mai trosedd y fam yn llwyr oedd y tramgwyddo.

Ond o dderbyn mai yn Abertawe, nid nepell o Heol Ystumllwynarth ger y môr, oedd y cartref priodasol a'r Mans, a bod y gweinidog yn teithio i Landeilo yn ôl y gofyn, hwyrach nad oedd yr amgylchiadau mor wybyddus â hynny i gapelwyr Horeb. Er y dystiolaeth bod y ddarpar wraig yn bresennol yn y cwrdd ordeinio a sefydlu does dim rheidrwydd ei bod wedi'i gweld yn yr oedfaon yn gyson wedi hynny. Hwyrach nad oedd Mary Alice yn aelod yn Horeb beth bynnag, a doedd y mater o ddisgyblu, felly, ddim yn codi'i ben. Ond beth oedd y cysylltiad â chapel Walter Road, Abertawe, o ystyried bod ei chartref yn Rhydaman?

Oedd y Parch Evans Jenkins yn bresennol yn y cwrdd sefydlu yn Llandeilo? Oedd e'n gyd-efrydydd i Niclas yn y Gwynfryn? Ai cyflawni cymwynas a wnâi trwy briodi'r ddau ar ddydd Mercher mewn capel lle nad oedd gan yr un o'r ddau gysylltiad? O ddeall iddo gael ei ordeinio'n weinidog yn Bethel, Llansamlet, yn 1877, dair blynedd cyn i Watcyn Wyn sefydlu Academi'r Gwynfryn, afraid dyfalu fod ganddo unrhyw gysylltiad â Niclas trwy'r sefydliad hwnnw ac, yn wir, nad oedd yna nemor fawr gysylltiad rhwng y ddau o gwbl. Sefydlwyd y brodor o Lanharan yn gyd-weinidog yn Walter Street yn 1881. Ystyriwyd Walter Street yn gapel y 'crachach' yn Abertawe.

Ai teg tybio nad oedd yna fawr neb o'r ddau deulu'n bresennol yn y briodas? Nemor neb ond y ddau dyst a enwir ar y dystysgrif? Oedd William Williams ac Annie Way yn wybyddus

i'r priodfab a'r briodferch? A dynnwyd lluniau o'r achlysur?
Oedd yna neithior o fath wedyn? Neu a oedd rhieni lled gefnog
Alice wedi dewis Walter Street er mwyn cael tipyn o sbloet er
gwaethaf y cywilydd fod eu merch yn feichiog? Ai hynny oedd
wedi eu hatal rhag cynnal y briodas yn Rhydaman? Credir bod
gan ei theulu gysylltiad â chapel Gellimanwydd, yr Annibynwyr,
yn y dref. Pam oedd Alice – a Niclas – yn byw yn Abertawe ar
y pryd? Hwyrach mai hwylustod y capel gerllaw benderfynodd
mangre'r briodas, o dderbyn fod y trefniant wedi'i wneud ar
fyr rybudd.

Beth bynnag, mae'n debyg fod yr amgylchiadau wedi cael
effaith ar weinidogaeth Niclas oherwydd erbyn yr haf 1903
roedd y teulu o dri wedi penderfynu codi pac. Byr fu cyfnod y
weinidogaeth yn Nyffryn Tywi cyn i Niclas fentro i America o
bobman. Ni chredir iddo gael galwad na sicrwydd o ofalaeth
fel y cyfryw ond ei fod yn barod i fentro'i lwc. A doedd dewis
talaith Wisconsin ddim gyda'r dewis doethaf o ran natur yr
hin nac o ran golud bydol y gymdeithas. Ond mae'n amlwg
y credai y câi gyfle i ddringo i bulpudau'r eglwysi Cymraeg a
chael modd i gynnal y teulu.

A fedyddiwyd Islwyn cyn i'r tri ymfudo? Ym mhle a chan
bwy? Hwyrach na chafodd ei fedyddio beth bynnag pan oedd
yn faban. Ni fyddai'n arferol i weinidog fedyddio ei blentyn ei
hun. A fyddai wedi'i fedyddio ar yr aelwyd neu mewn oedfa
yng Ngellimanwydd?

Ond o ran yr ymadawiad sydyn, mae lle i gredu bod
safbwynt cynyddol radical Niclas yn dân ar groen rhai o'r
aelodau ceidwadol eu ffordd a'u daliadau. Sonnir hefyd gan
rai am berthynas y tu fas i briodas. Yn sicr, deuai hynny yn y
man yn nodwedd o'i ymddygiad gydol ei yrfa.

Dan amgylchiadau o'r fath, hwyrach mai'r cam gorau oedd
ymadael, a mynd cyn belled fyth ag y gellid o'r ardal. Prin y
gellid mynd ymhellach na Dodgeville a pharhau i weinidogaethu
trwy gyfrwng y Gymraeg. Ond sut y trefnwyd hynny? Oedd gan
Niclas awydd angerddol i fynd i America? Yn sicr nid oedd arno
ofn mentro. A doedd rhai o feirdd America ddim yn ddieithr

iddo. Fel y gwelsom roedd rhai o 'fois y Gwynfryn' eisoes wedi mentro i'r wlad fawr. Hwyrach fod y tri mis a dreuliodd R. J. Campbell yn pregethu yn yr Unol Daleithiau yr haf hwnnw wedi tanio ei ddychymyg. Cred Glen y byddai'r ymdeimlad o antur yn gryf yng ngwythiennau Wncwl Tomi wrth iddo wynebu her o'r newydd:

"Gallaf ddychmygu ei fod wedi croesi'r Iwerydd yn llawn afiaith. Mentrodd i'r Rhondda'n gynharach a nawr, gyda chyfrifoldeb teulu, roedd yr her yn dipyn mwy. Dwi'n siŵr y bydde fe'n magu gobeithion o gyflawni llawer ymhlith Cymry Dodgeville a gweddill Iowa a thalaith Wisconsin gyfan o ran hynny. Bydde unrhyw helyntion oedd wedi'i blagio yn Llandeilo y tu cefn iddo. Roedd dalen newydd yn agor o'i flaen ynte, Alys, a'r Islwyn bychan," meddai.

Cyn ymfudo, cyhoeddwyd cerdd hirfaith, dros gan llinell, o'i eiddo yn rhifyn olaf mis Gorffennaf o'r *Carmarthen Journal*. Cynnyrch beirdd megis Ioan Tydu, Eos Cader, Cynfelyn a Myrddin a welid yng Ngholofn y Beirdd gan amlaf. Ymddangosodd 'Y Tannau a Dorrwyd' gyda'r esboniad mai 'darn o riangerdd' oedd hi o dan ei enw ei hun – T. E. Nicholas. Doedd yr awen ddim yn hesb.

Yn ôl R. D. Thomas (1817–1888) yn ei lyfr *Hanes Cymry America* a gyhoeddwyd yn 1872, roedd yna 81 o gapeli Cymraeg yn nhalaith Wisconsin ar y pryd wedi'u sefydlu gan y Methodistiaid Calfinaidd, yr Annibynwyr a'r Bedyddwyr gan y genhedlaeth gyntaf o fewnfudwyr. Gwanhau a wnâi'r achosion hyn wrth i'r ail a'r drydedd genhedlaeth fabwysiadu'r ffordd Americanaidd o fyw a hepgor hen iaith eu tadau. Roedd hynny eisoes ar waith yn ardal Dodgeville erbyn 1903 fel y dengys adroddiad yn *Y Drych*, papur Cymraeg y wlad, wrth gofnodi dyfodiad Niclas:

Pregethodd am y waith gyntaf ar ddydd Sul, 15 Tachwedd, 1903, yng Nghapel Cymraeg Dodgeville. Byddai'n pregethu yn Gymraeg a Saesneg wedyn yng Nghapel Caergybi ond achlysurol yn unig y cynhelid oedfaon yng Nghapel Bethel-y-coed erbyn hynny am fod y gynulleidfa wedi ymrannu, rhai wedi ymuno â Chaergybi a rhai wedi ymuno â chapel Saesneg Dodgeville, Pleasant Valley.[5]

Noda'r gohebydd, D. Myddfai Evans, fod Niclas wedi cyrraedd Dodgeville ym mis Awst ac iddo fod yn pregethu hwnt ac yma tan fis Tachwedd. Awgryma hynny'n gryf nad oedd wedi derbyn galwad gan yr un capel cyn croesi'r Iwerydd. Noda hefyd mai ar ddiwedd mis Rhagfyr y cynhaliwyd cyfarfod croeso i'r teulu wedi iddyn nhw gael eu traed danynt yn y tŷ wedi'i ddodrefnu a ddarparwyd ar eu cyfer gan fod y 'parsonage' wedi'i osod ar rent. Cadeiriwyd y cyfarfod gan John W. Owen a ddisgrifiwyd fel 'hen filwr o'r Rhyfel Cartref', canwyd unawdau gan John O. Griffiths, Evan O. Evans a D. M. Evans, a chafwyd anerchiad gan y Parch W. J. Wickham, gweinidog yr eglwys Saesneg, a fyddai ei hun yn pregethu yn Gymraeg yn achlysurol. Nodir bod ymateb Niclas yn llawn ffraethineb.

Cyn troi at y lluniaeth, oedd wedi'i baratoi gan y gwragedd, estynnwyd croeso swyddogol y wlad gan y Parch T. P. Jenkins a ddisgrifiwyd fel cyn-gyd-efrydydd yn Academi'r Gwynfryn. Roedd T. P. yn frodor o'r Pwll, Llanelli, ac wedi croesi'r Iwerydd yn 1899. Hwyrach bod hynny'n esbonio'r cysylltiad a ddenodd Niclas dros y dŵr. Er, tebyg y byddai yna sôn cyson yn y cyfnodolion Cymraeg am eglwysi 'gwag' yn yr Unol Daleithiau. Hwyrach bod yna gysylltiad uniongyrchol ag Academi'r Gwynfryn yn deisyf gweinidogion.

Chafodd Myddfai Evans fawr o gyfle i sôn am weinidogaeth Niclas yn y cyffiniau. Cyfeiriodd at ddarlith a draddododd i godi arian i addurno'r capel oddi fewn. Ei destun oedd 'Adnodau o Bennod Bywyd'. Mae'n debyg iddo gyfeirio'n helaeth at y bardd Islwyn gan ddyfynnu toreth o'i waith. John W. Owen oedd yn cadeirio a'r Parchedig W. J. Wickham yn cyflwyno'r darlithydd. Roedd hyn ar ddiwedd mis Mehefin 1904 a hynny pan oedd trefniadau eisoes ar droed i Niclas ddychwelyd i'r hen wlad. Roedd llythyr ar ei ffordd yn ei wahodd i fod yn weinidog ar Gapel Seion, Y Glais, yng Nghwm Tawe, a hynny ar sail hap gyfarfyddiad rhwng un o'r diaconiaid a thad Niclas yn Ffair Crymych yn gynharach yn y flwyddyn.

Arferai William Lewis, Llwyn-du, fynychu ffeiriau ar hyd y gorllewin i brynu ceffylau. Disgrifiad yr Athro T. J. Morgan (1907–1986) ohono mewn erthygl a gyhoeddwyd yn *Y Genhinen* yn 1971 oedd, "ei oedran a'i gyfoeth yn fwy na'i dduwioldeb, a roes ddylanwad iddo ym mywyd yr eglwys, a theg dweud nad oedd mawrdra na ffug urddas yn perthyn iddo". Roedd eisoes wedi cyrraedd oed yr addewid a thra llygadai'r cesig a'r ebolion yng Nghrymych aeth yn sgwrs rhyngddo a Dafi Niclas. Holwyd hynt y mab a chael ar ddeall nad oedd y tad trigain oed wedi cymryd at y syniad o'i fab ieuengaf yn ymgartrefu yn America. Pan ddeallodd fod pulpud Seion yn wag, ei gyngor i'r porthmon yn ddi-oed oedd "Halwch amdano ar unwaith".

Cofiai'r 'saint' am y myfyriwr ifanc yn pregethu yn Seion. Gadawodd argraff. Pan ddeallwyd bod yna bosibilrwydd cryf y gellid ei ddenu'n ôl ni phetrusodd y diaconiaid fwrw eu hatlin o'i blaid yn hytrach na'r ymgeisydd arall a oedd o dan sylw, Sam Jones, o Orseinon, a oedd ar fin gorffen ei gwrs yng Ngholeg Presbyteraidd Caerfyrddin. Halwyd llythyr yr alwad ar 20 Mehefin 1904. Ond roedd yna garfan o wŷr ifanc nad oedden nhw'n llawenhau. Credent fod y trefniant yn fyrbwyll ac na chafwyd cyfle i'w wahodd i bregethu 'ar brawf' fel oedd yn arferol. O'r herwydd bu'n rhaid cynnal ail gyfarfod ym Mynydd-bach o dan drefniant yr enwad i drafod y mater. A'r hen a orfu.

Draw yn Dodgeville roedd y trefniadau ffarwelio ar y gweill erbyn diwedd yr haf. Cynhaliwyd y cwrdd ymadawol ar Awst 23 â'r hen filwr eto wrth y llyw yn cyflwyno 'oriawr aur ddrudfawr a chadwen o'r un defnydd' i'w weinidog byr ei arhosiad. Araith ddoniol mewn cywair chwareus yn peri chwerthin oedd ymateb Niclas yn ôl gohebydd *Y Drych*. Talodd Myddfai Evans ei deyrnged bersonol:

> ... addefwn ninnau fod yna anrhydedd mawr i weinidog ieuanc o'i safle mewn cael galwad yn ôl i Gymru o'r lle pellennig hwn...

gwnaeth argraff a erys yn hir gan y dyddordeb a deimlid yn ei ddehongliad o air Duw. Yng Nghymru y mae calon ei 'hanner orau' a gallwn gasglu ei fod yntau hefyd yn byw llawer yno o ran ei ysbryd oherwydd gwelwn ei fod yn ddiweddar wedi cipio dwy wobr farddonol yn Eisteddfod y Gwrhyd... bydd dylanwad daionus ei bregethau yn aros yn hir ar ei ôl yn y lle.[6]

Pregethodd ei bregeth olaf yn oedfa'r prynhawn yng Nghapel Caergybi ar Awst 28, 1904. Gwnaed casgliad haelionus iddo. Wedi cwta flwyddyn o weinidogaeth yn Wisconsin roedd Niclas, Alys ac Islwyn, ynghyd â'r ychwanegiadau diweddaraf i'r teulu, Eluned a Thelma, yn hwylio o Efrog Newydd ar fwrdd y *Cunard* ar Fedi'r 10 ar eu ffordd yn ôl i Walia lân. Ymddengys fod Niclas wedi creu argraff ffafriol ar ei braidd ond roedd hiraeth yn tynnu ar dannau calon Alys hwyrach yn fwy nag ar eiddo ei gŵr. Cyniwair a wnâi'r ysbryd aflonydd. Ni all Glen wneud mwy na dyfalu beth fyddai'n mynd trwy feddwl Wncwl Tomi wrth freuddwydio ar fwrdd y llong yng ngwynt heli'r Iwerydd ar ei ffordd yn ôl i Gymru.

"Ni chofiaf amdano'n sôn dim wrthyf am ei brofiade yn America. Roedd yn fwy parod o lawer i sôn am brofiade ei ymweliad â Rwsia flynyddoedd yn ddiweddarach. Ond mae'n debyg y bydde'n aflonydd ar y llong, yn siarad â hwn a'r llall, yn carco am Islwyn, Thelma ac Eluned am yn ail â darllen y pentwr o lyfre fydde wedi'u prynu yn America mae'n siŵr. Falle bod cyfrol Edwin Markham (1852–1940) *The Man and the Hoe and Other Poems* a gyhoeddwyd yn 1899 yn eu plith. Cafodd y gerdd honno ddylanwad mawr ar Wncwl Tomi. Fe'i cyfieithodd i'r Gymraeg yn ddiweddarach a hithe eisoes wedi'i chyfieithu i ryw ddeugain o ieithoedd," meddai.

Hwyrach, ar ryw olwg, ei bod yn syndod nad oes cyfeiriad at symudiadau Niclas yn y pedwar rhifyn o'r *Gwynfryn Magazine* a gyhoeddwyd rhwng 1903 ac 1905. Daeth y cylchgrawn i ben pan fu farw Watcyn Wyn. Un o amcanion y cyhoeddiad dwyieithog, yr anelwyd i'w gyhoeddi ddwywaith y flwyddyn, oedd cofnodi hynt a helynt cyn-fyfyrwyr yn ogystal â chyhoeddi cynnyrch llenyddol. Ond eto, hwyrach nad yw'n syndod, oherwydd hynt a helynt y myfyrwyr hynny oedd wedi dilyn cwrs pellach yn y colegau diwinyddol a gofnodid yn bennaf, a hynny mewn adroddiadau gan rywun o'u plith nhw eu hunain, yng Nghaerdydd, Bangor, Aberhonddu a Llundain. Dengys nifer y colegau hyn bod cynhyrchu gweinidogion yr efengyl yn 'ddiwydiant' ynddo'i hun.

Ni fyddai'n ddim syndod pe bai'r hin wedi bod yn ddigon o reswm dros sbarduno Niclas a'r teulu i gefnu ar y wlad fawr. Oerni ac oerfel oedd hi gan amlaf, fel y tystiodd Niclas flynyddoedd yn ddiweddarach mewn llythyr at ei gyfeilles, Awena Rhun, yn sôn amdano'n mynd mewn car llusg i gynnal oedfa pnawn Sul yng Nghaergybi, ryw bum milltir y tu fas i Dodgeville:

> Dau geffyl yn ei dynnu a chlychau am eu gyddfau... Yr oedd yn oer iawn yno. Saith mis o eira heb fynd i ffwrdd er bod haul tanbaid uwch ben bob dydd. Deuai stormydd mawr o fellt a tharanau weithiau, a gwynt anhygoel. Ni ellid mynd allan heb esgidiau rubber, ac yn y trefi yr oedd ganddynt fannau i ddelio â dynion oedd yn rhewi. Rhewai eich trwyn neu ddarn o'ch grudd heb yn wybod i chwi. Yna fe ddoi rhywun atoch i ddweud fod y trwyn neu'r foch wedi rhewi. Âi'n wyn fel eira. Aed â chwi i hut bach, a rhwbio eira yn y man a oedd wedi rhewi hyd oni ddelai'r gwaed yn ei ôl. Rhewodd bys fy nhroed unwaith wrth dorri coed tân ar ddydd o haf uwch ben. Minnau'n credu y gallwn fynd allan heb yr esgidiau rubber. Teimlaf dipyn oddi wrth y bawd hwnnw ar dywydd oer. Nid oes amgyffred gan neb am yr oerni heb ei deimlo.[7]

Beth bynnag, parod oedd Niclas am her o'r newydd eto fyth 'nôl yng Nghymru. Ni roddodd gyfle digonol iddo'i hun ddygymod â theithi'r wlad fawr ac i ymroi i'r bywyd gwleidyddol yno yn ôl ei anian. Doedd dim prinder Cymry ymhlith y Gweriniaethwyr a nifer ohonyn nhw mewn uchel swyddi. O fewn fawr o dro byddai Thomas Meredith Evans, un o Gymry'r ail genhedlaeth, yn aelod o lywodraeth talaith Wisconsin. Ond ymhél â gwleidyddiaeth y meysydd glo fyddai rhawd Niclas pan gâi ei draed dano yn y Glais. Dyma sut oedd y *Dodgeville Chronicle* yn cofnodi ymadawiad Niclas ym mis Medi 1904:

> Rev. Thomas Nicholas, who has been pastor of the Welsh Congregational church in this city for the past year, accompanied by his family left Monday for Swansea, South Wales, where he will become pastor of the Congregational church at that place. During Rev. Nicholas' stay here he has made many friends who regret his departure.[8]

O leiaf doedd dim awgrym o sgandal yn y cofnod cryno ond, i fod yn deg, doedd dim angen cofnodi a oedd wedi ymserchu'n llamsachus mewn unrhyw Americanes neu beidio. Rhaid cofio bod yr hanesydd David W. Howell yn ei lyfryn *Nicholas of Glais: The People's Champion* wedi awgrymu fod yna sibrydion o 'romantic entanglement' yn rhan o'i benderfyniad i ymadael â Llandeilo am Wisconsin yn y lle cyntaf yn ogystal, wrth gwrs, â'r anesmwythyd ynghylch ei syniadau radical. Ni fyddai ei ddiddordeb yn y naill na'r llall yn pylu. Anodd dweud bod gan Niclas gynllun o ran saernïo gyrfa. Ymddengys mai mater o hap oedd pob dim hyd yn hyn ac yntau heb ganfod sefydlogrwydd. Mentrodd i'r wlad fawr megis un o'r mwynwyr aur a chwenychai anturiaeth a chyfoeth.

4

Dyddiau'r Glais

SŴN CLINDARDDACH SGIDIAU hoelion y coliers a phedolau
ceffylau'r ffermwyr ar hyd y strydoedd, ynghyd â wilia ffraeth
y gwragedd ar bennau'r drysau wrth iddyn nhw galetu'r
cytseiniaid, fyddai wedi croesawu Niclas a'r teulu i'r Glais yn
hydref 1904. Heb anghofio am ddrewdod gwaith nicel y Mond
ar draws yr afon yng Nghlydach, a fyddai'n tyfu i fod y mwyaf
o'i fath yn y byd ac yn brif gyflogwr Cwm Tawe yn y man. Ceid
yno fwrlwm. Byddai Niclas wrth ei fodd yng nghanol yr holl
fynd a dod. A buan y gwelai fod yna waith i'w wneud y tu fas
i furiau Capel Seion a'i bod yn ddyletswydd arno i gyflawni'r
gwaith hwnnw heb hidio pwy y byddai'n ei dynnu yn ei ben.

Ond un o'i ddyletswyddau cyntaf yn Seion oedd cyfarch y
bardd buddugol yn yr eisteddfod a gynhaliwyd ar Dachwedd 7.
Rhoddwyd gini o wobr i'r Parch D. Eurof Walters, Llanymddyfri,
am ei farwnad i'r Parch W. Mynwy Davies, cyn-fugail yr
eglwys. Roedd marwnadu yn nodwedd amlwg o farddoniaeth
eisteddfodol y cyfnod. Ymhlith eraill oedd yn ei gyfarch roedd
beirdd yn arddel yr enwau Eilir Mai (J. S. Davies, Llansamlet
1898–1958), Alarch Ogwy (James Clement, Sgiwen 1862–1943)
a Gwilym Bedw (W. J. Jones, Gellifedw 1879–1939). Doedd T.
E. Nicholas ddim wedi mabwysiadu'r enw Niclas y Glais mor
gynnar â hynny, wrth gwrs. Byddai llewyrch ar yr eisteddfod
yng nghyfnod y gweinidog newydd. Trefnwyd cystadleuaeth
drwm a phibau un flwyddyn. Ond ni ddenwyd ymgeiswyr. Yn
y seithfed eisteddfod yn 1910 cafwyd cystadleuaeth coedio a
naddu trwy graig. Do, fe gafwyd enillwyr o blith y glowyr.

O ran y cystadlaethau mwy traddodiadol denwyd cystadleuwyr o ardal eang. Os taw Glynne Gwilym o'r pentre enillodd yr unawd dan 14 yn 1908 fe enillwyd yr unawd gontralto gan Rachel Jones o Rydaman, yr unawd soprano gan Edith Thomas o Dreforys, yr unawd tenor gan J. Stephens o Fon-y-maen a'r unawd bas gan D. Davies, Allt-wen, ac yna corau Llwchwr a Gendros yn gyntaf ac yn ail yn y gystadleuaeth gorawl. Sefydlwyd Côr Iau Seion a fu'n perfformio'r cantata 'Plant y Nefoedd' o waith Daniel Protheroe (1866–1934). Cyfrannai Niclas yn helaeth at y bwrlwm diwylliannol.

Daeth ton o dristwch dros yr aelwyd ym mis Ebrill 1905 pan fu farw Eluned a hithau'n dal yn ei chewynnau heb gyrraedd ei dwyflwydd. Cynhaliwyd yr angladd nid yn Seion ond yng Ngellimanwydd yn Rhydaman. Mae'n rhaid bod gan Alys a'i theulu gysylltiad â'r achos yno. Roedd y gwasanaeth yng ngofal y gweinidog, y Parch I. C. Evans, yn cael ei gynorthwyo gan y Parch'ion T. Gwernogle Evans a J. Tywi Jones.

Yn annisgwyl efallai, ac yntau eisoes wedi bod yn gweinidogaethu yno ers dros chwe mis, ym mis Mehefin y cynhaliwyd y Cwrdd Sefydlu yn Seion. Ond yn y cyfamser bu'n rhaid cynnal y cyfarfod arbennig hwnnw yn Mynydd-bach, wrth gwrs, i benderfynu a oedd yr alwad yn unol â threfn a rheolau'r Annibynwyr. Roedd hynny wedi gorfodi oedi. Ni nodwyd fod yna weinidogion na swyddogion o'r henfro yn bresennol yn yr oedfaon yn y prynhawn a'r hwyr ar ddydd Iau, Mehefin 5. A'r pregethwyr yn yr hwyr oedd y Parch D. Eiddig Jones, Clydach a'r Parch W. D. Thomas, Gibea, Brynaman.

Wrth i Glen a minnau sefyll ger drysau capel Seion, a'r rheiny heb eu hagor ers tro byd, prin atgof yw'r bwrlwm a fu oddi fewn yn nyddiau Niclas. Rhoddodd y dyrnaid sy'n dal i addoli yno'n achlysurol y gorau i ddefnyddio'r capel gan gynnal eu hoedfaon yn y festri. Rhoddwyd un o gadeiriau eisteddfodol Niclas, a arferai fod yn y sêt fawr, yng ngofal aelod o'r teulu agos. Ond deil llun o weinidog enwocaf Seion ar bared y festri. Wrth gamu i'r capel ei hun ni fedrwn wneud mwy na synhwyro cyfaredd Niclas dros ei gynulleidfa pan

fyddai'n pregethu ei efengyl gymdeithasol heb ei glastwreiddio
â'i huotledd diarhebol. A bu'n gwneud hynny ar nosweithiau
Iau am gyfnod.

Cwynai'r diaconiaid mai prin oedd yr achlysuron y byddai'n
pregethu gartre ar ddau Sul yn olynol am ei fod yn derbyn
galwadau i bregethu mewn Cyrddau Mawr yn rhywle neu'i
gilydd ledled Cymru byth a beunydd. Er mwyn rhoi awgrym
o'i brysurdeb fel pregethwr yn ystod ei gyfnod yng Nghwm
Tawe, roedd yn Ninas Mawddwy ym mis Hydref 1909 yng
nghyrddau sefydlu R. T. Gregory, un o fechgyn y Glais. Roedd
yn un o chwech o bregethwyr a bregethai fesul dau mewn tri
chapel yr un noson. Llanc lleol pymtheg oed yn un o'r oedfaon
oedd Ithel Davies. Roedd eisoes wedi dotio at ysgrifau Niclas
yn y *Geninen*, ac ychydig a feddyliodd bryd hynny y byddai'n
chwarae rhan allweddol yng ngyrfa'r cennad maes o law. Bu
Niclas yn pregethu a chynnig siars yng nghyrddau sefydlu'r
Parch D. Morlais Davies yn Soar, Blaenogwy, wedyn ym mis
Chwefror 1910. Fe oedd y pregethwr gwadd o'r 'Sowth' yng
Nghyrddau Blynyddol eglwysi Gilgal ac Utica ym Maentwrog
dros y Pasg 1910, yn gwmni i'r Parch D. Stanley Jones,
Caernarfon, a'r Parch W. J. Nicholson, Porthmadog.

Er mwyn dyhuddo'r blaenoriaid, ateb Niclas oedd cynnal
cwrdd pregeth yn ystod yr wythnos yn hytrach na gwrthod
y mynych alwadau a ddeuai i'w ran. Er, mae'n syndod fod
nosweithiau Iau'n rhydd ganddo o ystyried ei brysurdeb.
Tawodd y cyfan erbyn hyn. Ni sieryd neb yn y corau mwyach.
Ni ddaw nodyn o'r organ. Does yna ddim cantorion yn ei
morio hi ar y galeri. Ni ddaw neb â'r blychau casglu oddi
amgylch. Ond mae yna rai yn y pentre sy'n dal i arddel y cof
am weinidogaeth y Parch T. E. Nicholas ac am y gweithgarwch
a fu pan oedd nifer yr aelodaeth dros ddau gant yn hytrach
na'r dyrnaid presennol sydd bron i gyd dros oed yr addewid.
Byddai'n anarferol i lai na chant a hanner fod mewn oedfa
gymun yng nghyfnod Niclas.

Preswylia Eirian Rees a'i gŵr, Glyndŵr, yn y Mans, neu Pen-
twyn, i roi i'r cartref ei enw cyfredol, yn Heol Cefn ym mhen

ucha'r pentre. Codwyd y tŷ yn benodol ar gyfer Niclas a'i deulu ar ôl i gynulleidfa Seion bleidleisio o 146 i 15 ym mis Chwefror 1905 dros godi Mans i'w gweinidog. Erbyn iddo ddod yn barod yn 1907 roedd £365 wedi'i wario ar y gwaith adeiladu. Cyfeiria Eirian at y cypyrddau ar y wal yn yr ystafell fyw lle honnai y byddai llestri brwnt dydd Sul yn cael eu rhoi ar gyfer eu golchi ar ddydd Llun am na wnaed dim o'r fath ar y Sabath. Caiff Glen gryn anhawster i dderbyn hynny o gofio bod Wncwl Tomi ac Alys wedi treulio cyfnod yn America ac wedi ymddihatru oddi wrth arferion o'r fath bid siŵr. Ond ymlacia i wrando ar y straeon am Wncwl Tomi pan oedd wrthi'n cyfansoddi a pharatoi ei holl weithgarwch llenyddol, crefyddol a gwleidyddol yn yr union Fans hwn.

Cofia Eirian yn dda am y trafod cyson fyddai ar aelwyd ei phlentyndod ynghylch 'Niclas y Glaish'. Wedi'r cyfan, gyda'i rhieni yn Gobeithfa, Heol Nicholas, y byddai Niclas yn lletya pan ddychwelai i'r ardal wedi iddo symud i Sir Aberteifi. A byddai'n dychwelyd yn fynych oherwydd y galwadau fyddai arno i ddarlithio, i bregethu ac i ymgyrchu ar ran yr ILP, y Blaid Lafur Annibynnol. Bu mam Eirian, Blodwen Jenkins, yn organyddes Seion am dros hanner can mlynedd, a'i thad-cu, David Davies, am gyfnod maith cyn hynny. Doedd dim amau teyrngarwch y teulu i'r achos. Aeth Blodwen Jenkins i'r drafferth o gofnodi ei hargraffiadau o Niclas ar bapur. Estyn Eirian am y tudalennau.

"Shgwlwch 'ma, nawr, yn ôl nodiade fy mam fan hyn nawr, do'dd fy nhad-cu ddim drost rhoi galwad i Niclas yn y lle cynta. O'dd e a rhai erill o'r cryts ifenc yn credu bod y diaconiaid wedi bod yn fyrbwyll i dynnu rhywun o America heb i'r gynulleidfa ga'l cyfle i'w glywed e yn y pwlpud, nage fe. Ond fe gymeron nhw ato fe'n weddol glou, fel ma Mam yn gweud fan hyn; 'Mewn byr amser daethant i ddeall mai ochri gyda'r gweithiwr cyffredin oedd eu gweinidog newydd, a'r ail reswm iddyn nhw dawelu a gorffen protestio oedd rhag ofn y bydden nhw mewn perygl o golli eu gwaith'. Fel'na o'dd hi, ch'wel.

"Erbyn y mwstwr pan o'dd sôn y bydde Niclas yn gatel

wedyn, Dacu o'dd un o'r rhai mwya ta'r dros ei gatw. Y diaconiaid, yn berchnogion busnes, o'dd yn ddicon parod i atel iddo fynd, ch'wel. Ma beth wetws Mam fan hyn – 'Roedd e ormod o Socialist i siwtio perchnogion gwithe glo a busnese o'r fath'. Nath e lot o waith da, cofiwch. Gwrandwch ar beth ma Mam wedi sgrifennu fan hyn nawr.

"'Rwy'n ei gofio yn mynd ffwl pelt ar ein haelwyd lawer gwaith. Nid o'dd ball ar ei eiriau. Clywais e'n pregethu mewn pulpud y blynydda dwetha pob pregeth non stop heb rith o bapur. Ei gamp oedd dangos, a hynny'n effeithiol iawn, trwy adnod neu adnodau yn y Beibl y gwahaniaeth rhwng tlodi'r werin a chyfoeth y cyfalafwyr a chymariaethau clyfar a chymysgu hiwmor a gwawd. Do'dd e byth yn edrych fel gweinidog yn y pulpud. Barf, bow-tie liwgar. Edrychai'n fwy tebyg i un o'r artists Rhanbarth Lladin ym Mharis nag i weinidog parchus gyda'r Annibynwyr. Yn naturiol ro'dd y pethau a gredai, a'r bobl a edmygai o ran Sosialaeth, yn dod i fewn i'r bregeth yn Seion'.

"Gofynnon ni i Mam i sgrifennu'r pethe 'ma ar bapur cyn ei bod hi'n marw, ch'wel. Wedd shwd barch 'da'r teulu i Niclas y Glaish. Chlywodd Mam mohono eriôd yn siarad Sisneg yn unman, medde hi. Cwmrâg fydde fe'n siarad yn y cyfarfodydd Sosialaidd medden nhw. Do, do, buws fy rhieni yn ei weld pan o'dd e'n jâl 'Bertawe. Bydde Mam wastad yn dweud fod Niclas o flân ei amser. Gadws e ddwy o'i gadeirie i'r capel a gatel arian yn ei ewyllys i Seion, ch'wel, can punt sbo. Do'dd e ddim yn dal dig am fod e dan bwyse i adel. O'dd e bob amser yn gwisgo sandale heb sane am ei drâd, ch'wel," meddai.

Gyda hynny sylwom mai sandalau oedd am draed gor-nai Niclas, ond roedd Glen yn gwisgo sanau. Esboniodd mai dyna oedd ei arfer ac y byddai'n teimlo ei draed yn oer pe gwisgai esgidie, boed yr arfer wedi'i etifeddu wrth ei hen wncwl neu beidio.

Gadawodd Niclas Seion i gymryd gofal o ddau gapel yr Annibynwyr yn Llanddewi Brefi a Llangybi, ger Llanbed, yn Sir Aberteifi yn gynnar yn 1914. Cynhaliwyd oedfa ffarwél yn

Seion ar nos Sul, Ionawr 11. Roedd y capel dan ei sang gyda chynrychiolwyr capeli cyfagos yn y gynulleidfa yn synhwyro y bydden nhw'n dyst i achlysur hanesyddol. Chawson nhw ddim o'u siomi. Clywid Niclas yn adolygu ei gyfnod o ddeng mlynedd wrth y llyw.

Cyfaddefodd nad oedd wedi sôn fawr ddim am Uffern na'r byd a ddaw o'i bulpud, ond ei fod wedi sôn llawer am broblemau cymdeithasol a'r angen i'w datrys trwy arddel dysgeidiaeth yr efengyl fel roedd e'n ei gweld hi. Pwysleisiodd mai pwrpas yr eglwys yn ei olwg oedd gofalu am anghenion materol ac ysbrydol y ddynoliaeth a'i fod o'r farn fod y mwyafrif o'i braidd wedi dod i gyd-weld ag ef ynglŷn â hynny. Mynegodd ei farn mai eilbeth oedd hybu credoau crefyddol penodol o'i gymharu â'r angen i wella cyflwr bydol dyn. Ni chredai mewn pechod gwreiddiol.

Cyhoeddodd papur Cwm Tawe, *Llais Llafur,* deyrnged gynnes i'r Parchedig T. E. Nicholas ar ei ymadawiad, gan gydnabod ei fod yn weinidog ots i'r cyffredin. Terfyna'r adroddiad Saesneg trwy ddweud:

> During the ten years he has resided in the Swansea Valley he has inspired hundreds if not thousands with a wider and nobler outlook on life. He has been and is the most revolutionary of revolutionaries, and his strength as a lecturer is only equalled by the strong appeal he makes as a preacher.[1]

Noda'r adroddiad fod yna ddieithryn wedi codi ar ei draed ar derfyn yr oedfa a chyffesu mai dyna'r tro cyntaf iddo gyfarfod â Niclas ond iddo deimlo iddo fod yn ei gwmni laweroedd o weithiau trwy ddarllen ei farddoniaeth, a hynny pan oedd filoedd o filltiroedd i ffwrdd oddi cartre. Tystiodd bod y cyfrolau *Salmau'r Werin* a *Cerddi Gwerin* wedi bod yn ysbrydoliaeth iddo mewn modd nad oedd yr un bardd cyfoes arall wedi'i gyffroi. Mentrodd fod llawer o weinidogion eraill yn coleddu'r un syniadau â Niclas ond nad oedden nhw, am ryw reswm, yn barod i leisio hynny o'r puplud.

Cyfeiria'r adroddiad hefyd nad oedd hi'n fwriad gan Fardd y Werin i laesu dwylo yn ei ofalaeth newydd yng nghefn gwlad Sir Aberteifi. Datgelwyd bod cyfrol o gofiant i'r sosialydd R. J. Derfel, a fu farw yn 1905, o dan y teitl *Y Gwrthryfelwr Cymreig* ar y gweill ganddo. Roedd Derfel wedi treulio'r rhan fwyaf o'i oes waith ym Manceinion ar ôl gadael Sir Feirionnydd. Bu'n drafaeliwr masnachol, yn bregethwr cynorthwyol, yn fardd, ac yn fawr ei sêl dros sosialaeth a radicaliaeth Gymreig. Awgrymodd rywdro y dylid mabwysiadu Robert Owen yn nawddsant cenedlaethol yn lle Dewi Sant. Ei ddrama *Brad y Llyfrau Gleision* roes yr enw hwnnw i'r adroddiad addysg bondigrybwyll a gyhoeddwyd yn 1847. Fel na phetai hynny'n ddigon i Niclas fynd i'r afael ag ef, roedd yn awyddus i gyhoeddi cyfrol o bregethau yn delio â materion cymdeithasol, *Pulpud y Werin*, yn ogystal â chyfrol arall o farddoniaeth yn dwyn y teitl, *Cerddi Gorthrwm*. Ond prin ei fod yn bwriadu neilltuo ei amser yn grwn i'r stydi chwaith. Yn wir, ni welodd y cofiant na'r gyfrol o bregethau olau dydd. Ni chraswyd y ffwrn.

Ers i Niclas gyhoeddi ei fwriad i ymadael ar ddechrau mis Rhagfyr 1913 mae'n debyg bod y gynulleidfa yn Seion, ar ddau Sul yn olynol, wedi pledio arno i newid ei feddwl ond eu bod ar Ddydd Nadolig wedi plygu i'r drefn a chytuno i'w ddymuniad gan fwrw ati wedyn i drefnu'r anrhegion arferol i'r teulu ar achlysur o'r fath. Rhoddwyd *roll-top desk* i Niclas ac 'awrlais' i'w wraig. Penderfynodd y gynulleidfa dderbyn cynnig Niclas o Gadair hardd Eisteddfod Castellnewydd Emlyn 1910 i'w chadw yn y sêt fawr.

Mynnodd Niclas gyflwyno'r Gadair yn benodol i William Lewis, y perchennog glofa a'r ffermwr cefnog a fu'n bennaf gyfrifol am ei ddenu o Wisconsin ar sail y sgwrs honno gyda'i dad yn Ffair Crymych yn 1903. Gwyddai hefyd fod Mr Lewis, ac yn sicr ei fab, Evan, a oedd yn rhedeg y busnesau erbyn hyn, ymhlith y rhai a fyddai'n well ganddyn nhw weld Niclas yn gadael, ond doedd efengyl Niclas ddim yn caniatáu iddo ddal dig tuag at y diaconiaid. Pan fu gwrthdaro ym mhyllau glo lleol megis Tyn-y-fron, Llwyn-du a Sisters Pit yn 1905, 1909, 1910 ac

1911 roedd y gweinidog yn ymorol ar ran y coliers gan ennyn llid Evan Lewis a'i debyg.

Mae'n debyg y byddai yna gryn drafod yn lleol dros gyfnod y Nadolig hwnnw ynghylch union gyfraniad Niclas i fywyd yr ardal. Roedd ei gyfraniad yn amlweddog ac ymhob agwedd yn ddadleuol. Tafolid ei bregethau, mae'n siŵr. Byddai llawer yn cofio pregeth ddadleuol a draddodwyd ganddo ym mis Rhagfyr 1911, ychydig ddyddiau wedi i Henry Phillips gael ei grogi yng ngharchar Abertawe am lofruddio ei wraig yn eu cartref ym Mhenrhyn Gŵyr. Cododd ei destun yn Efengyl Mathew 5:21: "Clywsoch ddywedyd gan y rhai gynt, Na ladd; a phwy bynnag a laddo, euog fydd o farn". Cofnodwyd byrdwn y bregeth yn y *Merthyr Pioneer*:

> Y mae pob bywyd yn gysegredig. Nid oes gan neb hawl arno ond Duw. Y mae'r hwn sydd yn mynd â bywyd dyn yn mynd a'r peth nad oes neb ond Duw hawl i fynd ag ef. Nid yw yn iawn i fynd â bywyd llofrudd. Duw bia dial, Duw bia bywyd. Yn ein gwlad ni y mae dyn yn colli ei fywyd am lofruddiaeth. Dyna gyfraith y wlad. Dyna oedd cyfraith y wlad yn amser Moses hefyd. Nid yw y wlad hon felly yn uwch ei gwareiddiad yn hyn o beth nag oedd y genedl yn yr anialwch. Nid ydym wedi tyfu dim yn hyn o beth ers dyddiau Moses.[2]

Dylid cofio bod y Parch R. J. Campbell, gweinidog gyda'r Annibynwyr yn City Temple, Llundain, yn ddylanwad mawr ar syniad Niclas o Gristnogaeth. Cyfrannai Campbell erthyglau ym mhapur wythnosol ei enwad *The Examiner*. Cyhoeddodd ddwy gyfrol ddylanwadol yn esbonio ei 'ddiwinyddiaeth newydd', *The New Theology* yn 1907 a *Christianity and the Social Order* y flwyddyn ddilynol. Traddododd bregeth yng Nghapel Pant-teg, Ystalyfera, ym mis Mai 1908. Roedd Niclas yn bresennol.

Yno hefyd roedd Jim Griffiths (1890–1975) yn ddeunaw mlwydd oed a fyddai'n ddiweddarach yn cynrychioli etholaeth Llanelli fel AS Llafur am 34 o flynyddoedd tan 1970. Ar y pryd roedd yn ysgrifennydd ac yn un o sylfaenwyr cangen yr ILP yn Rhydaman. Waeth beth oedd dylanwad y cyfarfod ar y glöwr ifanc, doedd dim amau nad oedd Niclas wedi'i gyffroi. Aeth ati i gyhoeddi cerdd pymtheg pennill o dan y pennawd 'Eglwysyddiaeth' gyda'r is-deitl 'Churchianity is not Christianity' a'i chyhoeddi yn *Llais Llafur*. Mae'r ddwy linell "Mae'r dorf yn prysur gefnu / Ar demlau'r enwad mawr" yn ddigon i roi blas o drywydd y prydyddu am y tro.

Byrdwn y ddysgeidiaeth oedd sefydlu trefn gymdeithasol newydd ar sail egwyddorion Cristnogol heb ymboeni am ddamcaniaethau diwinyddol megis Dydd y Farn a phechod gwreiddiol. Ni cheir sôn fod Diwygiad 04–05 wedi cael unrhyw effaith ar Niclas. Tebyg ei fod yn ymwrthod â theimladrwydd y ffenomen. Roedd yna ferw gwleidyddol i'w deimlo yn y meysydd glo wrth i ieuenctid delfrydgar geisio priodi sosialaeth a Christnogaeth ymarferol. I'r perwyl hwnnw y trefnodd Niclas i ŵr o'r enw Dr R. Owen Morris M.A., D.P.H., J.P. i annerch yng nghapel y Glais ar bnawn Sul, 10 Rhagfyr 1911 ar y testun 'Sut i osgoi y ddarfodedigaeth'. Roedd yna ymgyrch genedlaethol ar y gweill, a phriodol yng ngolwg Niclas oedd i'w gynulleidfa glywed cenadwri'r meddyg ar y Sabath yn y capel er mwyn gwella eu byd. Yr un modd gwahoddodd Edgar Chappell i'r capel i areithio ar y testun 'Cartrefi Gweithwyr Cymru' ac yntau'n cynorthwyo trwy ddangos darluniau o'r hofelau ac o ddinasoedd gerddi ar yr hud-lusern. Dyna Gristnogaeth sosialaidd ar waith yn ceisio gwella byd ei aelodau.

Bwriadai Stephen O. Davies (1886?–1972), o Abercwmboi, fentro i'r weinidogaeth gyda'r Annibynwyr, ond yn 1910, ac yntau'n drwm dan ddylanwad R. J. Campbell, cafodd ei ddiarddel o Goleg Aberhonddu am na dderbyniai'r athrawiaethau traddodiadol. Colled y pulpud fu ennill y Blaid Lafur gan i S. O. gynrychioli etholaeth Merthyr fel Aelod Seneddol am 38 o flynyddoedd tan 1972.

Teg nodi yn y fan hon i lwybr crefyddol R. J. Campbell wyro tipyn oddi ar y dyddiau pan bregethai i gynulleidfa yn y cannoedd bob Sul yn City Temple. Ymunodd ag Eglwys Loegr yn 1915, gan orffen ei yrfa yn Ganghellor Eglwys Gadeiriol Chichester. Erbyn hynny credai iddo fod yn fyrbwyll yn cyhoeddi'r gyfrol *The New Theology*. Troes yn fwy ceidwadol ei ddiwinyddiaeth. Doedd Crist bellach ddim yn sosialydd ond yn gynrychiolydd rhyw drefn ddwyfol uwch, drosgynnol yn ei olwg.

Ni fyddai'n ddim i Niclas yn y cyfnod hwnnw draddodi dros ugain o bregethau mewn mis. Byddai'n arferol i gynnal oedfa bregeth ar nos Sadwrn yn ogystal â theirgwaith ar y Sul yng Nghyrddau Mawr y cyfnod a deuai galwadau i wyliau pregethu yn ystod yr wythnos hefyd. Ni fyddai'n atal dim ar ei hunan o ran egni a brwdfrydedd. Tebyg ei fod oddi cartre bron yn amlach nag oedd ar yr aelwyd. Roedd ymhlith yr amlycaf a'r mwyaf adnabyddus o weinidogion ei gyfnod ar hyd y Cymoedd a hynny pan nad oedd y bri a roddwyd ar weinidogion wedi pylu. Wele awgrym o'r prysurdeb a'r galw oedd ar ei wasanaeth y tu hwnt i'r pulpud yn y cyfnod hwn. Byddai'r papurau wythnosol yn cyfeirio at weithgarwch y gweinidogion.

Darlithiai Niclas ar y testun 'Tua'r Euraid Oes' yn Bethesda, Abercwmboi, ym mis Tachwedd 1910, ar wahoddiad yr ILP a'r Progressive League; beirniadu yn Eisteddfod Dydd Nadolig Soar, Aberdâr yn 1910 gan wobrwyo Darrenfab (D. Jenkins, Trecynon) am ei bryddest ar y testun 'Bugeiliaid Bethlehem' ac wrth i Niclas gymryd at ddyletswyddau'r Archdderwydd cafodd gymorth Gwernantydd (John Owen, 1899–1939), ap Hefin (Henry Lloyd, 1870–1946), Glan Cynon (John Rees), Myfyr Dâr (David Morgan Richards, 1853–1913) a Ffosfab (Parch William Evans, 1883–1968) o blith y beirdd yn ôl yr *Aberdare Leader*; beirniadu yn Steddfod Smyrna, Plas-Marl yn y Central Hall, Abertawe ym mis Mawrth 1911; yng Ngosen, Blaenclydach ym mis Hydref 1911 aeth ati i gyfiawnhau ei waith fel gweinidog o fewn y Blaid Lafur yn ôl adroddiad yn y *Rhondda Leader* wrth iddo daranu yn erbyn gogoneiddio'r teulu brenhinol ac arwyr rhyfel, creu gelyniaeth rhwng cenhedloedd a chaniatáu i'r cyfalafwyr fyw ar gefn y werin.

'Yr Hawl i Fyw' oedd testun ei ddarlith yn Ebenezer, Blaenrhondda ym mis Tachwedd 1911; cipiodd y Gadair wedyn yn Eisteddfod Bryn Seion, Gilfach Goch, ar y testun 'Arwres Abergarw', o dan feirniadaeth Wil Ifan yn ystod haf 1912; darlithiodd yn Saesneg ar y testun 'The Problem of Poverty' yn Bethel, Clydach ym mis Ebrill 1913; 'Telynau'r Werin' oedd ei destun yn Nebo, Hirwaun ym mis Rhagfyr 1913 wrth iddo draethu am y beirdd hynny oedd mewn undod llwyr â'r dosbarth gweithiol yn eu brwydr dros chwarae teg. Nid yn annisgwyl, oddi cartre oedd e ar nos Sul, 2 Ebrill 1911, pan oedd hi'n ofynnol llenwi ffurflenni'r Cyfrifiad.

Pwy oedd yn y Mans, felly, ar y noson honno? Wel, yn ôl y ffurflen uniaith Gymraeg, nodir fod Alys yno, a thri phlentyn – Islwyn yn naw oed, Thelma yn wyth, ynghyd â Nellie Alice, oedd yn fis oed. Nodir hefyd fod morwyn 17 oed, Susanna Morgan, o ardal Y Gellifedw (Birchgrove), Abertawe yn rhan o'r teulu, a bod dau ymwelydd dan y grynglwyd y noson honno. Disgrifiwyd Daniel John Williams fel myfyriwr diwinyddol, 19 oed o Lanwrda, a theiliwr ar ei liwt ei hun 37 oed, o Lanfyrnach oedd David Nicholas. Brawd hŷn Niclas a thad-cu Glen oedd y teiliwr, wedi galw heibio er mwyn dilladu'r teulu ac ymorol am gwsmeriaid eraill yn y gymdogaeth, mae'n siŵr.

Credir bod Daniel John yn fyfyriwr yng Ngholeg y Presby, Caerfyrddin ar y pryd, a'i fod wedi'i ordeinio ymhen y flwyddyn yn weinidog yng Nghwmogwr ac iddo symud yn ddiweddarach yn ei yrfa i Ystradgynlais ac Ystrad Mynach. Tebyg iddo fod yn pregethu yn Seion, Glais, y Sul hwnnw. Ond ble oedd Niclas ei hun felly y dwthwn hwnnw?

Wel, dengys manylion y Cyfrifiad ei fod yn lletya gyda'i gyfaill o ddeintydd, David Ernest Williams (1870–1956) yn 39, Commercial Street, Aberpennar. Hen lanc deugain oed o Llywel yn Sir Frycheiniog oedd David Ernest, o'r un duedd wleidyddol â Niclas. Bu'r ddau'n gyfeillion clòs weddill eu dyddiau. Cyflwynodd ei ail gyfrol o gerddi, *Cerddi Gwerin*, i Dafydd Ernest 'a thrwyddo ef i blant y gorthrwm a gwerin Cymru'. O dan y grynglwyd hefyd roedd Maggie Williams, howscipar 26 oed o Crai, ac Ada Mason, morwyn 23 oed o Henffordd; y ddwy'n ddibriod. Tebyg bod Niclas wedi bod yn gweinidogaethu yn y cyffiniau yn ystod y dydd a hwyrach bod ganddo ddarlith i'w thraddodi yno ar y nos Lun neu gyfarfod gwleidyddol i'w annerch neu ei fod ar ei ffordd i Ferthyr trannoeth i swyddfa'r *Merthyr Pioneer*. Nodwyd ei fod yn 31 oed, sef yr un oed ag Alys.

Nid oedd prinder deunydd cnoi cil gan Glen na minnau wrth ymadael â'r Glais. Roedd Glen wedi'i syfrdanu o ganlyniad i'r ymweliad. Cyfoethogwyd ei wybodaeth am ei hen ewythr.

"Yr hyn a'm tarodd wedi ymweld â'r Mans yn y Glais oedd yr ymdrech a wnaed i adeiladu tŷ o safon i'r gweinidog newydd. Roedd y ffaith fod y teulu yn ddigon cyfoethog i gyflogi morwyn hefyd yn agoriad llygad ac yn arwydd o ffyniant ariannol. Yn sicr, roedd y crwt o Bentregalar wedi dod ymlaen yn y byd ac, i bob pwrpas, yn perthyn i'r dosbarth canol! Cefais fwy o flas cyfnod Niclas yn y Glais yn 1970 pan aeth fy mam a minnau i'w weld wedi cyfnod o waeledd. Gan fy mod newydd ddychwelyd o daith gwersylla yn Nyfnaint cynigiodd fy mam y dylwn ddangos rhai o'r lluniau a dynnwyd yn y sir.

"Syndod oedd darganfod bod Niclas yn gyfarwydd iawn â threfydd glan môr Dyfnaint pan oedd yn y Glais, gan fod y teulu'n arfer byrddio stemar ym Mhorthcawl i hwylio ar hyd yr arfordir. Wedi gweld llun o borthladd hynafol Clovelly cawsom ddisgrifiad cryno o hanes y pentref a'r teulu bonedd a'i cododd. Nododd fod y teulu o'r un llinach â'r prif weinidog Herbert Asquith ac mai ei wyres ('Mari Clovelly') oedd yn gyfrifol am warchod naws hynafol y pentre. Cipolwg, felly, ar fywyd digon confensiynol cyn i gyffro'r Rhyfel Mawr siglo'r byd Edwardaidd i'w sail," meddai Glen.

Clywsom na fyddai Niclas yn siarad fawr o Saesneg yn gyhoeddus. Tybed a oedd gan hynny rywbeth i'w wneud â'i brofiad o'r iaith yn Ysgol Hermon? Llesteiriwyd ei ddatblygiad addysgol cynnar yno am na chlywai Gymraeg o fewn muriau'r ysgol. Doedd dim sôn ei fod yn pledio cadwraeth y Gymraeg fel y cyfryw fel y gwnâi gweinidogion megis Emrys ap Iwan (1848–1906). Tebyg na wnâi fawr o ddefnydd o'r Saesneg yn gyhoeddus yn Dodgeville oni bai ei bod yn rheidrwydd arno.

Hwyrach mai'r benbleth fwyaf oedd penderfynu pam y dewisodd symud i ardal wledig amaethyddol yn Sir Aberteifi. Oni fyddai wedi medru symud i gapel arall yn y de diwydiannol, poblog? Hwyrach na fyddai, am mai perchnogion busnesau a glofeydd fyddai'n flaenllaw yn y mwyafrif o'r rheiny. Aelodau o'r dosbarth canol ffyniannus fyddai'n llenwi'r sêt fawr a doedden nhw ddim am weinidog a fyddai'n cynhyrfu'r dyfroedd ymhlith y gweithwyr cyffredin o blith yr aelodau. Roedd yna duedd ymhlith Shoni'r Colier i gefnu ar y capeli beth bynnag, am fod yna efengyl gymdeithasol o'r enw Sosialaeth yn apelio'n fwy ato, a hwnnw'n anghydnaws â'r hyn a gynigid yn y mwyafrif o gapeli.

Ond, wedyn, mewn dau Gwrdd Eglwys ymbiliwyd yn daer ar y gweinidog i aros yn Seion cyn i'r gynulleidfa ildio i'w ddymuniad. Tystia adroddiad 'Gohebydd' yn *Y Tyst*, wythnosolyn yr Annibynwyr, ddiwedd mis Ionawr 1914 mai'n anfoddog y dymunwyd yn dda iddo yn ei ofalaeth newydd:

Ychydig amser yn ôl, hysbyswyd fod y Parch T. E. Nicholas wedi derbyn galwad i fugeilio eglwys arall yng Nghwm Tawe, ac i'r eglwys yn y Glais, wedi deall hynny, wneud popeth posibl er ei atal i fyned i ffwrdd, a llwyddwyd ei gadw. Eto, y mae Mr Nicholas wedi derbyn galwad o Langybi a Llanddewibrefi i ddyfod i'w bugeilio, ac y mae yntau yn awr wedi ei hateb yn gadarnhaol. Pan ddaeth yr alwad, nid oedd yr eglwys yn y Glais wedi meddwl y buasai yn mynd o gwbl i ganol y wlad ond pan ddeallwyd ei fod yn bwriadu mynd, cododd yr eglwys fel un gŵr i geisio ei atal eto. A nos Sul diweddaf penderfynodd yr eglwys yn unfrydol i wasgu arno i aros, ac os arosai, i roddi codiad sylweddol yn ei gyflog.

Nis gwn beth wna Mr Nicholas wedi'r cymhellion taer. Gobeithio y penderfyna i aros, oblegid nid dyn ardal ac eglwys yn unig yw Mr Nicholas erbyn hyn, ond dyn cylchoedd lawer ac nis gall ardaloedd poblog Cwm Tawe hepgor dynion o'i fath, oblegid y maent yn hynod o brin. Gŵyr Cymru i gyd amdano fel bardd a llenor gwir alluog, ac y mae Cymru yn rhwydd dod i'w adnabod fel pregethwr gwir ddylanwadol, a darlithiwr huawdl ac addysgiadol. Ond mae eglwys y Glais a'r cylch yn ei adnabod fel gŵr o gymeriad glân, a dylanwad ei waith a'i fywyd yn fendith i'r holl gylchoedd, ac ni fynnem er dim ei golli oddiyma. Wedi cymhellion taer yr eglwys a'r cylch, gobeithio y penderfyna unwaith eto i aros. Ond beth bynnag a wna, dymunwn Dduw yn rhwydd iddo naill ai yn yr hen le neu yn ei le newydd.[3]

Oedd byw yn y wlad yn apelio ato yntau ac Alys? Anodd credu hynny. Merch drefol oedd Alys. Cafwyd awgrym fod hiraeth yn ei llethu pan oedd yn Dodgeville. Apeliai syniadau yn fwy na thirwedd at Niclas. Oedd e am dorri ei hun i ffwrdd o'r bwrlwm yn y cymoedd diwydiannol? Anodd credu hynny. Doedd hi ddim yn fwriad ganddo i ynysu ei hun yn ei stydi a chefnu ar ei waith gwleidyddol. Doedd yr ysbryd aflonydd ddim wedi'i ddofi. Oedd e'n synhwyro bod y treio ar y Gymraeg ar waith wrth i *Llais Llafur* droi'n gynyddol ddwyieithog?

Sefydlwyd yr wythnosolyn yn 1898 gan Ebeneser Rees (1848–1908) yn Ystradgynlais, ond pan gymerwyd yr awenau gan ei feibion, David James ac Elwyn Rees, ar ei farwolaeth buan y lleihawyd y deunydd Cymraeg. Anodd credu bod hynny'n ystyriaeth dros adael yng ngolwg Niclas. Defnyddio'r Gymraeg yn gyson ddi-ffael yn hytrach na phledio ei hachos a wnâi Niclas.

Ond cwyn fawr gweinidog Peniel, y Bedyddwyr yn y Glais ar y pryd, y Parch J. Tywi Jones (1870–1948), oedd y ffaith fod cynifer o deuluoedd yn troi at y Saesneg fel cyfrwng cyfathrebu ymysg ei gilydd. Ei ateb ef i hynny oedd sicrhau mai'r Gymraeg oedd yn gorseddu ymhob gweithgaredd a oedd yn gysylltiedig â'r capel. Mynnai hefyd mai llyfrau Cymraeg a roddid yn wobrwyon yn ddi-feth. Ei ail wraig oedd Moelona (Elizabeth Mary Jones, 1877–1953), awdures y nofel boblogaidd, *Teulu Bach Nantoer*, ymysg llyfrau eraill i blant. Diau bod ei dylanwad hi'n drwm yn hyn o beth. Er doedd dim angen annog Tywi Jones i hyrwyddo'r Gymraeg.

Yn ddiddorol, pan drefnodd 'Labour Institute' y Glais ddadl ar y testun 'Byddai o fantais i'r Cymry pe rhoddid y gorau i'r iaith', ym mis Rhagfyr 1910, dim ond o un bleidlais y trechwyd y gosodiad. Roedd y bygythiad i einioes y Gymraeg yn amlwg.

Erbyn hyn roedd nifer o arweinwyr sosialaidd ifanc, yn blant cenhedlaeth gyntaf o fewnfudwyr, yng Nghwm Rhondda a'r cymoedd dwyreiniol yn arbennig, nad oedden nhw'n rhan o'r pair crefyddol Cymreig. Wedi cwrs o addysg yn y Coleg Llafur yn Llundain, lle'r oedd syniadaeth Karl Marx (1818–1883) yn cael y lle blaenaf, doedd yna fawr o dyndra yn eu mynwes wedyn rhwng y gwerthoedd capelyddol a'r wleidyddiaeth newydd.

Ond a oedd Niclas wedi derbyn galwad gan unrhyw gapel arall? Hwyrach nad oedd, ac nad oedd dewis ganddo felly ond symud i Landdewi os oedd yn benderfynol o adael y Glais? Ond o gofio ei fod yn derbyn galwadau mynych i bregethu a darlithio yng ngogledd Cymru, ac yn arbennig o blith chwarelwyr Sir Gaernarfon, a hynny ar gownt ei fynych gyfraniadau yn *y Geninen*, hwyrach ei fod yn ystyried Llanddewi yn fan canolog i godi ei babell, er mwyn hwyluso'r teithio i bob cwr o'r wlad.

Am ba reswm neu resymau bynnag y gadawodd T. E. Nicholas Gwm Tawe, aeth ag enw un o'r pentrefi i'w ganlyn, ac ni chollodd mohono weddill ei fywyd. Ni chafodd erioed ei adnabod fel Niclas Llanddewi, Niclas Crymych na Niclas Aberystwyth ond yn wastadol fel Niclas y Glais. Arwydd pellach o'r cyffro a'i hamgylchynai yn nyddiau'r Glais yw'r cofnod mewn Cwrdd Eglwys, a gynhaliwyd ym mis Chwefror 1905, fod angen penodi rhai o'r brodyr i ofalu am y drysau ar y Sul 'rhag i bersonau aflonyddu ar y gwasanaeth'. Gwnaed hynny am fod yna ddieithriaid yn tueddu i fynychu'r oedfaon ar y pryd i gasglu tystiolaeth ynghylch sylwadau Niclas am y teulu brenhinol a chyfalafwyr er mwyn hysbysu'r awdurdodau.

Hwyrach y daw'r darlun yn gliriach yn y man wedi ystyried ei gyfraniad llenyddol a gwleidyddol tra oedd yn y Glais, ynghyd â'i arferion rhywiol. I'w osod yn ei gyd-destun llenyddol yng Nghwm Tawe, does ond eisiau craffu ar eiriau Gwenallt (1899–1968), un o fois y Cwm, a ystyriai Niclas yn dipyn o arwr yn nyddiau ei lencyndod yn yr Allt-wen. Dyma ddywed David James Jones yn ei ragymadrodd i'r gyfrol *Llygad y Drws* o eiddo Niclas, a gyhoeddwyd yn 1940:

Niclas y Glais oedd yr unig un a siaradai, bob amser, yn Gymraeg. Saesneg oedd iaith Sosialaidd, a Seisnigaidd oedd ei hysbryd. Yn y cylch Sosialaidd dethol a gyfarfyddai yn yr 'Ystafell Las' yn Nhafarn y Groesffordd, John Joseph oedd yr unig un a ddarllenai Gymraeg; yr oedd ei wreiddiau ef yn hen fywyd Cymreig y Cwm, a medrai adrodd ei dribannau a'i lên gwerin, ond nid oedd a fynnai ef â barddoniaeth Gwynn Jones, R. Williams Parry ac eraill. Byddai ei feirniadaeth yn finiog. 'Pam ddiawl na wnân nhw ganu yn symyl a naturiol fel Carpenter, Whitman a Whittier yn Sysneg, a Niclas y Glais yn Gwmrâg?' 'Does gita nhw ddim porfa i anifeilied ar y comin, dim blewyn cwta, w.' 'Treio bod yn glasical, sbo.' 'Barddoniaeth *high-brow*, chi'n gweld.' 'Bwyd *giraffes*, myn yffarn i.'

Canai nythaid o feirdd yn y cyfnod hwn yng Nghwm Tawe, rhwng Treforris ac Ystradgynlais; Alfa, Treforfab, Ap Perllannog, y Parch D. G. Jones, y Parch Llewelyn Boyer, Ioan Meudwy, T. Ehedydd Jones, Tarennydd, Eilir Mai, Gweledydd, Hughes Cwmtwrch, Gwilym Cynlas, Gwilym ap Leison, Ap Ionawr, Gwilym Bedw, Niclas y Glais ac eraill. Yr oedd y Cwm yn llawn o Eisteddfodau a *penny readings*. Bu hwyl ar gystadlu ac ennill cadeiriau. Ennill cadair oedd y gamp ac nid llunio pryddest. Gan fod cynifer o Eisteddfodau ar hyd a lled Cymru, prin iawn oedd yr amser i lunio cerdd.

Cofiaf am Alfa un noson yn eistedd ar y soffa ac yn llunio pryddest ddi-odl mewn teirawr ac yn ennill y gadair. Dagrau derw oedd dagrau'r hen farwnadau, neu, yn fwy cywir, yr hen farwnad, canys yr un farwnad a lunnid i bob 'ymadawedig' gydag ychydig newidiadau. Wrth nifer ei goronau a'i gadeiriau y mesurid bardd. Enillodd rhai ohonynt rhwng ugain a hanner cant o gadeiriau. Ysgubodd Niclas y Glais drwy'r wybren Eisteddfodol fel seren wib. Enillodd ddeg cadair mewn un flwyddyn, a chwech a deugain i gyd, a choron. Ef ei hun fyddai'r cyntaf i gyfaddef erbyn hyn nad oedd rhyw lawer o farddoniaeth yn y pryddestau, yn enwedig yn y bryddest honno ar 'Iorwerth y Seithfed'. Drychfeddyliau dychmyglyd, syniadau hedegog, ymadroddion Beiblyd ac 'athroniaeth' broffwydol a geid yn y pryddestau, ysgol ramantaidd Islwyn yn ei dirywiad.

Daeth tro newydd ar y canu wedi i Hedd Wyn ennill y Gadair yn 1925 yn Eisteddfod Pontardawe, a chyhoeddi yn llyfryn ei bryddest fuddugol, 'Myfi Yw'. Copiodd un bardd yr holl hen eiriau yn y bryddest honno ar ochr yr Almanac yn ymyl y lle tân, ac wrth

lunio pryddest edrychai yn awr ac yn y man ar yr Almanac a gosod
hen air i mewn yn lle ei air ystrydebol ef ei hun yn y bryddest,
fel cyrrens mewn toes. Enillodd yr 'hen eiriau' lawer o gadeiriau.
Cynnyrch y beirdd caeth, englynion Ap Perllannog a Tharennydd,
oedd cynnyrch gorau'r cylch.

Crwydrai ar ymylon y cylch 'y glêr' neu'r 'beirdd bol clawdd',
y rhigymwyr na fedrent linell o farddoniaeth, ond yr oedd clwy'r
cadeiriau yn drwm ar rai ohonynt. Cynigient i fardd ddwybunt
am lunio iddynt bryddest a theirpunt am y bryddest a'r Gadair,
a gwelid yn yr 'Ystafell Las' gyfnewid yn Seimonaidd beintiau o
gwrw am englynion a thelynegion.

Perthynai rhai ohonynt i'r Orsedd, a mis neu ddau cyn yr
Eisteddfod Genedlaethol gadawent i'w gwallt dyfu, a gwelid hwy,
ar fore Llun yr wythnos Genedlaethol, ar groesffordd Pontardawe,
â bargod o wallt tros eu gwegil, a'u gynau-nos Derwyddol ar dop eu
bagiau, a rhwng eu plygion docyn lletty rhad. Wythnos o botio ac
ymddangos fel beirdd. Coffa da amdanynt, hen biod a brain.[4]

Heb or-ddweud, roedd yn amlwg fod beirdd Cwm Tawe yn
griw brith os nad yn sgadan hallt, a Niclas yn ddigon jycôs
yn eu plith. Yn ôl un o fechgyn eraill Cwm Tawe, yr Athro T.
J. Morgan, yn ei gyfrol *Diwylliant Gwerin ac Ysgrifau Eraill*
amcangyfrifid fod y Parch William Alfa Richards (1875–
1931) wedi ennill o leiaf 150 o gadeiriau. Tebyg ei fod yn dal
y record byd am ennill cadeiriau eisteddfodol. Doedd hynny
ddim i ddweud fod ganddo gant a hanner o bryddestau. Roedd
ailgylchu'n grefft. Fe gyhoeddodd ddwy gyfrol o farddoniaeth;
Blodau'r Groes yn 1907 a *Clychau'r Wawr* yn 1910. Fe'i cofir am
gyfansoddi emyn i blant 'Rwy'n canu fel cana'r aderyn' y bu
cryn fynd arni yn y Cymanfaoedd Canu. Doedd Alfa'n ddim os
nad oedd e'n gynhyrchiol.

Ond i ddeall y dylanwad pennaf a fu ar Niclas yn ystod y
cyfnod hwn rhagor na'r beirdd, rhaid fydd tafoli ei berthynas
ag un gŵr yn arbennig o'r Alban, Keir Hardie, yn y man.

5

Niclas a'r
dwymyn gystadlu

Eisoes gwyddom, o'r adroddiad hwnnw ym mhapur *Y Drych*, cyhoeddiad Cymry America, yn 1904 fod Niclas wedi ennill gwobrau yn Eisteddfod y Gwrhyd, y capel anghysbell hwnnw uwchben Rhiwfawr yng Nghwm Tawe. Doedd ei alltudiaeth ddim yn ei gadw rhag cystadlu 'nôl yn yr hen wlad. Credir iddo ennill ei gadair eisteddfodol gyntaf yng Nghwm-gors yn 1906. Ond doedd yna erioed adeg yn ei fywyd pan nad oedd o leiaf yn rhigymu, fel y cofiwn am y pill hwnnw o farwnad i Ann y Gurnos a gyfansoddodd yn ei blentyndod cynnar.

Cyhoeddodd nifer o gerddi diddrwg-didda gyda theitlau megis 'Tant y Diwygiad', 'Cymru Annwyl Cwyd dy Galon' a 'Y Tylwyth Teg', mewn cylchgrawn o'r enw *Cymru*, a olygwyd gan O. M. Edwards yn 1905 ac 1906. Cymerodd gyfrifoldeb am y Golofn Farddol yn *Llais Llafur*. Erbyn iddo ymadael â Chwm Tawe roedd wedi ennill 35 o gadeiriau. Am fod cadeiriau eisteddfodol y cyfnod hwnnw gan amlaf yn ddigon mawr i eistedd ynddyn nhw bu raid iddo gyflwyno nifer ohonyn nhw i dylwyth a chydnabod. Prin y byddai yna le i gynifer o gadeiriau yn yr un cartref.

A does dim dwywaith nad oedd y dwymyn gystadlu wedi cydio ynddo'n holbidág. Mewn erthygl ddadlennol a gyhoeddwyd yn *Y Genhinen* yn 1971 datgela'r Athro T. J.

Morgan, a gafodd ei fedyddio gan Niclas yn Seion, Y Glais iddo ennill cadeiriau eisteddfodau Clydach 1910 a Bae Colwyn 1911 am farwnad i'r newydd-ymadawedig Iorwerth V11 – y Brenin Edward V11. Cafodd y bryddest o gant o benillion pedair llinell ei chyhoeddi yn un o rifynnau'r *Geninen* yn 1911. Dyma flas o'r arlwy:

Mae enw Iorwerth yn annwyl
    A'i fywyd fel Teyrn yn ddrud;
Ac eco ei lais grwydra'r gwledydd oll,
    Er fod ei wefusau'n fud.

Mae Iorwerth yn fyw yn nhangnefedd
    Cenhedloedd y byd yn awr:
Ni chedwir dylanwad ei fywyd da
    Mewn beddrod ym Mhrydain Fawr.

Yn ddiddorol nid o dan ei enw ei hun ond o dan y ffugenw eisteddfodol 'Llais y Wlad' y cyhoeddwyd y gerdd. Mae'n rhaid mai magu cwils a cheisio plesio beirniaid oedd ar y gweill fan hyn gyda golwg ar ennill Coron yr Eisteddfod Genedlaethol maes o law. Cipiodd Gadair Eisteddfod Clydach yn 1909 hefyd gyda chloben o gerdd wyth caniad ar y testun 'Bydd Goleuni yn yr Hwyr' yn ogystal â Chadair Eisteddfod Pontardawe 1907 gyda phryddest ar y testun 'Cartref'. Does dim cyfeiriad penodol ynddi at y Llety. Enillodd Gadair yr un eisteddfod eto yn 1913 gyda cherdd hirfaith ar y testun 'Y Cariad Gollwyd'. Cyhoeddwyd y tair cerdd ar dudalennau'r *Geninen* yn ogystal â phryddest 'Ieuan Gwynedd', a fu'n fodd iddo ennill Cadair Eisteddfod Cross Hands 1911 a Choron Eisteddfod Blaenau, Llandybïe yn 1913.

Yng Nghastellnewydd Emlyn wedyn yn 1910 y testun oedd marwnad i Anna Adaliza Beynon Puddicombe (1836–1908). Ysgrifennai gorwyres Daniel Rowland, y diwygiwr Methodistaidd o Langeitho, ar ochr ei mam, a gorwyres Dafis Castellhywel, yr Undodwr hynod, ar ochr ei thad, o dan yr enw Allen Raine. Cyhoeddodd ribidirês o nofelau rhamantaidd

Saesneg wedi'u lleoli yng nghefn gwlad Cymru. Y beirniaid oedd Syr John Rhys, (1840–1915) Coleg yr Iesu, Rhydychen; y Parch Ben Davies, Pant-teg, Ystalyfera, a'r Parch T. Davies, Bethel, Caerdydd. O'r dwsin o bryddestau a ddaeth i law – nifer ohonyn nhw yn Saesneg – dyfarnwyd ymdrech Niclas yn deilwng o'r wobr. "Awenydd cyfoethog iawn. Ceir ganddo beth anystwythder a thor mesur ond y mae y gân drwyddi yn llawn swynion a nerth gwir farddoniaeth," oedd y dyfarniad am gerdd y byddai'n haws ei mesur wrth y llath na chyfrif y llinellau aneirif. Fe'i gwelir yn rhifyn mis Awst o'r *Geninen* y flwyddyn honno.

Prin y gellid dychmygu Niclas yn canu i'r fath destunau o'i wirfodd a llai fyth yn bwrw ati i flawdo brenhinwr o bawb, yn ogystal ag awdures a hanai o dras go wahanol iddo'i hun ac a arddelai fyd-olwg go wahanol am y werin. Fe anfonwyd Anna gan ei chyfreithiwr o dad, Benjamin Evans, i'w haddysgu yn Cheltenham yn dair ar ddeg oed a bu'n byw yn Llundain am gyfnodau cyn priodi bancwr blaenllaw, Beynon Puddicombe, a gollodd ei bwyll yn ddiweddarach. Pobl yn ymwneud â'r drefn gyfalafol fyddai Brenin Lloegr ac Ymerawdwr yr India yn ogystal â gwraig i fancwr, boed yn llenydda neu beidio, yng ngolwg Niclas pe bai'n eu rhoi o dan chwyddwydr ei ddaliadau, bid siŵr. Doedd dim prinder cyfleon i ergydio. Ac wedi'r cyfan, cenhadaeth bywyd gweinidog Seion oedd ceisio dymchwel yr hyn a ddisgrifiai fel 'y drefn ysbail'. Ond gwyddai sut i faldodi er mwyn ennill llawryf eisteddfodol 'run pryd.

Mae bwrw golwg ar naws yr eisteddfod a gynhaliwyd mewn pabell ar Barc y Ffair yng Nghastellnewydd Emlyn yn ddiddorol. Ymddengys ei bod hi'n eisteddfod Newcastlemlyn-aidd iawn ar gownt ei Seisnigrwydd. Yn ôl yr adroddiad yn y *Tivyside* bu beirniadu llym am fod y mwyafrif o'r darnau prawf cerddorol yn ddarnau Saesneg. 'Come with Torches' gan Mendelssohn a 'My love's like a red, red rose' gan D. Emlyn Evans oedd y ddau ddarn y disgwylid i'r cystadleuwyr yn y brif gystadleuaeth gorawl eu datgan am wobr o £100.

Brynaman aeth â hi, gyda Rhymni, yr unig gystadleuydd arall, yn ail.

Gofynnwyd i'r pum côr meibion ganu 'The Voice of the Torrent' gan Leon Paliard a oedd yn ddarn 'gwarthus' yn ôl y ddau feirniad, Arthur Fagge, arweinydd Cymdeithas Gorawl Llundain a'r Athro David Evans, Caerdydd. Côr lleol, Côr Bargoed Teifi aeth â hi. Y côr merched buddugol oedd Doc Penfro yn canu darn gan Elgar. Ond fe ofynnwyd i'r corau lleol ganu 'O foreu teg' o waith Tom Price ac mae'n rhaid fod Richard Morgan, Brynaman, a Gomer Williams, Cwmllynfell, wedi canu yn Gymraeg yn y gystadleuaeth Canu Penillion (dull De Cymru) o dan feirniadaeth Ap Glyndwr (D. Edgar Thomas, Pontarddulais).

Testun y traethawd wedyn oedd 'The origin and meaning of placenames in the parishes of Cenarth and Llandyfriog' ac aeth y wobr i D. Arthen Evans o'r Barri. Ond doedd y buddugol ar ysgrifennu stori 5,000 o eiriau ddim wedi hawlio'r wobr. Sgwn i pam? Y testun oedd 'Hen arferion priodi Cymru'. Doedd nifer o'r enillwyr llên ddim yn bresennol chwaith. Gyda'r nos cafwyd cyngerdd mawreddog na chlywyd ei well yn Llundain, yn ôl y Dr D. L. Thomas, un o'r Llywyddion, a oedd wedi'i eni yn Nyffryn Teifi yn 1869. Rhoddwyd encôr i bawb. Roedd Daniel Thomas yn Swyddog Meddygol Bwrdeistref Stepney ac yn ddyn amlwg yng Nghapel Jewin, y Presbyteriaid neu'r Hen Gorff; yn Llywydd Clwb Rygbi Cymry Llundain yn ogystal â bod yn Anrhydeddus Feistr Cyfrinfa Cymry Llundain o'r Seiri Rhyddion.

Ac roedd y cysylltiad Llundeinig yn gryf. Y llywydd arall oedd John Hinds (1862–1928), Blackheath a etholwyd yn AS Rhyddfrydol Gorllewin Caerfyrddin y flwyddyn honno. Dywedwyd ei fod wedi annerch yn y 'vernacular' ac wedi yngan ystrydebau megis 'Cas gŵr na charo'r wlad a'i maco' a 'Mab y mynydd ydwyf finnau' i fonllefau o gymeradwyaeth. Roedd John Hinds yno yn absenoldeb Llundeiniwr o Gymro arall, Syr John Williams, Bart (1840–1926) o Wynfe yn wreiddiol, a oedd yn feddyg i'r teulu brenhinol ac yn gofalu am iechyd y Frenhines

Victoria. Roedd trefnwyr yr eisteddfod yn uchelgeisiol. Roedd David Richards, un o gyfeilyddion amlycaf Llundain ar y pryd, hefyd yn cynorthwyo gyda'r cystadlaethau.

Cyfleir yr awyrgylch Llundeinaidd i'r dim gan adroddiad Gregory Kean yn *Y Tyst*, cyhoeddiad yr Annibynwyr. Dychwelodd i'r hen ardal am y tro cyntaf ers dwy flynedd. Doedd ei adroddiad yn ddim os nad oedd yn flodeuog. Roedd cyfeillion wedi'u colli, meddai, ond balch oedd o weld cyfeillion Llundain yn amlwg yn y gweithgareddau. A balch oedd o gael ysgwyd llaw gyda'r bardd buddugol. Sylwodd fod golau trydan yn goleuo'r strydoedd. Fe fu peth cwyno am y diota hefyd am fod yr oriau trwyddedu wedi'u hymestyn ar gyfer yr achlysur. Mae'n rhaid fod gan Niclas stori neu ddwy i'w hadrodd am yr achlysur.

Er i'r cerddi buddugol hyn o eiddo Niclas gael eu cyhoeddi yn rhifynnau'r *Geninen* o'r cyfnod, ni welsant olau dydd yn ei gyfrolau maes o law. Homer o bryddest arall oedd 'Duwdod Crist' a roes iddo fuddugoliaeth yn Eisteddfod Cwmaman 1911 ac a welwyd yn y *Geninen* yn 1913. Doedd dim amheuaeth nad oedd y dwymyn gystadlu wedi cydio ynddo. Ond anodd yw deall pam. Roedd yn greadur aflonydd. Nid cystadlu er mwyn cefnogi rhyw eisteddfod leol a wnâi.

Rhaid bod Niclas yn puteinio ei awen o ystyried yr hyn oedd ganddo i'w ddweud ar y testun 'Cerddi Llafur' mewn darlith yn Ebenezer, Trecynon ar nos Iau, 27 Hydref 1910. Cafwyd adroddiad clodforus odiaeth yn *Tarian y Gweithiwr*. Dyfynnir sylwadau agoriadol y ddarlith:

> 'Yr oedd aml i fardd wedi canu am ingoedd a chlwyfau'r werin, ac am dlodi, angenion a hawliau'r gweithwyr; ond prin yr oedd yn eu 'cerddi llafur' awgrym am fesur neu fudiad – am foddion neu gynllun i wella'r sefyllfa, ac i ymlid yr annhrefn o'r tir. Ond hawsach condemnio'r gorthrwm ar gân na deddfu i'w symud o'r wlad. Hawddach magu gweledydd i ganu tuchangerdd am drais a gormes na chodi diwygiwr i'w chwalu. Hawdd i awen bardd wneud i'w gerdd gashau'r caethiwed, ond nid mor hawdd yw dyfod o hyd i waredwr i drefnu'r ymwared'.[1]

Roedd gohebydd y papur radical mewn tiwn â gosodiadau Niclas ac yn lleisio barn y werin wâr:

Pe ceid arweinwyr o nodwedd y bardd-bregethwr o lannau'r Tawe i'n pleidiau llafur, darfyddai hanner yr elyniaeth fel cwyr yng ngwres y fflam. Yn wir, ymddengys i mi na ddaw nemawr raen ar y deffroad hyd nes daw Duw i ddeffro ac ysgwyd pulpudau'r wlad, ac i'w fedydd ddisgyn ar athrylith proffwydi ein gwlad. Mae o gymaint pwys i achub y deffroad fydd a'i ras i achub cenedl a dim. Cawsom weled Apostol Llafur heb ddiwyg esgob, a mab y werin heb rhwysg, rhodres na thrwstan o gwmpas y darlithydd ym mardd y werin, a bydd gwledd y ddarlith hon yn well na gwib arwyr gwagle mewn awyrlong heb hanner eu gwareiddio gan gelf a gwyddor.[2]

Cyhoeddodd ei gyfrol gyntaf o gerddi, *Salmau'r Werin*, yn 1909 ac fe'i hailgyhoeddwyd bedair blynedd yn ddiweddarach cymaint oedd yr argraff a grëwyd gan ei awen ymhlith y werin bobl. Gwelwyd nifer o'r cerddi ar dudalennau *Llais Llafur* yn ystod 1908 ond heb enw T. E. Nicholas wrth eu cynffon. Y pennawd uwchben y cerddi oedd 'Bardd at Iws Gwlad'. Ond doedd hi'n fawr o ddirgelwch pwy oedd yr awdur. Roedd teitlau cerddi megis 'Bardd y Werin', 'Mi allaf garu'r gweithiwr' a 'Cyflwynedig i'r gau broffwydi' yn awgrymu'n gryf natur ei awen a'i fod yn torri cwys go wahanol i'r un a dorrwyd gyda'i gerddi eisteddfodol.

Cyflwynwyd y gyfrol i William a Rachel Lewis "er cof am oriau dedwydd a dreuliwyd ar aelwyd Llwyndu". Oni bai am y ffarmwr cefnog mae'n bosib y byddai Niclas a'r teulu yn dal yn Dodgeville neu wedi symud i ofalaeth arall o fewn y wlad fawr. Dyfynnir cwpled gan Islwyn, 'Tra gwariai'i feistr gerwin / Fyrdd o aur ar foroedd o win' a chwpled gan Dewi Wyn o Eifion (David Owen, 1784–1841), 'Dwyn ei geiniog dan gwynaw / Rhoi angen un rhwng y naw' i gyfleu'n gwmws mai sgrifennu o blaid y gweithiwr oedd amcan yr awdur. Fel pe na bai hynny'n ddigon o dystiolaeth, craffer ar rai o benillion agoriadol y gerdd pymtheg pennill, 'Bardd y Werin':

Ceisied eraill foli natur
   Sydd â'i swynion yn ddi-ail;
Eled eraill ar eu hantur
   I dawelwch fflur a dail:
Caned pur delynau Cymru
   Am wroniaid dewrion fu;
Canaf finnau am galedi, –
   Bardd y Werin ydwyf fi.

Nid unigedd y mynyddoedd,
   Nid tawelwch dwfn y glyn,
Nid y sêr yn y pellteroedd,
   Nid y grug ar ael y bryn, –
Nid unigedd yr uchelion
   Ddena f'awen at eu bri,
Gwell gennyf gwmni dynion, –
   Bardd y Werin ydwyf fi.

Peidiwch gofyn imi ganu
   Ond i'r werin gerddi pêr,
Na ddisgwyliwch imi sangu
   Ar bell lwybrau haul na sêr;
Gwell yw gennyf foli'r bwthyn
   Lle mae'r gweithiwr yn ei fri,
Canaf yno drwy y flwyddyn, –
   Bardd y Werin ydwyf fi.

Symud yn ei flaen wna'r achos,
   Bloedd fuddugol sy'n y gwynt;
Werin annwyl, paid ag aros,
   Symud eto gam yn gynt;
Mae cyfaredd yn dy frwydrau,
   Y mae Iawnder yn dy fri;
Yng ngoleuni dy gleddyfau
   Treiaf finnau ganu'th Salmau, –
   Bardd y Werin ydwyf fi.

Wfft i ramantwyr y cyfnod oedd ei gri. Mi ganaf i am galedi'r gweithiwr er mwyn ei ryddhau o'i gadwyni, bonllefai.

Defnyddiaf farddoniaeth i bwrpas gwella byd yn hytrach na dyrchafu ceinion bethau'r dirwedd. Cyflogau ac amodau byw fy mhobl yn hytrach na phrydferthwch gelltydd a nentydd fy ngwlad yw fy mhethau.

Bu ymateb yr adolygwyr yn amrywiol. 'Mae ei lyfr awenyddol yn colli llawer o'i werth drwy ei iaith erwin a'i syniadau eithafol mewn mannau' oedd dyfarniad adolygydd *Y Brython* ym mis Hydref 1910. Tynnu sylw at y beiau a wnâi H.E.H.J. yn y *Pembroke County Guardian* yn gynharach yn y flwyddyn ym mis Mawrth:

> Mae llawer odl o'i eiddo yn wan iawn. Mae y rhan fwyaf o'i ddarnau yn rhy hir. Nid yw yn arddangos ond yn anfynych y gallu sy'n nodweddu pob gwir fardd – y gallu bar oleuni gwyrthiol bron i fflachio o flaen ein llygaid, nes y gwelwn beth yr oeddem wedi hir ymgynefino ag ef mewn agwedd hollol newydd.
>
> Tlotaidd hefyd yw llawer o'r mesurau ddefnyddia'r bardd hwn a gwanha ei arfer o ddefnyddio geiriau sy'n cyfleu mor lleied o ystyr i'r werin a 'têr', 'chweg', 'gwyw', 'cun', 'mad' lawer ar rym ei odlau. Er hyn i gyd mae llawer cân yn y llyfr sy'n farddoniaeth fyw, ac aml un â neges eirias yn tywynnu drwyddi. Mwy o'r prophwyd nag o'r bardd geir ynddynt. Wrthi'n canfod ei lais y mae. Mae ganddo neges frwd ac y mae ynddo lawer o newydd-deb ac nid ychydig o feiddgarwch. Croger cywirwr y proflenni cyn iddo gael cyfle i andwyo llyfr arall. Gwallau'r wasg yn anfaddeuol o luosog.[3]

Tybed ai Niclas ei hun oedd o leiaf yn rhannol gyfrifol am hynny a'i fod, yn ei hast a'i ffrwst arferol, heb roi sylw digonol i'r broflen? Argraffwyr *Llais Llafur* oedd yn gyfrifol am ddwyn y gyfrol i olau dydd. Pan gafwyd yr ail argraffiad roedd llawer o'r gwendidau wedi'u diwygio, a'r cyhoeddwyr y tro hwn oedd Gwasg Caernarfon. Tebyg mai'r awdur ei hun oedd yn gyfrifol am y baich ariannol o gyhoeddi. Am nad oedd yna fawr o siopau llyfrau yn y cyfnod hwnnw roedd yn ofynnol i'r awdur wedyn dorchi llewys i sicrhau gwerthiant. Gwnâi Niclas hynny gydag arddeliad wrth draddodi ei fynych ddarlithiau a'i areithiau gwleidyddol.

Ond byddai adolygiad anhysbys yn yr *Herald of Wales* wedi calonogi'r bardd ar ei brifiant ac wedi'i sbarduno i ddal ati. Roedd yr adolygydd yn enaid hoff cytûn, pwy bynnag ydoedd. Brython, pwy bynnag ydoedd hwnnw, oedd golygydd y dudalen Gymraeg ac wedi comisiynu'r adolygiad, os nad ei ysgrifennu:

Pwy bynnag a bwrcasa y llyfr Salmau hwn, ac a'i darlleno yn feddylgar, nid wyf yn credu y medr yn yr Etholiad Gyffredinol nesaf roddi ei bleidlais i Geidwadwr sydd yn gefnogol i weithrediadau mwyafrif Tŷ yr Arglwyddi. Y mae ergydion y bardd-bregethwr yn drymion ar yr Arglwyddi beilchion a gorthrymus sydd am gadw y werin i lawr yn ffosydd tylodi, ac o dan haiarn-law gorthrwm. Hollol amserol a phwrpasol yw'r Salmau hyn i werinetholwyr y wlad.

Y mae'r bardd yn lled lawdrwm ar y rhai osodant gryn bwys ar athrawiaethau sychion a chulion ond na wnânt ddim yn ymarferol er rhyddhau caethion Llafur o hualau gormes, nac i frawdgarwch cyffredinol flodeuo yn y byd. Y mae'r gân ar 'Ddyfodiad Mab y Dyn' yn sicr o beri i ambell uniongredwr culfarn 'grafu ei gernau' a dywedyd fod y bardd yn cerdded yn feiddgar 'dir cyfeiliornad' ac wedi 'syrthio oddi wrth ras'. I mi, y mae'r bardd yn eithaf 'iach yn y ffydd' pan y dywed nad ar 'gymylau'r nef' ond 'yng nghalonnau y bobl' y daw Mab y Dyn.[4]

Plesiwyd adolygydd *Tarian y Gweithiwr*:

Y mae y wir awen yn Mr Nicholas, ac y mae lledneisrwydd a llyfnder ac anwyldeb ei gân yn dwyn i'n cof Cranogwen, yn ei dydd goreu. Bardd bywyd bob dydd, yn ei lon a'i leddf, ydyw y bardd hwn. Y mae mewn llawen a dwys gydymdeimlad â bywyd y werin; a chana oddiwrtho, ac iddi, yn hyfryd, yn y llon a'r lleddf.[5]

Ni ddyfarnwyd y gyfrol yn brin yn y glorian gan Brynach (J. Brynach Davies, 1873–1923) yn y *Tivyside* chwaith. Yn wir, roedd dyfarniad ei gyfaill o Lanfyrnach ei gynefin yn gytbwys, ac ar yr un pryd yn croesawu llais newydd cynhyrfus:

Canu profiadau a delfrydau meibion Llafur yw swyddogaeth y

bardd, ac y mae'r llwybr braidd yn newydd i'r awen Gymreig; er hynny, mae yn ddangoseg gywir o'r teimlad sy'n lefeinio y bywyd gweithiol yng Nghymru heddiw. Mae y tant telynegol yn cael ei chwareu yma gyda llawer o fedr, ond fod yr awenydd yn fwy o feistr ar daro'r nodyn lleddf na'r nodyn llon. Nid oes yma ddim ysmalio, eithr delir gŵr o argyhoeddiadau cryfion y tu ôl i'r darnau i gyd. Anghytunir yn ddiau â'r awdur yn ei ddull o ddweyd ei feddwl weithiau, ond amhosibl yw codi gwrthddadl yn erbyn cnewyllyn yr hyn ddywedir. Torrir llwybr newydd weithiau hefyd gyda'r mesur, nes tybio bod y bardd, ambell dro, yn cerdded y 'dragwyddol heol' honno y soniodd Islwyn amdani, yr hyn sy'n fwy neu lai nodweddiadol o holl feirdd ieuangc Cymru heddyw.[6]

Diddorol yw cyfeiriad gan Brynach at y bryddest 'Angladd ar y Môr' sydd yn y gyfrol, a'r tebygolrwydd ei bod wedi'i chynnig yn Eisteddfod Aberteifi yn 1909 am mai dyna oedd testun cystadleuaeth y Gadair. Mynna fod y gerdd fuddugol o eiddo Thomas Evans, Cwmaman, Aberdâr, o reidrwydd yn andros o dda i ffusto'r ymdrech hon. Awgryma hefyd na fyddai Niclas yn colli'r un cyfle i gystadlu waeth ble cynhelid eisteddfod. Mae'n rhaid y byddai rhaglenni eisteddfodau Cymru gyfan, yn eu tro, yn cyrraedd y Mans yn y Glais.

Byddai ennill Cadair Eisteddfod Capel Llwyn-yr-hwrdd yn ei gynefin ym mis Mawrth 1911 wedi rhoi cryn bleser iddo wrth drechu 17 o gystadleuwyr eraill gyda cherdd ar y testun 'Cymylau Amser'. Ei hen athro yn Academi'r Gwynfryn, Gwili, oedd y beirniad. "Rhed cyfaredd awen drwy'r ailadroddiadau a'r awgrymiadau cynnil a threiddbell, a cheidw clust y meddwl atgof o'r awgrym a'r swyn yn hir," meddai. Yn ôl yr adroddiad cynhwysfawr a gyhoeddwyd yn y *Tivyside* dywedwyd fod Niclas wedi difaru rhoi'r Gadair – ei bymthegfed – i un o'i chwiorydd wedi iddo weld celficyn mor hardd oedd gwaith llaw David Phillips o Fwlch-y-groes gerllaw.

Ymhlith y llawryfon eraill a ddaeth i'w ran y flwyddyn honno roedd Cadair Eisteddfod Llanuwchllyn am bryddest ar y testun 'Myfi yw y Drws' a Chadair Eisteddfod Tywyn pan gyfansoddodd gerdd ar fesur a adwaenid fel 'Hiawatha' sef *trochaic tetrameter* neu fesur pedwar corfan rhywiog a ddefnyddiwyd gan y bardd Americanaidd, Henry Longfellow (1807–1882). O leiaf fe brofai hynny fod Niclas yn gyfarwydd â gwaith beirdd heblaw am brydyddion Cymru a llenorion amlwg Lloegr. Enillodd Gadair Eisteddfod Eglwys Carmel, Abercraf hefyd.

Y flwyddyn honno yn ogystal daeth yn agos at ennill Coron Eisteddfod Genedlaethol Caerfyrddin am gerdd ar destun a oedd wrth fodd ei galon sef 'Gwerin Cymru'. Wel, roedd o leiaf un beirniad wedi'i gosod yn drydydd. Ond Crwys (1875–1968), un o'i gyd-weinidogion o blith yr Annibynwyr yng nghapel Saesneg Rehoboth, Bryn-mawr yn Sir Fynwy, a orfu, gan ennill ei ail Goron genedlaethol o'r bron. Roedd pryddest y Parch William Williams, a hanai o Graig-cefn-parc yng Nghwm Tawe, yn rhamantaidd a merfaidd ei naws o'i chymharu ag eiddo pryddest wleidyddol ymgyrchol y gweinidog a hanai o Sir Benfro. Ond roedd y tri beirniad yn unfryd mai eiddo Crwys a deilyngai'r wobr.

Yna, yn 1912 cyhoeddodd Niclas ei ail gyfrol o farddoniaeth, *Cerddi Gwerin*. Byddai adolygiad David Thomas (1880–1967), gŵr o gyffelyb anian, yn y *Dinesydd Cymreig*, un o gyhoeddiadau'r gogledd a sefydlwyd y flwyddyn honno i hyrwyddo amcanion y Blaid Lafur, wedi'i led blesio er y sylw a roddwyd i wendidau. Eisoes roedd Niclas yn gohebu'n gyson â'r sosialydd o Arfon ac wedi'i hysbysu mewn llythyr dyddiedig 20 Ebrill 1911 ei bod yn fwriad ganddo i roi'r gorau i gystadlu ym mis Awst pan fyddai'n bumed pen-blwydd ennill ei Gadair gyntaf, gan ddweud bod 'pum mlynedd yn ddigon i geisio teganau':

> Cerdd ar hyd llwybr na bu fawr neb ond rhywun fel R. J. Derfel yn ei gerdded o'i flaen ond y mae Mr Nicholas yn anhraethol well bardd na'r hen werinwr diddan a gwresog hwnnw. Y mae'n fardd mor dda ar ei orau nes peri i un ddymuno iddo fod ychydig yn well. Bardd lled anwastad ydyw. Y mae tuedd ynddo weithiau, wrth ymdrechu dweyd pethau cryfion, i ddefnyddio ymadroddion

chwyddedig, disynwyr megis pan ddywed – Fod melltith gyfiawn plant bach / Yn waeth na melltith Duw!

Cân ar ei oreu pan orfydd iddo gadw'n gaeth at rhyw fesur rheolaidd; y mae mesur rhydd 'Hiawatha' yn ei demtio i fod yn llac ac amleiriog, a gadael i ffrwd ei feddyliau redeg i ffwrdd ag ef i'w grogi, fel y bydd ffordd glir, union, yn temtio'r motorist i deithio'n gyflymach na'r *speed limit*. Mae'n canu ar ei orau yng ngharchar mesur, fel y bydd afon yn llifo'n gryfach wrth ei chaethiwo rhwng erchwynion ei gwely.[7]

Pan ymddangosodd yr adolygiad ar Ddydd Calan 1913 ni fu Niclas fawr o dro yn ei ailgyhoeddi yn y *Merthyr Pioneer* ymhen llai na phythefnos. A llaciodd yr ysfa i gystadlu ond nid yr ysfa i farddoni a hynny i bwrpas gwahanol, sef deffro'r werin i'r hyn a ragwelai a allai fod yn well byd. Gwelai hynny'n rheitiach amcan nag ennill cadeiriau ac yntau heb le i'w cadw beth bynnag. Roedd dyddiau'r teganau y tu cefn iddo.

Un o'r cerddi mwyaf rhyfeddol yn y gyfrol yw cerdd o'r enw 'Sarah' sydd, dros ryw gant o linellau, yn 'achub' croten ifanc o'i thrueni. Cynhwysir llun ohoni yn ei hadfyd. Ond yr hyn sy'n rhyfeddach fyth yw'r ohebiaeth ynglŷn â'r gerdd a fu rhwng Niclas a gweinidog o Lechryd ger Aberteifi. Mae'r ohebiaeth ryfeddol wedi'i diogelu yn y Llyfrgell Genedlaethol. Mae'n anodd gwybod a oedd Niclas yn cymryd agwedd y Parch William Rees (1839–1919) yn gwbl o ddifrif. Ar yr olwg gyntaf ymddengys fod y gwron wedi colli arno'i hun. Byddai seicolegwyr heddiw yn sicr o gyfeirio at dueddiadau rhywiol morbid rywle yn ei gyfansoddiad. Wel, fe gewch chi benderfynu. Ond gan gymryd i ystyriaeth ddadansoddiad Gwenallt yn ei ragymadrodd i'r gyfrol *Llygad y Drws* o arwyddocâd 'Sarah' fel rhan o Sosialaeth Niclas:

Ymesyd Niclas ar y Cristnogion, yn ei gerddi, am dderbyn rhenti mawr o hofelau aflan; am oddef i ferched, oherwydd tlodi eu teuluoedd, werthu eu cyrff ar y stryd; am gribinio arian ar gefn y gweithwyr ac am gynaeafu elw a llog ar feysydd dinistr dynion mewn rhyfel. Bwrid y merched beichiog o'r Seiat ond arhosai'r

cybyddion yn y Sêt Fawr. Gwnaeth Niclas iawn am y cam drwy
fynwesu yn ei gerddi, buteiniaid a phlant gordderch a meddwon.

'Brawd wyf fi i'r crwydryn unig
    Gwsg o dan y sêr a'r lloer,
Cyfaill ydwyf i'r enethig
    Grwydra'r stryd ar noson oer;
Cyfaill ydwyf fi i'r meddwyn
    Dreulia'i oes yn ffosydd byd,
Canaf yn y dyfnder anfwyn
    Gerddi gwerin – dyna i gyd.'[8]

6

'Sarah' Llechryd

HANASAI WILLIAM REES o ardal Tre-lech a'r Betws, Sir Gâr, nid nepell o'r ffin â Sir Benfro. Fe'i ganwyd yn 1839 yn Nhreto Isaf. Ei ewythr oedd David Rees (1801–1869), y radical a'r dirwestwr digymrodedd a adwaenid fel 'Y Cynhyrfwr' ar sail ei olygyddiaeth o *Y Diwygiwr* a sefydlwyd ganddo yn 1835. Edmygai'r Gwyddel, Daniel O'Connell (1775–1847), a blediai sefydlu gweriniaeth heb ddefnyddio trais; bu'n weinidog Capel Als, Llanelli, am ddeugain mlynedd tan ei farwolaeth yn 1869.

Derbyniodd William ei addysg ddiwinyddol yn Western College, Plymouth, ac fe'i hordeiniwyd o'r coleg yn weinidog Hen Gapel yr Annibynwyr yn Llechryd yn 1864. Dywedir bod un o'i ragflaenwyr, y Parch David Davies, yn glaear iawn ei agwedd tuag at ddirwest tra oedd William Rees yn llwyrymwrthodwr llwyr ac yn pregethu yn erbyn y ddiod gadarn yn gyson. Doedd hyn ddim yn plesio nifer o'r aelodau. Mynnodd y gweinidog fod yna garfan yn cynllwynio yn ei erbyn ac fe'u henwodd o'r pulpud. Y canlyniad fu iddo gael ei gloi mas o'r capel ym mis Chwefror 1880 a'i orchymyn i hel ei draed.

O fewn blwyddyn agorodd ei gapel ei hun – Tabernacl – ar ddarn o dir a roddwyd gan eglwyswraig o'r enw Mrs Margaret Finch a arferai gadw'r Fisherman's Arms yn y pentre. Pan wnaed arolwg a chyfrifiad gwladol yn 1884 roedd yna 183 o addolwyr yn y gwasanaeth bore Sul a 228 yn yr oedfa hwyr. Y ffigyrau cyfatebol ar gyfer yr Hen Gapel oedd 154 ac 116. Erbyn hynny roedd y Parch W. Hopkin Rees (1859–1924), y myfyriwr a ordeiniwyd i olynu William Rees yn 1881, wedi codi ei gwt ar ôl cwta ddwy flynedd. Daeth yntau'n adnabyddus wedyn fel un o'r mwyaf o'r cenhadon yn Tsieina. Ymddengys bod yna lewyrch yn y capel 'sblit', os gellid rhoi coel ar y ffigyrau, ac nad oedd y gweinidog yn brin o barch.

Dechreuodd anfon llythyrau at Niclas yn ystod ail hanner 1910 yn fuan wedi cyhoeddi'r gyfrol *Salmau'r Werin* a chyhoeddi erthyglau o'i eiddo yn y *Tivyside* yn pledio achos sosialaeth a'r rheidrwydd Cristnogol i gefnogi'r werin. Gwneud cam â William Rees fyddai dweud bod ei ymateb yn garcus ganmoliaethus. "Eiddo y Person a addolwn yw eich awen, a chredaf fod amcan neillduol ganddo eich donio a'ch eneinio yn 'fardd y werin'. Gwerin yr Oes Newydd. Y mae angen 'Emynau Newydd' i foli Mab y Dyn yn ei ddyfodiad," meddai ym mis Medi.

Doedd ei syfrdandod ddim wedi pylu ym mis Hydref. Parod oedd i gyhoeddi fod neb llai na'r mab darogan wedi cyrraedd i ryddhau'r werin.

"Dylai y Werin trwy Gymru eich neillduo a'ch cynnal yn dra haelionus fel ei Bardd a'i harweinydd i 'Ryddid y Dyn Anfeidrol'. Caraswn gael y fraint o daflu fy hatling i'ch cynnal yn yr alwedigaeth oruchaf hon ac y mae meddyliau a theimladau ynof ynglyn â chwi nas gallaf pe yn weddus eu traethu," meddai.

Parhaodd y llesmair ac o fewn wythnos anfonwyd penillion i'r Glais a'r rheiny yn Saesneg yn clodfori 'The People's Bard':

The People's Salms – no buccaneer ballads,
    No pygmy symbols of revolt,
No artificial dish of dandy salads,
    No flash to feign the thunderbolt.

Amazed and stunned with sadness in the dells
    And on the hills of lovely Wales,
In mines and forges midst their booming gells,
    Our singer swings the judgement scales.[1]

Nid oes gennym gopïau o ohebiaeth Niclas at William Rees.

Ond byddai'n anodd i lythyrwr hyd yn oed mor gyson ag yntau ymateb i bob truth gyda'r troad, yn enwedig ym mis Ionawr 1911, pan gyrhaeddodd llif ohonyn nhw'r Mans yn y Glais. Mewn un llythyr, mynna William Rees ei fod yntau a Niclas o'r un gwneuthuriad ar sail damcaniaeth gwyddonydd o'r enw Syr Oliver Lodge (1851–1940), bod ymenyddion tebyg "yn gwasgar trydanau yn treiddio trwy ymennydd yr un y dyfala arno, ac hefyd trwy hwnnw yn treiddio ymenyddion pawb o athrylith debyg". Ar lannau Teifi roedd William Rees nawr wedi'i gyffroi gan y gerdd 'Sarah'. Egyr y llifddorau.

> The Infinite Father of Heaven and Earth in His Divine Mercy visited me, even when a child, and awoke in me a fellow feeling with the inumerable inhabitants of eternity. Sometimes in the sweet society of the angels, sometimes in the grasp of the devils and often shining and writhing and groaning between Heaven and Hell. I have been, since I remember, haunted by a strange sense of my immortality and its awful, dreadful domain, to which the greatest affairs of this world appear smaller and tamer than the freaks of a Parish Council or the frail and feeble feud of two foolish females in that Parish. So that you can easily believe, that I heartily share your abhorrence of those preachers (and their name is legion) that can sit together and enjoy the silliest gossip and often the foulest and most lascivious clap-trap of the unregenerated. How the Word is falsified by such fools and hypocrites. To my sad experience the exceptions are scarce.[2]

A oedd Niclas wedi mynd ati i'w gynhyrfu gan ryw sylwadau o'i eiddo tybed yn un o'i lythyrau? Fe'i cawn yn taranu yn erbyn 'y clowyr' gan ddyrchafu ei wraig i ystad gyfuwch â'r angylion:

> The wealthy deacons encouraged by the preachers began to stone me for being faithful to the Word of God. The poor fools knew not that Nellie and I were companions of angels, mercifully ordained to live by miracles, by celestial signs and wonders in our souls, and to find immortal gain in being locked out from the chapels made by them the mortal tents of the devil.[3]

Caiff y giwed gernodion pellach, ond dyna ddigon i gyfleu'r blas cyn iddo gyhoeddi ei bod yn fwriad ganddo i fynd ati i gyfieithu'r gerdd 'Sarah' oherwydd ei melsyter a'i lloriodd mewn dagrau droeon. Er iddo golli ei wraig ers chwe blynedd, dywed ei fod yn ffyddiog y pery'n ysbrydoliaeth iddo. Barnai y byddai cymorth ei fab, Eben, yn fwy ymarferol. Ond ei ymateb cyntaf yntau o'i gartref yn Sunderland oedd hysbysu ei dad na welai ddim rhinweddau barddonol yn y gerdd. Ceisiodd y tad ei ddarbwyllo'n wahanol trwy sôn am 'celestial radiancy, the sweet concord and cadence of perfect poetry'.

Mynnai fod Niclas yn medru gwneud i eiriau cyffredin swnio'n farddonol a cherddorol yr un pryd 'by skilful and subtle connections with ideas and emotions, pervading them with life and beauty and with associations that touch the divinest and most tender vibrating chords of the human heart'. Dyna hi, doedd dim troi'n ôl. Byddai'r gerdd yn cael ei chyfieithu doed a ddelo, p'un a geid cymorth neu beidio. Mae'n debyg fod ei frwdfrydedd wedi'i gynnau i raddau helaeth gan gyhoeddiad poblogaidd o'r enw *The Woman Clothed with the Sun* a oedd yn darlunio 'merch golledig' ac sy'n deillio o gyfeiriadaeth yn adnodau cyntaf y ddeuddegfed bennod o Lyfr Datguddiad.

Rhwng diwedd mis Ionawr a dechrau mis Mawrth 1911 anfonodd William Rees o leiaf ddwsin o lythyrau at Niclas yn cyfeirio at anawsterau'r dasg o gyfieithu ac, ar yr un pryd, yn pwysleisio'r perlewyg a deimlai wrth fwrw ati, a'r dagrau a brofai'n drech nag ef yn aml. Roedd yna Mr Howe o Lundain yn cynorthwyo, heb anghofio am Nellie, ei wraig ymadawedig, ac Eben, y mab, a berswadiwyd i dderbyn bod yna rinweddau'n perthyn i'r gerdd wedi'r cyfan. Datganodd ei fod am bendroni cyn awgrymu rhai newidiadau i ymdrechion ei dad.

Erbyn hyn roedd Niclas wedi addo dod i bregethu yn y Tabernacl ym mis Awst. Cynhesai'r cyfeillgarwch rhyngddynt. Cafodd ganmoliaeth i'w ymdrechion i fynd i'r afael â'r cyfieithu, wel, canmoliaeth o fath, beth bynnag, gan Mr

Howe o Lundain; 'succeeded wonderfully well in the foreign, to him, semi-barbaric tongue' oedd y dyfarniad ac addawodd y byddai'n gwneud ychydig o 'touching up'. Yng nghanol y prysurdeb hwn bwriodd Rees Llechryd ati i gyfansoddi penillion o'i waith ei hun a'u hanfon at ei gyfaill yn y Glais gan eu disgrifio fel rhan o alargan i'w ddiweddar Nellie. Dyma flas o'r ugain o benillion:

> The chirping pink, the lyric lark,
> The sparrow now got married,
> The crow and raven, though in dark
> Are to their bridals hurried.
>
> The widowed thrush came to my door
> When thus the birds are pairing,
> I will not pair, no never more
> Set my pet thrush despairing.
>
> I pity widowed thrush and goose,
> So short their sweet and sadness.
> I pity more the man that choose
> To live in hope and hopeless.[4]

Mae'n rhaid ei bod hi'n wanwyn cynnar ar lannau Teifi. Yn y cyfamser dywed iddo ddarllen ei gyfieithiad o 'Sarah' gerbron ei gyfaill, y Parch Tom Rees, Ty-Rhos ger Cilgerran, ac mai mynych y bu raid iddo oedi i wylo. Mynnai iddo lunio pregeth ar 'Sarah' gan godi testun pwrpasol yn Jeremiah, Hoseia ac Efengyl Ioan – 'a celestial exposition of the text,' meddai, gan ychwanegu i'r oedfa fod o 'dan eneiniad y nefoedd yn yr hen hwyl Gymreig a'r Sabath mwyaf nefolaidd a gawsom erioed, Saboth cymundeb hefyd', meddai'n gopsi ar yr holl brofiad. Mae'n rhaid fod hyn i gyd yn rhagarweiniad ar gyfer y gerdd gyfieithiad oedd ar fin ei hanfon at Niclas gyda phob un o'r naw deg wyth llinell wedi'u llunio o dan gryn chwys ac nid ychydig o orfoledd. Dyma flas ohoni:

In the brooklet is her laughter
And her passion is the tempest,
And her eyes in all the azure
And her smiles among the flowers,
And her footstep in the dewdrops,
And her tresses in the forest –
In her dwells the whole creation.

Said I to Sarah – keep thy chattels
But thy heart, but thy affections,
Keep thy smiles for the lascivious,
Keep thy laughter for the drunkard,
Keep thy kiss for reckless rascals.
Sarah – give me thy affection,
Sarah – give me thy heart's affection.[5]

Dyma flas o'r gwreiddiol:

Mae ei chwerthin yn y gornant,
Mae ei nwydau yn y ddrycin;
Mae ei llygaid yn ei glesni,
Mae ei gwenau yn y blodau,
Mae ei sangiad yn y gwlithyn,
Mae ei heur-wallt yn y goedwig, –
Y mae hi yn ran o'r cread.

Gwelais hi, – a chlywais grechwen
Ei gwefusau yn ei phleser.
Gwelais Sarah, ceisiais Sarah,
Nid yw llygru, ond i'w charu.
Llaid y strydoedd ar ei gwisgoedd,
Blys y strydoedd ar ei thafod,
Fflam y strydoedd yn ei mynwes,
Iaith y strydoedd ar ei gwefus, –
Gwelais Sarah, ceisiais Sarah,
Nid i'w llygru, ond i'w charu.

Cafodd y cyfieithiad ei gyhoeddi yn y gyfrol *Cerddi Gwerin* yn 1912. Ni wyddom yn gwmws beth oedd ymateb Niclas i'r llafur cariad hwn ond mae'n amlwg iddo ei werthfawrogi. Ni wyddom i sicrwydd a fu Niclas yn pregethu yn y Tabernacl, Llechryd yr haf hwnnw chwaith. Does dim llythyr ymhlith y casgliad sy'n cydnabod unrhyw orchest ar ran Niclas ym mhulpud y Tabernacl. Does dim cyfeiriad at ei genadwri yn y *Tivyside* chwaith. Ond tuedd papur Aberteifi oedd cyhoeddi materion yn ymwneud â Hen Gapel, Llechryd.

Serch hynny, gwyddom i Niclas fod yn y cyffiniau o leiaf ar ddiwedd mis Awst. Mae'r *Tivyside* yn nodi ei fod ymhlith rhestr hirfaith o weinidogion yn dymuno'n dda i'r Parch E. D. Evans, Antioch, Crymych ar ei ymadawiad i borfeydd ym Mhontypridd. Ac roedd Evans Antioch wedi ei ddenu i Grymych o Efrog Newydd, os gwelwch yn dda, yn 1895. Ai digwydd bod ar ei wyliau oedd Niclas a'i deulu yn yr ardal ar y pryd yn hytrach na'i fod wedi teithio'n unswydd i fod yn bresennol yn y cwrdd ymadawol ar nos Fercher? Mis o wyliau oedd mis Awst yn draddodiadol i weinidogion yn y cyfnod hwnnw pan nad oedd disgwyl iddyn nhw ddringo i bulpudau eu heglwysi eu hunain. Ond anfon ei ymddiheuriadau am ei anallu i fod yn bresennol oedd ei hanes pan sefydlwyd D. Myddfai Thomas, cyd-efrydydd i Niclas yn y Gwynfryn, i olynu E. D. Evans ym mis Rhagfyr 1912. Roedd Myddfai wedi treulio tair blynedd yn ychwanegol yn y Presby yng Nghaerfyrddin i'w gymhwyso'i hun i fod yn weinidog.

Beth bynnag, pylu wnaeth y llythyru rhwng Rees Llechryd a Niclas y Glais yn ystod y misoedd dilynol. Tua diwedd y flwyddyn cwyna fod llesgedd yn ei oddiweddyd. Er hynny daliodd ati tan 1918 cyn ymddeol, a bu farw'r flwyddyn ddilynol. Ymddengys nad oedd yr un gerdd yn y gyfrol *Cerddi Gwerin*, a gyhoeddwyd yn 1912, wedi'i gyffroi i'r fath raddau. Peidiodd yr ohebiaeth mae'n ymddangos, er gwelwn ei fod yn cydnabod haelioni Niclas yn anfon copi o'r *Merthyr Pioneer* ato. Mae'n debyg fod y copi hwnnw yn cynnwys adolygiad Niclas o'r gyfrol *Teyrnas y Dyn Anfeidrol*, sef cyfres o bregethau a gyhoeddwyd gan y Parch William Rees yn ogystal â cherddi gan ei wraig, Nellie, wyth mlynedd ynghynt. Deallir ei bod hi o leiaf yn rhannol os nad yn gwbl ddall. Wedi cofnodi helynt 'y cloi' a chanmol Rees am ei gefnogaeth i'r Boer yn Ne Affrica a'i barodrwydd i ddadlennu creulonderau rhyfel ac achos dirwest yn y wasg ac o'r pulpud dywed amdano, "... a chredaf mai Mr Rees yw y Mystic mwyaf mae Cymru wedi'i weld hyd yma."

Cyhoeddwyd y geirda yn un o rifynnau mis Ebrill 1911 o'r wythnosolyn a gyhoeddwyd ym Merthyr Tudful gan Keir Hardie, a Niclas wedi'i benodi'n olygydd Cymraeg adeg ei lansiad fis ynghynt. Codai hynny ei broffil hyd yn oed yn uwch o fewn y mudiad Sosialaidd gan ychwanegu at ei fagad gofalon a'i brysurdeb. Mae'n rhaid fod sylwadau Rees Llechryd wedi ychwanegu sawl cyfudd at ei faintioli yn ei olwg ei hun am gyfnod hyd yn oed os nad oedd wedi llyncu'r holl faldod. Ond profodd fod ganddo eisoes fan gwan tuag at ledneisrwydd ymgreiniol y gŵr o Lechryd pan gyhoeddodd adolygiad yn y *Tivyside* ym mis Medi 1910. Y gyfrol dan sylw oedd *Gwahanol Gymeriadau (Y Byw a'r Meirw)* gan y Parch T. R. Davies, Ficer Llwynhendy, Llanelli:

> Y bennod gyfoethocaf, mi gredaf yw yr un ar y Parch W. Rees, Llechryd. Un o feddylwyr mawr ei oes yw Rees, Llechryd. Amhosib oedd i athrylith fel yr eiddo ef beidio dod i wrthdrawiad â dynion bydol. Bydd yr oesau a ddêl yn ei osod yn ei le ym mysg meibion hynotaf Gwalia. Y mae llythyr o'i eiddo at ei frawd yn y gyfrol hon ar achlysur marwolaeth ei dad. Y mae'r epistol rhyfeddaf ddarllenais erioed. Buasai cyfrol o lythyrau fel yr un hwn yn 'fortune' i unrhyw gyhoeddwr. Buaswn yn fodlon talu swllt am y llythyr hwn yn unig. Oni bai bod y llyfr mor rhad buaswn yn gosod peth o honno yma. Mynned pawb ei weld.[6]

Roedd tad y brodyr Rees wedi huno 37 mlynedd ynghynt a thebyg fod y llythyr wedi'i gyfansoddi tua'r adeg hynny. Mae'n llawn rhamantiaeth merfaidd gan alw i gof enwau'r ceffylau ar y ffarm yn nyddiau eu plentyndod – Derby, Duchess a Jolly. Honna hefyd mai mynych y câi gwmni ei dad mewn breuddwydion gan ei ddisgrifio fel 'un o wŷr cymhedrol y glasied'.

Ond mewn gwaed oer, ac yn ôl llinynnau mesur heddiw, mae'n anodd gweld rhagoriaeth y gyfrol *Teyrnas y Dyn Anfeidrol* a'i his-deitl 'Agoriad i eglwys Philadelphia sef yr Eglwys sydd yn caru dyn y Ddynoliaeth Newydd'. Ymddengys nad yw'n ddim ond y sychaf o'r llyfrau sychion hynny a gyfeiriai at ffug ddiwinyddiaeth mewn termau haniaethol niwlog. Er ei bod yn ymestyn dros 350 tudalen ni ellir defnyddio'r ansoddair 'swmpus' i'w disgrifio. Honnai'r awdur iddo draethu cynnwys y gyfrol o bulpud y Tabernacl bob nos Sul gydol 1901. Mewn amgylchiadau o'r fath, hawdd rhoi'r label 'cyfriniwr' ar awdur na ellir treiddio i ddyfnderoedd ei ddeunydd, pan fynnir ei ganmol er gwaethaf amheuaeth nad oes dim yno i dreiddio iddo. Ni wnaf eich diflasu â dyfyniadau.

Cyhoeddwyd adolygiad o'r gyfrol yn rhifyn Tachwedd 1918 o'r cylchgrawn *Y Deyrnas* a hynny bymtheg mlynedd wedi'i chyhoeddi. Pledio achos heddychiaeth yng nghyfnod rhyfel a wnâi'r cylchgrawn a olygwyd gan ddau ddiwinydd o Fangor. Roedd Niclas yn gyfrannwr cyson. Nid yw'r adolygydd anhysbys – un o'r golygyddion, yr Athro J. Morgan Jones M.A. (1873–1946) neu'r Prifathro Thomas Rees, mae'n siŵr – yn hel dail wrth dafoli. Rhoddir y gyfrol yn ei chyd-destun diwinyddol diffygiol:

> Rebel egwyddor ac iachawdwriaeth a chenadwri yw efe, a gordd lled drwsgl i ddryllio'r creigiau yw ei lyfr. Adnabyddir Mr Rees, Llechryd, bellach er's yn agos ddeugain mlynedd fel arwr y frwydr ddirwestol boethaf a welodd Cymru, a phroffwyd athrawiaeth Emanuel Swedenborg i'r Cymry. Math ar gyfriniaeth lled ddieithr yw athrawiaeth grefyddol a moesegol Swedenborg. Ychydig yn ddiau yw nifer y sawl a ddarllenodd ei gyfrolau lluosog. Mae eu cynnwys o ran ffurf ac iaith mor ffigurol, apocalyptaidd, a dychmygol, fel mai'r demtasiwn yw eu taflu o'r neilltu fel ffwlbri. Ond camgymeriad a fyddai hynny. Maent o leiaf yn hanes profiad crefyddol eithriadol a chyfoethog... Nid ydym am gamarwain y darllenydd y caiff athrawiaeth foddhaol a chyflawn ar y pynciau hyn gan Mr Rees na chan Swedenborg chwaith.[7]

Dylid nodi mai gwyddonydd a diwinydd o Sweden oedd Emanuel Swedenborg (1688–1772) a dreuliodd wyth mlynedd ar hugain olaf ei fywyd yn honni ei fod yn ymweld â nefoedd ac uffern mewn breuddwydion. Honnai ei fod yn cyfathrebu ag angylion, diafoliaid ac ysbrydion o bob math. Roedd Rees Llechryd yn ddisgybl brwd iddo. Fe'i canmolir o leiaf am gondemnio rhyfel y Transvaal ac ysbryd a gwanc rhyfelgar Ewrop ond tynnir sylw at ei fuchedd ei hun nad yw mor gymodlawn ag y gallai fod:

> Hawddach yw gweled a dangos diffyg cariad ac eangfrydedd mewn pobl eraill na'u harfer ein hunain. Pell ydym o amddiffyn popeth a wna pregethwyr, eglwysi, a chymdeithasau crefyddol a gwladol, ond credwn fod yr awdur yn dra annheg â hwynt. Mae safonau meddyliol y llyfr hefyd yn dra gwahanol i'r cyffredin. Mae'r dull alegoriaidd o esbonio'r Beibl a'r datganiadau dogmataidd o'r athrawiaethau Swedenborgaidd yn wahanol i safonau beirniadol y cyfnod hwn. Cred yr awdur y cynnwys y *Myvyrian Archaeology* lawysgrifau dilys y derwyddon![8]

Teg nodi bod y Parch William Rees wedi cyhoeddi cyfrol o dan y teitl *The Devil's Keys* gyda'r is-deitl *Cloi Dirwest o Dŷ Dduw*, wedi'i hargraffu gan J. C. Roberts yn 1882 ac yna eilwaith gan Ebenezer Rees, Ystalyfera, yn 1888 yn olrhain hanes helynt 'y cloi'. Yn Saesneg y cyfansoddwyd y 133 tudalen sy'n cyfleu'r helynt ynghylch dirwestiaeth yn fanwl gyda chryn gyfeiriadaeth Feiblaidd a Chlasurol. Priodol fyddai dyfynnu paragraff neu ddau er mwyn cyfarwyddo â'r naws, wrth i'r gynnen ynghylch y ddiod feddwol rwygo'r addolwyr yn Llechryd ac yng nghapel Ffynnonbedr a oedd hefyd o dan ofal Mr Rees:

> The deacons of both places frequently met in pot-houses – senate of the chapels – and like the ancient Persians, debated the most important affairs when intoxicated. Among the clangour and jingle of decanters, fumes of smoke, and drunken braggadocio, were passed the measures that were to rule in the Churches.

Their vagaries and tricks, more foolhardy than those of ordinary lunatics, had the support of the ministers who carried away from the sots the wages of infamy. Thus the generation of vipers surrounded the tree of life, as the winged Arabian serpents guarded the frankinsence. Some of the preachers were corrupted; but others, dissolved in sloth and self-indulgence, were in no more danger of being corrupted, than a Negro of being tanned by a warm sun.[9]

Ac ymhellach, wrth iddo ddisgrifio melltith y clowyr ar adeg pan oedd ei wraig yn drwm feichiog:

A woman suggested to the wife of one of the ringleaders, that it would be better to postpone casting Mr Rees away owing to the state of Mrs Rees. "No," said the other savagely, "she must stand it." "Yes she must, care not for her," said another harridan or harpy of the genius of Jezebel, Athaliah, and Herodius. The qualities of godless human nature was seen by the great seer in savage beasts of all kinds; in tigers, panthers, leopards, wild boars, scorpions, tarantulas, vipers, and crocodiles. There are persons that could listen without pity, and even enjoy groans that would "make wolves to howl and penetrate the breasts of ever angry bears." The peripatetics wrote treatises to prove that man has much more to fear from the passions of his fellow creatures, than from the convulsions of the elements. And Gibbon remarks, that the mischievous effects of an earthquake or deluge, a hurricane, or the eruption of a volcano, bear a very inconsiderable proportion to the calamities which men bring upon one another.[10]

O leiaf doedd dim amau ei ddysg na'i wybodaeth eang. Ond er ei fod yn enwi cymeriadau'r Beibl a llenyddiaeth glasurol rif y gwlith, nid yw'n enwi'r 'pechaduriaid', fel y gwelai ef nhw, yn Llechryd heblaw am y tri a lofnododd y rhybudd yn ei ddiswyddo, sef David Jones, David Griffiths a John Thomas. Ond mae'n amlwg ei fod yn chwennych bywyd uwch yn rhydd o grafangau Bacchus:

The thought of the filthy life, the dreadful death, and the funeral panegyrics of gluttons, schismatics and sacrilegers, led me to traverse beyond the dark forest of human life – its passions, vices, and perplexities, and follow Dante and Swedenborg with trembling pulses through the infernal circles, and see the conditions and forms of incontinent, malicious, and bestial souls after death.

I gazed into the doleful circle where standeth Minos horribly, snarling, and girding the transgressor with his infinite tail. There the hurricane never rests; but hurls the spirits onwards, whirling them around, driving them in large bands like starlings, downward and upward, hurling them to precipices, where they utter their shrieks, plaints and blasphemies. Such is the torment of carnal men, who subjugate their reason to appetite.[11]

Ceir wnifeintoedd o baragraffau tebyg yn un rhibidirês diddiwedd. Mae Glen George yn gyfarwydd â'r llyfr:

"Pan oeddwn yn grwt, yr oedd yna dipyn o sôn am Rees Llechryd yn ein tŷ ni a'i ymgyrchoedd yn erbyn y ddiod. Y mae copi fy nhad-cu o'i gyfrol *Cloi Dirwest o Dŷ Dduw* yn fy meddiant o hyd. Ni wn beth oedd agwedd teulu'r Llety at y ddiod gadarn ond, wedi cyrraedd Boncath, roedd fy nhad-cu yn ddirwestwr selog. Hawdd felly gweld pam roedd yn meddwl cymaint am Rees, ond anodd credu ei fod yn cytuno â'r syniadau cyfriniol a geir yn y gyfrol. Does ond rhaid darllen brawddeg agoriadol y gyfrol i weld bod Rees yn troedio llwybr digon rhyfedd: 'To Willie bach in heaven, my little angel boy, who fell victim to the persecution; and to the Woman clothed with the Sun in the vales of Tivy and Tawe – these pages are lovingly dedicated.'

"Ceir mwy o hanes y plentyn a fu farw ar dudalen arall: 'A son was born to us on the 29th May, 1880, and called William Emanuel, because God was with us, and in grateful love towards the most honoured name of Emanuel Swedenborg, before whom the Lord had manifested Himself in Person, and whom He had filled with His Spirit to teach from Him the doctrines of the New Age by means of the Word'.

"Roedd Emanuel Swedenborg wedi dilyn gyrfa lwyddiannus fel gwyddonydd cyn troi i fyd crefydd. Ei waith mwyaf dadleuol oedd y gyfrol *Heaven and Hell* a gyhoeddodd ym 1758 lle cynigir darlun manwl o'r arall fyd. Dyma syniadau oedd yn wrthun i

Niclas, felly rhaid cynnig mai ymlyniad Rees at heddychiaeth oedd yn bennaf gyfrifol am yr edmygedd. Trwy gydol ei oes roedd Niclas yn fwy na pharod i gondemnio'r rhai a oedd yn gweld 'man gwyn fan draw' ac, fel y gwelwn o gyfeiriadau dadlennol yn ei gerddi, nid oedd yn credu mewn bywyd wedi marwolaeth.

"Roedd yr un mor wawdlyd o'r rhai oedd yn credu mewn digwyddiadau 'goruwch naturiol' a dyna yw'r cof olaf sydd gennyf ohono. Erbyn dechrau 1971 yr oedd yn wael yn y gwely, felly rhaid oedd trefnu siwrnai sydyn i Aberystwyth i weld Wncwl Tomi. Ar y pryd, roedd yr efengylwr Peter Scothern yn crwydro gorllewin Cymru ac ni fu fy mam yn hir cyn sôn am ei ddull o iacháu'r cleifion trwy arddodiad dwylo. Chwerthin yn braf wnaeth ei hewythr gan osod ei law ar ei phen a chyhoeddi ei bod yn holliach!" datgela Glen.

Gwir y tybioch fod fy agwedd i, os nad eiddo Glen hefyd, tuag at Rees Llechryd yn ymylu ar fod yn ddishmolus. Tymherwyd hynny gan sylwadau o eiddo'r Athro R. Tudur Jones (1921–1998) am y Parch Ddr E. Pan Jones (1834–1922), golygydd cylchgrawn o'r enw *Y Celt* rhwng ei sefydlu yn 1881 a'i ddirwyn i ben yn 1884. Yn ystod y cyfnod byr ond trafferthus hwnnw bu'n rhaid iddo ddelio â thri achos o enllib, gan dalu £1,200 mewn iawndal.

Yn y gyfrol *Michael D. Jones a'i Wladfa Gymreig*, a olygwyd gan E. Wyn James a Bill Jones, disgrifir Pan Jones fel 'cymeriad'. Tebyg fod hynny'n ddisgrifiad caredig o'r gŵr o Landysul a sicrhaodd raddau M.A. a Ph.D o Brifysgol Marburg yn yr Almaen ac a goleddai agwedd unllygeidiog tuag at landlordiaeth. Ymgyrchodd yn ddigymrodedd dros wladoli tir. Gwnaeth elynion o berchnogion tir ledled y wlad. Ac yn y cyd-destun hwn dyma'r datganiad allweddol o eiddo'r Athro R. Tudur Jones:

Nid oedd yn llawer o gysur fod pobl fel William Rees, Llechryd, ac Ioan Dderwen o Fôn yn gefnogwyr selog iddo. Pobl heb ddylanwad gwleidyddol oedd y rhain. Yr oedd ffermwyr yn ddigon parod i amenio ei feirniadaeth ar landlordiaid ond ymgroesant rhag cefnogi ei ateb chwyldroadol i'r gorthrwm.[12]

Yr awgrym, hyd y gwelaf i, yw fod un cnoc y dorth yn denu eraill o gyffelyb anian. Ond rhaid cydnabod y byddai Niclas o dro i dro, wrth leisio rhai o'r datganiadau ysgubol hynny oedd mor nodweddiadol ohono, yn cyhoeddi mai Pan Jones oedd un o Gymry mwyaf yr oesoedd ar gownt ei unplygrwydd ar fater gwladoli tir. Bu'n gohebu ag ef yn gyson.

Tebyg mai rheitiach gan Niclas, mewn gwirionedd, oedd y sylw a roddwyd i'r cerddi hynny o'i eiddo oedd yn dyrchafu'r werin bobl gan blannu Crist yn eu plith. Rhyw lithriad ar ei ran yn ei hast a'i awydd i gyflawni oedd y molawdau i ddyn, a ffolodd ar un gerdd mewn modd a ymddengys yn ychafïaidd. O leiaf gwelodd yn dda i gadw gohebiaeth y gŵr a 'glowyd mas', ac na fu'n aelod o'r un Cwrdd Chwarter gyda'r Annibynwyr wedi hynny, a chyflwyno'r oll i'r Llyfrgell Genedlaethol ym mis Tachwedd 1941.

Ond sut yn gwmws ddechreuodd y maldodi? Dyddiad y llythyr cyntaf sydd wedi'i gadw o eiddo William Rees at Niclas yw 14 Medi 1910 yn canmol y gyfrol *Salmau'r Werin*. Ysgrifennwyd yr ail lythyr ddeuddydd yn ddiweddarach ar yr union ddiwrnod yr ymddangosodd adolygiad Niclas o gyfrol y ficer o Lwynhendy yn y *Tivyside*. Ond roedd hi'n fis Ionawr 1911 ar batriarch Llechryd yn dechrau rhefru am 'Sarah'. Wrth reswm, gwyddai Niclas yn dda am gefndir y Parch William Rees. Wedi'r cyfan roedd helynt 'y cloi mas' wedi digwydd pan oedd Niclas yn naw oed. Datgela ei bapurau iddo hefyd glywed darlith gan William Rees ar bwnc dirwest yn 1901 ac iddo farnu fod yr achlysur yn 'rhyfeddol' pe bai dim ond ar gownt y ffaith nad oedd yna gadeirydd ac na chafwyd gair o ddiolch gan neb ar y terfyn. Mae'n rhaid felly fod ei gydymdeimlad â'r gorthrymedig a'i edmygedd o'r sawl a lynai wrth ei gred doed a ddelo wedi'i arwain i gyfodi'r gwrthrych hwn i'r entrychion. A doedd Niclas ei hun wrth gwrs ddim yn gymeradwy gan bawb o fewn ei enwad.

Rhag ein bod yn dibrisio'r 'Sarah' wreiddiol, ar sail ymateb a thriniaeth Rees Llechryd ohoni, buddiol er mwyn deall ei chefndir yw dyfynnu darn o'r hyn a ddywedwyd gan Niclas am ferched o'r fath, nad ydynt fyth y tu hwnt i gariad, mewn erthygl yn dwyn y teitl 'Yr Eglwys a Phynciau Cymdeithasol; yn y *Geninen* yn 1914 wrth drafod puteindra; 'Newyn nid nwydau sy'n gyrru saith can mil o ferched anffodus i'r strydoedd'. A pharod yw'r diwinydd a'r ysgolhaig, Dr. Pennar Davies (1911–1996), i osod y gerdd 'Sarah' yng nghyd-destun ymdriniaethau llenyddiaethau byd-eang o'r butain. Disgrifia hi fel 'y druanes arwyddluniol sy'n cynrychioli'r gorthrymedig a'r gwrthodedig'. Ac â yn ei flaen yn ei ysgrif yn y gyfrol, *T. E. Nicholas Proffwyd Sosialaeth a Bardd Gwrthryfel*, a olygwyd gan Dr. J. Roose Williams, M. A. (1905–1972) yn 1970 i olrhain ei lle yn llenyddiaeth Rwsia a Chymru:

> Ymhlith nofelwyr Rwsia, yn enwedig Dostoeffsci a Gorci, bu tuedd nid yn unig i dosturio wrthi ond i'w delfrydu. Am a wn i, T. E. Nicholas, J. J. Williams a T. H. Parry-Williams yw'r rhai cyntaf yn llenyddiaeth Cymru yn y cyfnod modern i'w darlunio hi'n uniongyrchol. Tosturi yw ymagwedd J. J. Williams at ei Fagdalen; cyfuniad eironig o dosturi a diflastod a geir gan Parry-Williams yn 'Y Ddinas'. Try Niclas i glodfori'r ferch a orfodir trwy amgylchiadau celyd ac anghyfiawnder economaidd cymdeithas i droi at fuchedd y butain er mwyn eraill; a chymherir ei merthyrdod ag aberth y Groes. Tebyg iawn fod hyn dipyn yn fwy 'perthnasol' tua dechrau'r ganrif nag yn awr.[13]

P'un a oedd Rees Llechryd ar yr un trywydd neu beidio, gwelwn yn y man mai da oedd ei fod pan gyhoeddwyd llythyr o'i eiddo yn codi llawes Niclas yn y *Merthyr Pioneer* yn gynnar yn 1915. Roedd Niclas, wrth gwrs, mewn helynt drachefn. A gyda llaw, er y demtasiwn i ddyfarnu y byddai ambell lasied o'r cwrw melyn bach wedi gwneud lles i Rees Llechryd, yn enwedig wrth syllu ar y llun ohono sydd os bosib yn ddiffiniad eglur o'r sych-dduwiol, rhaid cydnabod i'w weinidogaeth yn ei gapel ei hun fod yn llewyrchus. Fe'i disgrifiwyd fel 'a man of genius and extraordinary power' yn ei farwgoffa yn y *Tivyside* ym mis Ionawr 1919. Cyhoeddwyd cerdd goffa iddo yn yr un papur gan Niclas ym mis Mawrth 1920. Mae'r gerdd wedi'i chyhoeddi yn y gyfrol *Dros Eich Gwlad*. Roedd ei fab, y Parch Ebenezer Rees, o Sunderland cynt, nawr wedi symud i Enfield, Llundain. Nai iddo oedd y Parch W. J. Rees, Allt-wen (1882–1958) a fyddai'n wybyddus i Niclas, bid siŵr, er iddo ddechrau ar ei weinidogaeth yn y pentref cyfagos i'r Glais, flwyddyn wedi i Niclas adael, yn 1915. Parodd yr achos yn y Tabernacl, Llechryd tan ganol y 1990au gan ddenu sawl olynydd i'r sefydlydd rhyfedd, cyn cau'r drysau.

Ym mis Chwefror 1920 dadorchuddiwyd cofeb i'r Parch William Rees yn y Tabernacl a phregethwyd ar yr achlysur gan y Parch W. J. Rees a'r Parch Joseph James (1878–1963), Llandysilio. Disgrifiwyd Rees Llechryd mewn adroddiad yn y *Tivyside* fel 'an enemy to all forms of hypocrisy and cant'. Tair blynedd yn ddiweddarach cynhaliwyd cwrdd coffa iddo yn Nheml yr Eglwys Newydd, Ynysmeudwy, yng Nghwm Tawe lle'r oedd dilynwyr Swedenborg yn cyfarfod. Dywedwyd amdano, eto yn y *Tivyside*, ei fod yn ŵr o 'alluoedd meddyliol digymar, ac amgyffredion eang ac ysbrydol, a lladmerydd dawnus nefolaidd iawn. Coffadwriaeth y cyfiawn sydd fendigedig.'

Flwyddyn ynghynt cyhoeddwyd teyrngedau iddo yn y cylchgrawn Swedenborgaidd *Y Dyn* gan gynnwys erthygl 35 tudalen yn Saesneg gan yr Athro W. A. Williams o dan y teitl 'A Citizen of Zion'. Mae'n manylu ar ei nodweddion corfforol gan ddweud mai dim ond un dant oedd ganddo yn ei henaint a hyd yn oed yn cofnodi mesuriadau ei ben – dwy fodfedd ar hugain a hanner o ran cylchedd, mae'n debyg. Hwyrach nad oedd yn syndod i'r 'Athro' gynnig gwybodaeth o'r fath am fod ganddo ystafell yn Abertawe yn ymwneud â ffrenoleg; darllen nodweddion pennau oedd ei alwedigaeth. Dyledus ydym iddo am ei ddisgrifiad o lais Rees Llechryd:

His voice had in it nothing harsh and croakish; it was pitched in the middle clef and had a flutey sweetness, out of which, sometimes, arose a shrill piccolo, never a screech or a caw.[14]

Fe wnaed trefniant i Niclas wasanaethu yn angladd Rees Llechryd. Ond, am ryw reswm, ni chafodd wybod am ymadawiad ei gyfaill nac am y cynhebrwng ym Mlaenannerch gan y mab yn Enfield. Roedd yna drefniant i Niclas ddwyn llawer o'r hyn a ysgrifennwyd gan yr hen batriarch i olau dydd, ond rhoddwyd matsien i'r holl ddeunydd yn ddiarwybod iddo. Serch hynny, doedd dim amau nad oedd gan Niclas gryn feddwl o'r Swedenborg-ddyn, fel y cyffesodd mewn llythyr at Awena Rhun yn 1942:

Dyna'r dyn mwyaf a gwrddais erioed a'r dyn mwyaf huawdl ei dafod a'i bin. Yr oedd ei wraig Nellie yn ddall ac wedi marw cyn i mi ei nabod. Ar ei hôl hi yr enwyd ein Nellie ni. Yr oedd Nellie a mi yn mynd i dreulio diwrnod yn ei gwmni bob haf. Byw wrth ei hun, ac adar bach a brain yn disgyn ar ei ysgwyddau yn y wlad ac yn hedfan i'w ystafell yn y bore. Dyn tal yn chwe troedfedd a barf laes dros ei fron, talcen uchel a llygaid llawn mwynder a dagrau; ond o'r tu ôl i'r tynerwch gwroldeb llew dros egwyddorion a garai.

Dibrisiodd alwadau oddi wrth eglwysi mwyaf Cymru ac oddi wrth eglwysi mawr yn Lloegr. Dewisodd fyw i ddarllen ac ysgrifennu yn y wlad. Llosgwyd ei lythyrau a'i bapurau i gyd a'i lyfrau oedd heb eu gwerthu. Yr oedd ganddo lythyrau oddi wrth rhai o ddynion mawr y wlad a oedd yn dal yr un syniadau ag yntau. Aeth y cwbl yn fflam, er dileu allan hanes ei fywyd anuniongred. Yr oedd ganddo hanes ei fywyd a'i atgofion. Darllenodd ef i mi a dwoud beth i wneud ag ef wedi ei ddydd, ond aeth y cwbl i'r fflamau. Yn nyddiau unig y rhyfel mawr edrychwn ymlaen at ei lythyrau bob wythnos.[15]

Gwelodd Niclas yn dda i gyhoeddi teyrnged yn Saesneg ar dudalen flaen y *Merthyr Pioneer* i'r gwron o Ddyffryn Teifi ym mis Chwefror 1919, pan oedd y cyhoeddiad wedi'i gyfyngu i bedair tudalen a'r golofn Gymraeg wedi'i hepgor. Soniodd am berthynas William Rees ag adar mân ac fel roedd yn medru eu denu â chwibaniad i fwyta o'i ddwylo. Byddent yn ei ddilyn i'r llofft ac yn disgyn ar ei wely. Honnodd fod yna robin goch wedi dod i mewn trwy ffenestr agored ychydig oriau cyn ei farwolaeth fel petai i ddiolch iddo am ei garedigrwydd i adar dros y blynyddoedd.

'Nid yw digofaint dyn yn ddim i broffwyd y gwirionedd' oedd dyfarniad Niclas am ei gyfaill. Tebyg y byddai wedi defnyddio hynny fel testun ei bregeth angladdol pe bai wedi cael y cyfle i ffarwelio ag ef ym Mlaenannerch.

7

Keir Hardie a'r *Pioneer*

SGOTYN A ANWYD yn 1856 oedd James Keir Hardie. Roedd ei fam yn forwyn ffarm ddibriod yn Swydd Lanark. Fe'i hystyriwyd yn blentyn anghyfreithlon o'r herwydd yn y dyddiau hynny. Gwrthododd ei löwr o dad, William Aitken, ei arddel. Pan oedd Keir yn dair oed priododd Mary, ei fam, ŵr o'r enw David Hardie. Symudasant i Glasgow a chawsant chwech o blant gan wynebu tlodi enbyd ar adegau. Troes y tad at y ddiod yn ystod y cyfnodau meithion hynny pan na fedrai gael gwaith. Cyflogwyd Keir fel negesydd a gwas bach ar hyd y dociau pan oedd yn ddim ond wyth mlwydd oed.

Dysgodd ddarllen trwy ddefnyddio Beibl ei fam a bwrw ati wedyn i sillafu'n llafurus yr hysbysebion cyhoeddus a welai, ynghyd â thudalennau agored llyfrau, a osodid yn ffenestri siopau. Ni fedrai dorri'i enw nes ei fod yn bymtheg oed. Ond pan fynychodd ysgol nos ni fu fawr o dro cyn ymgolli yng ngweithiau radicaliaid y cyfnod. Erbyn iddo fod yn dair ar hugain oed roedd yn Gristion pybyr, yn pregethu'n gyson yn enw Eglwys yr Undeb Efengylaidd. Roedd yr un mor danbaid dros hybu dirwest yn enw'r Temlwyr Da. Enynnodd lid y meistri glo ond edmygedd y glowyr am ei fod yn ymgyrchu dros eu hawliau. Fe'i diswyddwyd a bu rhaid iddo yntau a'i wraig ifanc, Lily, geisio cael dau ben llinyn ynghyd trwy gadw siop tra parai yntau â'i genhadaeth dros well telerau gwaith i'r glowyr.

Erbyn 1887 fe'i penodwyd yn ysgrifennydd llawn amser Ffederaliaeth Glowyr yr Alban. Sefydlodd gylchgrawn o'r enw *The Miner* a thrwy lunio erthyglau golygyddol iddo y deilliodd y syniad o greu Plaid Lafur Gristionogol a chreu dysgeidiaeth a elwid yn Sosialaeth. Safodd fel ymgeisydd Llafur Annibynnol mewn isetholiad yn Lanark Ganol yn 1888 a chrafu 617 o bleidleisiau a cholli'n garlibwns. Yr arferiad yr adeg honno oedd i ymgeiswyr Llafur, a gynrychiolai'r gweithwyr, gynghreirio gyda'r Rhyddfrydwyr.

Yn ystod yr ymgyrchu ceisiodd y Rhyddfrydwyr ei berswadio i roi'r gorau i'w ymgeisyddiaeth yn gyfnewid am sedd ddiogel a chyflog da yn yr etholiad nesaf. Gwylltiodd yn gacwn gan wrthod y fath fargeinio diegwyddor. Daliodd i ymgyrchu, ac yn 1892 fe'i hetholwyd yn Aelod Seneddol dros West Ham yn Llundain. Penderfynodd y Rhyddfrydwyr beidio â chynnig ymgeisydd yn yr isetholiad ond, ar yr un pryd, ni roddwyd cefnogaeth agored i Hardie chwaith.

Yn y senedd mynnai wisgo siwt frethyn a chapan hela ceirw yn hytrach na'r got ddu a'r hat silc arferol. Doedd dim amau pwy roedd e'n eu cynrychioli yn Nhŷ'r Cyffredin. Ond collodd ei sedd yn 1895 a hynny'n bennaf am iddo alw ar y Tŷ a'r Frenhines i anfon neges o gydymdeimlad at deuluoedd dros 250 o lowyr oedd wedi colli eu bywydau mewn tanchwa yng Nglofa'r Albion, yng Nghilfynydd ger Pontypridd, yn 1894, yn yr un gwynt ag anfon neges i longyfarch y teulu brenhinol ar enedigaeth etifedd. Pan wrthodwyd ei gais, melltithiodd y teulu brenhinol i'r entrychion mewn araith danllyd na chlywyd ei thebyg ar lawr y siambr cynt.

Dychwelodd i'r senedd yn 1900 a hynny fel cynrychiolydd Merthyr Tudful a pharhau i gynrychioli'r ardal tan ei farwolaeth yn 1915. Ffurfiwyd y Blaid Lafur Annibynnol, a chafodd yr un gefnogaeth radicalaidd gan ei etholwyr ag a roddwyd i un o'i ragflaenwyr nodedig, Henry Richard (1812–1888), 'Yr Apostol Heddwch' a oedd yn Rhyddfrydwr blaenllaw. Ni chyfyngodd ei hun i weithgareddau Tŷ'r Cyffredin. Ymgyrchodd dros y gweithiwr ble bynnag y gelwid am ei wasanaeth, ymhlith y glowyr yn y de ac ymhlith y chwarelwyr yn y gogledd. Teithiodd yn helaeth i gynadleddau rhyngwladol yn ymwneud â heddwch gan weithredu bob amser ar sail egwyddorion Cristnogol. Pan anerchodd gyfarfod yn Ystalyfera ar brynhawn Sul ym mis Mai 1911 pennawd yr adroddiad yn *Llais Llafur* oedd 'Jesus Christ as Agitator. No Landlords in Heaven'.

Doedd rhyfedd fod Niclas yn ei chael yn hawdd cynhesu at y Sgotyn. Pan sefydlodd Hardie y *Merthyr Pioneer* doedd dim angen fawr o berswâd ar Niclas i fod yn olygydd Cymraeg. Dywedir i'r fargen gael ei tharo dros bryd o fwyd yn Abertawe. Yn gymysg â chyhoeddi newyddion lleol, aed ati i lambastio'r bragwyr a'r frenhiniaeth ar y naill llaw a chefnogi heddwch a sosialaeth ar y llaw arall. Eisoes roedd enw Niclas y Glais yn adnabyddus yn y wasg. Roedd yn hen law ar dynnu sylw ato'i hun a'i ddaliadau a thynnu nyth cacwn ar ei ben dro ar ôl tro. Yn amlach na pheidio byddai ei gyfraniadau'n ennyn ymateb a llythyrau chwyrn y byddai yntau wedyn yn fwy na pharod i'w hateb. Doedd dim ildio i fod.

Byddai Niclas wedi dilyn gyrfa Hardie ers dyddiau cynnar ei weinidogaeth yn Llandeilo, wedi rhannu llwyfan ag ef droeon ar ôl dychwelyd o'r Unol Daleithiau i'r Glais yn 1904 ac yn ei ystyried yn enaid hoff cytûn na fedrai wneud yr un caff gwag. Rhannai'r ddau'r un edmygedd o 'Ddiwinyddiaeth Newydd' R. J. Campbell. Niclas oedd asiant Keir Hardie yn etholiad cyffredinol 1910.

Lansiwyd y *Merthyr Pioneer* ar 18 Mawrth 1911 gan nodi mai ei brif neges 'bydd dadlau hawliau'r tlawd a'r gorthrymedig'. Meddai Niclas ymhellach wrth gyflwyno'r golofn Gymraeg, 'un o amcanion y golofn Gymraeg fydd creu atgasrwydd at y cadwynau' cyn iddo fynd yn ei flaen i gyflwyno darn o bregeth o dan y pennawd 'Pulpud y Werin':

'Edrychwch ar adar y nefoedd,' meddai Crist. Dim tlodi na chyfoeth yn eu plith; ddim yn talu rhent; ddim yn segur, ddim yn byw ar lafur aderyn arall, ddim yn meddu ar fwy nag sydd eisiau ar gyfer ei angen, ddim yn cynnal Brenhinoedd, yn cadw milwyr, plismyn, cyfreithwyr, meddygon nag offeiriaid. Ni wna roi coeden ar les i aderyn arall, ddim yn cadw carchardai...[1]

Roedd y Sosialydd Cristnogol wedi gosod ei stondin. Gweithredai Niclas law yn llaw â Keir Hardie. Nodiadau o eiddo'r Aelod Seneddol a welid gan amlaf ar y dudalen flaen. Pan gafodd ei ailethol i'r senedd yn 1906 cynyddodd nifer yr aelodau Llafur o ddau i naw ar hugain. Yn union fel y sefydlodd bapurau yn yr Alban i hybu achos y glowyr, gwelai'r *Pioneer* yn allweddol i ledaenu neges sosialaeth yn ne Cymru. Fe'i cyhoeddwyd bob dydd Sadwrn am geiniog. Rhoddodd y gorau i arweinyddiaeth y Blaid Lafur yn 1908 er mwyn canolbwyntio ar ymgyrchu dros bleidlais i fenywod a thros heddwch. Golygai hynny fynychu cynadleddau rhyngwladol yn gyson. Golygai broffil uwch nag eiddo'r Aelod Seneddol cyffredin.

Areithiodd Hardie a Niclas ar achlysur Gŵyl Fai yng Nghyfarthfa, Merthyr yn 1911. Anerchwyd gerbron torf o 50,000, yn ôl un amcangyfrif, a chyhoeddwyd y ddwy araith yn eu crynswth. I roi amcan o natur yr achlysur dylid nodi bod yno bedwar llwyfan, ac ymhlith yr areithwyr eraill roedd George Lansbury (1859–1940), AS Llafur Bow and Bramley ar y pryd; T. Richardson (1868–1928) AS Llafur Whitehaven, Cumberland a'r Parch R. Silyn Roberts (1871–1930), M.A. yn ogystal â Miss Margaret Bondfield (1873–1953), y ddynes gyntaf i gael ei gwneud yn aelod o Gabinet llywodraeth yn ddiweddarach, a Mr J. J. James (1869–1942), Cwmgors.

Roedd John James yn ddyn diddorol. Bu am gyfnod yn Academi'r Gwynfryn cyn dychwelyd i'r diwydiant glo a chael ei ethol yn ddiwrthwynebiad fel atalbwyswr ym Nglofa Cwmgors er gwaethaf ennyn llid y perchnogion am ei ran mewn streic. Daliodd y swydd am 13 mlynedd cyn ei benodi'n Asiant i'r glowyr yn 1914 a dal y swydd honno am chwarter canrif. Fe'i gwnaed yn Ynad Heddwch. Roedd yn ddiacon yn Nhabernacl, Cwmgors. Dyfarnwyd ei draethawd yn Eisteddfod Genedlaethol Rhydaman 1922 ar y testun 'Dysgeidiaeth Economaidd Karl Marx, gyda chyfeiriad arbennig at ei ddylanwad yng nghylchoedd gweithfaol Cymru' yn gydfuddugol ag eiddo'r Parch D. D. Walters (Gwallter Ddu, 1862–1934).

Y ddau feirniad dysgedig oedd y Parch J. Griffiths B.A., B.D., gweinidog Ebeneser, Rhydaman, ar y pryd ond Prifathro Coleg y Bedyddwyr, Caerdydd yn ddiweddarach, a'r Parch Herbert Morgan M.A., Cyfarwyddwr Efrydiau Allanol, Coleg y Brifysgol Aberystwyth ac ymgeisydd Llafur yng Nghastell-nedd yn 1918. Tebyg fod John James a'r gŵr y rhannwyd yr £20 o wobr ag ef yn nodweddiadol o lawer o'r Sosialwyr Cymraeg cynnar yn medru priodi'r efengyl a'r ddysgeidiaeth economaidd newydd. Tybed a oedd y ddau draethawd yn cyfeirio at Niclas y Glais? Gwyddom eisoes, wrth gwrs, fod Gwallter ar yr un donfedd â Niclas. Bu ganddo golofn am gyfnod yn yr wythnosolyn *Herald of Wales*, a wasanaethai ardaloedd Aman a Thawe a chylch Llanelli, gan leisio'r un genhadaeth â Niclas.

Yn anffodus nid yw gwaith buddugol John James ar glawr ond mae ymgais 'Vox Populi', sef ffugenw Gwallter Ddu, i'w weld yn y Llyfrgell Genedlaethol. Sylwadau'r beirniaid oedd: 'Clir a chryno. Esboniad da ond diffyg beirniadaeth. Nid yw gorbendantrwydd i'w ganmol y naill ochr na'r llall ac mae'n bwysig sylweddoli'r gwahaniaeth sy rhwng haeru a phrofi. Traethawd medrus a threfnus. Cryn gamp ar ysgrifennu yn Gymraeg ar faterion mor anodd ac anghynefin'. Er pori drwy'r traethawd, llwyddodd yr awdur i osgoi cyfeirio at naill ai Niclas na Hardie, R. J. Derfel na Robert Owen.

Wrth areithio gerbron y torfeydd roedd 'y segurwyr cyfoethog yn eu palasau' yn ei chael hi gan Niclas. Soniai am 'wynebu'r euraid oes o gael gwared ar segurwyr'. Atgynhyrchir ei araith fel y cyhoeddwyd hi yn y *Merthyr Pioneer* yn atodiad y gyfrol hon. Areithio yn Gymraeg a wnâi, wrth gwrs. Gwahoddodd bobl o gyffelyb anian i gyfrannu i'w golofn. Mynych y cyhoeddodd ddarnau o gyfrol David Thomas *Y Werin a'i Theyrnas*, oedd newydd ei chyhoeddi, yn ogystal ag ysgrifau'r diweddar R. J. Derfel. Ni chollai gyfle i dynnu sylw at bwy bynnag a hyrwyddai'r un amcanion ag ef. A doedd e ddim yn ei gyfyngu ei hun i golofnau papur Merthyr. Gwelwyd adolygiad o'i eiddo yn y *Cardigan and Tivyside Advertiser* yn tafoli cyfrol o'r enw *Sosialaeth* o eiddo'r Parch D. Tudwal Evans, (1877–1951) Casnewydd:

> Dylasai amaethwyr y wlad yn enwedig ei ddarllen er mwyn iddynt weld beth fydd eu safle o dan Sosialaeth. Gwyn fyd yr amaethwyr pan ddaw rhaglen Sosialaeth i ben. Dylasai y bobl hynny sydd wedi cael eu twyllo fod Sosialaeth yn gyfystyr ag anffyddiaeth ei ddarllen, er mwyn gweld nad ydyw wedi'r oll ond delfrydau Iesu Grist wedi eu troi yn gyfundrefn wladol. Dylasai y gweithwyr hynny sydd wedi byw yn fras ar addewidion Rhyddfrydwyr ei ddarllen er mwyn iddynt weld pwy wedi'r oll yw cyfeillion y werin. Y mae Rhyddfrydiaeth wedi bod yn llwyddiannus iawn am flynyddau yng Nghymru, ond nid oes neb wedi anturio i gyhoeddi llyfr Cymraeg ar "Rhyddfrydiaeth". Y rheswm am hynny yw nad oes gan Ryddfrydiaeth unrhyw raglen bendant i weithio wrthi. Nid yw Rhyddfrydwr yn anturio addaw dim i Gymru, hyd yn oed yn amser etholiad, ond Dadgysylltiad. Ond y mae Sosialaeth yn mynd i agor y drws i werin Cymru i fynd yn ôl eto i feddiannu gwlad ei genedigaeth, ac i gael "hen wlad ein tadau" yn ôl o feddiant yr estron sydd wedi ei chymeryd drwy drais oddi arnom.[2]

Doedd Niclas ddim yn fyr o gyhoeddi cerddi o'i eiddo ei hun chwaith, fel yr arferai wneud yn *Llais Llafur* a'r *Tivyside*. Gwelodd amryw o gerddi'r gyfrol *Cerddi Gwerin* olau dydd ar ddudalennau'r *Pioneer*. Cyhoeddodd gerdd 25 pennill pedair llinell 'Y Streic' yn ogystal â'i gyfieithiad o gerdd Edwin Markham 'Y Dyn a'r Gaib' yn y rhifynnau cynnar hynny. Cododd adolygiad David Thomas yn y *Dinesydd Cymreig* o'i gyfrol *Cerddi Gwerin*. Cyhoeddodd gerdd wedi'i hanfon o Williamsburg, Iowa gan James Nicholas, ar y testun 'Ffarwel i Sir Benfro'; cerdd hiraethus yn nodi llefydd fel Pen-y-groes a Brynberian mewn cywair cwbl wahanol i eiddo awen Niclas ei hun oedd eiddo'r gŵr a ymfudodd yn 1869 – ddeng mlynedd cyn geni Niclas – yn ddwy ar hugain oed. Fe fu farw James Nicholas yn 1918 yn 71 oed yn fawr ei barch fel blaenor, athro ysgol Sul a bridiwr gwartheg o fri a'i gladdu yn Oak Hill.

Prynodd ddwy ffarm a chenhedlodd saith crwt a chroten.

Un o'r cyfraniadau rhyfeddaf oedd 'Y Ddarlith ar Gymru' a gyhoeddwyd yn rhifyn olaf mis Hydref 1911. Honnwyd iddi gael ei thraddodi gan y Parch Belamor Berginosrw yn yr India ac iddi gael ei chyfieithu gan Berere Wilobvexz M.A., athro Cymraeg yn un o ysgolion gramadeg y wlad fawr. Esboniwyd fod y Parch Berginosrw wedi treulio cyfnod byr o ychydig ddiwrnodau yng Nghymru. Mae'n debyg mai gwawdlun oedd hyn ar arfer gweinidogion o ddarlithio'n awdurdodol ar Wlad Canaan ar sail ymweliad byr. Awgrymai'r llith fod cymaint o angen cenhadon yng Nghymru, os nad yn fwy, nag oedd eu hangen yn yr India. Parod fyddai Niclas i osod ei lach ar weinidogion a chyhoeddi beirniadaeth eraill amdanynt. Cyhoeddwyd llythyr 'Chwarelwr Ieuanc' ar ddau achlysur ar ddiwedd 1912. Dyma oedd gan y Gogleddwr na ddymunai ddatgelu ei enw i'w ddweud:

> Mewn cyfarfod chwarter, a chyfarfod misol, a chyfarfod dosbarth, mewn cymanfa, neu sasiwn, mewn undeb neu gyfarfod talaethol, gwelir gweinidogion a blaenoriaid cyfoethog ein heglwysi yn cyfarfod â'i gilydd i basio penderfyniadau diniwed a di-les, ac yn rhuthro allan cyn bron bod y 'fendith' wedi ei gorphen, i fwynhau ciniaw a 'smoke' ac yna yn cymryd arnynt gredu a gweddïo fel pe bai iachawdwriaeth Cymdeithas yn gorwedd ar eu hysgwyddau! Yng nghyfarfod y gweithwyr sydd yn dadlau am eu hiawnderau mor anaml y gwelir y gweinidog a'r diacon.
>
> Nid rhyfedd fod y werin yn graddol gilio o'r capeli. Nid diffyg parch i Lyfr Duw sydd wrth wraidd hyn ond yn hytrach duedd at wrthdystio yn erbyn y dull anghristionogol y dysgir crefydd yn ein mysg, ac yn enwedig yn erbyn ymddygiad anghyson dysgawdwyr crefyddol ein gwlad. Byddai yn iechyd i ben a chalon ein harweinwyr ddarllen yr ysgrif hon yn ystyriol a phwyllog; diau y byddai yn agoriad llygad iddynt.[3]

Na, doedd Niclas ddim yn anwylo ei hun yng ngolwg prif swyddogion ac arweinwyr cyrff crefyddol ei ddydd. Tebyg bod y ddarlith ffug hefyd yn dychanu hollwybodolrwydd ac agwedd ymhonnus ei arch-elyn, y Parch W. F. Phillips (1877–1920), y bu'n bygylu ag ef yn y wasg ers tro.

Gan amlaf, byddai'r golofn Gymraeg wedi'i chyhoeddi wrth ymyl adroddiad o dan y pennawd 'Merthyr Police Court'. Ymddangosai gwragedd cyn amled â dynion gerbron eu gwell am fod yn feddw ac afreolus. Roedd defnyddio iaith anweddus ac ymosod ar blismyn yn droseddau cyson yn ogystal â thwyllo wrth chwarae cardiau. Yn aml iawn defnyddiwyd yr ymadrodd 'incorrigible rogues' i ddisgrifio'r troseddwyr. Daliai traddodiad Chinatown cyfnod cynnar y gweithfeydd haearn, lle heidiai gwehilion o bob math, yn gryf. Byddai'r genhedlaeth hŷn yn cofio am Dic Dywyll (1790?–1862), tywysog y baledwyr, yn ogystal â Shoni Sgubor Fawr (John Jones, 1811–1858), 'ymerawdwr' Chinatown, a Dai'r Cantor (David Davies, 1812–1874) o gyfnod Beca, ganol y ganrif flaenorol. Roedd trais a throseddu a byw'n afradlon yn rhan annatod o fywyd y dref ochr yn ochr ag ymdrechion y bugeiliaid newydd i godi'r werin bobl o'u trueni.

Prin fod Niclas yn paratoi deunydd penodol pwrpasol bob wythnos ar gyfer y darllenwyr trwy gyfeirio at faterion lleol. Dibynnai ar gyfraniadau gan eraill a hynny gan amlaf am egwyddorion sosialaeth a'r efengyl. Cyhoeddodd araith Keir Hardie ar achlysur sefydlu cangen o'r Blaid Lafur Annibynnol yng Nghaernarfon a Blaenau Ffestiniog ym mis Mawrth 1913. Ddeufis yn ddiweddarach cyhoeddodd fyrdwn araith gan y Parch John Clifford (1836–1923) M.A., B.D. gerbron Cymdeithasfa Bedyddwyr Llundain ar y testun 'Sosialaeth a'r Eglwysi'. Mae'n rhaid bod y gweinidog yn pledio achos sosialaeth neu ni fyddai gofod wedi'i neilltuo iddo. Yn wir, bu'n ymgyrchu yn erbyn Rhyfel y Boer ac yn feirniadol o'r setliad i'r brodorion wedi'r brwydro. Edmygai Mahatma Gandhi (1869–1948) ddull John Clifford o weithredu pan atafaelwyd ei eiddo am iddo wrthod talu trethi mewn protest yn erbyn Deddfau Addysg oedd yn ffafrio hyfforddiant enwadol penodol.

Fyddai'n ddim gan Niclas wedyn i godi erthyglau o'i eiddo

ei hun oedd eisoes wedi ymddangos yn y *Geninen*. Cyn edrych ar rai o'r rheiny'n benodol, craffwn ar yr hyn fyddai llengarwyr Merthyr a'r cylch wedi'i ddarllen am 'Beirdd Cymru' ym mis Hydref 1913. Ymddangosodd yr un erthygl yn rhifyn y mis hwnnw o'r *Geninen*:

Lletach yw'r Cariad sydd yng nghaneuon Walt Whitman na'r cariad oedd yng nghalon y duw bregethid gan John Calfin. Islwyn – llawer o weriniaeth y cread yn ei gerddi. Cyfeillion a chydoeswyr oedd Derfel a Cheiriog; gan Geiriog yr oedd yr awen felysaf a choethaf ond gan R. J. Derfel yr oedd *llydanrwydd*. Iddo ef yr oedd y byd yn fwy na Chymru, bywyd yn fwy na chrefydd, a dynoliaeth yn fwy na duwioldeb. Canu gweriniaeth o Gymru – dyna nod canu Ceiriog; creu gweriniaeth o ddynion – dyna nod canu R. J. Derfel. Uno Cymru meddai un, uno'r byd meddai'r llall...

Anfantais i lydanrwydd y gân yw fod cynifer o'n beirdd yn bregethwyr; rhaid i'w barddoniaeth gynganeddu â'r efengyl sy'n barchus yn nhemlau Mamon; rhaid i'r Awen roddi ffordd i ragfarnau ac ofergoeliaeth y saint. Cyfyngir cydymdeimlad y Bardd i foddio chwaeth a chred beirniaid sectyddol. Croesawn y bardd newydd sydd â'i lygad ar fywyd ac ar WERINIAETH. Ni ddefnyddiaf y gair 'gweriniaeth' yn ei ystyr boliticaidd: wrth weriniaeth golygaf undeb a chydraddoldeb holl rannau'r cyfanfyd. Rhaid i'r Bardd gydnabod pob math o grefydd, a dehongli pob math o fywyd, a theimlo'n gartrefol ymhob gwlad.[4]

Dyna ni'n gwybod felly fod yn rhaid i fardd wrth safbwynt yng ngolwg Niclas a hynny uwchlaw unrhyw nodweddion crefft. Dim ond ei hyd a'i hansoddeiriau oedd yn nodedig am arwrgerdd 'Yr Atgyfodiad' Eben Fardd, ac er ei chanmol gan lawer, roedd ei farn yn ddiflewyn ar dafod. Mynnai mai pryddest 'Llywelyn ein Llyw Olaf', o eiddo Elfed, a roes iddo Goron yr Eisteddfod Genedlaethol yn 1889, oedd yr unig gerdd Gymraeg a ddeuai'n agos at safon cynnyrch beirdd megis Tennyson (1809–1892) neu Wordsworth (1770–1850). 'Mae pryddestau hirwyntog Llew Llwyfo,' meddai, 'a darnau moelion Dafydd Ionawr, a thraethodau odlyddol Gwalchmai yn llawer rhy isel fel safon i feirdd yr oes hon.' Cystwyai feirniaid na wydden nhw

ddim hyd yn oed am fodolaeth Walt Whitman (1819–1892), ac
eraill yn annog atal gwerthiant cyfrolau'r Americanwr 'rhag
iddynt lygru chwaeth ein pobl ieuanc'. Credai fod gorganmol
Dafydd ap Gwilym (1315/1320–1350/1370) a Goronwy Owen
(1723–1769) yn creu efelychwyr o feirdd. Ac yntau'n fardd
mynych ei gadeiriau ei hun, cyhoeddai nad trwy gyfrif cynifer
ei gadeiriau y mae mesur bardd.

Prin y byddai beirdd amlyca'r cyfnod yn amenio.
Gweinidogion oedd enillwyr prif gystadlaethau barddonol
yr eisteddfodau gan amlaf, a'r rheiny'n feirdd confensiynol
o'u cymharu â Niclas. Medrent brydyddu am gysyniadau
diwinyddol gan gredu nad oedd hanfodion sosialaeth yn
ddeunydd cymwys ar gyfer barddoni. Pregethau sychion
wedi'u rhoi ar gân, diwinyddiaeth wedi'i chynganeddu,
pregethau angladdau wedi'u troi'n farwnadau a phedlera
athrawiaethau niwlog yn hytrach na chanu am grefydd oedd
byrdwn sylwadau ysgubol Niclas. Cofiwn iddo ddod yn agos at
y brig yn Eisteddfod Genedlaethol Caerfyrddin dair blynedd
ynghynt. Daliai i ennill cadeiriau mewn eisteddfodau llai,
glits glats. Pe bai wedi profi ei hun yn fardd 'cenedlaethol'
diau y byddai ei safbwynt yn cario mwy o hygrededd.

Credai'n angerddol y dylid defnyddio barddoniaeth fel arf
yn y frwydr yn erbyn cyfalafiaeth a rhyfel a dros wella cyflwr
y ddynoliaeth, yn fwy na chreu telynegion esthetaidd i blesio'r
synhwyrau ac ennill clod beirniaid llenyddol. Fe'i cyffrowyd yn
fwy gan ddiwygiad y Faner Goch na diwygiad crefyddol Evan
Roberts (1878–1951) yn 1904/05. Gwelai bosibiliad yn y naill
tra nad oedd y llall yn ddim mwy na thân siafins yn ei olwg,
yn fwy tebygol o gadw'r werin mewn tlodi yn hytrach na'u
rhyddhau o hualau gormes y cyfoethog a'r breintiedig, neu'r
'drefn ysbail' bondigrybwyll, fel yr hoffai ei galw.

Doedd edifarhau a rhyddhau eich hun o faglau pechod
ddim yn ateb yn ei dyb ef; ni chytunai â chysyniad a oedd yn
ei olwg yn ymwneud ag emosiwn a theimlad yn hytrach na
gwirionedd a gweithredu. Bydd deall hynny o gymorth i ddeall
ei barodrwydd i fynd i helyntion yn y wasg byth a hefyd, ac yn

y pulpud o ran hynny. Doedd dim ofn dadl arno. Doedd dim beco'n ôl i fod.

Cafodd Niclas flas ar ffrwgwd newyddiadurol wedi iddo fynd i blu gŵr o'r enw'r Parch W. F. Phillips a lambastiai sosialaeth gyda'r un brwdfrydedd ag y gwnâi Niclas ei hyrwyddo. Daethpwyd i wrthdaro pan gynigiodd William Francis Phillips ei hun fel ymgeisydd seneddol dros y Rhyddfrydwyr yn etholaeth Gŵyr, a gynhwysai ran helaeth o Gwm Tawe, ar ddiwedd 1910.

Cefnogi John Williams (1861–1922), y Llafurwr a deilydd y sedd, a wnâi *Llais Llafur* wrth reswm. Bu yntau ar un adeg yn Rhyddfrydwr, a chafwyd tystiolaeth fod Phillips wedi bod yn Sosialydd tanbaid pan dreuliodd gyfnod byr yng Ngholeg y Bala, ac yn aelod o'r Blaid Lafur pan oedd yn ddarpar-weinidog yng Nghasnewydd. Ond gwadu'r honiadau hyn gan fwrw ati i bardduo John Williams am droi ei got a wnâi'r ymgeisydd Rhyddfrydol.

Ystyriai Phillips ei hun yn ysgolhaig o fri a doedd e ddim yn fyr o atgoffa Niclas, a'r neb a oedd o fewn ei glyw, o'i orchestion. Enillodd y Methodsyn radd B.A. Prifysgol Cymru yng Nghaerdydd, gradd B.D. yng ngholeg ei enwad yn Aberystwyth, a'r flwyddyn ddilynol, yn goron ar ei yrfa academaidd ddisglair, byddai'n ennill gradd B.Litt. yng Ngholeg yr Iesu, Rhydychen. Ar y llaw arall, tair blynedd mewn ysgol baratoawl gafodd Niclas ac ni ddilynodd yr un cwrs i sicrhau rhes o lythrennau y tu ôl i'w enw. Roedd Phillips yn newyddiadurwr o fri hefyd, yn cyfrannu'n helaeth i'r wasg ddyddiol Saesneg. Maes o law byddai'n golygu'r *Grail*, cyhoeddiad Saesneg ei enwad, y *Torch*, cylchgrawn y Symudiad Ymosodol, a *The Democrat* ar gyfer y 'League of Young Liberals'. Cyfrannai Niclas, wrth gwrs, yn Gymraeg at ba gyhoeddiadau bynnag oedd yn fodlon derbyn ei ddeunydd.

Roedd rhifyn etholiadol *Llais Llafur* ym mis Rhagfyr 1910 wedi'i neilltuo'n helaeth i gyfeirio at helyntion a diffygion y Parch W. F. Phillips. Nodwyd fod Capel Peniel, y Glais, ar glo pan alwodd heibio gyda'r bwriad o gynnal cyfarfod yno. A doedd y gweinidog yno, y Parch J. Tywi Jones, ddim yn coleddu sosialaeth ei hun. Yn wir, ystyriai ei hun yn genedlaetholwr o fewn y Blaid Ryddfrydol. Doedd dim pwrpas iddo ystyried cynnal cyfarfod yn Seion wrth gwrs. Yn wir, lle bynnag y byddai Phillips yn annerch yn ystod yr ymgyrchu, trefnwyd y byddai Niclas yntau'n areithio yn yr un man ymhen yr awr er mwyn 'dadwneud ei gelwyddau'. Cymaint fu bustl Phillips wrth ddannod sosialaeth yn ystod yr ymgyrchu nes i saith o weinidogion lofnodi llythyr a ymddangosodd ar y dudalen flaen yn mynnu bod sosialaeth yn fynegiant cymdeithasol o Gristnogaeth.

Y llofnodwyr, yn dilyn eiddo Niclas, oedd Daniel Hughes, Casnewydd; R. Silyn Roberts, M.A., Blaenau Ffestiniog; J. Edryd Jones, Garnant; D. D. Walters, Castellnewydd Emlyn; Gwili a W. D. Roderick, Rhiwfawr. Sylwer nad oedd y rhestr yn cynnwys rheffyn o weinidogion yr etholaeth chwaith. Awgrymwyd y gellid ychwanegu at y rhestr seithwaith pe bai amser wedi caniatáu. Rhoddodd y papur hergwd galed yn ei eis i'r brodor o Benmaenmawr oherwydd y modd roedd ei ymarweddiad yn corddi carfan o etholwyr o leiaf:

> Education is worthless unless the 'educated' man is also a gentleman. Modesty is one of the marks of a gentleman. Courtesy is another. A BD is worthless unless the holder of it exercises Christian charity.[5]

Ailetholwyd John Williams gyda mwyafrif o 953 o bleidleisiau ond dim ond megis dechrau oedd ymosodiadau W. F. Phillips ar sosialaeth. Cydiodd Niclas yn yr abwyd yn eiddgar. Ni fyddai'n fyr o wthio'r cwch i'r dwfn chwaith. Ceir ymdriniaeth oleuedig o'r ymrafael a fu rhyngddyn nhw mewn ysgrif yn dwyn y teitl 'Y Ddraig Goch ynte'r Faner Goch?: Yr Ymryson rhwng W. F. Phillips a T. E. Nicholas' gan Robert Pope yn y gyfrol *Codi Muriau Dinas Duw, Anghydffurfiaeth ac Anghydffurfwyr Cymru'r Ugeinfed Ganrif*. Cymaint oedd sêl Phillips dros ei fater nes iddo gyhoeddi cyfrol *Y Ddraig Goch ynte'r Faner Goch ac Ysgrifau Eraill* yn 1913. Cyfeiria Robert Pope yn ddeheuig at y mynych ysgrifau a fu mewn nifer o gyhoeddiadau, gan gynnwys y *Geninen* yn bennaf, wrth i'r ddau osod eu stondin.

Crynhoir safbwynt Phillips mewn truth o'i eiddo a gyhoeddwyd yn y *Geninen* ym mis Ionawr 1911. Roedd yn amlwg ei fod yn benderfynol o beidio â gweld yr un gronyn o ddaioni mewn sosialaeth doed a ddelo. Doedd dim troi arno.

> Chwildroad cymdeithasol ydyw sosialaeth sydd i ddiorseddu'r Brenin, i ddileu y teulu, i amddifadu personnau unigol o'u rhyddid, ac i alltudio Duw o'i greadigaeth a'i Fab allan o fywyd dynoliaeth. Cyfundrefn faterol ydyw sosialaeth: deddf dadblygiad; cysylltiad dyn â'r anifail; gwrthod i ddyn ryddid personol a'r hawliau a berthyn iddo wrth natur; dibrisio'r ysbrydol a gwadu anfarwoldeb yr enaid; taflu gwawd ar bechod a'i ganlyniadau; beirniadu a dirmygu yr eglwysi a'u gwaith oddi allan, a thaflu dŵr oer ar bob ymdrech crefyddol a gwleidyddol ond yr eiddo hwy eu hunain; dyma restr anghyflawn o'r pethau sydd yn profi yn glir na ŵyr sosialaeth ddim am ysbryd ac esiampl Sylfaenydd mawr ein crefydd.[6]

A yw cibddall yn air teg i ddisgrifio ei safbwynt? Tebyg y disgwylid rhyw gymaint o gydymdeimlad gan ŵr mor ddeallus. Fe'i cafwyd yn brin yn y glorian yn yr un cyhoeddiad pan felltithiodd Keir Hardie am gadw draw o'r Arwisgiad yng Nghaernarfon, ac ar yr un pryd ei gystwyo am fod yn Sgotyn yn cynrychioli etholaeth yng Nghymru. Nid oedd yn gwrthwynebu urddo Sais o uchel dras Almaenaidd yn Dywysog ond ffromai tuag at drahaustra Sgotyn yn Aelod Seneddol Cymreig. Condemniodd sosialaeth â gordd drachefn mewn rhifyn o'r *Goleuad*, cyhoeddiad ei enwad, ym mis Medi 1911:

> Gŵyr pawb sydd yn gyfarwydd â hanes yr Eglwysi yn Neheudir Cymru mai gwaith anhawdd os nad amhosibl ydyw cadw dyn wedi iddo unwaith ymuno ag un o'r pleidiau Sosialaidd. Os erys efe trwy rhyw wyrth yn yr Eglwys cyll ei gydymdeimlad â'i hathrawiaethau

a'i ffurflywodraeth, a buan y daw yn derfysgwr ac yn achos cynnen iddi. Am y Sosialwyr sydd y tu allan i'r Eglwys, gellir dweyd am danynt eu bod yn elynion anghymodlawn iddi hi ac i grefydd.

Awyrgylch ydyw sydd yn dwyn diflastod ar ddyletswydd ac yn tagu pob tyfiant da ym myd moes a chrefydd. Awyrgylch ydyw sydd yn gwneyd cadwraeth y Sabbath yn beth diflas, ac yn meithrin adnoddau iselaf y dosbarth salaf fedd cymdeithas. Pwy ond y Sosialwyr sydd yn arfer cynnal cyfarfodydd politicaidd ar y Sul yng Nghymru... ac yn ymosod yn ddidrugaredd ac yn ddi-baid ar yr Eglwysi a'r gweinidogion?[7]

Beth oedd ymateb Niclas? Yn ei golofn yn y *Merthyr Pioneer* ym mis Ionawr 1912 fe gyfeiriodd at ei wrthwynebydd fel 'Wil Full Pelt' ar gorn ei arddull garlamus ymosodol. Doedd disgrifiadau o'r fath ohono ddim yn anghyffredin erbyn hynny. Fel y 'Mad Mullah' y cyfeiriai *Llais Llafur* ato, gan fathu'r ymadrodd 'Philippics' i ddisgrifio ffyrnigrwydd ei arddull. 'Os nad yw egwyddorion Sosialaeth yn werth eu pregethu ar y Sul nid ydynt yn werth eu pregethu o gwbl' oedd sylw deifiol Niclas wrth geisio tynnu gwynt o hwyliau Phillips wrth i hwnnw ddannod i'r Sosialwyr am gynnal cyfarfodydd ar y Sul. Bygythiodd Phillips achos cyfreithiol yn erbyn wythnosolyn Cwm Tawe.

Mynna Robert Pope ymhellach fod y dychan oedd ymhlyg yn sylwadau'r Parch Belamor Berginosrw yn y ddarlith ffug honno a gyhoeddwyd yn y *Merthyr Pioneer* ym mis Hydref 1911 wedi'i hanelu at y Parch W. F. Phillips. Yn sicr, roedd Phillips wedi teimlo'r fflangellu cyson. 'Mentraf ddweud na chyhoeddwyd dim cabledd mwy dychrynllyd na'r un uchod mewn unrhyw iaith. Dyma'r math o anffyddiaeth a ddysgir yng Nghymru yn awr yn enw sosialaeth,' meddai, yn chwerthinllyd o awdurdodol, yn rhifyn mis Ionawr 1912 o'r *Geninen*. Roedd yr honiad fod Sosialaeth yn wrth-grefyddol ac yn wrth-genedlaethol wedi'i wadu'n eglur mewn symlrwydd gan Niclas:

Ceisiwn fel Sosialwyr ateb y cwestiynau hyn: paham y mae'r lliaws gweithgar yn dlawd? Paham y mae'r ychydig segur yn gyfoethog?

Paham y mae'r ddaear yn eiddo i nifer fechan o bersonau? Paham y mae'r genedl heb dir? Paham y rhaid gadael i dlodi fodoli mewn gwlad gyfoethog? Paham y rhaid i ferched werthu eu cyrff i gyfoethogion er mwyn cael bara? Paham y rhaid i blant bach gael cam? Paham y rhaid mynd i'r holl draul i gadw llyngesoedd a byddinoedd ac ati gan nad oes dim cweryl rhwng gwerin y gwahanol wledydd? Ymdrech deg i ateb y cwestiynau hyn sydd wrth wraidd plaid y Sosialwyr. A yw hyn yn wrth-grefyddol? A yw hyn yn wrth-genedlaethol? Gadawaf i gydwybod oreu'r wlad ateb pan na bo neb yn agos ond Duw.[8]

Er i'r ymrysona bylu gydag amser, wrth i'r Rhyfel Mawr dorri, ni feiriolodd Phillips o ran ei safbwynt. Bu'n weinidog yng Nghasnewydd, Dinbych-y-pysgod a Lerpwl cyn rhoi'r gorau i'r alwedigaeth oherwydd salwch yn 1919. Fe'i penodwyd yn ysgrifennydd cartrefi Barnardo ond bu farw'n ddyn cymharol ifanc yn 56 oed yn 1920. Cyn bwrw golwg ar rai o ddatganiadau Niclas yn eu hawl a'u haeddiant eu hunain yn y *Geninen*, yn rhydd o gysgod cernodio'r Parch W. F. Phillips, priodol cyfeirio at ddadansoddiad Robert Pope o'r ymrafael a fu rhyngddyn nhw, a'i arwyddocâd yn hanes Anghydffurfiaeth Cymru:

Mae'n ddiddorol nodi bod y ddau yn ystyried crefydd fel ffenomen a oedd yn peri newid mewnol, moesol mewn dynion a bod a wnelo'r newid hwn ag egwyddorion ac â gwerthoedd tragwyddol. I Phillips, golygodd hyn fod yn rhaid condemnio'r mudiad Sosialaidd fel rhywbeth gwrth-Gristnogol am ei fod yn canolbwyntio ar yr allanolion yn hytrach nag ar foesoldeb mewnol. Ymddengys iddo fethu â sylweddoli bod rhaid i hyn fod yn wir, yn wleidyddol, am Ryddfrydiaeth hyd yn oed petai'n dyrchafu rhyddid a chyfrifoldeb unigol (sef prif athrawiaethau Cristnogaeth yn ôl Phillips) i'r fath raddau nes eu gwneud yn feichus.

I Nicholas, golygodd y ffaith fod Cristnogaeth yn mawrygu egwyddorion cyfiawnder a thegwch y dylai'r egwyddorion hynny chwarae rhan lywodraethol yn y gymdeithas yn ogystal ag yng nghydwybod yr unigolyn. Yn wir, byddent yn ddiystyr oni bai iddynt gael eu cynnwys mewn cyfundrefnau cymdeithasol.

Mae'n nodedig fod dau ŵr yn gallu dod i gasgliadau mor

wahanol ar sail safbwynt crefyddol a oedd yn weddol agos at ei
gilydd. Ond er gwaethaf hyn, nid yw'n syndod i apêl Nicholas fod
yn ehangach oherwydd iddo gynnig cydymdeimlad llwyr â chyflwr
y gweithwyr diwydiannol ac amaethyddol a oedd, i bob golwg,
wedi eu dal mewn cyfundrefn na allent wneud dim byd yn ei
chylch.[9]

Golygai proffil cyhoeddus amlycach Niclas, a'i broffes
ddyddiol o leisio adfyd y werin, fod yna glust parod os
nad derbyniad gwresog ymhlith trwch y boblogaeth i'w
ddatganiadau. Wrth i sosialaeth ddechrau gafael, a'r Blaid
Lafur Annibynnol (ILP) ddechrau lledu ei hadenydd,
croesawyd parodrwydd Niclas i fod yn lladmerydd ar ei
rhan yn y wasg Gymraeg. Doedd dim byd yn niwlog yng
nghynnwys ei erthyglau. Doedd ganddo ddim ofn ei dweud
hi. Byddai'r frenhiniaeth a chyfalafwyr dan ei lach yn
ddidostur. 'Gweddnewid cyflwr cymdeithasol dyn oedd
byrdwn Cristnogaeth,' meddai'n ddiflewyn ar dafod dro ar ôl
tro. Gososodd ei stondin yn y *Geninen* droeon yn 1912 wrth
bwysleisio ei bod o fewn gallu dyn i newid y drefn ac na ddylid
dibynnu ar ddamcaniaethau fel 'rhagluniaeth':

> Gwaith Dyn yw y 'slums', gwaith Dyn yw y bywydau afradlon
> welir hyd ein heolydd, gwaith Dyn oedd cymeryd y ddaear oddi ar
> y bobl, gwaith Dyn yw y tafarnau; ac yr ydym yn credu mai Dyn
> yn unig all waredu cymdeithas rhag y pethau hyn. Os nad gwaith
> Dyn yw gwaredu cymdeithas, paham y molir cymaint ar Mr Lloyd
> George? Paham y gofynnir i ni ei gefnogi os dylesid gadael y cyfan
> i Dduw?... Nis gwn beth oedd amcan yr Ymgnawdoliad os nad
> dysgu i'r byd trwy Ddyn y mae gwaredu cymdeithas.[10]

A'r un modd drachefn wrth iddo grynhoi ei ddaliadau yn y
Geninen ym mis Ionawr 1914:

> Na chedwir y byd byth drwy wleidyddiaeth, nac addysg.
> Gweddnewid y ddaear yw neges yr efengyl: credaf na weddnewidir
> hi byth gan gyfreithwyr, a barnwyr, a milwyr, a charchardai, a

chrogwyr. Fe gedwir y byd gan egwyddorion Iesu... mae bodolaeth – nid llwyddiant, ond bodolaeth – yr eglwysi yn dibynnu yn hollol ar eu parodrwydd i gario ym mlaen waith achubol Crist ym mywyd cymdeithasol.

Diwydiannu gwlad, tir a chyfalaf, peiriannau a masnach, cynhyrchiad a dosraniad cyfoeth, rhaid i'r pethau yna gael eu gweithio er mwyn cysur y genedl ac nid er mwyn elw i gyfalafwyr.[11]

Ni fyddai'n sôn am nefoedd ac uffern i ddod, am bechod gwreiddiol ac Athrawiaeth yr Iawn a chyffelyb gysyniadau diwinyddol. Ni thrafferthai roi hygrededd i Satan am na chrybwyllai ei enw hyd yn oed. Arall oedd y bygythiadau a'r peryglon i gysur dyn o wneuthuriad y byd hwn. Gwelai reidrwydd i gael gwared ar gyfundrefn a oedd yn caniatáu gwario dros filiwn o bunnau ar ymweliad y Brenin Siôr V a'i osgorddlu i'r India. Condemniai wario hanner miliwn o bunnau ar ymchwiliad i geisio canfod y rhesymau dros suddo'r llong bleser *Titanic* ar ei ffordd i Efrog Newydd yn 1912 ac yna cyhoeddi nad oedd neb yn gyfrifol am y trychineb. Roedd llith o'i eiddo yn dwyn y pennawd 'Paham y mae'r Werin yn dlawd?' yn llawn ffeithiau cyn iddo fynegi byrdwn ei gred yn ymwared y werin:

Rhoddir ciniaw yn y gwestyoedd mawrion yn Llundain, y rhai a gostiant tua 110p y pen; telir 150p yr owns am bowdr i'w osod ar wynebau boneddigesau; onid gwastraff yw hyn oll? Y mae rhywrai yn derbyn incymau mor fawr fel nas gallant fyth eu gwario heb gadw gweision a morwynion, llwynogod ac adar, cŵn a chathod, i'w cynorthwyo i 'wasgaru eu da'. Costia'r Fyddin a'r Llynges yn agos i gan miliwn o bunnau bob blwyddyn; telir yn hael iawn tuag at gynnal y teulu Brenhinol. Gan nad yw'r wlad yn cael budd nac elw oddiwrth y pethau hyn, rhaid eu gosod i lawr fel Gwastraff... Rhaid diorseddu Mamon, a gorseddu hawliau dynion; rhaid ei gwneud yn amhosibl i un dyn fyw ar lafur pobl eraill; rhaid tynnu'r gweithiwr yn rhydd o hualau cyfalafiaeth cyn byth y rhoddir terfyn ar Dlodi mawr y werin. Werin Cymru i gysgod y Faner Goch.[12]

Yn rhifyn Ionawr 1913 o'r *Geninen* roedd gan Niclas erthygl hirfaith 'Cyflog Byw', a gyhoeddwyd fel pamffled maes o law, yn tynnu sylw drachefn at yr anghyfartaledd roedd am ei ddileu o fewn cymdeithas:

> Mae tylcau moch y gwŷr mawr yn anhraethol fwy cysurus na chartrefi plant bach llawer o weithwyr sobr a diwyd yng Nghwm Tawe. Megir genethod tyner o dan amodau na phrofwyd erioed eu salach gan anifeiliaid ffermwyr y cylch. Ni ellir peidio teimlo'n ddig wrth gyfalafiaeth wrth weld y dinistr wna ar fywydau plant yn ein cymoedd. *Mae yr hofelau afiach yn taflu anfri ar demlau gwychion yr enwadau.* Perchir perchnogion yr hofelau hyn gan eglwysi Ymneilltuol y cymoedd; pentyrrir anrhydedd ar eu pennau; molir hwynt yn y wasg grefyddol os rhoddant gardod fechan at helpu paganiaid pell! Ac y mae'r arweinwyr yn methu deall paham y mae'r dynion ieuanc yn gadael yr eglwysi! Tywysogion deillion, oni fedrwch ddeall arwyddion yr amserau?[13]

Dyna'r sylwadau fyddai cynulleidfa Seion yn gyfarwydd â'u clywed o'r pulpud byth a beunydd. Pa ryfedd felly fod angen penodi rhai o'r gwŷr i blismona'r drws er mwyn monitro pwy ddeuai i'r oedfaon? Roedd yn bryd ymadael am borfeydd gwahanol. Ond am ei fod yn llofnodi ei druthiau i'r *Geninen* gyda'r enw Niclas Glais yn hytrach na Niclas Pentregalar, dyna'r enw fyddai'n glynu weddill ei fywyd. Ar ryw olwg ni adawodd y pentref yng Nghwm Tawe. Wedi'r cyfan, mynych y dychwelai yno, ac arwydd o'i ymlyniad a'i serch at yr ardal, mae'n siŵr, oedd y ffaith iddo adael £100 yn ei ewyllys i gapel Seion. Ond, yn 1914, ffeirio'r golau trydan, a osodwyd ym mhob cartref yn y Glais ers pedair blynedd, am olau lamp olew yng nghefn gwlad Sir Aberteifi a wnaeth.

8

Llangybi a chymhelri

ER YMSEFYDLU YN Sir Aberteifi, ni thorrodd Niclas gysylltiad â Chwm Tawe na'r Glais. Roedd yn ofynnol iddo yntau ac Alys ddychwelyd i Ystradgynlais ym mis Mai 1914 ar wahoddiad Plaid Lafur Gŵyr i gael eu hanrhegu. Roedd y teipiadur, neu'r craff-ysgrifydd fel y cafodd ei ddisgrifio yn *Y Darian*, a roddwyd iddo yn amlwg yn anogaeth i ddal ati i gyfrannu llithiau gwleidyddol i'r wasg. Prin y byddai ei angen arno i gyfansoddi pregethau am mai traddodi o'r frest oedd ei arfer yn y pulpud. Gwerthfawrogwyd ei gyfraniad yn y pulpud ac ar lwyfannau gwleidyddol gan bobl y cwm. Cyflwynwyd wats aur a bangl i Alys Nicholas gan wraig yr AS, John Williams.

Doedd John Williams ei hun ddim yno am ei fod yn cadeirio cyfarfod yng Nghwmllynfell lle'r oedd Bruce Glasier, y sosialydd o'r Alban, yn annerch. Cyhoeddwyd adroddiadau llawn o'r achlysur anrhegu mewn nifer o gyhoeddiadau ac yn unman yn fwy manwl nag yn *Llais Llafur*. Darllenwyd llythyr o eiddo'r Aelod Seneddol yn dweud, yn annisgwyl mae'n siŵr, nad oedd erioed wedi clywed Niclas yn areithio am na rannodd lwyfan ag ef adeg etholiad. Nid oedd wedi'i glywed yn pregethu chwaith ond roedd wedi mwynhau ei farddoniaeth. Fe'i disgrifiodd fel bardd, areithydd llwyfan a gweinidog efengyl Iesu Grist yn enw'r mudiad Sosialaidd er mwyn dyrchafu dynoliaeth. Doedd John Williams ddim yn cael ei gyfrif yn fawr o sosialydd mewn gwirionedd. Fe'i disgrifiwyd fel gwleidydd parod i newid ei grys wrth deithio trwy dwnnel Hafren i gyfeiriad Llundain. 'Vainglorious ass' oedd disgrifiad Keir Hardie ohono.

Anfon llythyr yn ymddiheuro am ei absenoldeb wnaeth ymgyrchydd Sosialaidd blaenllaw arall y cyfnod, Vernon Hartshorn (1872–1931), glöwr o Fynwy a oedd yn aelod blaenllaw o bwyllgor Prydeinig y FED, sef y mudiad a gynrychiolai fuddiannau'r glowyr. Roedd yn canfasio mewn etholiad yn Swydd Derby. Anfonodd C. B. Stanton (1873–1946) £10 i'r gronfa dystebu ar ran Sosialwyr Aberdâr ond byddai'n dda gan Niclas yn ddiweddarach pe na bai'r gŵr wedi anfon yr un geiniog ato. Cafwyd eitemau cerddorol a chyfarchion gan y beirdd. A doedd Niclas ddim yn mynd i golli ei gyfle.

Dywedodd iddo ystyried cadw draw o'r cyfarfod anrhegu ond iddo benderfynu wedyn mai da fyddai iddo fod yno. Esboniodd fod cymaint o weinidogion yr efengyl yn wrthwynebus i'w safbwynt ac y byddai'n bluen yn ei gap i ddangos na fu ei waith yng Ngŵyr yn ofer. Credai iddo ennyn parch llawer y gallai eu hystyried yn gyfeillion. Cynhesodd wedyn trwy ddweud iddo sylweddoli bod angen mwy na dim ond y bleidlais ar y gweithiwr i wella ei fyd. Gwaredai fod cymaint o fewn ei broffesiwn yn wrthwynebus i'r mudiad Llafur a chredai mai ei ddyletswydd oedd hyrwyddo dysgeidiaeth Crist ymhlith y ffyddloniaid. Clodforai'r ffaith nad oedd angen i'r gweithwyr mwyach bleidleisio dros y cyfalafwyr, sef y Torïaid a'r Rhyddfrydwyr, am fod ganddynt eu cynrychiolwyr eu hunain. Mae'n rhaid iddo gael cymeradwyaeth pan derfynodd trwy ddweud y byddai'r anrhegion yn cael eu defnyddio i hyrwyddo sosialaeth a buddiannau'r dosbarth gweithiol. Mae'n amlwg nad oedd yn bwriadu llaesu dwylo na chadw draw o'r cymoedd diwydiannol.

Tebyg fod ganddo amryw resymau dros ddychwelyd o bryd i'w gilydd ond efallai bod un rheswm dros ddychwelyd yn rhannol gyfrifol am ei ymadawiad hefyd. Gwyddys bellach bod ganddo un os nad dau blentyn siawns yng nghyffiniau'r Glais. Yn ôl 'yr hen bobol', Niclas oedd tad yr hyglod Bryn 'K.G.' Lewis, a honnir fod Bryn yn dweud hynny ar goedd.

Ymateb lled garcus y genhedlaeth hŷn yw dweud, 'W, nagw i'n gwpod dim am hynny, ch'wel, ond mi o'dd e'n *open secret* nag o'dd e. Mi o'dd Bryn yn gymeriad, dwylo mawr fel rhofie ac yn gallid dweud storáis. Fe briotws e Eidales ar ôl bod mas yn yr Eidal acha'r Rhyfel. Wel, 'na beth o'dd pawb yn dweud ta p'un i.' Mynna un neu ddau arall fod mater taliadau cynhaliaeth a'r embaras yn ei gwneud yn ofynnol i Niclas godi ei bac a hynny er lles pawb. Dywedwyd wedyn fod Niclas yn ymweld â chartrefi'r plant hyn yn ddigon agored bob pnawn Sul.

Cadarnheir yr uchod gan Simona Richards, merch Bryn, gan bwysleisio y byddai ei thad yn cydnabod ei berthynas waed â Niclas yn gyhoeddus pan fyddai angen. Wel, roedd hi'n anodd iddo wadu'r tebygrwydd rhyngddo a Niclas. Roedden nhw'r un sbit.

"Dwi'n cofio mynd o amgylch maes yr Eisteddfod Genedlaethol ym Mro Gŵyr gyda 'nhad yn 1980, wedi i mi ennill ar adrodd i ddysgwyr dan 16, a dod ar draws stondin oedd yn rhoi tipyn o sylw i T. E. Nicholas. Roeddwn i'n gwrando ar y sgwrsio am Niclas ac yn sydyn dyma'r stondinwr, yn ei ddiniweidrwydd, yn tynnu sylw ac yn rhyfeddu at y tebygrwydd rhwng fy nhad a Niclas. Dyma fe'n esbonio'r cysylltiad wedyn. Fel'ny, o dipyn i beth, y deuthum i sylweddoli beth oedd y cysylltiad, a fy mod inne wedyn, o ran cnawd, yn wyres i Niclas.

"Fy nhad oedd yr ieuengaf o bedwar o blant ac mae'r dystysgrif geni yn nodi mai gŵr fy mam-gu oedd ei dad yntau hefyd. Ond mae'n amlwg nad dyna'r gwirionedd. Roedd hynny'n esbonio pam fod gan fy nhad lun o Niclas mewn man amlwg yn y tŷ, yn ogystal â llun o'i rieni. Pan fydden ni'n mynd ar ein gwylie i Aberystwyth wedyn dwi'n cofio fel y bydden ni'n galw i weld Niclas ac Islwyn. Mae'n rhaid fy mod yn fach iawn am fod Niclas wedi marw pan oeddwn i'n bump oed. Bydde fy nhad yn siarad amdano'n aml ond wedyn, am ryw reswm, roedd fy nhad yn ffyrnig yn erbyn Comiwnyddiaeth. Un o'i lysenwau oedd 'Tiger' am ei fod yn fyr ei dymer ac yn fflachio ar unwaith weithiau. Bydde fe'n cael ei alw'n Bryn BP hefyd am ei fod yn

gweithio yn y burfa olew yn Llandarsi. Ond roedd y KG yn
deillio o'r ffaith fod ei dad-cu yntau'n gweithio mewn gwaith
tunplat o'r un enw ac yn cael ei ystyried y stampiwr cyflymaf
yn gosod y llythrenne ar ddarne o fetel.

"Fe dderbyniodd fy nhad sawl llythyr wrth Niclas, wedi'u
sgrifennu pan oedd yn ei henaint. Bydde fe'n cyfeirio ata
i fel ei 'dywysoges' neu ei 'dylwythen fach deg'. Mae yna un
frawddeg ddadlennol yn un o'r llythyre sy'n holi fy nhad a oedd
ei fam wedi sôn wrtho erioed 'am y cyfnod pan ddaethom ni
at ein gilydd'? Cyfeiriad, wrth gwrs, at yr hyn fydden ni'n ei
alw heddiw yn *affair*. Na, sdim gwadu mai T. E. Nicholas, fel y
bydde fy nhad yn ei alw, oedd tad fy nhad," meddai Simona.

Mae Simona Richards yn sicr wedi etifeddu rhai o
nodweddion amlycaf ei thad-cu, sef deallusrwydd chwimwth
a pharabl byrlymus. Dengys ei henw ei bod o dras Eidalaidd
ac enw ei mam yw Nina. Cyfarfu ei rhieni pan oedd ei thad yn
is-gonswl yn Naples wedi'r Ail Ryfel Byd.

Nid ein lle ni yw condemnio arferion rhywiol Niclas. Digon
yw dweud nad oedd yn ddisgwyliedig i ddyn priod, ac yn sicr
nid gweinidog yr efengyl, dadogi plant y tu hwnt i'r aelwyd.
Anodd cyfiawnhau hynny o ran dysgeidiaeth Gristnogol. Er y
byddai Niclas yn dadlau bod ei syniadau gwleidyddol yn deillio
o'r Testament Newydd, yn arbennig y Bregeth ar y Mynydd yn
ôl ei ddehongliad ef o'r Gwynfydau, roedd hefyd yn dablach
mewn rhai syniadau nad oedden nhw i'w canfod o fewn
cloriau'r llyfr hwnnw.

Nid oedd yn anarferol i bentewyn carismataidd ddenu'r
rhyw deg, ac yn ddiweddarach byddai rhai o'r Comiwnyddion
cynnar yn arddel rhyddfrydiaeth rywiol fel maniffesto. Ond
mae'n debyg mai'r esboniad priodol am ymddygiad Niclas
y Glais yn hyn o beth fyddai dweud mai'r hen Adda oedd
wedi cael y gorau ar ei wendid. Byddai parchusrwydd y
cyfnod yn ei gwneud yn ofynnol i gadw'r mater yn dawel ac
yn arbennig gan fod y fam a'i gŵr, p'un a wyddai yntau am
yr union amgylchiadau neu beidio, yn barod i fagu'r plentyn
fel eu heiddo nhw. Mae'n bosib bod gan Mrs Nicholas fwy i'w

ddweud ynghylch y penderfyniad i ffarwelio â'r Glais nag oedd gan Niclas ei hun. Hwyrach mai mater o 'llawer gwir gwell ei gelu' oedd hi. Ond gadewch i ni wrando ar yr hyn oedd gan Niclas ei hun i'w ddweud, yn ôl yr adroddiad a gyhoeddwyd yn *Tarian y Gweithiwr*, am y noson anrhegu yng nghapel Seion:

> Cyfaddefod Mr Nicholas nad oedd yn gwybod paham yr oedd yn ymadael â'r Glais, ei fod wedi ceisio meddwl pa resymau rydd gweinidogion ar achlysuron tebyg, ond methodd â chael un rheswm nac esgus boddhaol. Nid iechyd ei wraig oedd i gyfrif am y symudiad nac ychwaith Eglwys Seion; nid oedd yn bwrw bai ar Ragluniaeth, oherwydd pe bai Rhagluniaeth wedi cael chwarae teg pan fu rhai o eglwysi Morgannwg ar fin rhoddi galwad iddo, digon tebyg y byddai ei lwybrau i gyfeiriad arall. Dywedodd y bydd byw i'r un pethau a'r un mudiadau yn Sir Aberteifi ag y bu byw iddynt yn Sir Forgannwg.[1]

Aeth y gohebydd, Arthur Athrist, yn ei flaen i ddisgrifio naws y noson. 'Nodwedd fwyaf arbennig y cyfarfod tystebu,' meddai, 'oedd absenoldeb sebon. Ni feiddiodd un o'r siaradwyr â thynnu gymaint â 'thablet' geiniog o'i logell, felly ni fu yno wagfoli gan edmygwyr Mr Nicholas wrth annerch y cyfarfod.' Dywedai hynny lawer am y serch oedd gan bobl y Glais tuag at eu gweinidog. Ni pherthynai wablin sebon i Niclas chwaith. Siarad am egwyddorion a phobl a wnâi, nid eu maldodi. Codi pethau'r Efengyl i wastad uwch am ei fod yn eu gweld fel arf i newid cyflwr byw pobl oedd ei genhadaeth. Dysgai bobl i feddwl yn rhydd yn hytrach na bod yn gaeth i gredoau.

Na, doedd dim amau anwyldeb y mwyafrif o bobl y Glais tuag at Niclas a'i deulu. Ym mis Ebrill roedd yn ôl yn Festri Seion yn darlithio ar R. J. Derfel, 'Y Gwrthryfelwr Cymreig'. Yn ôl yr adroddiad yn *Y Darian*, y papur Cymraeg radical a gyhoeddwyd yn Aberdâr oedd newydd dalfyru ei enw o *Tarian y Gweithiwr*, o dan olygyddiaeth partner i Niclas yn y weinidogaeth yn y Glais gyda'r Bedyddwyr, y Parch J. Tywi Jones, balch oedd trigolion y pentref o weld eu cynweinidog:

Daeth torf o bobl ynghyd, a'u barn ar ôl clywed y ddarlith oedd mai hon oedd un o'r darlithiau goreu at ddeffro meddwl a glywsant erioed. Yr oedd hyawdledd Mr Nicholas am y chwarter awr olaf yn ysgubol, a phan eisteddodd i lawr curodd y dorf ei dwylaw yn hir mewn cymeradwyaeth.[2]

Pan gynhaliwyd Cyrddau Blynyddol Seion ym mis Medi 1915 pwy oedd y pregethwr gwadd ond Niclas y Glais. Mae'n rhaid ei fod yn ddewis unfrydol yr aelodau. Yn ôl yr adroddiad yn *Y Tyst*, y papur enwadol, cafwyd 'pregethau grymus a dylanwadol a chynulliadau lluosog anarferol'.

Beth bynnag, cynhaliwyd y Cyrddau Sefydlu ym Methlehem, Llanddewibrefi ac Ebenezer, Llangybi nos Fawrth a dydd Mercher, Mai 12 a 13, 1914. Cynhaliwyd cyrddau pregethu yn y ddau gapel ar y nos Fawrth gyda dau gennad yn y ddwy oedfa. Roedd J. Brynach Davies, yr hen gyfaill o Lanfyrnach – y bardd a'r pregethwr lleyg – yn un ohonynt. Yn Llangybi y cynhaliwyd yr oedfaon drannoeth; dwy bregeth yn y bore, ac ymhlith gweithgareddau'r prynhawn gwahoddwyd tri gweinidog i annerch ar destunau penodol sef y Parch J. L. Williams MA, BSc, Aberystwyth, ar 'Yr Eglwys Annibynnol'; y Parch Gwilym Evans, Aberaeron, ar 'Y Gweinidog a Chynnydd Meddyliol' a'r Parch E. Aman Jones BA, Ceinewydd, ar 'Yr Eglwys a Chymdeithas'. Fel pe na bai hynny'n ddigon, cafwyd dwy bregeth yn yr hwyr drachefn gan y Parchedigion E. Aman Jones a Gwilym Evans.

Yn ei adroddiad am yr achlysur yn *Y Tyst* roedd 'Twr y Ddraig' am bwysleisio mai colled y Glais oedd ennill Llanddewi a Llangybi a bod i'r ofalaeth newydd eu rhagoriaethau crefyddol oesol:

Llwyddodd yr eglwysi hyn i dynnu y Parch T. E. Nicholas o'r Glais baradwysaidd, ar lan y Tawe, i gymeryd eu gofal fel eu gweinidog. Ond symud megis o ogoniant i ogoniant ym myd natur yw ei hanes. Yng Ngheredigion, nid oes cwmwl o lwch glo, na mwg dur ac alcan yn cuddio gwenau haul, na sŵn hwter yn torri ar dawelwch yr ardaloedd. Cofied y darllenydd hefyd fod i

Landdewi a Llangybi le amlwg yn hanes crefydd yng Nghymru. Onid yw atsain Dewi Sant yn Llanddewi, a llwybrau Phylip Pugh heb eu cuddio yn Llangybi? Dyma faes ardderchog i ddiwygiwr fel proffwyd, bydded fardd, bydded lenor, ac yn bregethwr. Canodd Mr Nicholas ganeuon swynol i'r werin yn y Glais, ac enillodd gadeiriau lawer drwy Dde a Gogledd, a beiddia ei gydnabod broffwydo y bydd dydd y coroni cenedlaethol yn dyfod maes o law.[3]

Hwyrach nad oedd aelodau'r ddau gapel yn yr oedfaon sefydlu wedi sylweddoli hyd a lled y 'diwygiwr fel proffwyd' a ddenwyd i'w plith. Gwir a ddywedodd y Parch D. Gower Richards, Trebanws, yng nghwrdd ymadael Niclas na fyddai'n ymroi'n llwyr i farddoni yn ei gylch newydd am y gwyddai fod yna weriniaeth yn Sir Aberteifi i weithio drosti, yn ogystal â gweriniaeth Morgannwg.

Yn sicr, doedd hi ddim yn fwriad gan Niclas ymddieithrio ar ôl ymsefydlu yn Llangybi drwy ganolbwyntio ei egni yn gyfan gwbl ar ei weinidogaeth yn Ebenezer a Bethlehem. Bwriodd ati gyda'i frwdfrydedd arferol. Roedd golygu tudalen Gymraeg y *Merthyr Pioneer* yn ymwhêdd, a chyfrannai'n gyson i'r *Geninen*, y cyhoeddiad llenyddol. Mynych y dychwelai i Gwm Tawe i gyflawni ei genadwri arferol gan roi'r argraff ei fod prin wedi gadael. Ym mis Gorffennaf roedd yn pregethu yng Nghyrddau Mawr Carmel, Gwauncaegurwen, ar y cyd â'r Parch W. J. Nicholson, Porthmadog. Fe'i gwahoddwyd i Ebenezer, Cwmtwrch. Yn amlwg, os am ddenu cynulleidfa dda, roedd rhaid gwahodd Niclas y Glais o Langybi.

Yr un mis fe'i gwahoddwyd i feirniadu'r llên ac adrodd yn Eisteddfod Carmel, Clydach. Fe'i cynhaliwyd mewn pabell. O ran maintioli a rhwysg cymharai â'r eisteddfod honno yng Nghastellnewydd Emlyn ddwy flynedd ynghynt. Ond yr Unol Daleithiau ac nid Llundain oedd y dylanwad y tro hwn. Dr Daniel Protheroe o Chicago, er iddo gael ei fagu yn Ystradgynlais, oedd y beirniad cerdd. Côr Meibion Rhydaman aeth â hi yn y brif gystadleuaeth gorawl yn canu darn o waith y beirniad, 'Castilla'. Roedd yn ddarn prawf yn Eisteddfod

Pittsburg ychydig ynghynt, pan gipiwyd y wobr gan gôr o Gymru, meddai'r cerddor. Cariwyd Gwilym R. Jones, yr arweinydd, ar ysgwyddau'r cantorion o'r pafiliwn wedi iddyn nhw drechu Côr Meibion Cwmllynfell a Chôr Meibion Seilo Newydd, Glandŵr.

'In the sweet by and by' wedyn, eto o waith y beirniad, oedd y darn prawf ar gyfer y corau meibion llai. Cyflwynodd un ar hugain o gorau eu henwau ar gyfer y gystadleuaeth a daeth dwsin i'r llwyfan. Côr Meibion Sgiwen a orfu. Rhoddwyd naws Americanaidd i seremoni'r cadeirio hefyd gan mai Helen Protheroe, merch y cerddor, a ganodd 'Gân y Cadeirio'. O'r chwech a fentrodd ar y testun 'Yn y Wlad' bwriodd Niclas ei goelbren o blaid Eilir Mai, sef J. S. Davies, Llansamlet, Abertawe. Gosodwyd gweithiau 'Bardd y Werin' yn ddarnau adrodd yn yr eisteddfod. Os rhywbeth, dwysáu fyddai ei weithgarwch yn y gweithfeydd dros y blynyddoedd nesaf. Doedd hynny ddim i ddweud ei fod yn esgeuluso Sir Aberteifi oherwydd erbyn diwedd 1914, a'r Rhyfel Mawr ar waith erbyn hynny, cyfrannai Niclas yn gyson i'r *Tivyside* – nes cael ei wahardd.

Nid ef oedd yr unig aelod o'r teulu a gyfrannai i bapur Aberteifi. Mae'n siŵr y byddai wedi darllen llithiau ei gefnder, William Nicholas (1886–1933) Penparc, Tegryn ym mis Chwefror o dan y pennawd 'Prif Anghenion Sir Benfro Heddiw' gyda balchder. Roedd yna dinc radicalaidd i'w glywed. Oedden nhw wedi bod yn cwnsela? Galwai William am ddiwygiad crefyddol a chymdeithasol:

> Diolch am bregethwyr fedr gael hwyl wrth sôn am yr Iawn a Chalfaria, ond credaf fod mwy o angen heddyw am bwysleisio'r ffaith fod yn rhaid i ganlynwyr Crist o hyd godi'r groes er mwyn eraill, a cheisio rhodio oddiamgylch gan wneuthur daioni, nid yn unig i gyfoethogion byd a chyfeillion, ond i'r gweddwon a'r amddifaid, a'r tlodion, a'r gelynion, gan geisio codi dyn i'r lan, waeth beth fyddo ei amgylchiadau.
>
> Mae angen am Ddiwygiad Crefyddol hefyd er cael gwell undeb rhwng gwahanol enwadau y sir. Mae enwadaeth a sectyddiaeth yn uchel eu pennau yn y sir. Nis gall neb diragfarn lai na chydnabod

gwasanaeth y gwahanol enwadau yn y sir, ond bendith fawr fyddai cael pob un i gredu y gall enwadau fyw wedi i enwadaeth farw, ac y gall yr eglwys fyw wedi i eglwysyddiaeth farw. Aml y ceir gweled dau neu dri chapel mewn pentref bychan, lle y byddai un llawn cystal a gwell; y mae hyn yn dyblu'r gost ac yn gwanhau grym moesol y mynychwyr.

Os gellir cydfasnachu a chydweithio am chwe diwrnod yr wythnos, paham na ellid cydaddoli ar y seithfed dydd? Gwawried y dydd yn fuan pan y byddo enwadau sir Benfro wedi dysgu'r wers i drigo fel brodyr yng nghyd, ac i gydweithio i godi'r gwan i fyny, ac i geisio byw egwyddorion rhyddfrydig y Duwddyn Ei Hun, yr Hwn a broffesant Ei ddilyn. Peidier â chau crefydd o fewn muriau enwadaeth, ond gollynger hi yn rhydd i ymladd â thlodi, a gormes ac anghyfiawnder a thrais. Pob parch i'r sawl fyn waeddi am ddadgysylltu yr Eglwys, ond credaf fod mwy o angen heddyw am gysylltiad agosach rhwng gwahanol eglwysi y sir; gallent felly fwynhau mwy o freintiau gartref, ac anfon mwy o arian er lledaenu yr "Hen, hen hanes" am Grist a'i Groes i'r rhai sydd ar ddarfod am danynt, ac i godi'r tlawd o'r llwch a'r anghennus o'r tomennu.[4]

Rhoddir yr argraff fod William Nicholas efallai wedi bod yn traethu ei syniadau gerbron cynulleidfa yn y Gymdeithas Ddiwylliadol yng nghapel Llwyn-yr-hwrdd a gyfarfyddai ar nosweithiau Gwener. O ran y Diwygiad Cymdeithasol gresynai fod cynifer o dai'r sir wedi'u condemnio, gan gynnwys anheddau ym mhentrefi Hermon, Llanfyrnach a Chlydau ei gynefin. Sieryd fel saer maen ac awgryma y dylai'r awdurdod gyflogi llai o weision a neilltuo mwy o arian i alluogi codi tai lle na fyddai twr o blant yn gorfod cysgu mewn ystafelloedd bychain heb eu hawyru. Cyfeiria at olygydd y *South Wales Daily News* yn rhefru nad oedd llesâd 'i ni ennill Dadgysylltiad ac Ymreolaeth Gartrefol os erys cartrefi pobl mewn cyflwr o aflendid a gwarth'. 'Angen mawr Cymru heddyw,' meddai, 'ydyw Evan Roberts arall i bregethu yr Efengyl o welliant tai gyda'r fath nerth a grym argyhoeddiadol fel yr elai ei neges fel fflam dân i galonnau y bobl. A dyweded yr holl bobl "Amen",' meddai.

A oedd hyn yn anogaeth i'w bentywyn o gefnder gyhoeddi'r efengyl Sosialaidd gyda'r un grym ag y cyhoeddwyd yr Ysbryd Glân gan Evan Roberts ddeng mlynedd ynghynt? Roedd William ei hun yn bregethwr cynorthwyol. Credai nad oedd angen cyflogi Swyddog Meddygol na 'thyrfa o Attendance Officers'. Roedd ei awgrym ynghylch cynnal safonau iechyd a delio â'r pla gwyn neu'r ddarfodedigaeth, a oedd yn rhemp ar y pryd, yn annisgwyl a dweud y lleiaf:

> Gwir fod dros bedwar cant yn dioddef oddiwrth y clefyd heintus hwn ar hyn o bryd yn y sir amaethyddol hon, ond gellid cynghori'r bobl i ddarllen deddfau iechyd Moses, fel y ceir hwy yn llyfr Lefiticus. Gwnâi darllen ac astudio cyfraith Moses mewn cysylltiad â'r gwahanglwyf, &c, lawer mwy o les na'r un meddyg er atal lledaeniad y Pla Gwyn. Mae'r deddfau iechyd osodir i lawr gan yr Arweinydd Hebreaidd yn deilwng o gefnogaeth pobl yr ugeinfed ganrif. Pan ddaw y werin bobl i dalu mwy o sylw i ddeddfau iechyd, a chael gwell cyflog, a dysgu'r ffordd i'w defnyddio, a chael gwell tai, bydd yn hawddach gorchfygu y gelyn creulawn sydd heddyw yn rhoddi bedd anamserol i lawer un.[5]

Roedd anghyfartaledd cyflog ac anawsterau'r byd amaethyddol dan ei lach:

> Mae Sir Benfro yn enwog am ei chyflogau mawrion i segur-swyddwyr. Ond os ydyw Sir Benfro yn enwog am gyflogau mawrion i'r swyddwyr mae cyflog y gweithwyr yn druenus o isel. Nid ydyw cyflogau gweithwyr amaethyddol y sir ar gyfartaledd yn cyrhaedd 16s yr wythnos. Dywed Mr Chiozza Money, aelod seneddol Rhyddfrydol, fod £2 2s yr wythnos yn angenrheidiol i gynnal teulu yn gysurus a pharchus.
>
> Mae costau byw yn y sir amaethyddol hon wedi myned i fyny yn aruthrol yn ystod y deng mlynedd diwethaf; nid ydyw £1 heddyw yn werth 16s yr adeg honno. Felly, teg ydyw dadleu dros well cyflog i weithwyr y sir. Ond beth am yr amaethwyr, meddai rhywun, rhaid cyfaddef eu bod hwythau dan anfanteision? Bendith fawr fyddai cael Undeb Amaethyddol cryf, a hwnnw heb un lliw politicaidd arno. Mewn undeb y mae nerth bob amser. Gallai

amaethwyr y sir wedyn godi eu llef fel un gŵr dros gael y tir am ardreth fwy teg a rhesymol, a chael sicrwydd daliadaeth ac iawn rhesymol am welliantau.[6]

Terfynodd trwy alw am sefydlu brawdoliaeth yn enw'r Ysbryd Glân er lles Sir Benfro:

Tywallted Gweithiwr mwyaf y byd Ei ysbryd yn helaeth ar y sir, yn ysbryd gwaith ac aberth, er cael pobl i deimlo eu cyfrifoldeb i arall; ac i deimlo fod dyn i ddyn yn frawd, waeth beth fyddo ei amgylchiadau, yna fe ddaw y berthynas rhwng meistr a gwas yn nes, ac fe ddaw y Cynghorwr Sirol i deimlo mwy o'i gyfrifoldeb i'w etholwyr, ac i feddwl mwy am ddyrchafu ereill nag am ddyrchafu ei hun. Byddai pethau hyn yn gam pwysig i gyfeiriad y dyddiau gwell sydd yn aros gwerin Penfro.[7]

Ni welwyd llythyru brwd ar y mater. Yr hyn sydd yn ddiddorol yw ei fod wedi ysgrifennu yn Gymraeg, sydd yn atgyfnerthu'r dybiaeth mai cyhoeddi 'papur' a gyflwynwyd ganddo a wnaed, yn ogystal â'r ffaith ei fod yntau hefyd yn gyfarwydd â darllen am syniadau o'r fath yn yr iaith yng nghylchgronau'r dydd. Doedd dim amau rhuddin y teulu dros yr iaith.

Bu farw William Nicholas, cefnder Niclas, yn 1933 yn 47 oed, gan adael gweddw a naw o blant. Yn eu plith roedd crwt pedair ar bymtheg oed – y pumed o'r naw – a ddaeth yn adnabyddus yn ddiweddarach fel gweinidog, y Parch W. Rhys Nicholas, ac awdur yr emyn 'Tydi a wnaeth y wyrth' a genir ar y dôn 'Pantyfedwen' o waith Eddie Evans (1890–1984). Dywed y gyfrol deyrnged iddo, *Y Cyfoeth Gorau*, a olygwyd gan Rhidian Griffiths, ar ran Cymdeithas Emynau Cymru a'i chyhoeddi yn 2014 i'w dad farw 'yn annisgwyl yn 1933, mewn amgylchiadau trist iawn, ac yntau'n ddyn cymharol ifanc', heb ymhelaethu ynghylch yr amgylchiadau. Cawn yr esboniad gan Glen:

"Y stori o fewn y teulu yw iddo 'syrthio' i lawr y winsh oedd ar y clos yn Ffynnongaseg a boddi. Mae'n debyg ei fod mewn dyledion dybryd am ei fod yn gamblo ar rasus ceffylau. Roedd fy nhad-cu, sef ei gefnder, wedi rhoi benthyciad arall iddo ar yr amod na fyddai'n gofyn am ragor o arian ychydig cyn iddo ei ladd ei hun," meddai Glen.

Ta beth, torrodd y Rhyfel ar ddiwedd mis Gorffennaf 1914, ac erbyn mis Medi roedd Niclas yn anfon cerddi gwrthryfel i'w cyhoeddi yng ngholofn Gymraeg Brynach yn y *Tivyside*. Roedd nifer ohonyn nhw'n ddeifiol ddychanol. 'Tipyn yn eithafol yw'r wawdiaeth mewn mannau, ond dyna, rhydd i bob dyn ei farn,' meddai'r golygydd wrth gyhoeddi 'Dros Eich Gwlad'. Wrth gyflwyno 'I'r Gad' wedyn, meddai Brynach ymhellach, 'Gyda phleser y rhoir amlyced lle i hon ag i'r gerdd y mae'n ateb iddi. Cerdded canol y ffordd y byddwn yn bersonol, heb gytuno, o angen, ag eithafrwydd dros, nac yn erbyn, y Rhyfel.'

Oedd, roedd yna feirdd eraill yn anfon deunydd pleidiol i'r Rhyfel ac yn canu clodydd y milwyr wrth i'r manylion am y colledion cyntaf ar faes y gad ddyfod yn hysbys. Yn eu plith roedd Rees Rees (Teifi) o Gaerdydd a neb yn fwy na'r hynod Cynfelyn Benjamin (1850–1925) o Ffostrasol. Cyhoeddodd un gerdd ar batrwm yr anthem genedlaethol, 'Hen Wlad Fy Nhadau' gyda'r llinell 'mad, mad, beiddio wna i'r gad' i'w chanu gydag arddeliad, mae'n siŵr. Credir iddo fod yn pregethu yn Scranton, Pensylfania, ar un cyfnod naill ai cyn neu wedi'i ddiswyddo fel gweinidog yn Nhalgarreg. Ym mis Ionawr 1903 roedd y *Carmarthen Journal* wedi cyhoeddi cyfres o benillion gan 'Purdeb' yn awgrymu'n gryf fod y Parch T. C. Benjamin yn amlach na pheidio dan ddylanwad y ddiod gadarn. Ym mis Mehefin bu raid i David Jones, Cross Inn, Llandysul, gyhoeddi ymddiheuriad diamod am ei 'benillion cableddus, anwireddus a maleisus'. Roedd ei fuchedd yn un helyntus, a dweud y lleiaf. Arferai T. Llew Jones (1915–2009) adrodd hanes am Cynfelyn yn gwobrwyo englyn o'i waith ei hun pan oedd yn feirniad mewn un eisteddfod. Byddai'n dipyn o destun sbort a gwawd ymhlith Bois y Cilie am iddo ennill rhyw gystadleuaeth am yr englyn gwaethaf erioed – yn eu tyb nhw – ar y testun 'Genwair'.

Dyma un o'r dwsin o benillion o waith Niclas ar y testun 'Cynfelyn – Bardd Uffern', gyda phelten ymhob un ohonyn nhw, a gyhoeddwyd ddiwedd mis Hydref 1914:

Hawddamor, Cynfelyn, am dymor,
   Fardd yr Uffernau a'r Cledd;
Mi fedraf fi fyw heb dy fendith di
   I ganu caneuon hedd;
Mentraf fy mywyd ar heddwch,
   Agoraf fy mynwes i'th dân;
Gwn fod dy galon, Cynfelyn fardd,
   Yn dweyd mai celwydd yw'th gân.[8]

Wrth reswm ni thawodd Cynfelyn a bu raid taro'n ôl gyda dwsin o'i benillion ei hun. Sylw Brynach wrth dderbyn y cyfraniad oedd, 'Dyma Cynfelyn eto ar ei uchelfannau. Peidied Niclas ac yntau, er hynny, ddarnio ei gilydd yn rhy fân, neu rhaid fydd rhoi diweddnod.':

Os wyt yn weinidog efengyl
   Rho heibio enllibio'th wlad
Mae llawer gonestach a'th gallach, frawd,
   Yn trengu i ti gael rhyddhad;
A chofia mai Duw 'bia rhyfel',
   A thra byddo drwg mewn dyn
Bydd danod pechodau a thywallt gwaed
   A'i fywyd datblygol yng nglyn.[9]

Rhaid cofio bod yna adroddiadau meithion ar dudalennau eraill am y cyfarfodydd recriwtio a gynhelid, gan nodi pob un bonllef o gymeradwyaeth wrth i areithwyr megis Syr Edward Pryse (1862–1918), Gogerddan; Mathew Lewis Vaughan-Davies (1840–1935), yr AS Rhyddfrydol lleol; y Parch J. Towyn Jones (1858–1925) AS, a chadfridogion o blith teuluoedd y byddigions lleol fwrw ati i annog y bechgyn ifanc i ymrestru. Byddai yna eitemau cerddorol ac offerynnol yn cynnwys y *drum and fife* yn rhan o'r cyfarfodydd. Byddai'r adroddiad wedyn yn terfynu trwy restru enwau'r bechgyn lleol fyddai wedi ateb yr alwad yn ddiymdroi ar y noson. Gweinidog gyda'r Annibynwyr yn Nyffryn Aman oedd Towyn Jones, yn cynrychioli'r Rhyddfrydwyr yn etholaeth Dwyrain Caerfyrddin. Gwisgai mewn lifrai milwrol gan rybuddio nad oedd dim yn waeth na *cowardice* a bod angau'n rhagori ar gywilydd. Cyhoeddwyd hefyd restrau meithion o gyfranwyr y gwahanol ardaloedd i'r Prince of Wales National Relief Fund.

Tua'r un adeg gwahoddwyd Niclas i bregethu yng nghyrddau sefydlu R. H. Williams yn ei ofalaeth gyntaf yng nghapeli Ty-Rhos, ger Cilgerran, a Fachendre, ger Boncath. Yno hefyd yn ordeinio'r myfyriwr ifanc o Ruthun oedd ei brifathro coleg ym Mangor, yr Athro Thomas Rees, brodor o Bentregalar, a fyddai ymhen dwy flynedd ym mis Hydref 1916 yn sefydlu a golygu *Y Deyrnas*, misolyn yn pledio achos heddychiaeth. Heblaw am rannu atgofion am helyntion eu cynefin yn nyddiau bore oes, mae'n rhaid bod Twm Llety a Twm Gwndwn hefyd wedi rhannu eu gofidiau ynghylch y rhyfela.

Yn sicr, ni chadwai'n ddieithr yn yr hen gynefin. Soniai *The Welshman* am Niclas yn pregethu yng Nglandŵr, y pentref islaw Pentregalar, ym mis Medi 1910 gan fanteisio ar y cyfle i werthu 23 o gopïau o'i gyfrol *Salmau'r Werin*. Y dyfarniad oedd "kept an interested audience thrilled during the whole of the service and everybody had a good word to say of him". Dywed *Seren Cymru* wedyn, cyhoeddiad y Bedyddwyr, ei fod yn bresennol yng Nghyrddau Canmlwyddiant Capel Hermon, lle'r addolai ei dad, ym mis Awst 1908 ac iddo gymryd y rhannau arweiniol yn un o'r oedfaon.

Ni chadwai'n ddieithr chwaith o'i ofalaeth gyntaf yn Llandeilo wedi iddo ddychwelyd o Wisconsin i Gwm Tawe. Mynych y galwyd arno i ddychwelyd i Horeb nes ordeinio a sefydlu ei olynydd, y Parch D. Marlais Davies, ym mis Tachwedd 1907. Cymerodd ran amlwg yn y gwasanaeth hwnnw, ac yn ôl y *Glamorgan Gazette* roedd yn bresennol drachefn pan sefydlwyd ei olynydd yn weinidog capel Cymraeg newydd ei gysegru ym Mlaenogwy, Nant-y-moel ymhen tair blynedd, gan draddodi pregeth huawdl yn siars i'r eglwys yn Soar yn ôl yr adroddiad. Dychwelodd yno i ddarlithio ar y testun 'Llafur a Llên' cyn diwedd 1910. Fe'i gwahoddwyd yn feirniad i Eisteddfod Horeb yng nghyfnod ei olynydd ym mis Mawrth 1908 pan roddwyd

Cadair i Ruana Kate Lewis, Cwmgrenig, Glanaman am adrodd darn o'r enw 'Gweddi Owen Bach'.

Er mai byr fu gweinidogaeth Niclas yn Horeb, Llandeilo, a'r awgrym ei fod wedi ymadael a hwylio ar draws yr Iwerydd dan ychydig o gwmwl, ymddengys fod unrhyw lletchwithdod wedi'i anghofio. Dychwelodd yno ym mis Tachwedd 1913 i gladdu gŵr o'r enw Griffith Williams a fu'n Ysgrifennydd Cymdeithas Amaethyddol Llandeilo am 45 mlynedd, yn arolygwr Ysgol Sul yn Tabernacl, Ffairfach, cyn arwain yr hollt oddi yno i sefydlu Horeb fel capel 'sblit'. Ni phenodwyd trydydd gweinidog i'r achos, a buan y daeth i ben.

Ond yn nyddiau'r Rhyfel dal i boethi oedd hi ar dudalennau'r *Tivyside* o wythnos i wythnos. '"Bid rhyngoch, wŷr Pentyrch" yw'r ddihareb ddaw i'r meddwl wrth ddarllen gohebiaethau tanbelenawl y beirdd,' meddai Brynach. Roedd yna lythyru brwd hefyd, a Niclas yn ei chanol hi, wrth gwrs. Llythyrwr cyson oedd Griffith Owen o Landudoch. Rhoes Niclas o dan ei lach:

> Nid yw cynnyrch y Parch T. E. Nicholas yn llai na gwaradwydd cywilyddus ar amser prysur fel hyn... Mae y Parch T. E. Nicholas yn ddall o ran dirgelwch ei Greawdwr yn ei waith fel gwas, ac yn debycach i was y dialydd drwy roi yn y papur y fath ddirmyg gwaradwyddus... O, goward, cân dy gerddi i Germani, edifarha, a gwisga sachliain a lludw.[10]

Doedd Niclas ddim am dderbyn hyn. Manteisiodd ar y cyfle i fynegi ei safbwynt:

> Yr wyf fi wedi byw i bregethu fod melldithion cymdeithasol y wlad yn tarddu o'r gyfundrefn sy'n gadael i hanner dwsin neu ragor feddu hawl ar gyfrif ac eneidiau dynion. Pe cawsem ni fel gwerin ym Mhrydain Fawr a Germani lais, ni fuaswn yn ymladd heddiw. Y rhai sydd wedi rhwystro gwerin heddychol y gwledydd i gyrraedd eu hawliau sydd yn credu yn y rhyfel hwn. Tra fyddo ynof anadl brwydraf yn erbyn rhyfel; ac yn hyn o beth yr wyf yn berffaith sicr fy mod ar yr un ochr â Duw. Fe wêl Mr Owen eto, ond iddo

graffu, fod Mab y Dyn yn Ei waed, a chleddyf Ewrop yn ei galon. Mae gofyn help Duw i ladd dynion yn ddiraddiad ar feddylgarwch. Gorffwysaf, yr eiddoch dros heddwch.[11]

Cafodd Niclas ryw gymaint o gysur wrth i'r colofnydd Gwallter Ddu ganmol ei drydedd gyfrol, *Cerddi Rhyddid*, oedd newydd ei chyhoeddi. Yn ôl ei gyd-weinidog gyda'r Annibynwyr roedd y cerddi yn llawn beiddgarwch, yn odidog, ac yn sicr o apelio at feirdd ifanc, ac am nad oedd y bardd yn cyboli â'r gynghanedd doedd ysbryd y diwygiwr ddim wedi'i ddifetha, oedd byrdwn ei sylwadau am gynnyrch y 'Bardd Newydd':

> Nid ydym yn cofio ini ddod o hyd i bennill yn y mesurau caethion, sef yr hyn a elwir yn englyn, neu doddaid, neu gywydd, yn yr un o'r tair, a da gennym hynny. Mae hyn hefyd yn nodweddiadol o'r 'Bardd Newydd'. Mae'r 'Bardd Newydd' yn ein hystyr ni yn llosgi gan dân gwerinol neu gymdeithasol i gymaint graddau fel na all oddef gwastraffu amser gyda'r cynganeddion a llyffetheiriau cyffelyb. Golygfa druenus fyddai gweld y diwygiwr cymdeithasol yn gwastraffu diwrnod i saernio llinellau cynganeddol o'r 'Draws Fantach' i'r 'Groes Rywiog' a dod i ben â phedair llinell o englyn erbyn nos, wedi difetha ysbryd y diwygiwr o'i fewn wrth dreulio ei hun ar y fath oferedd. Ni all y 'Bardd Newydd' wneyd hyn; yn ysbrydol feddyliwn, nid yn gelfyddydol – gall pob hogyn fo wedi darllen 'Ysgol Farddol' Dafydd Morgannwg am ddwy awr, ddysgu'r gelfyddyd o wneyd cynghannedd ac englyn. Da gennym hefyd weled awdur y cerddi yn ymdaith yn rymus ar ôl ei syniadau gan anghofio bod yn orfanwl i chwilio am eiriau clasurol weithiau. Ni oddef tân yr awen gymdeithasol i'w berchennog i ymdroi gyda manion, a pheryglu'r pwnc mawr, neu'r un peth angenrheidiol.[12]

Ond doedd Twm ap Tomos ddim o'r un farn. 'Waplingwyd cymaint o sebon arno gan Gwallter Ddu nes teimlaf ei bod yn bryd dechreu ei siafo bellach,' meddai, wrth gynhesu at ei gondemniad hallt.

> Beth sydd yn meddwl y gwalch? Efallai y caiff ei ganeuon eu cyfieithu i'r Germaneg a'u hadrodd yn llys y Kaiser, ac y caiff bardd

Llangybi fynd yn Loriet i'r Ymerawdwr, neu gael y fraint o dynnu
ei ddannedd, am y dywedir ei fod yn well deintydd na bardd...
Gwerineiddio popeth wna'r bardd hwn a chlywais mai teitl ei
gyfrol nesaf fydd 'Dannedd Gwerin' a thebyg yr archeba'r Kaiser
lwyth Zeppelin ohonynt; hynny yw y llyfrau, nid o'r dannedd dynir
gan ei fardd. Beth sydd yn amgylchfyd ucheldiroedd Crymych yn
creu cydymdeimlad â'r Germans?[13]

Cymerodd annel at yr Athro Thomas Rees hefyd am ei fod
newydd gyhoeddi ei safbwynt gwrth-ryfel fel heddychwr yn
y wasg. Gwelwyd cartŵn ohono yn y *Western Mail* yn derbyn
cymeradwyaeth y Kaiser. Mynnodd Twm ap Tomos y byddai'r
tanysgrifiadau ar gyfer cynnal ei goleg ym Mangor yn rhoddion
gan Almaenwyr a'u cefnogwyr gyda'r Kaiser Wilhelm 11,
Potsdam, y mwyaf hael ohonynt gyda'i bum gini. Byddai 'In
Memory of Nietsche' yn cyfrannu £1 10 0, Keir Hardie 10/0, yr
Athro Hermann Ethé, Aberystwyth 7/6 a'r Parch T. E. Nicholas,
ar waelod y rhestr, gyda'i 5/0.

Cafodd yr Athro Ethé (1844–1917) ei erlid o Aberystwyth
ym mis Hydref 1914 wedi i dorf o dros ddwy fil amgylchynu ei
gartref yn Heol Caradog am ei fod heb hepgor dinasyddiaeth
Almaenaidd yn ystod y cyfnod o ymron i ddeugain mlynedd
pan fu'n Athro Almaeneg ac Astudiaethau Dwyreiniol yn
y brifysgol. Roedd yn 70 oed erbyn hynny ac yn bolymath
o ysgolhaig. Er yn hyddysg mewn rhibidirês o ieithoedd, ni
ddysgodd Gymraeg gan ddweud mai'r unig air Cymraeg oedd
o ddefnydd iddo oedd 'cwrw'. Un o'i arferion ecsentrig oedd
eistedd yn ffenestr ei gartref yn yfed y ddiod o jar bridd yn
dragywydd. Nid anwylodd ei hun i'r brodorion o'r herwydd, a
rhoddodd hynny fin ar eu gwrthwynebiad i'w bresenoldeb fel
'alien' yn eu plith. Ni ddychwelodd, a bu farw ym Mryste yn
1917.

Er tegwch a'r ddadl yn y *Tivyside*, priodol dyfynnu rhywfaint
o'r llith golygyddol a fyddai'n ymddangos maes o law yn y
rhifyn cyntaf o'r *Deyrnas*. Cyfyd yr Athro Thomas Rees y ddadl
i dir uwch moesoldeb:

Rhyfel yw'r ffurf amlycaf yn awr ar elyniaeth y byd yn erbyn Teyrnas Dduw. Yr unig enw sydd gan y milwyr a fu yn y rhyfel presennol arno yw 'uffern' a daw Teyrnas Dduw i ddileu uffern. Ond un ffurf yw rhyfel ar syniad ac egwyddor ac ysbryd croes i eiddo Crist sydd yn y byd, ac a welir yn torri allan mewn traha a chreulonder a thrueni mewn mil a mwy o ffyrdd, mewn masnach a llafur, mewn deddf a llys, mewn cyngor ac eglwys, a chynhyrcha rhai o'r drygau hyn uffernau mor druenus â'r rhyfel ei hunan, a bwriadwn ddinoethi'r rhai hyn hefyd a gwneud a allwn i'w ddileu.

Golyga rhyfel fod dynion wedi colli ffydd yn nerthoedd cynhenid cyfiawnder, gwirionedd, cariad a phob peth ysbrydol. Os penderfyna'r rhyfel rywbeth, nid penderfynu ar ba ochr y mae iawnder a daioni a wna, ond yn unig benderfynu gan ba ochr y mae'r adnoddau a'r galluoedd materol mwyaf. Rhyfel i ddyfnhau gafael militariaeth fydd hwn, os na ddaw ymwared oddiwrth Dduw. Un ffordd o waredigaeth sydd, sef cael troedigaeth fawr at egwyddorion heddwch, a gafael gliriach a grymusach arnynt nag a gafodd meddwl y byd erioed o'r blaen.[14]

Gosododd Niclas her i'r llythyrwyr a ddefnyddiai ffugenwau, gan amau eu cymhellion a'u gwroldeb:

Ysgrifennaf fi dan fy enw priodol, nid wyf yn credu mewn ysgrifennu dim i'r wasg ag y bydd cywilydd arnaf weld fy enw wrtho. Dichon nad wyf yn ddigon dewr i farw ar faes y gwaed, dros frenhinoedd rhyfelgar y byd, ond yr wyf yn ddigon gwrol i ysgrifennu i'r wasg dan fy enw priodol.[15]

Erbyn mis Rhagfyr cyrhaeddodd ffoaduriaid y wlad, wedi dioddef dan law milwyr yr Almaen oedd eisoes wedi meddiannu Gwlad Belg. Pegynwyd barn ymhellach. Roedd llythyrwr o'r enw J. E. Morgan, na ddatgelwyd ei gyfeiriad, wedi'i gythruddo:

Is the man Nicholas mad? Or has he been 'made in Germany' to suggest for a moment that we are waging an unjust war. For him to insinuate that we love War is only proof of his dense ignorance... Before you write anymore, Nicholas, do yourself justice by interviewing some of the poor homeless and unfortunate Belgians now in this country.[16]

Roedd D. J. Davies o Belsize Crescent yng Ngogledd Llundain yn gyfarwydd â'r ffoaduriaid ac yn honni iddo weld llawer o blant wedi colli aelodau o'u cyrff. Condemniai ymddygiad a safbwynt Niclas yn ddidrugaredd:

> T. E. Nicholas would have reflected greater glory upon himself as a minister of the Gospel of Jesus Christ had he adopted a nom-de-plume while making such infamous charges against his country and Government and misleading the people instead of ringing out a wild boast of his own name. Fools rush in where angels fear to tread.
>
> There is infinitely more of the spirit of the Master in these young men who leave the comforts of their homes – leaving wives, children and families with their lives in the hands of the miseries of the trenches in France to shed their blood in defence of the homes and country against tyranny and oppresion, than in the minister of the Gospel who ascends his pulpit and there offers his infamous doctrines to a public newspaper those we have just read.[17]

O dan y llythyr cyhoeddwyd terfyn ar ohebiaeth ar bwnc y Rhyfel. Ni chafodd Niclas gyfle i ymateb i lith y gŵr o Lundain ar dudalennau'r *Tivyside*. Esboniodd y golygydd, G. A. Griffiths, mewn llythyr dyddiedig 14 Rhagfyr 1914 at Niclas fod y cyhoeddiad mewn perygl o gael ei ddirwyn i ben pe bai'n cyhoeddi deunydd a fyddai'n andwyol i'r gwaith o recriwtio milwyr, ynghyd â sylwadau a fyddai'n groes i fwriadau'r Llywodraeth o ran y Rhyfel:

> The Government Censorship has become exceedingly strict, and the latest 'Orders in Council' issued a week ago forbid us from publishing anything that is likely to retard recruiting, or reflect in any way on the actions of the Government with regard to the War. The penalty is supresion of publication and confiscation.
>
> Therefore you will understand our position in the matter. Thanking you sincerely for your contribution in the past.[18]

161

Digiodd Niclas. Ond doedd e ddim wedi'i drechu. Byddai'n darganfod dull arall o osod ei sylwadau mewn print.

Yn y cyfamser collodd Brynach ei amynedd gyda'r beirdd a chyfranwyr y dudalen Gymraeg. "Byddai'n dda gennym glywed eto oddiwrth 'Dilyn y Cryman' er mai i'r fasged y barnwyd yn ddoeth i fwrw ei lith diweddaraf; ac am lithiau Griffith Owen yr ydym yn cael cwynion eu bod fel rheffyn pen bys yn anodd gwneud pen na chynffon ohonynt," meddai.

Rhoddwyd diweddnod. Taw piau. Roedd Niclas yn gymaint o gythraul y wasg â'r un adyn byw. Ond yn gythraul cyfiawn. Yn ei dyb ei hun, beth bynnag.

9

Dal ati ffwl pelt

CHOLLODD NICLAS DDIM cwsg nac amser na chyfle i fynd i bluf D. J. Davies, Llundain. Pan gyhoeddwyd y *Merthyr Pioneer* ar fore Sadwrn, Ionawr 9 1915, gwelwyd ynddo Lythyr Agored maith wedi'i gyfeirio at y Cymro oddi cartre. Yn Gymraeg yr ysgrifennai Niclas er taw Saesneg oedd dewis iaith ei wrthwynebydd yn y *Tivyside*. Gwadodd y dylai ysgrifennu o dan ffugenw gan holi'n heriol, 'A fuasech yn awgrymu mai mwy priodol i Grist fyddai llefaru'r Bregeth ar y Mynydd dan ffugenw?' a chan ychwanegu, 'Safaf fi ar yr un tir â'r Bregeth honno ar Bwnc y Rhyfel'. Fe'i heriodd hefyd i ddatgelu cyfeiriadau'r plant hynny o Wlad Belg a welsai wedi'u clwyfo:

Pe baech wedi adrodd y celwydd ar ôl y wasg swyddogol, ni fuasai llawer o le i feio arnoch; ond gan i chwi lunio'r celwydd, a dweyd eich bod wedi gweld plant bach felly, mae eich camwedd yn fwy. A fuasai yn ormod i mi ddweyd i chwi lunio'r celwydd er mwyn camarwain darllenwyr y 'Tivy-Side'?[1]

Gwadodd ei fod yn ochri gyda'r Almaenwyr am ei fod mewn gwirionedd yn gwrthwynebu'r cysyniad o ryfela *per se*, cyn bwrw ati i gondemnio creulonderau Gwlad Belg a Phrydain Fawr wrth iddyn nhw ddifetha annibyniaeth cenhedloedd bychain. Ceisiodd Niclas oleuo D. J. Davies ynghylch union natur ei safiad:

Pe bae fy eglwysi yn gofyn i mi gefnogi y rhyfel hwn, neu fod yn ddistaw tra y parhao, buaswn yn rhoddi yr eglwysi i fyny, ac yn mynd yn ôl at y gaib a rhaw, neu i werthu calico fel cynt. Y mae gweithwyr Ewrop yn ymladd dros eu gorthrymwyr. Bydd y beichiau yn drwm ar ôl hyn, a'r gweithwyr fydd yn gorfod talu'r cyfan. Cefais i fy magu ar aelwyd cymharol dlawd; penderfynais yn ifanc os cawswn gyfle y buaswn yn gwneud rhywbeth dros y dosbarth y perthynai fy nhad iddo. Yr wyf wedi gwneud llawer o gamgymeriadau mewn bywyd, tebyg y gwnaf lawer eto, ond nid wyf wedi anghofio y dosbarth y perthynaf iddo. Nid yw digio'n brenhinoedd yn ddim yn fy ngolwg ond buasai troi'n fradwr i werin fy ngwlad yn ofid i mi.[2]

Heblaw am ddangos llwyredd ei gred drachefn, tybed a oedd y cyfeiriad at galico, sef cotwm gwyn, yn awgrymu mai gweithio yn siop y co-op oedd ei hanes yn Nhreherbert gynt? Ta beth, ni chafwyd ymateb gan D. J. Davies. Ai ffug oedd yr enw a'r cyfeiriad beth bynnag? Ni chafodd Niclas ateb nac ymateb i lythyron personol a anfonwyd ganddo chwaith. Ond fe gyhoeddwyd llythyr o gefnogaeth yn y rhifyn dilynol a hynny gan neb llai na'r hen gyfaill o Lechryd, y Parch William Rees. Roedd yn hael ei gefnogaeth a hynny yn ei ddull dihafal ei hun:

… yn ddiolchgar fod un pregethwr yng Nghymru yn deyrngar i Dywysog Tangnefedd ar adeg pan y mae Abadon, brenin uffern, wedi meddiannu y pulpudau. Nis gall y Diafol, lleiddiad dyn o'r dechreuad, gael buddugoliaeth mwy llwyr ar ein daear na chael y pulpudau i godi lleiddiaid o'r rhai y dylent godi angylion etholedig ohonynt… Y mae dynoliaeth, doniau ac awen dwyfol ac angylaidd yn treiddio trwy ysgrifeniadau y Parch T. E. Nicholas yn neillduol ei farddoniaeth. Pwy all ddarllen 'Cân y Gwaed', 'Marwolaeth yr Archlofrudd', 'Hela Angylion' a 'Blwyddyn Newydd Dda' heb deimlo gwefr y Bywyd Anherfynol yn gweithio ar ei enaid, gan ei gyffroi i weddïo ar Dduw i ddifetha y rhai sy'n difetha y ddaear? Wedi darllen y Llythyr Agored teimlais yn ddiolchgar am Rhyddid y Pioneer.[3]

Llefarodd y cyfrinydd. Serch hynny cafwyd homer o lythyr dros 1,300 o eiriau yn *Llais Llafur* ym mis Ebrill 1915 yn codi llawes y llythyrwr o Lundain. Byrdwn sylwadau Wm. J. Thomas, Sgiwen oedd nodi'r rheidrwydd i ddifetha 'Germani' a oedd gymaint o dan ddylanwad barbareiddiwch Prwsia:

> Gwiw i chwi feddwl y gellwch ddifodi rhyfel wrth sarhau eich gwlad eich hun a cheisio gogoneddu cymeriad cenedl y mae byd gwareiddiedig yn ffieiddio; cenedl sydd wedi cerdded yn wirfoddol oddiwrth ddynoliaeth ac wedi mynd yn ôl at farbareidd-dra. Yr unig ffordd i ddifodi rhyfel yw lladd milwriaeth. Yr unig ffordd i ladd milwriaeth ydyw gweithredu yn y modd y gweithreda gwerin bobl Prydain, Ffrainc a Rwssia heddyw.[4]

Yn ystod yr wythnosau dilynol cyhoeddodd Niclas gyfres o erthyglau o dan y pennawd 'Rhyfel Anghyfiawn' a'u cyhoeddi fel pamffled. Rhoddwyd sylw hefyd i ffoaduriaid o Wlad Belg a gafodd loches ym Merthyr. Addawodd Cwmni Crawshay trwced o lo am ddim iddyn nhw a thrwced arall pan fyddai ei angen. Yn y cyfamser doedd dim llyffethair ar draethu Niclas yn erbyn y Rhyfel, waeth beth fyddai tynged y *Pioneer* o ganlyniad. Niclas ei hun, wrth gwrs, oedd yn gweithredu fel sensor y dudalen Gymraeg. Doedd achosi cynnwrf gwrthryfel ddim yn ei boeni, tra credai fod ei ddatganiadau'n unol ag ysbryd y Bregeth ar y Mynydd.

Nid llefaru a chyhoeddi yn erbyn rhyfela a'i gadael hi ar hynny wnâi Niclas. Gweithredodd i hwyluso safiad y rhai hynny na fynnent godi arfau. Bu'n flaenllaw yn sefydlu'r No Conscription Fellowship yn Sir Aberteifi a Sir Benfro. Sefydlwyd y mudiad yn Llundain ym mis Tachwedd 1914 gyda'r bwriad o roi llais i heddychwyr o amrywiol gefndiroedd i wrthwynebu bwriad y llywodraeth i orfodi gwasanaeth milwrol yn groes i ewyllys, argyhoeddiad a chydwybod yr unigolyn. Gŵr a anwyd yng Nghasnewydd, Clifford Allen (1889–1939), oedd y cadeirydd cyntaf a Fenner Brockway (1888–1988), golygydd y *Labour Leader* ar y pryd, oedd yr ysgrifennydd. Dau Gymro amlwg ymhlith aelodau'r Pwyllgor Prydeinig oedd yr athronydd Bertrand Russell (1872–1970), a anwyd yn Nhryleg, Mynwy ar aelwyd freintiedig, a Morgan Jones (1885–1939) o Gelligaer, ger Caerffili. Carcharwyd y ddau yn eu tro.

Carcharwyd Clifford Allen deirgwaith am wrthod ymuno â'r lluoedd arfog a chadwyd Fenner Brockway yn y ddalfa tan ddiwedd y rhyfel. Dyrchafwyd y ddau i Dŷ'r Arglwyddi yn ddiweddarach ond ni laesodd yr un o'r ddau eu dwylo o ran ymgyrchu dros heddwch. Dyfarnwyd Gwobr Nobel am Lenyddiaeth i Bertrand Russell yn 1950. Etholwyd Morgan Jones yn AS Llafur Caerffili yn 1921. Daliodd ei afael ar y sedd tan ei farwolaeth yn 1939. Fe oedd y 'conshi' cyntaf i gael ei ethol i'r senedd wedi'r Rhyfel.

Ym mhentref Boncath, Sir Benfro yn y cyfnod hwn byddai gweithdy'r teiliwr yn bair trafodaeth, gyda phobl yn mynd a dod o fore gwyn tan nos. Prin fod yna'r un testun yn ennyn mwy o ddadlau na'r Rhyfel. Y teiliwr oedd Dafydd Niclas, brawd Tomi a thad-cu Glen George. Sefydlodd y busnes yn 11, Pentre Terrace, ac erbyn 1914 roedd yn cyflogi Ben Jones, o Aber-cuch, sef ei frawd yng nghyfraith, fel teiliwr cynorthwyol, a Tom Tomos o Gapel Newydd, bachgen a ystyrid yn hynod o hirben, fel prentis. Ymddiddorai'r tri yn hynt yr ILP. Ben Jones oedd trefnydd y No Conscription Fellowship yn Sir Benfro a Niclas oedd y trefnydd yn Sir Aberteifi. Ildiodd Tom Tomos i ymuno â'r fyddin ar yr amod na fyddai'n gwneud dim rhyfela uniongyrchol. Mae archif bersonol Glen yn cofnodi ei hynt fel aelod o'r Non-Combatant Corps a'i gyfnod o dan hyfforddiant yng Ngwersyll Cinmel, ger Llanelwy, lle na fyddai'r milwyr na'r swyddogion yn rhy drugarog tuag at Tom a'i debyg.

Credai Tom, er ei wrthwynebiad i ryfela, fod yn rhaid iddo osgoi carchar am fod ei fam yn dibynnu ar ei gyflog. Roedd ei lythyr cyntaf at ei gyd-deilwriaid yng ngwanwyn 1916 yn dangos ei fod yn dal yn wleidyddol effro:

> I was most pleased to receive your letter on Monday morning and to get a copy of the 'Tribunal'. That Convention was a big success

and Clifford Allen's speech was excellent. It may interest you to
know that the leaflet from Everett was written here when he was
in the NCF but refused to do anything. So far we have not had to
do anything that violates our consciences but should that situation
arise I think that most of us will refuse and face the consequences.
Once in France I think it will be hard but I think some of us will be
in prison before then.[5]

Athro o St. Helens, ger Lerpwl oedd Ernest Everett a oedd yn
wrthwynebydd cydwybodol na fynnai wneud dim oll â'r rhyfel.
Fe'i dedfrydwyd i ddwy flynedd o lafur caled yng ngharchar
Dartmoor. Anfonwyd llythyr nesaf Tom o Ffrainc ar 6 Awst
1916. Mae'n hiraethu am y byrddau lle byddai'r teilwriaid yn
eistedd i wnïo a thrin brethyn ac yn holi hynt penodiad Lloyd
George:

Just a few lines to acknowledge receipt of your letter and to learn
that you are still unshakeable in the principles of humanity. Well,
what do you think of the Welshman as War Secretary? Give me
your opinion when you write back. Do you get many arguments
in the workroom now for as you know it used to be a hot place! I
expect that J. Jones still comes in and that he still believes all the
optimistic reports from the war. I am quite content here but my
heart is on the old boards where I spent such a happy time.[6]

Wedi penodiad Lloyd George, gwelwyd pobl fel John
Morris-Jones (1864–1929) ac O. M. Edwards (1858–1920), a
gweinidogion megis John Williams (1854–1921), Brynsiencyn,
yn dwysáu eu hymdrechion i berswadio bechgyn i ymrestru.
Roedd gweld gweinidogion yr efengyl yn ymddwyn yn y
fath fodd yn dân ar groen Niclas. Bu'n gyfrwng i rai gael eu
hurddo'n farchogion gan gynnwys dau o'r uchod. Rhoddwyd
y teitl 'Cyrnol' er anrhydedd i'r gweinidog Methodistaidd.
Ysgrifennodd Tom lythyr yn Gymraeg ar 1 Gorffennaf 1917,
gan ddangos ei fod yn parhau'n wleidyddol effro:

Derbyniais eich llythyr yn ddiogel a da oedd deall eich bod yn iach ac yn parhau yn gryf yn y ffydd. Da hefyd oedd clywed eich bod heb eich galw i'r fyddin a gobeithiaf y cewch lonydd hyd y diwedd. Fel y gwyddoch, cefais ddamwain ar fy nghoes wrth lwytho coed a bu rhaid i mi dreulio pythefnos yn yr ysbyty. Truenus iawn oedd gweld y bechgyn oedd wedi eu clwyfo. Gwerin gyffredin Prydain Fawr yn dioddef yn eu tywyllwch a'r awdurdodau yn cau'r hualau yn gadarnach o hyd. Mae pawb wedi cael digon o'r rhyfel ac yn disgwyl y diwedd yn enbyd. Fel chwithau credaf fod ambell i belydryn yn ymddangos trwy'r cwmwl du a'r disgleiriaf ohonynt yw'r chwyldro yn Rwsia. Credaf fod holl orseddau Ewrop yn siglo hyd eu seiliau heddiw oblegid mae'r werin yn dechrau deffro. Beth yw eich barn am y 'Socialist International' sydd i'w chynnal yn Petrograd a hefyd yn Stockholm? Mae Henderson hefyd wedi newid ei gân ac wedi gofyn i'r llywodraeth anfon MacDonald a Jowett i Rwsia.[7]

Gwleidyddion Llafur oedd y tri y cyfeiriwyd atynt, yn ôl eu cyfenwau. Cynhaliwyd nifer o gynadleddau rhyngwladol gan fudiadau ar y chwith yn ystod y Rhyfel er mwyn ceisio dirwyn yr ymladd i ben. Gwelwyd cyfle o'r newydd pan gipiwyd grym oddi ar y cyfoethogion yn Rwsia a dyna pam y soniwyd am ffurfio cyngres y 'Socialist International'. Gwêl Glen fod y llythyru rhwng teilwriaid Boncath a'r prentis rywle yn Ffrainc yn trafod agweddau ar heddychiaeth a datblygiadau yn Rwsia, yn brawf o'r math o ddilechdid a fodolai wrth drin nodwyddau.

"Gyda llaw," meddai Glen, "cafodd Tom ei garcharu am gyfnod wedyn am wrthod llwytho arfau ar faes y gad. Er ei fod yn gwisgo lifrai milwrol doedd e ddim yn barod i wneud mwy na gwaith dyngarol o drin y clwyfedig. Doedd ei gydwybod ddim yn caniatáu iddo ddelio ag arfau mewn unrhyw fodd. Byddai'r teilwriaid yn sicr yn ymwybodol wedyn o'r gyngres 'Third International' a ffurfiwyd yn 1919 i hybu sosialaeth ar draws y gwledydd cyfalafol. Roedd y gyngres, mewn gwirionedd, yn rhwyg rhwng pleidiau cymhedrol y chwith a'r rhai oedd am ddilyn y llwybr chwyldroadol. Dyna a arweiniodd at sefydlu'r Blaid Gomiwnyddol a Niclas wrth gwrs yn un o'r aelodau cynnar ohoni ym Mhrydain. Fe fydden nhw'n dilyn diwygiadau Vladimir Lenin yn Rwsia a gallaf ddychmygu y byddai yna gryn drafod pan fyddai Wncwl Tomi'n taro heibio.

"Un ymwelydd enwog, yn ôl yr hanesion teuluol, oedd Sylvia Pankhurst o Ddwyrain Llundain a oedd yn ymgyrchu dros hawliau i fenywod. Mae'n debyg fod mudiad o'r enw South Wales Socialist Society wedi cael cryn ddylanwad arni ac nid syndod clywed ei bod yn annerch cyfarfodydd ar draws y rhanbarth. Ar un o'r teithiau hyn bu'n areithio yn Neuadd Boncath gan aros dros nos gyda Dafydd a'i deulu yn Pentre Terrace. Yn ôl yr hanes, prin iawn oedd y gynulleidfa, ond gwyddys bod un cefnogydd selog i Lloyd George wedi taflu wyau clwc at Sylvia wrth iddi ddychwelyd i'w llety.

"Gyda llaw, fe ddychwelodd Tom o'r Rhyfel i gario mlân â'r teilwria ac fe ymunodd â'r Blaid Lafur, er bod llawer yn ei ystyried yn gomiwnydd. Ymunodd Ben Jones â Phlaid Cymru yn y 1930au a daliodd Dafydd at ei sosialaeth. Teimlai fy nhad-cu fod Plaid Cymru yn tueddu ormod i'r dde wrth ei fodd ar y pryd. Tom gadwodd y busnes i fynd wedi dyddie fy nhad-cu tan y 1960au cynnar. Cefais lawer o fy addysg wrth fod yn ei gwmni," meddai Glen.

Cawsai enw Niclas ei grybwyll yn gyson mewn tribiwnlysoedd pan ymddangosai gwŷr yn gofyn am yr hawl i gael eu heithrio o'r Rhyfel. Gan amlaf byddai cynrychiolydd o'r Swyddfa Ryfel ynghyd â 'gwŷr y plasau' yn penderfynu tynged y sawl a wnâi safiad ar dir cydwybod. Yn Sir Gaerfyrddin gwrthodwyd cais sawl glöwr i gadw ei swydd yn y pwll ond fe estynnwyd pardwn i fachgen a oedd yn gofalu am gŵn hela'r plas am fod ei waith yn 'angenrheidiol'. Gellir blasu peth o naws y tribiwnlysoedd o ddisgrifiad a geir yng nghyfrol Dewi Eirug Davies (1922–1997) *Byddin y Brenin*. Daniel Thomas oedd enw'r bachgen a ymddangosodd o flaen tribiwnlys Tregaron ac fe'i cyhuddwyd o dderbyn cymorth Niclas wrth lunio ei wrthwynebiad:

Aelod o'r tribiwnlys: Yn lle y clywsoch chi sôn am y Gymdeithas
oedd yn gwrthwynebu consgripsiwn?

Daniel Thomas: Yn y papurau.

Aelod o'r tribiwnlys: Pa bapurau?

Daniel Thomas: *The Labour Leader*.

Aelod o'r tribiwnlys: Lle gawsoch chi'r papur?

Nid atebodd Daniel Thomas ond dywedodd aelod arall o'r tribiwnlys
fod copïau ar gael yn Llangybi lle yr oedd Niclas yn weinidog.

Aelod o'r tribiwnlys: Pwy a'ch perswadiodd i ymuno â'r NCF?

Daniel Thomas: Nid oedd neb wedi fy mherswadio.

Aelod o'r tribiwnlys: Pwy a lanwodd eich ffurflen gais?

Daniel Thomas: Pam yr ydych yn gofyn y fath gwestiwn? A oes
rhywbeth o le arni?

Aelod o'r tribiwnlys: Nac oes ond dwedwch wrthym pwy a'i
llanwodd?

Daniel Thomas: Myfi fy hun.

Aelod o'r tribiwnlys: Ai'r Parchedig T. E. Nicholas a'i llanwodd?
Dwedwch wrthym. Ni chaiff y wybodaeth fynd dim pellach.

Daniel Thomas: Myfi fy hun a'i llanwodd.

Aelod o'r tribiwnlys: A wnaethoch chi dalu am ei llanw?

Daniel Thomas: Naddo.

Aelod o'r tribiwnlys: Pwy sydd yn pregethu fwyaf yn erbyn y Rhyfel
yn y cylch?

Daniel Thomas: Yr ydym bawb i raddau'n pregethu yn ei erbyn.[8]

Wrth reswm, ni chyfyngodd Niclas ei weithredu dros y
No Conscription Fellowship i'w gynefin newydd a'i hen sir.
Trampai i Gwm Tawe a'r gweithfeydd drachefn. Roedd 'nôl yn
y Glais ym mis Mawrth 1916 yn cynghori aelodau'r ILP sut i
lenwi ffurflenni'r Fellowship a sut i baratoi ar gyfer wynebu'r
tribiwnlysoedd. Rhannodd lwyfan gydag un o areithwyr
mwyaf tanbaid y mudiad yn lleol, Nun Nicholas o Glydach, a
ystyrid yn ddadansoddwr disglair o Farcsiaeth, ac a gyflogid
fel pwyswr yng Nglofa Glyncoch, Craig-cefn-parc. Cafodd ei
garcharu droeon, yn union fel eraill o'r criw fyddai'n cyfarfod
yn gyson yn y Tŷ Gwyn, yn Rhydaman i drafod sut i waredu'r
drefn gyfalafol, a oedd yn eu tyb nhw, yn anad dim arall, yn
achosi rhyfeloedd.

Hen ficerdy oedd y Tŷ Gwyn a brynwyd gan y miliwnydd George Davison (1854–1930), un o berchnogion cwmni Kodak, am £1,500 yn 1913, at wasanaeth y sosialwyr. Erbyn hynny roedd llawer o gapeli yn gwrthod rhoi defnydd o'u festrioedd i'r Blaid Lafur Annibynnol. Ddwy flynedd ynghynt gwrthodwyd caniatâd i'r Parch J. Edryd Jones (1876–1965), Bethel Newydd, Garnant i draddodi darlith yn festri capel Carmel, Gwauncaegurwen, er mwyn codi arian i un o'r aelodau. Ymhlith y darlithwyr yn eu tro yn y Tŷ Gwyn byddai Noah Ablett; T. Rhondda Williams; Parch John Griffiths, Rhydaman; y brodyr Stet a Ben Wilson o Berkeley, Califfornia, ac wrth gwrs, Niclas. Roedd yno ym mis Mawrth 1915 yn darlithio ar y testun 'Deled ein Teyrnas'. Roedd y cyhoeddiad *Y Deyrnas* yn cael ei ddarllen yno a byddai cryn drafod ar radicaliaeth y *Miners Next Step* o eiddo Noah Ablett (1883–1935) a W. H. Mainwaring (1884–1971).

Mae tudalennau papurau wythnosol Morgannwg y cyfnod yn frith o gyfeiriadau at Niclas yn darlithio, areithio a phregethu hwnt ac yma yn ystod y blynyddoedd hyn. Cyflwyno darlith ar 'R. J. Derfel' yn y Tabernacl, Hirwaun ym mis Chwefror 1914; 'Gwrthryfelwyr Cymreig' oedd ei destun yn Abercraf ar nos Lun ym mis Chwefror 1917 wedi iddo bregethu ym Mryn Seion y noson cynt. Yn Ferndale ym mis Rhagfyr, ar wahoddiad Cyfrinfa'r Ffed, traethodd ar 'Ddinas Cain'. Cyrddau Blynyddol Noddfa, Godreaman wedyn ym mis Mehefin 1917 gan godi ei destun, yn un o'r oedfaon, o Efengyl Ioan a'r adnod, 'Rhaid eich geni chi drachefn', yn ôl yr adroddiad yn yr *Aberdare Leader*; ei wahodd i Gyrddau Mawr Ebenezer, Cwmllynfell, ym mis Hydref 1918 a diau degau o rai eraill nas cofnodwyd.

Mynych y soniwyd amdano'n annerch Cyfarfodydd Heddwch a'r rheiny'n cael eu hail-leoli ar y funud olaf oherwydd rhyw wrthwynebiad lleol. Felly oedd hi ym Mhontardawe ym mis Tachwedd 1916 pan wahoddwyd Egerton P. Wake (1871–1929), aelod amlwg o'r ILP o Barrow-in-Furness, i rannu llwyfan gyda Niclas ar brynhawn Sul. Bu'n rhaid symud o'r Pafiliwn i neuadd gyfagos. Traethai'r ddau ar y nos Lun yn y Gaiety Theatre, Gwauncaegurwen. Y *Merthyr Pioneer* roddai sylw go fanwl i'r cyfarfodydd hyn gan amlaf. Adroddwyd fod Niclas wedi siarad am awr yn Gymraeg am wacter yr honiad mai rhyfel i gwpla pob rhyfel oedd ar y gweill, am fod gwledydd a drechwyd bob amser yn cryfhau a pharatoi i ryfela drachefn.

Cyhoeddwyd adroddiad o'i anerchiad mewn cyfarfod cyffelyb yn Hirwaun ychydig fisoedd ynghynt. Dywedodd nad difrodi temlau Duw oedd difrodi eglwysi cadeiriol am mai temlau oedden nhw lle'r oedd Mamon a Moloch yn addoli. Haerodd mai trwy ddinistrio dyn ei hun y mae dinistrio temlau Duw. Rhoddwyd cymeradwyaeth hir iddo. Nodwyd bod yna blismyn yn bresennol ond nad oedden nhw wedi gofyn yr un cwestiwn. Daethpwyd i arfer â phresenoldeb plismyn yn y cyfarfodydd hyn a buan y daethant yn dramgwydd i Niclas. Diau mai'r cyfarfod mwyaf a anerchodd yn y cyfnod hwn oedd yng Ngwasanaeth Coffa ei gyfaill, Keir Hardie, yn Siloa, Aberdâr, ar bnawn Sul 10 Hydref 1915. Hwn oedd capel mwyaf yr Annibynwyr yn yr ardal o ddigon o ran maint ac o ran nifer aelodaeth.

Cynhaliwyd Cwrdd Coffa ym Methania, Dowlais yr un pnawn gyda'r Parch Rowland Jones B. A., Troed-y-rhiw yn pregethu, gan godi ei destun ym mhennod agoriadol Efengyl Ioan, 'Yr ydoedd gŵr wedi ei anfon oddi wrth Dduw a'i enw Ioan. Hwn a ddaeth yn dystiolaeth, fel y tystiolaethai am y Goleuni, fel y credai pawb trwyddo ef'. Bu Cwrdd Coffa cyffelyb yng Nghapel Hope, Merthyr, y Sul cynt, gyda'r Parch J. M. Jones yn codi ei destun yn Llyfr Eseia, yn yr hanner canfed bennod namyn un 'Minnau a ddywedais, yn ofer y llafuriais, yn ofer ac am ddim y treuliais fy nerth'. Yn wir, cynhaliwyd cyrddau ar draws y wlad lle bynnag roedd sosialaeth wedi cydio, i gofio am Keir Hardie.

Claddwyd y sosialydd yn Glasgow ar Fedi 29 heb bresenoldeb cynrychiolwyr o'r pleidiau gwleidyddol eraill. Ond roedd twr o aelodau'r ILP o gylchoedd Merthyr ac Aberdâr yno, gan gynnwys Ernest Williams, Aberpennar i dalu'r gymwynas olaf. Ni roddwyd teyrnged i'r ymadawedig yn Nhŷ'r Cyffredin. Gwnaeth Niclas y Glais iawn am hynny yn Aberdâr ymhlith ei

etholwyr. Darllenodd o Eseia 53 gan gyferbynnu bywyd Keir
Hardie ag eiddo'r gwas dioddefus y cyfeiria'r proffwyd ato.
Gweddïodd gyda dwyster cyn codi testun ei bregeth angladdol
yn y ddeuddegfed bennod o Efengyl Luc a'r adnod 'Myfi a
ddeuthum i fwrw tân ar y ddaear'. Ni ddaliodd ddim yn ôl.
Rhoddwyd sylw helaeth i'r bregeth ym mhapurau Llundain
ac yn y wasg yn lleol. Roedd y *Merthyr Pioneer* yn frith o
deyrngedau.

Cyfeiriodd Niclas at y Sgotyn fel gwir broffwyd, a goleuni'r
byd yn goleuo ceudyllau drygioni. Dywedodd fod ei wallt mor
wyn ag eira, ei lygaid fel fflam dân a'i lais yn taranu yn erbyn
drygioni'r oes. Roedd yn Gristion ac yn Grist a wnaeth ei orau i
ymgadw pobl rhag yr uffern a grëwyd ar eu cyfer gan gyfalafwyr
yn y byd hwn. Nid ei arwriaeth oedd eiddo'r lleiddiaid ar faes
y gad. Ni wyrodd oddi ar ei uchel ddelfrydau ond cadwodd ei
drem yn gadarn ar y sêr. Condemniodd Niclas y wasg am dalu
teyrngedau iddo wedi'i farw ond ei gondemnio fel breuddwydiwr
a gwleidydd anymarferol pan oedd byw. Cyfeiriodd at Syr
Edward Grey (1862–1933), yr Ysgrifennydd Materion Tramor
ar y pryd, fel enghraifft o 'wleidydd ymarferol' am ei fod wedi
caniatáu lladd hanner miliwn o filwyr ar gyfandir Ewrop.

Pwysleisiodd fod Keir Hardie wedi'i benodi gan Dduw
i anfon tân i'r ddaear a fyddai yn y pen draw yn sgubo ar
draws y byd cyfan. Fel pob diwygiwr o bwys roedd yna rai
carfanau na fedrent ei ddioddef, meddai. Roedd Niclas yn sicr
ar gefn ei geffyl. Ni fedrwn ond dychmygu ei arabedd tanllyd
a distawrwydd llethol y gynulleidfa, a honno, mae'n siŵr, yn
gynulleidfa o wrywod yn unig, yn nhraddodiad y gweithfeydd.
Roedd yn gwbl eofn yn canu clodydd y diwygiwr a anfonwyd
gan Dduw. Roedd yr awdurdodau yn gwrando. Cymraeg oedd
iaith y traethu. Mynnai draddodi neges y gŵr a fu ei hun yn
bregethwr cynorthwyol yn nyddiau ei ieuenctid. Pwy ond
Niclas fedrai dalu'r fath deyrnged i Albanwr, a hynny yn y
traddodiad Anghydffurfiol Cymreig? Mae'n rhaid bod yna
wylofain yn Siloa, Aberdâr. Gwrandewch arno'n bwrw iddi.
Dyma flas o'r traethu o'r pulpud wedi'i gyfieithu o'r *Aberdare*

Leader. Nid da fyddai dyfynnu'r adroddiad Saesneg pan oedd
yr huotledd wedi'i gyflwyno mewn Cymraeg cyhyrog y pnawn
hwnnw o bulpud Siloa:

Roedd yna rai pobl yn gadael y byd hwn yn union fel roedden nhw
wedi'i ganfod. Nid oedd Keir Hardie'n un o'r rheiny. Nid oedd
yn fodlon ar y byd fel yr oedd. Gwir broffwyd sy'n ceisio ysgwyd
cenedl i wireddu ei gobeithion a'i delfrydau. Mae yna bobl sydd
yn pesgi ar y trueni a welir yn y byd heddiw. Pe bawn yn sôn am
fyd heb gweryla byddem yn peri loes i'r cyfreithwyr. Pe byddem yn
sôn am fyd heb afiechyd byddai'r doctoriaid yn gweld y chwith. O
sôn am fyd heb ormes byddem yn ennyn digofaint y cyfalafwyr. Ni
fyddai byd heb ryfeloedd yn plesio'r diplomyddion. Awgrymwch
fyd heb ddiafol ac uffern ynddo ac rydych yn tramgwyddo'r
pregethwyr.

Mae'n well gan rai o'r bobl hyn filitariaeth yn hytrach na
sosialaeth. Cam mawr tuag at ddiwygio oedd gwneud pobl yn
anniddig ynghylch eu hamgylchiadau. Dyna oedd cenhadaeth
Keir Hardie. Creodd anniddigrwydd dwyfol ym meddyliau dynion.
Roedd trueiniaid y wlad hon yn rhy bwdr neu yn rhy brin o
egwyddor i bleidleisio dros ddyn fyddai'n pleidleisio drostyn nhw
yn Nhŷ'r Cyffredin.

Daeth Keir Hardie i osod tân ar y ddaear am nad oedd yn
fodlon â phethau fel yr oedden nhw. Ni fedrai ddeall sut oedd
pobl yn medru addoli duw a oedd yn gyfrifol am gyflwr Ewrop
fel yr oedd y dwthwn hwn. Heddiw rydym yn gyfan gwbl yng
nghrafangau'r materolwyr cyfoethog. Adwaenai Hardie y broblem
gymdeithasol enfawr.

Sylweddolodd mai dim ond dau ddosbarth sydd yn y byd – y
lladron a'r rhai y lladrateir oddi arnyn nhw. Roedd yr eglwys wedi
dilyn y Blaid Ryddfrydol fel oen i'r lladdfa. Beth amser nôl pan
oedd rhyw bobl dlawd yn gwerthu losin ar y Sul roedd yr eglwys
wedi'u condemnio. Ond pan ddeddfodd y llywodraeth Ryddfrydol
nad oedd yn drosedd i gynhyrchu arfau ar y Sul fe newidiodd yr
eglwys ei chân. Pa mor ddrwg bynnag oedd y drosedd o werthu
losin ar y Sul roedd lladd dynion ar Ddydd yr Arglwydd yn waeth
trosedd o lawer.

Ni ellid meddwl cynnal cyfarfod coffa i Keir Hardie heb
brotestio yn erbyn militariaeth; nid militariaeth mewn gwlad

arall ond yn ein gwlad ein hunain hefyd. Roedd wedi'i gondemnio am rannu llwyfan â Rhydd-feddyliwr. Ond ni ystyrid fod dim o'i le pan ymddangosai gweinidogion ar yr un llwyfan recriwtio ag anffyddwyr, publicanod a gamblwyr. Heddiw rydym yn dibynnu ar ein byddinoedd, Dreadnoughts, ein Kitcheners a'n Kaisers ond fe ddaw'r diwrnod pan fydd y byd yn gosod ei ffydd yn egwyddorion heddwch a chyfiawnder. Rydym ni yma'r prynhawn hwn i dalu gwrogaeth i ddyn a gysegrodd ei fywyd i ledaenu tân ar draws y ddaear ac i wasanaethu dynoliaeth.[9]

Cymerwyd rhan gan y Parch J. R. Hughes, Abercynon hefyd. Ymhen naw mlynedd byddai ei fab deng mlynedd ar hugain oed, Emrys, yn priodi Nan, merch Keir Hardie, ac wedi ei ethol yn Aelod Seneddol Llafur dros Ayrshire yn 1946 bu'n cynrychioli'r etholaeth am 23 blynedd. Gwnaed casgliad yn y cyfarfod coffa tuag at Gronfa Ysbyty Milwrol y Groes Goch. I orffen cafwyd datganiad o'r 'Dead March' o oratorio *Saul* o waith Handel gan yr organydd W. J. Evans. Dyma'r darn a glywir mewn angladdau gwladol. Roedd bywyd daearol Keir Hardie wedi dod i ben yn 59 oed. Rhoddwyd teyrnged danllyd i ŵr o Swydd Lanark gan ŵr o Sir Benfro mewn iaith nad oedd yr ymadawedig yn rhugl ynddi. Cyhoeddodd Niclas deyrnged i Keir Hardie yn ogystal ag amlinelliad o'i bregeth angladdol yn y *Merthyr Pioneer*. Mae'n rhaid mai dyna un o'r ychydig droeon iddo erioed osod pregeth ar bapur. Cynhwysir y deyrnged a'r bregeth fel atodiad ar ddiwedd y gyfrol. Mae'r naill fel y llall yn gystal tystiolaeth â dim o rychwant meddwl Niclas. Cynhaliwyd cyfarfod teyrnged arall ar y nos Fawrth yng Nghapel Nazareth y Bedyddwyr, Aberpennar dan arweiniad James Winstone (1863–1921), Llywydd Ffederasiwn Glowyr De Cymru, ac eraill o gyffelyb anian.

Deil Capel Siloa ar ei draed, gyda llaw, yn gapel hardd yr olwg ac yn un o'r capeli hynny sydd wedi llunio gwefan, gan awgrymu fod yna fwrlwm yn dal yn gysylltiedig â'r achos, a hwnnw yn fwrlwm Cymraeg. Lle bu dros chwe chant o aelodau'n addoli yn Gymraeg, gwneir hynny nawr gan ddyrnaid o ryw ddeg ar hugain. O fewn rhyw gan llath gwelir adeiladau marweddog eraill a fu'n amlwg ar un adeg yn gapeli. Hwynt hwy a arferai deyrnasu ar y tirlun ar Sgwâr Aberdâr. Hawdd dychmygu'r bwrlwm a'r wilia wedi'r oedfaon ar nos Sul wrth i'r cynulleidfaoedd niferus arllwys o'r addoldai. Daw gwefr ar hyd fy meingefn innau ac eiddo Glen wrth sefyll y tu fas, yn dychmygu'r ffordd yn ddu gan alarwyr y prynhawn hwnnw ym mis Hydref 1915 a'r Parch T. E. Nicholas, y pregethwr llawrydd, yn arbed dim ohono'i hun wrth fawrygu un o gewri cynnar sosialaeth gan fynd i hwyl heb ddibynnu ar lawysgrif na nodiadau. Deil y capel dros 900 yn gyffyrddus a'r prynhawn hwnnw, yn ôl arfer y cyfnod, gosodwyd ffwrmau ar hyd yr aleiau, yn ôl y sôn, i ddygymod â'r dorf enfawr o wrywod.

Roedd Glen dan rywfaint o deimlad wrth i'r ddau ohonom sefyll y tu fas i gapel Siloa yn dychmygu'r prynhawn hwnnw. Ac roedd ganddo dylwyth yn yr ardal hefyd na fyddent yn rhannu'r un trywydd meddwl â Niclas a Hardie ar y pryd.

"Pleser oedd cael ymweld ag Aberdâr i weld y capel lle traethodd Niclas bregeth angladdol Hardie, ond ni allwn ond meddwl am y gangen arall o'm teulu a oedd yn byw yn fras yn yr un dref. Yn y cyfnod cyn y Rhyfel Mawr roedd Gruffydd George, ewythr i fy nhad, yn cadw siop ddillad yn Aberdâr ac wedi tyfu i fod yn ddyn busnes llwyddiannus. Roedd hefyd yn fardd a oedd wedi cyhoeddi cyfrol swmpus o'i waith o dan y teitl *Gweithiau Barddonol Gruffydd Dyfed*, ond mae'n dra phosib mai cynnyrch cyhoeddwr porthi balchder oedd hon. Fel Cymro oedd wedi dod ymlaen yn y byd ni allai fod yn Dori, ond roedd yn Rhyddfrydwr pybyr ac yn ffieiddio twf y Blaid Lafur. Bu farw Gruffydd yn Tenerife yn 1910 pan oedd ar ymweliad â'r ynys ond roedd ei weddw yn byw yn The Laurels, Trecynon pan ddringodd Niclas i bwlpud Siloa!" esboniodd Glen.

Er ei arwriaeth, y gwir amdani oedd fod Hardie wedi danto'n llwyr am na lwyddwyd i uno gweithwyr cyffredin ar draws Ewrop i streicio yn erbyn rhyfel. Torrodd ei galon. Cafodd ei heclo a'i erlid mewn cyfarfodydd cyhoeddus am iddo wrthwynebu'r Rhyfel. "Dwi'n deall beth ddioddefodd Crist yng

Ngethsemane," meddai wedi'r profiad. Roedd rhai o'i gyd-Aelodau Seneddol Llafur yn cefnogi'r Rhyfel. Rhoes y gorau i arwain y Blaid Lafur seneddol yn 1908 ac arweinyddiaeth y Blaid yn 1910 i ganolbwyntio ar fynychu cynadleddau rhyngwladol i hyrwyddo heddwch a chydlynu dyheadau'r gweithwyr cyffredin. Gydol y cyfnod dywedai fod Efengyl Marc yn fwy perthnasol iddo o ran ei genhadaeth nag Efengyl Marx.

Bu Keir Hardie'n ymgyrchydd brwd dros roi pleidlais i wragedd hefyd. Datblygodd perthynas glòs rhyngddo a Sylvia Pankhurst, un o'r Swffragetiaid amlycaf. Er ei bod 26 mlynedd yn iau nag ef, ymddengys fod yna garwriaeth danbaid rhyngddynt. Rhannent fwthyn yng Nghaint. Plediodd achos dirwest gydol ei yrfa, ar ôl gweld effaith y ddiod ar ei lystad a gweithwyr di-waith eraill yng nghyfnod ei blentyndod. Ar dri achlysur cynigiodd na ddylid gwerthu alcohol yn Nhŷ'r Cyffredin. Ond mae'n debyg iddo ganfod peth cysur yn y botel ei hun yn ei ddyddiau olaf.

Rhaid cofio hefyd na fu Hardie erioed ar ben y pôl yn etholaeth ddwy sedd Merthyr, lle'r oedd gan y sawl oedd â hawl i bleidleisio ddwy bleidlais. Yr arch-gyfalafwr o Ryddfrydwr, D. A. Thomas (1856–1918), ddenodd y nifer mwyaf o bleidleisiau yn 1900 yn y sedd a fu'n eiddo i'r arch-heddychwr Henry Richard am gyfnod o ugain mlynedd nes i Thomas ei olynu yn 1888. Yn wir roedd D. A. Thomas wedi hwyluso ethol Hardie am ei fod wedi ei gymryd o dan ei adain am nad oedd yn cyd-dynnu â'i gyd-ymgeisydd a'i gyd-AS Rhyddfrydol er 1888, William Pritchard Morgan (1844–1924). Cymar seneddol Hardie yn yr etholaeth wedi etholiad 1910 oedd y Rhyddfrydwr Syr Edgar Rees Jones (1878–1962) gan fod Thomas wedi sefyll yn llwyddiannus yn etholaeth Caerdydd.

Nid anghofiodd Niclas am Hardie. Cyfansoddodd gerdd goffa bum pennill a welodd olau dydd yn y *Merthyr Pioneer* fel rhan o'i deyrnged i'r ymadawedig, ac yna yn rhifyn Gŵyl Ddewi o'r *Geninen* 1916 sy'n agor fel a ganlyn:

Mae crechwen heno yn neuaddau gormes,
A llawen ddawns sydd yn neuaddau'r trais;
Y mae'r gorthrymwr uwch ei winoedd diles
Yn llon ei ysbryd ac yn iach ei lais:
Mae'r un a fu'n hyrddio bolltau barn at drawsion
Yn huno rhwng mynyddau pell ei wlad;
A'r un fu'n sefyll dros iawnderau dynion
A'i enw yn anfarwol wedi'r brad.[10]

Yn wir, ni chaniatawyd i Niclas anghofio ei deyrnged angladdol i'w gyfaill. Fe ddangosodd gŵr o'r enw Capten Lionel Lindsay (1861–1945) ddiddordeb yn yr hyn gafodd ei ddweud, er nad oedd yn bresennol ei hun yn Siloa ar y prynhawn Sul hwnnw. Penodwyd Lindsay yn Brif Gwnstabl Morgannwg i olynu ei dad, y Cyrnol Henry Gore Lindsay (1830–1914) yn 1891, wedi iddo ymuno â'r llu ddwy flynedd ynghynt fel Arolygydd ym Merthyr. Gofynnwyd cwestiynau yn y senedd ar y pryd ynghylch dilysrwydd y penodiad a gallu Capten Lindsay i gyfathrebu yn Gymraeg gan yr AS, D. A. Thomas. Holodd pam na fedrai'r Prif Gwnstabl gael rhywun abl o fewn y llu ei hun ar gyfer y swydd ym Merthyr.

Cafodd yr AS lleol ei ddarbwyllo gan Gyrnol Syr Edward Stock Hill (1834–1902), AS De Bryste, a'r Ysgrifennydd Cartref, Henry Mathews (1826–1913), fod y penodiad yn un cymwys, a chan fod Capten Lindsay wedi gwasanaethu'r heddlu yn yr Aifft cyn hynny ac wedi cyfarwyddo a'r iaith Arabeg ni fyddai, felly, fawr o dro yn dod i delerau â'r Gymraeg, er nad oedd gallu'r iaith honno'n gymhwyster angenrheidiol i gyflawni ei ddyletswyddau. Doedd dim dwywaith nad oedd y Capten yn ddyn y sefydliad. Rhoes ei frawd, y Cyrnol Henry Edzell Morgan Lindsay (1857–1935), wedi gyrfa filwrol yn Ne a Chanolbarth Affrica, gynnig ar ennill sedd etholiadol Dwyrain Morgannwg yn enw'r Ceidwadwyr yn 1900. Ond y Rhyddfrydwr Alfred Thomas (1840–1927) a orfu. Roedd y ddau frawd yn dilyn traddodiad eu tad gan iddo yntau hefyd ddilyn gyrfa filwrol yn y Crimea ac India. Fel dyn milwrol doedd gan y Prif Gwnstabl iau fawr o amynedd tuag at heddychwyr, nac at arweinwyr y glowyr o ran hynny. Erbyn diwedd 1917 llwyddodd i erlyn a charcharu un ar bymtheg o heddychwyr Sir Forgannwg. Hoeliodd ei sbienddrych ar y Parch T. E. Nicholas.

Roedd yna W. J. Evans yn y cyfarfod coffa yn Siloa. O bosib yr organydd. Cafodd ei gythruddo gan rai o sylwadau Niclas a chysylltodd â'r Prif Gwnstabl i gwyno. Haerodd fod y gweinidog wedi cyfeirio at y milwyr oedd wedi'u consgriptio fel pobl oedd wedi'u cyflogi i lofruddio, tra oedd y milwyr a wirfoddolodd i ymladd yn llofruddio o'u gwirfodd. Mynnai fod hynny'n gyfystyr ag enllib arswydus yn erbyn dynion dewr. Ni fu'r Prif Gwnstabl fawr o dro cyn cysylltu â'r Cyfarwyddwr Erlyniadau Cyhoeddus yn awgrymu y dylid dwyn achos yn erbyn Niclas ac yn erbyn y *Merthyr Pioneer* am gyhoeddi ei sylwadau o dan y Ddeddf Amddiffyn y Deyrnas. Roedd hefyd wedi casglu tystiolaeth gyffelyb wrth W. Pugh, golygydd yr *Aberdare Leader*; D. Edwards, clerc gyda chwmni o gyfreithwyr, ac Ivor John, ysgrifennydd gohebol Siloa.

Ond penderfyniad y Twrnai Cyffredinol oedd peidio ag erlyn Niclas am fod gormod o amser wedi mynd heibio rhwng cyflawni'r drosedd a derbyn y gŵyn, ac am fod y sylwadau wedi'u gwneud mewn angladd ac nid ar lwyfan gwleidyddol.

Tasg Capten Lindsay felly oedd parhau â'i ymgyrch, a gwnaeth hynny'n egnïol trwy sicrhau fod yna blismyn yn bresennol mewn cyfarfodydd gwleidyddol lle'r oedd Niclas yn annerch. A chan fod yr heddychwr hefyd yn defnyddio'r pulpud fel llwyfan gwleidyddol daeth ymwared i'r Prif Gwnstabl o gyfeiriad annisgwyl. Wrth i broffil gwleidyddol y gweinidog o Sir Aberteifi gynyddu yn Sir Forgannwg, cynyddu a wnâi cyfleoedd Capten Lindsay i'w erlyn.

Ond yng nghanol y pair hwn o fynd a dod, yn ddiarwybod i Niclas roedd yna un aelwyd yn Sir Benfro wedi'i chyfareddu gan un o'i gerddi. John Edwal Williams (1863–1934) a'i wraig, Angharad (1876–1932), oedd y ddau benteulu yn Elm Cottage, Llandysilio. Roedden nhw'n ddarllenwyr cyson o'r *Geninen*. Roedd un o'r meibion ar yr aelwyd, Waldo, yn ddeuddeg oed.

'Gweriniaeth a Rhyfel' oedd y gerdd dan sylw a gyhoeddwyd yn un o rifynnau 1916 o'r cylchgrawn. Ni phylodd treiglad amser ei hapêl wrth i Waldo gyfeirio at y profiad mewn rhifyn o'r *Cardi* yn 1970:

> Rwy'n cofio fy nhad yn ei darllen i'm mam allan o'r *Geninen*. Ac fe'm gwefreiddiwyd ganddi yn y blynyddoedd ieuainc pan oedd teimladau'n rhedeg yn rhwydd. Ond fe'i darllenais hi eto echnos ymhen mwy na hanner canrif, ac fe'm gwefreiddiwyd eto lawn cymaint.[11]

Roedd John Edwal a Waldo yn cydnabod yr argyhoeddiad a'r diffuantrwydd a oedd yn y traethu. Tua'r un adeg, yr ochr draw i'r Iwerydd roedd T. Ivor Evans yntau, ar dudalen flaen *Y Drych*, wedi ei gynhyrfu a'i argyhoeddi. Gwelai gyd-destun ehangach i awen Niclas rhagor na cherddi difyr brydferth i droi atynt bob hyn a hyn i ddiwallu ymdeimlad o hiraeth yn Efrog Newydd. Roedd wedi'i ysgwyd ac yntau dim ond wedi cyrraedd y ddinas ryw flwyddyn ynghynt ar ôl treulio pedair blynedd yn astudio yn y brifysgol yn Aberystwyth. Mentrodd yr Annibynnwr ysgrifennu'n broffwydol:

> Yr wyf newydd orphen darllen un o ddarnau barddonol y bardd-bregethwr Nicholas o'r Glais, yn dwyn y teitl 'Gweriniaeth a Rhyfel'. Nid hwn yw y tro cyntaf i mi ei ddarllen, ac yn sicr, nid y diweddaf. Ni welais erioed mewn unrhyw lenyddiaeth gymaint o wirionedd wedi ei ddirwasgu i un llinell ar bymtheg a deugain ac eto heb golli y swyn cyfareddol hwnw nas medr ond bardd ei drosglwyddo i'w ddarllenwyr. Bob tro y darllenaf y darn hwn cyflwyna rhyw agwedd newydd ar fywyd; egyr byrth i lanerchau sydd yn newydd i'r meddwl a thrwy y newydd-deb daw yn felusach i'w ddarllen bob tro. Felly am wirionedd o hyd – erys yn fythol-newydd; ceir goleuni newydd arno a rhydd adnoddau i'r meddwl effro fyfyrio arnynt. Dyna yw 'Gweriniaeth a Rhyfel'; grawnsypiau – rhai chwerw, rhai melus – i'r meddwl.
>
> Gedy y bardd lwybrau cyntefin ei frodyr a thyr lwybr newydd iddo ei hun, a phan ar drothwy'r llwybr newydd a meysydd anchwiliadwy o'i flaen, erys am ennyd i gael cipolwg ar yr hen

lwybrau, a dilyn hwy i'w gwahanol feysydd. Arweinia un llwybr i feysydd serch – cartrefle rhianedd y beirdd, ac yn eistedd 'dan y cangau gwyrdd ym mhersawr y mill a'r fflur,' gwêl Morfydd, Men a Luned ddenasant Dafydd ap Gwilym, Eifion Wyn ac Orchwy, ond er tlysed eu gwedd a swyn cainc eu hedmygwyr, ni ddiwellir dyhead y bardd crwydr. Dacw lwybr arall yn arwain i froydd rhamant ac yn gorwedd rhwng y 'rhedyn' a'r 'gwydd,' mae beirdd newydd Cymru, wedi eu llwyr ddenu gan swynion cyfrin gwlad yr hud a'r lledrith, ond erys angen y bardd heb ei ddiwallu.

Gwel lwybr arall yn arwain i werddonau diwinyddiaeth, ac yng nghyffiniau y porfeydd gwelltog a'r dyfroedd tawel erys llawer o'r beirdd eto i chwilio am ryw gongl na ddadlenwyd hyd yn oed gan ganrifoedd o ddychymyg mwyaf rhamantus. Ond ni foddlonir y bardd hwn; mae dyhewyd ei enaid yn fwy nas gall dychymyg rhamant na serch ei ddiwallu. Rhaid iddo wrth bethau sylweddol, wrth wironeddau anwadadwy, ac ynddo ei hun a'i gydoeswyr gwel fwy o adnoddau i farddoniaeth nag yn anad dim bywyd, ac un o anhebgorion pwysicaf bywyd defnyddiol ydyw gwybodaeth a sylweddoliad o gyflwr dynoliaeth. Cyn cyrraedd perffeithrwydd (os yw hynny yn bosibl) mewn unrhyw gangen o wybodaeth rhaid wrth yr 'elementary principle'. Dyna'r sylfaen safadwy yr adeiladir arni – y pen conglfaen rydd gadernid i'r adeilad. Yr un fath gyda bywyd. Nid ar darawiad amrant y rhoddywd y wedd bresennol ar gymdeithas. Cynnyrch gwahanol elfennau ydyw, a rhaid eu holrheinio er gweled eu dylanwad, eu dadblygiad, neu eu dadfeiliad.

Nid yr un elfen lywodraetha y gyfundrefn hon a'r gyfundrefn arall. Mae un yn melysu bywyd tra'r llall yn ei chwerwi – balm ydyw un, picell ydyw'r llall. Nid oes dim ardderchocach na chymdeithas neu bwyllgor a'i haelodau yn unfryd ym mhob mudiad – mae'r cydgord yn felodaidd a'u llwyddiant yn fiwsig i'r aelodau sydd yn gweithredu. Telyn ydyw cymdeithas o'r fath a'i thannau yn cyduno i drosglwyddo moliant... Nid goruchafiaeth ydyw gweled un ar binacl dyrchafiad tra miloedd yn gorwedd yn eu gwaed yn aberth ar allor cyfalaf. Myn mwyafrif yr oes bresennol mai dysgeidiaeth weddnewidia gymdeithas ac a'i dyrchafa i'w safle priodol. Godidog ydyw addysg yn ei wahanol ganghennau. Swynol ydyw darllen ambell bryddest neu awdl a llinynnau arian diwylliant yn gwau drwyddi. Ardderchog ydyw bod yn fedrus mewn ieithoedd hen a diweddar a'u cyfieithu mewn brawddegau coeth a chlasurol i iaith y cartref. Diwyllia'r meddwl, ond nid

diwylliant yn unig ddyrchafa dynoliaeth. Prawf digonol o hynny
ydyw'r rhyfel presennol.

Onid yr Almaen fedd y gyfundrefn addysgol berffeithiaf yn
y byd? Yn ei phrifysgolion gwelir y dadblygiad eithaf ym myd
y gwyddorau. Paham mae eu Zeppelins a'u submarines yn fwy
perffaith nag eiddo'r un wlad arall? Ffrwyth dadblygiad gwyddor
ydynt – cynnyrch addysg a diwylliant. Afraid gofyn heddyw pa
ddylanwad argraffa ei gwybodaeth ar y byd gwareiddiedig. Cyfyd
cri y Belgiaid alltudiwyd o'u gwlad yn ei herbyn ac unir yn y ddolef
gan ysbrydion y diniwaid o eigion y dyfnfor. Saif erchyllterau
Louvain a Rheims a bedd aneirif ieuenctyd yr oes, yn brofion
anwadadwy mai methiant fu ei diwylliant a'i chyfundrefn addysg.
Cred rhai y tyr gwawr wen oleu pan dderfydd y rhyfel – gwawr
arweinia at y dydd.

> Dywedant y derfydd yr ing a fu
>   Ac alaeth y ddrycin gref,
> Y deuwn ar lwybrau uffern ddu
>   I olwg gogoniant nef.
> Ond trist ydyw marw am hawl i fyw
>   A dilyn y bwystfil i gyrraedd Duw.

Pan doro gwawr heddwch dros gyfandir Ewrop a llwyddiant yn
ei fantell, ni adgyweiria delyn bywyd. Ni ddilea yr elfennau sydd
yn dadfeilio cymdeithas. Erys y rhyfel yn erbyn cyni a thlodi,
gormes a thrais yr un fath. Rhaid diwreiddio yr elfennau sydd yn
darostwng cymdeithas cyn y dychwel telyn bywyd i'w gorsedd. Nid
ymgais yr ychydig fydd, ond pawb. Rhaid i bawb weled ei hun a
deall ei berthynas â'i gyd-ddynion nes sylweddoli fod ganddo ei
ran i'w wneuthur yn nyrchafiad cymdeithas a theimlo fel y bardd
gwerinol o Gymru nes dywedyd:

> Yr wyf yn rhan o fywyd y cyfanfyd
> Mae creadigaeth ynwyf fi yn byw;
> Yr wyf yn is na gwâr, yn uwch na gwynfyd,
> Yn drech na diafol, ac yn un â Duw;
> Rhowch i mi fyd i'w garu – dyna'm nefoedd –
>   Rhowch i mi groes i farw – dyna'm hedd;
>   Yr wyf yn fwy na rhuthr y canrifoedd
>   Yn gaethwas angeu, ac yn deyrn y bedd.[12]

Roedd Niclas y Glais yn fardd Cymraeg rhyngwladol â'i neges yn taro tant rhyngwladol. Byddai eraill yn y man yn tystio i eangfrydedd ei ganu ac unplygrwydd ei ddweud. Tebyg y credai Niclas na allai fynegi syniadau chwyldroadol o'r fath trwy gyfrwng cadwyn o englynion a hir a thoddeidiau a chael gafael ar y werin yr un pryd. Hyrwyddo syniadau oedd ei nod yn hytrach na chreu penillion pert. Yr ochr hon i'r Iwerydd barnodd yr Athro M. Wynn Thomas, mewn cyfraniad gorchestol i lyfr a gyhoeddwyd yn yr Unol Daleithiau, y gellid trafod o leiaf un gerdd o eiddo Niclas yn yr un gwynt â cherddi'r Americanwr, Walt Whitman:

> Although Niclas employed Marxist forms of analysis after his conversion to communism, his beliefs never entirely lost the marks of their origins in a Christian Socialism very much colored by the writings of authors like Tolstoy and Whitman. Niclas's Whitman was a Whitman of the late nineteenth-century Labour movement and of the Independent Labour Party. He was the forerunner of socialism; the prophet of a new, people's age of social cooperation. What he was *not*, however, was Whitman the great poet. His Socialist supporters (such as Amanwy) quarried his poetry for ideas, sentiments, and uplifting phrases, but were rarely comfortable with the unconventional style of *Leaves of Grass*. Niclas's early poetry was written almost exclusively in popular Victorian verse forms, while his later poetry consisted mainly of sonnets.
>
> There was, however, one notable exception that makes his an interesting case. In 1920, Niclas closed his collection subtitled *Cerddi Rhyddid (Songs of Freedom)* with a thirty-three page, savagely antiwar, poem in free verse entitled "Gweriniaeth a Rhyfel" ("Republicanism and War"). The word repeatedly used here – "Gweriniaeth" – nowadays simply means "Republic" or "Democracy," but it is derived from "gwerin" – always a key term in Niclas's political rhetoric – and there is no doubt that he wants to reactivate the original meaning, just as Whitman wanted to put the term "demos" back into "democracy". Throughout the poem, Niclas strives to turn apocalyptic war into an occasion for millenarian vision, and section 7 includes passages in which

despair and hope are beautifully blended. The work concludes with
a visionary verse paragraph in which Niclas hears the approach of
a new age and sees that a social revolution is at hand. The poem is
dated 1916. Almost exactly a year later Russia was to experience
the Bolshevik Revolution.

The influence of Whitman on "Gweriniaeth a Rhyfel" is in one
sense easy enough to see – mediated though it may have been
by Carpenter's *Towards Democracy* – but it is very difficult to
isolate, so blended is it with influences from other sources. And
it is precisely this difficulty, arising from such intermixing, that
makes the poem a very instructive example of the complexities
of "influence", particilarly when that involves "translation" from
a foreign language and a foreign culture. Whitman's poetry has
been received, and naturalized, by a mind steeped in the rhythms,
images, and values of the Welsh Bible, so that *Leaves of Grass* is
being read as an additional chapter to the Book of Revelation.

Of course, Whitman himself owed a great deal, as a poet, to
the Bible, to radical forms of Protestanism, and to a Christian
millenarian tradition, and Niclas anticipated the findings of
later scholars when he unconsciously intuited this. But what
is interesting is the way in which Whitman's poetry seems to
have enabled Niclas, at one of the most critical points in his
life, to discover in the Welsh Bible styles of writing that allowed
him to develop radical new forms of expression for the radical
sociopolitical ideas he had also partly derived from Biblical
sources.

In other words, the foreignness of Whitman paradoxically helped
to make aspects of Niclas's own native Nonconformity culture
newly visible to him, and available to him, as a poet. The result is a
Welsh poem that has certain affinities with famous early examples
in English of a poetry revolutionized, in style as well as in
sociopolitical content, by radical Protestanism – Blake's *The French
Revolution* and Shelley's *The Mask of Anarchy*.[13]

Tipyn o ddweud, a dweud sy'n gosod beirniadaeth lem Niclas
ei hun o gyflwr barddoniaeth Gymraeg yn ei ddarlithiau yn ei
chyd-destun. Byddai'n dannod beirniaid nad oedden nhw hyd
yn oed wedi clywed am Walt Whitman, heb sôn am ddarllen
ei waith. Roedd ei gyfrol *Leaves of Grass*, a gyhoeddwyd gyntaf

yn 1855 ac a ddiweddarwyd nifer o weithiau, yn hynod am fod yr awdur yn hepgor confensiwn odlau a heb boeni am reolau mydr na hyd llinellau. Ond ni chafodd *Cerddi Rhyddid* groeso twymgalon gan bob adolygydd yn y wasg Gymraeg. H. Barrow Williams oedd yr enw a ymddangosodd o dan adolygiad yn *Y Brython*. Aeth ati i restru gwendidau lu:

> Mae cynhyrchion yr awdur hwn, fel llawer eraill o'r beirdd prin eu hamdden, yn dwyn olion brys. Cyhoeddodd eisoes ei lyfrau *Salmau'r Werin* a *Cerddi Gwerin* a dyma *Gerddi Rhyddid* yn cyflym ddilyn. A theimlir yn fynych fod nwyd awenyddol y bardd yn ei dynnu ymlaen yn rhy rwydd, nes gollwng ohono o'i law lawer darn llac, cyffredin, ac annheilwng o'i orau... ac mae gwendidau o'r fath yn anesgusodol mewn bardd mor awenyddol a galluog, ac un mor ysgubol ei feirniadaeth ar bawb a phopeth.[14]

Ac i gloi, dywed adolygydd papur Lerpwl:

> Gallwn ddeall cysondeb athronfardd fel Nietzsche, yn ei erwinder di-drugaredd, oblegid yr oedd yn elyn proffesedig a digymod i Gristionogaeth; ond nid mor hawdd deall y neb ddengys gymaint o'r ysbryd gerwin ag a geir yn y Cerddi hyn, gan fardd a broffesa grefydd y Crist. Dywedwn eto, er ein gofid, mai'r argraff a edy'r llyfr hwn arnom pe baem yn ei ddilyn, yw – fod mwy o swyn mewn pechod nag mewn duwioldeb.[15]

Sbariwyd llythyru ar y mater yn 'Ffetan y Golygydd', fel y gelwid y golofn lythyrau. Roedd y Rhyfel wedi torri mas ar gyfandir Ewrop.

Doedd wythnosolyn y Bedyddwyr *Seren Cymru* ddim yn orgaredig chwaith tuag at yr Annibynnwr wrth dafoli *Cerddi Rhyddid* mewn adolygiad byr:

> Gweinidog gyda'r Annibynwyr yw Mr. Nicholas, a phregethwr cynorthwyol ar gymdeithasiaeth. Yn ychwanegol at ei ysgrifau a'i areithiau, hyrwydda'i olygiadau drwy gyhoeddi llyfrau barddoniaeth o bryd i bryd. Nid oes ganddo'r amynedd i wneuthur bardd coeth a gwir effeithiol, na'r wybodaeth i wneuthur tegwch â'i

bynciau. Ymddengys yn y gyfrol hon fel bardd o foesoldeb amheus, ac fel anhogwr gweithwyr i bethau croes iawn i ddysgeidiaeth Tywysog Tangnefedd. Y mae cariad Mr Nicholas yn ei gân yn eang iawn, eithr teimlo'n amheus y byddwn i o ddatganiadau clochaidd fel hyn. Diau fod gan y werin hawl i lef bardd, ond y mae rhygnu o hyd ar ei hawliau, heb sôn dim am ei rhwymedigaethau a gwneuthur hynny "o bulpud pres" o hyd, yn tueddu i alaru arnom. Trowyd y gyfrol allan yn ddestlus.[16]

O leiaf rhoddwyd geirda i'r cyhoeddwyr, Meistri Thomas a Parry Cyf Abertawe, am eu gwaith yn cynhyrchu'r gyfrol a gostai swllt. Yr hyn sy'n ddiddorol i'w nodi yw mai'r Parch J. J. Jenkins, sef Gwili, oedd golygydd yr wythnosolyn, ac yntau ar un adeg yn un o brifathrawon Academi'r Gwynfryn pan oedd Niclas yn fyfyriwr yno. Ond teg nodi bod yr adolygydd dienw yr un mor drwm ei lach ar gyfrol arall, a werthai am ddeg swllt, ac wedi'i chyhoeddi gan Gwmni John Lane, Bodley Head, Llundain. Ei theitl oedd *The Philosophy of Welsh History*, a'r awdur oedd y Parch J. Vyrnwy Morgan D.D. (1860–1925), gweinidog gyda'r Annibynwyr a syrthiodd oddi ar ras wedi iddo droi at y ddiod a chael ei erlyn am ladrata o siop pan oedd yn weinidog gyda'r Bedyddwyr yn Nebraska a Baltimore yn America. Y gyfrol uchod oedd ei seithfed, ac erbyn ei chyhoeddi roedd wedi troi at yr Eglwys yng Nghymru. Hwyrach bod y sylwadau am ei gyfrol yn agos iawn i'w lle am fod yr awdur yn ddibris o lenyddiaeth Cymru gan awgrymu mai rheitied fyddai pe na bai'n bod ac nad oedd gan y genedl 'ddynion mawr'.

Ni welwyd llythyrau o ymateb na thrafod pellach ar y naill gyfrol na'r llall. Roedd yr Eisteddfod Genedlaethol a chyfarfodydd Undeb yr enwad yn llenwi colofnau'r rhifynnau dilynol. Ond doedd Niclas ddim yn brin o helbulon.

10

Stanton a'r etholiad

YM MIS CHWEFROR 1913 rhannodd Niclas lwyfan â C. B.
Stanton yn y Bwllfa, Aberdâr, er mwyn ceisio denu rhagor
o goliers i gorlan y Ffederasiwn. Y flwyddyn flaenorol, wedi
streic a barodd am ddeunaw diwrnod ar hugain gan filiwn o
lowyr ar draws Prydain, sicrhawyd isafswm cyflog i bob glöwr.
Profwyd fod nerth mewn undeb. Profwyd fod gan y gweithiwr
y grym i herio'r perchnogion. Roedd Niclas a Stanton ar
ben eu digon. Gwelent yr Iorddonen draw. Adwaenai'r ddau
ei gilydd yn dda. Byddai eu llwybrau'n croesi'n gyson dros y
blynyddoedd nesaf a hynny mewn modd mileinig yn 1918 gan
sarnu unrhyw gyfeillgarwch a fodolai rhyngddynt. Pwy oedd
C. B. Stanton felly?

   Brodor o Aberaman a garcharwyd am chwe mis yn ugain
oed am fod â gwn heb drwydded yn ei feddiant mewn cythrwfl
rhwng yr heddlu a glowyr adeg streic gan yr halwyr yn 1893.
Dywedwyd iddo danio'r gwn. Cododd ei bac a mynd i weithio
yn nociau Llundain am gyfnod. Ond roedd 'nôl yn ei gynefin
erbyn 1899 pan gafodd ei ethol yn Asiant y Glowyr dros
Aberdâr. Ni chuddiodd y ffaith ei fod wedi'i danio fel sosialydd
chwyldroadol a gredai mewn rhyfel dosbarth. Galwodd ar yr
arweinwyr hŷn megis y patriarch Mabon (William Abraham,
1842–1922), Llywydd cyntaf y Ffed, a'i gyd-AS Rhyddfrydol-
Llafur, William Brace (1865–1947), Is-lywydd cyntaf y Ffed, i
symud naill ochr. Roedd Charlie Stanton ar hast i gael y maen
i'r wal. Yn 1904 fe'i hetholwyd yn aelod o Gyngor Dosbarth
Aberdâr.

Ym mis Rhagfyr 1910 cynigiodd Stanton ei hun fel ymgeisydd seneddol Llafur yn Nwyrain Morgannwg ond ni chafodd gefnogaeth y Ffed. Yr ymgeisydd Rhyddfrydol llwyddiannus, Clement Edwards (1869–1938), oedd eu ffefryn. Cafodd yr ymgeisydd Torïaidd, Frank Hill Gaskell (1878–1916) fwy o bleidleisiau na Charles Butt Stanton. Ond ni ddantodd. Fe'i hetholwyd yn aelod o Bwyllgor Gwaith Ffederasiwn Glowyr Prydain Fawr yn 1911. Collodd ei le yn 1912 a dechreuodd newid ei gân wleidyddol. Bu'n fflyrtian gyda'r National Democratic League a oedd am ddenu Rhyddfrydwyr ac aelodau o'r ILP i ffurfio plaid newydd i hyrwyddo democratiaeth. Ond daeth tro pellach ar ei fyd pan dorrodd y Rhyfel yn 1914.

Ffeiriodd yr egin chwyldroadwr y faner goch am faner goch, gwyn a glas Jac yr Undeb yng nghanol y jingoistiaeth. Cyhoeddodd yn groch ei fod yn Brydeiniwr uwchlaw pob dim. Gwrthododd gadeirio rali heddwch yn Aberdâr ym mis Awst pan oedd disgwyl i Keir Hardie areithio. Gwelai hynny fel gweithred wrth-Brydeinig ac anwlatgar a fyddai'n gyfystyr â phlygu gerbron Ymerawdr yr Almaen. Cadwodd draw. Yn wir bu raid i Keir Hardie roi'r gorau iddi ar ôl ugain munud gan gymaint oedd cynddaredd y dorf, a bu raid i'r heddlu ei hebrwng i ddiogelwch yr orsaf rheilffordd. Anodd deall pam y gofynnwyd iddo gadeirio'r cyfarfod yn y lle cyntaf.

Daeth ei awr fawr pan fu farw Hardie a chynnal isetholiad i ddewis ei olynydd yn 1915. Eisoes cynhaliwyd pedwar isetholiad ers cychwyn y rhyfel, ac yn unol â'r cytundeb seneddol a wnaed rhoddwyd rhwydd hynt i ymgeisydd plaid yr ymadawedig i ddal gafael ar y sedd heb orfod ymladd yr un gwrthwynebydd. Ond nid felly yn Aberdâr. Dewis Llafur oedd James Winstone, Is-lywydd y Ffed, gŵr o Fynwy a etholwyd yn Asiant Glowyr y Cymoedd Dwyreiniol. Roedd ganddo record ddi-fai o wasanaeth cyhoeddus mewn llywodraeth leol ac yn bregethwr cynorthwyol gyda'r Bedyddwyr. Eisoes ymunodd un o'i feibion â'r rhyfel a bu'n annerch ar lwyfannau recriwtio. Ond mynnodd Stanton gael ei big i mewn. Oedd e'n uchelgeisiol, yn fyrbwyll, neu waeth?

Amheuai C. B. Stanton ymrwymiad ei wrthwynebydd i'r rhyfel. Ymosodiadau personol ar Winstone a chymhellion yr ILP yn gyffredinol oedd byrdwn ei ymgyrch. Cynigiodd ei hun fel ymgeisydd Llafur Annibynnol gyda chefnogaeth y British Workers League y gellir ei ddisgrifio fel mudiad Llafur Prydeinig gwladgarol a oedd yn gwrthwynebu sosialaeth ond o blaid yr Ymerodraeth. Cynddeiriogwyd yr aelodau gan unrhyw awgrym o basiffistiaeth. Ysgrifennydd y mudiad oedd Victor Fisher (1870–1954) a weithredodd fel asiant Stanton yn yr isetholiad.

Ar un adeg roedd y gŵr o dras Hwngaraidd yn aelod o Gymdeithas Fabian, a oedd yn hyrwyddo egwyddorion sosialaidd heb fod yn Farcsaidd. Gwrthwynebodd Ryfel y Böer yn Ne Affrica ond erbyn y dauddegau ymunodd â'r Blaid Geidwadol gan ymladd etholiad yn aflwyddiannus yn Stratford. Er ei eni yn Llundain fe'i haddysgwyd ym Mharis lle bu'n fancwr a newyddiadurwr cyn symud i Fanceinion i newyddiadura. Denwyd adar brith i gynorthwyo trigolion Aberdâr i ddewis eu tynged. Sicrhaodd Stanton fwyafrif o 4,206 o bleidleisiau er mwyn ei alw ei hun yn Aelod Seneddol. Safodd, meddai, yn enw'r bechgyn yn y ffosydd.

Fe ddaeth yn etholiad cyffredinol yn 1918 â chyfle i Stanton amddiffyn ei sedd. Cyhoeddwyd terfyn ar y Rhyfel ym mis Tachwedd. Amcangyfrifwyd fod naw miliwn o ymladdwyr wedi'u lladd, yn ogystal â saith miliwn o bobl ddiniwed yn y gyflafan a barodd am bedair blynedd. Parod oedd Stanton i seinio buddugoliaeth er ei fod wedi colli ei fab ei hun, Clifford, yn y brwydro yn Ffrainc. Erbyn hyn, rhannwyd yr etholaeth ddau aelod yn ddwy etholaeth ar wahân. Penderfynodd James Winstone ymgiprys am sedd Merthyr y tro hwn ond yn aflwyddiannus gan i'r deilydd, Syr Edgar Rees Jones, mab i weinidog y Bedyddwyr o'r Rhondda, ddal ei afael ar ran y Rhyddfrydwyr. Gwrthwynebydd Charles Butt Stanton oedd neb llai na'r Parch Thomas Evan Nicholas o Langybi yn enw Llafur a Heddwch. Ni chadwodd yn ddieithr i'r parthau ers symud i Sir Aberteifi bedair blynedd ynghynt, fel y dengys ei fynych deithiau i ddarlithio, areithio a phregethu. Serch hynny, nid esgeulusodd ei waith o sefydlu'r Deyrnas, fel y gwelai ef hi, yn ei gynefin newydd a thu hwnt.

Fel enghraifft o'i weithgaredd diflino, bu'n darlithio yn Aberdyfi ar y testun 'Y Gwrthryfelwyr Cymreig' ym mis Ebrill 1918, yn pregethu gyda'r Annibynwyr Saesneg ym Mhorth Tywyn ym mis Mehefin a'r un oedd y patrwm ledled y wlad. Cynorthwyodd i sefydlu'r Blaid Lafur yn Sir Aberteifi y flwyddyn honno gyda chymorth John Davies (1882–1937), Llangeitho, a oedd yn aelod o'r ILP ac yn drefnydd Gorllewin Cymru o Undeb Cenedlaethol Gweision Fferm a Gweithwyr Cefn Gwlad. Ni laesodd ddwylo wrth annog gweision i ymuno â'r Undeb er mwyn gwella eu cyflwr byw a sicrhau cyflogau uwch. Ffurfiwyd cangen yn Llanilar ym mis Tachwedd 1917 ac ymhen chwe mis roedd wyth a deugain wedi ymaelodi.

Pan wahoddwyd ef i annerch cyfarfod yn Nhal-y-bont parablodd am ddwy awr gan bwysleisio mai trwy ymuno ag Undeb yn unig y gellid sicrhau tegwch a chyfiawnder o ran cyflogau teg. Naw swllt yr wythnos oedd cyflog gwas ffarm ar gyfartaledd ar y pryd, tra oedd yr Undeb yn hawlio lleiafswm o bum swllt ar hugain yr wythnos, diwrnod gwaith deg awr, hanner diwrnod ar ddydd Sadwrn, taliadau ychwanegol am weithio dros amser ac ar ddydd Sul. Nododd Edgar Chappell, ar ôl ymchwilio i amgylchiadau gweision ffarm, fod ffermwyr Sir Aberteifi yn rhyfeddol o gybyddlyd o ran cadw cyflogau'n isel. Roedd Chappell yn gyfaill i Niclas, yn hanu o Ystalyfera, ac yn aelod o'r ILP. Hwyrach bod yna sail wedi'r cyfan i'r tynnu coes am grintachrwydd y Cardis. Ac i bortreadau dieflig y llenor Caradoc Evans (1878–1945) wrth iddo ddarlunio pobl cefn gwlad ei gynefin.

Amcangyfrifir fod Niclas wedi annerch o leiaf ddau ar hugain o gyfarfodydd erbyn mis Hydref 1918 ar hyd a lled gogledd Sir Benfro a Sir Aberteifi. Doedd e ddim yn boblogaidd yng ngolwg y mwyafrif o ffermwyr a thirfeddianwyr. Gwell gan rai fyddai peidio ag adnewyddu cytundeb adeg y Ffair Gyflogi yn yr hydref pe dangosai ambell was fwy o frwdfrydedd nag oedd dda iddo, yn eu barn hwy, dros fanteision Undeb a rhethreg Niclas. Nid esgeulusodd y gweithwyr mwyn yng ngogledd y sir chwaith. Yn dilyn cyfarfod ym Mhont-rhyd-y-groes ym mis Rhagfyr 1917 denwyd aelodau o blith mwynwyr Cwmystwyth, Lisburne, Esgair Mwyn a Chwm-mawr. Ymhen fawr o dro sicrhawyd deunaw swllt yr wythnos o godiad cyflog iddyn nhw. Mae'n rhaid bod yr anawsterau a welodd ymhlith tyddynwyr ar lethrau'r Preselau yn nyddiau ei blentyndod yn loyw yn ei gof. Yn ogystal â'r hyn a ddarllenai o waith S. R. Llanbrynmair a'i debyg ym mhapur Thomas Gee, *Y Faner*, yr adeg honno.

Ym mis Mai 1918 bu raid i Niclas ddygymod â mater o achos llys yn Llanbed wedi iddo gael ei gyhuddo o fod yn annheyrngar i'r wladwriaeth ar sail sylwadau honedig a wnaed ganddo o'i bulpud yn Llangybi ar Ebrill 14. Yn ddiddorol, roedd un o fyddigions yr ardal, Winifred Inglis-Jones, gwraig sgweier Plas Derry Ormond ym Metws Bledrws, wedi ysgrifennu at y Patriotic Women's Party ers tro yn pryderu am ddatganiadau'r gweinidog o'i bulpudau. Er nad oedd yn mynychu'r oedfaon ei hun, nac yn medru'r Gymraeg, roedd hi'n ffyddiog fod yr hyn a glywsai am Niclas ar lafar gwlad yn ei wneud yn "ddyn gyda'r mwyaf annymunol a pheryglus yn y fro ac y dylid ei roi dan glo am gyfnod". Fe'i disgrifir hi gan Major Francis Jones (1908–1994), Herodr Cymru, yn ei gyfrol *Historic Cardiganshire Homes and their Families* fel dynes 'formidable'.

Roedd Mrs Drummond o'r Patriotic Women's Party, yn ei thro, wedi cysylltu â'r Prif Gwnstabl Lindsay ym Morgannwg a chael clust parod i'w chwyn. Wrth gysylltu ag awdurdodau uwch yn y Swyddfa Gartref mynnai'r Prif Gwnstabl y dylid erlyn Niclas am ei gamweddau; 'openly preaches sedition at his chapel, abuses the King and does all in his power to stop recruiting, and upholds the conscientious objectors.' Hoff ddisgrifiad Lindsay o Niclas yn ei ohebiaeth oedd 'notorious disloyalist', cymaint oedd ei awch i'w rwydo. Cymaint oedd ei frwdfrydedd nes gorfodi'r gwasanaethau cudd i gadw llygad ar Niclas am gyfnod. Dengys dogfennau'r cyfnod iddyn nhw hefyd ystyried cadw llygad ar Ben y teiliwr ym Moncath.

Amddiffynnwyd Niclas rhag y cyhuddiad o annheyrngarwch i'r wladwriaeth gan W. P. Owen o Aberystwyth. Honnai Niclas ei fod yn berffaith fodlon i'r achos fynd yn ei flaen. Doedd e ddim wedi yngan 'statement likely to cause disaffection amongst the civil population,' meddai. Cyflwynwyd tystiolaeth o benderfyniad eglwys nad oedd neb o blith y gynulleidfa wedi'u cythruddo. Doedd e ddim wedi gwneud dim mwy na dyfynnu geiriau o eiddo'r Pabydd a'r newyddiadurwr rhyfel uchel ei barch, Syr Philip Gibbs (1877–1962), meddai.

Roedd yn ddyledus i blisman lleol, Sarjant David Jones, tad-cu'r Arglwydd Elystan Morgan, am ei atgoffa o hynny. Roedd Philip Gibbs yn gwneud mwy nag adrodd y ffeithiau o faes y gad. Ysgrifennai'n ddisgrifadol gywir am brofiadau'r milwyr a'r erchyllterau. O'r herwydd, er mawr ofid i swyddogion y Swyddfa Ryfel, chwyddai rhengoedd mudiadau megis Peace at any Price, a hynny o blith gwragedd milwyr yn bennaf. Mae'n werth dyfynnu'r darn a gythruddai Winifred Inglis-Jones, er nad oedd wedi ei glywed ei hun. Fe'i codwyd o'r gyfrol, *Soul of the War*, a gyhoeddwyd yn 1916:

> I learnt something of the psychology of the French soldier from this young infantryman with whom I travelled in a train full of wounded soon after that night in Lorraine, when the moon had looked down on the field of the dead and dying, in which he lay with a broken leg. He had passed through a great ordeal, so that his nerves were still torn and quivering, and I think he was afraid of going mad at the memory of the things he had seen and suffered... Queer bits of philosophy jerked out between this narrative. "This war is only endurable because it is for a final peace in Europe. Men will refuse to suffer these things again. It is the end of Militarism. If I thought that a child of mine would have to go through all that I have suffered during these last weeks, I would strangle him in his cradle to save him from it".[1]

Tebyg mai aralleirio'r uchod o'r pulpud fyddai Niclas wedi'i wneud. Cyfeillion iddo mewn gohebiaeth, yr awdurdodwyd ei darllen yn gyfrinachol gan y Swyddfa Gartref, a dynnodd sylw at y deunydd ar dudalen 284 o lyfr Philip Gibbs. Cytunodd y Prif Gwnstabl E. Williams i ollwng yr achos. Am y tro cafodd Niclas bardwn. Rhaid diolch i'r gwasanaethau cudd am gadw copïau o'r ohebiaeth a dderbyniai Niclas yn ystod y cyfnod hwn i ganfod yr ymateb i'w bicil.

Dengys nodiadau'r gwasanaethau cudd fod Joseph Davies yn anfon arian ar ran Cangen ILP Cwmafan ac yn sôn am y 'bradwyr yn ei gynulleidfa'. Fe wnaeth gŵr o Orseinon, P. H. Williams, ar ei wyliau gyda'i chwaer yn Llangeitho, ei longyfarch ar ôl clywed newyddion ei ryddhau o enau'r Prif Gwnstabl ei hun ar daith trên. Ei gefnder ei hun, William, yn ei wahodd i annerch ym mhentref Tegryn ac yn ei hysbysu ynghylch rhyw 'Jones o Henllan' oedd yn feirniadol o'i bregethu yn y *Tivyside*. Yr hyn oedd wedi cythruddo'r gweinidog hwnnw oedd gorfod gwrando ar dair pregeth ar yr un Sul gan Niclas yn rhefru yn erbyn y frenhiniaeth, y llywodraethwyr a'r pendefigion. 'Na, nid felly mae cadw gweriniaeth yn fyw ac os nad oes gan Mr Niclas rywbeth gwell na difrïaeth pen-ffordd, y fantais a'r fendith orau i weriniaeth fyddai iddo ef a phob un o'i fath gadw draw' oedd byrdwn ei ymateb. Doedd dim croeso iddo ddychwelyd i'r pulpud hwnnw.

Ni chafwyd ymateb gan Niclas yn y rhifyn dilynol ond fe grybwyllwyd ei enw gan Dafydd Iago mewn adroddiad am gyfarfod i sefydlu cangen o Undeb y Gweithwyr yng Nglynarthen. Canwyd clodydd ei anerchiad:

Swm a sylwedd ei anerchiad oedd pregeth yr Arglwydd Iesu ar y mynydd ac yr oedd ymron pawb oedd yn bresennol o'r un farn. Pe cawsent y fraint o wrando ar fwy o fath Mr Nicholas yn pregethu ym mhulpudau capeli ein gwlad, ac ar lwyfannau cyfarfodydd o'r fath hyn gallasent gydweld ag 'Atwelyd' yn ei freuddwyd, sef gweled baner Cymru Fydd yn chwyrlio ac arni y geiriau 'Dros Grist, drwy Gymru at gymeriad'... Gweled yr hen genedl annwyl a'i seiliau yn gadarn ar wirionedd tragwyddol yn mynnu bod yn feistres ar y byd, nid mewn golud na masnach na gallu materol ond mewn diwylliant ysbrydol ac yn ddylanwad dros egwyddorion mwyaf aruchel yr arfaeth dragwyddol a'u dyhead am gydweithio a galluoedd dyrchafol y greadigaeth at wella byd.[2]

Mae'n debyg mai colofnydd tanllyd ym mhapur *Y Darian* oedd 'Atwelyd'. Fe nododd yr adroddiad hefyd fod nifer helaeth wedi ymuno â'r Undeb, a sefydlwyd swyddogion i'r gangen gan eu henwi. Ymhen pythefnos cyhoeddwyd llythyr o eiddo Ben Jones, Enfield, yn codi llawes Niclas. Pwysleisiodd nad oedd erioed wedi clywed Niclas yn areithio ond ni phetrusodd i'w gymharu i'r Dr Karl Liebknecht (1871–1919), un o sefydlwyr Sosialaeth yn yr Almaen, a'r Parch Hugh Stowell Brown (1823–1886) o Ynys Manaw, a erlidiwyd am bledio diwygiadau cymdeithasol pan oedd yn weinidog yn Lerpwl. Mynnodd fod Niclas yn nes at yr Iesu na llawer i weinidog. Nododd nad oedd yr un milwr erioed wedi llwyddo i orseddu heddwch. 'Nid oes, felly,' meddai, 'ddrwg hanfodol mewn iaith danllyd yn y pulpud pan yn dadglorio crochanau ffiaidd pechod' am mai gwaith yr Iesu oedd enwi pechaduriaid 'yn rhagrithwyr, yn dywysogion deillion, yn feddau gwyngalchedig llawn o aflendid, ac yn blant erlidwyr proffwydi.' Parhaodd yr ohebiaeth rhwng y Jonesiaid, ond dal at ei bost wnaeth y gweinidog trwy bwysleisio'r angen i gefnogi'r rhyfel ac yna 'wedi cael heddwch o ryw fath ymdrechwn i geisio trefn yr Iesu'.

Doedd Niclas yn ddim os nad oedd yn greadur dadleuol. Cadwodd draw o'r ddadl uchod er ei fod yn ei chanol. Am newid, gadawodd i eraill fygylu ei gilydd yn ei gylch. O ddychwelyd at yr ohebiaeth a ddiogelwyd gan y gwasanaethau cudd, gwelwyd bod rhai wedyn yn ei wahodd i ddarlithio ac i bregethu'r un bregeth a gafodd gymaint o sylw mewn llys barn. Roedd capeli Salem a Bethlehem, Rhosllannerchrugog, yn cynnig £2-5 iddo am Sul a £1 am ddarlith i'r Young Labour League ar nos Lun, yn ôl Peter Price. Ysgrifennydd un o gapeli Rhiwfawr, Cwm Tawe, yn dweud fod drysau'r capel led y pen ar agor iddo ac yn ei gyfrif 'ymhlith Paul a'r Apostolion a'r merthyron'.

Yn wir, yn cychwyn nos Lun, 10 Mehefin 1918, trefnwyd iddo ddarlithio ym Mhorth Tywyn, Pontyberem, Cydweli,

Crosshands a chwpla yn Nhrimsaran ar y nos Wener. Roedd
Ben J. Davies, Tafolog, Mallwyd, yn cyfleu cyfarchion ei fab,
Ithel, a oedd wedi'i garcharu fel gwrthwynebydd cydwybodol,
gan ddweud yn ysgafn fod DORA, fel yr adwaenid y ddeddf
Defence of the Realm Act, wedi'i ryddhau am ei bod wedi
ymserchu ynddo. Fe'i rhybuddiodd rhag cael ei hudo ganddi
am mai hoeden oedd hi mewn gwirionedd. Roedd meddiannu
a dehongli'r llythyrau hyn wedi golygu cryn waith cyfieithu i
rywun o fewn MI5, gan fod y mwyafrif ohonyn nhw wedi'u
hysgrifennu yn Gymraeg. Ond gair o rybudd oedd gan y
cyfreithiwr, W. P. Owen, drannoeth yr achos:

> There has been a great and subtle opposition to you and I think I
> am not wrong in saying that if the magistrates who had been got
> together to try you yesterday at Lampeter had had the slightest
> opportunity it was not a fine that would have been meted out to
> you but a substantial term of imprisonment. For your own sake
> and for the sake of your wife and children I beg you to ponder
> upon this and act accordingly. Personally, I am old fashioned
> enough to suggest that it would be quite as well for those
> occupying pulpits to avoid as much as possible references to this
> horrible war.[3]

Prin y byddai wedi rhoi gormod o sylw i'r gair o gyngor ond
o leiaf gwelai i ba gyfeiriad roedd y gwynt yn chwythu, ac yn ôl
pwt byr yn y *Cambrian News*, ddiwedd mis Gorffennaf, nodwyd
penderfyniad Niclas i roi'r gorau i'w ofalaeth yn Llangybi a
Llanddewi. Ni wyddys i sicrwydd beth oedd ei gymhelliad. A
oedd yn ffyddiog fod yna yrfa seneddol yn ei aros? Neu a oedd o
dan orfodaeth am nad oedd pob pulpud yn barod i'w groesawu
mwyach? A doedd ei ymgyrchu dros sefydlu undebau llafur
ddim yn ei anwylo yng ngolwg ffermwyr a chyflogwyr. Un peth
sy'n sicr, doedd yna ddim ymdrech i'w berswadio i aros yn y
tresi fel y bu yn y Glais. Ffermwyr cefnog a meistri oedd y
swyddogion yn y sêt fawr. Doedd gan y gweision fawr o ddweud
ym mhethau'r eglwys a doedden nhw ddim mor filwriaethus
â'r coliers.

Anwadal oedd cyflog gweinidog; cymharol bitw, a'r aelodau mwyaf cefnog yn rhannu ambell sachaid o dato neu erfin a phalfais mochyn yn awr ac yn y man. Doedd dim sicrwydd y byddai'r haelioni hwnnw'n parhau ym mharthau Llangybi wrth i Niclas felltithio'r dosbarth breintiedig byth a hefyd. Tanseiliai'r strwythur cymdeithasol. Ni chadwai bethau'r Beibl o fewn muriau adeilad. Mynnai weithredu hanfodion y Testament Newydd yn y byd.

Mewn rhaglen a ddangoswyd ar Deledu Cymru yn 1966, wedi'i chyflwyno gan Wyre Thomas a'i chynhyrchu gan Gareth Price dan y teitl *Nant Dialedd*, soniodd Niclas amdano'n gadael y Glais gyda'i gyhoeddiadau'n llawn am bedair blynedd, ond na chafodd yr un cyhoeddiad o'r newydd yn ystod y pedair blynedd hynny. Yn wir, roedd un gŵr wedi tynnu ei gyhoeddiad yn ôl, ac er mawr ddifyrrwch i Niclas fe erlynwyd y gŵr hwnnw am wrthod aredig darn o dir fel rhan o'r ymdrech rhyfel.

Roedd yna sôn hefyd ei fod eisoes wedi cael rhywfaint o hyfforddiant i dynnu dannedd gan ei gyfaill, Ernest Williams, Aberpennar, a oedd wedi symud i'r Mwmbwls ar gyrion Abertawe erbyn hyn. Neu o leiaf dyna oedd tystiolaeth Winifred Inglis-Jones yn ei llythyr at yr awdurdodau ym mis Tachwedd 1917:

> He is quite skilful at drawing teeth and supplying fresh sets and is constantly consulted by the whole neighbourhood as well as his flock and so the people are naturally unwilling to give him away with their aching jaws restored to full usefulness. He does a great deal of dental work and so the tale goes on.[4]

Eisoes roedd wrthi ym môn clawdd ar hyd a lled Sir Aberteifi yn gwaredu'r ddannodd wyllt o enau gweision cydnerth, os nad o enau deiliaid mwy sidêt Derry Ormond. Byddai'r arfau'n amrwd a'r gwaed yn llifo ond diflannai'r boen a'r dannedd llidus.

Does dim dwywaith na fyddai Mrs Inglis-Jones wedi'i

chythruddo'n garbel gan ymateb Niclas ym mis Ionawr 1917
i gais gan Bwyllgor Hyrwyddo'r Rhyfel i glustnodi un Sul fel
Sul o Weddi i fendithio'r Rhyfel yn enw Duw. Dim o gwbl.
Awgrymwyd canu emynau penodol. Dyma fyrdwn y llythyr a
lofnodwyd gan y Capten F. E. Guest (1875–1937) AS, Cadeirydd
y National War Aims Committee, ar Ddydd Calan:

> 5) We suggest that preachers should emphasise:
> a) the War Aims of the Nation as set forth by the War Cabinet i.e.
>   that our purpose is not the destruction of the German State,
>   nor aggrandisement either for ourselves or our Allies, but
>   permanent peace and security for all peoples of the world. This
>   object can only be achieved by the exorcising of the spirit of
>   domination which sways the Prussian military caste;
> b) while the moral and spiritual shortcomings of the Nation have
>   undoubtedly delayed our success in the struggle, yet, because
>   the cause in which we are fighting is the cause of right, we may
>   fearlessly ask God to pardon our faults and to bless our efforts;
> c) we owe it to those who have given their lives in the holy cause
>   to endure to the end and to abstain from grumbling, pessimism
>   and carping criticism, taking as our watch word 'Shall not the
>   Judge of all the earth do right';
> d) That they should urge the duty of the public to turn its mind
>   to thanksgiving for the success already granted to our arms in
>   the control of the seas, the stemming of the tide of the invasion
>   of France, and the redemption of Jerusalem from the Turks;
>   also to render thanks that the United States, the great off-shoot
>   of Britain over-seas, has listened to the call of right and duty,
>   and now stands by our side, with all the blessings which such a
>   union promises for the future of the world.[5]

Gwrthododd Niclas yn bendifaddau trwy ddweud y byddai
hynny'n gabledd. 'Dwi'n cydnabod Duw fel tad pob cenedl,'
meddai. 'Ni fedraf ofyn am ei fendith i ladd cyd-ddynion y
mae e'n dad iddyn nhw hefyd.' Ymatebodd yn gwbl ddiflewyn
ar dafod a hynny bron gyda'r troad, gan awgrymu na fu
ymgynghori â'r swyddogion na'r aelodau. Gweithredodd
yn unol â'i gydwybod. Ni wnaeth esgusodion. Ni cheisiodd

berswadio eraill yn y weinidogaeth i lofnodi'r llythyr a
anfonwyd ganddo:

> Your letter of the 1st inst to hand. I regret that I cannot join with
> you in a 'Day of Prayer' on the lines suggested. I cannot join in the
> hymns you suggest for one thing. 'Lead us, heavenly Father, lead
> us' would be a blasphemy unless we admit that he is the Father
> of all nations. I believe in the Universal Fatherhood of God; and
> I cannot ask his blessing on the destruction of my fellow man. 'O
> God our help in ages past'; yet you ask us to put our trust in strong
> battalions, and in machine guns, and tanks! It cannot be done.
> The instruments of hell cannot further the kingdom of God in the
> world.
>
> You ask me to "emphasize the War aims of the nation as set
> forth by the War Cabinet". The War Aims of the nation have never
> been set forth by the War Cabinet. We know something of the War
> Aims through the Treatises published by Russia. I, for one, cannot
> support those war aims. They do arrange to destroy the German
> state; and the way of Peace does not lay that way.
>
> I cannot subscribe to a single item set forth in your letter;
> and I think it is only right you should know that. Then I think of
> Mesepotamia and the Dardanellas, and Ireland. I cannot admit
> that God has been with us. When I think of the treatment meted
> out to the Conscientious Objectors, and to the Peace Workers,
> I cannot ask the Father of all men to bless the methods of the
> country.
>
> I believe that Germany did as much as any country to avoid the
> war in 1914; and I know that Germany has done more than any
> country to bring the war to an end. I feel it is my duty to let you
> know that the desire for peace is very strong; and the churches
> have seen their mistake in committing themselves to the War Aims
> of the War Cabinet without knowing what those aims were.
> I remain, dear Sir, yours in the cause of Peace.[6]

Ar y Sul penodol dan sylw pregethodd y Parch T. E. Nicholas
am gariad brawdgarol gan annog y gwrandawyr i beidio
â chasáu neb, am ein bod oll yn blant yr un Duw. Tebyg na
fyddai pawb o blith ei aelodau yn teimlo mor gryf ar y mater,
yn arbennig y rhai oedd â thylwyth ar faes y gad. Fe fydden

nhw'n gweddïo am ddiogelwch eu hanwyliaid. Efallai'n wir mai doeth ar ei ran oedd gadael yr ofalaeth. Roedd yn ormod o geiliog y rhedyn i garfan o'r aelodaeth mae'n siŵr. A chymaint oedd cynddaredd dynes y Plas, Winifred Inglis-Jones, tuag at Niclas, yn ôl y traddodiad llafar, nes iddi orchymyn i'w helwyr ei gloi gyda'r cŵn hela yn y cenels am ychydig oriau ar un achlysur.

Mater arall fyddai wedi'i danio erbyn yr etholiad oedd y Chwyldro Bolshefic yn Rwsia. Wrth drafaelu ar hyd feidiroedd culion cefn gwlad Ceredigion, a hynny yn fynych ar gefn beic, ac ar hyd heolydd lletach y Cymoedd, credai bod y wawr ar dorri. Cododd y gweithwyr dan arweiniad Vladimir Lenin (1870–1924) yn erbyn y Frenhiniaeth yn ystod y Rhyfel a chipio grym. Gwnaed hynny gyda nerth arfau yn 1917. Defnyddiwyd dulliau militaraidd yn hytrach na dulliau heddychlon. Roedd y chwyldro sosialaidd ar waith. Doedd y defnydd o drais yn mennu dim ar y llanc o'r Preselau. Gwelai bob rheswm dros gyfiawnhau'r cyflawniad.

Yn y cyfamser roedd y gwreichion yn tasgu yng Nghwmdâr, yn enwedig wedi iddo gael ei ddewis yn ymgeisydd seneddol. Roedd hi'n tali-ho. Ym mis Chwefror, pan oedd yr etholaethau eraill eisoes wedi dewis rhestr fer o ymgeiswyr Llafur, adroddodd yr *Aberdare Leader* fod yr etholaeth leol yn dal ar ei hôl hi. Nodwyd fod Niclas yn debygol o ganiatáu rhoi ei enw gerbron, gan ychwanegu y byddai dan anfantais o gael ei ddewis am nad oedd yn rhugl yn Saesneg. Awgrymwyd dau enw arall, sef y Parch Herbert Dunnico (1875–1953), cyn-weinidog gyda'r Bedyddwyr o Lerpwl a oedd yn Ysgrifennydd y Gymdeithas Heddwch Genedlaethol yn Llundain, a J. E. Langdon-Davies (1897–1971), eto o Lundain, a garcharwyd am gyfnod fel gwrthwynebydd cydwybodol. Roedd Dunnico eisoes wedi bod yn annerch cyfarfodydd ym Merthyr ac Aberaman. Ni soniwyd y byddai'r un o'r ddau o dan anfantais am na fedren nhw'r Gymraeg.

Ond yn y pen draw Niclas aeth â hi trwy fwyafrif llethol o 119 o bleidleisiau dros y ddau arall na fedrent grafu mwy na 102 o bleidleisiau rhyngddyn nhw. Doedd Dunnico ddim ynddi erbyn hynny ond yn hytrach Egerton P. Wake o Barrow-in-Furness yn Cumbria. Roedd gan Niclas fantais am ei fod yn adnabyddus yn lleol ac wedi gwneud cymaint â neb dros osod sylfeini'r ILP. Pe câi fuddugoliaeth gyffelyb yn yr etholiad ei hun byddai ar ben ei ddigon. Doedd ganddo ddim prinder heyrns yn y tân. Pan gynhaliwyd cyfarfod yn Aberaman ym mis Hydref i'w fabwysiadu yn ymgeisydd doedd e ddim yn bresennol. Roedd materion yn ymwneud â gweithwyr amaeth yn Sir Aberteifi wedi hawlio ei sylw. Pan gynhaliwyd dau gyfarfod yn Aberystwyth i sefydlu undebau llafur tua'r un cyfnod, ac yntau wedi'i gynnwys ymhlith yr areithwyr, bu raid iddo anfon dirprwyon am fod gwaith yn yr etholaeth yn galw. Gwnaeth yn siŵr fod y dirprwyon yn rhugl eu Cymraeg, sef y Parch J. H. Jenkins, ficer Eglwys Cilrhedyn ger Aber-cuch a'r Parch D. D. Walters, Castellnewydd Emlyn.

Yn Gymraeg yr anerchodd Niclas mewn cyfarfod yng Nghwmaman, gan ganu clodydd y gwaith a wnaed i wella byd gweision fferm yn Sir Aberteifi a phroffwydo gwell byd i bawb wedi'r rhyfel. Doedd arno ddim ofn ei dweud hi. Gweithwyr fferm Sir Aberteifi oedd y tlota yng Nghymru tra nad oedd yr un sir wedi buddsoddi mwy yn y bondiau rhyfel na'r Cardis, meddai. Doedd ganddo ddim gair da i'w ddweud am y meistri. Gwelai'r ffermwyr yn ymgyfoethogi yn ystod y Rhyfel wrth i brisiau eu cynnyrch godi, tra nad oedd cyflogau'r gweithwyr roedden nhw'n ddibynnol arnynt i greu'r cynnyrch yn cynyddu, nes eu gorfodi hwythau i fyw mewn tlodi.

Mynnodd fod y ffermwyr yn tynnu eu meibion adref o swyddi breision fel na fydden nhw'n cael eu galw i'r fyddin a chan annog y gweision i ymrestru wedyn. Gellid eithrio hyn a hyn o weithwyr fferm rhag ymrestru oherwydd yr angen am nifer digonol o ddwylo i greu'r cynnyrch angenrheidiol ar gyfer aelwydydd y wlad. Ffermwyr yn aml iawn fyddai'n gwasanaethu ar y tribiwnlysoedd rhyfel a benderfynai pwy gai eu heithrio neu beidio.

Pwysleisiodd ei fod, fel gweinidog, yn pregethu'r efengyl

gymdeithasol fel y gwelai ef hi ac nad oedd ganddo ddiddordeb mewn pregethu am y Cwymp a Gardd Eden a chyffelyb bethau. Gosododd ei stondin wrth i ambell ddrws gau ac yntau'n gwneud ei orau i agor drysau eraill. Roedd am bwysleisio ei fod yn ddyn oedd yn cyflawni, a phwy a ŵyr beth fedrai ei gyflawni fel Aelod Seneddol ar sail ei egwyddorion er lles ei etholwyr. Gofynnai am eu cefnogaeth a'u hymddiriedaeth. Canmolai Keir Hardie ac addawodd barhau â'i waith. Gwyddai na fyddai'n hawdd.

Doedd ei wrthwynebydd, C. B. Stanton, yn sicr ddim yn bwriadu canu clodydd Keir Hardie. Fe'i gwnaeth yn gwbl eglur o'r cychwyn ei fod yn sefyll yr etholiad yn enw'r bechgyn dewr hynny fu'n gwasanaethu yn y ffosydd. Ymosododd yn bersonol ffiaidd ar Niclas trwy ddweud nad oedd ganddo'r un hawl i draethu am gytundebau heddwch am na chododd yr un bys yn enw'r ymdrech rhyfel. 'The filthy murderous Hun must pay for the war and all aliens expelled,' oedd ei gri gyson. Seiniai ddialedd a dicter. Doedd hi ddim yn fwriad gan ei gefnogwyr roi rhwydd hynt i ymgyrch Niclas.

Ar brynhawn Sul 29 Medi 1918 trefnwyd cyfarfod yn Aberpennar gan yr ILP gydag Aelod Seneddol Sheffield Attercliffe, y Sgotyn, W. C. Anderson (1877–1919), yn cefnogi Niclas ac wedi'i wahodd i siarad yn gyntaf. Ond bu raid rhoi'r gorau i'r cyfarfod ar ôl ugain munud. Ni chafodd Niclas gyfle i annerch. Penderfynodd criw o gyn-filwyr heclan Anderson yn ddidrugaredd am ei safiad yn gwrthwynebu'r rhyfel. Trodd yr awyrgylch yn fygythiol. Dilornwyd y ddau am eu cydymdeimlad â'r Almaenwyr. Cynghorwyd Niclas wrth iddo gyrraedd i eillio ei farf ac i beidio â dwyn oddi ar y barbwr. Er bod yna blismyn yn bresennol rhoddwyd rhwydd hynt i'r aflonyddu.

Yn ddiweddarach soniodd Niclas am gyfarfodydd cyffelyb lle byddai plant yn sefyll y tu fas yn curo sosbenni ac yntau'n cael ei felltithio am ei gefnogaeth honedig i'r Almaenwyr. "A fyddech chi'n barod i ysgwyd llaw ag Almaenwr?" gofynnwyd iddo. "Buaswn, siŵr," oedd ei ateb. "A fyddech chi'n barod i saethu'r Kaiser?" oedd cwestiwn arall a daflwyd i'w gyfeiriad. "Byddwn, pe cawn saethu ei gefnder yn Palas Buckingham hefyd," oedd ei ateb. Hwyrach bod tynged yr etholiad wedi'i seilio yn yr atebion hynny, o ystyried yr hinsawdd fradwrus.

Yr un dydd Sul cafodd y ddau rwydd hynt i annerch torf yn Theatr y Grand, Aberaman, gyda'r nos. Canwyd emyn 'When wilt thou save the people' a chafwyd eitemau gan Barti Glee ILP cyn i Niclas fwrw iddi yn Gymraeg. Cafodd dderbyniad da. Soniodd fod miliynau o bunnau wedi'u gwastraffu ar ryfela pan oedd eu dirfawr angen i wella'r ddarpariaeth addysg. Mynnai y dylai'r gweithiwr chwennych ei iachawdwriaeth ei hun a mynnu ei siâr o gyfoeth y byd. Pechadurus yw ein dull o addoli Duw, meddai, os ydym yn galw arno i'n hachub ni a dinistrio eraill am ein bod oll yn blant iddo. Soniodd am wragedd Ceredigion yn gorfod lloffa yn y caeau ŷd er bod eu gwŷr wedi cynorthwyo'r ffermwyr i godi helmau bras.

Yn rhyfedd iawn, daethpwyd o hyd i gopi o'r araith yn y Swyddfa Gartref, diolch i ymdrechion y Capten Lindsay, Prif Gwnstabl Morgannwg, yn mynnu cadw golwg barcud ar weithrediadau Niclas. Gwnaed y nodiadau a'u cyfieithu gan y Sarjant Owen Thomas. Roedd yntau a'r Sarjant John Clarkson yn bresennol yn y cyfarfod cynharach yn Aberpennar hefyd ac wedi paratoi adroddiad manwl. Yn arwyddocaol, wnaethon nhw ddim i geisio atal yr aflonyddu yn y cyfarfod, mynnu trefn, arestio neb na galw rhagor o heddweision. Roedd yn amlwg nad aflonyddu ar hap a wnaed. Roedd y cyfan wedi'i drefnu. Nid cefnogwyr ond gwrthwynebwyr oedd y giwed o gyn-filwyr a'u bathodynnau arian. Gweler yr adroddiadau cyflawn yn yr atodiad.

Ni chondemniwyd ymddygiad y milwyr gan Stanton. Yn wir, doedd dim disgwyl iddo wneud. Yn ôl pob tebyg, byddai wedi'u canmol. Wedi'r cyfan, roedd yn euog o ymddwyn yn yr un modd droeon ei hun. Mewn cyfarfod yn Neuadd Cory, Caerdydd, ym mis Tachwedd 1916 arweiniodd griw o forwyr i dorri ar draws cyfarfod heddwch lle'r oedd disgwyl i James Winstone a Ramsay MacDonald (1866–1937) annerch, ymhlith eraill. Aeth yn ymrafael a bu raid rhoi'r gorau i'r cyfarfod. Gwadodd Stanton mai fe oedd yn cario baner Jac yr Undeb anferth ar flaen y giwed. Mynnai llygad dyst ei fod o leiaf yn cario ffon fawr grwca.

Ad-drefnwyd y cyfarfod y mis canlynol a'i gynnal y tro hwn ym Merthyr. Ceisiodd Stanton ac ASau eraill berswadio'r Ysgrifennydd Cartref i wahardd y cyfarfod. Roedd Edgar Rees Jones, yr AS lleol, yn eu plith. Ceisiodd yntau wahardd gwerthu llithiau heddwch Keir Hardie y flwyddyn flaenorol. Penderfynodd Herbert Samuel (1870–1963) ganiatáu'r cyfarfod ond y byddai'n gwahardd trefnu trên 'Jac yr Undeb' o Gaerdydd. Penderfynodd Stanton a'i gefnogwyr gynnal eu cyfarfod eu hunain ym Merthyr ddeuddydd ynghynt. Rhoddwyd cefnogaeth unfrydol i barhau i ryfela nes ceid buddugoliaeth, cyhuddwyd yr heddychwyr o sarhau'r cof am y bechgyn oedd wedi colli eu bywydau, a chanwyd 'God Save the King' i derfynu. Terfynwyd rali'r heddychwyr trwy ganu 'Y Faner Goch' ar ôl tynnu sylw at afradlonedd rhyfela.

Nid oedd dau ymgeisydd mor wrthgyferbyniol nac mor wrthwynebus i'w gilydd yn etholiad 'khaki' 1918, fel y'i gelwid, ag yn etholaeth Aberdâr. Niclas, y gweinidog sosialaidd, yn pledio heddychiaeth, yn gweld y man gwyn man draw ar sail brawdgarwch dynion cyffredin, a Stanton, y brygowthwr jingoistaidd, llawn atgasedd at heddychwyr o bob tras ac yn seinio rhyfelgri groch ar bob cyfle. O dan yr amgylchiadau roedd y fantais gan y gŵr lleol. Eisoes pylodd gwaddol Keir Hardie. Doedd ei neges ddim wedi cydio yn nhrwch y boblogaeth. Ni fu anhawster i recriwtio milwyr o blith y coliers. Ond doedd Niclas ddim yn mynd i gyfaddawdu ei neges. Ni wnaeth hynny erioed. Os oedd e'n ffyddiog o gael y llaw uchaf neu pe bai ond yn credu mai llygedyn o obaith oedd ganddo, roedd yna andros o ysgytwad yn ei ddisgwyl. Do, fe'i heclwyd. Tarfwyd ar draws ei gyfarfodydd. Llosgwyd ei gar hyd yn oed. Canwyd penillion talcen slip yn ei ddifrio gan gefnogwyr Stanton:

Vote, vote, vote for C. B. Stanton,
 For he's sure to win the day,
He's got Nicky on the run.
'Cause he wouldn't fire a gun
At the Hun, who took my father away.

Vote, vote, vote for C. B. Stanton,
He's got Nicky in the room,
We'll have to smack him on the jaw
'Cause he wouldn't obey the law
And there will never be a Nicky any more.

Pan ddaeth y cyfrif cafodd Niclas – yn ieithwedd ei gynefin – lachad. Sgwrfa. Plamad. Profodd yr holl ymgyrchu diflino'n ofer. Dim ond 6,229 a bleidleisiodd drosto tra oedd 22,824 wedi bwrw eu coelbren o blaid Stanton. Roedd gan ymgeisydd y National Democrats and Labour Party fwyafrif o 16,595. Buddugoliaeth swmpus a dweud y lleiaf. Roedd yr holl ymosod ffiaidd wedi talu ar ei ganfed heb amlygu fawr o faniffesto tuag at y dyfodol. Enillodd ei blaid naw o'r wyth ar hugain o seddau a ymladdwyd.

Mae'n rhaid bod y glatshen wedi profi'n dipyn o gefndeuddwr i Niclas ac yntau'n 39 oed. Beth nesa? Wel, gwrthododd wahoddiad i fod yn ymgeisydd yn yr etholiad cyffredinol dilynol yn 1922 heb ei gwneud yn hysbys beth oedd ei resymau dros wrthod. Ond doedd ei afiaith ddim wedi peidio. Doedd e ddim wedi gwyro oddi ar ei gred. Doedd ei stori ddim ar ben. Ond hyd yn oed o ddadlau fod Niclas wedi cael cam, gwêl Glen fod yna gymwynas wedi'i gwneud ar ryw olwg trwy beidio â'i ethol yn Aelod Seneddol.

"Achubiaeth oedd canlyniad yr etholiad i Niclas. Ni allaf feddwl am neb a fyddai'n fwy anghyffyrddus fel Aelod Seneddol. Go brin y gellir meddwl amdano yn crwydro cynteddau San Steffan neu'n cyfathrachu gyda rhai o etholedigion y Blaid Geidwadol. Anodd hefyd meddwl amdano yn trafod cyflwr palmant y dref gyda'i etholwyr, heb sôn am gynnal dadl mewn pwyllgor hir a sych. Serch hynny, trist gweld bod gafael jingoistiaeth mor gryf mewn ardal a oedd wedi elwa o syniadau blaengar yr ILP ac arweinyddiaeth Keir Hardie. Yn ein hoes ni, hawdd dychmygu fod y cyfnod o chwifio Jac yr Undeb ar ben ond nid dyna a welwyd yn ystod rhyfel y Malfinas nac yn sgil y bleidlais ffôl dros Brexit," yw dadansoddiad Glen.

O ran Stanton, ymddengys fod ei seren yn olau am getyn ond pan ddaeth yn etholiad fe ddiffoddodd. Fe anrhydeddwyd y shoni-hoi yn CBE, fe'i gwnaed yn Ynad Heddwch, yn aelod o lywodraethwyr CPC Aberystwyth a Choleg De Cymru a Mynwy, Caerdydd. Ond erbyn 1922 roedd diweithdra ar gynnydd, iwfforia'r rhyfel wedi peidio ac etholwyr wedi sylweddoli maint y gyflafan. Heclwyd Stanton am fod yn absennol o Dŷ'r Cyffredin mor gyson. Doedd ei eglurhad na fedrai fforddio dau gartref ar gyflog o £400, tra oedd aelodau Llafur yn hawlio cymorthdaliadau yn cynyddu eu henillion i £750 a mwy, ddim yn dal dŵr yng ngolwg yr holl etholwyr oedd yn straffaglu byw ar gyflogau tipyn llai. Gwelwyd na pherthynai fawr o egwyddor iddo. Hwn oedd y tro cyntaf i wragedd dros ddeg ar hugain oed gael yr hawl i bleidleisio. Er i Stanton ddenu 15,487 o bleidleisiau fe'i trechwyd yn gymharol hawdd gan yr ymgeisydd Llafur, George Henry Hall (1881–1965), gŵr o Benrhiw-ceibr, gyda mwyafrif o 5,217. Cadwodd y sedd tan ei ddyrchafu i Dŷ'r Arglwyddi yn 1946. A fyddai Niclas wedi gwneud sioe gystal? Ni fedrwn ond dyfalu. Roedd yna ffactorau o'i blaid a ffactorau yn ei erbyn. Ond ni thramwyodd i'r diffeithwch, tra oedd Stanton wedi tramwyo'r ffordd honno.

Yn wir, roedd Niclas wedi rhag-weld cwymp Stanton mewn erthygl gadarn yn y *Merthyr Pioneer* yn dadansoddi'r isetholiad hwnnw ym mis Rhagfyr 1915 pan gafodd ei ethol i'r senedd. Er bod ei galon yn drom oherwydd yr amgylchiadau doedd e ddim wedi danto na phwdu. Gwyddai fod y frwydr dros y gweithwyr i barhau ac nad oedd a wnelo Stanton ddim â hi. Cyfaddefodd iddo rannu llwyfan gydag ef ar un adeg:

Y pryd hwnnw yr oedd yn dadleu yn gryf am gyflog uwch i weithwyr ac am wella amodau bywyd i bawb. Yr oedd yn ceisio cynorthwyo dynion i fyw. Beth oedd y canlyniad? Yr oedd holl bwlpudau'r wlad a'r wasg yn ei erbyn. Ond daeth tro ar fyd yn hanes Stanton. Aeth i ddadleu y dylasai dynion farw dros ei gwlad. Ac er syndod, wele'r rhai oedd yn ei erbyn pan ddadleuai am hawl i fyw yn troi o'i blaid pan yn sôn am gyfle i ddynion farw. Gwerthodd Stanton ei enaid i'r bobl fu'n brwydro yn ei erbyn yn yr etholiad diweddaf. Rhoddodd hawliau llywodraeth waedlyd o flaen hawliau y dosbarth gweithiol. Wrth gwrs, gall pethau fynd yn o lew nawr tra dalia y rhyfel ond beth fydd safle Stanton wedyn? I ba blaid y bydd yn perthyn?...

Tynnais arnaf fy hun ddigofaint eglwysi a phersonau pan fûm yn helpu Stanton flynyddau nôl ond wele Stanton bellach wedi uno â'r bobl oedd yn ei erlid ef a'i bleidwyr. Nis gallaf feddwl am sefyllfa waeth a mwy digysur i neb. Dymunaf i Stanton bob dedwyddwch am y tymor byr bydd yn y Senedd. Pan ddaw terfyn ar y rhyfel dyna derfyn arno yntau fel aelod seneddol. Buasai'n well iddo fod wedi aros ychydig yn hwy, ac ennill sedd gadarn yn y Senedd; ond dyna y mae uchelgais bersonol y rhan fwyaf o honom yn gryfach na'n sêl dros fudiadau...

Pe bae'n bosibl, buaswn yn gyrru pawb sy'n credu mewn rhyfel, ac yn credu yn y rhyfel hwn, allan i'r ffosydd i'w weld fel y mae. Buan y cawsent ddigon. Dynion yn rhy hen i ymladd roddodd Stanton yn y Senedd; credant mewn rhyfel, ond i rywun arall fynd iddi a thalu amdani. Dywedaf eto, pob llwyddiant a dedwyddwch i Stanton yn y Senedd am y tymor byr y bydd yno. A chofied caredigion heddwch fod yn ffyddlon i'w hegwyddorion yn yr argyfwng mawr hwn. Duw gadwo'r werin.[7]

O ran ei ddaliadau gwleidyddol, tipyn o ymennydd cwpan mewn dŵr oedd eiddo C. B. Stanton. Ymunodd y syndicalydd cynnar a'i syniadau wrthgyfalafol â'r Blaid Ryddfrydol. Ni chafodd gyfle arall i sefyll etholiad. Er nad Niclas ei hun a'i disodlodd, fe brofodd ei broffwydoliaeth yn gywir. Setlodd Stanton yn Hampstead, ymhell o'i gynefin. Bu'n darlunio golygfeydd o Gymru o'i gof. Meistrolodd y feiolin ac ymddangosodd mewn ffilmiau yn chwarae rhannau clerigwyr, gan gynnwys Archesgob Caergaint, aristocratiaid a bwtler

Seisnig. Bu farw yn 1946 gan adael £437 yn ei ewyllys. Ni chofir amdano.

Troes Niclas y Glais yn ddeintydd. Aeth ati i dynnu dannedd a thynnu blewyn o drwyn. Mae'r ddau'r un mor boenus.

11

Tynnu dannedd

CYNTEFIG OEDD CYFLWR deintydda yn y 1920au. Er ei bod yn ofynnol dilyn cwrs a chofrestru fel deintydd i fod yn rhan o'r proffesiwn, roedd yn bosib i unrhyw berson ei sefydlu ei hun fel tynnwr dannedd ar yr amod nad oedd ganddo'r hawl i'w alw ei hun yn ddeintydd. Byddai'n derbyn rhywfaint o hyfforddiant o dan law deintydd cofrestredig. Dyna ddigwyddodd i Niclas wrth iddo fanteisio ar ei gyfeillgarwch ag Ernest Williams yn Aberpennar. Mae'n rhaid ei fod yn ei gweld hi'n mynd yn gyfyng arno fel gweinidog o ran bodloni dymuniadau ei braidd. Trwy fod yn dynnwr dannedd ni fyddai'n atebol i'r un cyflogwr. A thrwy fod yn dynnwr dannedd crwydrol gallai gyfuno'r gwasanaeth a'i ysfa genhadol i hyrwyddo achos sosialaeth.

Mater o ddioddef y ddannodd oedd hi i'r mwyafrif a defnyddio meddyginiaethau megis clofsen neu joien o faco i leddfu'r boen. Pan âi i'r pen ar y dioddefwr gellid gofyn i fwtsiwr neu of i dynnu'r dant. Pinswrn a nerth bôn braich gyda phenglin ar yr ysgyfaint oedd hi gan amlaf. Amrwd a dweud y lleiaf. Doedd hylendid ddim ynddi. Gwaed amdani. Ac mae'r straeon am Niclas o fewn y traddodiad hwn yn lleng. Yn y dyddiau cynnar dywedid y byddai wastad yn cario dau binswrn – un i dynnu dannedd a'r llall yn efail i dorri cnau. Fyddai'n ddim iddo waredu gwas ffarm o'i boen trwy ei roi i orwedd ym môn clawdd a thynnu. Dim un math o anesthetig.

Am gyfnod byr ymsefydlodd y teulu ym Mhontardawe ac roedd Alys, ei wraig, yn cynorthwyo hefyd, yn ogystal ag Islwyn, y mab, a fu'n brentis gydag Ernest Williams, gan

Llun o'r hen gartref, Llety, uwchben Pentregalar cyn i'r teulu symud i Frynceirios obry wrth ymyl y ffordd fawr.

Teulu'r Llety wedi'i dynnu tua 1915. O'r chwith: Hannah, David, Tomi, Sarah, William ac Anna. Y rhieni, Dafi a Bet Nicholas, sydd yn eistedd. Bu farw William yn fuan wedyn.

Niclas a Mary Alice Hopkins ar ddiwrnod eu priodas ym mis Hydref 1902 yn gadael capel Walter Road, Abertawe. Credir mai gwragedd lleol yw'r mwyafrif sy'n gwylio yn hytrach na pherthnasau a chydnabod.

Niclas, Islwyn ac Alys cyn iddyn nhw hwylio i'r Unol Daleithiau yn 1903. Gadawodd Niclas ei ofalaeth yn Llandeilo yn sydyn ar ôl ychydig dros flwyddyn. Doedd ei syniadau Sosialaidd ddim yn plesio pawb ac roedd yna sibrydion ynghylch perthynas y tu fas i briodas.

Niclas ac Alys ar eu ffordd i'r Mwmbwls – hwyrach yng nghwmni gŵr anhysbys?

Y PARCH. T. E. NICHOLAS.

Sefydiad Gweinidog o Gymru yn Fugail ar Eglwysi Cynulleidfaol Dodgeville, Wis.

Gan D. Myddfai Evans.

Eglwys Gymraeg Dodgeville, Wisconsin, lle bu Niclas yn weinidog am gyfnod byr.

Y Drych, papur Cymraeg Cymry America, yn cofnodi sefydlu Niclas yn weinidog yn Dodgeville, Wisconsin.

Un o gapeli Niclas yn Wisconsin – Bethel y coed yng nghanol y wlad. Dim ond yn achlysurol y cynhelid oedfaon yno erbyn 1903.

Seion, y Glais, lle bu Niclas yn weinidog am ddeng mlynedd, 1904–1914.

Niclas ym mhulpud Seion, y Glais, lle bu'n pregethu hyd yn oed yn ystod yr wythnos am ei fod i ffwrdd yn aml ar y Suliau yn pregethu mewn Cyrddau Mawr ledled Cymru.

Y Parch T. E. Nicholas a diaconiaid Seion, y Glais. Mae'n rhaid fod William Lewis, y gŵr a fu'n sgwrsio â Dafi Niclas yn Ffair Crymych ac a fu'n bennaf cyfrifol am ddenu ei fab yn ôl o'r Unol Daleithiau, yn eu plith.

Y garden fyddai Niclas yn ei hanfon gyda'i gyfarchion a'r llun ohono'i hun yn nyddiau cynnar ei weinidogaeth.

Ernest Williams, y deintydd a chyd-gomiwnydd, a hyfforddodd Niclas i dynnu dannedd. Cafodd yntau hefyd ei arestio gan Brif Gwnstabl Sir Aberteifi, Capten J. J. Lloyd-Williams ond ei ollwng yn rhydd o fewn ychydig oriau.

Niclas, Gwilym Bedw ac Ernest Williams. Roedd Gwilym Bedw (Parch W. J. Jones) yn un o feirdd toreithiog Cwm Tawe.

Cadair Eisteddfod Treorci 1941. Oherwydd dryswch doedd Niclas ddim yno i gael ei gadeirio.

Keir Hardie – roedd Niclas yn edmygydd mawr ohono, yn gyfaill iddo ac yn olygydd Cymraeg ei bapur, y *Merthyr Pioneer*.

Eisteddfod Treorci 1942 – D. J. Davies, Capel Als, ar y chwith, oedd y beirniad a hen gyfaill bore oes i Niclas. Mae'r bardd buddugol yn tynnu ei gap i gael ei gadeirio.

CAFWYD.
"Gwelais Sarah, ceisiais Sarah,
Nid i'w llygru ond i'w charu."

Parch William Rees, Llechryd, y dyn rhyfedd, a'i wraig ddall, Neli. Ffolodd Rees ar y gerdd, 'Sarah'. Roedd yn un o ddilynwyr Emanuel Swedenborg, gŵr a gredai ei fod yn ymweld â nefoedd ac uffern mewn breuddwydion.

Sarah, y ferch syrthiedig, y canodd Niclas iddi yn ei gyfrol *Salmau'r Werin* ac a greodd y fath argraff ar Rees, Llechryd.

'Gwelais Sarah, ceisiais Sarah
Nid i'w llygru ond i'w charu.'

Y tri teiliwr ym Moncath – David (Dafi) Nicholas, brawd Niclas (tad-cu Glen George); Ben Jones, brawd yng nghyfraith David, a Tom Thomas a ildiodd i ymuno â'r rhyfel yn 1916. Roedd y tri'n gefnogol i'r ILP a'r Non-Conscription Fellowship.

C. B. Stanton, hen elyn i Niclas, ei wrthwynebydd yn etholiad *khaki* 1918 yn Aberdâr.

Prif Gwnstabl Sir Aberteifi, Capten J. J. Lloyd-Williams. Roedd carcharu Niclas yn genhadaeth bywyd ganddo.

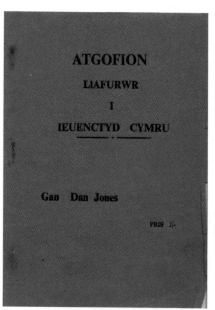

Dan Jones, Goginan, comiwnydd rhonc a fu'n gweithio yn y gweithfeydd mwyn ac yng Nghanada.

Llyfr Dan Jones. Bu Dan ar ymweliad â Rwsia yng nghwmni Niclas yn 1935.

Niclas ac Islwyn adeg eu carcharu.

Islwyn ap Niclas. Tra byddai ei dad yn tynnu dannedd, Islwyn fyddai'n gwneud dannedd dodi i'w gosod yn eu lle. Cyhoeddodd nifer o lyfrynnau am arwyr Cymru megis Dic Penderyn a William Price. Cafodd ei lyfr ar Iolo Morganwg ei lambastio gan yr adolygwyr academaidd.

Yr ŵyr a'r fam-gu, Islwyn a Bet Brynceirios yn ei henaint. Bu farw Bet, yn 1937 yn 93 oed.

Niclas, Thelma ei ferch, ei fam Bet, a'i ŵyr Dafydd.

Llun prin a dieithr o Niclas yn gwisgo tei.

Achlysur priodas Islwyn a Mari. Sylwer ar y daliwr sigarets.

Niclas, Islwyn a Mari, ei wraig, a Gweneira yn ei chôl.

Bryn Morgan, Penrhyn-coch. Roedd yn cydnabod mai Niclas oedd ei dad. Byddai'n ei yrru i'w gyhoeddiadau ar y Sul ac roedd ei ferched, Gaynor ac Awena, yn hoff iawn o'i gwmni. Gwelodd Gaynor y chwith pan na chafodd fynd i'r ysbyty i'w weld yn ei waeledd olaf pan ddywedwyd wrthi mai dim ond y teulu agos gâi fynediad.

Y tad, a'r mab a'r wyres – Niclas, Bryn 'K. G.' Lewis a Simona – 'fy nhylwythen deg' fel y byddai Niclas yn ei galw. Oes yna debygrwydd?

Carreg fedd Dafi a Bet, rhieni Niclas, ym mynwent capel Antioch, Crymych.

Dewi John, ar ymweliad â phentref ei blentyndod ger Maenclochog yng ngogledd Sir Benfro. Ni wnaeth erioed gyfarfod â'i dad. Datblygodd perthynas rhwng Niclas a'i fam, Mary John, pan oedd yn forwyn ar fferm ym mhentref Y Mot gerllaw lle'r oedd gan Niclas syrjeri. Treuliodd Dewi'r rhan helaethaf o'i oes yn Guildford ond heb golli ei Gymraeg.

Awena Rhun – ni elai Niclas i gyffiniau Blaenau Ffestiniog heb alw i weld ei gyfeilles mynwesol. Cafodd Elinor Hannah Thomas ei chladdu yng ngwisg yr orsedd. Mae sypyn o'i lythyrau ati yn agor ei galon wedi'u cadw yn y Llyfrgell Genedlaethol.

Glen George yn rhannu atgofion am Niclas gyda'r hanesydd David W. Howell, awdur *Nicholas of Glais – The People's Champion*.

Elena Pugh Morgan, John, ei gŵr, a Niclas. Byddai'n ymwelydd cyson â'u haelwyd yng Nghorwen. Ni chredai fod neb, heblaw am O. M. Edwards, yn ysgrifennu gwell Cymraeg nag awdures nofelau *Y Wisg Sidan* ac *Y Graith*.

Gwenallt a Niclas. Roedd Gwenallt yn ystyried Niclas yn un o arwyr ei ieuenctid. Ysgrifennodd gyflwyniad i'r gyfrol *Llygad y Drws* yn tafoli traddodiad barddol Cwm Tawe yng nghyfnod Niclas.

Niclas a Llyfni Hughes. Byddai'n galw i'w weld yn Llanllyfni ar ei fynych deithiau.

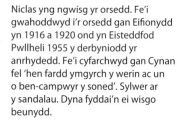

Niclas yng ngwisg yr orsedd. Fe'i gwahoddwyd i'r orsedd gan Eifionydd yn 1916 a 1920 ond yn Eisteddfod Pwllheli 1955 y derbyniodd yr anrhydedd. Fe'i cyfarchwyd gan Cynan fel 'hen fardd ymgyrch y werin ac un o ben-campwyr y soned'. Sylwer ar y sandalau. Dyna fyddai'n ei wisgo beunydd.

Niclas a'r 'Donci Bach', fel y gelwai ei gerbyd. Byddai'n cyfansoddi sonedau i rhythm y gyrru.

Niclas wrth ei ddesg, yn eistedd ar un o'i gadeiriau eisteddfodol.

Siaced lwch y gyfrol *Rwy'n gweld o bell* a gyhoeddwyd yn 1963 wedi'i dylunio gan Islwyn ap Niclas. Sylwer ar y symbolau.

Niclas wedi dychwelyd i Langybi yn 1964 ar achlysur dathlu trigain mlynedd ers ei ordeinio'n weinidog. 'Roedd cyn gliried ei feddwl a llithrig ei dafod ag erioed,' meddid, ac yntau'n 85 oed.

Un o'r lluniau olaf a dynnwyd o Niclas. Gwisgai gap stabal y werin a dici bo'r uchelwyr hyd y diwedd.

ganolbwyntio'n bennaf ar wneud dannedd dodi. Ond codwyd y babell a symud i Aberystwyth yn 1921 i Elm Tree Avenue. Byddai'r awyrgylch drefol yn plesio Alys, bid siŵr, ond roedd yn benderfyniad go annisgwyl i Gomiwnydd. Prin y byddai yng nghanol berw gwleidyddiaeth y chwith yn y dref brifysgol ger y lli. Hwyrach ei fod yn gweld y dref yn ganolog i'r Gymru roedd e am ymwneud â hi gan barhau i deithio i'r de a'r gogledd yn ôl y gofyn i ddarlithio, i annerch a phregethu, gan gynnig ei wasanaeth fel tynnwr dannedd yr un pryd. Ymddengys fod i'r swydd yr un bri ag oedd i laddwr moch.

Yng Nglasynys y bu wedyn weddill ei oes. Roedd i'r dewis o enw i'r cartref ei gysylltiadau llenyddol. Hynafiaethydd a llenor o Rostryfan, ger Caernarfon, oedd Owen Wynne Jones (1828–1870). Mabwysiadodd yr enw 'Glasynys' a bu'n cydweithio ag Islwyn (William Thomas, 1832–1878) yng Nghasnewydd am gyfnod. Hwyrach mai ei gysylltiad â'i arwr llenyddol ddaeth ag ef i sylw Niclas. Daeth yr aelwyd yn gyrchfan i bobl o gyffelyb fryd – yn feirdd a llenorion a sosialwyr ac ambell bregethwr – dros gyfnod o ryw ddeugain mlynedd. Un o'r mynychwyr cyson oedd Vernon Jones, y bardd o Rydypennau, a fanteisiodd ar y cyfle i ledu ei orwelion llenyddol yn y 1960au:

"Arwydd o gryfder a dewrder oedd medru dweud bod Niclas wedi tynnu eich dannedd. Fues i 'da fe droeon yn y sied fach ar waelod yr ardd. Islwyn drws nesa yn gwneud dannedd dodi a rhyw bregethwr neu fardd gwlad falle'n dal pen rheswm yno. Lle cul oedd y sied – neu syrjeri, os mynnwch – gyda smotiau o waed yn frith ar hyd y murie! Chwiliai am y nodwydd mewn bag yn llawn trugaredde ac yn y diwedd arllwys y cyfan ar y bwrdd, a'r nesaf peth fe welech y nodwydd gam wedi'i throchi mewn cocên yn nesu at eich ceg mewn llaw grynedig. 'John Jones' fydde fe'n galw'r pinswrn a gafaelai yn y dant cyn iddo rewi, a dyna groes dynnu milain. Pan fyddwn yn mynd sha thre ar hyd rhiw Penglais dyna pryd fydde fy ngheg yn dechre rhewi!

"Euthum o'r cae pan oeddwn yn was ffarm yng Nghlarach droeon i dynnu dant ato. Bydde rhaid adrodd rhyw delyneg

neu englyn roeddwn wedi ei chyfansoddi wrtho, er mwyn
lleddfu'r boen a'r ofn wrth dynnu dant. 'Dewch 'nôl â'r hanes'
am y cystadlu oedd hi bob tro a felly fuodd hi am flynydde.
Darllenais bryddest mydr ac odl iddo unwaith cyn ei gyrru
i steddfod. Credais ei fod wedi hen ddiflasu ond yn sydyn
gwaeddodd 'Newid y gair yna, dyw e ddim yn llanw ei le fanna'.
'Rwyt ti'n un da am syniade diarffordd' meddai rywdro wrthyf.
A'i ymadrodd cyson oedd 'feri gwd, w'.

"Ma rhaid dweud fod canmoliaeth iddo fe a Islwyn am eu
dannedd gosod. Dwi'n cofio Ifan Jones, Tŷ Rabbi – y ffarmwr
oeddwn i'n was iddo – yn peswch nes bod ei ddannedd yn tasgu
mas o'i geg i'r llawr caled ond byth yn torri. Y tro diwethaf
i Niclas dynnu dant i fi roedd e'n bell dros ei bedwar ugain.
Roedd hi'n dywydd caled, y dŵr wedi rhewi, ac rwy'n dal i'w
weld e nawr yn cerdded o fy mlaen gyda thegelled o ddŵr poeth
o dŷ Islwyn drws nesa yn ei got fawr, y cap, a'r daliwr sigarét
yn ei geg, yn union fel dyn o Rwsia. Medde fe wrtha i rywbryd,
'Vernon bach, nath Islwyn a fi erioed mwy na £13 yr wythnos
o gyflog ar y busnes dannedd 'ma, a ma pobol yn meddwl ein
bod ni'n gyfoethog'!"

Un o'r straeon a adroddir gan y genhedlaeth hŷn yng nghylch
Aberystwyth sy'n cofio'r 'deintydd' yw honno am fachan o
Benparc wedi mynd i'r pictiwrs ryw nos Sadwrn yn dioddef o'r
ddannodd wyllt, yn gadael i fynd at Niclas i dynnu'r dant, ac
yn dychwelyd at ei gymar cyn i'r ffilm orffen yn diferu o waed.
Soniai Niclas ei hun am ddwy wraig yn galw i'w weld ac yn
gofyn a fyddai'n fodlon tynnu dant Lucy. Dyma fe'n cytuno,
gan gredu mai cyfeirio at ferch un o'r ddwy a wnaed. Dyma'r
ddwy yn dychwelyd mewn cetyn yn cario Lucy mewn basged.
Cath oedd hi nid croten. Ni wyddom beth feddyliai Lucy o'r
driniaeth i waredu ei dannodd. Ond roedd Niclas yn filfeddyg
hefyd.

Byddai cyfnod y Pasg a Chymanfaoedd Canu wedyn yn
brysur am fod dynion a gwragedd am ddannedd gosod newydd
i fynd gyda'u dillad, eu hetiau a'u sgidiau newydd. Anfonwyd
yr Arglwydd Elystan Morgan ato pan oedd tua deg oed i dynnu

dant, a'r cof pennaf sydd ganddo oedd gweld penddelw Karl Marx yn ei wynebu. Roedd ei dad, Dewi, yn hoff o seiadu yng nghwmni Niclas a bob amser yn groesawgar iddo. Enillodd Dewi Teifi (Dewi Morgan, 1877–1971) Gadair Eisteddfod Pwllheli yn 1925 am awdl ar y testun 'Cantre'r Gwaelod'. Bu'n gweithio fel is-olygydd ar nifer o bapurau gan gynnwys *Baner ac Amserau Cymru* ac yn olygydd Cymraeg y *Cambrian News*. Roedd gan Niclas a Dewi lawer yn gyffredin.

Mynna ei orwyres, Shan Simkins, sy'n dal i fyw yn Aberystwyth, nad pluo ei nyth ei hun ac anelu i fyw mewn crandrwydd oedd amcan Niclas wrth ddeintydda. Doedd yna fawr o siâp ar y gwaith papur. Dieithr beth oedd anfonebau.

"Byddai fy mam-gu, Mari, bob amser yn dannod i Islwyn, ei gŵr, a'i dad, o beidio â gwneud bywoliaeth go iawn o ddeintydda. Doedd yna fyth fawr o arian ar gael. Bydde pobol yn cnoco ar y drws bob amser o'r dydd. Bydde fy hen-dadcu yn codi o'i wely weithie i dynnu dant rhywun ac yn ffarwelio ag ef wedyn heb ofyn am dâl. Bydde hynny'n hala colled ar Mam-gu. Roedd yna rai pethe wedyn na fydde'n cael eu trafod yn y tŷ. Pe bai rhywun yn holi rhywbeth am y cyfnod y bu'r ddau yng ngharchar bydde Mam-gu yn rhoi taw ar y sgwrs. Ond dwi'n cofio'r hanes am y menywod wrthi'n glanhau setl oedd yn y tŷ adeg ymweliad yr heddlu. Roedd yna batryme Celtaidd arni a hwythe'n pryderu y bydde'r rheiny'n cael eu hystyried yn arwyddion Natsïaidd. Treuliwyd oriau'n ceisio eu rhwto bant.

"Dwi'n credu, wedyn, yn rhannol oherwydd y prinder arian y sefydlodd Mam-gu a Tad-cu lety gwely a brecwast llysieuol. Mwy na thebyg y cyntaf o'i fath yn Aberystwyth. Bydde tri neu bedwar myfyriwr yn lletya yna wedyn adeg tymor y coleg. Rhaid cofio fod fy nhad-cu hefyd yn rhoi triniaeth fel osteopath, a phan fydden ni'n dost bydden ni'n cael meddyginiaeth homeopathig ganddo. Fe fues i a fy mrawd, Jonathan, a'n mam, Gweneira, yn byw gyda Mam-gu a Tad-cu am gyfnod wedi i ni golli'n tad. Roeddwn i'n saith ar y pryd pan symudon ni 'nôl o Rugby. Fy nhasg i oedd mynd â'i ginio i Niclas bob dydd pan oedd yn ŵr gweddw.

"Dwi'n cofio y bydde fe'n darllen y *Morning Star* bob dydd. Roedd rhyw sôn wedyn ei fod e'n nabod rhai o'r *suffragettes* oedd yn ymgyrchu am bleidlais i fenywod. A bydde rhyw ddynes Rwsiaidd oedd yn canu'r piano yn galw i'w weld weithie. Dynes liwgar iawn. Pan oedden ni'n clirio'r cartref wedyn dwi'n cofio dod ar draws bwndeli o lyfre roedd Islwyn, fy nhad-cu, wedi'u cyhoeddi. Dwi'n credu ei fod wedi'u cyhoeddi nhw ar ei gost ei hun a heb wneud elw. Defnyddiai'r enw Islwyn ap Nicholas fel awdur ond doedd e ddim yn defnyddio'r 'ap' chwaith wrth eu llofnodi wedyn. Dwi'n cofio iddo fynnu newid enw Mam-gu o Mary i Mari yn swyddogol," meddai gor-wyres Niclas.

Mae Jonathan James, ei brawd, bellach yn byw yng Nghaerdydd, ond am ei fod dipyn yn iau prin yw ei atgofion o'i hen dad-cu. Ond yr hyn sy'n fyw yn ei gof am ei dad-cu oedd ei arfer o arthio pan glywai eitemau newyddion nad oedd yn ei blesio, a mynna ei fod yntau wedi etifeddu'r un gynneddf.

Rhan bwysig o'r gwasanaeth a gynigiai Niclas oedd y syrjeris a gynhaliai ar draws y wlad i'r canolbarth, i'r gogledd cyn belled â Blaenau Ffestiniog yn ogystal â'i gynefin yn Sir Benfro. Cofiai Islwyn John amdano'n galw yn Llangolman ar odre'r Preselau yn ystod y 1930au ac yn gwneud pâr o ddannedd gosod i'w dad a barodd am ddeugain mlynedd. Syrjeri arall ganddo yn yr un ardal oedd ym mhentref y Mot, ar ffarm lle'r oedd yna forwyn o'r enw Mary John. Datblygodd perthynas glòs rhwng y ddau. Yn 1926, pan oedd hi'n ddeg ar hugain oed, ac yntau'n saith a deugain, ganwyd plentyn o'r berthynas, Dewi John. Ni nodir enw'r tad ar y dystysgrif geni. Deallir fod Niclas wedi ymddwyn yn anrhydeddus o ran cynnal y plentyn. Treuliodd Dewi John y rhan fwyaf o'i oes yn Guildford lle bu'n bregethwr lleyg am gyfnod ac yn dilyn gyrfa fel addurnwr a pheintiwr. Mewn sgwrs ffôn ar drothwy ei flwydd, fel y dywedir yn ardal ei gynefin, yn 90 oed ym mis Tachwedd 2016 roedd ei Gymraeg yn ddilychwin.

"Euthum o'r ardal yn 1944 yn ddeunaw oed i ymuno â'r lluoedd arfog a deuthum i ddim 'nôl yno. Dwi wedi bod yn gwrando ar y canu emyne ar y radio ar brynhawn Sul yn gyson dros y blynydde. Fe fuodd Cymdeithas Gymraeg 'da ni yn Guildford am flynydde. Dwi'n dilyn rhaglenni S4C yn gyson. A phan fydden i'n cymryd oedfaon ac yn rhoi'r emynau mas fe fydde'r gynulleidfa wastad yn tynnu sylw at y modd oeddwn i'n eu darllen,' meddai Dewi John.

Traddododd ambell emyn Cymraeg ar ei gof a hynny gyda phwyslais, pwyll ac angerdd i ddynodi fod gwreiddyn y mater ganddo.

"A dweud y gwir dwi'n meddwl mai pregethwr ddylsen i fod wedi bod. Os byswn i wedi cael mwy o addysg. Cofiwch, wneuthum i ddim gweld na chlywed na chyfarfod fy nhad erioed. Mam wedodd wrtha i mai Niclas y Glais oedd fy nhad a bydde Data (ei dad-cu) yn dweud wedyn 'Trueni na fydde pen dy dad 'da ti' pan oeddwn i'n gwneud gwaith ysgol. Cofiwch, fydde neb arall yn dweud wrtha i pwy oedd fy nhad wedyn. Fydde'r plant ddim yn dweud dim byd," meddai.

Ac o wrando ar Trevor, ei fab yntau, yn siarad, mae ganddo'r un oslef a llifeiriant parabl â'i dad-cu, na wnaeth yntau chwaith erioed ei gyfarfod.

Yn wir, dair blynedd ynghynt yn 1923, ganwyd plentyn o eiddo Niclas i wraig briod o Benrhyn-coch, Sarah Ann Morgan. Roedd yn aelod blaenllaw yng Nghapel Salem, Trefeurig a'i gŵr ar y pryd yn gweithio fel colier yn y de. Pan sylweddolodd ei bod yn feichiog penderfynodd dreulio penwythnos yn y de ac o'r herwydd nodir mai ei gŵr, John Bumford Morgan, oedd tad Bryn Morgan ar y dystysgrif geni, yn union fel yn hanes y Bryn arall hwnnw yn y Glais. Bu farw Bryn Morgan yn 1991 wedi treulio'r rhan helaethaf o'i oes waith fel cysodydd ar y *Cambrian News*. Byddai ei gyd-weithwyr yn dweud na ellid amau'r tebygrwydd rhyngddo a Niclas o ran golwg nac ymarweddiad.

Cadarnhawyd hynny gan ei wyres, Gaenor Fenner, sy'n tystio fod y berthynas, fel yn hanes Bryn Lewis yn y Glais, yn 'open secret' ym Mhenrhyn-coch hefyd. Roedd yna berthynas glòs rhwng Niclas a'r teulu. Doedd e ddim yn cadw'n ddieithr yn ôl tystiolaeth Gaenor.

"Byddai'n arfer ganddo alw i'n gweld ar fore dydd Sul a bob amser yn awyddus i fi a fy chwaer, Awena, eistedd ar ei lin. Byddai'n datod y plethi yn ein gwallt a'i gribo. Pan fyddai'n pregethu yn Salem byddai'n dod aton ni i ginio. Er ei fod yn llysieuwr byddai'n cymryd y grefi heb holi sut oedd e wedi'i baratoi. Byddai'n cyrraedd y tŷ fel corwynt, yn gwisgo trywsus 'plus fours check', ac yn cydio yn y papure Sul. Eu taflu dros ei ysgwydd i'r llawr wedyn ar ôl eu darllen ac yn grac os gwelai erthygle am y teulu brenhinol. Fflingo'r papure'n gawdel wedyn nes hela fy nhad yn grac. Daeth at y bwrdd un tro gan roi ei ddaliwr sigarét yn ei boced a hwnnw heb ddiffodd. Mwg yn dod mas o'i boced wedyn a Mam yn ceisio ei ddiffodd. Ninne'n wherthin. Roedd e'n ecsentrig yn ei ffordd.

"Wrth fynd i'r dre ar fore Sadwrn byddem yn galw yn Elm Tree Avenue. Cael sgwrs gyda Mrs Nicholas cyn mynd mas i'r sied at Islwyn a'i dad. Roedd e'n garedig iawn. Pan basiodd fy nhad yr arholiad 11+ fe dynnodd Niclas ei oriawr oddi ar ei fraich a'i rhoi iddo. Fe roddodd focs pren i Awena a fi rywbryd ac ma'r bocs 'da ni o hyd. Bu raid i fi fynd ato'n gynnar ryw fore i dynnu dant. Roeddwn i'n pryderu. Ond roedd e'n garedig ac yn dyner iawn. Wedi cael pigiad o'r cocên teimles i ddim ac es i adre'n hapus a'r dant yn fy mhoced i gael chwe cheiniog.

"Byddai fy nhad yn ei yrru yn yr Austin A30 lliw hufen oedd ganddo i bregethu ar draws y sir ac ymhellach. Roedd y berthynas rhyngddyn nhw yn cael ei gydnabod yn lled agored, yn arbennig ar ôl i Mam-gu farw. Roedd Niclas yn un o tua dwsin o bregethwyr oedd yn cymryd rhan yn ei hangladd a barodd am yn agos i bedair awr. Roedd hi'n ddiacon yn Salem. Rhaid dweud ein bod ni fel teulu yn meddwl y byd o Niclas.

"Mae'n debyg ei fod e wedi talu am driniaeth i Mam-gu yn un o ysbytai Llundain pan oedd hi'n dioddef o gancr y fron yn y 1930au. Pan fydde rhywrai'n holi Mam-gu wedyn shwd gafodd hi fy nhad mor hwyr, o ystyried bod dros 15 mlynedd rhyngddo a'r plant eraill, byddai'n dweud 'O, daeth Johnny 'nôl o'r Sowth'.

"Pan oedd Niclas yn sâl yn Ysbyty Bronglais, dwi'n cofio

galw i roi tro amdano a finne tua 16 oed. Pan ddywedwyd wrthyf mai'r teulu'n unig oedd yn cael ei weld buodd rhaid i fi droi ar fy sodle. Weles i byth mohono fe wedyn," meddai Gaenor yn hiraethlon.

Roedd gŵr Mary John, gyda llaw, wedi'i gadael er 1919, ac wedi ymfudo i Ganada yn ôl y sôn. Pan gafodd blentyn arall, Joyce, yn 1933 bu'n rhaid iddi fynd i'r llys i ofyn am orchymyn tadogaeth. Aflwyddiannus fu ei chais. Erbyn hynny roedd hi wedi symud o'r ffarm yn y Mot ac nid T. E. Nicholas oedd y tad a nodwyd yn ei phetisiwn. Nid yw'n gyfrinach fod yna wragedd eraill y galwai Niclas i'w gweld ar ei deithiau yn 'y donci bach', fel y galwai ei gerbyd. Yn ddiweddarach, pan gâi ei yrru ar ei siwrneiau, byddai'n arfer ganddo chwystrellu persawr drosto'i hun cyn galw gyda'r gwragedd a gorchymyn i'r *chauffeur* aros amdano. Arferid yr ymadrodd *'fancy woman* yma ac acw' gan y rhai a adwaenai Niclas yn dda wrth drin a thrafod ei fuchedd. Daeth un o'r rhain, Mrs Eluned Pugh o Benegoes, ger Machynlleth, yn gefn iddo yn ei ddyddiau olaf.

Ond i gydio yn ei briod waith drachefn, cyn bwysiced â'r tynnu dannedd oedd y seiadu a ddigwyddai ar ei deithiau, ar yr aelwyd ac yn y sied. Byddai pynciau'r dydd yn cael eu trafod a hynny o ogwydd penodol. Roedd Rwsia wedi cydio yn nychymyg Niclas. Ni fedrai dim drwg ddeillio o'r wlad fawr, yn ei dyb. Un o'r gweinidogion a ddeuai heibio yn ei dro oedd y Parch R. Tudur Jones a ddechreuodd ei yrfa yn Seion, Aberystwyth, rhwng 1948 ac 1950. Fe'i dyrchafwyd yn Brifathro Coleg Bala-Bangor Undeb yr Annibynwyr yn ddiweddarach. Yn ei golofn 'Tremion' yn *Y Cymro* yn 1971, yn dilyn marwolaeth Niclas, sonia fel y byddai'r comiwnydd o dynnwr dannedd yn gwrando ar fwletinau newyddion radio o Rwsia pan alwai i'w weld. Fe'i perswadiwyd i gymryd y *Soviet Weekly* yn wythnosol am bron i chwarter canrif. Cyffesa Tudur iddo wneud hynny o barch i Niclas ac nid oherwydd ei fod am wybod 'ystadegau am gynnyrch maip yn Baluchistan'. Wrth ei ddisgrifio fel 'uchelwr gwerinol' cofiai iddo ei glywed droeon yn sôn mai Herber Evans, brodor o ardal Castellnewydd Emlyn ac un o'i ragflaenwyr fel Prifathro Coleg Bala-Bangor, oedd y pregethwr mwyaf iddo erioed ei glywed.

I bwysleisio'r croestoriad o ymwelwyr a roddai waedd yng Nglasynys roedd y bardd a'r ysgolhaig, Gwenallt, a fu'n lletya gyda Islwyn pan oedd yn fyfyriwr, fel degau o fyfyrwyr eraill, yn ogystal â Tom Macdonald (1900–1980), y newyddiadurwr ac awdur y gyfrol *Y Tincer Tlawd*. Bu raid i'r Parch Morgan R. Mainwaring, M.A., Port Talbot fanteisio ar wasanaeth Niclas i dynnu dant un bore Sul pan oedd ar ymweliad pregethu â'r dref. Un gweinidog yn cynorthwyo gweinidog arall mewn argyfwng ar fore Sul.

Un gyrchfan gyson pan oedd ar ei ymweliadau pythefnosol â Llanbrynmair oedd cartref y Parch Robert Evans, a hynny er mwyn seiadu. Cofia'r mab, Alun, y cyn-ddarlledwr, y gweinidog ac un o hoelion wyth yr Eisteddfod Genedlaethol, yr ymweliadau'n dda a chafodd y fraint o dystio i'w grefft.

"Ef a dynnodd y dant cyntaf i mi (yn y bathrwm). Tra oedd chwistrelliad yr anesthetig yn rhewi fy ngheg esboniodd yntau 'Ti'n gweld, ma pwdredd yn y dant. A rhaid cael gwared o bwdredd yn y byd, on'd oes e?'. Roedd iddo enw o fod yn dipyn o fwtsiar fel deintydd ond nid dyna fy mhrofiad i. Gwaredodd y pwdredd yn hynod ddi-boen," meddai.

Cofiai'n dda fel roedd ei ddaliadau yn ei atal rhag croesi'r rhiniog ar achlysur arall.

"Unwaith erioed y gwrthododd ddod tros y trothwy ym Mronlaen a hynny am fod Mam y bore hwnnw yn gwrando ar y radio – ddigon gwantan ei derbyniad – ar naill ai briodas y frenhines neu ei choroniad. Trodd Niclas ar ei sawdl a dweud, "Na fe, Mrs, os y'ch chi moyn gwrando ar ferch Mici Mows...'."

Mynychu'r syrjeri yn yr ardd a wnâi'r Parch W. J. Edwards ifanc, a chofia fod yna un ystafell ar gyfer tynnu dannedd ac un arall yn llawn cylchgronau a llyfrau am Rwsia a Tsieina lle byddid yn seiadu.

"Un tro pan oeddwn yno, daeth bachgen tua wyth oed heibio gyda'i rieni ac yn amlwg mewn poen ofnadwy. Dyma Niclas yn eu hanfon i'r ystafell arall ac yn ein siarsio ni i beidio â gadael am na fyddai'n hir. Gwir y dywedodd. Clywyd un sgrech a gwaredwyd y dant a'r ddannodd wyllt. Dychwelodd Niclas i seiadu. Roedd yr un mor adnabyddus am bregethu ag oedd am dynnu dannedd, wrth gwrs, a dyma'r cyhoeddwr go wreiddiol, Griff Davies, yn y Borth acw ryw dro, yn sôn am ei ddyfodiad. 'Den ni'n disgwyl Niclas yma Sul nesa am ddau, dech chi wedi cael dannedd da 'dag e, dewch i gael Efengyl gydag e!' oedd byrdwn ei sylw," meddai W. J.

Câi drafferth gan bobl oedd yn anfoddog i wisgo eu dannedd dodi er mwyn eu torri i mewn fel petai. Fe'u rhybuddiai am y dyn hwnnw oedd yn pallu gosod y dannedd yn ei geg a chanddo arfer o gysgu â'i geg ar agor. Roedd yna lygoden fach ar y garthen. Pan gododd y dyn ei fraich a'i tharo'n ddisymwyth ar y gwely yn ei gwsg, fe neidiodd y lygoden am y twll agosaf a welai. Bu'n rhaid hala dwy gath i lawr y twll ar ei hôl cyn ei dala, meddai Niclas. Byddai Niclas ac Islwyn yn llunio dannedd gosod newydd i bregethwyr yn eu tro, gan wneud yn siŵr y bydden nhw'n ffitio fel y graig. Arferai Niclas ychwanegu'n gellweirus wedyn y medren nhw wisgo'r hen ddannedd pan fydden nhw'n pregethu gartref am y medren nhw dasgu o'r geg a tharo rhyw flaenor lletchwith.

Gall Glen George ategu'r sylwadau am y sied yn yr ardd. Bu yno droeon a chanfod ei bod yn fwy o lawer na dim ond deintyddfa. Roedd yn bair syniadau os nad, ar ryw olwg, yn senedd-dŷ, lle byddid yn rhoi'r byd yn ei le, nid yn annhebyg i weithdy'r teiliwr hwnnw ym Moncath a sefydlwyd gan frawd Niclas:

"Pan oeddwn yn fy arddegau, treuliais wythnos o wyliau yn Aberystwyth felly roedd yna ddigon o amser i seiadu yn y gweithdy ar waelod yr ardd. Ni chofiaf un dant yn cael ei dynnu ond roedd Islwyn o hyd yn brysur yn trefnu neu'n atgyweirio dannedd gosod i gwsmer. Fel arfer, roedd yna radio yn rhedeg yn y cefndir a rhaid oedd aros i wrando ar newyddion y dydd. I Niclas, y 'celwyddgi bach' oedd y set radio ac yr oedd yn feirniadol iawn o bob gair a ddôi o grombil y teclyn. Yn y cyfnod dan sylw, roedd *gangsters* America dan y lach yn aml ond ymhyfrydai yn llwyddiant Fidel Castro a'r chwyldro yng Nghiwba. Ambell waith lledai'r sgwrs i faterion mwy dyrys, fel y rhwyg hanesyddol rhwng Stalin a Trotsky. Roedd Niclas yn ddigon parod i gydnabod cyfraniad Trotsky ond credai ei fod wedi mynd ar gyfeiliorn trwy hybu chwyldro byd eang.

"Bryd arall trodd y sgwrs i gyfeiriad y celfyddydau, a syndod oedd darganfod fod chwaeth Niclas yn bur geidwadol. Roeddwn newydd ddewis pynciau gwyddonol yn yr ysgol ond gwyddwn fod Niclas yn awyddus i mi ddilyn gyrfa fel artist. Roedd wedi gweld peth o'm gwaith gyda'r brws paent ac roedd o'r farn y dylwn fod wedi manteisio ar fy nhalent i ddarlunio bywyd pobol gyffredin. Heddiw disgrifir yr arddull arbennig hwn yn Social Realism neu hyd yn oed Socialist Realism mewn ambell gyswllt. Gwelais nad oedd ganddo fawr o olwg ar waith haniaethol Pablo Picasso ond roedd yn fwy dilornus o artistiaid 'arbrofol' yr Unol Daleithiau.

"Roedd yr un mor feirniadol o feirdd modern Cymru a'r beirdd traddodiadol a oedd yn dal i rygnu am hen arwyr ein gwlad. Cofiaf ef yn dweud mewn sgwrs am feirdd y tywysogion: 'Dyw'r baich o gario dyn ar dy gefn ddim tamed yn ysgafnach os yw'n siarad Cymraeg'. Roedd yr un mor feirniadol o gerddi crefyddol a oedd yn gweld achubiaeth yn y byd a ddaw. Yn ei farn ef roedd Gwenallt, ei hen gyfaill, wedi syrthio i'r pydew hwn er ei fod wedi dechrau mewn ffordd ddigon addawol! Cofiaf un ymateb yn dda er bod ffynhonnell y dyfyniad wedi llithro o'm cof. 'Marsiandïaeth Calfari, yffach wyllt beth yw ystyr gosodiad fel 'na?!' oedd ei ddyfarniad," cofia Glen.

Yr un fyddai'r offer yn y ddeintyddfa gydol y degawdau. Ni wnaed ymdrech i foderneiddio. Yr un sedd oedd yno ag yr eisteddodd y cwsmer cyntaf arni. Yr un oedd y syniadau a wyntyllwyd hefyd. Cyndyn oedd Niclas i foderneiddio'r un dim. Roedd yr hanfodion yn gwneud y tro. A'r un oedd ei farn am y drefn ysbail a'r frenhiniaeth, boed law neu hindda.

12

Tynnu blewyn
o drwyn

PAN FFURFIWYD Y Blaid Gomiwnyddol Brydeinig yn y 1920au cynnar roedd Niclas yn barod iawn i hyrwyddo ei hamcanion. Mae'n siŵr iddo gefnogi'r Sgotyn, Bob Stewart (1877–1971) – a oedd yn y carchar ar y pryd am ei ran yn Streic y Glowyr yn gynharach yn y flwyddyn – fel ymgeisydd seneddol cyntaf erioed y Blaid Gomiwnyddol, yn isetholiad Caerffili, ym mis Awst 1921 pan ddenwyd 2,592 o bleidleisiau. Does dim tystiolaeth fod Niclas wedi bod yn canfasio ac areithio yno chwaith.

Cefnodd ar y Blaid Lafur a chefnodd hithau arno yntau. Er iddo fod yn flaenllaw yn sefydlu'r Blaid Lafur yn Sir Aberteifi, cafodd ei ddiarddel ohoni yn 1926 oherwydd ei ddatganiadau cynyddol gomiwnyddol a'i feirniadaeth lem o arweinwyr Llafur megis Ramsay MacDonald, AS Aberafan. Er yn dal i arddel heddychiaeth roedd y Sgotyn yn agored wrthwynebus i Gomiwnyddiaeth Rwsia ac wedi pellhau oddi wrth ei ddaliadau Sosialaidd cynnar. Er i MacDonald gael ei ethol yn Brif Weinidog Llafur cyntaf o gefndir dosbarth gweithiol, ni allai Niclas stumogi'r hyn a ystyriai'n frad ar ei ran, yn cefnu ar egwyddorion cefnogi'r werin. Nid oedd yn edifar o ddweud ei ddweud yn ddiflewyn ar dafod yn ôl ei arfer.

Ym mis Ebrill 1928 claddodd Niclas ei dad, Dafi Nicholas, yn 84 oed – gŵr cadarn a nerthol ei ddaliadau o blaid y gorthrymedig. Nid ildiai i dalu rhent y Llety hyd nes câi wŷs i fynd i'r llys. Yn 80 oed ac erbyn hynny wedi symud i Frynceirios, tŷ a gododd â'i ddwylo ei hun, gyda chymorth cyfyrdryd oedd yn fasiwniaid, ar ymyl y ffordd fawr ryw ddau led cae o dan y Llety, dechreuodd ddarllen nofelau Daniel Owen (1836–1895) a'u darllen bob wan jac gyda blas. *Y Dreflan* oedd ei ffefryn.

Cyfansoddodd Gwenallt englyn coffa i Dafi Nicholas a'i gynnwys yn ei gyfrol gyntaf o farddoniaeth *Ysgubau'r Awen* yn 1939. Fe'i gosodwyd ar y garreg fedd:

> Bu'n ddiddig ym mhob digwydd, – hyd ei oes
> Bu'n dad caredigrwydd,
> Mewn tristwch rhoddwch yn rhwydd
> Ddagrau ar foneddigrwydd.

Mae'n rhaid ei fod wedi'i gyfarfod pan ddeuai i aros yn Aberystwyth ac yntau'n lletya drws nesaf, neu hwyrach wedi galw i'w weld ym Mhentregalar. Gellir dychmygu'r sgwrsio digymrodedd rhyngddynt o gofio i Gwenallt dreulio dwy flynedd yng ngharchar fel gwrthwynebydd cydwybodol adeg y Rhyfel Byd Cyntaf. Gallai Gwenallt dystio wrth y tad am weithgarwch ei fab yng Nghwm Tawe pan oedd yntau'n grwt ar ei brifiant yn yr Allt-wen.

Yn 1935, ac yntau'n 56 oed, gwireddwyd breuddwyd Niclas o gael ymweld â Rwsia, a hynny fel rhan o barti o ddwsin wedi'i drefnu gan Lysgenhadaeth Rwsia. Hwyliwyd ar y *Baltic State Steamship* ym mis Mehefin. Toriäid oedd y mwyafrif o'r teithwyr ond roedd yn falch o gael cwmni ei bartner, Dan Jones (1888–1963), Goginan ar hyd y tair wythnos o daith. Gydol y cyfnod hwn, ers helynt Mrs Inglis-Jones, Derry Ormond, Llangybi, roedd y gwasanaeth cudd MI5 yn cadw llygad yn gyson ar ohebiaeth Niclas a'i alwadau ffôn. Wedi dychwelyd o Rwsia cafodd fodd i fyw wrth fynd ati i ddarlithio am ei brofiadau. Roedd mynd ar 'y ddarlith goch' a phrin fod yna'r un ardal yng Nghymru heb glywed hanes 'Hen Ddyn Mewn Byd Newydd'. Gosodai ei fap ar y wal a chan ddefnyddio ei bwyntil âi i hwyl wrth sôn am ragoriaethau Rwsia yn dilyn y chwyldro yno pan gafwyd gwared ar y Czar. Amcangyfrifir iddo ei chyflwyno dros ddau gant o droeon. Syrthiodd mewn cariad dros ei ben a'i glustiau â'i syniad ef o'r wlad fel na allodd weld unrhyw wendid yn ei gweithredoedd diweddarach o dan arweinwyr llwgr a mileinig.

Ymddengys fod Niclas wedi cael ail wynt wedi'r profiad hwn. Doedd e ddim wedi bod yn barddoni fel cynt ers dros bymtheg mlynedd. Cyhoeddodd gyfrol *Cerddi Rhyddid*, Aberystwyth, yn 1920 a oedd mewn gwirionedd yn ail os nad trydydd argraffiad wedi'i chyhoeddi cynt yn Abertawe a Llangybi yn 1914. Roedd llawer o'r cerddi wedi gweld golau dydd yn *Y Dinesydd*, un o gyhoeddiadau Caernarfon. Ond doedd e ddim wedi bod yn pamffleta nac yn cyhoeddi erthyglau fel y bu gynt yn nyddiau'r Glais. Yn wir, roedd O. M. Edwards wedi penderfynu gwrthod cyhoeddi ei gerddi yn *Cymru* yn 1917 ar ôl croesawu ei ddeunydd yn gyson er 1902.

Daeth *Y Deyrnas*, cyhoeddiad yr heddychwyr, i ben ei rawd yn 1919. Wel, hwyrach nad oedd disgwyl i academyddion diwinyddol drefnu sail fasnachol gadarn trwy ddenu hysbysebion i gynnal eu cyhoeddiad. Yr hyn oedd yn eironig am y rhifyn olaf hwnnw ym mis Gorffennaf 1919 oedd ei fod yn cynnwys erthygl hirfaith gan W. F. Phillips, BA, BD, BLitt, Penmaenmawr, o dan y pennawd 'Methiant yr Eglwys'. Hen elyn pybyr i Niclas, wrth gwrs. Ni ellir ond dyfalu mor danllyd a chwyrn fyddai ei ymateb wedi bod pe bai'r cyhoeddiad wedi parhau. Mae'n rhaid fod yr erthygl wedi bod ym meddiant y golygyddion ers tro.

Heblaw am 'Y Gân Na Chanwyd', a gyhoeddwyd yn 1930, bu'n gyfnod hesb a mud o ran barddoni. Roedd yr ysfa i gystadlu mewn eisteddfodau wedi'i adael. Un eisteddfod lle na chafodd hwyl arni oedd Eisteddfod Dinas Mawddwy 1925. Testun y Gadair oedd pryddest goffa i J. J. Jones, Tyn-y-braich, gŵr amlwg yn yr ardal. Ar anogaeth Niclas mentrodd Ithel Davies (1894–1989), edmygydd pybyr o'i gyfrolau cynnar, a'i dad, Benjamin, ati i gystadlu. Dyfarnwyd pryddest Ithel yn fuddugol ac eiddo ei dad yn ail, dan feirniadaeth Llew Tegid (Lewis Davies Jones, 1851–1928).

Doedd neb balchach o fuddugoliaeth Ithel, gan ei fod yn hogyn lleol, na Niclas. Ewythr i Ithel, gyda llaw, oedd Tafolog (Richard Davies, 1830–1904) a enillodd Gadair Eisteddfod Genedlaethol Caernarfon 1886. Cyfaill pennaf Ithel oedd mab J. J. Tyn-y-braich, Baldwyn, bardd addawol a fu farw'n ifanc yn 1918. Golygodd Ithel gyfrol o'i waith, *Breuddwydion Mebyd a Chaniadau Eraill* a gyhoeddwyd yn 1924. Cwbl briodol oedd ei fuddugoliaeth felly. O ran Niclas, ymddengys nad oedd ganddo'r un awydd â chynt i fwrw ati i farddoni a chystadlu bob gafael. Mae'n rhaid ei fod yn teimlo nad oedd ganddo ddim o bwys i'w ddweud, wedi'i ddolurio gan adolygiadau efallai neu, yn syml, doedd deintydda ddim yn cyffroi'r awen neu'n caniatáu cyffroi'r awen ar y pryd. Hysbysodd David Thomas yn ôl yn 1911, wrth gwrs, ei fod yn ystyried cadeiriau eisteddfodol yn ddim amgen na theganau. Caiff pob plentyn, yn ei dro, syrffed ar deganau.

Erbyn 1937, fodd bynnag, byddai wrthi drachefn yn hwyliog dynnu blewyn o drwyn yn ei golofn 'O Fyd y Werin' yn *Y Cymro*. Ond byddai yna ddrws arall yn cau maes o law. Dros dro o leiaf, yn union fel digwyddodd gyda'r *Tivyside* adeg y Rhyfel Byd Cyntaf. Traethai'n ddiflewyn ar dafod, fel bob amser, gan gondemnio cysgod y ffasgiaeth a ymledai ar draws Ewrop, yn arbennig yn yr Almaen a Sbaen. Cefnogai'r Gweriniaethwyr yn ystod Rhyfel Cartref Sbaen a bu'n rhannol gyfrifol am godi cofeb yn Stalingrad i gofio'r Cymry a gollodd eu bywydau rhwng 1936 ac 1939. Mae soned o'i eiddo i'w gweld yn Llyfrgell y Glowyr ar gampws Coleg y Brifysgol Abertawe i gofio am ddau lowr o Rydaman, Jack Williams a Sammy Morris, a gollodd eu bywydau.

Treuliodd Glen dipyn o'i amser yn ne Sbaen gyda'i waith yn ystod ei yrfa a gwyddai hanes y brwydro o fod wedi trafod hanes y cyfnod gyda chyfeillion o Barcelona, Granada a Sevilla. Deuthum i ddeall mwy am ymroddiad Niclas i achos y Gweriniaethwyr. Meddai Glen:

"Yn y cyfnod rhwng 1936 a 1939 roedd tynged Gweriniaeth Sbaen yn y fantol wedi i luoedd Ffasgaidd Franco oresgyn cyfran sylweddol o'r wlad. Heddiw cofir am y gyflafan fel Rhyfel Cartref Sbaen ond roedd yna hefyd ddylanwadau allanol. O safbwynt hanesyddol roedd yr hyn a ddigwyddodd yn Sbaen yn adlewyrchiad o'r newidiadau sydyn a welwyd ym mywyd cymdeithasol y wlad. Am ganrifoedd, bywyd taeogaidd oedd bywyd cefn gwlad ac nid oedd yr eglwys, y tirfeddianwyr a rhai elfennau o'r fyddin yn barod i weld unrhyw newid. Ym mis Chwefror 1936 roedd cynghrair o bleidiau radicalaidd wedi ennill yr etholiad ac wedi dechrau ar y gwaith o ad-drefnu'r wlad.

"Ym mis Mawrth cyflwynwyd deddf i wahardd pleidiau'r dde (y Falange) ac fe rannwyd peth o dir yr ystadau rhwng y gwerinwyr. Ymateb y garfan adweithiol oedd trefnu *coup*, a'r milwyr ar flaen y gad oedd garsiwn Sbaen ym Moroco. Erbyn mis Gorffennaf roedd traean o'r wlad yn nwylo'r Ffasgwyr ond roedd y Cadfridog Franco heb ddychwelyd o'r Islas Canarias. Ar Orffennaf 11 danfonwyd awyren Dragon Rapide o faes awyr yn ne Lloegr i gludo'r cadfridog i Sbaen. Dyma arwydd fod bys Prydain yn y cawl o'r cychwyn ac roedd yna hefyd sôn bod y Ffasgwyr yn derbyn arfau trwy ein porthladd ni yn Gibraltar.

"Ym mis Awst 1936 galwodd fy nhad a'm mam gyda Niclas ar eu ffordd i wyliau yn yr Alban i weld ei fod yn llawn gofid am yr hyn oedd yn digwydd yn Sbaen. Yn ei dyb ef, ymarfer ar gyfer rhyfel mwy oedd y Rhyfel Cartref ac roedd yn flin fod Prydain yn sefyll o'r neilltu tra oedd arfau o'r Almaen a'r Eidal yn llifo i ddwylo'r Ffasgwyr. Trwy gydol yr haf, colli tir wnaeth y Weriniaeth ond yn yr hydref atgyfnerthwyd ei byddin wedi i Rwsia ddanfon tanciau ac awyrennau i amddiffyn Madrid. Yr un pryd sefydlwyd y Brigadau Rhyngwladol, nid yn unig i gynnig cymorth ond i godi calonnau'r rhai oedd wedi brwydro mor hir. Y Comintern (sefydliad rhyngwladol y Comiwnyddion) oedd y tu ôl i'r fenter ac fe lwyddwyd i ddenu dros 30,000 o wirfoddolwyr i faes y gad i amddiffyn y Weriniaeth.

"Mae cyfrol Hywel Francis *Miners Against Fascism: Wales and the Spanish Civil War* yn gyflwyniad da i hanes

y dewrion a deithiodd o Gymru. Glowyr oedd canran uchel
o'r gwirfoddolwyr a oedd yn argyhoeddedig mai'r un frwydr
oedd yr ymgyrch yn Sbaen â'u brwydr hwy am gyfiawnder.
Fel y nodwyd ar glawr y gyfrol roedd glowyr de Cymru yn
rhan o draddodiad unigryw, lle roedd yna barch mawr i
undod y dosbarth gweithiol ar draws ffiniau gwlad. Ym mis
Hydref 1938 roedd Niclas yn un o'r siaradwyr mewn cyfarfod
a drefnwyd gan Dai Francis, tad Hywel, i gofio bachgen o
Gymru a laddwyd yn Sbaen. Wedi dychwelyd i Aberystwyth,
lluniodd Niclas gerdd i goffáu'r bachgen a'i danfon at Dai
gyda'r addewid o drefnu cofeb i'r holl Gymry oedd wedi marw
yn Sbaen. Mewn cyfnod byr gwireddwyd ei freuddwyd pan
ddadorchuddiwyd plac mewn ysbyty yn Stalingrad i gofio eu
haberth.

"Yn 1976 trefnodd Hywel Francis gofeb arall i'r bechgyn
trwy osod plac ar fur Llyfrgell y Glowyr ym Mhrifysgol
Abertawe. Rhestr syml o enwau sydd ar y plac, ynghyd â
dyfyniad o gerdd goffa Niclas a chyfieithiad Saesneg. Yn y
soned disgrifia Niclas gyrchoedd llu awyr yr Almaen ar dir
Sbaen cyn talu teyrnged i ddewrder y bachgen:

> Plygodd ei ysgwydd o dan estron bwn
> Tros ryddid daear syrthiodd yn y ffos
> A'i fys yn chwilio clicied poeth ei wn.

Dengys y cymal olaf fod yna ffin bendant i heddychiaeth
Niclas a'i fod yn barod i ddefnyddio trais i herio lluoedd y
fall.

"Un o nodweddion Rhyfel Cartref Sbaen oedd nifer y beirdd
a llenorion a ymunodd i gynnal gweledigaeth y Gweriniaethwyr.
Yn 1980 cyhoeddodd Valentine Cunningham flodeugerdd o'r
cerddi cefnogol ac yr oedd cyfieithiad o gerdd Niclas yn y
casgliad. Teithiodd nifer o lenorion enwocaf Lloegr i Sbaen yn
ystod y cyfnod, ac mae yna enghreifftiau o waith W. H. Auden,
Stephen Spender a Louis MacNeice yn y gyfrol. Ar un adeg
yr oedd W. H. Auden yn aelod o weithlu meddygol ac roedd

Stephen Spender yn cyfrannu darnau cefnogol yn y *Daily Worker* yn gyson. Niclas oedd lladmerydd mwyaf gwybodus y Wladwriaeth yn Sbaen yn y wasg Gymreig ond yr oedd eraill yr un mor gefnogol.

"Cyhoeddwyd nifer o gerddi ac erthyglau cefnogol yn y cylchgrawn byrhoedlog *Heddiw*, y cylchgrawn a olygwyd gan Aneirin Talfan Davies a Dafydd Jenkins. Ym mis Mai 1937 cyhoeddodd Aneirin Talfan gerdd o'i waith ei hun yn y cylchgrawn gyda'r teitl 'Sbaen: I Ddewrion Madrid'. Mewn rhifyn arall o'r cylchgrawn cyhoeddwyd cerdd goffa i'r bardd Saesneg, John Cornford, un o ferthyron enwocaf y Frigâd. Roedd John wedi llunio cyfres o gerddi safonol cyn iddo gael ei ladd mewn brwydr ger dinas Cordoba ar 27 Rhagfyr 1936. Yr unig lenor o Gymro i daro nodyn cras oedd y Pabydd, Saunders Lewis. Fe fu mor ddideimlad â chynnig llwnc destun i'r Cadfridog Franco fel 'gŵr bonheddig o Gristion' yn fuan wedi i'r Condor Legion ddinistrio tref hanesyddol Guernica. Dyma enghraifft dda o'r tyndra a welwyd rhyngddo ef a Niclas trwy gydol ei oes, er bod Niclas wedi bod yn ddigon bonheddig i ganmol y tri a daniodd yr ysgol fomio mewn cerdd," meddai Glen.

Cyhoeddwyd cyfraniad cyntaf Niclas yn y golofn 'O Fyd y Werin' ar 25 Medi 1937 dan y pennawd 'Rhwystro undeb ymysg y gweithwyr; y dall yn arwain y rhai sy'n gweled'. Rhoddwyd cyflwyniad yn nodi nad oedd *Y Cymro* 'o angenrheidrwydd, yn cytuno â sylwadau awdur yr ysgrifau hyn eithr croesewir hwynt am eu bod yn rhoddi gerbron y darllenwyr agwedd cylch arbennig o Gymdeithas at wahanol bynciau'. Dyna rysáit ar gyfer gwrthdaro. Aeth Niclas rhagddo i ddarlunio sut oedd yr enwadau crefyddol yn rhwystro undeb mynegiant rhwng y gweithwyr pan ddeuai'n fater o etholiad trwy eu gorfodi i bleidleisio dros faterion megis Datgysylltu a Dadwaddoli nad oeddent yn berthnasol i'w buddiannau a'u safonau byw nhw. Mynnai mai'r 'mawrion' oedd yn rheoli pob dim, gan gynnwys cyfundrefn addysg a ddysgai mai hyd a lled hanes oedd helyntion a rhyfeloedd rhwng brenhinoedd, ac mai'r unig

ffordd o ddangos gwladgarwch oedd ymladd ar faes y gad dros
y brenhinoedd.

Gresynai fod yr enwadau crefyddol yn trafod ffurfio clybiau
yfed yn hytrach na thynged gwerinoedd yn Sbaen, Abysinia
a Tsieina. 'Y mae gweld dinistrydd mawr yn y tafarnwr a
gweld cymwynaswr mawr yn y rhyfelwr a'r dyn sy'n byw yn
fras ar arfau rhyfel a nwy gwenwynig yn dangos dibrisiad ar
werthoedd pethau,' oedd byrdwn ei sylwadau o blaid hawliau'r
dyn cyffredin. Cystwyodd y duedd ymhlith arweinwyr undebau
llafur o gyfaddawdu gyda'r mawrion er mwyn ennill eu
cymeradwyaeth ac, ar yr un gwynt, greu rhaniadau ymhlith y
gweithwyr. Terfynodd trwy ddyfynnu geiriau o enau'r proffwyd
Jeremeia yn rhybudd i arweinwyr y werin; 'Gwae y bugeiliaid y
rhai sydd yn gwasgaru ac yn difetha defaid fy mhorfa'.

Yn rhifyn 20 Tachwedd 1937 cafwyd llith nad oedd yn
alargan nac yn deyrnged i'r cyn-Brif Weinidog Llafur, Ramsay
MacDonald, ond yn ymosodiad a chondemniad chwyrn o'r
ymadawedig. Doedd dim maddeuant iddo am chwennych
cymeradwyaeth y pendefigion a chydymffurfio ag arferion
yr ysbeilwyr o gadw'r tlawd yn dlawd. Yn sicr, doedd dim
gwaredigaeth iddo am fod 'yn elyn anghymodlon i Rwsia'. Fe'i
cyhuddodd o fod yn ddim mwy na chi bach i'r Toriaid a'r drefn
ysbail, gan ddinoethi rhagrith nifer o Geidwadwyr a benododd
yn aelodau o'i Gabinet pan ffurfiodd Lywodraeth Genedlaethol
adeg y Dirwasgiad yn 1931:

> Clodforwyd ef am iddo yn argyfwng 1931 feddwl am ei wlad o
> flaen ei blaid a'i ddosbarth. Do, meddyliodd am 'ei wlad'; ei wlad
> oedd y bancers, a'r militariaid, a'r teulu brenhinol. Gwnaeth
> ei hunan yn bopeth i bawb er mwyn ei hun ac nid er mwyn yr
> achos. Gwthiodd achos Llafur yn ôl am ddegau o flynyddoedd;
> a gadawodd awenau'r Blaid Lafur yn nwylo dynion diogel i
> gyfalafiaeth.[1]

Yn yr un rhifyn cyhoeddwyd llythyr gan Edward O. Jones,
Trebanog, y Rhondda, yn rhannu meddylfryd Niclas, gan

gyfeirio at gyfalafwyr fel bleiddiaid yng nghrwyn defaid yn 'bwrw llaid a gwaradwyddo arweinwyr y werin, a bod yn haerllug yn hytrach na boneddigaidd'. Ond bu raid aros tan 11 Rhagfyr 1937 cyn cyhoeddi'r llythyr cyntaf a oedd yn ymateb uniongyrchol i'r golofn 'O Fyd y Werin'. Roedd llythyr y Parch W. H. Cassam o Gei Conna yn hynod flodeuog ac yn dra diolchgar i Niclas, nid yn unig am ei golofn ond am ei ddarlith 'Hen ŵr mewn byd newydd', a draddodwyd ganddo gerbron Cymry Glannau Dyfrdwy yng Nghymdeithas Gymraeg Cei Conna.

Cafodd ei ddarbwyllo ei bod yn wynfyd ar y werin yn Rwsia am fod mwynwyr yn cael pensiwn yn 60 oed gyfuwch â'u cyflog yn hytrach na 'cardod cybyddlyd o 10/- yr wythnos', a bod ysbytai a fferyllfeydd ar gael yn y gweithfeydd 'yn rhydd ac yn rhad at wasanaeth y gweithwyr'. Ni fedrai ddychmygu bardd y werin 'yn dwyn camdystiolaeth yn erbyn ei gymydog,' meddai, wrth annog Y Cymro i gyhoeddi cyfrol o erthyglau nifer o'i golofnwyr, er mwyn 'goleuo'r werin a'i chyfarwyddo at y pur a'r dyrchafol'. Roedd sgyrsiau'r Parch W. D. Davies a gwersi ysgol Sul yr Athro G. A. Edwards yn apelio ato hefyd.

Ond nid maldodus fyddai pob llythyr a ysgogid gan lithiau Niclas yn y flwyddyn newydd. Byddai ambell lythyrwr yn cael ei gynhyrfu i anghytuno'n chwyrn, a Niclas heb fod yn fyr i daro 'nôl. Mentrodd Rhys Davies (1877–1954), AS Westbroughton, Manceinion, i blu Niclas. Roedd y brodor o Langennech wedi'i ethol i'r senedd yn aelod Llafur yn 1921 a byddai'n cwblhau 30 mlynedd o wasanaeth di-dor dros yr etholaeth honno cyn ymddeol. Dechrau mis Chwefror 1938 heriodd Niclas trwy gyfeirio at nifer o lyfrau a ddarllenodd yn hawlio nad oedd hi'n wynfyd o bell ffordd yn Rwsia. Roedd y gŵr o Sir Gâr yn gefnogwr selog o Ramsay MacDonald. Doedd hynny, wrth gwrs, ddim yn cael ei gymeradwyo gan Niclas. Fe'i hatebodd mewn llythyr dwy golofn o hyd yn y rhifyn dilynol gan geisio dwyn cywilydd arno am yr hyn a wnaed yn India yn enw'r Ymerodraeth Brydeinig heb i'r Blaid Lafur godi bys o blaid y gweithiwr yno:

Yn y pyllau glo yn India y mae gwragedd a phlant ifanc yn gweithio. Y mae'n wir bod merched yn gweithio mewn pyllau glo yn Rwsia. Edrych ar ôl peiriannau y maent, nid torri glo yn y talcen. Y mae eu gwaith yn ysgafn a hawdd. Gweithio chwe awr y dydd a rhyw bedwar diwrnod yr wythnos; a gwyliau hir gyda llawn dal, a blwydd-dal tua'r hanner cant oed. Oriau hir yn India, cyflogau bach; dim gwyliau a thâl, a dim blwydd-dal.

Yr oedd merched yn arfer gweithio yn Rwsia wrth bob math o waith am hanner yr hyn a delid i fechgyn; heddiw y mae'r cyflog yr un faint i fachgen a merch am yr un gwaith. Beth sydd allan o le yn hyn yng ngolwg arweinwyr Llafur? Cymharer y cynnydd a fu yn Rwsia yn ystod yr ugain mlynedd diwethaf a chyflwr India; yna gall Mr Davies ddangos i ddarllenwyr *Y Cymro* p'un o'r ddwy wlad a fu'r orau i'r dosbarth gweithiol.

Dilynodd Mr Rhys Davies Ramsay MacDonald drwy fradwriaeth blynyddoedd hyd y diwedd, a phery ef a'i blaid i gario allan waith yr arweiniwr hwnnw o hyd, drwy frwydro yn erbyn cyfeillgarwch â gweithwyr Rwsia. Os câr rhywun wybod hanes yr Andrew Smith a ysgrifennodd un o'r llyfrau a gymeradwyir gan Mr Davies gall gael ei hanes yn llawn mewn ôl rifyn o *Russia Today*. Y ffordd onest o farnu Rwsia yw gweld beth a wnaeth mewn ugain mlynedd ac nid pwysleisio'r pethau sydd heb eu gwneud. Y mae yno filoedd o bethau heb eu gwneud; ond cydnebydd hyd yn oed y gelynion i wyrthiau'r 'Cynllun Pum Mlynedd' synnu'r byd.

Dysgwyd yr anllythrennog i ddarllen; cloddiwyd camlesi i uno moroedd â'i gilydd; adeiladwyd cannoedd o filltiroedd o reilffordd. Tyfwyd gwenith nes gorlenwi'r stordai; codi ysgolion wrth y miloedd; rhoi addysg rad i blant drwy'r prif-ysgolion... Cymrwyd arfau rhyfel a'r gallu i wneud rhyfel o ddwylo'r cyfalafwyr, ac arfogi'r gweithwyr i amddiffyn eu buddugoliaeth fawr yn y Chwyldro; codi dynion o bob iaith a lliw i fod yn gydradd, a diddymu am byth allu offeiriadaeth ddi-dduw.

Onid yw'r pethau hyn yn werth i weithwyr y byd ymffrostio ynddynt? Fy unig ddiddordeb yn Rwsia ydyw bod gweithwyr yno yn troi yn sylweddau freuddwydion mawr dyngarwyr yr oesau, ac yn dangos ffordd gwaredigaeth i werinoedd y byd. Pan ddysg Plaid Lafur roddi gwerth ar blentyn y gweithiwr yn hytrach na mynd i bellteroedd yr Alban i ddisgwyl geni plentyn tywysoges, credaf yn ei didwylledd y pryd hwnnw ac nid yng nghynt.[2]

Roedd Niclas ar gefn ei geffyl. Ni ddychwelodd AS Westhoughton i'r ffrae. Rhoddwyd sychad i Rhys. Cyn bo hir eithriad fyddai'r rhifyn pan na fyddai Niclas wedi ysgogi trafodaeth yn y golofn lythyrau. Byddai'n tali-ho gered a'r cernodio'n ddidostur. Cynyddai nifer y llythyrau a gyhoeddwyd o dan ffugenwau. Ond un o'r llythyrau mwyaf diddorol oedd eiddo J. Williams Hughes (1906–1977), Marian-glas, Sir Fôn, newyddiadurwr 32 oed a drefnodd i gludo cymorth o Ogledd Cymru i'r gwrthryfelwyr yn Sbaen. Ysgrifennai yn rhifyn cyntaf mis Mawrth 1938. Roedd ei olygon yn eang ac wrth gyfeirio at Niclas cyfeiriodd at yr Athro Thomas Levi (1825–1916), lladmerydd y Rhyddfrydwyr, a'r Athro Ambrose Bebb (1894–1955), lladmerydd y cenedlatholwyr, a oedd ill dau hefyd wedi mynegi barn ar dudalennau'r *Cymro*:

Credaf mai ysgrifau Mr. T. E. Nicholas ydyw'r pethau mwyaf diddorol sydd eto wedi ymddangos yn *Y Cymro* o'i gychwyniad. Credaf hefyd mai rhifyn Chwefror 26 oedd un o'r rhai mwyaf diddorol. Ceir ynddo dri doethwr yn rhoddi eu syniadau am bethau materol ac ysbrydol ger bron eu cenedl. Y mae i'r tri eu dilynwyr, a'r tri eu perygl. Cawn yr Athrawon Levi a Bebb yn ateb yr un cwestiynau, a diddorol fuasai cael atebion T. E. Nicholas i'r un rhai. Saif yr Athro Levi dros Ryddfrydiaeth. Y mae ef ymysg y bobl hynny a fu'n brwydro am ddatblygiad cymdeithasol; ac wedi cael datblygiad i raddau oedd yn fuddiol i'r ychydig, cawn hwy yn ceisio peri i'r cerbyd sefyll, heb gofio bod arall yn y lle buont hwy ac am i'r cerbyd fynd yn ei flaen.

Cawn yr Athro Bebb yn ceisio gan y cerbyd redeg yn ei ôl, ac ni all y gyriedydd gorau fynd yn ôl yn hir heb fynd i dramgwydd. Cawn Nicholas ar y llaw arall yn ceisio gosod y cerbyd ar unwaith yn y gêr uchaf er mwyn ceisio cyrraedd pen y daith ynghynt; perygl hyn ydyw niweidio'r cerbyd fel na all fynd yn ei flaen o gwbl. Buasai cael Mr. Nicholas ymysg Aelodau Seneddol Cymru o werth mawr, er na hoffwn ar hyn o bryd gael fy llywodraethu gan rai yn dwyn ei syniadau. Y mae yn well Cymro na mwyafrif plaid yr Athro Bebb, ac y mae'n well Rhyddfrydwr na mwyafrif plaid yr Athro Levi, oherwydd iddo gario fflam rhyddid gyda'r blaid honno a pharhau i'w chario ymlaen i diroedd newydd yn lle sefyll gyda'r lliaws a'r yrfa heb ei rhedeg i'r pen.

229

Y mae hefyd yn un o'r ychydig sy'n gallu sefyll ger bron ein
cenedl heb gywilyddio oherwydd ei ymddygiad yn ystod y Rhyfel
Mawr. Erbyn hyn y mae aelodau'r Blaid Genedlaethol ac amryw o
Ryddfrydwyr Cymreig yn dweud nad ant i ryfel dros fuddiannau
ymerodrol Lloegr. Dywedodd Nicholas hyn yn 1914, ac fe
ddioddefodd oherwydd hynny. Erbyn hyn daeth eraill i'r un tir ag
ef, ond y mae ef yn parhau chwarter canrif ar eu blaen.[3]

Dyna godi Niclas i bedestal un o benseiri'r genedl. Roedd
y teithiwr mynych o Fôn, a fyddai'n ymwelydd cyson â'r Unol
Daleithiau, wedi gosod Niclas ymhlith y mawrion y dylid
gwrando ar ei lais. Nid felly roedd pawb yn ei gweld hi, yn
ôl y llythyru brwd yn ystod yr wythnosau dilynol. Amheuai
'Hen Gymro', ymhen pythefnos, hawl Niclas i honni ei fod yn
ysgrifennu ar ran y werin. 'Pe bai T. E. Nicholas,' meddai 'yn
byw yn ei hoff Baradwys, sef Rwsia, ni châi ei 'Barchedigaeth'
fawr o barch, a byddai raid iddo chwilio am ryw ffordd arall i
ennill ei fywoliaeth heblaw areithio mewn pulpud crefyddol,'
oedd ei ddyfarniad.

'Apostol Lenin yng Nghymru' oedd y pennawd a roddwyd i
lythyr o eiddo Wm. Davies, Llanrhaeadr-ym-Mochnant wedyn
yn rhifyn olaf y mis. Fe'i cythruddwyd gan nifer o ddatganiadau
yn llithiau diweddar Niclas. Rhyfyg yn ei farn oedd honiad
Niclas mai cyfundrefn bwdr Prydain oedd yn gyfrifol am
buteindra ar strydoedd Prydain:

> Y mae hwn yn osodiad hollol annheg; onid gwir yw fod yr achosion
> a barodd i'r rhain fod yn y trobwll rhywiol, yn amrywio gymaint â'r
> personau eu hunain. Nid oes wlad a all ymffrostio ei bod yn rhydd
> oddi wrth y dosbarth hwn. Dywed Mr. Nicholas nad yw pethau
> fel hyn yn Rwsia. Ofnaf fod pethau yn waeth yno. Y mae tystion
> lawer a ddywed wrthym fod priodas yn beth rhad a rhwydd. Gall
> pâr briodi ond talu swm neilltuol, bron mor ddidrafferth â phrynu
> pwys o siwgr, a gallant, yr un mor ddidrafferth, gael ysgariad. Wrth
> gwrs, nid oes angen am weinidog nac offeiriad yno; dilewyd pethau
> ofergoelus o'r fath ers llawer dydd. Y wladwriaeth yn unig yw
> duw'r bobl, gwarafunir yn bendant iddynt dduwiau eraill.[4]

Y gwir amdani oedd fod y gyfundrefn grefyddol wedi hen brofi'n llwgr yn nyddiau'r Czar. Un o 'fanteision' bod yn offeiriad a weinyddai briodas oedd yr hawl i gysgu gyda'r briodferch y noson honno. Rhoes y gŵr o Llanrhaeadr-ym-Mochnant hergwd arall i Niclas am ei sylwadau ynghylch crefydd a'i gondemniad o Babyddiaeth:

> Bu ef unwaith yn pregethu delfrydau'r Bregeth ar y Mynydd, ac athrawiaeth Mab y Saer. Ofnaf ei fod erbyn heddiw wedi troi ei gefn ar y delfrydau hynny; oherwydd ni all wasanaethu Crist a Lenin, rhaid iddo lynu wrth y naill a gadael y llall.
>
> Gau yw pob credo a chrefydd yn ei olwg oni phroffesant Gomiwniaeth; ond nid oes ganddo ef na neb arall hawl i ddatgan mai twyll ac ofergoeliaeth yw ymdeimlad a phrofiad personau a gredant eu bod yn cymuno â'r dwyfol, pa un bynnag ai Ymneilltuwr a'i Pabydd fyddo.
>
> Rhyfedd yw datganiad Mr. Nicholas am y Babaeth, megis cruglwyth o ofergoeliaeth a thwyll; ac wele un o feibion disgleiriaf Cymru yn ymaelodi â hi. Rhaid credu fod Mr. Saunders Lewis yn ddigon craff i weld mwy nag a wêl Mr. Nicholas. Paham y mae gŵr o ddeall Mr. Lewis yn cofleidio credoau sy'n gynnyrch twyll ac ofergoeliaeth? Nid oes ond un ateb i hyn, sef 'A chwi a gewch orffwysdra i'ch eneidiau.' Y mae hyn i'w gael ym mha le bynnag y teimla dyn ei fod yn dyfod i gysylltiad gwir â'r dwyfol; nid eiddo Protestaniaeth na Phabyddiaeth mohono.[5]

Tarid yr un tant gan "Rhen Fen' yn yr un rhifyn wrth iddo apelio ar Niclas i fabwysiadu 'gwell ysbryd' ac ymgadw rhag beirniadu'r Babaeth:

> Carai Mr. Nicholas weld dinistrio'r Eglwysi Pabyddol i gyd, gan feddwl, y mae'n debyg, yr adeiladau hardd, gwaith cariad trwy'r oesoedd, ac nid yr Eglwys yn yr ystyr ehangach fel yn cynrychioli'r saint ar y ddaear! Ond ni sylweddolodd Mr. Nicholas, yn ôl pob tebyg, fod yn aros eto y tu mewn, awyrgylch a sancteiddiwyd gan weddïau dwys aml i wir Gristion, tadau a mamau crefyddol, drwy'r oesoedd.[6]

Roedd T. Eric Davies o Firmingham, eto yn yr un rhifyn, yn ei gweld hi ychydig yn wahanol ac yn mynnu fod yna wahaniaeth rhwng y sawl a fagwyd yn Babydd o'r crud a'r sawl a droes at y ffydd. 'Ffug amnaid amrwd ac arwydd o wrth-weithrediad yw crefydd yr ail ddosbarth tra mai gwaddol i'w datblygu yw argyhoeddiad y cyntaf. Surni ysbrydol y gadair freichiau yw pabyddiaeth Mr Saunders Lewis,' meddai. Ni chiliodd Niclas i guddio y tu ôl i lwyn. Tebyg bod yr ymgecru yn fêl ar ei fysedd. Tarodd 'nôl trwy'r golofn lythyrau yn rhifyn cyntaf mis Ebrill 1938 gan awgrymu fod Wm. Davies wedi camddeall:

Nid peth i ofidio o'i blegid yw bod Ymneilltuaeth wedi tarddu o hen grefyddau pwdr ond peth i lawenhau o'i blegid. Dengys allu dyn i droi ei gefn ar bethau sâl, a cheisio pethau gwell. Fel nentydd grisial yn tarddu allan o gorsydd lleidiog ac afiach, felly daeth Ymneilltuaeth allan o'r hen grefyddau gau i greu bywyd newydd yn y wlad. Gall hithau rywdro arafu a throi'n gors. Gochel y perygl hwnnw yw ein dyletswydd.

Ond i Mr Davies ddarllen fy ysgrif eto, fe wêl na ddywedais mai 'crefydd sy'n gyfrifol am bechodau ystrydoedd Llundain.' Pwysais mai cyfundrefn economaidd bwdr yw ffynnon y drwg. Dywedais bod cyfundrefn Rwsia yn hyn o beth yn adlewyrchu crefydd Crist yn llwyrach na'n cyfundrefn ni. Ni all Pabyddion na Phrotestaniaid na phobl di-grefydd fyw yn dda a chyfiawn o dan gyfundrefn cyfalaf Prydain. Gwthir y natur ddynol yn ôl at y bwystfil. Yn lle rhoi'r pwyslais ar achub dyn rhag pechod athrawiaethol, a diafol, ac uffern, mwy defnyddiol fyddai ceisio achub dyn o grafangau cyfundrefn ddrwg.

Creadigaethau gormeswyr i dynnu sylw dynion oddi wrth y gelynion peryglus ac uniongyrchol yw llawer o'r bwganod sydd heddiw yn ddychryn i'r wlad. Bydd melltith rhyfel arall arnom gyda hyn; llawenychir calonnau rhyfelwyr pan welant werin gwlad yn cweryla am bethau dibwys. Anghofio popeth ond perygl rhyfel yw dyletswydd gweithwyr ar hyn o bryd. Brwydro yn erbyn rhyfelwyr pob gwlad; a chefnogi pob gwlad a phob mudiad sydd â'u bryd ar heddwch.[7]

Oedd hyn yn golygu taw ar y mater? Roedd Niclas wedi

traethu. Ddim o bell ffordd. Deuai sylwadau i'r golofn lythyrau
o bob cyfeiriad. Roedd 'Gwrth-gryswr' yn rhifyn Ebrill 16 yn flin
fod *Y Cymro* 'yn rhoi colofnau hirion at wasanaeth Comiwnydd
rhonc':

> Yr wyf wedi hen flino ar ei draethiadau Sofietaidd a rhyfelgar,
> ac yn enwedig ar ei ddiffyg synnwyr a chytbwysedd yn ateb
> beirniadaeth. Pe bai Ffasgydd yn gofyn am dudalen o'r *Cymro*
> bob wythnos er mwyn taenu propaganda'r ochr arall, y mae'n
> lled debyg y gwrthodid ef. Ond y mae Bolshefiaeth yn cael
> tragwyddol heol gennych. Caiff llifogydd tân Moscow dreiglo i
> ba le y mynnont. Apeliaf arnoch yn enw tegwch i roi taw arnynt.
> Wele enghraifft o dreiddgarwch y propagandydd crysgoch hwn.
> 'Y dewisiad rhwng Lenin a Chamberlain a bwysleisiaf bob tro.' Os
> dyma'r unig ddewis sydd o flaen Cymru, druan ohonom![8]

Roedd E. Williams o Wallasey o'r farn fod Niclas wedi
camddehongli natur caethiwed Cymru. Dadleuai mai
imperialaeth oedd y drwg, nid y drefn gyfalafol:

> Clywir yn fynych rai Cymry'n ymfalchïo yn y breintiau sydd
> yn sicrhau i Gymro yr un rhyddid etholiadol ag i Sais neu
> Ysgotyn. Ond un pen i'r ysgub imperialaidd ydyw'r etholfraint
> ddemocrataidd. Yn ei phen arall, y Senedd Ganolog, ceir y *snag*
> sydd, yn ôl deddf syml rhifyddiaeth, yn medru heb drafferth droi yr
> hyn oedd yn llais y mwyafrif yng Nghymru yn ochenaid y lleiafrif
> disylw yn Llundain.
>   Dyna ddull Prydain Fawr o ddinistrio egwyddor democratiaeth,
> dull sy'n mathru rhyddid y genedl unigol yn fwy effeithiol nag y
> mae unrhyw lywodraeth unbenaethol yn gormesu'r person unigol.
> Pa ryfedd felly i wlad mor hawdd ei thwyllo ac wedi ei hysbeilio
> mor llwyr o bob llais yn ei llywodraeth, ddod yn faes agored i
> ormes a rhaib estron o bob math?[9]

Erbyn rhifyn 14 Mai 1938 gwelwyd Lewis Williams,
Treharris yn cefnogi safbwynt Niclas gan ddatgan nad oedd
gan y gweithiwr ddim i'w golli ond ei gadwynau meddyliol ac
economaidd. Mynegi penbleth a wnâi Enoch Thomas, Llanarth

yn rhifyn cyntaf mis Gorffennaf, wrth dderbyn diffuantrwydd Niclas. Gwelai fod yr ardaloedd diwydiannol yn fwy tebygol o dderbyn efengyl Gomiwnyddol Niclas ond mai'r efengyl Gristionogol draddodiadol oedd yn apelio yn yr ardaloedd gwledig. Gofynnodd gyfres o gwestiynau i Niclas:

> Onid yw yn aelod o blaid trwy ba ddull y bwriada gael Sosialaeth ym Mhrydain? Os yw, beth yw ei gyngor ynglŷn â'r pleidiau? A yw yn derbyn ein cyfundrefn etholiadol ni? A oes rhaid derbyn athroniaeth y 'dialectic materialism' wrth dderbyn Sosialaeth? A yw'r athroniaeth hon yn groes i Gristionogaeth? Ai Sosialaeth ynteu polisi o gydweithrediad (e.e. Denmarc) sydd yn gweddu orau i ardaloedd amaethyddol?[10]

Aeth yn ymrafael rhwng nifer o'r llythyrwyr a'i gilydd am gyfnod, a'r rhai a ysgrifennai o dan ffugenwau gyda'r mwyaf croch ac am y gorau i restru enwau awduron a chyhoeddiadau lu i gynnal eu safbwyntiau. Galwodd 'Cymro Ifanc' ar Niclas a'i gefnogwyr i fod 'yn wrolach a gonestach, ac ymatal rhag cyhoeddi fel efengyl ddilys yr hyn y gwyddant ei fod yn gelwydd a gwegi'. Tebyg y byddai Niclas yn ysgrifennu at rai o'r llythyrwyr yn bersonol. A chan ei fod bob amser yn nodi ei gyfeiriad cartref ar derfyn ei golofn, mae'n siŵr ei fod yn derbyn dwsinau o lythyrau na welai olau dydd yn *Y Cymro*. Ond trwy ddudalennau'r papur yn unig y medrai ymateb i'r 'ffugenwau'. Rhoddodd her i 'Cymro Ifanc' trwy nodi'r math o gymdeithas Gristnogol y chwenychai ei sefydlu, a hynny ar batrwm yr hyn a wnaed yn Rwsia:

> Tynnu'r wythnos lawr i chwe diwrnod a thynnu'r dydd gwaith i lawr i saith awr; rhoddi addysg rad i bawb drwy'r prifysgolion a gofal meddygol heb yr un tâl i bawb drwy eu hoes; rhannu bwyd yn weddol deg pan oedd prinder (nid ei losgi fel y gwledydd Cristnogol); symud elfennau dial o bob cosb ac eithrio'r dynion a gymer eu llwgr-wobrwyo gan gyfalafwyr estron; difodi llafur dan ddeunaw oed yn llwyr; rhoddi gwyliau â thâl llawn i bob gweithiwr drwy'r wlad, a pythefnos o wyliau i bob ceffyl gwaith;

gwneud bachgen a merch yn hollol gyfartal, a thalu'r un gyflog
iddynt am yr un gwaith; rhoddi blwydd-dâl i löwr yn hanner cant
oed, a rhoddi'r un cyfle i bob plentyn drwy'r wlad o bob iaith a
lliw (nid rhoddi deuswllt yr wythnos i gynnal plentyn y gweithiwr
a chwe mil i blentyn tywysoges, fel yn y gwledydd Cristnogol);
gofalu am y dall a'r byddar (a'u gosod ar yr un tir â dynion yn
gweled a chlywed); symud olion olaf cardod o bob cylch a difodi'r
gyfundrefn ysbail yn llwyr; glanhau'r wlad o fenthycwyr arian, a
glanhau'r strydoedd o buteiniaid; codi ysgolion wrth y miloedd
a rhoddi addysg i bob plentyn yn iaith ei fam; gweithio yn y
byd rhyng-wladol dros heddwch y byd a diogelwch pob cenedl.
Symud gorthrymder oddi ar yr Iddewon, a rhoddi gorsaf radio
i bob cenedl fach i ddarlledu yn ei hiaith ei hun; a threfnu oriau
hamdden hir a chyfoethog i bob dyn.[11]

Roedd ei faniffesto yn gynamserol a phellgyrhaeddol, a'i
gwireddu yn dibynnu nid ar ymdrechion yr un blaid ond ar
gydymdrech y gweithiwr fel aelod o undeb. Y dasg oedd uno'r
gweithwyr yn nhyb Niclas. Ni welai ymwared trwy'r Blaid Lafur.
Oni ellid gwireddu'r uchod ni ellid cymdeithas Gristnogol oedd
ei ateb i 'Cymro Ifanc'. Gwnaeth y gosodiad canlynol:

Mae'r gyfundrefn gymdeithasol a sefydlwyd yn Rwsia wedi'r
Chwyldro yr un agosaf i ddysgeidiaeth Crist o holl gyfundrefnau
economaidd y byd; a'i bod yn haws byw yn Gristion yno nag mewn
un wlad arall.[12]

Trafodwch yn wir. Ac roedd gan Niclas ateb i'r
cenedlaetholwyr a amheuai ei ymlyniad at ei genedl:

Cyhuddiad annheg yw dweud na chodasom fys bach dros Gymru.
Bum i'n dadlau am yn agos i ddeugain mlynedd dros werin Cymru;
codais fy llais yn erbyn gorthrwm ysbeilwyr a rhyfelwyr. Gwn yn
dda nad ellir torri grym y gorthrwm yng Nghymru heb ei dorri
yn India a China ac Affrica. Tra bydd Lloegr yn ddigon cryf i
orthrymu India, bydd yn ddigon cryf i gadw'i throed ar Gymru.
Ysbeilio'r Imperialwr o'i allu yn yr holl fyd yw'r peth gorau. Gwaith
cartref Lenin oedd rhyddhau cenhedloedd bychain; byddai yn beth
go ryfedd i'w ddilynwyr yng Nghymru weithredu yn hollol groes

iddo. Byddai'n dda gennyf gael enwau'r Comiwnyddion sy'n sathru ar hawliau Cymru.[13]

Ond roedd y rhan helaethaf o'r llith hwnnw a gyhoeddwyd yn *Y Cymro* ar Orffennaf 23 1938 yn delio â sylwadau o eiddo'r heddychwr George M. Ll. Davies (1880–1949) mewn rhifyn blaenorol. Erbyn hynny roedd y gŵr a fagwyd yn Lerpwl wedi cynrychioli Prifysgol Cymru yn San Steffan fel Heddychwr Cristnogol Annibynnol ac wedi bod yn weinidog gyda'r Presbyteriaid cyn i'w bererindod ysbrydol ei arwain i weithio ymhlith y di-waith yn Rhosllannerchrugog a Brynmawr ac yna ymuno â'r Crynwyr yn y Rhondda. Roedd yn un o sefydlwyr Cymdeithas y Cymod ac roedd ei gefnder, yr Arglwydd Davies, Llandinam (1880–1944), yn weithgar yn ceisio sefydlu cymod rhwng cenhedloedd. Ei dad-cu oedd John Jones, Talysarn (1796–1857), a ystyrid y pregethwr mwyaf erioed o blith y Methodistiaid. Dywedwyd bod 65 o weinidogion a 70 o flaenoriaid yn ei angladd yn 1857, heb sôn am dorf o gannoedd o alarwyr.

Dioddefai George o iselder gydol ei fywyd. O Ysbyty Bangor yr anfonodd ei lythyrau at *Y Cymro* ar y pryd. Amheuai gymhellion pob mudiad nad oedd ysbryd cymod yng nghalonnau'r aelodau, oedd byrdwn ei ymateb i her Niclas i osod rhaglen o weithredu gerbron y gweithwyr:

> Wel, dyma fi; 'Cymoda â'th wrthwynebwr ar frys tra wyt ar y ffordd gydag ef'. Nid y gelyn yw'r gelyn pennaf ond gelyniaeth a hwnnw yn y galon – gelyniaeth cenedl, a felldithia'r Sais; gelyniaeth sect a felldithiodd Gymru am genhedlaeth; gelyniaeth dosbarth a ddifethodd gyflogwyr a gweithiwr am ddeng mlynedd yn y Rhondda; gelyniaeth sir a phlwyf a phentref a gadwodd Ogleddwr a Deheuwr, gwŷr Aberteifi a gwŷr Morgannwg, mewn rhwyg a rhagfarn; a gwaeth na'r cwbl y gelyniaeth sydd o dŷ a thylwyth dyn ei hun. Credaf y rhaid dechrau yn bersonol, yn y dirgel, ac wedyn yn yr amlwg, yn Llandinam a'r Rhondda ac Aberystwyth, gyda'n holl anghymod a'n sectyddiaeth grefyddol a gwleidyddol.[14]

Cafodd gefnogaeth gan J. Tywi Jones, Ceinewydd, sef hen gyfaill i Niclas o ddyddiau'r Glais, a oedd wedi ymddeol i'r pentref glan-y-môr yn Sir Aberteifi. Canmolodd ymdrechion y mudiad heddwch i sicrhau tangnefedd gan ddweud fod 'militariaeth yn gorfforiad o bob llygredd ac annuwioldeb'. 'Yr anffawd fawr,' meddai, 'yw bod y werin mor barod i gymryd ei hudo a'i chamarwain gan hunangeiswyr y byd.' Ond ychwanegodd nad oedd yr hyn a ddywedai'r Parch T. E. Nicholas o fawr bwys. 'Dichon y bydd ef yn dweud rhywbeth arall y flwyddyn nesaf,' meddai gan danlinellu mai bregus oedd y cyfeillgarwch a ffurfiwyd yn y Glais. Roedd R. Leonard Hugh o Dregaron ar yr un donfedd yn ail rifyn mis Awst:

Sonia'r ffydd Gristnogol nid yn unig am deyrnas o ddaioni mewn ystyr bendant, ond hefyd, ac yn llawn mor bwysig, am lwybr tuag ati. Y mae'r ddwy ochr yn gwbl ddibynnol ar ei gilydd. Os gwedir un ochr, fel y gwnaed ar hyd y blynyddoedd, yna nid Cristnogaeth a geir ond rhywbeth arall. Y mae'r ffordd tuag ati, er nad yn gyfystyr â hi, yn llythrennol wneud y deyrnas. Nid dweud yr wyf fod Cristnogaeth yn iawn a Marxiaeth yn gyfeiliorn. Na, ni feiddiwn wneud hynny, ond yn bersonol gwell gennyf ddilyn Iesu na Lenin, ond nid yw hynny o bwys ar y funud. Dweud yr ydwyf fod 'ffordd y Groes' a ffordd T.E.N. yn wahanol, yn gwbl wahanol.[15]

Prin y gwelai Niclas fod yna dir cyffelyb i'w rannu neu i fod yn fan cyfarfod na chwaith llwybr uniawn i'w gydgerdded. Doedd ffordd y Groes ynddi'i hun ddim yn ateb. Yn ei dyb ef roedd rhaid newid amodau byw y ddynoliaeth gyfan er mwyn ei gwneud yn haws cerdded y ffordd honno. Ond nid oedd yn ddibris o ddiffuantrwydd George M. Ll. Davies. Ni chredai fod yr adnod a ddyfynnwyd ganddo yn sail ar gyfer chwennych heddwch:

Credaf na ellir gwneud hyn hyd nes i'r dosbarth gweithiol ddod yn ben. Daeth cyfle cymod a heddwch yn helynt y Rhyfel Mawr yn 1916. Gwrthodwyd y cynnig gan Brydain a Ffrainc, oherwydd eu gwanc am ddial. Ymladdwyd dwy flynedd arall, a chael heddwch

ar delerau heb fod yn well; a miliynau wedi eu lladd yn y cyfamser.
Cymharer hyn ag agwedd gwerin Rwsia yn yr helynt diwethaf â
Japan. Digwyddodd pethau yn hollol yn ôl awgrym Mr Davies;
cytunodd Rwsia â'i gwrthwynebwyr ar frys.

Cynigiodd Stalin am gymod drwy'r blynyddoedd; cynigiodd
lawer gwaith i benderfynu helynt y terfynau â Japan; ond yn ofer.
Bu raid taro; wedi taro, a tharo'n galed ac effeithiol, a gyrru'r
fyddin estron o dir Rwsia, derbyniwyd y cynnig am heddwch ar
unwaith. Ni allai neb ond gwlad yn nwylo gweithwyr wneud peth
felly. Gellir byw yn unol â geiriau Crist o dan gweriniaeth.

Dioch i Mr Davies am ei lythyr caredig; a gwêl y darllenwyr
ei fod ef a minnau, yn y gwaelod, yn sefyll dros yr un pethau. Da
gennyf hynny; oblegid loes i'm calon fyddai gwrthwynebu dim y
safodd ac y saif Mr Davies drosto.[16]

Nid oedd mor gymodlon tuag at y Parch J. Tywi Jones wrth
derfynu ei lythyr ar Awst 20. Parod oedd Niclas i roi clusten
eiriol o bryd i'w gilydd:

Pe bawn i wedi dweud bod yr Eglwys yn methu amgyffred meddwl
Crist ac wedi anghofio bod yr Efengyl yn allu Duw, diau y gosodid
fi allan fel pagan. Diolch i Mr Tywi Jones am fynegi'r peth mor
bendant. Tebyg y cofia am agwedd yr Eglwys adeg y Rhyfel Mawr.
Un o nodweddion y Parch Tywi Jones fel ysgrifennwr yw ei allu i
ddweud pethau mawr mewn brawddegau bachog. Dyma frawddeg
fawr, gynhwysfawr, a boneddigaidd, brawddeg yn haeddu lle
ymysg diarhebion y genedl; 'Nid yw yr hyn a ddywed y Parch T.
E. Nicholas o fawr bwys'. Ni ellir ond edmygu y modd syml a
phendant y rhoddwyd gwirionedd mor fawr mewn brawddeg mor
gryno.[17]

Ni welwyd Tywi Jones yn dychwelyd i'r ffrae. Ond
droeon y mentrodd 'Cymro Ifanc' arni drachefn. Yn ogystal
â 'Cymro Canol Oed,' 'Hen Gymro' a 'Creuddynwr'. Tybed a
wyddai Niclas pwy oedd yn cuddio y tu ôl i'r enwau ffug?
Pam na fyddai'r *Cymro* yn mynnu eu bod yn cyhoeddi o dan
eu henwau priod? Byddai mwy o barch iddynt pe gwnaent
hynny, mae'n siŵr. Dyna wnâi Tom Thomas, Pontardawe; G.

Caradoc Richards, Corwen ac E. Butler, Hendre, Rhydaman wrth ganu clodydd Niclas. Ysgrifennai Mr Butler ar ran Cyngor Diwydiannau a Phlaid Lafur Rhydaman, Llandybïe a'r Cylch. Dyma ei ddyfarniad am Niclas yn rhifyn cyntaf mis Medi 1938:

> Cydnabyddir ef fel proffwyd ei gyfnod; ar hyn o bryd, o bosibl, fel un yn llefain yn anialwch anwybodaeth ac ofergoeliaeth, er hynny yn cyfeirio'r werin, ond gwrando arno, i'r byd gwell lle ceir heddwch fel yr afon a chyfiawnder fel tonnau'r môr.[18]

Ond ymateb a wnâi Niclas heb hidio pa enwau oedd wrth gynffon llythyrau. Ni chwynodd am yr un llythyrwr yn gwrthod datgelu ei wir enw a'i gyfeiriad. Roedd 'Cymro Ifanc' yn dychmygu Niclas yn eistedd mewn cadair esmwyth gyffyrddus mewn 'ystafell hardd perthynol i *villa* dlos yn un o drefi mwyaf dymunol Cymru' yn hamddenol lunio ei erthyglau. Cafodd wybod nad felly oedd hi yng ngholofn olaf 'O Fyd y Werin' mis Awst:

> Gweithiaf bob dydd o ddeg i ddeuddeg awr, a hynny oddi cartref, heb hamdden na chyfle i ddarllen nac ysgrifennu. Hynny bob dydd o'r wythnos, a phob wythnos o'r flwyddyn. Wedi dod adref yn yr hwyr a dechrau darllen neu ysgrifennu gelwir arnaf hanner dwsin o weithiau i adael y llyfr a'm hysgrif, a mynd at fy ngwaith. Yn aml ni fydd gennyf amser i ail-ddarllen ysgrif cyn ei danfon i'r wasg; ni all y darllenwyr ddisgwyl llawer o raen llenyddol ar fy mhethau. Ceisiaf wneud fy meddwl yn glir a'm safbwynt ar bynciau'r dydd yn eglur, a dyna i gyd. Nid rhyw lawer o amser a gaf yn y gadair freichiau esmwyth.
>
> Yn ystod y gaeaf diwethaf darlithiais yn agos i hanner cant o weithiau; wyth gwaith mewn wyth diwrnod ddiwedd mis Mawrth; a theithio deuddeg cant o filltiroedd, a gwneud fy ngwaith arferol. Fe wêl y cyfaill nad rhyw lawer o amser sydd i mi rhwng breichiau'r gadair esmwyth nac yn y *villa* chwaith. Ychydig iawn yw'r oriau sydd gennyf at ysgrifennu er gwneud yn fawr o bob munud rhydd.[19]

Erbyn diwedd y 1930au roedd Mahatma Ghandi wedi ei sefydlu ei hun yn arweinydd o bwys a oedd yn herio presenoldeb yr Ymerodraeth Brydeinig yn India. Trefnodd daith gerdded 250 milltir i wrthwynebu'r Dreth Halen. Fe'i carcharwyd droeon. Rhoddai bwys ar weithredu'n ddi-drais ac arddel y gwirionedd ymhob sefyllfa. Rhoddai bwys ar fyw'n syml ar fwyd llysieuol ac ar ymprydio'n gyson fel gweithred o buredigaeth. Ond er ei statws ni chredai Niclas ei fod ar y trywydd cywir. Ac er gwaethaf ei brysurdeb ei hun lluniodd golofn ym mis Ionawr 1939 yn condemnio Ghandi am fradychu'r gweithwyr:

> Ghandi sydd wedi torri asgwrn cefn mudiad gwerin India am ryddid. Trodd at ei gyfriniaeth ddi-fudd a di-reswm. Tynnwyd sylw'r werin oddi wrth y frwydr yn erbyn y cyfalafwyr estron, a gwthiwyd y mudiad yn ôl am amser hir. Erbyn hyn, wedi i'r mudiad fynd i ddwylo eraill, ail-drefnir y rhengoedd i frwydr rhyddid, ond erys dylanwad Ghandi yn graig rhwystr i undeb a buddugoliaeth. Dynion fel efe yw'r prif rwystr ar ffordd undeb werin ymhob gwlad. Ni ellir rhyddhau India heb ddifodi cyfalafiaeth; ni ellir gwasanaethu Duw heb dorri grym Mamon. Torrodd Rwsia awdurdod Mamon wedi'r chwyldro.[20]

Ni chyfyngodd ei hun yn llwyr i faterion rhyngwladol. Byddai'r un mor barod i dorri ei gwys ei hun ar faterion Cymreig. Ar y pryd roedd yna Ddeiseb Genedlaethol yn cael ei threfnu yn gofyn am yr hawl i ddefnyddio'r Gymraeg mewn llysoedd barn. Addefai iddo ei harwyddo ei hun ac annog eraill i wneud. Ond mynnai mai mater cymharol ddibwys oedd hynny yn nhrefn tragwyddoldeb yn un o lithiau mis Ebrill 1939:

> Gellid meddwl wrth glywed rhai yn siarad fod y Cymry'n treulio rhan fawr o'u hamser yn llys barn; a'i bod yn oll-bwysig i gael rhyddid a hawl i siarad Cymraeg yno. Faint o ddynion yng Nghymru sydd yn mynd i lys barn yn eu hoes? Gofynnais y cwestiwn mewn cwrdd cyhoeddus dro yn ôl, a gofyn i bawb a fu mewn llys barn godi ei law. Ni chododd neb ei law ond fy hunan.
> Gorfu i mi gyfaddef i mi fod mewn llys barn unwaith am

ddweud y gwir ugain mlynedd yn rhy gynnar am y Rhyfel Mawr. Gofynnais gwestiwn arall, 'Faint ohonoch chwi sydd yn ennill rhy fach i fyw yn gysurus, a thalu eich ffordd, ac addysgu a gwisgo a phorthi eich plant yn briodol?' Aeth bron bob llaw i fyny. Ond pe gofynnwn iddynt ddangos brwdfrydedd dros wella'u hamgylchiadau, a mynd a deiseb o dŷ i dŷ drwy Gymru gyfan yn gofyn am well amodau byw, ofnaf mai ychydig o gefnogwyr a fyddai i mi.

Dywedaf hyn nid am nad wyf yn credu yn amcan y ddeiseb genedlaethol, ond i ddangos fel y gellir creu brwdfrydedd dros beth cymharol ddibwys, a methu ennill cefnogaeth o gwbl ar bynciau pwysig i ddedwyddwch y dosbarth gweithiol. Yn bersonol, ni allaf gredu y daw Cymru i'w chyfrif yn gydradd â Lloegr hyd oni ddelo cyfundrefn o gydweithrediad rhwng gweithwyr y ddwy wlad. Tra byddo Lloegr yn ddigon cryf i ysbeilio gweithwyr Lloegr, bydd yn ddigon cryf hefyd i orthrymu rhyw gymaint ar Gymru.[21]

Ond sôn am ragoriaethau Rwsia a wnâi crynswth yr erthygl, a'r rheidrwydd i efelychu camp y gweithwyr o dan Joseph Stalin (1878–1953) i ymryddhau o'r drefn ysbail, a chyhoeddi mai dyna'r unig ddeiseb werth chweil y dylid ei threfnu, er cefnogaeth ei 'holl galon' i'r Ddeiseb Genedlaethol. Yn ôl yr arfer cafwyd llythyr o ymateb, a hynny gan gyn-blisman yn dweud mai 'anghyfiawnder yw gorfodi person i siarad mewn iaith estron, er ei fod yn weddol hyddysg ynddi, os mai ei iaith ei hun a ddefnyddia bob dydd; yn enwedig mewn llys cyfraith yn ei wlad ei hun'.

Pan gyhoeddwyd Cytundeb Munich ym mis Medi 1938 bu Niclas yn darogan mai mater o amser oedd hi cyn y byddai rhyfel yn torri. Condemniai'r prif weinidog, Neville Chamberlain (1869–1940) am ddychwelyd i Brydain gan gyhoeddi bod heddwch wedi'i sicrhau trwy ganiatáu i'r Almaen feddiannu rhannau o Tsiecoslofacia oedd yn ffinio â hi. Doedd Tsiecoslofacia ddim yn rhan o'r trafodaethau pan darwyd y fargen rhwng yr Almaen, Prydain, Ffrainc a'r Eidal. Cefnogodd Niclas yr Undeb Sofietaidd pan lofnodwyd cytundeb i beidio ag ymosod ar yr Almaen am ddeng mlynedd, gan ddadlau mai sicrhau heddwch byd oedd cymhelliad y Rwsiaid. Roedd yna gytundeb cudd hefyd y byddai'r ddwy wlad yn meddiannu tiriogaeth yn Nwyrain Ewrop. Ond o fewn dwy flynedd, ar ôl meddiannu Ffrainc, roedd lluoedd Hitler yn ymosod ar Rwsia ac yn bygwth Prydain. Dal i wrthwynebu rhyfela yn erbyn yr Almaenwyr a wnâi Niclas, nes iddyn nhw ymosod ar Rwsia.

13

Ymrafael â'r *Cymro*

PERCHENNOG *Y CYMRO* oedd Rowland Thomas (1887–1959),
ac fel pob perchennog papur arall roedd dan bwysau o
du'r awdurdodau i beidio â chyhoeddi dim a fedrai fod yn
niweidiol i ddiogelwch y wlad. Roedd yr Emergency Powers
Act mewn grym. Yn unol â rhybuddion cyson Niclas yn ei
golofn roedd cyhoeddiad o ryfel ar y gorwel. Ddiwedd mis
Awst 1939 ysgrifennodd Rowland Thomas at ei golofnydd
dadleuol:

> I feel sure you will agree that we have given you, fearlessly,
> considerable latitude, but that we cannot be expected to continue
> to do so under war conditions, or in times of crises. In the conduct
> of a newspaper the time comes when it must act in the interest of
> the country to the best of its belief, and in the event of war, I am
> satisfied we would not be acting up to that belief if we accorded
> our columns to a propaganda for a form of government which is
> the antithesis to all I hold dear.[1]

Yn y rhifyn dilynol o'r wythnosolyn esboniwyd i'r darllenwyr
y byddai ysgrifau Niclas yn cael eu hatal pe byddai rhyfel yn
torri am 'na allwn ganiatáu i'n colofnau gael eu defnyddio i
hyrwyddo unrhyw bropoganda a ellir ei ystyried yn dylanwadu
ar y farn gyhoeddus yn erbyn y Wladwriaeth'. Wrth esbonio
na fedrai'r *Cymro* wyngalchu Rwsia yn yr un modd â Niclas o
ganlyniad i'r cytundeb rhyngddi a'r Almaen, a oedd yn agored
i'w ddehongli mewn sawl dull a modd, ac mai dyna pam, felly,
yr ataliwyd ei golofn, dywedwyd ymhellach:

Teimlwn yn sicr mai Mr Nicholas a fydd y cyntaf i gydnabod ein bod wedi rhoddi iddo'n ddiofn ryddid i ddatgan ei olygiadau am ffurf o lywodraeth na chredwn ni ddim ynddi ac yn awr gan fod argyfwng ar ein gwlad ystyriwn na fyddem yn gwneud ein dyletswydd drwy estyn iddo'r un cyfleusterau pan fo undeb yn hanfodol.[2]

Ddydd Sul, 3 Medi 1939, ddeuddydd ar ôl i'r Almaen ymosod ar Wlad Pwyl, cyhoeddodd y prif weinidog, Neville Chamberlain, fod Prydain, ynghyd â Ffrainc, bellach mewn stad o ryfel yn erbyn Adolf Hitler a'r Almaen. Bu raid i Niclas ildio'i golofn. Ond ni thawodd ei lais, eithr cyhoeddwyd llythyrau o'i eiddo, llythyrau gan ddarllenwyr yn ei ganmol a'i gollfarnu, ac aeth yn ffrae rhyngddo a'r golygydd, a hynny yn cael ei gofnodi ar y dudalen flaen droeon.

A doedd y golofn lythyrau ddim yn brin o ddeunydd ar gorn sylwadau Niclas yn ystod y misoedd yn arwain at ei waharddiad. Wrth ganmol 'ei ysgrifau gwych', anghytunai Charles Williams o Chwilog â'i ddatganiad na 'fu'r byd erioed yn brin o ddynion parod i ymladd dros achosion teilwng' ym mis Mai. Mynnai'r gŵr o Eifionydd godi'r drafodaeth i dir uwch wrth ddadlau na all Cristion ddilyn Iesu Grist a rhyfela:

> Credaf yn ddiysgog y dylai'r Eglwys ddatgan yn bendant a chroyw ei hargyhoeddiad fod rhyfel yn anghyson ag ysbryd crefydd Crist. Daeth y dydd y mae'n rhaid i'r Eglwys sefyll dros Grist a'i Efengyl. Os yw arweinwyr ein heglwysi yn mynd yn 'Recruiting Officers' i'r Llywodraeth yna ofer yw ein ffydd ni. Y mae galwad arbennig ar ein gweinidogion o bob enwad a phlaid i sefyll dros egwyddorion Tywysog Tangnefedd. Angen mawr ein hoes yw cael dynion a fedr argyhoeddi ein gwlad fod rhyfel yn groes i ddelfrydau'r Bregeth ar y Mynydd.
>
> Os iawn y deallaf y mae arweinwyr byd a rhai yn yr Eglwys hefyd a'u holl allu yn cadw gwerinoedd y byd ar wahân ac yn creu atgasedd a chenfigen a gelyniaeth rhwng cenhedloedd a'i gilydd. Yn sicr ddigon y mae rhywbeth mawr o'i le yn ein byd, pan fo rhyw ddyrnaid o bobl yn peryglu heddwch y byd, a ninnau werinoedd yn byw mewn ofn a dychryn.

Byddaf yn gofyn i mi fy hun ai ofer llafur John Penry, Henry Richard, Robert Owen, y Drefnewydd, a llu o ddynion o gyffelyb feddwl, a aberthodd eu hunain ar allor gwasanaeth i godi eu cenedl, ac ennill y rhyddid sydd gennym ni heddiw. Ein braint yw ymaflyd yn dynnach yn y rhyddid a enillwyd gan ein tadau. Deffrown, Gymry annwyl, cyn iddi fynd yn rhy ddiweddar.

Y mae galwad arbennig arnom heddiw i sefyll yn erbyn cynlluniau y diafol. Onid oes modd uno i ddiorseddu y rhai sydd yn berygl i heddwch yn ein gwlad a'r byd? Dyma ddywed un ysgrifennydd. 'Un o'r drygau a gondemnir yn ddiarbed yn y Testament Newydd ydyw gormesu ar y tlawd a'r gwan. Gormesu a budr-elwa yw defnyddio manteision i golledu'r sawl sydd heb fanteision. A gweir enillion mawrion drwy'r gweithredoedd anfad hyn.

Bu ein bechgyn yn y rhyfel, aethant trwy brofiad erchyll gan ddioddef poenau uffern a dychwelyd, lawer ohonynt, yn anafus am weddill eu hoes. Heddiw gwelant laweroedd o ddynion wedi ymgyfoethogi yng nghysgod eu haberth hwy. Dioddefodd crefydd yn fawr oherwydd hyn.[3]

Doedd pob llythyrwr ddim yn codi i'r un tir uchel ond roedd John Hughes, Rhydyclafdy am ganu clodydd Niclas ym mis Gorffennaf wedi iddo ei glywed yn darlithio ar 'Ddinas Cain a Dinas Duw' yn Nefyn wrth iddo synhwyro bod cymylau rhyfel yn crynhoi:

Credaf fy mod yn datgan teimladau cyffredinol lliaws o'r rhai oedd yn y cwrdd wrth fynegi ein diolch i'r *Cymro* am gyfle bob wythnos i gael ei farn ar faterion sydd o bwys i'r werin yn y dyddiau blin a digalon yr ydym yn myned drwyddynt. Yn wir y mae eich papur yn ychwanegiad helaeth i'r Wasg Gymreig tuag at gyfoethogi ac amlhau cyfle i ryddid barn, a chan adael i farn gael ei llafar.[4]

Cyn diwedd y mis roedd Math R. Hughes o Huddersfield wedi ymateb yn gwrthwynebu'r wablin sebon a ddefnyddid gan John Hughes ac yn awyddus i leisio barn wahanol a goleddid ymysg llawer o ddarllenwyr *Y Cymro* am gyfraniadau Niclas:

I lawer ohonynt mae ebychiadau wythnosol y cyn-weinidog efengylaidd yn sarhad ar eich colofnau. Cofiaf i Mr J. C. Roberts, Southport, ddatgan mewn darlith yn Bootle y gallai'n hawdd brofi anwir pob datganiad o eiddo T.E.N. Wythnos ar ôl wythnos croniclir yn ei araith gyfeiriadau hollol gamarweiniol ynglŷn â'i dduw, llywodraeth Rwsia, ac nid anghofiaf ei lith cibddall a gwenwynig – teilwng o ddinasydd 'Dinas Cain' – ar anrhydedd a chymeriad Ramsay MacDonald.

Yn ei ysgrif heddiw nid oes egwyddor yn perthyn i lywodraeth ein gwlad yn ei hymwneud â China a crochlefara mai twyll yw holl weithrediadau'r Prifweinidog (ie, mwy, twyll y gwyddai y proffwyd Nicholas ymlaen llaw), ac mae'n amlwg i bawb fod holl ddirgelion meddwl Hitler a Chamberlain yn llyfr agored iddo ef! A diwedd ei neges yw 'cytundeb â Rwsia ar delerau Rwsia ei hun.' Ac apelia yn ei ddull trofaus at weithwyr y byd mewn brawddegau 'o gam dystiolaeth yn erbyn cymydog' heb rithyn o ymresymiad na ffaith, ond yn unig ei holl wybodaeth unbenaethol rhagfarnllyd ei hun. Yn ôl ei arfer cyflwyna addoliad unllygeidiog i'r Cristion diymhongar Stalin; dyna ei 'Amen'.[5]

Ni fedrai Niclas ymatal rhag ymateb i'r fath gernod, nid yn ei golofn 'Byd y Werin' ond trwy lythyr, yn rhifyn olaf mis Gorffennaf, gan wahodd J. C. Roberts a Math R. Hughes i leisio'u hamheuon o'r hyn a ddywedwyd ganddo yn Bootle ar ddudalennau'r *Cymro* a phwysleisiodd na ddywedodd ddim anwir am y diweddar Ramsay MacDonald. Y farn gyffredinol am y cyn-Brif Weinidog Llafur, a gafodd ei ddiarddel gan ei blaid, oedd ei fod wedi bradychu'r dosbarth gweithiol:

Ni soniais am ei gymeriad, ond rhoddais ei hanes fel gwleidydd. Ymhen misoedd wedyn daeth llyfr allan gan ei ysgrifennydd cyfrinachol, *The Tragedy of Ramsay MacDonald* a chadarnhawyd popeth a ddywedais. O gymharu'r llyfr a'r ysgrif gwelir i mi fod yn deg a chymhedrol. Ni chymerais 'anrhydedd' MacDonald oddi arno chwaith. Byddai yn amhosibl hyd yn oed i T.E.N. gymryd oddiar MacDonald beth na fu erioed yn eiddo iddo.[6]

Roedd Niclas wedi cynhyrfu'r dyfroedd ymhellach. Yn

y rhifyn nesaf dychwelodd John Hughes i ymosod ar Math Hughes a dychwelodd yntau i ymosod ar Niclas. Rhybuddiwyd y gŵr o Huddersfield 'mai nid ar ûs y siomir hen ieir' ac mai gwell fyddai iddo 'fod yn wyliadwrus rhag iddo golli ei wregys o amgylch ei lwynau a chanfod ei fod yn noeth' gan ychwanegu 'ac er y buasai oeri tipyn yn llesol iddo y tebyg yw nad oes arno eisiau colli ei dduwdod er mai gwell o lawer yw i fodau dynol fod yn ddynion'.

Amddiffyn MacDonald oedd byrdwn sylwadau Math Hughes yn yr un rhifyn, a cheisio dirmygu Niclas ymhellach am ei ffaeleddau:

> Golygiadau cibddall T.E.N wna iddo geisio chwilio am amddiffyniad o'i athrod yn y llyfr gan ei ysgrifennydd. Talwyd teyrnged i gymeriad ac anrhydedd Mac gan ei gydwladwyr dydd ei angladd i'w godi ymhell uwchlaw gallu dirmyg T.E.N. i'w ddiraddio. Heddiw datgana y gŵr o Lasynys mai'r bwriad yw rhannu China yn gylchoedd ysbail rhwng Japan, Prydain a Hitler, datganiad bron mor chwerthinllyd â'i gyfeiriad at 'wlad werinol Rwsia' a 'gweriniaeth ieuengaf Ewrob' (Sbaen). Gwahoddaf T.E.N i ateb a ellid ymosod yn y wasg Sofietaidd ar eu llywodraeth gyda'r un rhyddid ag a fwynha T.E.N. i ddirmygu Llywodraeth Prydain yn *Y Cymro*?
>
> Er nad diddorol fydd ymbalfalu gyda gwawchiadau gorffennol T.E.N., derbyniaf ei wahoddiad i ddinoethi ei wegi herfeiddiol o dro i dro; ar hyn o bryd yr wyf yn brysur gyda ffrwyth yr ardd, ac yn golygu mwynhau egwyl – a haul efallai! – ar y Cyfandir. Wedi hynny, caf hamdden i dorri talar arall. Yn y cyfamser gwahoddaf ef i ddarllen ysgrifau John Brown, y Comiwnydd, Tchernavin, Trotsky, ac Ysgrifennydd yr Undebau Llafur, ac adroddiadau blynyddol y Feibl Gymdeithas yn ogystal â llithoedd eirias ei gyfeillion anffyddol.[7]

Gyda hynny diflannodd Math Hughes i godi ffrwythau o'i ardd ac i folaheulo ar y cyfandir. Yn yr un rhifyn roedd E.T.R. o'r Bala yn codi llawes Niclas a'i ddyfarniad am y gŵr o Huddersfield oedd 'y neb a daflo laid a gyll dir'. Ond doedd Niclas ddim yn barod i Math Hughes fwynhau cynnyrch ei ardd na chwaith ei wyliau cyfandirol. Tarodd 'nôl yn ei golofn ymhen pythefnos yn ei ddull arferol diflewyn ar dafod, gan ddiffinio ei ddyletswydd a'i gyfrifoldeb fel gwerinwr:

Ymddengys bod Math R. Hughes yn dioddef oddi wrth yr un clefyd â Chamberlain. Aeth hwnnw i ffwrdd i bysgota, a chyflwr y byd yn beryglus a dweud y lleiaf. Y mae dal pysgod yn bwysicach yn ei olwg na gwneud rhywbeth i arbed y byd rhag rhyfel arall. Yr un yw cyflwr meddyliol Math R. Hughes. Dywed yn ei lythyr diwethaf ei fod yn derbyn fy ngwahoddiad i ddinoethi gwegi fy ysgrifau, ond ar hyn o bryd ei fod yn rhy brysur gyda ffrwyth yr ardd, ac eisiau mwynhau egwyl, a haul, ar y cyfandir efallai.

Wedyn bwriada dorri talar arall! Gair da yw 'talar'; y darn hwnnw o'r cae lle nad yw'r amaethwyr yn disgwyl llawer o gnwd. Y mae yn ei lythyr diwethaf un cwestiwn, a ddaeth yno trwy ryw ddamwain. Hen gwestiwn a gefais lawer gwaith mewn cyfarfodydd cyhoeddus. Cyfyd y cwestiwn bob tro o ddiffyg deall fy safle bersonol, a safle Rwsia. Wele'r cwestiwn: 'A ellid ymosod yn y Wasg Sofietaidd ar eu llywodraeth gyda'r un rhyddid ag a fwynha T.E.N. i ddirmygu Llywodraeth Prydain yn *Y Cymro*?'

Fy safle i yw hyn, nad yw Llywodraeth Prydain yn cynrychioli syniadau gweithwyr y wlad, nac yn bod er mwyn cysur a diogelwch gweithwyr y wlad. Llywodraethir Prydain gan ddyrnaid o ddynion er mwyn dosbarth bychan iawn o gyfalafwyr. Da fyddai i Math R. Hughes ddarllen llyfr a ddaeth allan yn ddiweddar, *Tory MP*. Yn hwnnw dangosir fod Prydain, yn wleidyddol a masnachol, yn nwylo nifer fach o deuluoedd pendefigaidd. Llywodraethir y wlad er mwyn yr ychydig deuluoedd hynny. Gesyd yr awdur y ffeithiau a'r enwau yn ei lyfr.

Fel gwerinwr fy ngwaith yw ceisio adfer y wlad i ddwylo'r gweithwyr, a mynnu llais i anghenion a hawliau'r bobl yn y Senedd. Gellir dweud fy mod yn camsynied wrth geisio peth felly; ond rhaid deall mai dyna a geisiaf cyn y gellir beirniadu fy ysgrifau'n deg. Hyd oni ddelo Prydain yn gyfangwbl dan lywodraeth y gweithwyr byddaf fi ac eraill yn gweithio i'r amcan hwnnw.

Pe cymerai Math R. Hughes dipyn bach o drafferth i ddeall cyfundrefn Rwsia, arbedai lawer o drafferth iddo'i hun, a gallai fynd ar ei wyliau yn ddibryder ei feddwl. Edrychaf ymlaen gyda hyfrydwch at ddiwedd ei wyliau, a'i weld yn torri 'talar arall' chwedl yntau.[8]

Yn yr un rhifyn hwnnw a gyhoeddwyd ddydd Sadwrn 19 Awst roedd yna ragor o Gymry alltud wedi penderfynu bwrw eu hatlin, gan gynnwys J. C. Roberts, Southport a oedd yn bresennol yn y ddarlith honno yn Bootle. Amheuai haeriadau'r darlithydd:

> Gorau imi wrthbrofi trwy ffeithiau nad oedd yn wir yr hyn a haerai Mr T. E. Nicholas. Mewn perthynas i'm sylw nad oedd gan weithwyr Rwsia esgidiau am eu traed cyn y Rhyfel mawr dan lywodraeth yr Ymerawdwr, oni roddais ffeithiau i brofi fod cannoedd o dunelli o 'rubber' yn cael ei brynu at wneud esgidiau yn flynyddol? Ac ymhellach haerais nad oedd yno gynnydd moesol, oherwydd eu bod yno yn amddifadu trigolion gwlad o'u rhyddid o'u heglwysi ac o'u Duw; yn sicr y gair a saif ac y mae gennyf dystion o'r uchod. Nid oes gennyf wrthwynebiad i Mr Nicholas ganmol gwlad ond pam gwneud hynny ar draul difrïo y wlad hon a'i harweinwyr.[9]

Barn J. Price, Bracebridge, Lincoln oedd mai 'clindarddach drain dan grochan' oedd ysgrifau Niclas ond roedd Collwyn o Lerpwl yn fwy haelfrydig, gan ddweud fod awdur yr ysgrifau yn gweld 'yn gliriach na nemawr neb i dwyll a rhagrith yr arweinwyr politicaidd'. Meddai ymhellach; 'Hawdd hynt a deau helynt a fo iddo i oleuo'r werin druan sy mor barod i goelio pob dim a geir yn y wasg Saesneg. Na ddigalonned T.E.N.; mae tyrfa'n darllen ei ysgrifau a chryn nifer yn dechrau gweld dynion megis prennau yn rhodio'. Roedd T. Eric Davies, Small Heath, Birmingham yn edmygydd o Niclas ac yn barod i gystwyo'r sawl a'i pardduai:

> O daflu llygad dros ymosodiad Mr Math R. Hughes ar y Comiwnydd Nicholas gwelaf ei fod ef yn gryn feistr ar hen grefft gynefin yr anwybodus pan fo dicter yn noethlymun ar ei farch-asyn. Onid mwy i'r pwrpas fyddai i Mr Hughes nodi un neu ddwy o'r proffwydoliaethau y daliwyd y Comiwnydd Nicholas ar gam

ynddynt yn ystod y ddwy flynedd ddiwethaf? Wele, y maent oll yn ysgrifenedig yn *Y Cymro* ac yr wyf fi yn un o'r lliaws sydd yn teimlo yn wir ddiolchgar i chwi am eu cyhoeddi. Credaf y rhestrir hwy mewn blynyddoedd i ddod gydag ysgrifau godidog a thanllyd S.R. a J.R., a gosod Nicholas ym mysg meibion gweledigaeth.

Gyda golwg ar gymeriad J. Ramsay MacDonald nid oes eisiau edrych ymhellach na llyfr cyfrin ysgrifennydd MacDonald ei hun am hwnnw. Hwyrach i'r awdur gael gwell manteision i adnabod MacDonald nag a ddaeth i ran Mr Hughes. Fodd bynnag, y mae datguddiadau'r llyfr yn waeth na dim a ddywedodd y Comiwnydd Nicholas erioed am MacDonald, er eu bod yn wybyddus ddigon yn ystod dyddiau y gŵr hwnnw.[10]

Doedd dim disgwyl i Niclas orwedd yn llonydd. Roedd hi'n tali-ho drachefn yn rhifyn olaf mis Awst 1939 o'r *Cymro*. Condemniodd J. C. Roberts am wneud haeriadau, a thaflodd ffeithiau ato yn y golofn lythyrau ynghylch cynnyrch esgidiau yn Rwsia:

> Yn 1913 un pâr bob saith mlynedd a ellid ei roddi i weithwyr a bwrw fod dosraniad yr esgidiau a gynhyrchid yn weddol gyfartal. Gwyddom fod y gwŷr mawr yn cael ugain pâr am bob un i'r gweithwyr, fel yn y wlad hon. Llai na deg y cant o weithwyr tir oedd yn gwisgo esgidiau o gwbl. Yn 1937 yr oedd cynnyrch esgidiau yn ddigon i sicrhau pâr i weithwyr bob blwyddyn. Nid oes yno ddigon o esgidiau eto; rhoddais y ffigurau i ddangos y cynnydd mewn cynnyrch.
>
> Os ewyllysia ddod â phwnc moesoldeb i mewn, bydd yn bleser gennyf ddangos iddo fod moesoldeb Rwsia mewn cymeriad a masnach yn uwch nag eiddo'r dynion fu'n gwerthu *rubber* am ddwbl ei bris a chopr am yn agos i ddwbl ei bris i Hitler yr wythnos hon, er mwyn ei gynorthwyo i ail-arfogi; ac yn uwch nag eiddo'r Prydeinwyr sydd yn gwerthu nwyddau rhyfel a haearn i Japan o Hong Kong, a'u cario yn llongau'r Almaen i ddinistrio gwareiddiad China.[11]

Cafodd ei gythruddo'n benodol gan G. M. Davies, Ynys-hir wedyn, a ddywedodd yn y rhifyn cynt 'I'm tyb i buasai'r *Cymro* yn llawer mwy teilwng pe wedi sicrhau gwasanaeth gŵr o gyffelyb ddawn, hamdden, a gwybodaeth i wyntyllu honiadau camarweiniol Mr. Nicholas o dro i dro'. Y gair 'hamdden' oedd wedi'i ddolurio'n bennaf:

> Pe dywedai wrth rywun yn Aberystwyth fy mod yn 'ŵr hamdden' ystyrid y peth yn jôc fawr. Yr wyf yn gweithio trigain awr yr wythnos, a llenydda dipyn, a siarad dipyn, heblaw ysgrifennu i'r *Cymro*. 'Gŵr o hamdden'! Enwau dieithr i mi yw fy nghefnogwyr a'm gwrthwynebwyr. Pam na rydd y cyfeillion hyn rai o'm 'camgymeriadau' yn eu llithoedd yn lle awgrymu pethau? Os byw ac iach, byddaf yn siarad yn Ynyshir ddwywaith yr un diwrnod ym mis Tachwedd. Estynnaf wahoddiad cynnes i Mr. G. M. Davies ddod yno, a rhoddaf gyfle iddo ofyn cwestiynau a siarad. Os geill daro ar 'ŵr o hamdden' cymhelled ef i ddod i'r cwrdd. Bydd yn gyfle braf i 'wyntyllu honiadau camarweiniol T.E.N'.[12]

Roedd gan Niclas ei gefnogwyr drachefn, sef Charles Williams, Chwilog a Dan Jones, ei gyfaill o Goginan ac W. Alun Davies, Manceinion. Mae'n werth dyfynnu eu llythyrau'n gyflawn. Y gŵr o Eifionydd yn gyntaf:

> Carwn ofyn i Mr. M. R. Hughes, Huddersfield, ai perthyn i ddosbarth gweithiol y werin y mae, ynteu i'r dosbarth hwnnw sy'n barod i roi ei droed ar wddf hwnnw sydd a'i holl allu i ddyrchafu'r werin bobl a'u goleuo ym mhethau ymarferol bywyd? Y gwir yw, fe gawn lawer o'r dosbarth hwn mewn byd ac eglwys sy'n barod i aberthu rhywbeth er mwyn cadw'r werin i lawr. Nid oes eisiau ond darllen ysgrifau gwych T. E. Nicholas na welwn fod cyfoethogion a'u holl allu'n dwyn ein rhyddid oddi arnom.
>
> Buasid ym meddwl wrth ddarllen llythyr M.R.H. nad oes dim da yn deilliaw o Rwsia; druan ohono ynteu. Er nad wyf Gomiwnydd, credaf beth bynnag yw daliadau'r blaid honno, y buasai'n briodol i ninnau ddilyn y pethau gorau sydd yn perthyn iddi. Ai ofn i'r werin gael gwybod am gynllwynion dieflig cyfalafwyr Prydain Fawr y mae M.R.H., y dyrnaid pobl hynny sy'n llywodraethu ein gwlad heddiw, ac yn ceisio dwyn rhyddid oddi ar gwerin i gario allan eu mympwyon hunanol eu hunain?
>
> Beth bynnag a ddywedwn am Rwsia, rhaid cydnabod bod y wlad fawr yma wedi codi'r werin ar ei thraed ac nid eu cadw i

lawr fel y gwledydd Ffasgaidd a Naziaidd. Ofnaf fod y wlad hon
yn dilyn ôl traed y rhai hyn er dirfawr ofid i'r rhai a gâr rhyddid.
Mae hyn i'w weld yn amlwg yn llywodraeth ein gwlad yn y
dyddiau hyn, – gwario dwy filiwn o bunnau ar arfau rhyfel bob
dydd, ac yn methu gweld ei ffordd yn glir i godi pensiwn henoed.

A dyma sydd yn od imi, mae'r Aelodau Seneddol y dyddiau
diwethaf yma yn ceisio pasio mesur i gael pensiwn eu hunain
hefyd, ac nid 10/- yr wythnos chwaith cofiwch chi. Dyna
anghysondeb ynte, i ba beth yr anfonwn gynrychiolydd i Senedd
Prydain Fawr? I gynrychioli ei etholaeth yn bennaf peth ac nid i
ddatgan ei farn ef ei hun. Y mae arnom angen gwylwyr ar y mur
yn y dyddiau hyn, i rybuddio'r werin, rhag iddi golli y peth mwyaf
gwerthfawr sydd yn ei meddiant. Mae ar werinoedd y byd angen
dynion i'w harwain mewn heddwch, ac nid mewn ofn rhyfel. Drwy
law'r werin y daw iachawdwriaeth i'r byd. Deffroed Cymru yn y
dyddiau hyn.[13]

Doedd dim amau nad oedd Dan Jones yn canu'r un salm â
Niclas, a hwyrach yn synhwyro bod ei ddyddiau fel colofnydd
ar fin dod i ben. Roedd angen cymaint o gresh â phosib felly i
iro ei enw:

Llongyfarchiadau i T.E.N. am ei sêl dros weriniaeth yn y wasg, ar y
llwyfan, mewn cân a barddoniaeth, ac am ddarlunio a rhagfynegi
sefyllfa beryglus y byd mor gywir i'ch darllenwyr, a diolch cynnes
i'r Cymro am agor ei golofnau i'r gwron hwn.

Blin gan ran fawr o'ch darllenwyr weled un, Math R. Hughes,
Huddersfield, yn gwneud ymgais i ddiraddio ein gohebydd yn eich
colofnau. Cyfeiria at yr ysgrifau fel 'anwiredd' gyda dirmyg. Wele
T.E.N. yn estyn gwahoddiad cynnes iddo i ddod â'r anwireddau i'r
amlwg yn Y Cymro, gwrthoda yn wawdlyd.

Diolch i M.R.H. am enwi ei dduwiau, fel Trotsky, MacDonald
a Chamberlain. Sieryd yr enwau hyn lawer yn uwch nag a wna ei
ysgriblau ynglŷn ag ysgrifau T.E.N.[14]

Rhoddwyd y pennawd 'Rhagrith y Llywodraeth' i lith
cefnogol W. Alun Davies. Gwelai wirionedd yn nadansoddiad
Niclas o'r sefyllfa ryngwladol a'i sylwadau am safbwynt
llywodraeth Prydain:

Y mae Mr Nicholas yn weledydd craff a gall gwerin Cymru edrych i fyny ato fel arweinydd diogel. Profodd tu hwnt i amheuaeth fod polisi gwladweinwyr Prydain Fawr yn fwy o berygl i heddwch nag unrhyw fygythiad o du'r unbenaethiaid. Nid rhyfedd fod Mussolini, Gayda a Goebels yn cyfeirio at weinidogion y Goron ac at Archesgob Caergaint fel rhagrithwyr. Llefarant megis angylion glân yn cyhoeddi heddwch a thangnefedd, ond yn eu calonnau meithrinant gasineb a drwgdybiaeth.

Y mae'n bryd i garedigion heddwch ddatgan eu hanghymeradwyaeth o'r fath wefus wasanaeth, ac i alw ar y Llywodraeth i ystyried moddion rhesymol i wynebu'r sefyllfa. Ond, fel y dengys Mr Nicholas, pleidio yr ymosodwyr a wna Prydain ym mhob achos. Felly y bu yn Abysinia ac yn Sbaen, ac y mae yn awr yn China. Rhith oedd y siarad am 'sanctions' ar yr Eidal, a rhith oedd y Pwyllgor Diymyrryd yn achos Sbaen. Yn awr nid yw am wneud dim i atal Japan gario ymlaen yn yr ymgyrch dieflig yn China.

Gwyn fyd na bai'r Wasg Seisnig yn onest i osod allan y ffeithiau fel y gwna Mr Nicholas. Drwy hynny, agorid llygaid lluoedd i weld y cyfrifoldeb mawr sydd ar Brydain am gyflwr echrydus y byd. Y mae y sôn parhaus yn y papurau ac ar y radio am fyddin, llynges ac awyrlu yn creu ofn a dychryn. Onid llawer gwell a fyddai sefyll yn gadarn dros heddwch a gweithio o blaid cysur a llwyddiant y wladwriaeth? Diolch i Mr Nicholas am ei ymdrechion i oleuo a rhybuddio ei gydwladwyr.[15]

Ond doedd lledneisrwydd ar ran y darllenwyr ddim yn mynd i arbed Niclas rhag y fwyell, yn union fel y digwyddodd iddo yn ystod y Rhyfel Byd Cyntaf pan gyfrannai at golofn farddol a cholofn lythyrau'r *Tivyside*. Doedd y ddamcaniaeth ynghylch rhyfel ysbail ddim yn cael ei gwerthfawrogi. Ond ym mis Medi rhoddwyd gofod i lythyr gan Glyn Lewis, Llanbrynmair, yn absenoldeb y golofn 'O Fyd y Werin'. Crisialai farn llawer o'r darllenwyr, er nid pawb:

Fel gwerinwr cyffredin dymunaf ddiolch i T.E.N. am ei ysgrifau gafaelgar, ac hefyd i berchenogion *Y Cymro* am eu hanturiaeth yn eu cyhoeddi. Dyna hanes ein byd erioed, y rhai sy'n ceisio dwyn trefn well ar bethau sy'n dioddef croes, erledigaeth a gwawd. Y

mae T.E.N. yn gallu sefyll ar ei sodlau ei hun heddiw yn yr hyn a
ddywedodd er i rai rhagfarnllyd geisio dweud mai celwydd noeth
a ysgrifennodd. Deued y dydd yn fuan pryd y caiff y gwerinwr
trwyadl ddod yn ôl i'r *Cymro* i fynegi ei farn ac i oleuo'r werin sydd
mor barod i gredu popeth a ddywed y wasg Seisnig. 'Hawdd hynt a
deau helynt iddo'.[16]

Cyhoeddwyd hefyd lythyr dychanol yn tynnu sylw at
amgylchiadau Niclas ac at gyflwr crefydd yng Nghymru. 'Box
999, Heol y Blaidd, Llanchwesant' oedd y cyfeiriad wrth gynffon
y llythyr deifiol yn gwahodd ymholiadau. Tybed ai Math R.
Hughes oedd wedi cynaeafu ei ffrwythau, wedi dychwelyd o'i
wyliau ar y cyfandir, ac yn torri talar drachefn?

> Yn Eisiau – Gweinidog i Eglwys Efengylaidd Gymraeg, i fod yn ŵr
> priod, a'i wraig i gymryd eu lle gyda gwaith yr Eglwys. Disgwylir
> iddo bregethu mewn Cymraeg perffaith gyda'r hwyl Gymraeg
> honno, a ogleisia gynulleidfaoedd. Ni chaniateir iddo ar un cyfrif
> arfer notes yn y pulpud, na defnyddio yr iaith Saesneg i egluro'i
> fater, nac ychwaith enwi athronwyr na gwŷr dysgedig i brofi a
> chadarnhau dysgeidiaeth yr Efengyl.
> Ni chaniateir iddo sôn am broblemau cymdeithasol, megis
> 'cyfeirio at gwmnioedd capitalaidd a offrymant ddynion wrth y
> cannoedd yn aberth i'r trachwant,' a hefyd am 'ddifetha ŷd ar dir
> economaidd er bod miloedd ar yr un pryd yn newynnu'.
> Ni roddir fawr o bwys a fydd yn mynychu cyfarfodydd yr
> wythnos os bydd galwadau eraill yn digwydd bod ar y pryd. Bydd
> manylion pellach am gyflog, tŷ, a char i'w cael.[17]

Ond ni thewid ac ni cheid gwared o Niclas o dudalennau'r
Cymro mor rhwydd â hynny. Un o golofnau mwyaf poblogaidd
y cyhoeddiad oedd y 'Y Babell Awen' o dan olygyddiaeth
Dewi Emrys (1881–1952). Rhoddai Dewi groeso a geirda i
gyfraniadau Niclas megis y soned 'Y Daith' a welodd olau
dydd ym mis Mehefin. Fe'i canmolodd am ennill cadeiriau
Eisteddfodau Llanuwchllyn a Threorci. Ym mis Gorffennaf
cyhoeddwyd soned ddychanol o'i eiddo, 'Twf Gwareiddiad',
yn cyfeirio at argoelion rhyfel oddeutu'r cerflun o Henry

Richard, yr heddychwr, ar sgwâr Tregaron. Cyhoeddwyd tair soned arall o hynny tan ddiwedd y flwyddyn – 'Tango', 'Eira' a 'Gweriniaeth Natur'. Gwelwyd hysbyseb yn tynnu sylw at y gyfrol 48 tudalen *Terfysgoedd Daear*, a gyhoeddwyd gan Niclas ei hun o dan enw Gwasg y Seren Goch, y gellid ei phrynu trwy'r post am saith ceiniog. Fe'i disgrifiwyd fel 'pryddest yn dangos llywodraeth Mamon ar Ddyn, Diwydiant a Chrefydd'. Cyhoeddwyd adolygiad ohoni yn rhifyn olaf y flwyddyn.

Does dim sicrwydd pwy oedd union olygydd *Y Cymro* yn ystod y cyfnod hwn. Gadawodd y golygydd gwreiddiol, John Eilian (John Tudor Jones, 1903–1985), yn 1935 gan fentro i borfeydd brasach yn Ceylon a'r Dwyrain Canol i hyrwyddo'r hyn a oedd yn weddill o'r Ymerodraeth Brydeinig. Bu'n golygu'r *Iraq Times* am gyfnod. Erbyn 1939 roedd yn gweithio i Adran Dramor y BBC. Ar ôl i'r rhyfel dorri fe'i gwahoddwyd i gyfrannu erthyglau cefnogol i'r rhyfel a'r llywodraeth o dan enw 'Robin Bwrgwyn'. Roedd ei golofn, felly, yn olynu 'O Fyd y Werin', a chynnwys yr erthyglau'n gwbl groes i'r hyn a ysgrifennai Niclas heb iddo ddefnyddio ffugenw. Ar yr un pryd roedd John Roberts Williams (1914–2004) wedi sefydlu ei golofn yntau o dan enw 'John Aelod Jones' ond ni chafodd ei benodi'n olygydd yn swyddogol tan wedi'r Rhyfel yn 1945. Einion Evans a J. R. Lloyd Hughes oedd y golygyddion gweithredol yn y cyfnod hwn ond ymunodd Einion â'r Awyrlu ym mis Mai 1939. Mae'n ddigon posib fod gan y ddau John ran amlwg yn y cernodio a fu ar Niclas yn ystod misoedd olaf y flwyddyn. A doedd hynny ddim yn gwneud dim drwg i werthiant mewn cyfnod pan fu rhaid cyfyngu nifer y tudalennau i ddeuddeg oherwydd cynnydd ym mhris papur.

Erthygl tudalen flaen *Y Cymro* ar 4 Tachwedd 1939 oedd llythyr agored at Niclas y Glais wedi'i lofnodi gan y 'golygydd' ac yn gofyn pedwar cwestiwn penodol yn ymwneud â honiadau cyson y cyn-golofnydd ynghylch cymhellion Rwsia. Nodwyd yn gyntaf aruthredd yr ymateb i lithiau'r comiwnydd:

Am amser maith cyn torri o'r rhyfel allan rhoddasom, yn ddi-ofn, le i chwi wythnos 'rôl wythnos i draethu eich barn ar Rwsia. Cawsom gannoedd o lythyrau'n cwyno ein bod yn caniatáu i'r papur gael ei ddefnyddio at bropoganda Comiwnistaidd a chawsom gannoedd o lythyrau'n dweud mai balorddi oedd y cwbl, a mwy wedyn o lythyrau'n diolch inni am roddi eich ysgrifau.

Rhoddasom yn ddi-ofn eich erthyglau am fod Rwsia y pryd hynny, ac yn awr, yn cyfrif ym materion y byd. Sylweddolasom fod diddordeb mawr ymhlith ein darllenwyr yn y wlad honno. Er nad oedd gennym ffydd o gwbl yn y ffurf o Lywodraeth a drawsosodir gan yr ychydig yn y genedl nerthol yna yr oedd gennym ffydd y buasai'n darllenwyr yn gwyntyllu'r us oddi wrth y gwenith.

Gyda rhyfel wrth y drws ni allem weld ein ffordd yn glir i agor ein colofnau i unrhyw bropaganda dros Gomiwnistiaeth. Ond yr oeddym yn barod i gyhoeddi eich barn ar Rwsia yn ei chysylltiadau â'r byd. Yr ydym, erioed, wedi credu, a chredwn yn awr, yn eich diffuantrwydd personol a gonestrwydd eich argyhoeddiadau, ond fe wnaeth ymddangos yn rhyfedd i ni ar y pryd i chwi dynnu eich erthygl olaf yn ôl yn llwyr am inni dorri allan yr hyn yr edrychem arno fel propaganda.

Ond, wedi i'r erthygl honno fynd ffordd yr holl ddaear, fe lifodd llawer o ddŵr i lawr y Vistula – neu, a gawn ni ddweud yr Ystwyth – ac yng ngoleuni'r hyn a ddigwyddodd (os oes golau), y mae ychydig gwestiynau y buasai'n dda gennym eu gofyn a chael eich ateb chwi.

1. Sut yr eglurwch, os oedd Rwsia'n 'taro'r ergyd gryfaf dros heddwch' yn ei chytundeb gyda'r Almaen, y ffaith i'r cytundeb hwn fod yn anogaeth iddi oresgyn Poland, yr hyn a ddaeth yn ei dro â rhyfel gyda Phrydain a Ffrainc?
   Oni fuasai gair oddi wrth Stalin wedi gorfodi cynhadledd ac, o bosibl, wedi rhwystro rhyfel? Paham na roddwyd y gair?

2. Onid y rheswm cywir paham na roddodd Stalin y gair hwn i'r Almaen yw na faliai Stalin ddim am ddynoliaeth, cyn belled ag y caffai ef yr hyn a fynnai o Poland, heb danio ergyd ar wahân i'r ergydion a daniodd ar landlordiaid a phobl o'r dosbarth uchaf, yn y rhan hwnnw o Poland a ladrataodd?

3. Onid yw'n ffaith fod Stalin wedi manteisio ar y cyfle, gyda Hitler yn rhyfela yn erbyn Ffrainc a Phrydain, i godi ofn ar wledydd y Baltic a dychryn ar wledydd y Balkan?

4. Pa werth a ellir ei roi ar y cytundeb rhwng Rwsia a'r Almaen
   fel 'llygedyn o oleuni, a'r perygl o ryfel wedi ei symud' a goleuni
   digwyddiadau'n dangos fel y taflodd Hitler ei hen gyfeillion
   gwrth-gomiwnistaidd dros y bwrdd er mwyn sicrhau'r
   Cytundeb hwn, fel y gallai deimlo'n ddigon cryf i reibio Poland
   ac ymladd y gweriniaethau gyda'i gyfaill Rwsia yn y cefndir?[18]

Wrth reswm, roedd Niclas yn atebol i'r dasg wrth iddo
gael ei ystyried yn lladmerydd huawdl ar ran y wlad â'r
gryman. Ond fe'i rhybuddiwyd i beidio â phedlera propaganda
Comiwnyddiaeth. A'r siars terfynol oedd iddo oleuo'r darllenwyr
ynghylch gogoniant y wlad os oedd y fath beth yn bosib:

> Felly, Mr Nicholas, os y gellwch chwi, gyda'ch gwybodaeth fel
> arbenigwr o'r genedl sydd, yn ei dieithrwch a'i nerth, ei hufudd-
> dod tyrfa i'r wladwriaeth a'i golygiadau di-dduw, ddangos o hyd
> fod ei chytundeb â'r Almaen yr ergyd drymaf dros heddwch a
> drawyd ers chwarter canrif, bydd yn dda gan ein darllenwyr ei
> ddarllen. Bydd yn dda gennym ninnau hefyd, a bydd Rwsia – y
> gyfrinach fawr – y wlad a gerwch ddim llai na'r wlad a garwn oll,
> yn ymddangos mewn goleuni gwahanol.[19]

Byrdwn ymateb Niclas, i danlinellu'r ffaith fod ei olygon
sylfaenol yn groes i eiddo golygydd *Y Cymro*, oedd datgan fod
'disgwyl heddwch o gyfundrefn ysbail fel disgwyl afalau ar
goed drain'. Pwysleisiodd mai ffrwyth cyfundrefn ysbail yw
rhyfel, a ffrwyth cyfundrefn o gydweithio a chyd-ddeall yw
heddwch. Mynnai nad ffrwyth cyfamod rhwng dwy wlad oedd
y rhyfel yng Ngwlad Pwyl ond ffrwyth cyfundrefn gyfalafol a
bod yr Almaen eisoes wedi bygwth goresgyn y wlad. Dadleuai
fod Rwsia droeon wedi apelio am gyfamod cyd-ddiogelwch
rhwng y gwledydd gwerinol a bod Gwlad Pwyl wedi gwrthod
cymorth byddin Rwsia ar anogaeth Prydain. O ran yr honiad
nad oedd Stalin yn hidio dim am ddynoliaeth, dangosodd
ddehongliad gwahanol o rôl a chymhellion Rwsia mewn
gwleidyddiaeth ryngwladol:

Dylech gofio hanes Rwsia am y deng mlynedd diwethaf. Pwy aeth i China i'w chynorthwyo i atal ysbail Japan, pan oedd arian ac arfau a chefnogaeth Prydain yn ysbrydoli'r genedl drachwantus honno? Pwy aeth i Sbaen i achub gweriniaeth rhwng Hitler a Mussolini, pan oedd cydymdeimlad Prydain a Ffrainc efo Franco? Pan oedd llongau bwyd y gwledydd yn cael eu suddo gan y Ffasgiaid, Rwsia oedd yr unig wlad a brotestiodd yn swyddogol. Cadwodd Prydain blaid Franco i'r diwedd. Pwy a fodlonodd ddod ei hun i'r adwy i achub Sieco-Slofacia wedi i Ffrainc a Phrydain dorri eu haddewid i'r wlad fach honno? Nid rhaid i mi eich atgofio mai Rwsia; heb ddisgwyl tâl, ac heb ddisgwyl tiriogaeth.

Y mae sôn nad oedd Rwsia yn dangos dynoliaeth wrth fynd i Poland yn gamarweiniol pan gofiwch gyflwr y darnau o Poland lle'r aeth yr Almaen, a'r darnau lle'r aeth Rwsia. Dynoliaeth? Y mae eich cof yn fyr. Faint o ddynoliaeth a ddangoswyd gan ffrind mawr Prydain yn Abysinia ac Albania? Sbaen? China? India?

Dangoswch i mi rywbeth yn hanes Rwsia a ellir ei gymharu mewn anghyfiawnder a chreulondeb i weithredoedd Prydain, Japan ac Italy, yna gellwch ddannod i Rwsia nad oedd 'dynoliaeth' yn ei gwaith yn achub Poland rhag bomiau tân Hitler; bomiau a brynwyd ag arian Prydain Fawr.[20]

Tarodd y golygydd yn ôl trwy osod sylwadau mewn cromfachau wedi'u hitaleiddio i danlinellu mor begynol oedd y dadlau ac mor gyfeiliornus oedd sylwadau Niclas yn ei olwg:

Gallesid meddwl oddi wrth eich dadl fod Rwsia heb fai gartref ac yn angel heddwch oddi cartref. Y gwir yw y cashawn Gomiwniaeth, a'r ofn a gyfyd ar y dyrfa, fel gwenwyn, a gŵyr eich angel heddwch chwi sut i grafangu Poland a chodi ofn yng nghalonnau'r mân wledydd ar ei ffiniau.[21]

Wrth ddelio â'r honiadau fod Stalin yn codi ofn ar wledydd y Baltic a'r Balcan trwy eu gorfodi i lofnodi cytundebau, etyb Niclas mai cam naturiol oedd i Rwsia ffurfio cyfamod gyda'r gwledydd bychain oddeutu ei ffiniau. Roedd yr un mor naturiol i'r gwledydd hynny gydsynio yn union fel na fyddai Iwerddon yn cynghreirio gyda Japan neu'r Almaen, a chaniatáu iddyn nhw godi ceyrydd milwrol ar ei thir i fod yn fygythiad i Brydain.

Gan fod Leningrad o fewn ychydig filltiroedd i'r Ffindir, a'i phoblogaeth yn fwy na Ffindir gyfan, esboniodd ei bod yn gwbl rhesymol i godi caerau milwrol wrth ddrws y ddinas fawr. Byddai'n fodd o atal y prif weinidog, Neville Chamberlain, i dorri mewn i Rwsia, meddai. Wedi'r cyfan roedd Prydain yn codi caerau milwrol yn Hong Kong a Singapore ac America yn y Philippines, a'r rheiny filoedd o filltiroedd i ffwrdd o'u ffiniau.

Dadleuai'r golygydd y byddai'r syniad o'r Ffindir yn ildio ei phorthladd i atal Chamberlain rhag ymosod ar Rwsia yn ddigrif, pe na bai mor drychinebus i'r wlad fach. Gyda choegni y dywedai 'os yw'r cariad a ddangoswyd tuag at wledydd bach gan Stalin mor dyner ag yr awgrymwch, diolch fod Cymru yn rhy bell i ffwrdd i allu manteisio arno'. Wedi darllen yr holl lythyrau a gyhoeddwyd yn *Y Cymro* rhaid oedd troi at Glen i gael rhywfaint o gefndir y ddadl a gododd parthed Stalin a'r Ffindir. Gwyddwn fod Glen wedi treulio ychydig amser yn y Ffindir ac wedi dysgu cryn dipyn am hanes a diwylliant y wlad:

"Heddiw, nid llawer sy'n sylweddoli bod y Ffiniaid ar ochr yr Almaen yn ystod y rhyfel a bod gan Brydain ran yn y penderfyniad anniddig hwn. Yn y tridegau roedd Stalin yn awyddus i drefnu cytundeb i atal twf Ffasgiaeth yn yr Almaen ond nid oedd Prydain a Ffrainc yn barod i gydsynio. Yn eu tyb hwy, Stalin nid Hitler oedd y gelyn pennaf ac roedd hefyd o'r farn nad oedd gan Rwsia ddim i'w gynnig o safbwynt strategol. Yn ôl yr hanesydd A. J. P. Taylor, penderfyniad Prydain i beidio ymateb i gynigion Stalin oedd camgymeriad mwyaf y wlad yn yr ugeinfed ganrif. Fe fyddai Niclas yn siŵr o gytuno ond rhaid cynnig mai gorchwyl anesmwyth oedd cyfiawnhau'r cytundeb a arwyddwyd yn y cyfamser rhwng Stalin a Hitler. Go brin y gallai gyfaddef fod cefnogaeth Rwsia i chwyldro byd eang wedi pylu erbyn hyn a bod Stalin yn dilyn llwybr pragmataidd i sicrhau goroesiad ei wlad.

"Wedi marwolaeth Lenin yn 1924 yr arwyddair newydd oedd 'Sosialaeth mewn un Wlad' a hynny, yn anad dim, oedd yn gyfrifol am y rhwyg rhwng Stalin a Trotsky. Prif ddiben y cytundeb a arwyddwyd gyda'r Almaen oedd cynnig cyfle i Rwsia atgyfnerthu. Nod arall oedd gosod darn o 'dir neb' rhwng y wlad a'i chymdogion tua'r gorllewin gan fod pleidiau'r asgell dde wedi ennill y dydd yn y Ffindir. Rhwng 1809 a 1917 roedd y Ffindir yn rhan o Ymerodraeth y Tsar ond wedi'r chwyldro yn Rwsia rhwygwyd y wlad gan Ryfel Cartref rhwng cefnogwyr y 'gwyn' a'r 'coch'. Yn anffodus, y garfan 'wen' a orfu, i greu gwlad annibynnol a oedd yn dal yn bleidiol i'r Almaen.

"Yn y llythyru sonnir cryn dipyn am ymosodiad anfoesol Stalin ar y Ffindir heb esbonio'r amryfusedd oedd yn gyfrifol am y penderfyniad. Efallai nad oedd beirniaid Niclas yn gwybod mai canlyniad camgymeriad diplomyddol oedd yn gyfrifol am yr ymosodiad, a hynny wedi cyfnod o drafod hir. Ym mis Tachwedd roedd yna arwyddion fod y Ffindir yn barod i gynnig stribed o dir amddiffynnol i Stalin ond gwrthododd un aelod blaenllaw o'r weinyddiaeth blygu. Ar y cyntaf o fis Rhagfyr dewiswyd Prif Weinidog arall i ailgydio yn y drafodaeth ond, erbyn hyn, roedd milwyr Rwsia wedi croesi'r ffin.

"Dengys y llythyrau a yrrodd Niclas i'r wasg bod ganddo well gafael ar y cefndir gwleidyddol i'r ymosodiad nag oedd gan y mwyafrif o'i feirniaid. Heddiw cyfeirir at y frwydr gyntaf rhwng Rwsia a'r Ffindir fel 'Rhyfel y Gaeaf' (*Talivisota*) ac y mae bellach yn rhan o fytholeg y wlad. Er bod lluoedd Rwsia yn llawer mwy niferus, roedd milwyr y Ffindir yn fwy parod i ymladd a bu raid i Stalin ildio wedi cipio dim ond deg y cant o ddiriogaeth y wlad ar hyd y ffin. Deil y Ffiniaid i ddathlu gwrhydri eu milwyr glew ond dylid cofio mae methiant y Fyddin Goch yn y Ffindir oedd yn rhannol gyfrifol am benderfyniad Hitler i ymosod ar Rwsia ym Mehefin 1941," esbonia Glen.

Roedd yna bedwerydd cwestiwn, ac ym marn Niclas ni fyddai Rwsia yn torri ei haddewid pa beth bynnag ddigwyddai tra oedd Hitler eisoes wedi dangos mor wamal yr oedd yn torri ei air byth a beunydd wrth iddo feddiannu Tsiecoslofacia heb i Ffrainc a Phrydain wneud dim i ddiogelu'r wlad, gan ganiatáu trosglwyddo gwerth degau o filiynau o bunnau o aur o eiddo'r wlad fechan i goffrau Adolf Hitler (1889–1945). Mynnai ymhellach nad oedd areithiau megis eiddo Stalin, yn cynnig cyfamodi â gwledydd yn arddel systemau gwleidyddol gwahanol, yn cael sylw yn y wasg Saesneg na Ffrangeg. Mynnai nad oedd *Y Cymro* – yn wahanol i bapurau eraill – wedi cyhoeddi cywiriad i'r honiad camarweiniol fod Rwsia wedi anfon deunaw tunnell o aur i Hitler. Dywedodd fod ganddi hawl i wneud hynny ond na wnaeth. Serch hynny, gwrthododd ddweud dim am bwnc crefydd. 'Ni ddywedaf ragor ar y pen yna y tro hwn,' meddai. Gorffennodd yn heriol trwy ofyn cwestiwn i'r golygydd sef 'Pwy sydd â'r hawl i'r nickle yn Finland?' Awgrymai pe gellid olrhain crafangau'r perchnogion y deuid at achos rhyfel ac o dorri'r crafangau deuai heddwch i'r byd cyfan.

Doedd y drafodaeth ddim ar ben, er neilltuo dwy dudalen gyfan i'r mater. Mynnai'r golygydd fod amcanion Rwsia yn dal yn 'gyfrinach fawr', serch esboniadau Niclas. 'Na ddywedwch hyn yn Gath ac na sibrydwch hyn wrth afon Ystwyth, ond y mae eich atebion i'r cwestiynau uniongyrchol hyn yn gyfrinach yr un mor fawr,' meddai. Y dehongliad arferol o'r cyfamod rhwng yr Almaen a Rwsia i beidio ag ymosod ar ei gilydd oedd rhoi rhwydd hynt i Hitler oresgyn gwledydd Gorllewin Ewrop ac y byddai gwrthod llofnodi'r cyfamod wedi bod yn fwy tebygol o atal rhyfel. Beth bynnag, gwahoddwyd Niclas i ymateb drachefn ar yr amod ei fod yn cyfyngu ei hun i ddwy fil o eiriau ac yn cadw'n glir o bropaganda comiwnyddol drachefn, er bod Niclas yn ystyried hynny'n 'flacowt meddyliol'. Serch y dadlau tanlinellwyd cyfeillgarwch:

> Fe'ch hoffwn chwi, ein cyfaill, ac y mae'n hoff gan lawer o'n darllenwyr chwi, ond ni allwn dderbyn eich propaganda dros gomiwniaeth. Er ein bod yn anghytuno â chwi y deuai blacowt meddyliol hebddo, yn ôl ein darlleniad ni o gomiwniaeth y mae nid yn unig yn flacowt meddyliol ynddo'i hun, ond yn flacowt o ryddid unigoliaeth, o grefydd a moes, ac fe'i hymladdwn mor ddi-ofn ag yr ymladdwn Hitler. Gweddïwch na orfodir gwleidyddwyr y wlad

hon byth i ddewis rhwng democratiaeth, Hitleriaeth gartref na chomiwniaeth.

Gobeithiwn y bydd Rwsia'n byw ei bywyd cenedlaethol yn ei ffordd ei hun ac y bydd heddwch a dealltwriaeth rhwng democratiaeth a chomiwniaeth a sicrha ryddid rhag rhyfel a chyfoeth y tir ac a sicrha ddatblygiad o athrylith dynoliaeth er mwyn dynoliaeth, ledled y byd, yn gomiwnyddion, yn ddemocratiaid, yn ddu, yn felyn neu yn wyn.[22]

Ymwregysodd Niclas ei lwynau trwy ganmol cymhellion Stalin a chondemnio amharodrwydd Prydain i ddelio â gwledydd heddwch cyffelyb a bwrw ati i gynghreirio gyda'r gwledydd rhyfelgar. Cyhoeddwyd ei lythyr ar 18 Tachwedd ond ni phlesiwyd y golygydd:

Maddeuwch am y siarad plaen, Mr Nicholas. Fe'i gwnaethom yn glir ein bod yn cyfeirio ein llythyr agored atoch chwi am fod gennym ffydd yn eich diffuantrwydd. Ond crwydrasoch mor bell oddi wrth y testun, gwnaethoch gymaint o osodiadau gau a hanner gwir fel na welwn bwrpas defnyddiol mewn cario'r drafodaeth ymlaen.

Hwyrach y daw'r dydd pan fydd raid ymladd Hitleriaeth yn y wlad hon. Os felly, ni ymleddir mohono er mwyn trawsosod Comiwniaeth yn lle Gweriniaeth. Yn y cyfamser, mae'r wlad hon yn ymladd i symud Hitler a phopeth y saif drosto, a'i ddrwgweithredoedd goresgynnol. Os na atelir ei gam yn awr, bydd y wlad hon yng ngafael grym anniwall ei wanc.[23]

Serch hynny parhaodd y bygylu. Do, rhoddwyd cynnig arall arni ar dudalen flaen rhifyn 25 Tachwedd drachefn ond gyda chytundeb o'r ddwy ochr nad oedd diben parhau ar yr un rhigol. Mynnai Niclas fod yna gyhuddiadau annheg yn cael eu gwneud ynghylch ei safbwynt:

Nid yw awgrymu i mi fynd i fyw i Rwsia yn profi dim; gallwn innau ddweud wrthych chwi am fynd i fyw i India, a byw ar gyflog o naw swllt ar hugain y flwyddyn fel y gwna gweithwyr gwlad yno, ac ni fyddai eisiau i chwi newid eich baner na'ch brenin na'ch cyfundrefn. Prin y credaf yr hoffech y syniad a gorfod byw fel yr Indiaid. Hoffen i fyw yn Rwsia, byddwn yn barod i fyw fel mae'r gweithwyr yn byw yno; ond y mae cariad at wlad ein geni yn eich cadw chwi a minnau yn yr hen wlad annwyl hon.

Y mae rhyddid meddyliol yn y wlad hon fel y dywedwch. Y mae yn yr Almaen hefyd. Ni all Hitler rwystro neb i feddwl fel y myn. Nid yw rhyddid meddyliol yn fawr o beth heb ryddid i fynegi'r meddwl. Ac y mae yma ryddid gwladol onid oes, a phleidlais gan nifer mawr? Eto, fel y gwelwch yn y papurau, perchennog y *Daily Mail* sy'n cynllwynio â phenaethiaid Ewrob ac yn pennu ein polisi gwladol. Credaf y gallem rhyngom ein dau roddi dipyn o oleuni i ddarllenwyr *Y Cymro* pe baech wedi cadw'r *truce* a pheidio lladd ar Gomiwnyddiaeth yn ddiachos.[24]

Roedd ymateb terfynol y golygydd o'r un hyd â llythyr Niclas gan ofyn cwestiynau pellach, a hynny yn ei dro yn tanlinellu na ddelai cyfamod yn yr ohebiaeth. Wrth dalu teyrnged i Mr Nicholas am 'yr ysbryd haelfrydig a ddangosodd' terfyna'r golygydd trwy bwysleisio difrifoldeb y sefyllfa fydeang:

Ond y cwestiwn pwysig yn awr yw heddwch gyda'r Almaen, fel sylfaen i oes newydd. A oes obaith am heddwch ar delerau a ffurfia sylfaen i Heddwch Bydeang? A chymryd yn ganiataol y difodir Hitleriaeth yn yr Almaen – beth wedyn?

Y mae'r dyddiau yn dywyll o'n cwmpas. Y mae o'n cwmpas gaddug llawer trymach na'r caddug materol. Ond fe ddal Cymru ei gafael yn y gwirionedd a'r goleuni, ac yn y dyddiau du y mae Cymry led-led y byd yn ceisio'n ddycnach nag erioed am y goleuni hwnnw. Ac wedi ei gael, fe'i cadwant i losgi.[25]

Cyhoeddwyd llythyrau o ymateb yn yr un rhifyn. Aeth T. Eric Davies, Birmingham i'r afael â'r cwestiwn o bwy biau'r nicel yn y Ffindir:

Gwendid hanfodol eich beirniadaeth yw ei bod yn wreiddiedig mewn syniadaeth atomaidd am bechodau'r byd, fel eu gelwch. Nid ffeithiau yn aros ar eu pennau eu hunain yw'r pechodau hyn, fel y tybiwch, ond rhawd o weithredoedd anfad yn arwain o un i'r llall.

Pobl Finland yn ddiamau yw gwir berchnogion nicel y wlad honno. Eithr Iddew Prydeinig sydd yn ei ddal. Y mae'n newydd imi, fod Stalin wedi sôn am hawlio y nicel hwn.[26]

O blaid safbwynt Niclas roedd Dan Jones, Goginan hefyd yn bendifaddau:

Wrth sôn fod Rwsia wedi lladrata rhannau o Poland, teg fyddai i chwi grybwyll fod y rhannau hyn, sef gorllewin Ukraine a White Russia, ynghyd â Bessarabia (rhan fawr rŵan o Rwmania), Lithuania, Latvia ac Estonia, wedi eu lladrata ugain mlynedd yn ôl gan dirfeddianwyr Poland a'r Almaen drwy rym arfau, oddi wrth Rwsia a hithau'n wan ac ar lawr. Annheg ydyw awgrymu bod y cyfamod rhwng Rwsia a'r Almaen wedi bod yn achos i gychwyn y rhyfel. Yr oedd Prydain wedi darparu eisoes, wedi rhoddi gorfodaeth filwrol mewn grym, ac wedi cytuno i amddiffyn Poland fisoedd cynt, a hynny heb ymgynghori â Rwsia. Carwn ddiolch yn gynnes i chwi am agor eich colofnau unwaith eto i Mr T. E. Nicholas. Dyma gyfle arall i ddarllenwyr Y Cymro gael goleuni disglair ar sefyllfa derfysglyd y byd.[27]

Roedd Cyril P. Cule (1902–2002), Caerllion, ond o Bontarddulais yn wreiddiol, ar yr un trywydd wrth i'r drafodaeth barhau ar dir uchel:

Ni eglurwyd un pwynt gan Mr T. E. Nicholas na chwithau sef ymdaith y Fyddin Goch i'r rhandir a gam-elwir yn Ddwyrain Poland. Fe unwyd y rhan ogleddol lle y mae'r Wen-Rwsieg yn iaith iddi a Gweriniaeth Sofietaidd Ukraine a'r rhan ddeheuol a Rwsia Wen. Nid oedd gan Pwyl ddim hawl gyfreithlon i'r diriogaeth dan sylw o gwbl. Gwelir felly bod gweithred yr Undeb Sofietaidd yr un fath yn hollol a phed unid Ulster i Eire. Dyma'r tro cyntaf yn hanes y byd i wlad rymus roi darn o dir i wlad fach yn rhad ac am ddim, heb unrhyw gymhelliad o'r tu allan o gwbl. Pa bryd y gwelwn yr un parch i draddodiadau cenedlaethol yn yr ynysoedd hyn?[28]

Ac o'r detholiad o lythyrau a gyhoeddwyd roedd eiddo T. Jones, Caerdydd yn ddeifiol o blaid Niclas drachefn:

Yr wyf fi erbyn hyn yn fwy fyth o'r farn i chwi gyflawni gweithred o ddewrder tra rhyfygus wrth herio'r cawr Nicholas i'r ornest. Yr ydych yn cashau Hitleriaeth, meddwch, ond, onid ydyw wyth mlynedd wedi bod yn ddigon o amser i chwi ddarganfod mai dyna yn gymwys ydyw ansawdd llywodraeth 'Genedlaethol' y Sais, a bod y gair 'national' yr un yn hollol â'r gair 'nazi(onal)? Hefyd, fod y ddwy lywodraeth, fel ei gilydd, wedi eu sylfaenu i'r un diben, sef i gadw'r gallu i ysbeilio'r mwyaf cyffredin yn nwylo'r ychydig goludog? Y mae llawer rhagor i'w ddweud, ond rhag rhoddi sioc i chwi, terfynaf, trwy ofyn i chwi ail-ystyried pa un a ydyw Rwsia wedi rhoddi, yn rhoddi, neu'n debyg o roddi help i'r Almaen, ei gelyn mwyaf a'r nesaf ati. A newidia yr Ethiop ei groen?[29]

Cafwyd cadoediad am ddau rifyn, a hynny am fod prinder lle yn nacáu cynnwys ysgrif Niclas, meddai'r golygydd. Ond am fod Rwsia wedi torri ei haddewid i beidio ag ymosod ar y Ffindir ac wedi gollwng bomiau ar ferched a phlant fe wahoddwyd y deintydd Gomiwnydd drachefn i anfon ei druth, gan gredu y byddai'n newid ei safbwynt tuag at Rwsia yng ngoleuni'r uchod. Aed ati drachefn i dorri glo mân yn gnapau llai. Cwynodd Niclas y dylid rhoi o leiaf colofn a hanner iddo dros ddau rifyn i esbonio'i fater. Doedd cynildeb mynegiant ddim yn nodwedd ohono, wrth gwrs.

Mynnai fod Rwsia wedi'i gorfodi i ymosod ar y Ffindir oherwydd polisïau rhyfelgar Prydain, Ffrainc ac America. Cyhuddai'r *Cymro* o gyhoeddi celwyddau'r 'wasg felen' ac na ellid esbonio un digwyddiad heb olrhain y cefndir dros gyfnod o ugain mlynedd. Terfynodd gyda'i gyffes ffydd a'i ddarogan a'i gyfarchiad 'Cofion anwylaf':

> Mentrais i fy mywoliaeth a'm bywyd yn y Rhyfel Mawr, dros heddwch; mi a'u mentraf eto er i bob dyn a phob gwlad a phob papur gefnogi pethau gwahanol. Bydd dial gweithwyr ar eu twyllwyr yn o drwm rhyw ddiwrnod.[30]

Cyffesodd y golygydd fod llythyr Niclas wedi'i gyhoeddi 'am ei fod yn fyr ac i bwrpas' cyn mynd rhagddo i lambastio ei safbwynt:

Dywedasoch fwy nag unwaith y cashewch Hitleriaeth, ac, yn amlwg, fe gerwch gomiwniaeth. Y mae hyn fel y dyn a dry ei drwyn ar gwrw'r Almaen, ond a feddwa ar Vodka Rwsia, gan weiddi ei fod yn llwyrymorthodwr, a galw ar weithwyr y byd i ddrachtio i'r gwaelod o'r un cwpan gwenwynig... gobeithiwn y cyfyd gweithwyr yr Almaen a Rwsia ac ymryddhau o gaethwasiaeth llafur a'r meddwl, moesol a llafar, diwylliannol a chynhyddol a osododd unbennau trahaus yn greulon arnynt yn y ddwy wlad, a sicrhau bendithion democratiaeth iddynt eu hunain. Nid yw'r bendithion hyn yn gyflawn yn y wlad hon, efallai, ond er gwaethaf pob bai caniateir i chwi a minnau fyw mewn rhyddid o'r tu mewn i'r gyfundrefn amherffaith ond cynhyddol hon.

Ond, Mr Nicholas, ni ddylid cam-ddefnyddio'r rhyddid hwn na'i fradychu, ac ni ddylech gymryd yn ganiataol am i chwi fentro'ch bywyd dros heddwch, fel miliynau o rai eraill, yn y Rhyfel Mawr, fod trwydded gennych i fentro'n democratiaeth amherffaith dros uffern Hitleriaeth na diffwys comiwniaeth. O dan y penarglwyddiaethau hyn y mae'r rhyddid hwn i feddwl, i siarad ac i bleidleisio yn fythol golledig.[31]

Gallech feddwl y byddai hyn yn ben ar y mwdwl. Ond, na, fe darodd Niclas 'nôl. Traethodd ar natur rhyddid:

Nid ydym yn gofyn ond am yr un rhyddid i ddweud y gwir dros heddwch ag a estynnir i'n llywodraethwyr i ddweud celwydd dros ryfel. A yw hynny yn gofyn gormod oddi ar 'wasg rydd'? Peidiwch ag anghofio mai ni, sydd wedi ein hysbeilio o'n rhyddid heddiw, a fu'n ymladd am yr ychydig ryddid sydd gennym. Nid rhad rodd llywodraethwyr fu rhyddid ein gwlad. A ydych yn ein beio am frwydro i gadw'r hyn a enillwyd ini drwy ddioddef y tadau? Caewch y wasg ar bob cyfrif, ond peidiwch â gwneud hynny yn enw Rhyddid. Methaf a gweld bod dweud anwiredd noeth am Rwsia ac am Gomiwnyddiaeth yn help i weithwyr Cymru yn y pen draw.[32]

Doedd y golygydd ddim wedi'i drechu. Gofynnodd beth yn union oedd diffiniad Niclas o ryddid:

Ai rhyddid Rwsia a ddymunwch? Os felly, ni fynnwn mohono, canys yn hyn y mae caethwasiaeth gwaeth nag yn yr oesoedd

tywyll. Unbenaeth dotalitaraidd yw Rwsia. Ai dyna eich syniad
o ryddid? Y mae arnom i gyd eisiau bod yn ddynion rhydd,
ac yn barod i ymladd am gael bod felly. Ond nid oes ar yr un
ohonom eisiau colli'r rhyddid sydd gennym eisoes – ac sydd
i'ch holl gredoau chwi – drwy gael ein harwain gan hud-lusern
Comiwniaeth i gors yr unbenaethiaid.

Ynglŷn â rhyddid y wasg. Cytunwch, gobeithiwn, y gwyddom
ni ychydig bach yn fwy am hyn nag y gwyddoch chwi. Yn Rwsia
nid oes wasg rydd. Y mae'r un peth yn wir am yr Almaen. Dylasech
chwi fod yr olaf i gyhuddo'r *Cymro* ar fater fel hyn. Rhoddasom
golofnau lawer i chi. Y mae'r newyddiadur hwn yn rhydd. Ni
bu cronfa plaid na'r un gadwyn i'w rwymo erioed, ac ni bydd
byth. Parhawn i ymladd dros ryddid gweriniaeth ac i ddangos
caethwasiaeth totalitariaeth.

Ni chefnogwn unrhyw ymdrech i roddi cyllell yng nghefn
gweriniaeth a'r wlad yn ymladd Hitleriaeth. Os mai dyma yw'r
'anwiredd noeth am Rwsia ac am Gomiwnyddiaeth' a grybwyllwch
yn niwedd eich llythyr, yr ydym yn barod i roddi colofn o le i chwi i
egluro hyn i'r wlad. Y mae rhyddid yn rhy ddrudfawr i'w fargeinio
ymaith, ac un o'r ffyrdd gorau i wneud hyn yw ei drin fel rhyddid
–di-reol. Ni chaniatawn hyn.[33]

A dyna a fu. Gomeddwyd rhyddid *Y Cymro* i Niclas ar fater y
rhyfel. Ond doedd hynny ddim i ddwed na châi ei big i mewn
o bryd i'w gilydd chwaith. O fewn llai na blwyddyn byddai
rhaid iddo hefyd ildio ei ryddid corfforol am gyfnod o bedwar
mis ar archiad prif gwnstabl byrbwyll.

14

Brixton a'r Prif Gwnstabl milain

AM BEDWAR O'R gloch y prynhawn ar 11 Gorffennaf 1940 cafodd Niclas y Glais – y deintydd, y comiwnydd a gweinidog yr efengyl – ei arestio a'i gymryd i'r ddalfa yn Llanbrynmair yn Sir Feirionnydd. Roedd hynny'n ddigon eironig o gofio iddo fod dan ddylanwad radical penna'r ardal pan oedd yn grwt ar yr aelwyd ym Mhentregalar wrth ddarllen ôl-rifynnau o gylchgrawn *Y Cronicl* a sefydlwyd gan S. R. Roberts, Llanbrynmair. Edmygai Niclas ef am ei wrthwynebiad i landlordiaeth a'r degwm, a'i ymlyniad dros ryddid yr unigolyn a thros heddwch. Ond caethiwed oedd yn aros Niclas.

Er mai'r arfer oedd cadw carcharor o fewn y sir lle cafodd ei gymryd i'r ddalfa, fe drosglwyddwyd Niclas i ofal heddlu Sir Aberteifi yn unol â dymuniad y Prif Gwnstabl, y Capten John Jordan Lloyd-Williams, gŵr 46 oed a enillodd y Groes Filwrol yn y Rhyfel Byd Cyntaf am saethu tair awyren rhyfel i'r ddaear ym mis Rhagfyr 1917. Disgrifiwyd ei wrhydri yn yr wŷs swyddogol yn y modd canlynol: 'For conspicuous gallantry and devotion to duty in aerial fighting. He shot down three hostile aeroplanes in a very short period showing great initiative and fearlessness on all occasions.' Daeth ei yrfa yn yr Awyrlu i ben yn 1933.

Bu'n aelod o Heddlu Llundain tan ei benodi i Sir Aberteifi ym mis Mai 1939 ar bleidlais fwrw cadeirydd y panel penodi dros yr Arolygwr Evan John Evans, aelod o'r heddlu lleol, a fu'n gweithredu fel Dirprwy Brif Gwnstabl wedyn. Magwyd y Capten yn ardal Nantcwnlle yng nghyffiniau Llangeitho am gyfnod wedi iddo symud yno'n bedair oed o Swydd Amwythig. Ei dad-cu, y Parch Evan Williams, oedd offeiriad y plwyf. Fe'i ganwyd yn 1894 ac roedd yn un o 11 o blant. Derbyniodd ei addysg dan brifathrawiaeth ei dad yng Nghroesoswallt a Rhuthun.

Archwiliwyd cartrefi nifer o bobl y bore hwnnw, gan gynnwys Glasynys a chartref Islwyn Nicholas gerllaw yn Elm Tree Avenue. Cafodd Dan Jones, Goginan gyfle i guddio'r dryll a gadwai o dan ei wely yng nghartref cymydog cyn i'r plismyn gyrraedd. Arfer gwŷr y bryniau bryd hynny oedd cadw dryll er mwyn saethu ambell gwningen ar gyfer y bwrdd bwyd. Archwiliwyd cartref un o ddarlithwyr y brifysgol, Sydney Herbert, o'r Adran Astudiaethau Cydwladol hefyd. Pan ddychwelwyd Niclas i Aberystwyth cafodd ei roi mewn cell lle roedd Islwyn ac Ernest Williams, y deintydd a oedd wedi symud i Heol Stanley, Aberystwyth erbyn hyn, eisoes yn garcharorion ers hanner dydd.

Ni chafodd yr un o'r tri eu cyhuddo o'r un drosedd am na wyddai'r Prif Gwnstabl pa gyhuddiad fyddai orau i'w ddwyn yn eu herbyn. Doedd y gell ddim ymhlith y glanaf o gelloedd. Cafodd Ernest ei alw gerbron y Prif Gwnstabl ychydig cyn hanner nos, ei drin yn fileinig a bygwth ei garcharu, er na soniwyd am yr un drosedd. Tro Niclas oedd hi i'w wynebu wedyn ac yntau wedi'i gynddeiriogi ac yn amlwg dan ddylanwad y ddiod. Dyma ddisgrifiad Niclas o'r 'cyfweliad', sydd i'w weld ymhlith ei bapurau ac a gynhaliwyd yn Saesneg. Ni pharodd fwy na rhyw bedair munud ond yn ystod y munudau hynny amlygodd y Prif Gwnstabl ei wrthuni. Ni thrafferthai'r Capten Lloyd-Williams â'r Gymraeg fwy na'r Cyrnol Lindsay ym Morgannwg.

Wrth i mi fynd mewn i'w ystafell dyma fe'n gweiddi, 'Sit down. I have got you at last. I have been waiting for this chance, as you have caused me personally a lot of touble'. Dal i weiddi. 'You call yourself a bloody Communist; look what was found in your house'. Dyma fe'n dangos nifer o faneri swastika wedyn oedd yn cael eu rhoi gan y *Daily Express* er mwyn eu gosod ar fap rhyfel y papur. Dywedais ei bod yn ddigon hawdd esbonio tarddiad y baneri. Gweiddi eto. 'What have you done with the rest? Some were found in Belgium'. Dal i weiddi fy mod wedi achosi llawer o drafferth iddo ym Morgannwg a Threfaldwyn yn ogystal ag mewn gwledydd tramor. Mae'n debyg ei fod yn cyfeirio at ysgrif yn *Y Drych* Americanaidd a gafwyd yn y tŷ. Gweiddi wedyn ar eithaf ei lais. 'I am not going to put you on trial; I am sending you down to Swansea prison and to a camp. I am going to shoot you; and if I do not shoot you I will hand you over to Hitler to shoot you when he comes'.

Dyma fe'n mynnu gwybod eto ble roedd y gweddill o'r baneri Almaenig. Dyma fe'n rhegi, yn neidio oddi amgylch ac yn gweiddi fy mod yn 'bloody Bolshevik' a mynnai weld fy nghyfrif banc dros y deng mlynedd diwethaf i weld faint o arian oeddwn wedi'i dderbyn o Rwsia. Dywedais y buaswn yn rhoi iddo'r gorchymyn i archwilio fy nghyfrif yn y banc. Dyma fe'n gweiddi eto. 'I do not want your bloody order; get out of my room or I will kick you out'. Dywedais wrtho nad oedd hynny'n beth neis i'w ddweud wrth hen ddyn. Gweiddi wedyn. 'Officer, come here and take this bloody bastard back to the cell, and send him down to Swansea in the morning'. Ni chlywais yn fy nydd y fath iaith front.[1]

Dyna a fu. Gollyngwyd Ernest Williams yn rhydd, a thrannoeth aed â'r tad a'r mab mewn Black Maria, cerbyd a ddefnyddid gan amlaf i gludo troseddwyr peryglus, i Abertawe dros Eisteddfa Gurig i Lanelwedd, Aberhonddu, Hirwaun a Chastell-nedd i Abertawe. Nid y ffordd fyrraf arferol. Ac nid mewn car heddlu arferol. Yn gwmni iddyn nhw roedd pedwar gŵr arfog. Cadwai un ohonyn nhw wn â bidog rhwng ei goesau gydol y daith. Roedd gwynt petrol mor gryf oddi fewn i'r cerbyd nes gorfodi un o'r pedwar i chwydu. Nid rhyfedd fod y swyddogion yng ngharchar Abertawe yn credu fod yna garcharorion dansierus wedi cyrraedd.

Cawsant eu rhoi mewn ystafell dywyll yng ngwaelod yr adeilad lle'r oedd bagiau sment wedi'u rhoi yn y ffenestri. Bu pump ohonyn nhw'n rhannu'r ystafell am rai wythnosau cyn eu symud i gelloedd mwy dymunol. O'r tri arall roedd un yno o Aberystwyth, Sgotyn a fu'n ymladd yn Rhyfel y Boer, a oedd yn rhugl mewn nifer o ieithoedd ac wedi priodi dynes yn Ne Affrig o dras Almaenaidd. Fe'u clywyd ill dau yn siarad Iseldireg ar y stryd. Roedd un arall yn Iddew oedrannus a edrychai fel Elias neu Ioan Fedyddiwr, yn ôl Niclas. Roedd wedi honni mewn tŷ tafarn, wrth i bobl dynnu ei goes, ei fod yn adnabod Hitler, a'r llall yn grwt ifanc oedd wedi datgan mai rhyfel imperialaidd oedd yr Ail Ryfel Byd. Roedd tua deg ar hugain o garcharorion gwleidyddol neu *aliens* eraill yno'r un adeg.

Pan sylweddolwyd union bicil Niclas ac Islwyn fe gychwynnwyd ymgyrch genedlaethol i'w rhyddhau. Cysylltodd Mrs Nicholas â chyfaill teuluol o fargyfreithiwr, Ithel Davies, a letyai ar eu haelwyd yn gyson fel y byddai Niclas yn lletya ar aelwyd ei deulu yntau yn Ninas Mawddwy ar ei ymweliadau pregethu. Daeth Ithel o dan gyfaredd *Salmau'r Werin* pan oedd yn ei arddegau ac roedd wedi dotio at y modd roedd Niclas wedi delio â'r Parch W. F. Phillips hwnnw pan fu ffrae rhyngddyn nhw ar dudalennau'r *Geninen*. At hynny, roedd Ithel Davies ei hun wedi'i garcharu fel gwrthwynebydd cydwybodol yn ystod y Rhyfel Byd Cyntaf ac wedi cael ymweliadau gan Niclas. Ers ei ddyrchafu'n fargyfreithiwr cynrychiolodd liaws o wrthwynebwyr cydwybodol mewn tribiwnlysoedd adeg yr Ail Ryfel Byd. Cafodd ganiatâd cyfreithiwr Niclas, Humphrey Roberts, i ymweld â'r tad a'r mab yng ngharchar i gymryd cyfarwyddyd a'u hysbysu o'r don o gefnogaeth dros eu rhyddhau a ymledai trwy Gymru.

Cafodd Islwyn a Niclas eu symud i garchar Brixton ar 2 Hydref, ymron dri mis ar ôl eu harestio, yn barod ar gyfer ymddangos mewn Tribiwnlys Apêl i'w gynnal yn Ascot ymhen wyth diwrnod. Cymydog iddynt yn Brixton am y cyfnod byr hwnnw oedd Oswald Mosley (1896–1980), y Ffasgydd a fu'n AS Llafur ar un adeg. Mynych y bu Niclas yn sgwrsio ag ef. Tebyg y byddai wedi ceisio ei ddarbwyllo ynghylch ffolineb ei ddaliadau. Oherwydd ei gefndir o uchel dras cafodd Mosley ei symud i dŷ ar dir carchar Holloway at ei wraig, Diana Mitford (1936–1980), oedd hefyd wedi'i rhoi dan glo.

Gofynnwyd am Dribiwnlys Cymraeg i wrando achos y Niclasiaid ond dim ond caniatáu i'r diffynyddion ddefnyddio'r Gymraeg pe dymunent a wnaed. Dewiswyd John Morris (1896–1979), Cymro a fagwyd yn Lerpwl ac a oedd eisoes yn Farnwr Apêl, i gadeirio. Byddai'n ddiweddarach yn cael ei ddyrchafu'n Arglwydd Morris o Borth-y-gest. Ond doedd dim sill o Gymraeg gan y cwnsler a ddewisodd Niclas i'w gynrychioli, D. N. Pritt (1887–1972), a oedd hefyd yn AS dros Ogledd Hammersmith. Ond roedd yn ymwelydd cyson â Rwsia, yn gefnogwr pybyr o Stalin, a newydd gael ei ddiarddel gan y Blaid Lafur seneddol am ei gefnogaeth i ymyrraeth filwrol Rwsia yn y Ffindir. Gellir dychmygu'r sgyrsiau rhyngddyn nhw ynghylch eu hymweliadau â Rwsia. Ond doedd y Tribiwnlys ddim yn caniatáu i neb draethu ar ran y cyhuddedig chwaith, er i Pritt ddadlau'n gryf dros hynny. Serch hynny, rhoddwyd yr hawl i'r Niclasiaid ymgynghori â'r bargyfreithwyr pa bryd bynnag y dymunent yn ystod y gwrandawiad. Ond dim ond unwaith y digwyddodd hynny gydol y diwrnod o wrandawiad yn un o westyau moethus Ascot. Y ddau aelod arall o'r Tribiwnlys oedd Geoffrey Russell (1921–2011), aelod o'r bendefigaeth a'r Arglwydd Ampthill yn ddiweddarach, a G. H. Stuart-Bunning O.B.E., Y.H., (1870–1951), undebwr llafur nad oedd yn bresennol yn ystod y rhan agoriadol yn y bore.

A beth yn union oedd y cyhuddiadau yn erbyn y ddau? Wel, dyna un o'r rhesymau dros yr oedi cyn cynnal y Tribiwnlys. Roedd hi'n genhadaeth bywyd gan y Capten J. J. Lloyd-Williams i roi Niclas dan glo, doed a ddelo. Ond roedd mater bach o gyflwyno tystiolaeth gadarn a chyhuddiadau perthnasol yn profi'n ben tost iddo. Hir y bu'r disgwyl o ran Syr John Anderson (1882–1958) yn y Swyddfa Gartref. Roedd y Prif Gwnstabl wedi mynnu'r hawl i gadw'r ddau yn y ddalfa am gyfnod hwy na'r deg diwrnod a ganiatawyd ar sail 'pending enquiries'. Dyma gofnod Niclas ei hun o natur yr ymholiadau:

Ni chafwyd dim yn ein tai yn cyfiawnhau ein dal yn y carchar.
Felly, aethpwyd ar hyd a lled Cymru i chwilio am dystiolaeth
yn ein herbyn. Cafwyd o hyd i'm Dyddiadur gan yr Heddlu, ac
mewn llyfr cyfrifon dynion a oedd wedi prynu llyfrau gennym.
Bu Heddlu hanner Cymru'n chwilio yn y cyfeiriadau a oedd yn
y llyfrau ac yn y llythyrau a gafwyd yn y tŷ. Byddai'n ddiddorol i
wybod faint a gostiodd mewn amser a phetrol i chwilio hanner
Cymru am dystiolaeth yn ein herbyn. Bu'r Heddlu mewn
amaethdai anghysbell ym mynyddoedd Maldwyn a Meirion. Yn
Llanuwchllyn, Corwen, Bala, Llawr Bettws, Dinas Mawddwy,
Cwm Lleine, Llanwddyn, Pontardulais, Llandderfel, Ammanford,
Gwaencaugurwen, Glanaman a Llandovery. Lleoedd y gwyddom
amdanynt yw rhain. Tebyg iddynt fod mewn llawer lle arall.
Methwyd a chael dim o bwys. Felly pan alwyd ni o flaen y Pwyllgor
ym mhen tri mis wedi ein carcharu, nid oedd yr un cyhuddiad
anghyfreithlon yn ein herbyn. Cafwyd yn Glasynys y fflagiau, ac yn
nhŷ Islwyn ddalen y P.P.U. ymysg papurau myfyrwyr diwinyddol
a letyai yno. Nid oedd yr un o'r ddau beth yn drosedd o dan y
Gyfraith. Yr unig gyhuddiad gwir oedd y fflagiau.[2]

Cyhuddwyd y ddau hefyd o gynnal tribiwnlys ffug ar gyfer
gwrthwynebwyr cydwybodol nad oedd rhithyn o dystiolaeth
yn ei gylch. Ond y cyhuddiad rhyfeddaf a oedd yn arwydd o
orffwylledd y Prif Gwnstabl, a'r ffaith ei fod yn glynu wrth
frwynen bellach o ran darganfod tystiolaeth, oedd yr hyn yr
honnid bod Niclas wedi'i gyflawni yn ardal Tal-y-bont:

Cyhuddwyd fi o dynnu llun swastika Flag ar bontydd yng
nghymdogaeth Talybont. Gwyddai pwy oedd wedi tynnu'r fflagiau
ar y pontydd. Pythefnos cyn ein dal ni bu'r Heddlu yn holi
ffermwyr yn ardal Talybont am dramp a welwyd yn tynnu'r fflagiau
ar y pontydd. Gwyddai'r Prif Gwnstabl hynny pan yn fy nghyhuddo
i o'r weithred. Ar y 5ed o Orffennaf 1940 gyrrwyd y rhybudd hwn
allan i Heddlu Aberteifi, Meirion a Maldwyn. Gyrrwyd allan o Sir
Aberteifi.
"Tramp seen on road between Talybont and Taliesin, Cards.
About 11 a.m. July 3 drawing a swastika on a stone wall; a
number of same was seen on stone walls between Talybont and
Taliesin. Description:- Age 30 to 35. Tan complexion, thick, black

moustache, small, dark brown eyes, bushy eyebrows, believed dark hair. Yellow corduroy trousers, good pair black boots, believed brown jacket and fawn cap."

Gyrrwyd y Rhybudd hwn allan ar y 5ed o Orffennaf. Ni chymerwyd ni i'r ddalfa hyd yr 11eg o Orffennaf. Felly, gwyddai'r Heddlu pwy oedd wedi tynnu'r Swastika ar bontydd cyn ein dal ni. Wedi dod allan o'r carchar y deuthum o hyd i'r Rhybudd.[3]

Mae'n rhyfedd na fyddai'r disgrifiad yn dweud fod y trempyn yn gwisgo tei-bo. Byddai Niclas yn fwy tebygol o dynnu llun morthwyl a chryman pe bai am gyflawni gweithred o'r fath. Geiriau'r Prif Gwnstabl yn ei adroddiad ar yr holl fater oedd: 'Personally, I am of the opinion that Nicholas intended sticking these labels up, should certain circumstances arise, or alternatively, he intended putting them on peoples' windows or doors, with a view to intimidation.' Yn ôl y dogfennau cyfrinachol a wnaed yn hysbys yn 2004 roedd y Prif Gwnstabl o'r farn mai 'a tissue of lies from start to finish' oedd disgrifiad Niclas o'i ymddygiad wrth iddo ei holi. 'He was treated with every courtesy and his allegations are ridiculous,' ychwanegodd.

Yn ôl trawsgrifiad y Tribiwnlys roedd yn amlwg na roddwyd fawr o bwys ynghylch y dystiolaeth yn ymwneud â'r baneri Almaenaidd. Ond gwasgwyd yn drwm arno ynghylch ei agwedd tuag at ryfel a ph'un a oedd yn gefnogol i'r gwrthwynebwyr cydwybodol. Dywedodd Niclas y byddai'n barod i filwria pe bai'n iau ac nad oedd ganddo ddim i'w wneud â mudiadau heddwch bellach. 'Does dim gwrthwynebwyr cydwybodol yn y Blaid Gomiwnyddol,' meddai. Cafodd gyfle i esbonio ei gefndir meddyliol:

> I was what you might call a sort of pacifist in the 1914 War. I am a Communist as a matter of fact in theory. I have been so since a boy. I am interested in the Co-operative movement. I am anti-Fascist and everybody knows so. I am not a politician as such. I am interested in political theories. I am not a Pacifist in this instance although in theory I am a Pacifist. Deep down in some part of me I am a Pacifist and I believe in gentleness and love. Although I am

a member of the Communist Party, I am of the school of Robert Owen. That is how I came in touch with Communism 30 years ago and I am not backing up everything the Communist party does because it is an intellectual problem to me more than anything else.

In theory I am a Pacifist, but as I dread the spread of Fascism, I have not attempted to express my personal views nor have I at any time given any advice or help to Conscientious Objectors, for I realise fully that a victory for Fascism means lowering of the standard of living for the workers as it will be a fatal blow to Democracy and Peace. For that reason I have advocated the arming of the whole nation.[4]

Cafodd gyfle hefyd i adrodd darn o awdl 'Elusengarwch', Dewi Wyn o Eifion (David Owen, 1784–1841):

Mae y gŵr yn ymguraw;
A'i dylwyth yn wyth neu naw,
Dan oer hin yn dwyn y rhaw – mewn trymwaith;
Bu ganwaith heb ei giniaw.

Yr un modd, dyfynnodd Islwyn ac R. J. Derfel i brofi ei gonsyrn ynghylch tlodi'r werin gan addo darparu cyfieithiad ar ddiwedd y gwrandawiad. Ni soniodd am Karl Marx nac am Gristnogaeth chwaith.

O fewn pythefnos wedi'r Tribiwnlys rhyddhawyd Niclas ac Islwyn heb fod yr un cyhuddiad wedi'u profi yn eu herbyn. Ni chafwyd esboniad nac ymddiheuriad ynghylch eu carcharu ar gam am bedwar mis. Dylid, wrth gwrs, fod wedi eu rhyddhau gydag Ernest Williams a'r lleill pan gawsant eu cludo i swyddfa'r heddlu yn Aberystwyth. O ran hynny, ni ddylid bod wedi'u harestio yn y lle cyntaf. Er gorfoledd y dyfarniad mynnodd Niclas, yn hytrach na'u bod yn gadael Brixton gyda'r nos fel y gwahoddwyd hwy i wneud, eu bod yn cael aros dros nos er mwyn osgoi cael eu dal dan gawodydd o fomiau pe bai yna gyrch awyr gan yr Almaenwyr. Cytunwyd i'w cais.

Credai Ithel Davies a D. N. Pritt fod yna gam arall y gellid ei wneud cyn dirwyn y mater i ben, sef dwyn achos o iawndal yn erbyn y Prif Gwnstabl J. J. Lloyd-Williams 'am weithred ysgeler a di-alw-amdani ac athrodus'. Ac roedd D. N. Pritt yn hen law ar y maes hwnnw o'r gyfraith. Gallai fod yn swm sylweddol ac yn derfyn ar yrfa'r Prif Gwnstabl. Parod oedd T. E. Nicholas i gychwyn achos, mae'n debyg, ond ni fynnai ei wraig iddo wneud hynny.

Wrth edrych 'nôl ar y profiad, mynnodd Niclas nad oedd wedi suro na'i wenwyno mewn unrhyw fodd. Canmolodd y swyddogion carchar ynghyd â boneddigeiddrwydd plismyn Heddluoedd Aberteifi a Maldwyn ond ni sbariodd ei lid tuag at 'yr unig ddyn direswm a gwallgof ac anfoneddigaidd yn yr holl helynt', sef Prif Gwnstabl Sir Aberteifi. Teg nodi fod y Capten J. J. Lloyd-Williams wedi ei gael ei hun mewn aml i helynt cynt wrth iddo ymddwyn yn llawdrwm tuag at bwy bynnag a feiddiai herio ei drefn mewn unrhyw fodd. Gwrthwynebwyd ei benodiad gan rai yn gyhoeddus, gan gynnwys Cynghorwyr Sir, am na fedrai'r Gymraeg. Roedd y gallu i siarad Cymraeg yn un o ofynion y swydd. Roedd y Prif Gwnstabl yn barod i ddial ar bwy bynnag a fentrai ei feirniadu, a hynny mewn modd mileinig.

Protestiodd dau Gynghorydd Tref wedyn yn erbyn penodi merched i'r Heddlu yn Aberystwyth. Archwiliwyd cartref un ohonynt a chadwyd y llall yn y ddalfa am oriau. Ymateb y Prif Gwnstabl oedd dweud bod y merched yn hynod o ddefnyddiol i ddelio â 'female enemy aliens' yn ogystal â'r cynnydd sylweddol mewn troseddau gan ieuenctid wrth i'r ifaciwîs ddylifo i'r sir. Mae'n debyg fod Niclas ei hun wedi protestio yn erbyn penodi 1,500 o blismyn arbennig i'r sir. O'u penodi, credai y gellid bod wedi rhoi rhai ohonyn nhw ar ddyletswydd i lanhau'r celloedd drewllyd a brwnt yng Ngorsaf Heddlu Aberystwyth.

Ryw bythefnos cyn arestio Niclas ac Islwyn cymerwyd y Cyng. Andreas Jones i'r ddalfa a bygwth ei garcharu am dair blynedd. Addawyd gostwng y ddedfryd i chwe mis pe cytunai i dystio yn erbyn Niclas, Islwyn a Sydney Herbert. Fe'i gorfodwyd i ysgrifennu ar ddarn o bapur na fyddai'n cyhuddo'r heddlu o'i gymryd i'r ddalfa yn anghyfreithlon. Mae datganiad Andreas Jones ynghylch yr hyn a ddigwyddodd nos Wener, 22 Mehefin 1940 yn ddadlennol o ran ymddygiad y Prif Gwnstabl ym mhresenoldeb milwr a phlismones:

The Chief Constable sat at his table holding in his hand a large black round ruler. He asked me to sit down. I did so and he then shouted, 'Move up', and I moved into another chair. As I sat, I placed my arms on the table and he again shouted, 'Take your dirty hands off my table. Remember, you are not at the Town Council now. What have you been saying?' I replied, 'I have said nothing and there are witnesses who will testify to it.' He then said, 'I have what you said with me here,' but he showed me nothing to support his assertion. I was in fact still waiting for a specific charge to be preferred against me, but this was not done nor was I formally warned that anything I might say would be used in evidence against me.

He then asked me, 'Are you a Communist?' 'No.' 'Are you a Welsh Nationalist?' 'I am a Welshman and am in favour of Dominion Status for Wales within the British Empire.' 'Have you been advising Conscientious Objectors?' 'No.' He went on to assert that I wanted Wales to be independent of England and I simply repeated the statement I had already made.

He then said, 'You are not to be sent before the local magistrates. You are for the Old Bailey where you will get three years or I might hand you over to the Military to be shot. I said, 'You would shoot an innocent man. I wish I could open my breast so that you could see how clear my conscience is.'

The Chief Constable also said, 'But I will make it easy for you. I will make it six months if you tell me all you know about Herbert.' (Note: - Mr. Sydney Herbert is a Lecturer in the University of Wales, and a Town Councillor. On two occasions, I had seconded his motion that the decision to appoint women police-officers should be reviewed, first by the Standing Joint Committee and then by the Home Office. This was carried at the Town Council on the two occasions but no action was taken by either of the competent authorities)

I replied, 'I know no more about him than you do. He is simply a passing friend and I only meet him in Council Meetings.' He then called me a liar and continued, 'I'll still make it easy for you. Six months if you will tell me what you know about Nicholas.' I said the same thing as I said about Mr. Sydney Herbert. (Note: - Mr. Nicholas is a registered dentist living at Glasynys, Elm Tree Avenue, Aberystwyth.) He again called me a liar.

I was later led back to the cell between 10.50 and 11 p.m. After an interval, I was again taken to the Chief Constable and my Solicitor was also present. The C.C. said 'Sit there' and added 'I don't like you.' I quietly replied, 'I don't dislike you.' He then continued, 'You are in for it. But your solicitor is a great friend of mine and I'll do for him what I would not do for you. I am giving you bail until tomorrow and your solicitor will stand bail in £200 for you.' He then went on to say, 'I will give you bail for seven days since your solicitor is a great friend of mine and you should appreciate what your solicitor is doing for you.'

A policeman was then called in and the C.C said to me, 'I am prepared to let you off but you must sign an undertaking.' I said, 'I will!' He then dictated to the police officer a statement to the following effect: - I have been lawfully arrested and I will not take legal action against the Cardiganshire Constabulary. Also I will not interfere with the police and will not talk to the soldiers.' My solicitor than said to me, 'You know what you are signing.' I asked him, 'Do you advise me to sign?' He said, 'You know what you are signing.'

The Chief Constable also said, 'You know that I have the power to take your glasses from you and I have the power to take your house from you,' and during the course of the interview he also told me, 'You have never done a day's work in your life.' I signed the statement the Chief Constable had dictated as I was anxious to leave the police station and go home. I then left.[5]

Deallir i'r Capten Lloyd-Williams dreulio blynyddoedd olaf ei wasanaeth milwrol yn gweithio i wasanaeth cudd yr Awyrlu. Cafodd y Prif Gwnstabl gerydd gan y Swyddfa Gartref yn ystod dyddiau cynnar y Rhyfel am iddo ganiatáu i sinema yn Aberystwyth gynnal sioeau gyda'r nos yn groes i'r gorchymyn gwladol. Bu hefyd mewn helynt wedyn ar sail cwyn a wnaed gan y Cyrnol Syr George Fossett Roberts (1870–1954), aelod amlwg o Awdurdod yr Heddlu a ffigwr cyhoeddus uchel ei barch ac egwyddorol, a honnai iddo ddefnyddio car heddlu yn hytrach na thacsi oedd wedi'i archebu ar ei gyfer i fynd ag ef a'i deulu i ddawns Nadolig yn y dref yn 1941.

Gwerthfawrogodd Niclas gwmnïaeth ei fab, Islwyn, yng ngharchardai Abertawe a Brixton, gan nodi nad oedd yn haeddu cael ei gymryd i'r ddalfa am nad oedd erioed wedi dweud dim yn gyhoeddus am ei ddaliadau, meddai. Yn wir, pryder pennaf Mrs Nicholas gydol y cyfnod oedd gallu Islwyn i ymdopi. Ni phoenai am allu Niclas ei hun i ymdopi â'i amgylchiadau. Diolchodd Niclas i Dan Harry a'i wraig o Bontycymer, yn anad neb, am gydlynu'r gefnogaeth i'r ddau trwy dreulio eu gwyliau haf yn llythyru ac ysgrifennu o blaid eu rhyddhau. Treuliodd y gŵr o Fro Gŵyr gyfnod yng ngharchar ei hun yn ystod y Rhyfel Byd Cyntaf fel gwrthwynebydd cydwybodol. Deuai'n adnabyddus yn ddiweddarach fel Warden Coleg Harlech. Yr un modd, gwelai Niclas gefnogaeth agored *Y Faner* yn werthfawr a'i bod felly yn gweithredu yn nhraddodiad ei sylfaenydd Thomas Gee, a wrthwynebai ormes landlordiaeth a'r Eglwys Wladol yn ei ddydd. Nid oedd ganddo'r un geirda i'w ddweud am *Y Cymro* – 'o gofio i mi ysgrifennu am flynyddoedd iddo bob wythnos yn rhad ac am ddim, gwelir mor angharedig a fu,' oedd ei ddyfarniad.

Tra oedd yn y carchar derbyniodd dros fil o gardiau ar ei ben-blwydd yn 61 ar 6 Hydref a thelegramau yn enw 150,000 o weithwyr. Arferai ddweud hefyd iddo weld Cristnogaeth ar ei gorau o fewn muriau'r carchar ymhlith rhai o'r hen lags. 'Yr oedd iaith y troseddwyr yn Abertawe yn ddrwg ond yr oedd yn foddion gras, o'i chymharu â iaith y prif gwnstabl,' meddai. Gwerthfawrogai'r holl gefnogaeth o du'r gweithwyr, pleidiau gwleidyddol a chyrff crefyddol, ond roedd yn siomedig o glywed fod 47 o Fethodistiaid yn y gogledd wedi pleidleisio yn erbyn cynnig yn gofyn am roddi prawf neu ryddid iddo. 'Byddai'n dda gennyf petai'r 47 wedi sylweddoli pa mor frwnt oedd ymddygiad y Capten J. J. Lloyd-Williams tuag ataf ac wedi clywed yr iaith er iddynt wybod dros beth y safent,' oedd ei ddyfarniad.

Sasiwn y Gogledd yn cyfarfod ym Mangor oedd o dan sylw pan drafodwyd cais o eiddo J. Roose Williams, Ysgrifennydd y Blaid Gomiwnyddol yng Ngogledd Cymru, yn gofyn am gefnogaeth i'r ddau a garcharwyd. Cynigiodd y Parch J. P. Davies, Porthmadog y dylid anfon llythyr o brotest at y llywodraeth. Fe'i heiliwyd gan Humphrey Evans, Llandudno. Ond pan ofynnwyd am gefnogaeth trwy godi dwylo gwelwyd nad oedd mwyafrif amlwg o blaid. Pan aed ati i gyfrif gwelwyd bod 63 o blaid, 47 yn erbyn, a nifer heb bleidleisio. Tebyg oedd y sefyllfa yng Nghwrdd Chwarter Annibynwyr Arfon ym Metws-y-coed. Cynigiodd y Parch Llywelyn Bowyer, Deiniolen – gŵr a adwaenai Niclas yn dda ers ei ddyddiau yn weinidog yn yr Allt-wen – y dylid anfon llythyr o brotest. Fe'i heiliwyd gan y Parch Ben Owen, Llanberis, brodor o gynefin Niclas, ac fe'u cefnogwyd gan y Prifathro J. Morgan Jones a'r Athro J. E. Daniel (1902–1962). Ond cynigiodd Dr ap Fychan Jones, y Felinheli, a D. O. Jones, Caernarfon yn ei eilio, mai cefnogi'r Llywodraeth ddylid ei wneud yn y mater. Ond pleidleisiodd y mwyafrif dros y cynnig gwreiddiol.

O fwyafrif y pleidleisiwyd o blaid y cynnig i gefnogi Niclas ac Islwyn gan Gyngor Dinesig Ffestiniog hefyd. Roedd tri yn erbyn, gan gynnwys Bryfdir (Humphrey Jones, 1867–1947), gŵr amlwg ar lwyfannau eisteddfodol. Dadleuai na ddylid ymyrryd yn y mater am nad oedd yna fwg heb dân ac y byddai cyhuddiadau teg yn siŵr o gael eu dwyn yn eu herbyn. Gresynai Niclas drachefn na fyddai'r tri hefyd wedi clywed lleferydd brwnt y Prif Gwnstabl.

Serch yr helynt, roedd gan Niclas le i ddiolch i'r carchar am ei wneud yn fardd o'r newydd ac yn sonedwr crefftus, gan iddo gyfansoddi 187 ohonyn nhw yn ei gell – mwy nag un y dydd – a hynny ar bapur tŷ bach gan fwyaf, a threfnu gyda chymorth un o'r gwarcheidwaid eu hanfon at E. Prosser Rhys (1901–1945), a oedd yn olygydd *Y Faner* ar y pryd. Wedi'r cyfan, beth yn well i fardd oedd ag amser ar ei ddwylo na bwrw ati i gyfansoddi? Deilliodd dwy gyfrol o farddoniaeth o hynny, yn ogystal â chyfrol Saesneg o gyfieithiadau o nifer o'r sonedau. O ran hynny roedd gan Niclas le i ddiolch i'r *Faner* am gefnogi ei achos rhagor na'r *Cymro*. Cyhoeddwyd y geiriau cryf canlynol ar 14 Awst 1940 pan oedd y tad a'r mab eisoes wedi treulio dros fis dan glo heb eu cyhuddo o'r un drosedd:

> Rhaid cydnabod bod trin Cymry fel estroniaid yn eu gwlad eu hunain yn beth cwbl gyson â pholisi'r Llywodraeth – ond nid yn aml y cyhoedda hynny'n swyddogol. Heb ein cysylltu ein hunain ddim â gwleidyddiaeth y Meistri Nicholas, a heb ddatgan unrhyw farn o gwbl ar y rhesymau a eill fod gan yr awdurdodau am eu dodi ynghadw, dywedwn yn ddifloesgni – ac fe'n hatega'r genedl gyfan – bod eu cadw yng ngharchar am wythnosau fel hyn heb gyhuddiad yn eu herbyn yn beth cwbl Hitleraidd ac annemocrataidd; bod eu trin yn fwy neu lai fel carcharorion a euogbrofwyd gan lys barn yn ormes haearnaidd; bod gomedd iddynt siarad Cymraeg â'u cyfeillion yn braw pellach o ragrith Lloegr pan ddywed bod achosion a hawliau gwledydd bach yn agos at ei chalon, a bod ystyried Cymry Cymreig adnabyddus fel estroniaid yn eu gwlad hwy eu hunain yn gadarnhad ysgeler o bob dim a ddywedwyd gan genedlaetholwyr am anghyfiawnder ac anllywodraeth goruchwyliaeth Lloegr yng Nghymru. Aed pawb ati i roi pen ar yr anghyfiawnder hwn.[6]

Daliwyd ati'n fwy beiddgar a chondemniol fyth ymhen y mis:

> Y mae egwyddor peth fel hyn yn gwbl dotalitaraidd a thrahaus. Y mae'n sawru'n gryf o'r hyn y cyhuddir Llywodraeth Natsïaidd yr Almaen o'i wneuthur, yr ymleddir yn awr, yn ôl y Llywodraeth Seisnig, i'w ddileu oddi ar wyneb y ddaear. Os oes cyhuddiad i'w herbyn – wel, ymlaen ag ef. Os oes ymchwiliad Pwyllgor Ymgynghorol i fod – yna gader inni gael yr ymchwiliad hwnnw, ar unwaith.
>
> Drwy Gymru oll y mae galwad benderfynol am roddi diwedd ar yr ormes hon, heb oedi dim. Pa beth y mae Mr. D. O. Evans a Mr. Lloyd George yn ei wneuthur? Y mae Cymru yn disgwyl wrthynt, ac yn hawlio ganddynt weithredu ar unwaith. Nid yw Cymru yn barod i oddef trais gwleidydd adweithiol fel Syr John Anderson a'i gŵn bach yng Nghymru.

Ymchwilier i achosion y Meistri Nicholas, neu doder hwy
ar brawf, os oes cyhuddiad i'w herbyn, ar bob cyfrif. Os profir
rhywbeth i'w herbyn, a fyddo'n dorri clir ar y gyfraith, cosber hwy.
Ond na chadwer hwy yng ngharchar yn ddi-gyhuddiad, yn ddi-
brawf, ac yn ddi-ymchwiliad fel hyn. Nid yw Cymru eisiau dulliau'r
Gestapo, ac os carcharwyd hwy ar gam, dylid delio'n llym â'r bobl
sy'n gyfrifol.[7]

Yn yr un rhifyn cyhoeddwyd un o sonedau 'carchar' Niclas
yn cymharu sŵn cartrefol yr aderyn to y tu fas i'w gell a sŵn
gwae yr adar tân uwchben yn nhrymder nos. Cyhoeddwyd
llythyr hefyd o eiddo Robert Evans, Llanbrynmair yn annog
darllenwyr i anfon cardiau pen-blwydd at Niclas, maes o law,
erbyn dydd Sul, 6 Hydref 6 pan fyddai'n 61 oed a hynny er
mwyn ei 'galonogi a sicrhau ei wylwyr mai gŵr yw T.E.N. nad
â'n angof gan werin gwlad.'

Yr un wythnos yn ei rifyn a gyhoeddwyd ddydd Sadwrn, 24
Awst, mentrodd *Y Cymro* ddatgan ei farn mewn llith golygyddol
oedd wedi'i symbylu gan gais J. Roose Williams am ddatganiad
o gefnogaeth i Niclas ac Islwyn. Dim ffiers o beryg:

> Yr oedd Mr. T. E. Nicholas yn ysgrifennydd cyson i'r colofnau hyn.
> Yn amser heddwch rhoddasom iddo hynny o raff a fynnai i fynegi
> ei syniadau, onid yn wir ormod o raff. Pan ddaeth y rhyfel ac y
> datganodd Mr. Nicholas fod y cytundeb rhwng Rwsia a'r Almaen y
> cytundeb mwyaf dros heddwch a welodd y byd erioed fe wnaethom
> yn eglur na fynnai'r wlad hon ei thrywanu yn ei chefn gan unrhyw
> blaid a chyn belled ag yr oedd a wnelom ni â'r peth cashaem
> Gomiwniaeth gymaint ag y cashawn Naziaeth neu Ffasgaeth.
> Credem bob amser, a chredwn yn awr, fod Mr. T. E. Nicholas
> yn hollol ddiffuant yn ei olygiadau, ond ei anfon i gynull-
> wersyll a gawsai yn yr Almaen am ddatgan opiniynau croes i
> Gymdeithasiaeth Naziaidd ac mewn amser rhyfel ei saethu a
> gawsai. Yn Rwsia buasai'n cael ei anfon i Siberia neu os y dihangai
> fe'i herlidid i farwolaeth fel y cafodd Trotsky. Yn sicr ni fuasai
> wedi cael papur newydd yn yr Almaen, fel *Y Cymro* i gyhoeddi ei
> ddaliadau ynddo.[8]

Yn y rhifyn dilynol o'r *Faner* cyhoeddwyd geiriau cryf drachefn yn y golofn 'Led-Led Cymru', drwy ysgrifbin Prosser Rhys, a chan nodi bod y papur wedi taro tant ymhlith y cyhoedd yn ei gefnogaeth i'r ddau:

Llawenydd i mi oedd derbyn cynifer o lythyrau yn diolch yn gynnes am yr erthygl arweiniol ar "Achosion y Meistri Nicholas." Fe ymddengys bod yr erthygl yn rhoddi lleferydd i farn llaweroedd o Gymry oedd yn ofni datgan y farn honno yn rhyw groyw iawn eu hunain. I hynny, ac i ddirywiad y meddwl rhyddfrydig yng Nghymru, mi gredaf, y rhaid priodoli na fu i'r achosion hyn ennyn protest fawr, rymus, ar raddfa genedlaethol. Lle y mae'r cyrff crefyddol a fu gynt mor eiddgar yn erbyn gormes o'r fath? Y maent hwy a'u gwasg yn gwbl fud. Pa le y mae'r pleidiau gwleidyddol – y Blaid Lafur a'r Blaid Ryddfrydol yng Nghymru? Pa le y mae Rhyddfrydwyr Sir Aberteifi sydd yn ymfalchïo, o leiaf er etholiad enwog Llywelyn Williams, ar burdeb neilltuol ei dogma Ryddfrydol? A pha le y mae'r cynghorau cyhoeddus o bob math, yn cynnwys Pwyllgor Amwythig? Hyd nes cyhoeddwyd erthygl arweiniol *Y Faner* ni chredaf fod y mwyafrif ohonom wedi sylweddoli beth a ddigwyddodd i'r Meistri Nicholas, ac y mae'n dda gennyf weled argoelion peth symud yn y mater.[9]

Dychwelodd llith golygyddol *Y Cymro* yn rhifyn olaf mis Awst at bwnc carchariad Niclas. Amddiffynnwyd y safbwynt blaenorol a nodi drachefn, fel y gwnaed droeon mewn rhifynnau blaenorol, na welent yr un rhinwedd yn safbwynt gwleidyddol eu cyn-golofnydd ac mai ennill y rhyfel ddylai fod flaenaf ym meddyliau pawb erbyn hyn.

A barnu oddi wrth rai o'r llythyrau, ond nid y cwbl, a anfonwyd inni oherwydd ein herthygl flaen yr wythnos diwethaf ymddengys fod yr argraff ar led ein bod yn ymhyfrydu am fod Mr. T. E. Nicholas wedi ei roi yng ngharchar heb brawf, a bod yr holl rai sy'n caru rhyddid yn y wlad hon wedi eu crynhoi i'r Blaid Gomiwnaidd ym Mhrydain, a'r Blaid Genedlaethol yn ail da iddynt.

Yn wir, fe'n hysbysir fod rhai newyddiadurwyr Cymreig yn

Llundain, a rhai swyddogion o'r B.B.C., uwch ben cwpaned o goffi
yn un o dai bwyta'r Brifddinas wedi teimlo mor chwyrn ar y mater
nes penderfynu peidio cymryd *Y Cymro* eto fel protest. Fe ddichon,
ond ni wyddom i sicrwydd, wrth gwrs, mai prinder siwgr yn eu
coffi y bore hwnnw a gododd y rhagfarn, ond os nad hynny oedd
y rheswm fe geisiwn ddal yr ergyd o golli eu dwygeiniogau gyda
goddefgarwch Cristnogol!

Fe dalasom deyrnged i Mr Nicholas a datganasom ein gofid
ei fod yng ngharchar. Y mae hwn yn deimlad dwfn gwirioneddol
a diffuant. Nid oes Gymro yn unman a ddarllenodd farddoniaeth
neu ysgrifau gwleidyddol Mr. Nicholas pa un a gytuna a'i olygiadau
ai peidio nad yw'n wir ddrwg ganddo ei fod yng ngharchar heb
sefyll ei brawf.

Fe ŵyr Mr. Nicholas ein bod yn anghytuno â'i olygiadau
gwleidyddol a'n bod yn eu cashau gymaint ag y cashawn Naziaeth
neu Ffasgaeth, ond fe ŵyr hefyd fod ein cydymdeimlad ni ag ef yn
ddiamheuol.

Gesyd rhyfel doll ar hawliau'r person unigol; gesyd i lawr reolau
sydd i bob golwg yn ffôl a niweidiol, y gweithredir arnynt efallai
yn rhy frysiog ac heb gymryd yr olwg eang sydd mor hanfodol dan
amodau heddiw.

Ond rhaid i'r Comiwnwyr gytuno petai rhywun am
anghydsynio'n agored yn yr Almaen a Sosialaeth Genedlaethol mai
ei saethu heb sefyll ei brawf a gawsai, ac er bod y Senedd yn ildio
i hawl ddiamheuol y person unigol i brawf agored, nid yw wedi
ildio bywydau'r dinasyddion i'r peiriant rhyfel. Fe ddylem, y mae'n
debyg, fod yn ddiolchgar am bob bendith fach, ac ymwregysu'n
ddewr i ofalu bod yr hawl hon fel rhan o'r rhyddid a garwn yn cael
ei hadfer y cyfle cyntaf a ddaw.[10]

Yn rhifyn cyntaf mis Medi o'r *Faner* cyhoeddwyd dau o'r
llythyron hynny a ddaeth i law yn canmol safbwynt y papur
gan roi cic yr un pryd i'r *Cymro*.

'Y mae eich siarad plaen, di-ofn a synhwyrol ar y cwestiwn
hwn, ac ar gwestiynau eraill hefyd yn ennyn edmygedd a pharch.
Amheuthun yn wir, yw gweld bod gennym un Golygydd yng
Nghymru sy'n meddu ar synnwyr cyffredin mawr, ac 'asgwrn
cefn' at hynny,' meddai A. R. o Flaenau Ffestiniog.

Ychwanegodd iddo rannu'r rhifyn blaenorol â rhai o

chwarelwyr y cylch ac iddyn nhw ei ddarllen 'gydag arddeliad yn y caban ar yr awr ginio'. Hen gyfaill Niclas o Frynderw, Goginan, oedd y llythyrwr arall. Yn ogystal â diolch i'r *Faner* am roi arweiniad fe rannodd Dan Jones ei brofiad ei hun dan law plismyn:

> Gŵyr pobl feddylgar yn dda eu bod yn elynion gwreiddiol i Ffasgiaeth. Mae Mr T. E. Nicholas wedi eu condemnio ar y llwyfan, yn y wasg, mewn barddoniaeth, ac wedi dinoethi y bobl hyn a fu mor barod bob amser i rwbio ysgwyddau ac i wledda gyda hwynt. Rhagfynegodd hefyd yn gywir i ba le yr arweinia'r llwybr hwn. Dywedaf air ynglŷn ag ymweliad yr heddweision.
>
> Fe ddarllen hyn yn ddiddorol iawn ar adeg fel hyn a ninnau yn brwydro dros gyfiawnder a rhyddid. Disgynasant arnaf yn sydyn. Dywedent eu bod wedi cael gorchymyn i'm archwilio i a'm eiddo. Cychwynasant trwy chwilio fy mhocedi; cymerodd un at fy nghot a'r llall at fy llodrau; cymerwyd llythyrau o'm waled a'm dyddiadur. Buont wrthi yn brysur am yn agos i ddwy awr yn chwilio yn fanwl. Gwrthodasant gymryd gair gwraig y tŷ mai eiddo person arall oedd y 'suitcase' yn yr ystafell-wely.
>
> Euthum â'r person arall i fyny i'r ystafell i gadarnhau mai ef oedd y perchennog. Cymerwyd ganddynt bentwr o'm hysgrifau, pamffledi a llawlyfrau – y rhain i gyd yr oeddwn wedi eu prynu o dro i dro ar farchnad agored, ac wedi talu amdanynt. Nid wyf wedi cael dim yn ôl eto na chlywed yn eu cylch. Casâf innau Ffasgiaeth a'r bobl sydd wedi ei gefnogi. Mae'r Ffasgiaid wedi sathru o dan eu traed bob peth sydd yn agos ac yn annwyl at fy nghalon i.[11]

Mae'n rhaid y byddai'r llythyr a gyhoeddwyd yn rhifyn olaf mis Medi o'r *Faner* wedi plesio Niclas yn fawr. Hen gyfaill bore oes oedd y llythyrwr, Daniel Waunfelen, a oedd bellach yn weinidog, y Parch D. J. Davies, Capel Als, Llanelli. Mynegodd siom nad oedd ei enwad wedi mynegi cefnogaeth i Tomi'r Llety a'i fab, Islwyn. Dywedwst fu wythnosolyn yr Annibynwyr, *Y Tyst*. Dim sill yn ei golofnau:

> Ymddengys iddynt gael eu rhoddi i gadw fel 'Ffasgiaid peryglus' ac ni chaniateir iddynt siarad gair o Gymraeg na sgrifennu at neb o'u

cydnabod yn eu mamiaith. Gwaith rhywbeth heblaw gwirionedd fydd profi eu Ffasgaeth hwy, ond gwaith hawdd yw i ni deimlo mai ffordd y Ffasgydd a fabwysiadwyd yn Sir Aberteifi i'w cymryd yn gaeth a'u cadw felly am gyhyd o amser yn ddibraw.

Hyderwn y cânt yn fuan ail feddiannu'r hawl syml o'u profi'n euog cyn eu cosbi, hawl a fu'n eiddo'r Prydeiniwr hyd at y dull diweddar. Y dull diweddar hwn yw gosod yng ngharchar, ac yna mynd o amgylch ei gylch a'i gydnabod i chwilio am ryw ddefnyddiau cyhuddiad yn ei erbyn. Chwithig yw ein distawrwydd ni fel Annibynwyr yn wyneb y dull estron hwn – ni, ddisgynyddion addolwyr yr ogofau a'r ysguboriau. Mae egwyddor fawr mewn perygl.[12]

O gofio mai baneri swastikas y *Daily Express* a achosodd yr holl helynt, mae'n deg gofyn pam y byddai Niclas yn prynu papur oedd mor drwm dan ddylanwad 'y sefydliad'. Wel, mae'r gwrthryfelwr bob amser yn cadw llygad ar gyhoeddiadau'r 'gelyn' rhag iddo golli golwg ar ei deithi meddwl. Bu Glen George yn astudio'r defnydd a wnaed o gyfreithiau diogelu'r wladwriaeth ar y pryd:

"Yn ystod y Rhyfel Mawr ceisiwyd atal Niclas rhag tarfu ar y recriwtio trwy gyfrwng deddf a ddisgrifiwyd fel y Defence of the Realm Act (DORA). Cymal allweddol y ddeddf oedd yr un a gyhoeddodd: 'No person shall by word of mouth or in writing spread reports likely to cause disaffection or alarm among any of His Majesty's forces or among the civilian population.'

"Ar ddechrau'r Ail Ryfel Byd, mabwysiadwyd deddf a oedd yn fwy llym na DORA ac, am gyfnod, carcharwyd nifer ar seiliau ansicr iawn. Enw'r ddeddf newydd oedd Defence Regulation 18B a'i phrif bwrpas oedd carcharu Ffasgwyr a'r rhai oedd yn debygol o gefnogi Hitler. Yn anffodus, roedd geiriad y ddeddf mor llac fel y manteisiwyd ar y cyfle i garcharu 'eithafwyr' o bob math. Dyna a wnaeth J. J. Lloyd-Williams, Prif Gwnstabl Sir Aberteifi, am ei fod yn casáu safiad Niclas fel sosialydd a heddychwr. Gan fod Niclas ac Islwyn yn aelodau o'r Blaid Gomiwnyddol roedd eu cyhuddo o fod yn Ffasgwyr yn dipyn o gamp. Yr unig dystiolaeth a gynigiwyd gan y Prif Gwnstabl gerbron y Pwyllgor oedd y fflagiau ac roedd ei resymau dros wneud hynny yn dangos ei fod yn orffwyllog.

"Ond nid Niclas ac Islwyn oedd yr unig rai a garcharwyd ar gam, fel y nododd Brian Simpson yn ei gyfrol ddadlenol *In the Highest Degree Odious* a gyhoeddwyd yn 1992. Ar wahân i'r Ffasgwyr tybiedig, carcharwyd cefnogwyr yr IRA ynghyd ag ambell i genedlaetholwr yng Nghymru a'r Alban. Yn ôl Brian Simpson carcharwyd cant a hanner o Brydeinwyr diniwed a hynny heb fawr o gyfiawnhad. Carcharwyd rhai ar wŷs eu cymdogion am eu bod yn medru siarad Almaeneg ac eraill am eu bod yn ymwelwyr cyson â'r Almaen. Gyda llaw, D. N. Pritt oedd y cyfreithiwr a lwyddodd i atal estraddodiad Ho Chi Minh o Hong Kong yn y tridegau, ac yn 1952 ef oedd amddiffynnwr Jomo Kenyatta pan gafodd ei gyhuddo o gefnogi'r Mau Mau," meddai Glen.

Dyfarniad Diarmait Mac Giolla Chríost yn ei gyfrol *Welsh writing, political action and incarceration,* a gyhoeddwyd yn 2013, wedi iddo ystyried amgylchiadau carchariad Niclas oedd: 'It is a fact of either low farce in the style of 'Charley's Aunt' or high drama of a Kafkaesque nature.'

O nodi hynny, priodol yw cofnodi i yrfa'r Capten J. J. Lloyd-Williams fel Prif Gwnstabl Sir Aberteifi ddod i ben ym mis Gorffennaf 1943, wedi pedair blynedd wrth y llyw, pan gyflwynodd ei ymddiswyddiad. Doedd ganddo fawr o ddewis, am fod y Swyddfa Gartref wedi cynnal ymchwiliad i gwynion a wnaed yn ei erbyn. Y prif achwynydd oedd y Cyrnol Syr George F. Roberts a dynnodd sylw at yr hyn a ystyriai'n gamddefnydd o betrol a cherbydau'r heddlu yn ogystal â chyflogi gormod o blismyn benywaidd. Pan wnaed hyn yn hysbys ym mis Mawrth caniatawyd 54 diwrnod o absenoldeb i'r Prif Gwnstabl i 'gwblhau ei astudiaethau i fod yn fargyfreithiwr'. Cyn iddo ymrestru gyda'r lluoedd arfog roedd wedi'i brentisio i wneud ei erthyglau gyda'i ewythr, Syr Hugh Vincent, ym Mangor yn 1911, pan oedd yn llanc. Ni ddychwelodd i'w swydd fel Prif Gwnstabl wedi hynny. Honnwyd iddo ddefnyddio cerbyd a phetrol yr heddlu i deithio'r holl ffordd i Lundain i gyfarfod o

Ffederasiwn yr Heddlu yn hytrach na theithio ar drên fel roedd yn ddisgwyliedig.

Er i dri aelod o awdurdod yr heddlu gyflwyno tystiolaeth o'i blaid yn yr ymchwiliad, barnwyd mai doethach fyddai iddo adael ei gartref yn Mryneithyn, Llanfarian, ar gyrion Aberystwyth, a therfynu ei gysylltiad â Heddlu Sir Aberteifi yn hytrach nag ailgydio yn y llyw. Ni wyddom a fu'n llwyddiannus yn ei arholiadau i'w gymhwyso ei hun yn fargyfreithiwr. Ni wyddom hynt John Jordan Lloyd-Williams wedi gadael Bryneithyn ac nid yw'r ffynonellau arferol yn datgelu dyddiad ei farwolaeth. Prynwyd y cartref gan Syr Ifan ab Owen Edwards (1895–1970), sefydlydd Urdd Gobaith Cymru.

Digon yw dweud pe perthynai iddo ddim mwy na thraean o'r mileindra a welwyd ym mhortread Geraint Halket Jones ohono yng nghyflwyniad Cwmni Bro'r Preseli o ddrama Gareth Ioan, *Niclas y Glais*, yn Theatr y Gromlech, Crymych yn 2009, yna mae'n rhaid fod y Capten J. J. Lloyd-Williams yn fwystfil o ddyn. Awgrymir hynny'n gryf gan D. Tecwyn Lloyd yn ei ysgrif goffa i Niclas yn y misolyn *Barn* ym Mehefin 1971:

> 'Mhen tipyn wedyn, dyma restio'r Prif Gwnstabl ei hun nid yn unig am yr anonestrwydd o ddefnyddio moddion swyddogol i bwrpasau preifat ond hefyd am nad oedd yn llawn llathen. Fe wyddai pawb 'symol call hynny ymhell cyn ei dystysgrifio a thynnu ei bedolau. Erbyn heddiw, aeth ei enw'n angof. Dyn drwg ydoedd.
>
> Ond sôn am ffolineb tra parhaodd y cyffro! Ymhen rhai wythnosau, yr oedd aelodau o Heddlu Sir Feirionnydd, beth bynnag am siroedd eraill, yn mynd o gwmpas i holi beth oedd Niclas wedi ei ddweud yn ei ddarlithiau. Daethant at rai ohonom yn Llawrbetws ac rwy'n cofio esbonio iddynt mai darlith dduwiol a hytrach yn sych yn nhraddodiad y Doctor Cynddylan Jôs oedd 'Dinas Cain a Dinas Duw'. Faint o betrol a losgwyd, faint o bapur ac amser a wastraffwyd ar yr holl dwpdra, dwn i ddim. A hynny pan oedd popeth ar ei brinnaf![13]

Tebyg na lwyddodd J. J. i ddiosg ei fantell filwrol a chydnabod ei fod yn atebol i'r sawl a'i penododd i'w swydd ac i werin bobl Sir Aberteifi, yn eu tro, ac na fedrai ymddwyn uwchlaw'r gyfraith ei hun fel y gwnâi pan oedd, mae'n debyg, yn gweithio i'r gwasanaethau cudd. Parod oedd i erlid ac erlyn y diniweitiaf a feiddiai ddweud dim yn erbyn yr 'achos rhyfel'. Ym mis Gorffennaf 1940 cyhuddwyd gŵr 71 oed o Bonterwyd o achosi cynnwrf, a'i ddwyn gerbron Llys Ynadon Aberystwyth. Roedd John Morgan yn Ynad Heddwch ei hun, yn gynghorydd sir oedd wedi'i godi'n Henadur ac yn ddyn uchel ei barch.

Pan ymddangosodd yn y llys ar ddydd Gwener dywedodd yr heddlu fod yr achos yn ei erbyn mor ddifrifol nes y byddai rhaid ei anfon gerbron Brawdlys Abertawe. O'r herwydd, am y barnwyd ei fod yn ddyn peryglus, fe'i cadwyd yn y ddalfa nes y cynhelid gwrandawiad arbennig ar y dydd Mawrth canlynol i benderfynu beth i'w wneud ag ef. Galwyd gweithiwr ffordd o'r enw Harry Charles Tisley, a'i wraig, Sarah, i gyflwyno tystiolaeth yn ei erbyn. Er nad oedden nhw wedi cwyno wrth yr heddlu, hawliodd y ddau iddyn nhw glywed John Morgan yn datgan sylwadau pleidiol i'r Almaen. Honnwyd iddo ddatgan yn gyson ers mis Ebrill 'na fyddai damed gwaeth arnom o dan Hitler' a bod 'Hitler wedi codi'i hun lan'. Gollyngwyd yr achos yn erbyn yr hynafgwr yn y fan a'r lle.

Yr un mis, yn Llys Ynadon Tregaron, rhoddwyd dirwy o £5 i was ffarm 25 oed o Flaenpennal. Roedd John Howard Hughes wedi treulio pum mlynedd yn Llundain a cheisiwyd dweud ei fod wedi ymdroi ymhlith Ffasgwyr tra oedd yno. Gwas ffarm arall, David John Williams, o Fronnant a gyflwynodd dystiolaeth yn ei erbyn gan ddweud iddo ei glywed yn darogan, pan oedden nhw ill dau yn sgwaru dom, y byddai'r Almaen yn ennill y rhyfel.

Rhoddwyd dirwy o £2 wedyn i Gwyneth Elizabeth Jenkins o Lanbadarn am iddi anfon llythyr at Max Werner Wolf yn 'cynnwys gwybodaeth a allai fod o ddefnydd i'r gelyn'. Mae'n debyg fod yr Iddew Almaenaidd wedi bod yn bartner iddi mewn dawns a'i bod yn awyddus i barhau â'r berthynas. Digon diniwed oedd cynnwys y llythyr, heb unrhyw sôn am faterion milwrol. Tipyn mwy difrifol oedd yr achos ym Mrawdlys

Morgannwg yn Abertawe yn erbyn gŵr 33 oed o Harborne, Birmingham, William Henry Garbett, a oedd yn gweithio fel clerc yn Aberteifi. Cafodd flwyddyn o garchar am ddweud, yng nghlyw cyd-letywyr, 'ein bod yn colli'r rhyfel a da o beth fydd gweld diwedd ar yr Ymerodraeth Brydeinig.' Honnai ymhellach 'mai rhyfel rhwng cyfalafiaeth oedd yn cael ei ymladd er mwyn darparu rhandaliadau i'r dosbarth sy'n ein rheoli'. Edmund Davies, a fyddai'n cael ei ddyrchafu'n Farnwr maes o law, oedd yn erlyn, a neb llai nag Ithel Davies yn amddiffyn.

Un o'r achosion rhyfeddaf oedd cyhuddiad yn erbyn y Parch J. E. Williams, Llanddewi Brefi, o gamarwain Tribiwnlys Gwrthwynebwyr Cydwybodol. Yn Llys Ynadon Aberystwyth dywedwyd iddo gyflwyno geirda trwy lythyr ar ran gŵr y credai ei fod yn aelod yn ei gapel ond a oedd, mewn gwirionedd, ers symud i Lundain wedi ymaelodi mewn capel yno. Rhoddwyd dirwy o bymtheg swllt iddo.

Dengys yr achosion uchod, yn ogystal â'r rhai blaenorol a nodwyd, yr hinsawdd ar y pryd pan gymerwyd Niclas ac Islwyn i'r ddalfa. Ymddengys fod y Prif Gwnstabl fel ci lladd defaid wedi cael blas ar waed ac yn awyddus i ymorol am ragor. Rhoddwyd dirwyon lu i bobl nad oedden nhw wedi cadw at reolau'r blacowt a chaniatáu i belydrau o olau dreiddio trwy gyrtens eu ffenestri. Ceid rhestrau maith ohonyn nhw ymhob gwrandawiad yn Llys Ynadon Aberystwyth. Ond roedd erlyn pobl am yr hyn a ddywedwyd ar ochr ffordd neu ar gae fferm, a hynny ar dystiolaeth digon simsan, yn ddiangenraid ac yn gam rhy bell, bid siŵr. Dioddefodd Niclas ac Islwyn dan law'r Capten a roes ei fryd ar ddwyn pobl nad oedden nhw'n driw i'r achos rhyfel i'r ddalfa, waeth pa mor denau oedd y dystiolaeth dros gyfiawnhau hynny. Mewn llythyr a anfonodd at Awena Rhun ym Mlaenau Ffestiniog ym mis Gorffennaf 1943, dengys Niclas nad oedd wedi lliniaru yn ei agwedd tuag at y cyn-Brif Gwnstabl:

Tebyg i chi weld i'r prif gwnstabl gael mynd heb funud o rybudd, gadael iddo ymddeol a wnaethpwyd a'i dderbyn ar unwaith a

therfynu ei waith y dydd hwnnw. Y mae'n annheg iawn gadael
iddo fynd heb i'r cyhoedd wybod ei helynt. Dywedwyd wrthyf fod y
stori mor bwdr fel na fedrid ei dweud wrth y cyhoedd. Felly, dylid
ei ddwyn ger bron y fainc am ei droseddau. Bydd y sir yn iachach
hebddo. Tebyg y caiff waith eto yn y fyddin neu rywle, dyna arfer
y wlad hon, pob methiant, fe'i codir i swydd arall. Treiaf gael
gan y *Faner* i alw sylw at y ffaith i'r ymchwil gael ei gario ymlaen
yn y dirgel, a dangos y pwysigrwydd i ddweud wrth y sir beth a
ddigwyddodd.

Bu pawb â'i ofn, ac yr oedd rhai yn arswydo fy mod yn beiddio
dweud y pethau a ddywedais ar fy narlith. Mewn tri chapel yn y
dref hon, dywedais iddo ddweud celwydd amdanom ni ein dau, a'i
fod yn gwybod mai celwydd ydoedd pan yn ei ddweud. 'A gellwch
ddweud wrtho fy mod i yn dweud hynny,' yn atodiad i'r peth.
Ofnai rhai y byddai yn ail-gydio ynof, ond gwyddwn ryw bethau go
ddamniol erbyn hyn, ac nid oedd ei ofn arnaf. Camgymeriad mawr
o'r dechrau fu swatio iddo a'i ofni, a dyn i'w ofni ydoedd. Dyna fe
wedi mynd bellach.[14]

Gyda llaw, cafwyd llith golygyddol yn *Y Cymro* drachefn ar
achlysur rhyddhau Niclas ac Islwyn yn rhifyn dydd Sadwrn,
26 Hydref 1940. Wedi canmol Niclas am beidio â chwerwi
wedi'i brofiad ac am ei fawrfrydigrwydd yn canmol staff y
carchardai, mynnai'r golygydd nad pwysau oddi ar lawr gwlad
fu'n gyfrifol am eu rhyddhau ond yn hytrach penodi gwerinwr,
yr AS Llafur, Herbert Morrison (1888–1965) yn Ysgrifennydd
Cartref ddechrau mis Hydref i olynu aelod o'r dosbarth breiniol
a chyn-swyddog blaenllaw yn y gwasanaeth sifil, Syr John
Anderson, AS Annibynnol Cenedlaethol dros Brifysgolion yr
Alban, a chyn-Lywodraethwr Bengal. Gellir deall nad oedd yna
fawr yn gyffredin rhwng Syr John a Niclas y Glais, ond tebyg
na fyddai'r deintydd yn cymeradwyo penderfyniad Morrison
ymhen ychydig fisoedd, pan waharddodd y *Daily Worker* am
ddeunaw mis, am fod y cyhoeddiad yn gwrthwynebu rhyfela
yn erbyn yr Almaen ac yn cefnogi'r Undeb Sofietaidd.

Doedd *Y Cymro* ddim am roi unrhyw glod ar unrhyw delerau
i benderfyniadau a wnaed gan gyrff crefyddol a mudiadau
sosialaidd, ac yn sicr nid i safbwynt *Y Faner* dros ddwyn

pwysau yn galw am ryddhau'r tad a'r mab. 'Nid oes gennym amheuaeth na hawlir y clod am y rhyddhau hwn gan rai adrannau o bobl y wlad fel buddugoliaeth am weiddi'n groch. Credwn ei fod yn fuddugoliaeth Ysgrifennydd Cartref gwir werinol o ganlyniad i ddadansoddiad pwyllog o'r holl ffeithiau' oedd ei ddyfarniad. Serch hynny, mae'n rhaid fod dirprwyaeth yn cynnwys George Daggar (1879–1950), AS Llafur, Abertyleri; Will John (1878–1955), AS Llafur, Gorllewin Rhondda, a Syr William Jenkins (1871–1944), AS Llafur, Castell-nedd, a fu'n dwyn pwysau ar Ysgrifennydd Seneddol y Swyddfa Gartref, Osbert Peake (1897–1966), AS Torïaidd, Gogledd Leeds, wedi cael peth dylanwad.

Does ryfedd fod Niclas wedi chwerwi tuag at *Y Cymro*. Er i'r wythnosolyn gyhoeddi llythyr o 'ddiolch' o eiddo Niclas, mynnai mai gwawd a gogan oedd ei gynnwys mewn gwirionedd. Anfonodd lythyr pellach, na chafodd ei gyhoeddi, i esbonio'i safbwynt ac i ddannod safbwynt cibddall y papur:

Oni wawriodd ar eich meddwl y gallem ni'n dau fod yn ddieuog? A fyddwch yn synnu na chyhuddwyd ni o ddweud dim, gwneud dim na meddu dim yn ein tai a oedd yn anghyfreithlon. A hynny wedi chwilio'r tŷ ddwywaith yn fanwl, a chwilio hanner Cymru am ddeufis er mwyn cael rhywbeth yn ein herbyn? Gorfod i'r awdurdodau lleol syrthio'n ôl ar nifer o fflagiau bach a roddwyd ymaith gyda map rhyfel yn y *Daily Express*, pigwyd allan fflagiau Germany o blith fflagiau gwledydd eraill, i brofi ein bod yn Ffascaidd! Y mae awgrymu mai caredigrwydd a natur dda Mr Morrison a'n rhyddhaodd yn angharedig iawn...

Pan welais i chwi gyhoeddi fy niolch mewn llythyren ddu, chwerddais allan yn fy nghell, ac Islwyn yn gweiddi 'Beth yw'r jôc?' Bum yn hir yn gallu egluro iddo, a chwarddodd yntau yn iachus. A buom am rai dyddiau yn rhannu'r jôc a dynion tebyg i ni ein hunain. Nid oes gwenwyn yn y llythyr hwn; ond teimlaf y dylech wybod i rywrai deimlo diddordeb ynom ni'n dau, pan oeddych chwi, fel yr ynfyd, a'ch llygaid ar eithafoedd y ddaear yn sôn am ymladd Hitler.[15]

Does yna'r un profiad nad oes yna ryw ddaioni yn deillio ohono, debyg iawn. Felly oedd hi o ran carchariad Niclas. Heblaw am y sonedau roedd yna ddeunydd darlith, onid oedd? Pa fodd gwell o hybu gwerthiant cyfrolau barddoniaeth y carchar na chyflwyno darlith 'Canu'r Carchar'? Cedwir copi sain ohoni ar achlysur ei thraddodi yn Felinfoel, ger Llanelli, ym mis Medi 1959, yn y Llyfrgell Genedlaethol. Am mai traethu o'r frest a wnâi bron yn ddieithriad, nid oes copïau ysgrifenedig yn ei law ei hun ar gael o ddarlithiau Niclas. Un o'r straeon a edrydd yw am y croeso a gafodd gan hen lag a oedd ar ei chweched ymweliad â charchar Abertawe. Canmolai'r cyfle i fynd i'r gwely am bedwar o'r gloch, y ffaith nad oedd yno brinder bara a thato, a'i eiriau cysurlawn wedyn mai'r chwe mis cyntaf oedd waethaf bob amser. Glanhau a thwtian oedd ei ddyletswyddau. A'i enw? Leon O'Caswallon Caradog Caractacus Jenkin Jones. Ni wyddom yn ôl pa un o'r enwau yr adwaenid ef.

Edrydd crugyn o'r sonedau a gyfansoddwyd gan Niclas dan glo amgylchiadau caethiwed y tad a'r mab. Mater o 'Gerdded ar gylch heb gyrraedd i un man / Cerdded a cherdded megis hanner pan' oedd hi'r rhan fwyaf o'r dydd yn y gell a fesurai bum llath wrth dair. Hynny yn ei atgoffa am y 'gaseg benwen' a arferai droi mewn cylch slawer dydd wrth falu eithin a dyrnu sgubau grawn. Deuai ambell ymwelydd megis iâr fach yr haf trwy fariau'r gell â gwahoddiad i'r dychymyg a'r cof ddychwelyd at 'fryniau Maldwyn' a 'grug mynyddoedd y Penfro bell'. Dro arall, yn ystod oriau'r nos, hed ei ddychymyg am yn ail â chlywed awyrennau rhyfel uwchben i wrando ar suo gwenyn yng nghlychau clatsh-y-cŵn.

Roedd gweld enw Gwyddel o letywr cynt wedi'i gerfio yn y drws yn ei arwain i synfyfyrio ynghylch menter y Gwyddyl yn herian y drefn Brydeinig. Cyfeiria at gyd-garcharorion o amryfal wledydd wedi'u huno fel gwerinwyr yn erbyn y drefn ysbail ac yn cydganu yn eu hieithoedd eu hunain 'Anthem Brawdoliaeth Dyn a ddeuai drwy / Y barrau du – gwenfflam eu calon hwy'. A thrwy hyn i gyd, wrth iddo ddysgu mai stwmps

293

sigaréts oedd arian bargeinio'r carcharorion, hysbys y dengys nad oedd modd torri ysbryd carcharor 2740 'Heb ond ei enaid iddo yn ystâd'. Meddai ymhellach am ei bicil, 'Aethpwyd â phopeth ond fy enaid, do,/Fe'm darostyngwyd i wareiddiad tro'. Cyfeiriai at ei Grist fel un a oedd yno ymhlith y troseddwyr. 'Yr hen droseddwyr a gad lawer clwy'/Cyfrifwch Ef yn un ohonynt hwy,' meddai.

Daw'r cyfeiriadau uchod o'r gyfrol *Llygad y Drws Sonedau'r Carchar* a gyhoeddwyd ym mis Tachwedd 1940 o fewn ychydig wythnosau o'i ryddhau o garchar Brixton.

Er mwyn torri ar draws diflastod yr oriau hirion, pan na fyddai'r awen yn cyffroi sonedau, byddai'r tad a'r mab yn chwibanu 'Little Welsh Home' yn y boreau, 'Hen Wlad Fy Nhadau' yn yr hwyr a'r 'Faner Goch' yn ôl eu hwyliau a'u mympwy. Doedd yr un ohonyn nhw'n fawr o gantorion.

Ond o ran ei ymwybod ei hun cafodd Niclas weledigaeth pan oedd yn ei gell a seriodd ei gred yng Nghrist. Gwelodd blant o bob lliw heb aelodau i'w cyrff, a dwy law fawr yn gosod braich a throed a choes yn ôl y galw, heb hidio p'un ai coes wen ynteu coes ddu a glymid wrth gorff du a ph'un ai bysedd du ynteu bysedd gwyn a wnid wrth gorff gwyn. Roedd ôl yr hoelion i'w gweld ar y dwylo.

Bu'r cyfnod o garchar yn ffrwythlon wedi'r cyfan. Dyma ddyfarniad Wil Ifan a welwyd ar wynebddalen y gyfrol *Canu'r Carchar* (1942):

Mor ofer pedwar mur a tho,
A throi'r allweddi yn y clo
Ac yntau'n rhydd uwch erwau'i fro
    Yng nghwmni'r aur blanedau,
Gan droi harn gadwyn dryma'r go'
    Yn gadwyn o sonedau.

15

Terfysgoedd yr awen

BU'R PEDWAR MIS o garchar yn ffrwythlon o ran cynyrfiadau'r awen. Dywed Niclas iddo feddylu llawer am y gwaddol a gafodd ar lethrau'r Preselau. Bu'n ail-fyw dyddiau plentyndod ac oddi yno y daeth darluniau llawer o'i gerddi. Er yn gorfforol gaeth y tu fewn i furiau'r carchar roedd yna berffaith ryddid i'r meddwl grwydro i ba le bynnag a fynnai. Pwysleisiodd Gwenallt hynny yn ei ragymadrodd mindlws i'r gyfrol *Llygad y Drws*. A gwyddai David James Jones ei hun am gaethiwed a rhyddid carchar. Treuliodd ddwy flynedd yn Wormwood Scrubs a Dartmoor fel gwrthwynebydd cydwybodol i ryfel:

> Ar ei atgofion y bydd dyn byw yn y carchar. Yn y llonyddwch a'r caethiwed daw'r hyn sydd ddyfnaf a hynaf ynddo i'r wyneb. Gyrrid Niclas yn ôl, rhwng y pedwar mur, at lechweddau Sir Benfro; at yr aelwyd yng Nghrymych; at fronnau ei fam; at fedd ei dad yng nghysgod y Frenni; at ei gyndeidiau a roddodd iddo ei iaith;... at 'drydar annwyl adar bythynnod' ei fro; at y lloi a'r moch a'r gaseg benwen a gerddai'r cylch dyrnu; at fagien ym mol y clawdd, a gwenyn yn ymdroi mewn bysedd cŵn.[1]

Ni fedrai chwaith beidio â sôn yn ei ysgrif odidog am y Niclas a adwaenai yn ei gynefin yntau yng Nghwm Tawe. Mabwysiadodd yr enw llenyddol Gwenallt trwy drawsosod y gair Allt-wen, sef enw pentref ei fagwraeth. Creodd Niclas argraff ar y trigolion o ran ei syniadau yn ogystal â'i wisg a'i olwg. Adwaenai Gwenallt ef ym mhig y frân. Dwysaodd eu cyfeillgarwch ers i D. Gwenallt Jones gyrraedd Aberystwyth yn fyfyriwr yn 1919 a setlo yno fel darlithydd yn yr Adran Gymraeg yn 1927:

> Ymdaflodd ar unwaith, wedi cyrraedd y Glais, i ganol y Mudiad Llafur yn y Cwm, a daeth yn fuan yn un o gapteniaid y garfan eithafol. Ef oedd un o 'hoelion wyth' y Gwyliau Llafur ar y cyntaf o Fai. Pregethai Gomiwnyddiaeth yn y pulpud, ar lwyfannau neuadd ac ar gorneli stryd a'r meysydd. Ef oedd y siaradwr llithricaf ohonynt i gyd; yr oedd yn rhy lithrig. Nid oedd ball ar air; nid arhosai; nid ymbwyllai, ond ysgubai ni oddi ar ein traed â llif ei ymadroddion. Ei gamp ef oedd dangos yn effeithiol y gwahaniaeth rhwng tlodi'r werin a chyfoeth y cyfalafwyr, â'i gymariaethau clyfar, cyflym a chartrefol. Cymysgai hiwmor a gwawd. Gwisgai farf winau, bigfain; tei liwiog, bwfflaes a dillad amhulpudaidd, ac edrychai yn debycach i un o artistiaid tlawd y Rhanbarth Lladin ym Mharis nag i weinidog gyda'r Annibynwyr. Daeth Niclas y Glais yn arwr i ni.[2]

Wedi cyfnod cymharol hesb o ran llenydda ers troi at ddeintydda, ailgydiodd Niclas ynddi tua'r un adeg ag y dechreuodd gyfrannu'r golofn 'Byd y Werin' yn *Y Cymro*. Gwyddai nad oedd yn canu yn yr un rhigol â'r mwyafrif o feirdd ac nad oedd y beirniaid academaidd yn rhoi bri ar ei waith. 'Mae llawer o wirionedd yng ngherddi'r Parch T. E. Nicholas ond ni ellir eu galw'n farddoniaeth, pa mor onest bynnag y gall yr awdur fod. Hanner llenyddiaeth yw'r ffordd y dywedir y peth,' oedd dyfarniad y nofelwraig Kate Roberts (1891–1985) yn *Y Darian* ym mis Mawrth 1923. Roedd hi'n adleisio safbwynt y deallusion colegol. Doedden nhw ddim yn arddel Walt Whitman, Edwin Markham a'u tebyg o'r ochr draw i'r Iwerydd.

Doedd Niclas wrth gwrs ddim yn byw fel llenor nac yn ymroi i'w gyfyngu ei hun i fod yn fardd. Lletach oedd ei gynfas a'i fyd-olwg gan fod syniadau yn mynd â'i fryd. Doedd dim yn cael mwy o sylw ganddo na cheisio gwella cyflwr byw y werin bobl. Ei nod oedd gwaredu'r hyn a rwystrai esmwythder i'r dyn cyffredin ac, i'r perwyl hwnnw, gwelai farddoniaeth fel arf i ddihuno dyn i'w gyflwr caethiwus. Dadlennol oedd deall ei gymhellion dros anfon dwy bryddest ar y testun 'Terfysgoedd' i Eisteddfod Genedlaethol Dinbych yn 1939.

Does dim dwywaith nad oedd â'i lygaid ar ennill y Goron. Lluniodd gerdd o bedwar deg a chwech o sonedau a fyddai'n plesio'r beirniaid, ac fe'i dyfarnwyd yn ail i ymdrech Caradog Prichard (1904–1980) er na chyfrifid honno'n deilwng o'r Goron chwaith. Barn T. H Parry-Williams (1887–1975) oedd fod 'Y Tant Unig' 'yn rhygnu'n rhy hir ar y disgrifiadau hyn o ddatblygiad daear a dyn, nes mynd yn undonog' ac 'wrth fanylu a gorlwytho deunydd y mae'n tueddu i fynd yn sychlyd a rhyddieithol a llafurus'. Yn ôl J. Lloyd-Jones (1885–1956) wedyn 'anodd fyddai cael cyflawnach ac ehangach triniaeth ar y testun nag a geir yn y gân hon'. Ond:

Braidd nad yw'n wir fod yma ormod o lawer o ddeunydd ac mai prin y mae'r ddawn a'r gelfyddyd o gynilo gan yr awdur. Yr anghytgord neu gyferbyniad bythol yn y natur ddynol rhwng ewyllys a greddf yw cnewyllyn y drafodaeth, ac i'w egluro athronyddwyd (a) am hanes 'naturiol' y greadigaeth o'r gwyll caddugol hyd ddatblygiad dyn; (b) greddf gyr ac ysfa rhyw yn esgor ar raib ac erlid drwy gydol y greadigaeth (a defnyddir mwyadur a sbienddrych i weled hyn), ond yn hanes dyn yn raddol ar fedr a dyfais; (c) y peiriant, cynnyrch y galluoedd dynol, yn troi gwareiddiad Cristnogol yn ddinistr a melltith ar wâr ac anwar; (ch) diwygiad a rhyfel, rhyddid a gormes bob yn ail; (d) rhyw anniddigrwydd diymod – y mae poen a phleser, gwermod a mêl, ystorm a hindda yn yr ystof; (dd) ai brenin ynteu corrach ydyw dyn?... Wrth ddarllen y bryddest ni ellir osgoi'r argraff o ymdrech, llafur ac uchelgais, heb lawer o nwyf a bywiogrwydd. Y mae'r arddull braidd yn drymaidd, a'r llefarwr yn hirwyntog (y mae dros saith gant o linellau yn y gân...) A chymryd golwg gyffredinol ar y bryddest, ystrydebau a ganwyd ynddi.[3]

Lluniodd Niclas gerdd wedyn i'w blesio ei hun. Fe'i

hystyriwyd yn gynnig diddrwg didda, oedd ymhlith y pryddestau canolig. Ond honno a gyhoeddwyd gan Niclas erbyn y Nadolig yn ymestyn dros dri deg wyth o dudalennau. Byr oedd sylw Athro Cymraeg Coleg y Brifysgol, Aberystwyth i ymgais 'Alltud y Storm', gan gloi ei feirniadaeth gynnil gyda'r frawddeg: 'Dychanwr mawr yw'r bardd hwn, yn canu'n llifeiriol iawn, ac yn ebychol yn aml, ond yn rhyddieithol'. Rhy Athro Cymraeg Prifysgol Dulyn, drachefn, fwy o le i dafoli'r bryddest:

> Haedda'r bryddest hon ddosbarth iddi hi ei hun ymhlith pryddestau'r *vers libre*, yn dygyfor gan goegni. Dychenir y gwareiddiad Cristnogol yn finiog, ac mewn un man troir min y dychan hyd yn oed ar yr Anfeidrol. Ei sylfaen yw gwrthuni crefydd y mae ei deiliaid yn creu arfau rhyfel a dinistr. Jos ydyw cynrychiolydd crefydd, gŵr ffyddlon ym Methel ac yn hwmian pytiau o emynau wrth lenwi bomiau â nwy a darnau dur, ac wedi iddo ef heneiddio a llesgáu wrth y peiriant, dilyn Jos yr ail yn ôl ei gamre.
>
> Gwna'r ddau eu gwaith yn drwyadl, a phan ddymchwelir Bethel gan ffrwydrad bom, clywir Jos yn diolch nad oedd yn y cwrdd gweddi ar y pryd, ond digwydd yr un peth i'r Bethel newydd, a'r tro hwn yr oedd Jos ar ganol ei weddi am ddyfod y deyrnas a thywallt y tân dwyfol. Yn gymysg â hyn disgrifir erchyllterau bom a nwy, y Fam dragwyddol yn synnu, a'r Mab yn ymliw â'r Tad am nad ymyrrodd yn y rhyfel ym mhlaid y rhai y dioddefodd Ef drostynt, ac yn gwrthod addoliad y rhagrithwyr a moliant ei fradychwyr.
>
> Realist pur yw'r awdur, ac y mae'n ddychanwr da. Er hynny darlun unochrog a roes o 'derfysgoedd daear', ac i un y mae'r ddawn ganddo, nid gwaith anodd oedd cynhyrchu'r fath ddychan â hwn. Rhaid cydnabod bod rhyw gymaint o farddoniaeth yn y gerdd, ond y mae llawer iawn mwy o ryddiaith, ac wedi'r cwbl, cymysgfa ryfedd a geir ynddi.[4]

Prin oedd y beirniaid a fentrai werthfawrogi a chanmol pryddest gyhoeddedig Niclas. Wedi'r cyfan, pwy fentrai anghytuno â barn dau Athro prifysgol? Ond mentrodd D. Tecwyn Lloyd (1914–1992), darlithydd WEA yn Uwchaled, a oedd yn sosialydd ers ei ddyddiau yn y brifysgol ym Mangor ac, ar y pryd, yn aelod o'r Blaid Gomiwnyddol. Cyhoeddwyd ei adolygiad treiddgar yn *Y Cymro* ar 30 Rhagfyr 1939. Cyflwynodd Niclas y gyfrol i fechgyn Cymru oedd wedi ymuno â'r Frigâd Gydwladol yn Sbaen ac a fu farw 'dros ryddid Cymru'. Gwadodd y cyhuddiad o ganu 'gogan', gan ddweud ei bod yn llawn o ffeithiau hanesyddol a chan dderbyn na pherthynai iddi geinder iaith na barddoniaeth aruchel. Roedd ynddi ddarn go fawr o'i galon, meddai, ac ychwanegodd mai gwell ganddo oedd ei chyflwyno i werin Cymru nag ennill Coron genedlaethol. Cyfeiriodd yr adolygydd at bryddest orau ond anfuddugol y gystadleuaeth hefyd:

> Canu yn llawn digofaint a thân, canu ac ynddo ymdeimlad o argyhoeddiad llosg, canu a gyfyd wlad i chwyldro a gwrthryfel yn erbyn y drefn felltigaid a fyn aberthu ieuenctid gwerinoedd gwledydd ar allor Moloch heddiw, yw ein prif angen yng Nghymru ar hyn o bryd. Ymgais at hynny, ac ymgais ganmoladwy iawn, ydyw pryddest Mr. Nicholas.
>
> Dyna'r gwahaniaeth rhyngddi a phryddest Mr Prichard. Y mae mwy o 'farddoniaeth yn honno o lawer iawn, eithr nid oes ynddi wrthryfel. I'r gwrthwyneb; yr hyn a gawn ynddi ydyw portread o berson yn osgoi Terfysgoedd Daear trwy fynd i 'mewn iddo'i hun' ac ymgolli mewn brudio ac ymsoni egosentrig. Unigoliaeth ddigymdeithas a orchfygir yn anorfod oherwydd gwadu ohono werth cymdeithas, dyna'r syniad hanfodol y sydd y tu ôl iddi. Ni all fyth brotestio yn effeithiol ar ei ben ei hun, yn wir ni all wneud dim yn effeithiol ar ei ben ei hun; am hynny yr unig ddatrysiad terfynol i'w broblem yw hunanladdiad.
>
> Ym mhryddest Mr Nicholas ar y llaw arall, y mae'r argyhoeddiad mor ddwfn, a'r dadansoddiad o achosion terfysgoedd daear mor glir, fel na all ef byth ymfodloni i hunanladdiad corfforol nac ysbrydol.
>
> Gwrthryfel a chwyldro sylfaenol, radical, ar drefn cymdeithas ym mhob agwedd ohoni yw ei feddyginiaeth ef i'r sefyllfa. Ac efe o'r ddau ddewis hyn sydd yn iawn.
>
> Nid peri inni ddewis rhwng bywyd adfydus a marwolaeth wedi ei gogoneddu gan gyfriniaeth hunanladdiad a wna terfysgoedd

daear, ond yn hytrach ein gorfodi i ddewis rhwng bywyd gwaeth a bywyd gwell. Ac o dan yr amodau presennol, ni allwn ddewis yr olaf heb gymryd yr awenau i'n dwylo ein hunain. Cofier nad yw'r gosodiadau uchod yn ymddangos ym mhryddest Mr Nicholas, eithr at y dewis yna y mae ei ganu yn ein harwain yn y pen draw.

Y mae'r canu hwn yn bur annhebyg i'r canu Cymraeg ffurfiol a geir fel rheol yn ein heisteddfodau am yr awelon a'r grug, yr eithin, a'r meillion, etc. Tybed fod y traddodiad hwn wedi mynd yn fethdalydd?[5]

Er y siom o beidio â chael gwisgo coron ac ennill £20, ni fu cystadlu'n ofer i Niclas yn Ninbych. Cafodd £2 o wobr am soned o dan feirniadaeth Iorwerth Cyfeiliog Peate (1901–1982), a £1 o wobr am gerdd *vers libre* o dan feirniadaeth Gwyndaf (y Parch E. Gwyndaf Evans, 1913–1986). Cyflwynwyd 56 o sonedau at sylw'r beirniad. Dyfarniad Iorwerth Peate oedd mai dim ond 'rhyw ddwsin o'r nifer mawr hwn sydd gyfuwch eu safon â'r sonedau mewn eisteddfod leol ym Meirionnydd y beirniadwn ynddi dro'n ôl. Yn wir, yr oedd safon gyffredinol cystadleuaeth yr eisteddfod honno'n uwch o gryn dipyn'. Anfonodd Niclas ei hun chwe ymgais ar y testun 'Cydwybod'. Sut y gwyddom hynny? Wel, efe ei hun ddatgelodd hynny yn ei golofn 'O Fyd y Werin' ar 2 Awst.

Roedd y soned fuddugol o eiddo 'Sensor' yn 'gytbwys, wedi'i sgrifennu'n gynnil ac yn gadarn,' meddai Iorwerth Peate. 'Efallai fod yr ymadroddion "costrelau gwin" a "pererinion blin" braidd yn ystrydebol ond gellir yn ddiau eu cyfiawnhau yma. Gwych ydyw "Y pethau drwg sy'n anodd eu casáu",' ychwanegodd. Cawn wybod gan Niclas mai'r hyn a ysgogodd y soned oedd cofio 'am hen frawd yn gweddïo am i bob meddwl o'i eiddo fod yn ddigon glân i basio'r sensor'. Roedd o leiaf tair soned arall o eiddo Niclas yn y dosbarth cyntaf a'r un am Gantre'r Gwaelod – a ddyfarnwyd yn ail – yn cael ei disgrifio fel 'y fwyaf awenyddol yn y gystadleuaeth'. 'Fe wêl yr awdur ei fywyd fel Cantre'r Gwaelod gyda llif eigion y byd wedi'i foddi ond fflach cydwybod yn ei oleuo ar brydiau. Y mae'r awdur yn fardd o athrylith, a thinc diffuant yn ei gerdd' oedd y dyfarniad.

Cyhoeddodd Niclas y chwe soned yn ei golofn, gan esbonio'r cymhelliad y tu ôl i bob un a'r broses o fynd ati i gyfansoddi:

Testun go ryfedd, 'Cydwybod'. Gellid dangos prinder cydwybod ym mywyd gwleidyddol y byd; propaganda fyddai hynny. Gellid rhoddi diffiniad o gydwybod; llais Duw yn enaid dyn, a phethau felly.
Deuai hynny â ni yn agos iawn at ddiwinyddiaeth. Bu hir bendroni uwch ben y testun, a'r diwedd fu llunio chwe soned ar yr un testun. Cydymdeimlwn yn fawr â'r beirniad, ond efe, a gwersi Pabell y Beirdd, sy'n gyfrifol fy mod, yn fy hen ddyddiau, yn llunio sonedau o gwbl.
Un ffordd gennyf fi o benderfynu teilyngdod soned yw 'a allaf ei chofio?'. Os na allaf ei chofio, un gyffredin ydyw. Os erys ar y cof, y mae iddi ryw bwyntiau da. Wedi llunio'r chwe soned ni allwn gofio ond un ohonynt.[6]

Ni ddatgelodd pa un a gofiai. 'Tânbelennu' oedd testun y gystadleuaeth *vers libre*. O'r naw ymgeisydd, 'Durfin' oedd ben. Taranu ar themâu cyfarwydd Niclas o wastraff ryfel, rhagrith crefydd a'r drefn ysbail wnâi'r 250 o linellau. Ond er yn 'gerdd fawr' doedd hi ddim heb ei gwendidau, meddai Gwyndaf:

– aneglurder, a brawddegau llac a rhyddieithol, a gormodiaith.
Ond, ar y llaw arall, y mae yn ei waith anadl einioes, a bywyd, a theimlad ac argyhoeddiad dwfn. Hwyrach y bydd rhywun yn barod i ddweud mai rhuthr rhethreg sydd yma. Wel, beth am hynny?
Fe all barddoniaeth Cymru fforddio agor cil y drws ei chysegr sancteiddiolaf i rethreg yn awr ac yn y man. Diwrnod du fydd hwnnw yn hanes llenyddiaeth ein cenedl pan na fydd lle i rethreg yn ein barddoniaeth.[7]

Mewn gwirionedd, talfyriad oedd y gerdd o'r bryddest gyhoeddedig 'Terfysgoedd Daear'.

Enillodd Niclas ei blwy fel sonedwr yn dilyn ei fuddugoliaeth dan law Iorwerth Peate. Er, hwyrach, nid i'r un graddau â'r meistri o gefnderwyr, T. H. Parry-Williams ac R. Williams Parry (1884–1956), chwaith. Ond roedd croeso i'w gynnyrch bob amser ym Mhabell Awen *Y Cymro* pan fyddai Dewi Emrys yn gyson ganmoliaethus ei sylwadau. Pan gyhoeddwyd y gyfrol *Beirdd y Babell* gan Hughes a'i Fab yn 1939 roedd rhagair Dewi yn cynnwys geirda gan Niclas:

Medraf ddweud, fel eraill, i wersi'r *Babell* fy nhynnu allan o hen rigolau a dysgu imi gynildeb mynegiant nad oedd yn rhy amlwg yn fy marddoniaeth o'r blaen. Gallaf ddweud, hefyd, mai i'r *Babell* yr wyf yn ddyledus am y wybodaeth sydd gennyf heddiw o anhepgorion mesur y soned. Y mae Pabell Awen *Y Cymro*, heb amheuaeth, wedi cynhyrchu mwy o sonedwyr yng Nghymru nag unrhyw gyfrwng arall, heb sôn am loywi iaith ac arddull llu o delynegwyr ieuainc mwyaf addawol ein gwlad.[8]

Yn wir, roedd y gyfrol yn cynnwys englyn 'Y Weddw' gan Owen Davies (1879–1958) o blwyf Llanfyrnach, a oedd mewn gwirionedd yn englyn coffa i fam Niclas, Elisabeth. Bu hi farw yn 1937, naw mlynedd wedi ei gŵr, yn 93 oed. Hi oedd y wraig wyllt ei thymer ond parod i hulio byrddau ei chymdogion tlawd heb hidio am ei hanghenion ei hun. Wedi'r cyfan, graddfeydd o dlodi oedd hi oddi fewn i'r gymdogaeth a phawb yn carco am ei gilydd er mwyn goroesi. Talwyd teyrngedau iddi gan grugyn o weinidogion yn ei hangladd ym mis Mehefin. Fe'i disgrifiwyd gan y Parch D. J. Davies fel yr olaf o'r cymeriadau gwreiddiol ac uniongred hynny a oedd yn nodweddiadol o'r ardal. Trafod pregethwyr a phregethau oedd ei diléit, a doedd dim yn ei bodloni'n fwy na chroesawu gweinidog i'w haelwyd i chwedleua ym mlynyddoedd ei chystudd. Byddai'n arfer ganddi i gydio ym mhen ei ffedog a'i chrynhoi nes ei bod yn fwlyn ar ei harffed cyn ei gadael yn rhydd.

Dyfal yw Bet yn pleto – ei ffedog
    Mewn ffwdan amdano;
  A châr edrych a chrwydro
  O'r gadair wag hyd ei ro.

Wrth reswm, roedd awen Niclas wedi'i chynrychioli yn y gyfrol; telyneg 'Y Bardd' a dwy soned, 'Y Nadolig', a soned goffa i un o feirdd Cwm Tawe, y Parch Alva Richards. Doedd Dewi Emrys ddim yn fyr i'w frolio'i hun a'i golofn. Mynnai fod dros dri chant o feirdd yn aelodau o'r Babell ers ei sefydlu ym mis Medi 1936 a'r rheiny'n anfon eu cynnyrch ato'n gyson i 20 West Square, Llundain, SE11. Ystyriai ei hun yn un o newyddiadurwyr Fleet Street lle argreffid y mwyafrif o bapurau dyddiol y cyfnod. Nododd nad oedd yr un newyddiadur Saesneg yn medru cynnal colofn gyffelyb i'w eiddo ef. Parodd y croeso i gynnyrch Niclas ym 'Mhabell yr Awen' hyd yn oed os oedd ei golofn ei hun, 'O Fyd y Werin', wedi'i gwahardd oddi ar ddudalennau'r *Cymro*. Roedd Dewi yn hael ei gymeradwyaeth wrth groesawu soned arall i'r golofn ym mis Ionawr 1940:

> Gellir ei gyfrif heddiw yn un o sonedwyr gorau'r genedl. Nodweddiadol iawn o'i awen yw'r elfen ddramatig, a honno'n ffrwyth dychymyg byw ac ymwybod agos â theimladau dyfnaf y natur ddynol. Ceir yr elfen honno'n amlwg yn soned 'Y Gadair Freichiau' heddiw, heb sôn am gelfyddyd y cyflead a'r gofal am fanylion yr adeiladwaith allanol.[9]

'Braidd y mae gennym ddim i'w ddysgu bellach iddo ef am fesur y soned,' meddai Dewi yn ei golofn ddechrau mis Mai 1940 wedyn a'r mis canlynol wrth dafoli cyfraniad arall, 'Rhwydo'r Gerdd', ei ddyfarniad oedd 'soned ragorol yw hon – yn batrwm i feirdd ieuanc y Babell'.

Roedd hwn yn gyfnod cynhyrchiol i Niclas o ran cyffroadau'r awen. Enillodd gadeiriau lu. Croesodd y deugain. Ym mis Tachwedd 1938 enillodd Gadair Eisteddfod Llundain gyda cherdd ar y testun 'Y Gwys Unig' o dan feirniadaeth Dewi Emrys yn y Central Hall, Westminster. Yr un flwyddyn cyhoeddodd gyfres o ganeuon poblogaidd, *Weithwyr Cymru! Cenwch eich hunain i Ryddid*, gan annog eu canu mewn cyfarfodydd Sosialaidd. Lluniodd eiriau Cymraeg i'w canu ar alawon adnabyddus megis 'Ar Hyd y Nos', 'Cwm Rhondda', 'My Little Welsh Home', 'Rhyfelgyrch Capten Morgan' ac, wrth gwrs, 'The Red Flag'. Ni wyddys faint o ganu fu arnynt. Ond roedd y taflenni'n gwerthu am geiniog neu chwe swllt am gant i'w cael wrth y cyhoeddwr, Worker's Bookshop, Glasgoed, Aberystwyth, sef cartref Islwyn, drws nesaf i Glasynys.

Enillodd ar dri achlysur yn Eisteddfod Treorci, a ystyrid yn *semi-national*, fel y dywedid y dyddiau hynny. 'Wrth Afonydd Babilon' oedd y testun yn 1939 a ffugenw Niclas oedd 'Y Delyn Friw'. Fe'i gwobrwywyd gan Dyfnallt (y Parch John Dyfnallt Owen, 1873–1956) o blith chwe chystadleuydd. Roedd y thema yn un roedd Niclas yn amlwg wedi'i chanu droeon o'r blaen ac yn argyhoeddi, yn ôl y beirniad:

> Absolutely modern interpretation of the suffering of democracy. In genuine and sympathetic verse the writer had identified himself with democracy, portrayed its struggles and had visualised the day when democracy would come into its own.[10]

Fe'i cadeiriwyd yn ei absenoldeb yn 1941 dan feirniadaeth Crwys o 29 o ymgeision, a phedwar ohonynt o safon y Genedlaethol, meddai'r beirniad. Cyrhaeddodd brysneges Glasynys ar fore'r eisteddfod, ym mis Mehefin, yn dweud dim mwy na 'Cadeirio Dydd Mercher' a Niclas eisoes wedi gadael cartref ar ei bererindod deintydda. Cyrchwyd gŵr o'r enw Abraham Rees i'r llwyfan. Canodd Madam Danford George gân y cadeirio i gyfeiliant Band Arian y Parc a Dâr. Cafwyd seremoni rhag siomi'r dorf. I ychwanegu at yr annibendod gollyngodd Crwys y cleddyf o'i wain yn ystod y seremoni. Hynny a ddenodd benawdau'r papurau newydd. Cyhoeddodd Niclas soned yn *Y Faner* yn cofnodi'r helynt a hynny gyda pheth coegni:

> Ergyd y bomiau mawr ar fryn a chreigiau
>   Ac adfail tai'n sgyrnygu dan eu craith:
> Y pyllau glo mewn dychryn rhag i'r dreigiau
>   Ddisgyn yw safnau rhwth a drysu'r gwaith.
> Tuchan peiriannau dur yng ngafael dynion,
>   Dynion yng ngafael llid, distryw a barn:
> Cochwaed y byd yn staen ar fenyg gwynion,

A'r diawl yn lluchio â'i wialen harn.
A chanu'r dyrfa'n codi ac yn chwyddo
   Fel odlau Rhondda rhwng y tipiau glo:
Ni fynn y gân, er llid y bom, dramgwyddo
   Na chefnu ar fwynderau yr hen fro.
"Heddwch" y dyrfa'n berwi yn ddi-daw
A Chrwys yn taflu'r gwaedlyd gledd o'i law.[11]

Ystyriwyd yr eisteddfod honno gan rai, i bob pwrpas, yn eisteddfod genedlaethol am na chynhaliwyd eisteddfod wir genedlaethol y flwyddyn honno oherwydd y rhyfel. Ac wedi'r cyfan, Crwys oedd yr Archdderwydd ar y pryd, hyd yn oed os nad oedd yn ei wisg orseddol. Roedd nifer y cystadleuwyr yn deilwng o'r Genedlaethol. Hen Golwyn oedd mangre arfaethedig yr Eisteddfod Genedlaethol y flwyddyn honno ond ni chafodd ei chynnal ar ei ffurf draddodiadol. Cafwyd cyfres o gyngherddau a'r hyn a fathwyd yn 'Eisteddfod Lenyddol Genedlaethol Cymru'. Dyfarnwyd y Gadair i Rolant Jones, (1898–1962); y Goron i J. M. Edwards (1903–1978) a'r Fedal Ryddiaith i Gwilym R. Jones (1903–1993). Fe'u cydnabyddir yn enillwyr cenedlaethol swyddogol teilwng y flwyddyn honno bellach. Ond teimlai Niclas iddo gael ei amddifadu o'r rhwysg o gael ei gadeirio mewn eisteddfod yr oedd yna amwyster yn ei chylch p'un a oedd hi'n genedlaethol neu beidio. Cofier mai'r geiriad ar y Gadair oedd 'Eisteddfod Gadeiriol y De Treorci'. Serch hynny, ar ddechrau mis Mehefin y cynhaliwyd hi 'run fath, yn ôl yr arfer, ac nid ym mis Awst. Oherwydd absenoldeb y bardd buddugol roedd y seremoni yn ddiffrwt yn ôl adroddiad gohebydd y papur lleol, y *Rhondda Leader*:

Impersonation inevitably deprived the ceremony of much
of its glamour, and there was certainly not the wholehearted
vocifourness of former years in echoing the Archdruid's
questioning the possibility of 'Heddwch' in a world at war. Verses
more or less impromptu were fired at Abram, enjoying notability
by proxy, and he was palpably embarrased by the profusion
of green laurels entwined, so to speak, unexpectedly about his
perspiring brow.[12]

305

Ond adferwyd peth syberdod yn ei olwg gyda chanu emyn David Charles, 'O Fryniau Caersalem' wedi'r seremoni yn Neuadd y Parc a Dâr, i gofio am y rheiny a anafwyd ac a gollwyd mewn cyrchoedd awyr yn y de:

> As the massive harmonies rolled and reverberated from the lofty roof, there was a scene of emotionalism which will be long remembered.[13]

Dyna'r agosaf y daeth Niclas i ennill Cadair genedlaethol. O leiaf cynhwysir llun o'r Gadair yn y gyfrol ysblennydd *Y Gadair Farddol* o eiddo Richard Bebb a Sioned Williams. Enillodd Niclas eto yn Nhreorci y flwyddyn ganlynol ac roedd yn bresennol y tro hwnnw. Cafodd wybod am ei orchest mewn da bryd. Honno oedd y drigeinfed Cadair iddo ei hennill. Cynhwysa'r llyfr uchod lun o'r Gadair a enillodd yn Eisteddfod y Glais yn 1909 gan ei chywreinied ac o waith Evan Phillips, Aberhonddu, yn ôl pob tebyg. Noda'r gyfrol fod Cadair Eisteddfod Carmel, Ynys Môn a gipiwyd yn 1912 ymhlith y trigain. Er, mae'n rhaid mai mater o ddyfalu yw union nifer y Cadeiriau a enillwyd ganddo yn ystod ei yrfa. Anodd credu bod hyd yn oed Niclas ei hun wedi cadw cofnod manwl o'r holl Gadeiriau a enillodd, gan eu hamled. Doedd yna ddim lle iddynt yn ei gartref. Rhaid oedd eu gwasgaru ymhlith perthnasau, cyfeillion a chapeli os nad yn wir defnyddio ambell un yn goed tân.

Y Parch D. J. Davies, ei bartner bore oes, oedd y beirniad y tro hwnnw yn Nhreorci. 'Dryllio'r Cadwynau' oedd y testun a phedwar ar ddeg o ymgeision wedi dod i law. Roedd gohebydd y *Rhondda Leader* yno drachefn ac yn canmol y trefnwyr am gynnal yr eisteddfod er gwaethaf yr anawsterau a'r bygythiadau allanol. 'Again this year was a bold and courageous venture on the part of the organisers, who firmly believed that Hitler and his gang of ruffians should not be allowed to upset Welsh culture,' meddai. Roedd gan Davies, Capel Als gyfarchion priodol i'r buddugwr a ddewisodd

'Aderyn Drycin' fel ffugenw ac fe gyfeiriodd at ei orchest y flwyddyn flaenorol:

> Y dyn a dyr gadwynau – ydyw ef;
> Nid ofna garcharau;
> Dalp annwyl, bu'n dal poenau
> Dryca'i oes rhwng dorau cau.

> Na, ni bu'r storm yn ormod
> I ddawn yr Aderyn ddod;
> Ei thril a ddaeth o rywle,
> A'i diwn i 'Steddfod y De.
> Am ryddid bu'n gofidio;
> Heddiw e ddaeth ei ddydd o.
> Fe ddaeth eto geisio gwin
> Mawr arwr 'Salmau'r Werin'.[14]

Mewn nodyn at Awena Rhun, a anfonwyd cyn y diwrnod ei hun, dywedodd Niclas ei fod yn hynod falch o'r fuddugoliaeth. 'Yr wyf yn falch o lwyddo, yn fwy nag un tro am resymau y gwyddoch chwi,' meddai, gan gyfeirio at yr hyn a ddigwyddodd y flwyddyn gynt. Amheuai nad oedd y trefnwyr am iddo fod yn bresennol y pryd hwnnw. Cafodd wybod mewn da bryd y tro hwn, mae'n amlwg. Credai ei hun fod Cadair y Genedlaethol o fewn ei gyrraedd gyda'r fuddugoliaeth honno yn 1941. Ond, ysywaeth, nid felly oedd hi i fod.

Dewi Emrys a gyfrannodd air o ragair i'r gyfrol *Canu'r Carchar* a gyhoeddwyd yn 1942. Pwysleisiodd mai canmol y bardd ac nid y comiwnydd a wnâi, gan addef iddo'r hawl i fynegi ei syniadau ar fydr ac odl gan gydnabod iddo godi i dir uwch nag eiddo'r propagandydd. 'Nid anghaffael i gyd a fu rhoddi dan glo wibiwr anorffwys a ollyngai ei feddyliau dwysaf i agendor y gwynt,' meddai. Doedd Niclas ddim wedi'i blesio gan y dyfarniad, fel y gwelwyd wrth iddo droi at ei gyffesgell ym mherson Awena Rhun ym mis Hydref 1942:

Mynegiant o gyfanswm daliadau dyn yw ei farddoniaeth. Nid

propaganda dros weriniaeth yw fy marddoniaeth i ond ymgais i fynegi'r peth ydwyf a'r peth y safaf drosto. Credaf i ragymadrodd *Llygad y Drws* fethu yn y fan hon; nid y carchar a'm gwnaeth yn wladgarwr. Y mae fy ngwladgarwch yn mynnu mynegiant yn yr awydd i greu cyfundrefn newydd yng Nghymru. Hyderaf y gwêl Dewi mai mynegiant ohonof fy hunan yw'r caneuon hyn.[15]

Condemnio Dewi Emrys am resymau gwahanol a wnâi'r ysgolhaig difyr-ddwys, Bobi Jones, mewn erthygl yn y cylchgrawn *Barn* ym mis Ebrill 1983 dan y pennawd 'Comiwnydd glew neu eciwmenydd glân?'. Ni chredai y dylai Dewi fod wedi ei wahodd i gyfrannu rhagair am ei fod 'yn Dori o'r Toriaid yn ei agwedd at fywyd ieithwedd a rhythm' yn ogystal â bod 'yn anwybodusyn affwysol o ddi-glem'. Ond roedd Dewi a Niclas yn fêts. Gwelai R. M. Jones rinweddau Niclas fel bardd a Chymro o Gomiwnydd:

> Yn wahanol i'r Blaid Gomiwnyddol Brydeinig yr oedd ganddo orffennol y tu hwnt i'r ganrif ddiwethaf – yn ogystal â dyfodol: hynny yw, yr oedd ganddo ddyfnder. Adwaenai gilfachau Preselau a Chwm Tawe, afonydd Cader Idris a Llanbrynmair, Castell Caerdydd a Phendinas: gwyddai am Williams Parry yn ogystal ag am Lenin. Llwyddodd i gadw prydyddiaeth yn y byd cyhoeddus, a chanddi ran yn y gymdeithas. Y tu allan yr erys ei gerddi, o dan yr awyr las, gyda'r baw a'r stŵr, y slymiau a'r pyllau, ac yn hynod wrth-negyddol. Yr oedd iddo werth hanesyddol – er nad llenyddol – cymeradwy.[16]

Ac yn ddiwinyddol roedd Bobi, fel uchel-Galfinydd a roddai bwys ar bechod gwreiddiol, i'r eithaf arall o safbwynt Niclas a'i efengyl gymdeithasol. Un arall o'r beirniaid cyfoes treiddgar yw Gerwyn Williams. Tebyg ei fod wedi dadansoddi Niclas i'r blewyn yn ei gyfrol ysblennydd *Y Rhwyg* wrth fwrw golwg ar ei gynnyrch:

> Fel Marcsydd, yr oedd ei farddoniaeth yn ddarostyngedig i'r frwydr broletaraidd dros ryddid ac o'r herwydd propaganda diamwys yw llawer o'i waith. Mae'n ofynnol cadw'r cyswllt hwn rhwng bywyd

a chreadigrwydd Niclas mewn golwg yn barhaus. Gwahaniaetha oddi wrth T. Gwynn Jones a T. H. Parry-Williams am nad amlygir yn ei gerddi drwodd a thro mo'r gofal hunan-feirniadol hwnnw dros gymal a gair. Eilbeth oedd 'crefft' yn ei awydd i gyfathrebu. Ac yntau'n gwybod am eu grym cyfathrebol, defnyddiai benillion odledig yn aml a oedd yn 'canu' fel emynau.[17]

Roedd ei hen gyfaill, David Thomas o Fangor, yn lled gytbwys ei ddyfarniad wrth adolygu *Canu'r Carchar* yn *Yr Eurgrawn*, cylchgrawn y Methodistiaid Wesleaidd, ym mis Ebrill 1943 wrth awgrymu ei fod 'yn medru llunio sonedau cyn rhwydded â pheiriant yn gwneuthur botymau' a'u bod 'mor undonog â chliciadau injan dorri gwair'. Ers dyddiau'r *Merthyr Pioneer* a'r ILP pan fyddai'r ddau'n cydweithio, roedd David Thomas wedi cadw'n driw i'r Blaid Lafur tra oedd Niclas wrth gwrs wedi gwyro ymhell i'r aswy:

> Teimlaf ers peth amser ei fod yn soneta gormod, ac nad ydyw wedi hanner feistroli ei fesur eto. Ceidw lawer o nodweddion y soned, y mae'n wir – ei ffurf, a'i hodlau, a'i hundod teimlad – ond nid yw rhythm, neu doniad, y soned ganddo. Aeth undonedd ei ryddmau yn feichus – yr un clic-clac, clic-clac, o hyd. Mwy na hynny, nid toniad y soned sydd ganddo o gwbl, ond toniad yr *ottava rima*, y canodd Byron ei *Don Juan* arno… Deil i fod yn gymaint propagandydd ag erioed, a'i enaid yn wenfflam yn erbyn pob rhagrith a gormes; ond y mae ei ymdeimlad â phrydferthwch natur a bywyd yn ddyfnach yn awr, a'i eirfa hefyd yn gyfoethocach a rhywiocach. Yn ystod oes faith o garu daear a dyn, fe storiodd ei feddwl â myrdd o atgofion tlysion, a daw'r rheini at ei alwad heddiw yn foddion mynegiant iddo.[18]

Ond roedd yna eraill a welai'n dda i godi llawes Niclas. Cafodd gydnabyddiaeth gan Dyfnallt ar dudalen flaen cyhoeddiad ei enwad, *Y Tyst*, wedi cyhoeddi *Canu'r Carchar*:

> Un cywair mawr, dwfn, cwmpasog sydd i ganu'r gyfrol hon, fel i'r rhan fwyaf o waith y bardd, a synnwn at ei ddawn i amrywio ar y cywair hwnnw. Atgofia ni'n aml o beth tebyg mewn darn cerddorol

o waith y meistri – y dinc, y nodyn, cywair yn ymlunio, yn aml-
lunio, yn ymwau drwy'r gwaith fel grym canolog. Y mae'r bardd
yn fwy o gampwr ar arddull huawdl mewn barddoniaeth na nemor
neb yn ei gyfnod, ac onid yw'r arddull hwnnw yn ateb i'r dim
neges un yn llefaru ar ucha'i lais yn erbyn gormes, anghyfiawnder
a rhagrith bywyd mewn gwahanol agweddau. Caiff y darllenydd
ei hun yn aml yn ymgolli mewn dyheu am grwsad wrth ddarllen y
gyfrol.[19]

Tebyg mai'r ymgais loywaf i osod canu Niclas yn ei gyd-
destun oedd eiddo Ithel Davies yn y cylchgrawn *Heddiw* yn
1941 yn fuan wedi cyhoeddi *Llygad y Drws*. Aeth i drafferth i
esbonio'r teithi meddwl y tu ôl i'r sonedau yn hytrach na dim
ond tafoli'r sonedau fel darnau o farddoniaeth a'i gadael ar
hynny:

Bardd oedd, ac ydyw, a oedd ac y sydd mewn gwrthryfel yn erbyn
cyfundrefn o fywyd, ond moesol yn hytrach na Marxaidd ydoedd y
gwrthryfel hwnnw hyd oni ddaeth y Chwyldro Sofiet yn Rwsia a'i
wneuthur am y tro cyntaf yn Farxydd yn fwy nag yn Gristion neu'n
foesegydd. Pan gymerodd ei syniadau y ffurf neu'r ddelw honno
peidiodd â chanu; ymunodd â'r Blaid Gomiwnyddol; rhoddodd i
fyny bregethu; gwadodd Gristnogaeth fel crefydd, a chollodd ei
ffydd yng Nghymru, er na chollodd, efallai, yn ei hanfod ei gariad
ati. Fel pob Comiwnydd, y dewisbeth pennaf oedd Chwyldroad
– chwyldroad byd-lydan, cydwladol, ac fe aeth hwnnw, gan nad
beth a fyddai'r canlyniadau moesol a chymdeithasol nac unrhyw
ganlyniadau eraill, yn ddiben ynddo'i hun. Eithr chwyldroad
ydoedd a fynnai drosglwyddo'r gallu gwladol ac economig o'r
'dosbarth cyfalafaidd' i'r 'dosbarth gweithiol'...
    Gosododd Karl Marx Sosialaeth ar sylfeini gwyddonol o'i
gyferbynu â Sosialaeth foesol neu freuddwydiol William Morris
ym Mhrydain a Proudhon yn Ffrainc. Sosialaeth foesol oedd
Sosialaeth T.E.N. hyd at y Chwyldro Comiwnyddol yn Rwsia, a hyd
yn oed heddiw y mae Comiwnyddiaeth T.E.N. yn fwy moesol ei
natur na Marxaidd, a hynny er mai wrth batrwm Comiwnyddiaeth
Marxaidd y mae yn gweithredu yn ei wleidyddiaeth. Nid
athroniaeth wleidyddol Farcsaidd sydd ganddo, ond adweithiau
tymherus, nwydus bardd a moesegydd a chrefyddwr a fedd ffydd

ddiderfyn yn y werin ddiwylliedig a chariad dwfn at bobl gyffredin
wrth eu galwedigaethau yn y maes a'r ffatri a'r pwll glo – crefftwyr
y ceginau moelion a'r ysguboriau di-addurn – llenorion y cymoedd
diarffordd a'r pentrefi tawel...

Perthynai ar y cychwyn i'r traddodiad Sosialaidd-Gristnogol
moesol, i'r hwn y perthynai hefyd William Morris, Bruce Glasier,
R. J. Derfel, Keir Hardie, Ramsay MacDonald a Philip Snowden.
Wedi'r Rhyfel Mawr aeth i berthyn, yn allanol, beth bynnag i
draddodiad Sosialaeth wyddonol-faterol Karl Marx, Engels,
Lenin, a Stalin. Sosialaeth ddatblygiadol ydyw'r cyntaf. Sosialaeth
chwyldroadol ydyw'r olaf.

Yn ei gyfnod cyntaf, hynny yw, y cyfnod cyn iddo ddyfod yn
llwyr o dan hudlath y Chwyldro yn Rwsia, y werin oedd testun
mawr T.E.N. – y werin ddiffin, annherfynol – y werin fawr, ddof,
a oedd o dan ormes brenhinoedd ac ymherawdwyr a chyfalafwyr.
Yr oedd yn gydwladwr y pryd hwnnw – cyfnod mwyaf gobeithiol
cydwladaeth – ond wrth fod felly, aeth ei ganu yn haniaethol,
ac nid oedd un mymryn yn llai haniaethol oherwydd mai
profiadau gwerin Cymru oedd llawer, os nad y cwbl, o ddeunydd
ei ganu. Onid yr un amgylchiadau, yr un poen, yr un pryderon,
yr un dyhead am ryddid oedd yn nodweddu bywyd y werin ym
mhobman?...

Canodd yn y cyfnod cyntaf yn frwd o'i galon. Cydiodd yn y
fflamdorch fel y disgynnai o law R. J. Derfel a chariodd hi ymlaen,
gan daflu goleuni ar gilfachau tywyll ofergoeliaeth grefyddol a
chymdeithasol y ganrif hon. Enllibiodd Dduw'r eglwys – y Duw
a oedd yn bendithio rhyfel ac yn goddef anghyfiawnder. Y mae,
o safbwynt uniongrededd, sawr cabledd ofnadwy ar ei ganu. Nid
ffurf na chrefft barddoniaeth ac iaith a gawsai sylw T.E.N. ond
ei neges. Chwiliodd am ei destunau yn y cwteri a'r hofelau, yn
y pwll glo ac yn y puteindai – dynoliaeth yn ei ing a'i rysedd, yn
ei brofiadau melys a chwerw, yn ei dywyllwch a'i benyd – dyna
oedd ei destun. Fe gymerodd esiampl Crist a'i ddysgeidiaeth
gymdeithasol-foesol yn llythrennol, ac yr oedd ei genhadaeth
at drueiniaid dynion a gâi eu gwrthod gan eglwys a oedd yn
meddwl mwy am ei pharchusrwydd a'i balchter a'i hanrhydedd
cyfundrefnol nag am y rhai yr honnai yn gwbl ragrithiol y gofalai
amdanynt. Yr oedd brenhinoedd ac esgobion a'r mawrion-
Gristnogion yn gymaint ffieidd-dra yn ei olwg ag oeddynt yng
ngolwg Iolo Morganwg a Thwm o'r Nant a Jac Glan-y-gors a'r

311

genhedlaeth ryfedd honno a fu'n canu ac yn sgrifennu o dan
gynhyrfiad ysgubol Chwyldro Ffrengig 1789.[20]

Wedi'r dadansoddiad miniog o gefndir awen Niclas, rhy
Ithel Davies sylw i'r gyfrol sydd o dan sylw:

Yn y Sonedau hyn eto yr un yw cystrawen ei feddwl, yr un yw ei
bwnc mawr, yr un ydyw'r angerdd dwys, ond ei fod yma yn fwy
mesuredig, er gwell neu er gwaeth. Ond – ac y mae hynny'n bwysig
– y mae wedi dod â'i bwnc a'i awen yn fwy penodol at ei le a'i bobl
ef ei hun, fel Cymro. Daeth yn ei ôl i'w gartref ei hun, at ei werin
ef ei hun y mae ef yn rhan mor ddigamsyniol ohoni. Dyfnhaodd ei
gariad ati ac at ei wlad – chwarelwyr Ffestiniog ac Arfon, glowyr
y Deheudir, Meirion a Phenfro, adar a ffynhonnau a mynyddoedd
Cymru. Dim ond mewn un neu ddwy o'r Sonedau hyn y gwelir
gwewyr Marxaidd. Fe ddygodd hiraeth y carchar ryw dynerwch
cynnil i'w farddoniaeth. Fe roddodd yr hen garchar oer, caled un
peth iddo, sef cyfle myfyrdod i adffrwytho. Yn y myfyrdod hwnnw
yr ail enynnodd ei hen natur Gymreig, ac yr ail gynheuodd ei
gariad at ei wlad fach ei hun a fygwyd gan lwch diffeithwch y wlad
bell y mynnai gerdded iddi heb ei hadnabod.
    Y mae *Llygad y Drws* yn werth ei feddu, ac y mae 'Bardd y
Werin' yn ei lyfr newydd hwn yn sicr o'i gymeradwyo ei hun i'r
werin a oedd uchaf yn ei feddwl pan ydoedd gyfyng arno, ac y
bu meddwl amdani yn gymaint nerth a chalondid iddo yn ei gell.
Ac ni ddylid achwyn os mai un meddylrych sy'n ymgnawdoli ym
mhob soned, canys pan yw gŵr wedi rhoi ei holl feddwl ar un
meddylrych mawr ni ellir dim yn wahanol; ac os mai amrywiadau
ar un testun ydyw'r sonedau, onid dyna ydyw holl feddyliau
a gweithredoedd dyn? Pe dewiswn i sonedau o'r llyfr a ddyry
ddehongliad o T.E.N., ac a wnâi yn gredadwy y cyfan yr wyf wedi
ceisio ei ddywedyd yn y traethawd hwn, fe ddewiswn 'Hiraeth
Cymro', '1940', 'Cymru' a 'Penyberth'. Ond, wedyn, y mae rhywbeth
ym mhob un ohonynt y sydd yn ddehongliad arno.[21]

Mentrodd Islwyn Nicholas i'r byd cyhoeddi gan fabwysiadu'r
enw awdurol, Islwyn ap Nicholas, er ni ddefnyddiai'r 'ap' yn ei
fywyd cyhoeddus chwaith. Rhwng 1939 ac 1948 cyhoeddodd
chwech o lyfrau yn Saesneg am Siartwyr Trefaldwyn, Dr William

Price (1800–1893), Dic Penderyn (1808–1831), Iolo Morganwg (1747–1826) ac R. J. Derfel, yn ogystal â chyfrol o ddatganiadau proffwydi'r oesoedd ynghylch gwrthdystio cymdeithasol o dan y teitl *Thus Spake Prophets*. Roedden nhw'n gyfrolau hawdd eu darllen ac yn tynnu sylw at agweddau arwyddocaol o hanes Cymru.

Ysgrifennwyd cyflwyniad i'r gyfrol trigain tudalen am Dic Penderyn, a gyhoeddwyd gan Foyle's, Llundain, gan George Thomas (1909–1997), Treherbert. Meddai wrth gyfeirio at y cyhoeddiadau cynt: 'These works are important contributions to the history of the PEOPLE of Wales – Y WERIN. Why has Welsh drama not sought inspiration from these stirring events and heroic figures? And where are our poets?' Yr un George oedd hwn a etholwyd yn AS Llafur dros un o etholaethau Caerdydd flwyddyn yn ddiweddarach yn 1945, ac a ddyrchafwyd yn Iarll Tonypandy ac yn Llefarydd Tŷ'r Cyffredin cyn diwedd ei yrfa; sosialydd o'r Rhondda o ddyddiau'r ILP cynnar a ddaeth yn un o bileri'r sefydliad Seisnig yn Llundain ac yn nodedig am ei wrthuni tuag at bob dim Cymreig, yn arbennig pan oedd y Gymraeg yn rhan o'r mater.

Cymysg oedd yr ymateb i'r llyfrau ar y cyfan. Cafodd Islwyn ei gernodio gan Iorwerth Peate ac A. O. H. Jarman (1911–1998) am iddo geisio gwadu fod Iolo Morganwg wedi ffugio cymaint o lenyddiaeth. Roedd yn hysbys ar y pryd fod yr Athro G. J. Williams (1892–1963) ar fin cyhoeddi llyfr yn dinoethi twyll y saer maen o Fro Morgannwg. 'Cwbl anesgusodol,' meddai Iorwerth Peate, gŵr trwm ei gerddediad o ran ysgolheictod, yn *Y Cymro* ym mis Ionawr 1946, oedd peidio â sôn am ddarganfyddiad yr ysgolhaig o Goleg y Brifysgol, Caerdydd. Byddai Peate yn cael ei benodi'n Guradur yr Amgueddfa Werin yn Sain Ffagan ymhen dwy flynedd. Ymddangosodd cyfrol ddadlennol G. J. Williams yn 1956. Ac meddai Jarman, a fu'n diwtor yn yr Adran Efrydiau Allanol o dan y Brifysgol ym Mangor ers deng mlynedd, ac ar fin cael ei benodi'n ddarlithydd o dan adain G. J. Williams, yn *Y Faner* ym mis Mai 1946:

AR DRYWYDD NICLAS Y GLAIS

Bai llyfr Mr. Nicholas yw nad yw hyd yn oed yn gwybod, os ydym i gredu tudalen y 'References', am ffrwyth yr astudiaeth ddiweddaraf ar waith a gyrfa Iolo. Nid yw'n crybwyll enw Mr. G. J. Williams o gwbl na chwaith Syr John Morris-Jones na T. Shankland! Dywed am Iolo:

"Iolo's critics have accused him of literary dishonesty. Innumerable books have been written to try and prove this, but without much success." Tud. 51

Petai Mr. Nicholas wedi eistedd i lawr heb amcan arall heblaw llunio brawddeg a drawai ei ddarllenwyr yn fud, ni lwyddasai'n well. Cydnebydd fod Iolo, efallai, wedi 'trimio' a thocio rhyw fymryn gan lenwi bwlch ac adwy yn awr ac yn y man, a hyd yn oed roi lliw gwahanol ar bethau ambell dro, ond am dwyllo a ffugio'n fwriadol, na ato Duw i ni gredu'r fath athrod amdano!

Fel yna y synia Mr. Nicholas am weithgarwch llenyddol Iolo Morganwg. A chan nad yw wedi deall y ffeithiau sylfaenol am Iolo fe gyll ei waith bob gwerth fel dehongliad. Iddo ef, un o sêr bore gweriniaeth oedd Iolo uwchlaw pob dim arall, plentyn y chwyldro Ffrengig, apostol rhyddid a gelyn gormes. At hynny hefyd yr oedd yn ŵr od, yn un o'r rhai odiaf a droediodd ddaear Morgannwg erioed. Traetha Mr Nicholas yn helaeth am opiniynau blaengar a nodweddion personol trawiadol Iolo Morganwg ar sail portread Waring. Y mae hynny oll yn ddifyr ac yn ddiddorol – yn arbennig y 'whimsical and pleasant conceits', chwedl Waring – ac mae iddo i gyd ei le, ond dylid cofio nad 'eccentric' na chwyldrowr politicaidd oedd Iolo'n gyntaf nac yn bennaf. Y mae'n drueni mawr na byddai Mr. Nicholas wedi astudio gwaith ymchwil Mr. G. J. Williams ac ysgolheigion eraill ar yrfa Iolo cyn cyfansoddi ei lyfryn, oblegid, fel y dangosodd wrth ysgrifennu ar y Dr William Price a Dic Penderyn ac eraill, y mae'r ddawn ganddo i ddwyn allan bamffledau hanesyddol a bywgraffiadau poblogaidd.[22]

Roedd y gyfrol honno, *Iolo Morganwg Bard of Liberty*, o eiddo Islwyn yn fwy swmpus o dipyn na'i gyhoeddiadau arferol, am ei bod yn ymestyn dros 120 o dudalennau. 'Waring' oedd Elijah Waring (1788–1857), Crynwr o Gastell-nedd, a gyhoeddodd *Recollections and Anecdotes of Edward Williams, the Bard of Glamorgan* yn 1850 y bu Islwyn yn drwm ddibynnol arno.

Fe fu Islwyn am gyfnod, pan oedd yn iau, yn Ysgrifennydd Cyffredinol yr International Proletarian Schools Movement, yn gadeirydd cangen Aberystwyth o Undeb y Gweithwyr Trafnidiaeth a Chyffredinol am ddeng mlynedd ac yn gadeirydd y *Left Book Club* yn y dref. Byddai'n cyfrannu i'r papur Sul *Reynolds News* o bryd i'w gilydd. Ymunodd â chapel yr Undodiaid, gan wrthod y syniad o'r Drindod a chan gredu nad oedd Iesu Grist yn ddim mwy na dyn da na pherthynai iddo dduwdod. Wfftiwyd y syniad o bechod gwreiddiol. Undodwr oedd Iolo Morganwg hefyd.

Bid a fo, mae'n rhaid bod y tad yn manteisio ar waith ymchwil y mab o bryd i'w gilydd. Mewn un erthygl yn *Y Cymro*, ym mis Gorffennaf 1938, cyn iddo gael ei wahardd, cyfeiriodd Niclas at Iolo Morganwg ac at ei frodyr yn benodol a'u rhan yn y fasnach gaethweision yn Jamaica. Canmolodd Iolo am beidio â chymryd eu cyfoeth pan oedd mewn helbulon ariannol am na pherthynai glendid i'w harian. Mae'n debyg na werthai Iolo siwgr o Jamaica am ei fod yn gynnyrch caethion. Rhoddodd arwydd uwchben ei ddrws yn dweud 'East Indian Sugar; uncontaminated with human gore'. Dyfarniad Niclas oedd: 'Gosoder y weithred hon yn un pen i'r glorian, a'r tipyn helynt â'r cywyddau yn y pen arall, ac nid rhaid i'r hen Iolo wrido rhyw lawer'. Gyda'i ffyrnigrwydd arferol terfynodd y llith hwnnw trwy ddweud mai'r 'un yw brwydr gwerin trwy'r byd; un hefyd yw gorthrwm cyfalaf ymhob gwlad'.

Ni chollodd Niclas yr ysfa i gyfansoddi nac i gystadlu. Mae'n wybyddus fod testunau'r Goron yn yr Eisteddfod Genedlaethol wedi'i ddenu'n gyson. Roedd eisoes wedi cyhoeddi 'Gwerin Cymru' a gynigiwyd yn Eisteddfod Caerfyrddin 1911, 'Y Gân Ni Chanwyd' a anfonwyd i Eisteddfod Lerpwl 1929 pan enillodd Caradog Prichard am y trydydd tro'n olynol, ac yna 'Y Gorwel' i Eisteddfod Castell-nedd 1934 pan ddyfarnwyd y wobr i'r Parch T. Eirug Davies (1892–1951). Roedd 'Y Porthladdoedd Prydferth' ymhlith yr ymgeision yn Eisteddfod Bae Colwyn 1947 a roes y Goron i Griffith John Roberts (1912–1969). Anfonodd Niclas y bryddest 'Meirionnydd' i Eisteddfod

Dolgellau 1949 pan ddyfarnwyd John Eilian yn fuddugol. Ym
Mhwllheli yn 1955, testun y bryddest oedd 'Ffenestri'. Y Parch
W. J. Gruffydd, Talybont ar y pryd, a'r Archdderwydd Elerydd
yn ddiweddarach, gipiodd ei Goron gyntaf. Rhoddwyd clod i
ymgais Niclas fel un o'r goreuon yn ôl beirniadaeth gyfansawdd
Cynan (Syr Albert Evans-Jones, 1895–1970), Iorwerth Peate a
Caradog Prichard:

> Dyma ganu meddal, unplyg, sentimental sy'n mynd yn syth at
> y galon; canu difyr, diddan beirdd Cymraeg ganrif yn ôl wedi
> ei wisgo â symledd a glendid iaith ddiwygiedig ein canrif ni.
> Hyfryd, am dro, yw cael bwrw ymaith holl gymlethdodau beirdd
> y gystadleuaeth hon i wrando ar y canu uniongyrchol hwn. Neu
> eto wrando arno'n camu'n anghyfrifol ar draws y sêr heb ofni'r
> un bardd na beirniad modernaidd. Y mae yma ddiffuantrwydd
> o'r dechrau i'r diwedd, a llawer o rym hefyd. Gresyn bod angerdd
> dadrithiol un neu ddau o feirdd grymusach yn rhwystro'r cyfle
> i gydnabod gallu'r bardd hwn i roddi bywyd o'r newydd mewn
> pethau y tybid eu diflannu o'n tir llenyddol am byth.[23]

Cyhoeddodd ei ymgais o dan y teitl 'Bwthyn Bach Melyn
Fy Nhad' yn y gyfrol *Rwy'n Gweld o Bell*, yr olaf o'i gyfrolau
o farddoniaeth, yn 1963. Cafodd darn ohoni ei gosod fel
Unawd Cerdd Dant o dan 21 oed yn Eisteddfod Genedlaethol
Abergwaun 1986. Doedd dim dwywaith nad oedd Niclas
yn eisteddfodwr pybyr. Trwythodd ei hun yng nghynnwys
y *Cyfansoddiadau* dros y blynyddoedd. Gwyddai pwy oedd
enillwyr y prif gystadlaethau llenyddol, pwy oedd yn agos
ati a beth oedd byrdwn sylwadau'r beirniaid. Cafodd ei
ddyrchafu'n feirniad ei hun yn Eisteddfod Caerdydd 1960
pan ofynnwyd iddo dafoli'r sonedau. Cofia Vernon Jones
amdano'n pensynnu ynghylch pa un o ddwy soned roedd e'n
eu ffafrio y dylai ei gwobrwyo, a phenderfynu rhannu'r wobr
yn y diwedd.

"Penderfynodd ofyn i'w gyfaill a'i gymydog, Ifor Davies, y
bardd, i edrych dros y ddwy soned. Roedd Ifor a'i deulu yn
gyfeillion mawr i T. Gwynn Jones a'r Prifardd Dewi Morgan.

Ffafriai Ifor ymgais o eiddo Dewi Emrys tra oedd Niclas yn ffafrio ymgais Gwilym Tilsley. A dyna pam y rhannwyd y wobr. Ymhen amser wedyn dyma Dewi Emrys yn dweud wrth Ifor, 'Piti nage chi oedd yn barnu ac nid Tom, mi fyddwn wedi cael y wobr yn llawn wedyn!',", meddai Vernon.

Ymhen dwy flynedd, yn Eisteddfod Llanelli, cafodd anhawster eto i ddewis rhwng dwy o'r tair ar hugain o sonedau a ddaeth i law cyn bwrw ei goelbren o blaid 'Gŵr o'r Wlad' sef Dafydd Jones (1907–1991), Ffair Rhos. Ni wyddom a gafodd gyngor gan Ifor Davies y tro hwn. 'Llanddowror' oedd y testun a £5 oedd y wobr, ac yn unol â'r disgwyl cyfeirio at yr addysgwr Griffith Jones a wnâi'r sonedwyr.

Ond ar ei gyfaddefiad ei hun ac oherwydd ei fyrbwylltra collodd gyfle i ymuno â'r Orsedd yn gynnar yn ei yrfa, adeg Eisteddfod Aberystwyth 1916. Y Cofiadur ar y pryd yn trefnu'r gorseddigion a gwahodd aelodau newydd oedd Eifionydd (John Thomas, 1848–1922) a olygai'r *Geninen*. Gwyddai Niclas amdano'n dda am iddo gyfrannu'n gyson i'w gyhoeddiad. Gwyddai hefyd am ei lawysgrifen traed brain. Rhyw wythnos cyn cynnal yr ŵyl derbyniodd Niclas gerdyn post wrth Eifionydd. Ni fedrai ddarllen y llawysgrifen ar y cynnig cyntaf. Am ei fod ar fin gadael Llangybi ar ei ffordd i Dde Cymru rhoddodd y garden naill ochr nes y dychwelai.

Wedi cyrraedd adref sylwodd nad oedd y cerdyn yn cynnwys y cais arferol am gyfraniad i'r *Geninen* ond yn hytrach, wedi deuddydd o bendroni uwchben y traed brain, wahoddiad i fod yn bresennol yn yr Eisteddfod ar y dydd Mawrth erbyn saith o'r gloch y bore i gael ei dderbyn i'r Orsedd. Roedd yn rhy hwyr erbyn hynny am fod yr Eisteddfod a'r Maen Llog wedi bod ac wedi mynd. Collodd y cyfle i gael ei urddo gan yr Archdderwydd Dyfed (Parch Evan Rees, 1850–1923). Wrth adrodd yr hanes yn ei golofn 'O Fyd y Werin' yn *Y Cymro* ddiwedd mis Gorffennaf 1938 dywedodd na chafodd wybod gan Eifionydd chwaith, pan gyfarfu'r ddau'n ddiweddarach, beth oedd yr enw gorseddol a ddewiswyd ar ei gyfer. Dwrdiodd y Cofiadur am beidio â buddsoddi mewn peiriant ysgrifennu fel oedd ganddo ef – diolch i haelioni pobl Cwm Tawe ar ei ymadawiad â'r ardal.

Nid rhyfedd fod yr Orsedd ar y pryd yn cael ei gweld fel pantomeim o weinidogion ac yn destun gwawd a chwerthin. Cafodd Niclas wahoddiad pellach, eto, gan Eifionydd i gael ei dderbyn i'r Orsedd yn Eisteddfod y Barri 1920 a Dyfed yn dal wrth y llyw Archdderwyddol. Roedd Ithel Davies yn aros gyda Niclas ym Mhontardawe ar y pryd ac yntau wedi'i wahodd i ymuno hefyd. Ond ni fynychodd yr un o'r ddau y seremoni, fel yr esbonia Ithel yn y gyfrol *Proffwyd Sosialaeth a Bardd Gwrthryfel*:

> Gwawdlyd braidd oedd o'r syniad. Fe gawsom gryn hwyl yn trafod y syniad. Yr oedd dau reswm pam nad aethom ill dau i'r Eisteddfod honno i'n harwisgo sef, yn gyntaf nad oedd y syniad o Orsedd yn ein denu. Fel y sylwodd yr adeg honno, chwalu gorseddau oedd ein diddordeb ni, er nad oedd dim cysylltiad hanfodol na damweiniol rhwng y ddwy orsedd, Gorsedd y Beirdd a gorseddau pennau coronog y byd. Rhyw wamalu felly yr oeddem y pryd hwnnw.
>
> Ond yr hyn a ddarfodd ar unrhyw awydd ar fynd i'r Barri ar yr achlysur dyrchafol hwnnw oedd y tywydd ofnadwy oedd yn digwydd bod y dydd yr oeddem ni i fod yno i'n hurddo felly. Ac ni chafodd y naill na'r llall ohonom, am a wn i, ail wahoddiad! Ond nid oedd yn chwennych unrhyw anrhydedd, os anrhydedd hefyd, o'r fath. Nid oeddynt ym mhatrwm ei fyd nac yn beichio ei feddwl.[24]

Wrth gwrs, pe bai'n llwyddo i ennill y Goron byddai'n ymuno â'r Orsedd heb gael ei wahodd. Ond fe fodlonodd ar gael ei dderbyn yn aelod o'r Orsedd yn Eisteddfod Pwllheli yn 1955 gyda'r geirda 'hen fardd ymgyrch y werin ac un o ben-campwyr y soned'. Doedd dim angen pendroni uwchben ei ddewis enw gorseddol wrth gwrs. Cynan oedd y Cofiadur ac yntau wedi trawsnewid yr Orsedd a chyflwyno urddas i'r gweithgareddau erbyn hynny. Dyfnallt oedd yr Archdderwydd.

Cadwodd ei ddiddordeb yn yr Eisteddfod Genedlaethol. Wrth reswm roedd ganddo farn bendant am y cynnyrch llenyddol. Mewn llythyr at ei gyfaill agos o Gomiwnydd yn y Rhigos, Hywel Davey Williams, yn fuan wedi Eisteddfod Abertawe 1964 roedd yn dannod y cynnyrch. Dyna pryd y gwobrwyodd Waldo Williams soned a oedd un llinell yn fyr o'r cyfanswm arferol o bedair llinell ar ddeg wrth rannu'r wobr rhwng tri ymgeisydd:

> Teimlo oeddwn i fod beirniadaeth lenyddol wedi mynd yn
> isel iawn, a chredaf mai ym meirniadaeth Waldo y trawodd
> y gwaelod. Y soned ganol yn afreolaidd, a dim a fynno hi ag
> Abertawe, a gwnâi'r ddwy arall y tro i unrhyw dref a fomiwyd. Os
> dyna'r pethau gorau, yr oedd y safon yn isel iawn. Gwobrwywyd
> pryddest nad oedd a fynno hi ddim â'r testun, er i mi fwynhau
> ei darllen. Y llall a ddaeth yn Y Cymro, honno yn edrych ar
> Ffynhonnau fel melldith, yn torri'r tir yn gors a siglennydd.
> Beth rhyfedd na fyddai rhywun wedi canu i ffynhonnau yn yr
> anialwch lle mae dafn o ddŵr yn gwneud gwahaniaeth rhwng
> bywyd a marwolaeth. Pethau hollol ddiddychymyg ydynt... Wedi
> darllen amryw nofelau Cymreig, wfft iddynt. Dim yn cyfrif ond
> y cymeriadau eu hunain, hollol hunanol, teimlo dim diddordeb
> mewn dim y tu allan iddynt eu hunain. Rwbish a nofel Saunders
> yn eu plith.[25]

Enillydd y Goron oedd Rhydwen Williams (1916–1997) a'r nofel o eiddo Saunders Lewis (1893–1985) oedd ganddo dan sylw oedd Merch Gwern Hywel. Ddwy flynedd yn ddiweddarach yn Eisteddfod Aberafan roedd yr awdl fuddugol wedi'i blesio. 'Hawdd ei deall a hyfryd i'w darllen' meddai am 'Y Cynhaeaf' o eiddo Dic Jones (1934–2009). Ond 'methu gwneud llawer o bryddest y Goron,' meddai wrth ei gyfaill am gerdd arobryn Dafydd Jones.

Fel bardd ei hun roedd Niclas wedi addurno colofn 'Beirdd y Babell' Dewi Emrys yn Y Cymro droeon gyda'i sonedau. Doedd dim amau ei ddawn na'i ddiddordeb yn y gelfyddyd. Enillodd gadeiriau lu. Gwelodd Thomas Parry

(1904–1985) yn dda i gynnwys soned o'i eiddo 'I Aderyn y To' yn ei flodeugerdd *The Oxford Book of Welsh Poetry* a gyhoeddwyd yn 1962. Cynhwysid y soned 'Gwirionedd' yn y gyfrol *Cerddi Diweddar Cymru* a olygwyd gan H. Meurig Evans (1911–2010). Cyhoeddwyd honno hefyd yn 1962 a bu'n llyfr gosod i blant ysgol am flynyddoedd. Ond nid oedd yn sicr o'i le mewn blodeugerddi dilynol. Ni chafodd ei big i mewn i'r *Flodeugerdd o Farddoniaeth Gymraeg yr Ugeinfed Ganrif* a olygwyd gan Alan Llwyd a Gwynn ap Gwilym (1955–2016) ac a gyhoeddwyd yn 1987. Ond fe gynhwyswyd pymtheg dyfyniad o'i eiddo yn y *Flodeugerdd o Ddyfyniadau Cymraeg* gan Alan Llwyd y flwyddyn ddilynol.

Byddai ennill Coron yr Eisteddfod Genedlaethol wedi dyrchafu ei statws fel bardd yn sicr, er nid o reidrwydd wedi gwneud ei le mewn blodeugerddi yn sicrach. Mentrodd y colofnydd Derfel awgrymu yn *Y Faner*, ar achlysur nodi ei ben-blwydd yn naw deg yn 1969, fod a wnelo safonau beirniadaeth eisteddfodol a rhagfarn wleidyddol fwy â'i fethiant i ennill y Goron yn yr Eisteddfod Genedlaethol nag unrhyw ddiffyg ar wreiddioldeb ei grebwyll a grym ei arddull. Cynhwyswyd cyfieithiad o'r soned 'I Aderyn y To' wedyn yn y gyfrol *Bloodaxe Book of Modern Welsh Poetry* a olygwyd gan Menna Elfyn a John Rowlands (1938–2015) ac a gyhoeddwyd yn 2003. Roedd gan Niclas ei gefnogwyr, yn arbennig yn nyddiau'r Glais, ymhlith y rheiny oedd eisoes yn eu huniaethu eu hunain â beirdd megis Walt Whitman, Edgar Allan Poe (1809–1849) ac Edwin Markham.

Beirdd oedd y rhain nad oedden nhw'n canu am destunau Beiblaidd a phrydferthwch natur rownd y ril, ond am destunau yn ymwneud â'r cyflwr dynol a'r modd o'i wella. Yn union fel nad oedd gan Niclas amynedd tuag at emosiwn y 'diwygiad', ni hidiai am yr elfen ramantaidd o fewn barddoniaeth Cymru. Ffwrn wedi'i chynhesu heb ddim wedi'i bobi ynddi waeth faint y cynyddai'r gwres oedd '04–05' iddo. Geiriau heb sylwedd wedyn oedd y cerddi llawn tlysni. Hyrwyddo syniadau a apeliai ato ac nid rhagoriaeth lenyddol. Cadwodd at hynny hyd y diwedd. Cyfansoddodd ei soned olaf i'r Arwisgo Brenhinol yng Nghastell Caernarfon yn 1969. 'Syrcas Caernarfon 1969' oedd ei thestun. Gwrthododd y *Tivyside* ganiatáu ei chynnwys yng ngholofn farddol ei gyfaill, Jâms Niclas (1928–2013). 'Yng nghymanfa gwallgofiaid cyhoeddaf yn groch / Fod ystafelloedd y Castell yn dylcau moch' oedd y ddwy linell glo. Yr un modd gwrthwynebodd yr Arwisgo yn 1911. Cafodd ei wahardd o'r *Tivyside* am yr eildro.

Yr hyn a ddyrchafodd statws cymdeithasol T. E. Nicholas oedd ei garchariad o dan amgylchiadau trofaus. Ni chwerwodd er y driniaeth ysgeler. Daliodd at ei ddaliadau. Am hynny fe'i hedmygid a'i ystyried yn eicon o fath. Roedd yn llefarydd huawdl i wleidyddiaeth y chwith. Yn wahanol i lawer o'i gymheiriaid o'r de-ddwyrain arddelai emynau ac efengyl yr un pryd. Llenwai bulpudau'r werin Gymraeg gan ddenu cynulleidfaoedd lluosog. Gwyddai addolwyr ymlaen llaw beth fyddai ei destunau. Nid achosai syndod. Yr unig syndod fyddai pe na bai'n dannod y Frenhiniaeth, y rhyfelwyr a chyfalafwyr yn yr un gwynt, o fewn pum munud o draethu. Yn hynny o beth fe'i hanwylid. Dyna pam yr edrychid ymlaen at ei ymweliad â chapel Beulah, Nant-yr-eira, ger Llanerfyl ar y Sul hiraf bob blwyddyn, am yn agos i ugain mlynedd tan 1968. Roedd yna gapeli eraill lle'r oedd yr ymweliad blynyddol yn ddefod.

Ni ddringodd Niclas i'r uchelfannau fel bardd. Er yr addewid a welwyd o ganlyniad i'r hunanddisgyblaeth wrth lunio sonedau yn y carchar, ni pharodd hynny. Ni lwyddodd i gyrraedd y rheng flaen awenyddol yn ôl Gerwyn Williams:

> Dirywiodd ei ddefnydd o fesur y soned, a helpodd i'w ailfedyddio'n fardd, yn fwyfwy blinedig, mecanyddol ac ailadroddus, neu yng ngeiriau Bobi Jones, 'sticiodd y nodwydd ar ei record sonedol'. Os profwyd un peth pan gamodd T. E. Nicholas o gadwynau'r carchar yn rhydd, profwyd na allai'r rhyddid y canodd mor frwdfrydig amdano warantu celfyddyd arwyddocaol.[26]

A doedd Bobi Jones ddim yn brin ei finiogrwydd wrth ei werthuso:

Mae yna rwystrau i werthfawrogiad rhwydd o waith Niclas, bid siŵr. Yn gyntaf, fe'i mawrheir am resymau anllenyddol. Fe'i mawrygir hefyd gan rai (a dlodwyd o'u medr i ymateb i lenorion gwrth-Farcsaidd) am mai ef yw'r unig un a geisiodd fod yn Sosialydd ar gân yn Gymraeg; a bychenir braidd y neb a welo ogoniant di-ffael unrhyw brydydd a geisio gyflawni'r fath dasg. Anodd i ambell un dreiddio efallai drwy'r fath bared anfeirniadol i iawn-brisio'i waith.

Yn ail, nid oedd yn feirniadol iawn ei hun o natur a chrefft llenyddiaeth; tueddodd i dderbyn safonau dirywiol y rhamantwyr adfeiliol. Ac o ganlyniad, llithrodd i gywair parod a llipa parlyriaeth Fictoriaidd. Er mwyn bod yn 'boblogaidd' (nod hollol angenrheidiol iddo yn boliticaidd, meddid, yn ogystal ag oherwydd y diogi arferol ymhlith y darllenwyr arwynebol) ymgroesoedd rhag ymgodymu o ddifri ag iaith a meddylwaith barddoniaeth. Benthyciai arddull yr hen ganu merfaidd a Cheiriogaidd ar gyfer canu i chwŷs y gweithiwr. Tipyn yn blentynnaidd oedd ei 'ddicter' weithiau – fel y bydd gwleidyddion, siŵr iawn.[27]

Derbynia Glen George fod cynnyrch barddonol ei hen wncwl yn anwastad, a bod ei natur aflonydd yn ei rwystro rhag neilltuo amser i gaboli ei ddeunydd. Ond gwêl fod y cyfnod yng ngharchar wedi'i orfodi i ddisgyblu ei awen a chwilio am drosiad cofiadwy.

"Hanfod darn da o farddoniaeth yw trosiad creadigol a grymus; does dim llawer o drosiadau ym marddoniaeth Niclas ond pan ddefnyddia'r ddyfais y mae'r ddelwedd yn cydio yn y cof. Yn ei gerdd 'Cerdded Mewn Cylch' gwêl gerdded rhwystredig y carcharorion yn debyg i gaseg yn troi mewn cylch dyrnu. Yn 'Blodau'r Carchar' sylwa fod y blodau a osodwyd ar allor yr eglwys yn nychu a dihoeni fel ei gymrodyr caeth. Roedd ganddo hefyd ddawn arbennig i ddarlunio natur. Ni all neb sy'n gyfarwydd â'r hen aelwyd Gymreig lai na dotio ar ei ddisgrifiad o eira yn chwyrlïo yn y simnai fawr:

Ffenestri'r tŷ yn llawn o redyn arian
A'r blodau gwyn yn llenwi'r simnai fawr;
Y clychau rhew yn tincial ar y marian
A'r byd heb lwybyr a heb doriad gwawr.

"Yn wir mae modd dosbarthu barddoniaeth Niclas i dri chyfnod tra gwahanol. Y cyfnod cyn y Rhyfel Cyntaf pan oedd ei arddull yn rhamantaidd a'r syniadaeth yn sentimental. Y cyfnod yn ystod ac wedi'r Rhyfel Byd Cyntaf pan oedd ei arddull yn dal yn rhamantaidd ond y syniadaeth wedi ei miniogi gan erchylltra'r rhyfel a'r Chwyldro yn Rwsia. A'r cyfnod wedyn yn ystod ac wedi'r Ail Ryfel Byd pan oedd yr arddull yn fwy celfydd a'r syniadaeth yn fwy treiddgar," meddai Glen gydag awdurdod.

16

Chwifio'r *Faner* a'r llythyru gered

HEBLAW AM Y darlithio a'r pregethu tragywydd cynhelid delwedd gyhoeddus Niclas ar dudalennau'r *Faner* yn y cyfnod wedi ei ryddhau o garchar. Dyna lle'r oedd ei stondin. Roedd drws *Y Cymro* wedi'i gau'n glep iddo bellach. Doedd dim prinder gohebiaeth ac ymateb i'w ddatganiadau. Arall oedd ei safbwynt i eiddo'r Pabydd, Saunders Lewis, yr ysgolhaig a'r colofnydd hyglod yn ei golofn 'Cwrs y Byd' yn yr un cyhoeddiad. Parod fyddai'r gŵr o Lerpwl, a oedd yn un o sylfaenwyr Plaid Cymru, i weld dad-ddiwydiannu De Cymru a'r dosbarth bwrgeisaidd yn rheoli. Ond pan fu'n byw am gyfnod yn Llanfarian, ger Aberystwyth, wedi'i ryddhau o garchar am ei ran yn llosgi'r ysgol fomio yn Llŷn a fwriadwyd fel gweithred symbolaidd i ddangos nad oedd Cymru'n barod i gael ei llwyr feddiannu gan Loegr a'r meddylfryd Prydeinig, byddai Niclas yn mynychu dosbarthiadau nos y Pabydd o gefndir Anghydffurfiol.

Roedd syniad Saunders o achub y genedl trwy arweiniad y dosbarth llywodraethol yn wrthun i Niclas. A doedd ganddo ddim i'w ddweud wrth arwyr megis Llywelyn a Glyndŵr a thywysogion cyffelyb, am mai treiswyr a gormeswyr oedden nhw yn ei olwg, boed yn Gymry neu beidio. Roedd yr ysgolhaig o Lerpwl a'r gwerinwr o'r Preseli yn arddel syniadaeth gwbl groes i'w gilydd, a phe caniateid iddyn nhw fynd i yddfau ei gilydd ar dudalennau'r *Faner* mae'n debyg y byddai'n dipyn o helbul, os nad yn draed moch. Tebyg bod cwrteisi newyddiadurol yn eu hatal rhag herian ei gilydd yn uniongyrchol. O leiaf ni chhyoeddwyd eu cyfraniadau ar yr un dudalen.

Byddai'r ddau yn ymwelwyr cyson â swyddfa'r *Faner* yn Aberystwyth wrth gyflwyno eu herthyglau ac er mwyn seiadu â'r golygydd. Tybed a fydden nhw'n taro ar draws ei gilydd yno? Fyddai yna sgwrs rhyngddyn nhw? Fawr ddim o gytuno, mae'n siŵr, heblaw am ansawdd y tywydd. Byddai'r darllenydd craffach na'i gilydd, mae'n debyg, yn medru dyfalu pa un o'r ddau oedd newydd fod heibio wrth ddadansoddi gogwydd colofn 'Euroswydd' a lunid gan y golygydd, Prosser Rhys, o wythnos i wythnos.

Er mwyn cael cip ar broffil cyffredinol Niclas yn y wasg Gymraeg yn ystod y degawd, bwriwn olwg ar rifynnau'r *Faner* yn ystod 1944 yn benodol. Roedd swyddfa'r wythnosolyn yn Aberystwyth, a Prosser Rhys yn dal wrth y llyw fel golygydd fel y bu er 1923. Pennawd cyfraniad cyntaf Niclas ym mis Mawrth oedd 'Comiwnyddiaeth a Chymru. A yw'n beryglus i barhad ein cenedl?' Homer o erthygl, ymron yn llenwi tudalen, ac yntau fel pe bai'n ymollwng ei holl rwystredigaeth ynghylch yr hyn a ystyriai'n anallu dynion i weld yr angen i waredu'r drefn ysbail a dim llai na hynny cyn y ceid tegwch i bawb:

> Wrth weld cyflwr Iwerddon heddiw, teimlwn nad oedd yn werth i'w merthyron farw dros y drefn sydd yno. Yn sicr, bu gwladgarwyr Iwerddon farw dros rywbeth mwy na'r hyn a enillwyd yn y tipyn Ymreolaeth. Byddai'n chwith gennyf feddwl i neb farw er cael i Gymru y cyflwr cymdeithasol sydd yn Iwerddon heddiw.[1]

Doedd e'n ddim os nad oedd yn ysgytwol. Ni wneir cyfiawnder digonol ag ef trwy ddweud ei fod yn ddiflewyn ar dafod.

Wrth reswm cafwyd ymateb i'w druth yn y golofn lythyrau. Roedd Percy Hughes o Lundain ar yr un trywydd ag ef ymhen yr wythnos, er yn holi ambell gwestiwn, tra oedd y tirfeddiannwr a'r Pabydd, R. O. F. Wynne, Garthewin, Abergele ymhen pythefnos wedi'i gythruddo gan y sylwadau am Iwerddon:

Mae'n eglur nad oes dim cenedl sy'n haeddu rhyddid ond yr un sy'n dewis hoff athroniaeth Mr Nicholas – dyna esiampl dda o ysbryd anoddefgar y Marcsydd cul. Y ffaith seml yw na thaflodd y Gwyddelod iau'r landlordiaid a'r llywodraeth estron oddi arnynt er mwyn cael arnynt iau'r wladwriaeth gyd-berchnogol yn ei lle. Dros ryddid y buont farw ac mewn rhyddid y mynnant fyw. Ond anodd iawn, wrth gwrs, ydyw cael dealltwriaeth o syniad adweithiol fel hyn gan neb Comiwnydd![2]

Yn yr un rhifyn roedd gan Niclas lythyr yn ateb Percy Hughes, wrth reswm, ac erthygl yn delio â'r Mesur Addysg seneddol oedd ar droed. Galwai ar Rab Butler AS (1902–1982), y Gweinidog Addysg, i waredu dylanwad y Babaeth a'r offeiriadaeth o'r byd addysg. Doedd dim pall ar y llythyru, a doedd Niclas ddim yn petruso defnyddio'r golofn lythyrau yn ogystal â'i golofn i gernodio. Gofynnodd J. T. Williams, Bae Colwyn, iddo gysoni cyfiawnhau tywallt gwaed eraill yn Rwsia, tra oedd Crist wedi tywallt ei waed ei hun. Ond roedd Gwilym G. Williams, Gwynfe, Llangadog am roi 'ysgydwad llaw gynnes i'r Parch T. E. Nicholas am ei ysgrifau iach a diragrith' gan ddymuno rhwydd hynt iddo i ledaenu'r gwirionedd.

Roedd Lewis Roberts, Caergybi wedyn yn flin fod y Comiwnyddion yn galw am arian i gyfrannu gwelyau i ysbyty yn Stalingrad pan oedd cymaint o'u heisiau yn ysbytai Cymru. Ceisiodd Niclas ei ddarbwyllo, mewn llythyr na ellid ei ddisgrifio fel llythyr cynnil na byr, ar ddiwedd mis Mai mai'r bwriad oedd darparu gwelyau i goffáu Cymry a fu farw yn Rhyfel Cartref Sbaen, gan gydnabod mai Rwsia oedd y wlad fwyaf cefnogol i achos y Gweriniaethwyr.

Ynghanol hyn i gyd cyhoeddwyd adolygiad o'r gyfrol *Y Dyn a'r Gaib*. Byrdwn sylwadau diddrwg didda D. Llew Jones, gweinidog yn Ystumtuen, ger Aberystwyth, oedd 'Rwy'n hoff o'r ysfa sydd yn ei waith'. O leiaf doedd dim angen i Niclas lythyru i achub ei gam ei hun yn hynny o beth.

Ym mis Mehefin teimlodd reidrwydd i ateb beirniadaeth Iorwerth Hughes, St. Albans, Swydd Hertford, o Gomiwnyddiaeth fel credo anghristionogol. 'Beth, yn nysgeidiaeth a threfn y Comiwnyddion, sy'n gwrthdaro yn erbyn y "moesoldeb a'r ysbrydolrwydd a'r Balm Gilead" y sonia amdano? A yw rhwystro un genedl i ysbeilio cenedl arall, a rhwystro un dyn i ysbeilio dyn arall, yn anfoesol? Hynny, mewn geiriau byr, yw Comiwnyddiaeth' oedd byrdwn ei lythyr hirfaith. Ymhen pythefnos mynnodd Iorwerth Hughes ddirwyn yr ohebiaeth i ben gan ddweud, 'Ni raid i'r Cymro wrth na chomiwnyddiaeth nac unrhyw gyfundrefn gyffelyb i'w roi ar ben y ffordd, gan ei fod yn ddigon gwrol i weithio allan ei iachawdwriaeth ei hunan.'

Yn y cyfamser roedd W. Glenville Jones, Surbiton, ar gyrion Llundain, yn awyddus i wybod a oedd Niclas wedi darllen nofel Almaeneg yr Hwngariad, Arthur Koestler (1905–1983), *Darkness at Noon*, gan ei bod yn peintio darlun tywyll iawn o gyflwr Rwsia. Mynegai ddadrithiad yr awdur ynghylch Comiwnyddiaeth yr Undeb Sofietaidd gyda chyfnod carthu ethnig Joseph Stalin yn 1938 yn gefndir iddi. Mae'n rhaid y byddai Niclas wedi cydio yn yr abwyd ond, serch hynny, ni welodd ei ymateb olau dydd yn *Y Faner*. Dyma'r cyfnod y cwynai wrth gydnabod agos am yr anhawster o gael deunydd rheolaidd yn yr wythnosolyn. Hwyrach na welai'r golygydd y deilliai unrhyw ddaioni o ganiatáu gohebiaeth ar bwnc y nofel heblaw am hybu ei gwerthiant. Gellid rhagweld dilyw o lythyrau, a'r rheiny gan lenorion, yn llenwi'r colofnau.

Tebyg iddo gwyno'n hallt. Fe ymddangosodd erthygl o'i eiddo ym mis Awst o dan y pennawd 'Lle grym mewn cymdeithas. Anghysondeb beirniaid imperialaeth'. Roedd Iwerddon yn ei chael hi'n go drwm ganddo gan dynnu ymateb wrth R. O. F. Wynne drachefn. 'Nid wyf yn ffafrio Cyfalafiaeth, a olyga ganolbwyntio perchenogaeth yn llaw'r ychydig ac sy'n arwain i gaethiwed y llawer, ac nid wyf yn ffafrio Comiwnyddiaeth, a olyga ganolbwyntio perchenogaeth yn y Wladwriaeth a gwneuthur pawb yn gaethion,' meddai'r tirfeddiannwr o Lanfair Talhaearn.

Ym mis Medi cyhoeddwyd adroddiad am ei ddychweliad i'r

Glais i ddathlu deugain mlynedd yn y weinidogaeth. Talwyd teyrnged iddo gan daflu cipdrem ar ei yrfa a therfynu trwy ddweud, 'Y mae ei garedigrwydd a'i haelioni yn ddiarhebol ac ym mysg ei gyfeillion pennaf y mae pobl na allant gydgyfrannu ag ef yn ei ffydd wleidyddol.' Yn wir, ers i Rwsia ymuno â'r Cynghreiriaid yn 1941 i wrthwynebu Hitler a'i luoedd, gwelodd Niclas boblogrwydd o'r newydd. Cyn diwedd y mis cyhoeddwyd llythyr o'i eiddo yn ateb ei feirniaid, yn codi llawes Rwsia, ac yn dwrdio'r sawl na foliannent ei rhinweddau fel y gwelai ef hwy.

Yn wir, ym mis Hydref cyhoeddwyd adroddiad am ei ymweliad â chapel yr Annibynwyr yn Ffynnongroyw, ger Prestatyn gyda'i ddarlith 'Hen Ddyn Mewn Gwlad Newydd'. Byrdwn ei bregeth yn y capel wedyn oedd ei bod yn fwy naturiol i ddyn gyflawni daioni na drygioni. Ond roedd e ymhell o fod wedi perswadio'r rhelyw o ddarllenwyr *Y Faner* o rinweddau Rwsia. Mynnodd D. A. Lloyd, Y Foel, Trallwng fynd i'w blu:

> Truenus o beth yw gweld y cyfaill hwn yn gwastraffu ei holl nerth a'i dalent i argyhoeddi'r Cymry fod Rwsia yn onest, yn wlad rydd a delfrydol. Ceisir profi ei bod hi'n anffaeledig. A fu gwlad felly erioed eto? Na, nid oes y fath wlad yn bod ond mewn dychymyg; ac ni allaf gredu bod Rwsia'n eithriad.[3]

Bu raid i'r golygydd nodi droeon yn y cyfnod hwn fod ganddo dorreth o lythyrau mewn llaw. Ym mis Rhagfyr cyhoeddwyd llythyr o eiddo Ieuan ap Huw, Llandrillo-yn-Rhos, Bae Colwyn yn sôn am fryntni'r Cominwyddion yn Estonia ar sail erthygl gan y ffisegydd Dr Endel Aruja, alltud o'r wlad a astudiai yng Nghaergrawnt, mewn cylchgrawn o'r enw *Nineteenth Century*. Honnai fod y sawl a oedd yn ddigon dewr i feirniadu'r drefn newydd yn 'diflannu'. Ffrwynwyd anian naturiol Niclas i ymateb, mae'n siŵr. Ond fe ganiatawyd cyhoeddi cerdd o'i eiddo yn y golofn lythyrau o dan y teitl 'Bomio Tokyo Tachwedd 24, 1944 (Gorchmynnwyd i'r Awyrlu beidio â bomio plas yr ymherodr)'. Cyfeiria hyn at ymosodiad cyntaf America ar Siapan, yn dial am ymosodiad lluoedd Siapan ar Ganolfan Llynges America yn Pearl Harbour ger Honolulu, Hawaii dair blynedd ynghynt. Enghraifft o gyfalafiaeth ar ei waethaf, yng ngolwg y deintydd.

Yn wir, bu'n gyfnod hesb i Niclas o ran ei broffeil yn *Y Faner*. Pan fu farw'r golygydd, E. Prosser Rhys, ym mis Chwefror 1945 fe gyhoeddwyd teyrnged o'i eiddo ymysg llu o rai eraill. Soniodd mai yng Nglasynys y bu Prosser yn lletya pan ddaeth gyntaf i Aberystwyth i gydio yn awenau'r *Faner* yn 1923, yn 22 oed, cyn iddo gael ei draed dano. Dadlennodd y byddai'r ddau yn dadlau'n ffyrnig ond bob amser yn cyrraedd hafan dawel megis morwyr yn cyrraedd harbwr wedi taith helbulus cyn tewi. Gwrtaith gwledig gafodd y ddau ac roedd eu cyfeillgarwch yn ddyfnach na'r gwahaniaethau mân.

Yn y cyfnod hwn roedd George M. Ll. Davies yn fwy tebygol na Niclas o gyhoeddi colofn o dan y golygydd newydd Gwilym R. Jones. Nid cyn mis Rhagfyr 1945 y gwelwyd cyfraniad gan Niclas ac roedd hynny mewn ymateb i lith gan yr heddychwr. Yn ôl George, roedd cyfaill o Grynwr wedi anfon llythyr ato ar sail tystiolaeth cyd-Grynwr o'r enw Hans Albrecht yn nodi barbareiddiwch milwyr Rwsia yn Nwyrain yr Almaen. Treisiwyd merched, meddid, gan y gorchfygwyr. Amheuai Niclas eirwiredd y dystiolaeth gan fynnu y dylid cyflwyno enwau o leiaf dwsin o'r merched a'r milwyr er mwyn medru gwirio'r honiadau. Pwysleisiodd George M. Ll. mai Crynwyr oedd y ddau ac nad oedd felly le i amau eu bod yn ffafrio'r naill ochr na'r llall ac yn hyrwyddo propaganda. Safbwynt y Crynwyr oedd gwrthwynebu pob rhyfel. Ychwanegodd fod y Cymro o gyfaill wedi cael addysg prifysgol yn Aberystwyth ond nis enwodd. Ni ddaeth yn rhan o'r ffrae, pwy bynnag ydoedd.

Cefnogi Niclas wnâi Llyfni Huws, Pen-y-groes, Arfon gan ddweud na ddylid dibynnu ar dystiolaeth ail-law. Ymosododd Niclas ar y wasg am bedlera anwiredd a doedd neb yn waeth am wneud hynny yng nghyd-destun Rwsia, meddai, na'r cyhoeddwr o dras Iddewig, Victor Gollancz (1893–1967) a sefydlodd y Left Book Club ac a ddisgrifiai ei hun fel Cristion

Sosialaidd. Ymunodd y Capten M. N. Hughes, Llandybïe â'r
ffrae, gan fynnu ei fod yn llygad-dyst i greulonderau'r Rwsiaid
a'i fod wedi'i ddadrithio am byth o ran y Rwsia Sofietaidd
yn dilyn yr hyn a welodd yn ninas Weimar, a oedd bellach yn
nwylo'r Rwsiaid.

Tacteg Niclas nawr oedd mawrygu polisi tramor Rwsia
uwchlaw ymddygiad honedig unigolion, gan dderbyn gair
y Capten Hughes am yr anhrefn a welodd, a'r modd yr
ymdriniwyd â ffoaduriaid, ond eto yn gwarafun nad oedd
enwau o leiaf dwsin o'r merched yr honnwyd iddynt gael eu
treisio wedi dod i law. Pwysleisiodd George M. Ll. fod amryfal
gytundebau heddwch yn cael eu torri'n yfflon wrth ddelio â
ffoaduriaid, tra oedd Ellis Roberts o Fangor o'r farn nad oedd
neb ond Niclas yn amau honiadau George M. Ll. ar sail yr
ohebiaeth a ddaeth i law wrth Grynwyr: 'Y mae'n amlwg na
wêl Mr Nicholas ond y Rwsia ddelfrydol sydd yn ei feddwl
ef; peth hollol i'r gwrthwyneb, yn ôl pob golwg, i'r Rwsia wir,'
meddai. Ychwanegodd nad oedd gan y Rwsiaid yr un gronyn
o dosturi wrth ddifrodi eiddo a gorfodi'r trigolion i ffoi o'u
cartrefi. Doedd dim diben i'r Crynwr fynd i chwilio am fanylion
ynghylch yr erchyllterau a gyflawnwyd, am na fyddai'n debygol
o fyw i ddweud yr hanes, meddai.

Edliw i George M. Ll. am lyncu propaganda a wnâi Gwyn
Jones, Y Fenni, gan ddweud nad oedd milwyr Rwsia yn ddim
gwahanol eu hymddygiad i filwyr eraill mewn awr o goncwest
neu ym merw rhyfel. Daeth y Capten Hughes i'r ffrae drachefn,
gan gyhuddo Niclas o geisio dal gafael ar gorsen ysig a'i
gwneud i ymddangos fel derwen gref. Condemniodd bolisi
tramor Rwsia am ddirymu grym cymaint o wledydd y Baltig.
Roedd Margaret Thomas o Lanaman wedi clywed y Capten
mewn cyfarfod cyhoeddus, meddai, yn gofyn cwestiynau fel
gwellt yn dangos cyfeiriad y gwynt. Mae'n debyg mai cyfarfod
yn Rhydaman oedd hwnnw pan anerchwyd y gynulleidfa gan
Alice Bacon (1909–1993) AS Llafur Caerlŷr am ei phrofiadau
yn Rwsia. Honnai fod yno siopau'r wladwriaeth yn gwerthu
nwyddau rhad i'r bobl gyffredin trwy gyfnewid cwpons, ac yna

siopau drudfawr fel rhyw fath o farchnad ddu swyddogol i'r cyfoethog. Dal i chwennych enwau'r milwyr yr honnwyd eu bod yn euog o dreisio a wnâi Niclas.

Daeth cyn-garcharor rhyfel, T. D. Griffith o Lanrwst, i'r fei i gefnogi safbwynt George M. Ll. a'r Capten Hughes ynghylch y Fyddin Goch. '*Rabble* hanner-gwâr yn meddwl am ddim ond lladd a lladrata a threisio merched o bob oed – dyna a welodd pawb a ddaeth i gyffyrddiad â hwy,' oedd ei ddyfarniad. Taflodd ddŵr oer ar yr honiad fod rhaid wrth enwau'r treiswyr o filwyr a'r merched a ddioddefodd, cyn derbyn y gwirionedd yn y cyd-destun hwn. Ni thewodd Niclas. Roedd fel ci ag asgwrn. Amheuodd dystiolaeth y cyn-garcharor rhyfel. Cefnogai P. Jones, Heol y Bontfaen, Caerdydd safbwynt Niclas wrth ganmol Rwsia am gael gwared ar dirfeddianwyr. 'Pobl ddiddelfryd, heb brifio'n foesol, yn cweryla ynghylch eiddo – dyna sydd wrth wraidd rhyfel,' oedd ei ddyfarniad.

Cystwyai Dan Jones, Goginan hyfdra'r golygydd yn caniatáu cyhoeddi llythyrau gan bobl oedd yn diraddio Rwsia. Mynnai nad oedd yn syndod fod rhai milwyr wedi colli eu pennau o ystyried y caledi a ddioddefwyd gan eu cyd-wladwyr o dan yr Almaenwyr. Cafwyd homer o lythyr drachefn gan Niclas ac er ei feithder bu raid i'r golygydd ychwanegu nodyn yn dweud iddo gael ei dalfyrru'n helaeth. Tarodd T. D. Griffith 'nôl ddechrau mis Ebrill, yn pwysleisio iddo weld yr erchyllterau ac yn gresynu na bai Niclas yno ar y pryd er mwyn ei atgoffa bod gonestrwydd yn bodoli y tu hwnt i'r Kremlin. Gyda hynny rhoddwyd pen ar y mwdwl gyda neb fawr ddim callach wedi ymron i bedwar mis o fygylu ei gilydd. Rhoddwyd cyfle i George M. Ll. Davies gyfrannu erthygl arall ddechrau mis Mai 1946.

Erbyn hyn ymddengys fod Dan Jones wedi cymryd mantell 'llythyrwr y chwith' gan fod y rhifynnau lle nad oedd ganddo gyfraniad yn brin. Roedd hi'n gyfnod hesb o ran Niclas. Cul oedd y drws i golofnau'r *Faner* iddo. Serch hynny, fe gyhoeddwyd llythyr o'i eiddo ddiwedd mis Tachwedd, yn cynnig cefnogaeth i frodorion ei gynefin yn eu brwydr yn erbyn troi'r Preselau yn faes ymarfer milwrol parhaol. (Fe'i gwelir yn ei grynswth yn yr Atodiad.)

Ond gweld ymhellach na chopaon y bryniau a wnâi'r crwt a fu'n chwarae ar y llethrau yn ei blentyndod. Credai y dylid gwrthwynebu gorfodaeth filwrol yn ei hanfod, yn hytrach nag annog sefydlu'r gwersyll milwrol mewn rhan arall o'r wlad. Anogodd y trigolion hefyd i ystyried pwy yn gwmws oedd y gelynion y mynnai'r cadfridogion y dylid paratoi ar gyfer eu hymladd a'u trechu. Cyfeiriodd at y sefyllfa ryngwladol a chystwyo polisi tramor y Blaid Lafur a oedd mewn grym ar y pryd. Nid rhyfedd na fu'n cymryd rhan yn y cyfarfodydd cyhoeddus yn lleol wrth i'r trigolion, dan arweiniad y gweinidogion a'r ysgolfeistri, wrthwynebu ar sail 'sancteiddrwydd' y bryniau. Arall oedd gweledigaeth Niclas o gymharu ag eiddo Waldo Williams yn ei gerdd 'Preseli'.

Yn un o'i fynych lythyrau at Evan Roberts cyfeiriodd at helynt y Preselau ym mis Ionawr 1947 gan awgrymu fod yna elfen o ragrith yn perthyn i'r gwrthwynebwyr. Y 'pregethwr' dan ei lach oedd y Parch R. Parry-Roberts, Mynachlog-ddu, a fu'n cyfrannu erthyglau i'r *Faner* ar y pwnc:

> Bygythir mynyddoedd Penfro hefyd, a chwerthinllyd oedd gweld pregethwr yn dadlau yn y papur newydd fod y lle yn gysegredig am fod Twm Carnabwth wedi byw ac wedi ei gladdu yno! Arweinydd y Beca oedd Twm, a phob enwad yn gwrthwynebu'r Beca wrth gwrs, a diarddel pawb a ddangosai gydymdeimlad â'r mudiad. Ond rhaid achub y Preselau yn awr am fod Twm wedi byw yno! Onid yw'r saint yn rhyfedd? Rhaid dechrau yn nes yn ôl dipyn.[4]

Rhoddwn gip ar 1947 hefyd pan gynigiwyd cyfle i Niclas gyfrannu erthyglau i 'Golofn y Chwith' a sefydlwyd gan y golygydd newydd ac yntau bellach wedi cael ei draed dano. 'A fydd rhyfel arall?' oedd pennawd ei gyfraniad cyntaf yn rhifyn olaf mis Mawrth. Roedd y llith yn clodfori Rwsia wrth reswm. Cafwyd ymateb o gyfeiriad Caerdydd. Dyfynnodd Roy A. Lewis eiriau o eiddo Lenin, Stalin ac Engels, gan gyfeirio at ddiffygion eu hathroniaeth cyn rhoi bonclust go iawn i Niclas a'i debyg:

> Cymdeithas Moliannu Rwsia yw'r Blaid Gomiwnyddol ers blynyddoedd. Cred pawb ond ei haelodau y gellir cydweithredu â Rwsia heb fod yn daeogion swrth a chwislingiaid. Ofna ei haelodau bod beirniadaeth ar ei pholisi yn perygnu heddwch y byd. A glywodd unrhyw ddarllenydd o'r *Faner* Gomiwnydd yn condemnio beirniadaeth ar gyfalafwyr, rhag ofn gwylltio gweddill y byd?[5]

Ym marn B. O. Davies, Cwmllynfell, roedd 'y Comiwnyddion yn edrych ar Gymru drwy sbectolau Moscofaidd tywyll a thrwchus, a'u gweledigaeth ohoni o'r herwydd yn aneglur'. Ymunodd M. N. Hughes â'r drafodaeth drachefn gan ysgrifennu o Brifysgol Basle, yn y Swistir nawr. Anelodd ei saethau yn bennaf at Margaret Thomas, Glanaman gan ei chyhuddo o ddioddef o 'ddiffyg traul politicaidd trwy lyncu syniadau heb eu cnoi'. Parhaodd hithau a Cyril P. Cule, Manceinion yn driw i safbwynt Niclas.

Yn anghyson yr ymddangosai llithiau 'Colofn y Chwith', a Niclas oedd y cyfrannwr yn ddi-ffael. Ymddengys i hynny ynddo'i hun gythruddo rhai darllenwyr a oedd o gyffelyb anian i Niclas. Fe'i cafodd ei hun mewn dŵr poethach nag arfer ar sail cyfraniad ym mis Ebrill a oedd yn adleisio'r llythyr hwnnw ynghylch Brwydr y Preselau:

> Ofnaf mae gweledigaeth ffenestr sydd gan lawer ar Gymru, nid gweledigaeth gorwel. Gweld darn o'r broblem fel y mae'n cyffwrdd â Chymru. Os am achub mynyddoedd Cymru rhaid ymladd ar ffrynt Bwrma a Groeg a Phalesteina ac India. Os rhwymir y wlad hon i ymgyrchoedd milwrol yn y Dwyrain Pell a'r Dwyrain Canol, rhaid fydd cael milwyr, ac o gael milwyr i'r ymgyrchoedd hyn, bydd yn rhaid ei dysgu i fomio, a chyn y gellir eu dysgu i fomio rhaid cael mynyddoedd. Felly y mae perygl mynyddoedd Cymru yn codi o'n polisi tuag at wledydd lle mae arian gwŷr mawr Prydain wedi eu suddo.[6]

Cythruddwyd J. J. Thomas, Smethwick, a roddai'r argraff ei fod yn ysgrifennu ar ran eraill hefyd:

> Ein dymuniad ni, Gomiwnyddion Cymru, yw i'r golofn drafod problemau Cymru o safbwynt Marcsaidd o dan ofal athronydd sydd yn deall ein hegwyddorion. Gyda phob parch i'ch gohebydd presennol rhaid dweud nad ydyw mewn cyffyrddiad â thueddiadau diweddaraf ein plaid. Awgrymaf y byddai Tecwyn Lloyd, Roose Williams neu Cyril P. Cule yn gymhwysach i'r gwaith hwn.
> Fe fyddai y rhan fwyaf o Gomiwnyddion Cymru yn condemnio'n chwyrn agwedd imperialaidd T.E.N. yn ei lith diweddaraf, lle y soniodd am "achub mynyddoedd Cymru trwy ymladd ar ffrynt Bwrma a Groeg a Phalesteina ac India". Aralleiriad yw hyn o ddatganiad Baldwin, bod ffrynt Prydain ar Afon Rhein. Rhetoreg ddifeddwl yw hyn, sy'n arwain y werin i gredu mai pell yw'r gelyn, ond yn yr ynys hon y trig, nid ar y gorwell pell.[7]

Baldwin oedd Stanley Baldwin (1867–1947), gwleidydd Torïaidd a fu'n Brif Weinidog ar dri achlysur.

Roedd Niclas yn 68 oed. Oedd yna J. J. Thomas yn byw yn Smethwick? Yn sicr doedd dim prinder Cymry yn yr ardal honno o Birmingham. Dyna'r unig dro i'w enw ymddangos fel llythyrwr yn *Y Faner*. Oedd yna gynllwyn ar droed ar ran y Comiwnyddion i ddisodli Niclas? Nid yw'n amhosib fod yna enw ffug wedi'i ddefnyddio i bwrpas. Nid oedd yn enw gwybyddus ymhlith y garfan Gymreig o Gomiwnyddion. Anodd fyddai gwirio cywirdeb enw pob llythyrwr yn y cyfnod hwnnw. Yn sicr fe gafodd effaith. Tawodd Niclas. Nid oedd ei lais yn cyfrif mwyach. Diflannodd 'Colofn y Chwith'. Ond daliodd Dan Jones i hogi ei gryman. Âi i blu Saunders Lewis yn gyson. Ni ddefnyddiai'r polymath y golofn lythyrau i ateb ei feirniaid. Ond yn ei golofn pwysleisiai fod Rwsia yn rheoli economi gwledydd megis Rwmania, y Ffindir a Gwlad Pwyl, ac nad oedd hi'n fêl i gyd o bell ffordd ar y trigolion, yn groes i honiadau Dan Jones.

Ond waeth am J. J. Thomas, pwy bynnag ydoedd, doedd dim

modd taro Niclas yn gwbl fud. Mentrodd dynnu blewyn o drwyn Saunders Lewis mewn llythyr yn *Y Faner* ym mis Mai 1948 ond heb ei enwi'n uniongyrchol chwaith; dim ond collfarnu sylw a wnaed yn y golofn 'Cwrs y Byd'. Cyn hynny manteisiodd ar gyfle i ymosod ar safbwynt George M. Ll. Davies ar Rwsia o dan gochl adolygiad o'i lyfr *Pererindod Heddwch* a hynny dros ddau rifyn o'r *Cymro* ddiwedd Hydref a dechrau Tachwedd 1945. Wedi hysbysu'r darllenydd o'r gyfeillach oedd rhyngddynt pan deithiai George o Lanwrda i dreulio penwythnos ar yr aelwyd yn Llangybi, aiff ati i lambastio ei safbwynt ar wleidyddiaeth ryngwladol a'i anallu i weld mai pydredd a ddeillia o seilio cyfundrefn economaidd ar rym a thrais:

> Ni chaf yn llyfr Mr Davies un arwydd ei fod yntau wedi dysgu llawer oddi wrth y gorffennol. Saif yn hollol yn yr unfan yn ei agwedd at yr unig wlad y gellir ei galw yn werinol, yn yr holl fyd. Trist gweld heddychwyr yn cefnogi polisi rhyfelwyr wedi trychineb mor fawr.[8]

Wedi'r 'adolygiad' yna, mynych fu'r gohebu personol rhwng y ddau. Treuliodd George M. Ll. saith mlynedd yn byw ac yn gweithio ymhlith coliers di-waith yn y Rhondda. Roedd yn gysylltiedig â gweithgarwch Canolfan Addysg Maes-yr-haf yn Nhrealaw a sefydlwyd gan Emma a William Noble yn 1927 yn enw'r Crynwyr. Soniai amdano'n rhannu gŵyl, gwaith a gweddi yn eu plith ar ddeg swllt yr wythnos ac iddo weld cannoedd ohonynt wedyn ar hyd y Cymoedd yn ennill cyflogau bras 'ond hiraeth a welais ymhob un am Ŵyl y Pebyll yn y Fro, am yr hen gymdeithas glòs ac annwyl yno,' meddai. Ar yr un pryd ceisiai ddygymod â'i salwch ei hun o iselder ysbryd. Ceisiodd Niclas ei gysuro:

> Cydymdeimlaf â chwi o galon yn eich teimlad o unigedd. Gwn innau hefyd amdano. Cefnais ar fy nghyfeillion parchus a chysurus pan euthum i garchar; a phan amddiffynais Tom Nefyn caewyd drysau yr Eglwysi barchus arnaf am 10 mlynedd. Ac felly
> Dyn didol ydwyf

Pell wyf o wlad fy nhadau. Ond, diolch i Dduw, cefais rhywbeth gwell o lawer yng nghyfeillgarwch Dai a Shoni ac Ianto yn y Cymoedd ac yn y Cyrddau Bach yn hytrach na'r Cyrddau Mawr. Onid yw'r dorf yn gyfnewidiol fel Ceiliog y Gwynt mewn byd ac eglwys, yn gweiddi Hosanna a Chroeshoelier Ef bob yn ail? Na ddigalonnwn os bydd gennym gydwybod dawel a dipyn o rwyd o wir gyfeillion.[9]

Mae'r cyfeiriad at y Parch Tom Nefyn (1895–1958) yn ymwneud â'r erlid a fu arno o'i gapel yn y Tymbl yng Nghwm Gwendraeth. Penderfynodd Sasiwn y Methodistiaid Calfinaidd nad oedd ei ddaliadau Cristnogol yn gydnaws ag athrawiaethau'r enwad yn y 1920au hwyr. Gadawodd y de yn 1932 i dderbyn gofalaeth yn Rhosesmor yn y Fflint ac yntau wedi'i dderbyn yn ôl i'r gorlan Fethodistaidd. Ond bu am gyfnod yn wrthodedig oherwydd ei ddaliadau ac o'r herwydd roedd Niclas, wrth reddf, yn cynhesu tuag ato.

Mae'r llythyrau rhwng Niclas a George M. Ll. yn nodedig am eu meithder yn ogystal â'u cynnwys. Mynnai Niclas fod rhaid dinistrio'r Drefn Ysbail ac nid ei gwella. Roedd ei gerydd a'i gwestiynau megis cawodydd o gesair. Condemniai'r wasg am hyrwyddo'r Drefn Ysbail am eu bod yn nwylo cyfalafwyr tra canmolai'r *Daily Worker* a'r *Soviet News* am gyflwyno byd-olwg gwahanol a gwirionedd ffeithiol amgen. Roedd y gwleidyddion yn ei chael hi'n ddidostur. Cynigiodd ei ffon fesur ei hun wrth ddelio â phethau'r byd:

Teimlaf fy mod ar ochr yr ysbeiliedig am nad oes croeso i mi yng ngwasg y cyfalafwyr. Byddaf fi'n penderfynu drwg neu dda sefydliadau a mudiadau yng ngoleuni'r dynion fydd yn eu cefnogi. Fe all nad yw hynny'n rheol anffaeledig, ond ar y cyfan y mae'n gweithio. Nid ei ewyllys Ef yw cefnogi trefn a dynion sydd yn sicr o ddwyn colledigaeth i holl blant y byd.[10]

Ni fedrai ymatal rhag canu clodydd ei iwtopia o Rwsia 'am fod personoliaeth yr unigolyn yn cyfrif cymaint,' meddai.

Popeth yn bod i fagu dynion, iach, rhydd, gwybodus, heddychol
â'r holl fyd. A gall y bersonoliaeth wannaf deimlo na all neb
fanteisio ar ei gwendid i'w ysbeilio na gwneud cam ag ef. Urddas
yr unigolyn yn y peiriant mawr, peiriant y bu llais gan bob
unigolyn yn ei lunio. Lluniwyd y peiriant yn y fath fodd fel na all
un dyn defnyddio dyn arall i'w elw a'i bwrpas ei hun. Yn wahanol
i ni. Gorthrymwyr y werin a gododd ein peiriant cymdeithasol
ac economaidd ni, ac nid yw'r unigolyn yn cyfrif dim ynddo,
elw, awdurdod a gallu i'r ychydig i ddefnyddio'r mwyafrif i'w
hamcanion ei hun yw amcan y peiriant.[11]

Roedd meithder yn nodwedd o'i lythyrau at y Goronwy
Roberts (1913–1981) ifanc hefyd a oedd newydd ei ethol yn
Aelod Seneddol Llafur Caernarfon. Cyn hynny cafodd y gŵr
o Ben Llŷn yrfa academaidd ddisglair trwy raddio gyda gradd
Dosbarth Cyntaf mewn Saesneg o Goleg King's, Llundain, ac
yna ennill gradd M.A. gyda Rhagoriaeth yng Ngholeg y Brifysgol
Bangor a chael ei wneud yn Gymrawd o Brifysgol Cymru yn
1938. Tra oedd yn fyfyriwr sefydlodd y Mudiad Gwerin ar y
cyd â Harri Gwynn (1913–1985). Treuliodd beth amser yn
gwneud gwaith ymchwil yng Ngholeg King's cyn cychwyn
ar yrfa seneddol yn 1945 a oedd i bara tan 1974. Cyfrannai
golofn gyson i'r *Cymro* hefyd. Roedd ei afael ar y Gymraeg yr
un mor goeth â'i afael ar y Saesneg. Doedd Niclas ddim yn fyr
o'i gynghori ynghylch ei ddyletswyddau:

> Y mae dynoliaeth yn disgwyl wrthych chwi ddynion ieuainc, y
> mae Ewrop yn disgwyl; ac y mae Rwsia yn disgwyl ail ffrynt ym
> Mhrydain o blaid heddwch a gweriniaeth. Gwaed newydd ydych
> chwi; ac yr oedd yn wyrth i chwi ennill. Bydd yn galed am dymor
> am fod gelynion gwerin yn y Blaid Lafur hyd eto.[12]

Yn wir cafodd ateb yn ddiymdroi:

> Fel chwi, heddwch a gweriniaeth yw fy mreuddwyd innau.
> Gwneuthum a gwnaf fy ngorau erddynt. Y mae tri pheth yn
> arbennig yn pwyso ar fy meddwl y dyddiau hyn. 1) yr angen am
> ddiwygio'r wasanaeth dramor o'r top i'r gwaelod. Nid gwaeth cael

Franco na Cadogan wrth y llyw, ac yn sicr bydd rhaid carthu'r
pabyddion o'r Swyddfa Dramor; 2) yr angen i reoli tipyn ar
deithiau ac areithiau Churchill. Mawr y niwed a wna'r gŵr drwg
hwn. Symbol yw, wrth gwrs, o holl ddyhead adwaith trwy'r byd,
sef clymblaid yn erbyn yr Undeb Sofietaidd; 3) y mae'r perygl o'r
America yn aruthrol – capitaliaeth wedi mynd o'i phwyll ac yn
chwarae â'r atom.[13]

Cadogan oedd yr Arglwydd Alexander Cadogan (1884–1968)
a oedd yn Ysgrifennydd Materion Tramor ar y pryd. Ni wyddom
i ba raddau y cymerai Goronwy Roberts sylw o'r truthiau ond
yn sicr doedd dim pall arnyn nhw. Fe'i hanogai i beidio ag
ymhel â 'phethau dibwys' ond i fynd ati i orseddu sosialaeth.
Fe anghytunai'n chwyrn â'i ddatganiadau yn ei golofn yn *Y
Cymro*. Erbyn mis Tachwedd 1947 fe'i rhybuddiodd i beidio
â 'thrafferthu ateb y llythyr hwn. Rhyw siarad â chwi wyf, a
chwithau ymhell'. Ond roedd yn benderfynol o ddal ati, p'un
a oedd yna glustiau'n gwrando neu beidio. Anfonodd homer o
lythyr naw tudalen ym mis Gorffennaf 1950 a oedd yn gymaint
o gyffes ffydd â dim a sgrifennodd erioed, yn ogystal â'r hyn a
ddisgwyliai wrth wleidydd:

> Dynion nad yw swydd na theitl na safle yn golygu dim iddynt yw
> halen y ddaear. Nid oes un aelod seneddol dros Gymru a fentrai
> godi ar ei draed i gefnogi polisi Churchill, a dadlau dros orfodiaeth
> filwrol, a thros fomio brodorion yn eu gwlad eu hunain. Ofn polisi
> Churchill a gariodd y Blaid Lafur i fuddugoliaeth. Pe na bawn
> ni'n gwybod am ddim sy'n digwydd yn y byd buasem yn mentro
> gwrthwynebu polisi Churchill a gwybod mai dyna'r peth gorau i'r
> byd. Yn y pen draw, myn llais y werin fuddugoliaeth.
>
> Ni ellir concro syniadau ag arfau. Pe bae hynny'n bosibl byddai
> Hitler a Nero a Mari Waedlyd wedi llwyddo. Y mae egwyddorion
> yn bethau dygn iawn i farw. Er i America, Awstralia a De Affrica
> basio deddfau i wneud Comiwnyddiaeth yn drosedd, a yw'r
> ynfydion yn credu y gellir lladd mudiadau felly? Ni ellir lladd
> syniadau ond drwy roddi i'r byd syniadau gwell na hwynt. Dywedir
> am rai ohonom ni mai syniadau o wlad arall sydd gennym.
>
> Nid yw hynny yn wir; syniadau Cymreig sydd gennyf fi; cefais

hwynt yn Sir Drefaldwyn gan Robert Owen, a chafodd Rwsia lawer o'i syniadau oddi wrth y Cymro mawr hwn. Yr oedd Robert Owen yn hen ŵr pan gyhoeddwyd y Communist Maniffesto yn 1848, a gwaith mawr ei fywyd oedd ei gyflawni. Treuliodd oes faith i bregethu Sosialaeth a Chydweithrediad. Dysgwyd yr un syniadau i mi yn yr Ysgol Sul, felly nid oedd galw i mi fynd i Rwsia am fy syniadau. Ymgais gorthrymwyr y byd i ddiraddio gwaith da yw dweud mai gwlad arall sydd yn gyfrifol amdano.

Cawsom ein crefydd o wlad arall, a cheir arian llwgr America o wlad arall. Gwell gennyf fi fenthyca syniadau o Rwsia am frawdoliaeth dyn a chydweithrediad a heddwch a pharch i'r dyn du, na benthyca arian o wlad sydd yn gorthrymu'r dyn du a'r gwyn i bwrpas Mamon.

Cymro ydwyf fi yn perthyn i genedl fach sydd yn brwydro am ryddid economaidd a gwladol. Nid oes arnom ni orthrymder gwladol mawr; ond y mae'r gorthrwm economaidd yn drwm, a mygir ein gwrtaith Cymreig gan drefn y Sais. Dyna pam yr edrychaf ar Malaya fel rhan o'r frwydr dros Gymru, sef torri grym imperialaeth, a thorri gallu un genedl i ymyrryd â chenedl arall. Nod y drefn yn y wlad hon yw gwneud Saeson o'r Cymry, drwy wrthod unrhyw swydd o bwys iddynt yn eu gwlad eu hunain oni byddant yn Saeson. Gall Sais uniaith gael swydd dda yng Nghymru, ond ni all Cymro uniaith obeithio am unrhyw swydd bach na mawr. Er na osodwyd y gorthrwm hwn mewn deddf, y mae yma ac yn gweithio.

Yn ystod yr etholiad bu y rhan fwyaf o'r ymgeiswyr o bob plaid yn dadlau dros Gymru, ond ni all Cymru obeithio am degwch gan lywodraeth sydd yn gorthrymu yn Malaya. Gwyddoch yr hen ddywediad nad oes un genedl yn rhydd os bydd hi yn cadw cenedl arall yn gaeth. Ysgrifennaf at amryw o aelodau seneddol Cymru yn ystod yr helynt yn Abysinia a Sbaen a Munich; pwdu fu'r hanes, a dweud fod y dynion wrth y llyw yn gwybod pethau hyn yn well na mi a'm bath.

Nid yw'n bwysig iddynt bwdu wrthyf; ond costiodd yn ddrud i werinoedd y byd am i bolisi'r deillion ennill y dydd. Gan nad wyf yn chwennych yr OBE nid yw o bwys gennyf fy mod ar lyfrau du'r awdurdodau; ond y mae'n bwysig yn fy ngolwg i achub cenhedlaeth arall rhag rhyfel. A oes rhywrai yn y senedd yn meddwl am y bechgyn fydd yn gorfod marw?

Peidiwch â thincran â hen beth bach ynglŷn â Chymru; plannu

coed a chronni dŵr. Codwch eich llais dros bethau y bydd y genhedlaeth newydd yn ddiolchgar i chwi am wneud. Yr wyf fi yn caru harddwch Cymru, ac yn dotio at bob afon a mynydd; ond beth fydd gwerth y pethau hyn os gelwir ein bechgyn i farw yn Malaya a Burmah a llefydd eraill? Pa faint gwell yw dyn na dafad? Pa faint gwell yw dyn na dyffryn a mynydd?

Gellir dadlau, wrth gwrs, mai cenedl arall, cenedl fach, roddodd i ni'r syniad fod dyn yn well na dafad, ond rhywsut yr wyf fi yn ei dderbyn.

Pan yn y carchar ceisiwn gofio fy narlithiau a'm pregethau a'm caneuon ac ysgrifau, a chawn gysur wrth feddwl na ysgifennais ddim erioed yn erbyn buddiannau uchaf gwerin gwlad, na'r un gair yn erbyn y syniadau tramor a gefais yn y bregeth ar y mynydd. Gwyddai'r awdurdodau nad oedd gennyf arfau, gwyddent fy mod yn hollol yn elyn i ffordd Hitler o lywodraethu gwlad, gwyddent na fu fy mendith ar reibio Abysinia a Sbaen, ac na roddais gefnogaeth i fradwyr Munich; ond ofnant i ddynion weld pethau fel yr oeddwn i yn eu gweld, a dewis ffordd allan drwy rywrai heblaw y rhyfelwyr presennol. Ofn fy syniadau a'u gyrrodd i'm carcharu. Hynny sydd tu ôl i'r deddfau i wneud pleidiau gwerinol y byd yn anghyfreithlon.

Chwi aelodau seneddol Cymru; y mae tadau a mamau yn disgwyl wrthych; y maent yn bryderus heddiw am blant sydd yn y crud; ni theimlant yn werth aberthu rhoddi addysg i'w plant oherwydd gwyddant beth yw pen draw'r cyfan; marw yn Malaya neu yn y swnd yng Ngogledd Affrica; ac yna wedi ennill y swnd yn ôl wrth Mussolini ei roddi drachefn i ffrindiau Mussolini yn Itali. 'O na bai fy mhen yn ddyfroedd a'm llygaid yn ffynhonnau dyfroedd, fel yr wylwn ddydd a nos am laddedigion merch fy mhobl'.[14]

17

Awena, Evan a Dan

YM MIS CHWEFROR 1947 cyhoeddwyd soned deyrnged o eiddo
Niclas i Awena Rhun (1875–1946) yn *Y Faner*. Claddwyd Mrs
Elinor Hannah Thomas o Flaenau Ffestiniog, ond o Ddyffryn
Conwy yn wreiddiol, yn unol â'i dymuniad, yng ngwisg yr
Orsedd. Roedd ei marwolaeth yn glatshen galed i Niclas am eu
bod yn gyfeillion agos. Prin yr âi i 'Stiniog heb alw i'w gweld. Bu'n
llythyru â hi'n gyson. Cedwir tua chant o'i lythyrau ati rhwng
1940 ac 1944 yn y Llyfrgell Genedlaethol. Ymddiddorai'r ddau
yn yr 'awen'. Byddai hithau'n cystadlu'n gyson ac yn ymhel â'r
'pethe'. Fe'i dyfarnwyd yn gydfuddugol ar y gerdd dafodiaith
yn Eisteddfod Genedlaethol Abertawe 1926 dan feirniadaeth
Wil Ifan ac R. Williams-Parry gyda'i cherdd 'Rhobat Wyn'.
Dyfarnwyd 'Pwllderi' Dewi Emrys yn gydfuddugol.

Cyfansoddodd nifer o ddramâu byrion a chyfrannai at *Y
Rhedegydd*, un o wythnosolion cylch ei chynefin. Cyhoeddodd
gyfrol o straeon byrion, *Dan Gwmwl*, yn y gyfres Llyfrau Pawb
yn 1946 a detholiad o'i barddoniaeth a'i hysgrifau, *Rhobat Wyn
gyda Brithglwm* dair blynedd ynghynt. Agorai Niclas ei galon
iddi. Soniai am ei fynych deithiau; am y cadeirydd hwnnw a'i
cyflwynodd fel awdur 'Soniadau'r Carchar' gan ei gyfieithu fel
'Prison Rumours' a mynd adref heb sylweddoli iddo fod yng
ngharchar!

Bum yn Gwynfe hefyd a Gwynfor Evans yn y gadair; cynulliad
mawr yno ar nos Sadwrn. Rhai yn cofio fy ymweliad 42 o
flynyddoedd yn ôl a chofio testunau fy mhregethau! Hynny'n
syndod mawr am fod y cwbl wedi mynd dros gof gennyf fi. Y pryd

hwnnw anodd oedd cael y gynulleidfa i mewn i'r capel, y mae'n
hanner a thri chwarter gwag yn awr, a'r ysgol Sul wedi marw'n
llwyr. Nos Sadwrn yr oedd yno dyrfa ond dydd Sul yn denau iawn.
Nid oeddwn yn cofio fawr. Cofiwn am y lle a gadwai'r mis. Gwraig
ieuanc wedi claddu ei gŵr a dwy hogen fach. Erbyn hyn yr oedd yn
hen wraig, ac yn ddiacones yn y capel. Y mae amser yn gwneud ei
ôl ar ddyn.[1]

Soniai fel y bu raid rhoi llonydd i'r twrci ar ddydd Nadolig
1941 am ei fod yntau ac Alys, ei wraig, yn dioddef o stumog
tost ac wedi gorfod ymprydio am dridiau. Mae'n rhaid nad
oedd yn llysieuwr uniongred felly. Soniodd fel y bu raid iddo
godi'n gynnar pan arhosai ym Maesteg flynyddoedd ynghynt a
chychwyn am adre am bump o'r gloch am iddo freuddwydio
fod ei ferch, Thelma, a oedd yn symol ar y pryd, wedi'i chladdu
yn adfeilion hen dŷ. Dywedai ei fod yn darllen *Y Cymro* ond nad
oedd yn ei gadw am ei fod yn ei ddefnyddio i gynnau tân! Bu'n
rhaid iddo ganslo darlith yng Ngharno am fod yr Home Guard
yno 'yn nwylo dynion â'u coleri yn cau o'r tu ôl ac yn bygwth
cadw sŵn,' meddai. Roedd ganddo un ar ddeg o ddarlithiau
wedi'u trefnu ar gyfer mis bach 1943 a'r gyfrol *Canu'r Carchar*
yn gwerthu fel slecs.

Soniodd iddo gydbregethu â'r Prifathro J. Morgan Jones ym
Mhontyberem ac mai dyna'r tro cyntaf iddo rannu pulpud er
1921. Roedd y gŵr o Lanaman wedi cydolygu'r cylchgrawn,
Y Deyrnas, a blediai achos heddwch, gyda'r Prifathro Thomas
Rees rhwng 1916 ac 1919, ac yna ei olynu wrth y llyw yng
Ngholeg Bala-Bangor. Bu Niclas yn darlithio ar 'Ddinas Cain'
yn ei hen ysgol yn Hermon a'r 'lle'n orlawn'. Mynnai fod
beirniadaeth yr awdl yn Eisteddfod Genedlaethol Bangor
1943 yn ddim gwell na 'beirniadaeth cwrdd llenyddol'. Rhoes
fonclust i'r academyddion a chollfarnodd cyfrol o farddoniaeth
a gyhoeddwyd gan Saunders Lewis:

> Y mae eu beirniadaeth a'u gwawd o'r llenor gwlad wedi lladd pob
> awydd ym mysg gweithwyr i ymhel dim â llenyddiaeth. Dyna'r
> golled fwyaf. Byddai well i fachgen dreulio noswaith i lunio englyn

neu delyneg anghywir, na mynd i chwarae darts ac yfed cwrw. Yn
lle meithrin ein cariad at wrtaith llenyddol, torrwyd calonnau'r
gwladwyr a ymhyfrydai mewn llenydda. Nid yw hyn ond cysgod
o'r unbennaeth wladol a chrefyddol a gynrychiolir gan Hitler a'r
pab. Gobeithio'n fawr y rhoddir terfyn ar feirniadu disynnwyr
ar weithiau beirdd sydd yn aros yn brentisiaid ar hyd eu hoes.
Gall plant ysgol ddyblu'r 'n' a'r 'r' heddiw; a gallai ysgolheigion
gywiro iaith cân neu englyn mewn amser byr. Byddent trwy
hynny yn gwneud gwell gwasanaeth i lenyddiaeth na llunio cân eu
hunain! Dewi Emrys yw'r gorau am werthfawrogi gwaith y bardd
cefn gwlad. A welsoch i rai o'r gang weld unrhyw werth mewn
cyfansoddiad gan neb y tu allan i'r etholedigion? Os yw 'Byd a
Betws' yn waith mawr, y mae rhywbeth allan o le ar fy meddwl a'm
synnwyr i. Yr ydym eisiau i bob math o deimlad gael mynegiant,
a gadael i bob dyn ei fynegi ei hun yn ei ffordd ei hun, a'r
ysgolheigion i gywiro unrhyw wallau yn dâl am ein goddefgarwch![2]

P'un a oedd Awena Rhun yn rhannu ei safbwynt gwleidyddol
ai peidio, byddai'n cael ambell druth am rinweddau Rwsia.
'Oni ddaw buddugoliaeth i Rwsia, nid wyf fi'n chwennych byw,'
meddai Niclas, mewn un truth:

Nid yw Comiwnyddiaeth yn proffesu dim ond trefnu pethau
materol y byd. Hawlio safon uchel o foesoldeb cymdeithasol wrth
drafod pethau materol y byd yw ei hamcan. Y mae crefydd yn
dod i fywyd i hawlio safon uchel o foesoldeb i unigolion mewn
pethau nad oes a fynnont â threfnu pethau materol y byd. Y
mae Comiwnyddiaeth yn gweld nad oes neb yn cymryd y tir a'r
glo a phethau felly oddi ar y werin. Y mae crefydd yn gweld fod
unigolion y tu mewn i'r gymdeithas fawr yn delio â'i gilydd fel
brodyr. Cymdeithas yn gweld nad yw unigolion yn ysbeilio'i gilydd
o'r hawl i fyw yw trefniant Rwsia. Daw crefydd i mewn a gwneud
unigolion yn frawdol a chyfiawn mewn pethau personol.
Yn Rwsia ni ellir cymryd yr hawl i fyw oddi ar ddyn drwg
neu anffyddiwr. Yn y wlad hon y mae amryw gylchoedd pwysig
yng nghau yn erbyn anffyddwyr. Ni all anffyddiwr fod yn frenin,
er enghraifft. Gall dyn drwg fod yn frenin, ond ni all anffyddiwr.
Rhaid i ddyn yn y wlad hon wisgo amdano gochl crefydd. Mewn
gwlad rydd fel Rwsia nid oes alw ar ddyn i ragrithio crefydd er

cael swydd a gwaith. Y canlyniad yw fod crefydd yno yn golygu fod dyn yn ewyllysio, yn ei fywyd personol, fabwysiadu'r safonau Cristionogol wrth ddelio â'i gyd-ddyn mewn pethau nad oes a fynno'r gymdeithas fawr ddim â hwynt.

Y mae sôn am fateroliaeth ynglŷn â dyn sy'n ymwrthod â chrefydd, mor wrthun â sôn am fateroliaeth ynglŷn â'r dyn sy'n ymwrthod â cherddoriaeth. Nid yw ysgrifennu llyfr ar grefydd a gosod allan athroniaeth y grefydd Gristionogol neu ryw grefydd arall, yn taro yn erbyn Marcsiaeth, yn fwy na phe bae dyn yn ysgrifennu llyfr ar arluniaeth neu rhyw adran arall o gelfyddyd. Y mae Stalin, a Lenin cyn hynny, wedi deall hynny'n llwyr. Methodd dynion fel Trotsky ac eraill weld dim ond gwrthrych erledigaeth mewn credinwyr. Onid ydyw'r Comiwnydd yn byw fwy trwy ffydd na neb? Faint o ffydd oedd eisiau arnaf fi a'm bath ar hyd y blynyddoedd i gredu yng nghyfundrefn Rwsia fel un effeithiol a llwyddiannus? Mwy o ffydd nag oedd eisiau i gredu yn y ddiwinyddiaeth uniongred o lawer.

Yr unig beth y mynnodd Lenin a Stalin ei gael oedd gweld nad oedd delfrydau unigolion yn ymyrryd dim â threfniant cymdeithasol y wlad. Mynnodd weld nad oedd crefyddwyr mwy na ffermwyr yn gallu defnyddio'r wladwriaeth i hyrwyddo eu buddiannau a'u syniadau hwy. Bu cymaint o frwydr yn erbyn y *kulaks*, y ffermwyr mawr, ac a fu yn erbyn yr offeiriaid. Eiddo'r wlad oedd y tir a threfnu'r tir. Eiddo personol dynion oedd crefydd. Nid oedd hawl gan neb i ddeddfu mewn materion crefyddol ar arall, na hawl gan neb i gau dynion allan o freintiau cymdeithas oherwydd eu daliadau crefyddol. Dyna fi wedi crwydro, ac awgrymu'n fyr safle Rwsia ar bethau, ond fe gymrai gryn dipyn o amser i egluro'n llawn.[3]

Nid cyfeillgarwch Awena Rhun oedd yr unig reswm dros ddenu Niclas fel gwyfyn at gannwyll i Flaenau Ffestiniog. Roedd yn ardal dosbarth gweithiol lle'r oedd y diwydiant chwareli ar ei anterth a'r Gymraeg yn iaith gweithgareddau cyhoeddus. Roedd yno nythaid o Gomiwnyddion a llenorion o gyffelyb anian. Papur Cymraeg oedd yr wythnosolyn *Y Rhedegydd* a rhoddid sylw i ymweliadau Niclas. Ym mis Hydref 1939 gwelwyd yn dda i roi adroddiad llawn o'i ddarlith ar Rwsia yng Nghapel Pisgah ar brynhawn Sadwrn. Dyma'r cyfnod pan gafodd ei wahardd rhag cyfrannu ei golofn 'O Fyd y Werin' yn *Y Cymro* ac roedd yr Emergency Powers Act mewn grym yn llesteirio'r wasg rhag cyhoeddi unrhyw feirniadaeth lem o'r rhyfel. Serch hynny, cofnodwyd edmygedd Niclas o Stalin am ei ymyrraeth yng Ngwlad Pwyl a'r argraff a roddai fod Rwsia yn wlad oedd yn llifeirio o laeth a mêl, gan derfynu trwy ddweud, 'Gorffennodd ei araith trwy gyfeirio at y *bankruptcy* meddyliol ac ysbrydol oedd yn perthyn i lywodraethwyr y wlad hon ac yn galw am eu symud oddi ar y ffordd a rhoi rhai yn eu lle sydd yn caru heddwch a chyfiawnder'.

Penderfynodd y cyhoeddiad neilltuo llith olygyddol i drin sylwadau Niclas hefyd gan anghytuno'n chwyrn ag ef ynghylch ei ganmoliaeth o Joseph Stalin. Ymddwyn fel fwltur neu hyena oedd Stalin, meddid, yn cipio ysglyfaeth oedd wedi'i adael gan Hitler. Mynnwyd fod Niclas wedi ymddwyn yn groes i ysbryd a llythyren yr Emergency Powers Act droeon yn ystod ei ddarlith:

> Fel mater o ffaith, fe'i troseddodd amryw weithiau nawn Sadwrn, a phe tai'r amgylchiadau yma yr hyn ydynt yn Rwsia o dan Stalin, buasai yn y jêl yn glap ymhell cyn diwedd ei araith, y mapiau a'r ffon *and all*. Yn wir nid ydym yn siŵr a ddiangai y blackboards a'r easels a hyd yn oed y pegiau heb eu croesholi'n drwm a rhoi y 'third degree' arnynt. O ie, gwlad braf rydd yw gwlad Stalin. Yno fe fedr dyn *anadlu* – ond dyna'r cwbl bron.[4]

Canlyniad hyn oedd colofn lythyrau fywiog am ymron i bedwar mis. Jane Jones Owen o Benrhyndeudraeth oedd ym mhlu Niclas yn bennaf fel lladmerydd yr achos cenedlaethol. 'Wedi berwi ei ben efo Rwsia a'i fod hefyd yn ceisio berwi pennau eraill. Tybed a yw'n rhaid i bobl y Blaenau fynd cyn belled â Moscow i chwilio am iachawdwriaeth iddynt eu hunain? Gochelwn rhag pleidiau di-egwyddor sydd yn edrych i bellafoedd y ddaear yn lle dygnu ati, yng nghanol y trybini sydd arnom, i ennill ei rhyddid i Gymru, ein gwlad fach ddiamddiffyn,' oedd ei dyfarniad. 'Clebran anwireddus Mr Nicholas,' oedd hi wedyn gan Richard Morris.

Ni olygai hyn fod y croeso i Niclas ym Mlaenau Ffestiniog wedi claearu. I'r gwrthwyneb. Bu'n darlithio ar 'Canu'r Carchar' ym mis Mai 1941, ac ym mis Medi yng Nghapel Pisgah ei destun oedd 'Telynau'r Werin' ac yntau'n adrodd ' Y Dyn a'r Gaib', ei gyfieithiad o gerdd Edwin Markham 'The Man with the Hoe', i derfynu. Ymhlith ei bapurau gwelir cydnabyddiaeth a gafodd John Owen Roberts am y £10-8-6 o elw a wnaed mewn darlith y flwyddyn ganlynol a'i anfon at Gymorth Meddygol Sofietaidd. Gan amlaf cyplysid y darlithiau hyn â chyhoeddiad ar y Sul. Cofiai'r Dr Meredydd Evans (1919–2015) am un oedfa pan oedd yna ddau ddyn dieithr yn y gynulleidfa. Doedd neb yn eu hadnabod ond pawb yn gwybod pam roedden nhw yno; nid oherwydd eu hoffter o ddehongliad Niclas o'r efengyl ond er mwyn cofnodi unrhyw ddatganiad y gellid ei ddefnyddio fel tystiolaeth o deyrnfradwriaeth.

Manteisiai Niclas ar bob cyfle i annog sefydlu Undeb Gweision Ffermydd yn Sir Feirionnydd ac i'r seler at dad Merêd yn Llanegryn yr elai'r gweision ar foreau Sadwrn i dalu eu haelodaeth heb yn wybod i'w cyflogwyr. Un sy'n cofio'r bwrlwm hwn yn dda a'r cyffro pan ddeuai Niclas i'r cylch yw Gwilym Price:

"Mi fyddai'n seiat ar ein haelwyd ni yn Nolau-las, Tanygrisia. Roedd fy nhad, Dafydd, yn bartnars mawr â Niclas. Yn y cwmni wedyn byddai J. O. Roberts, J. W. Jones (Johnny'r Bardd), Dafydd Felin-y-wig, Dafydd Canada, Jim Richards, Johnny Coparet ac eraill. Mi fydden nhw'n herio'r byd a'r betws. Llafnyn ifanc oeddwn i yn gwrando. Dwi'n cofio Niclas yn gwneud i mi yrru ei gar un prynhawn dros y Moelwyn er mwyn iddo fo gael mwynhau'r olygfa. Dwi'n ei gofio'n tynnu dannadd fy mam wedyn yn y sinc ac yn dod â dannadd gosod iddi mewn ychydig a'r rheiny'n para iddi weddill ei hoes. Cyrans a chaws oedd ei fwyd fel llysieuwr ond byddai'r daliwr sigaréts yn ei geg bron yn wastadol.

"Dwi'n cofio cerdded dwy filltir i'r Llan i gael cerdyn i'w hanfon iddo yng ngharchar. Traed ceffyl o lawysgrifen oedd ganddo, cofiwch. Dwi'n trysori'r llythyr anfonodd pan fu farw fy nhad ac yntau'n methu dod i'r cynhebrwng oherwydd tywydd mawr. Cwpled o'i eiddo sydd ar garreg fedd fy nhad – Triniwr gêr ac offeryn / A gŵr da am garu dyn. Sgin i ddim amheuaeth mai Niclas yw fy arwr mawr i am iddo ddal at ei ddaliadau. Dwi'n difaru filwaith na wneuthum wrando mwy arno, ond dyna fo, roeddwn i'n llafnyn ifanc. Roeddwn i yn ei gyfarfod coffa yn Aberystwyth ac yn falch o fod yno. Treuliais y diwrnod yng nghwmni Merêd. Mae gen i'r rhan fwyaf o'i lyfra fo," meddai'r gŵr talsyth sydd wedi croesi'r pedwar ugain.

Rhyw bythefnos cyn iddo gael ei arestio gwahoddwyd Niclas i ddarlithio yn Llawrybetws yn ymyl Corwen. Mae disgrifiad D. Tecwyn Lloyd o'r noson yn nodweddiadol o'r achlysuron:

Dyna'r tro cyntaf imi ei weld. Gwisgai siwt frith olau, tei bo a chap brethyn neu gap stabal fel y galwem ef bryd hynny. Roedd mor fywiog ac egnïol â llawer un chwarter ei oed a'r peth cyntaf a'm trawodd i, beth bynnag, oedd cyfaredd ei lais ac eglurder llwyr ei leferydd. Nid oedd byth ar goll am air ac yr oedd rhyw naws atseiniol (os dyna'r gair iawn) yn ei lais na chlywais ei debyg na chynt na chwedyn.

Testun y ddarlith oedd 'Dinas Cain a Dinas Duw'. Chofiaf fi ddim llawer o'i chynnwys erbyn hyn, ond ei chynllun cyffredinol oedd gwrthgyferbynnu'r naill beth yn erbyn y llall; y pethau a berthyn i'r Cain cyfalafol a'r pethau a berthyn i ddyn, y gwerin-ddyn, ar ei aruchaf. Rwy'n cofio un gwrthgyferbyniad, serch hynny. Aeth i sôn am y diwaith yn y tridegau, am yr anurddo a fu arnynt trwy gyfrwng y Prawf Moddion, am ddiffyg cydymdeimlad â'u dioddef, am eu tlodi, eu hiechyd bregus, eu digalondid a'u hanobaith. Mewn gair, sôn am bobl yn torri eu calonnau a'r cyfan, wrth gwrs, yn gwbl wir.

Ond ai fel hyn, meddai, y trinir pawb sydd heb waith? O na: mae rhai, rhyw ychydig dethol, yn derbyn croeso cynhesaf y deyrnas, yn cael eu gwledd a'u gloddest, eu palasau a'u lliain main a'u gweision lifrai. A phwy ydyn nhw? O, hen frenhinoedd a thywysogion Ewrop sydd wedi eu bwrw allan gan eu pobl eu hunain – cyn-frenin Sbaen, tywysog Rwmania, cyn-ymherodr Abyssinia, urddasolion hen lys y Tsar: anghyflogedigion dinas Cain bob un copa ohonyn nhw![5]

Ni fyddai'r un ymweliad yn mynd heibio heb iddo alw
gyda'r wniadreg Awena Rhun ym Mron-y-gadair, Ffestiniog. Yr
un modd byddai'n galw'n gyson gydag Evan Roberts (1877–
1958) yn Llandderfel. Tra oedd Awena'n cynnal colofn farddol
yn *Y Rhedegydd* roedd Evan Roberts yn cyfrannu'r un modd
i'r *Seren*, papur cylch y Bala. Mynych y câi'r hanesydd lleol
lythyrau wrth Niclas yn ei annog i gyhoeddi adolygiadau o'i
gyfrolau a threfnu darlithiau a chyhoeddiadau iddo. A rhaid ei
fod wedi codi eu cyfeillgarwch i'r entrychion gyda byrdwn ei
adolygiad o'r gyfrol *Sonedau'r Carchar*:

> Ni ryfeddwn pan ddaw'r Byd i'w bwyll wedi yr elo'r rhyfel
> heibio, na bydd 'Sonedau'r Carchar' yn cael eu gwerthfawrogi
> fel llythyrau'r Apostol Paul a gweledigaeth Bunyan. Dyma gyfrol
> anodd ei gollwng wedi gafaelyd ynddi, a chyfrol ydyw sy'n sicr o
> fyw a dylanwadu'n effeithiol er daioni.[6]

Mynych y câi sylwadau am ddiffygion beirniaid llenyddol y
dydd, diffygion y wasg yn ogystal â sylwadau am Rwsia, p'un a
oedd yn hidio am dynged y wlad fawr honno neu beidio.

Nid oedd gan Niclas fawr o feddwl o bryddest arobryn
Herman Jones (1915–1964) yn Eisteddfod Aberteifi 1942, a
symol oedd bron pob dim arall. Ataliwyd y Gadair y flwyddyn
honno:

> A welsoch gyfansoddiadau Aberteifi? Os na, gyrraf gopi i chwi.
> Nid oes fawr werth yn y gyfrol. Yr englyn, a'r soned, a baled gan
> Gwilym Myrddin yn lled dda. Mae'r bryddest yn o gyffredin. Dof a
> diawen. A meddwl iddynt atal y wobr yn Dinbych! Yr oedd gennyf
> well pryddest yn Treorchi o gryn dipyn, a chymaint arall o hyd ag
> un Aberteifi. Y mae beirniaid wedi dinistrio beirdd ein gwlad yn
> o lwyr, drwy wobrwyo pethau ail a thrydydd raddol, a gwneud i'r
> beirdd lunio pethau felly i'w boddio. Y mae'r gyfundrefn feirniadol
> fel yr un gyfalafol, yn dinistrio ei phreswylwyr. Heb gofio hynny,
> anodd deall pethau.[7]

O fewn y mis roedd diffygion *Y Faner* yn ei boeni. Ni chredai y dylai Saunders Lewis fel Pabydd gael lle mor flaenllaw i'w ysgrifau ar y dudalen flaen bob wythnos o dan y pennawd 'Cwrs y Byd'. Cydymdeimlai ag anawsterau'r golygydd Prosser Rhys:

Y mae'n ddrwg gennyf am Prosser, am ei fod yn weddol werinol, ond ei fod yn nwylo dynion eraill, a'r Babaeth o'r tu ôl i'r cwbl yn tynnu gwifrau ac yn defnyddio dynion diniwed i'w phwrpas ei hun. Yr wyf yn gwrthwynebu'r Babaeth fel yr wyf yn gwrthwynebu mynd yn ôl at gaethwasiaeth. Y mae wedi gor-fyw ei defnyddioldeb os gellir dweud i beth mor ddrwg a'r Babaeth fod yn ddefnyddiol rywdro. Nid cwestiwn o ryddid crefyddol ydyw, ond cwestiwn o roddi rhyddid i sefydliad i dwyllo a lladrata a gorthrymu dynion, a llawer ohonynt yn ddiniwed. Gwrthwynebaf y gyfundrefn gyfalaf am yr un rheswm. Y mae'n ddrwg drwyddi, ac hyd oni cheir dynion yn rhydd o'i gafael, nid oes obaith am fyd newydd.

Y mae'r Babaeth a'r gyfundrefn gyfalaf yn berygl i'r byd, a rhaid dinistrio'r ddau. Nid rhagfarn yw hyn, ond barn y deuthum iddi ar ôl darllen hanes y ddau allu drwg. Ac yn syndod, bydd dinistr un yn ddinistr i'r llall. Y Babaeth sydd wedi suo fwyaf ar weithwyr i gysgu a gadael pethau fel y maent; erbyn hyn nid yw Protestaniaeth yn gwbl rydd o'r trosedd.

Pe caem rhyw bapur lleol, fel *Y Rhedegydd* neu *Y Seren* yn Bala, i fynd tua'r chwith, a sefyll i fyny dros weriniaeth bur, credaf fod digon o ddarllenwyr yng Nghymru i wneud papur felly yn un cenedlaethol mewn amser byr. Ond ar hyn o bryd nid oes bapur. Y mae'n syndod meddwl fod yr adain aswy heb bapur, y mwyafrif mawr o weithwyr Cymru heddiw, a dyrnaid o Blaid a phapur ganddi. Y rheswm yw fod dynion yn y Blaid a digon o arian i redeg papur. Ac y mae i fantais y cyfoethogion hyn i gymysgu meddyliau gweithwyr ar bynciau nad oes a fynont â lles y werin. Tebyg y bydd rhaid i ni aros am beth amser eto cyn cael gwasg.[8]

Doedd cyfansoddiadau Eisteddfod y Rhyl 1953 ddim wedi'i blesio wedyn. Dilys Cadwaladr (1902–1979) enillodd y Goron a'r Parch E. Llwyd Williams (1906–1960) y Gadair. Fel arfer roedd yn ysgubol ei farn:

Nid oes dim yn y Cyfansoddiadau a fydd byw fwy nag wythnos. Yr oeddwn yn siomedig yn y bryddest a farnai Saunders yn orau; stori

foel ydoedd, wedi ei thorri i fyny yn llinellau byr. Dyna oedd yr un
a wobrwywyd hefyd, ond nad oedd yn stori. O gofio pryddestau
Elfyn ym Meirion ddechrau'r ganrif, rhaid i ni gydnabod fod safon
ein barddoniaeth yn o isel. Ar y beirniaid mae'r bai.

Yr oedd gwobrwyo'r soned gafodd y wobr eleni yn dangos dygn
anwybodaeth am ffurf soned, ac yr wyf yn sicr mai jôc ydoedd gan
yr awdur. Ni feddyliodd fod y beirniad mor dwp â gwobrwyo peth
felly fel soned. Y peth nesaf fydd gwobrwyo englyn heb odlau, a
rhyw ddeg sillaf ymhob llinell. Nid darn o farddoniaeth a ofynid,
ond soned, dyna'r mould wedi ei benderfynu gan y pwyllgor.

Prin y daeth yr awdl i fyny â'r rheolau, gan y gofynid am awdl
ym mesurau D. Ap. Edmund. Ni ellir drwy unrhyw egluro ei
gwneud yn unol â'r rheolau hynny. A dyna rheol i ganu Cymraeg
wedi ei thorri, y mae'r peth yn annheg â'r cystadleuwyr eraill.
Hawdd i unrhyw un sydd yn feistr ar y gynghanedd lunio awdl
ddiodl, a gesyd hynny y rhai sydd yn odli o dan anfantais fawr.

Yr oeddwn yn meddwl fod Saunders wedi taro ar rywbeth,
ond wfft i'r siom. Yr oedd ei feirniadaeth yn gwta iawn; a chofio i
bapurau Cymreig gyfeirio ato fel beirniad blaenaf Ewrop. Paham
na fyddai wedi dweud gair am y lleill, er mwyn rhoddi iddynt
help gogyfer â'r dyfodol? Ymddangosai i mi fel pe wedi pwdu neu
rywbeth.

Dyna'r eisteddfod wedi mynd, llawer o atal, llawer o bethau
heb gystadleuaeth, a llenyddiaeth Cymru heb ei chyfoethogi, na'r
darllenwyr wedi eu diddanu.[9]

Roedd Saunders Lewis yn ffafrio gwobrwyo pryddest
Dyfnallt Morgan (1917–1994). Un ar ddeg llinell oedd ei
feirniadaeth tra oedd beirniadaethau'r ddau feirniad arall yn
ymestyn dros un dudalen ar bymtheg. A beirniad y soned oedd
J. Gwyn Griffiths (1911–2004) a'r sonedwr buddugol oedd y
Parch. J. Eirian Davies (1918–1998), Hirwaun.

Dro arall dengys Niclas mor ddiamynedd oedd yn ogystal â'i
ddisgwyliadau o ymddiddan cyhoeddus. Urdd Gobaith Cymru
oedd dan y lach. Yr un modd dengys mor rhwydd y medrai
symud at bwnc Rwsia. Roedd fel petai'n sôn am ei ardd gefn
un funud ac yna'n sôn am y wlad fawr fel petai'n ddim ond
tiriogaeth yr ochr draw i glawdd yr ardd ac ambell gymeriad

megis Josip Broz Tito (1892–1980) o Iwgoslafia fel pe bai'n
fynychwr selog o farchnad Tregaron:

Wythnos yn ôl bum yn eistedd yn yr Urdd mewn seiat holi. Yr
oedd tri ohonom ar y fainc, dau yn ysgolheigion eithriadol o wych
ac yn awdurdod ar bynciau arbennig; yr oedd yn y cynullad lawer
o fechgyn wedi graddio ac yn paratoi ar gyfer graddio, a gellid
disgwyl cwestiynau gweddol oddi wrthynt. Ond pethau fel hyn a
gafwyd: 'Pam mae merch yn cau ei llygaid wrth gael ei chusanu?',
'A ddylid codi trwydded cŵn i bunt, gan fod llawer o gŵn yn lladd
defaid?'. Sut y newidir natur ci drwy dalu rhagor am ei gadw, nis
gwn. Pethau felly a gawsom bob cam o'r daith; ac i mi yr oedd y
peth yn drychineb o'r mwyaf, ac yn dangos fod cyflwr meddyliol
aelodau'r Urdd yn eithafol o blentynnaidd. Prin y gellir dymuno i
fudiad felly gael hir oes.

Yr oedd Stalin wedi marw a Tito wedi bod yn y plas brenhinol,
a gellid meddwl y byddai rhywun yn gyrru cwestiwn i mi ar bethau
felly, ac yn gyrru cwestiynau wedyn i daro'r ddau arall oedd ar
y fainc. Difyrrwch nid diwylliant oeddynt eisiau. I hyn y mae
meddwl y to ifanc wedi ei ddarostwng gan y radio a'r wasg a'r
sinema. Gyrru hen werin ddiwylliedig Cymru i ysgafnder y Sais.

Beth ddaw o gynnig Rwsia am heddwch y tro hwn? Ei wrthod,
yn ôl pob tebyg. Aeth rhanddaliadau ar y *stock exchange* i lawr yn
beryglus pan ddaeth y cynnig, a rhaid i Brydain ac America weld
nad yw pris ysbail ddim yn mynd i lawr. Y maent yn sicr o ddod o
hyd i ryw esgus eto i gadw rhyfel i fynd. Yr wyf yn siomedig iawn
nad oes yr un aelod seneddol yn gwneud unrhyw fath o safiad
gwerinol yn y senedd na thu allan. Ânt i'r senedd am eu bod yn
siarad dipyn yn bleidiol i fudiadau gwerinol, ond unwaith yr ânt
yno, dyna ddiwedd ar hynny; cadw eu seddau sydd yn bwysig
wedyn.

Bu Tito yn hollol garcharor tra bu yma; bu efe yn ymladd
yn Sbaen gyda bechgyn o'r wlad hon, ond ni chafodd eu
gweld, na chyfle i fynd yn agos atynt. Cadwyd ef yn llwyr yn
nwylo Churchill a'i gang. Y jôc fawr oedd gweld ei lun yn y
plas brenhinol, a sôn amdano fel comiwnydd yr un pryd. Lle
mae synnwyr cyffredin y saint dwedwch? Nid oes groeso i
gomiwnydd yn y plas, comiwnydd gwrth gomiwnyddol y gelwid
Tito; y mae'r peth yn bosibl mewn enw wrth gwrs, fel y gellir
dweud fod y pab yn Gristion gwrthgristionogol. Gwisgir enw

Crist gan hwnnw, a chefnogir ganddo bopeth sydd yn cadw Crist allan o fywyd y byd.

Y mae Tito yr un fath, yn gomiwnydd sydd wedi dileu olion olaf comiwnyddiaeth yn ei wlad ei hun, ac felly rhoddir croeso iddo i'r plas. 'Wele y rhai sydd yn gwisgo dillad esmwyth mewn tai brenhinoedd y maent'; dillad na ellir gwneud gwaith ynddynt. Yr oedd teulu'r plas yn ei gashau a chas calon rwy'n siwr. Ond gan ei fod yn offeryn i gadw gwerin ei wlad yn gaeth, efe oedd y dyn am y tro.[10]

Ni chafodd ei demtio na'i hudo i ymuno â Phlaid Cymru. Doedd dim amheuaeth nad oedd Cymru yn agos at ei galon. Dymunai weld ei pharhad. Ond roedd yn ormod o bentewyn i blygu i drefniadaeth a pholisïau canolog yr un blaid. Hyrwyddwr a llefarydd ar ran Comiwnyddiaeth oedd ei swyddogaeth o fewn y Blaid Gomiwnyddol yn hytrach na threfnydd neu bwyllgorwr neu weinyddwr neu luniwr polisïau. Nid oedd ganddo'r anian na'r amynedd ar gyfer hynny. Gwelwn ei safbwynt tuag at Blaid Cymru mewn llythyr a ysgrifennodd at Evan Roberts wedi iddo glywed Gwynfor Evans ar y radio adeg etholiad 1951, gan ei gollfarnu am beidio â mynd i'r afael â'r drefn ysbail:

Cymerai Gwynfor yn ganiataol fod y drefn yn para am byth, ond dadleuai y gellid estyn rhyddid i genedl fach o dan y drefn. Rhoddodd enghreifftiau. Iwerddon. Ni allai gael gwaeth enghraifft, am fod y werin yn dlotach nag erioed, nid oes adfywiad ar yr iaith; y mae addysg y wlad yn nwylo'r pab, dyn yn byw yn Rhufain, ac y mae'r pab yn gwahardd tri chwarter y llyfrau a gyhoeddir yn y wlad hon rhag mynd i mewn i'r Iwerddon, a'r llywodraeth yn ei gefnogi a chadw'r llyfrau allan. Enghraifft arall oedd India; lle mae'r werin yn dlotach nag erioed, a miloedd o ddynion sydd yn gweithio dros heddwch a byd gwell yn y carcharau, a'r America wedi cael canolfannau yno i fomio Rwsia.

Enghraifft arall oedd Denmarc; gwlad agorodd y drws i Hitler ddod i mewn heb daro ergyd; bu'n cydweithio â Hitler drwy'r rhyfel ac yn awr y mae wedi derbyn y Marshall Plan ac wedi rhoddi canolfannau milwrol i America a Phrydain i fomio'r wlad a'i rhyddhaodd. Enghreifftiau gwael o genhedloedd wedi cael rhyddid onide?

Gwnaeth gyfaddefiad trychinebus hefyd, sef, y byddai Cymru wedi cael senedd ei hun, yn barod o roddi canolfannau milwrol i Lloegr. Nid achwyn ar yr ysgol fomio yr oedd, ond achwyn ei bod yng Nghymru, ac fod mwy o dir Cymru nac o dir Lloegr wedi ei gymryd. Os yw bomio'n dda yn Lloegr y mae'n dda yng Nghymru. Ni ddywedodd air y dylid dileu'r pethau hyn am nad oes neb yn ei bygwth. Ni chlywais ddim gwannach yn fy nydd.

Gellwch weld mai dewis rhwng senedd yn Llundain a senedd yng Nghymru oedd y peth yn y diwedd, nid dewis rhwng awdurdod gweithwyr y ddwy wlad i fod yn feistri ar y senedd lle bynnag y mae. Hynny yw, dewis rhwng gweriniaeth Rwsia a chyfalafiaeth Prydain. Rhyddhawyd dros ddau gant o genhedloedd gan y drefn gomiwnyddol, eu rhyddhau yn economaidd a meddyliol. Dim rhagor o'r pab yn addysg y gwledydd hyn, a neb yn cael ei erlid na'i garcharu am weithio dros heddwch. Aeth llywodraeth America a Phrydain o ddwylo'r seneddau i ddwylo'r cadfridogion; hwy sydd yn gwneud popeth. Montgomery nid Attlee sydd yn llywodraethu.[11]

Derbynia Glen George fod Niclas wedi anwybyddu neu golli golwg ar yr elfen greulon yng nghynlluniau Stalin, ond mynna nad oedd yn eithriad yn hynny o beth.

"Roedd yr hyn a gyflawnodd Stalin yn y 1930au yn wyrth o safbwynt economaidd ond roedd yna ddioddef enbyd y tu ôl i'r manylion ffeithiol. Pan oedd drwgdybiaeth Stalin yn ei hanterth saethwyd miloedd o gymrodyr ffyddlon ac fe ddanfonwyd lluoedd i'r *gulags* i newynu. Ni ddatgelwyd y gwir nes i Nikita Krushchev draddodi ei ddarlith enwog i Gyngres y Blaid Gomiwnyddol ym 1956. Synnwyd aelodau'r Gyngres gan yr hyn a ddatguddiwyd ac roedd llawer yn amharod i gredu mai Stalin ei hun oedd yn gyfrifol am y troseddau.

"Credaf nad oedd Niclas yn barod i gydnabod eithafiaeth Stalin hyd ddiwedd ei oes er ei fod erbyn hyn yn talu mwy o sylw i ddatblygiadau diweddar yn Tsieina a Chiwba. Dro ar ôl tro clywais ef yn datgan 'na fyddai Cymru yn bod oni bai am Stalin'. Digon gwir mai'r Fyddin Goch oedd yn gyfrifol am droi'r frwydr yn erbyn Hitler ond rhaid cofio bod Stalin wedi gwneud niwed mawr i arweinyddiaeth a hyder y Fyddin Goch yn y tridegau," meddai Glen.

Does dim dwywaith nad oedd Niclas yn cysylltu â Llysgenadaethau Rwsia a Tsieina yn Llundain hefyd. Byddai'n derbyn y 'propaganda'. Doedd hi ddim syndod fod dirprwyaeth o Lysgenhadaeth Rwsia wedi ymweld ag ef ar achlysur ei benblwydd yn naw deg. Bu'n deyrngar i'r Sofiet. Bu'n driw i'w gyfaill Dan Jones hefyd tan y diwedd. Hyd y gallai, treuliai awr yn ei gwmni yng Ngoginan bob wythnos i drafod 'ein pethe ni' tan ei farwolaeth yn 75 oed yn 1963. Roedd Dan yn gymeriad unigolyddol a dweud y lleiaf. Treuliodd gyfnod yn y gweithfeydd ac yng Nghanada cyn dychwelyd adref. Mentrodd i Rwsia yng nghwmni Niclas yn 1935. Un o'i neiaint yw Tegwyn Jones, Bow Street ger Aberystwyth, sy'n ei gofio'n dda pan oedd yn ei henaint.

"Roedd fy nhad yn un o wyth o blant, a'i frawd hynaf ond un oedd Dan. Roedd mewn gwth go dda o oedran pan oeddwn i'n ddisgybl yn Ysgol Ardwyn gynt, ac yn drwm ei glyw fel post. Comiwnydd miniog a diamynedd gyda phawb nad oedd yn rhannu ei farn ar bethau. Teithiai i lawr o Goginan i Aberystwyth yn ddyddiol ar ei foto-beic, a threuliai amser yn Llyfrgell y Sir yno, yn darllen y papurau dyddiol. Byddwn innau hefyd yn treulio peth amser yn yr ystafell ddiddorol honno, ond profiad hunllefus i mi fyddai digwydd bod yno'r un pryd ag ef. Byddai'n siarad ar dop ei lais, fel petai pawb arall yn fyddar, a byddai'n tynnu fy sylw (ac yn anorfod sylw pawb arall yno) at ryw eitem o newyddion y byddai wedi sylwi arni – gan amlaf rhyw anfadwaith ar ran y Torïaid – a dôi'r bregeth i ben bob amser trwy ddyrchafu Comiwnyddiaeth a 'Rwsia Fawr'. Yn ôl tystiolaeth fy nhad fe ddychwelodd Dan a Niclas o Rwsia gan roi'r argraff iddyn nhw fod yn y nefoedd, a bod Stalin yn dduw. Ni ddigwyddodd dim i beri i Dan Jones newid ei farn ynghylch hynny hyd ei fedd," meddai.

Deallir mai yn 1956 y cyhoeddodd Dan Jones lyfryn 45 tudalen dan y teitl *Atgofion Llafurwr i Ieuenctyd Cymru* oedd yn gwerthu am ddeuswllt. Wrth reswm, clawr coch oedd iddo. Mae hanes yr argraffu yn tanlinellu natur ecsentrig yr awdur. Cafodd gymorth bachgen oddeutu pymtheg oed, Byron

Howells (1940–1989), i argraffu ar wasg law fechan o'r enw Adana. Cymydog iddo oedd Byron, a fu'n weinidog gyda'r Hen Gorff yn Nhrawsfynydd ac ar Ynys Môn yn ddiweddarach. Cyflwynwyd y gyfrol 'i gof anfarwol y Sosialwr pur, a'm cymrawd hoff, y diweddar D. Ernest Williams, Nantllys, Stanley Rd, Aberystwyth. Un o feibion blaengar Morgannwg'. Ni nodir y dyddiad cyhoeddi. Sonnir yn helaeth am galedi mwynwyr dyddiau ei blentyndod yng Ngoginan a'r cyffiniau. Ceir ei gyffes ffydd wleidyddol tua'r terfyn wrth iddo ddannod y Toriaid fel cynrychiolwyr y tirfeddianwyr, a'r Rhyddfrydwyr fel diwydianwyr a chroesawu'r Sosialwyr fel cynrychiolwyr y werin bobl. Doedd ganddo ddim i'w ddweud wrth bobl yr Ymerodraeth Brydeinig na'u defnydd o grefydd:

> Pan oedd Cecil Rhodes yn tramwyo Affrica – yn trefnu i helaethu'r Ymerodraeth Brydeinig, byddai ganddo botel-wisci yn un boced a Beibl yn y boced arall, ac os methai y rhain â denu arweinwyr y brodorion fe fyddai cyflenwad o bowdwr gwyn yn gyfleus bob amser. A phan yr oedd Francis Drake yn ysbeilio llongau Spaen ar y môr yr oedd yn gweithredu yn enw gwir grefydd, a Robert Clive yn concro'r India, yr oedd yn lladd a dinistrio yn y dydd ac yn mynd ar ei liniau yn y nos, meddai hanes. Eto, pan oedd Cyfalafwyr Prydain yn dal pobl duon Affrica a mynd â hwy yn groes i dde'r Werydd i'r West Indies, i'w gwerthu yno ar y farchnad i Feistri Prydeinig a oedd eisoes wedi meddiannu rhai parthau o dde America ac ynysoedd cyfagos, yr oeddynt yn gofalu fod offeiriaid yn dilyn y caethweision, ac yn eu dysgu i weddïo a chanu emynau. Felly fe welwn eto fod y rhagrithwyr mawr yn dosturiol wrth eneidiau y bobl hyn, ond yn gwerthu eu cyrff duon am aur melyn. (Yr oedd caethwas cryf yn gwerthu am bum sofren.)[12]

Rhyw ddwy dudalen a neillltuir i'w brofiadau yn Rwsia. Mae'n canmol. Am ei fod yn chwyrn yn erbyn y ddiod gadarn croesawodd y rhybuddion hynny a welodd ar golfenni gerddi yn yr hen blastai a wnaed yn ganolfannau gwyliau i'r werin; 'Peidiwch ag yfed alcohol, mae'n ddrwg i chwi; mae'n eich rhwystro i feddwl'. Mae tystiolaeth Dan yntau ynghylch ymweld â ffatrïoedd yn y wlad yn dystiolaeth Niclas hefyd:

Cofiaf fy hun yn y Rwsia newydd, ynghyd â dwsin arall o
dramorwyr yn talu ymweliad â ffatri fawr esgidiau, a thair mil o
bobl yn gweithio ynddi – yn ddynion a menywod. Cawsom bob
cyfle i holi cwestiynau i'r goruchwyliwr ynglŷn â'r ffatri, ac yntau
yn alluog i siarad Saesneg. Wele'r cwestiynau – "Ydi'r ffatri yn
gwneud elw? Ydi, yn gwneud elw mawr; Pwy sydd yn cael yr elw?
Y mae'r elw yn dŵad yn ôl i gyd y naill ffordd neu'r llall – ond
rhan fechan iawn; i weithwyr y ffatri; A wnewch chi egluro? "Er
enghraifft, pan y bydd gweithiwr yn sâl, y mae yn cael ei gyflog yn
llawn hyd y bydd i'r meddyg hysbysu ei fod yn abl i weithio.

Y mae'r dynion i gyd yn dŵad i bensiwn o'r 50 i 65 oed, maint
y pensiwn fyddai rhywbeth yn ymyl hanner eu cyflogau. O'r elw
hefyd y daw'r treuliau i foderneiddio, eangu ac awyru'r ffatri. "Y
mae gennym hefyd Theatr, a Creche fodern i'r plant; cae chwarae
a 'night Sanatorium' lle y byddai'r gweithwyr nad oedd yn teimlo'n
hwylus yn cael triniaeth dros y nos. Mae gennym eto dŷ gorffwys
ar lan y Môr Du – un o hen blasdai'r Ymherawdwr – elw'r ffatri
sydd yn cynnal yr oll o'r rhain.

"I ble mae'r rhan fechan arall o'r elw yn mynd? Y mae hon
yn mynd i gronfa'r wladwriaeth, yr hon sydd yn gofalu am
amddiffyniad y wlad, am addysg ac yn bwysig iawn – chwilio am, a
dinoethi'r adnoddau."

Felly y mae'n amlwg nad oedd yr un geiniog yn mynd i
segurwyr nad oedd yn gwneud dim gynhyrchiol yn y diwydiant.
Cawsom bob cyfle i edrych dros adeilad y Theatre a'r Cinema; y
Creche lle'r oedd dau gant o blant o fis i fyny i'r pymtheg oed. Yr
oedd y cyfan yn fodern ac yn lân – a'r plant yn y cyflwr goreu.

Aethom hefyd i weld eu Co-op, y siop lle gwerthid yr esgidiau,
ar nawn Sadwrn. Ni allem fynd i mewn, yr oedd queue maith
– llond y drws yn symud yn araf. Ar y pen arall i'r adeilad mawr
hwnnw, yr oeddent yn dyfod allan a'r parseli ganddynt... ac am
bump o'r gloch yr oedd pob esgid wedi ei gwerthu... a'r siop yn
cau.

Y mae'r gyfundrefn newydd hon yn ymledanu'n gyflym
drwy oll o Asia, ac erbyn hyn wedi cyrraedd y Dwyrain Canol ac
Affrica. Oes dim yn y byd, hyd yn oed y Fom Atom a all rwystro ei
chynnydd – gallant alw enwau fel "Mau-Mau, Gangsters, Brigands
neu Derrorists", ar y bobl – ni wnaiff hyn ronyn o wahaniaeth i'r
sefyllfa.[13]

Dyfarniad Dan yn ei Ragair i'w gyfrol oedd, 'A chredaf fod Seren Gobaith gweithwyr y byd eisoes yn uchel ac yn danbaid yn ffurfafen y Dwyrain'. Mae'n amlwg mai afraid fyddai dweud wrtho mai dyletswydd y tywysyddion oedd cyfleu'r argraff orau o'r wlad a grym gweithredol Comiwnyddiaeth. Ni chaniatawyd iddyn nhw fel gwesteion y wladwriaeth grwydro'n rhydd. Neu hwyrach eu bod yn ei chael yn hawdd i droi llygad dall. Ni roddwyd unrhyw syniad daearyddol lle'r oedd y ffatri esgidiau na'r Co-op. Oedden nhw dan orchymyn i beidio â datgelu lleoliadau? A fu raid iddyn nhw lofnodi dogfennau cyfrinachedd? Mae'n amlwg na chafodd Dan a Niclas wyliau tebyg yn eu hoes. Wrth gwrs, roedden nhw'n dymuno credu'r gorau am y wlad.

Edrydd D. Tecwyn Lloyd hanesyn am Niclas a Dan yn manteisio ar gyfle i wrando ar academydd prifysgol yn rhoi darlith ar gynnydd pethau yn Rwsia. Prin y clywai Dan ddim:

> Trwy gyfrwng graffliniau, dangosai'r darlithydd fel yr oedd cynhyrchu dur a glo wedi codi er 1917; fel yr oedd ysgolion wedi amlhau'n ddirifedi; fel yr oedd teleffonau wedi hydreiddio mannau annhebygol fel Wzbekistan, Azerbaijan, Kasakhstan; fel yr oedd teithio hirfaith a gwneud rheilffyrdd wedi ehangu a chlymu cenhedloedd anghyfraith yr Undeb yn dynnach wrth ei gilydd nag erioed o'r blaen. Pethau fel 'na, a'r graffiti bob tro yn codi'n gysurus serth o'r gornel chwith isaf y ffrâm (sef oes y tywyllwch Tsaraidd) tua'r gornel dde uchaf lle preswyliai ac y gwenai Yncl Jo, tad yr arfaeth fawr i gyd.
>
> Ond yn sydyn, dyma sioc i Dan Jones, ac yntau ddim yn clywed. Wele'r darlithydd yn dangos grafflin oedd yn plymedu i lawr i waelod y gornel dde isaf. Sôn am siom! Methiant yn y nef a dim llai. Ond wedi mynd allan, cafwyd esboniad a oedd yn eiriau cysurus i'r manylaf ei ffydd a'i ddilechdid. Dangos yr oedd y dyn, meddai Niclas, fel yr oedd puteindra wedi diflannu drwy'r holl Undeb Sofietau er 1917![14]

Ond os oedd agwedd Niclas a Dan Goginan yn gytûn ar fater Rwsia doedd dim yn gyffredin rhyngddyn nhw o ran eu

safbwyntiau ar grefydd. Melltithio'r mudiadau crefyddol wnâi
Dan, yn gapeli ac eglwysi:

> Ac O! Mor ychydig a wnaeth y mudiadau crefyddol hyn i godi
> safon y gweithiwr ar y ddaear hon. Yn y lle cyntaf pan geisiodd y
> gweithwyr ffurfio 'Undebau' gyda'r amcan o gael rhan helaethach
> o'u cynyrchion a gwell amgylchiadau yn eu cartrefi, taflodd
> y mudiadau crefyddol eu holl rym yn eu herbyn. Yr oedd y
> Methodistiaid yn torri allan bob un o'i aelodau a feiddiai uno
> ag undeb. Fe brofa hyn eto nad oedd y mudiadau crefyddol yn
> cymryd diddordeb yn safon byw y gweithwyr a'u teuluoedd, dim
> ond yr enaid, hynny yw, yn yr hyn y mae gwyddoniaeth fodern
> wedi methu ei ddarganfod, ac mae'n amheus gennyf y dywed un
> gwyddonwr cyfrifol yfory, bod y fath beth i'w gael. Yn fy marn i,
> y mae gan y bod dynol ddau beth mawr i'w colli, sef yr anadl, a'r
> gwaed, ac os cyll un o'r rhain, y mae yn darfod.
>
> Ond y mae'n amlwg nad yw'r gwyddonwr wedi darganfod yr
> enaid. Llwyddodd Rhufain i gadw'r lliaws yn y llaid trwy dathlu'r
> peth coeg hwn o flaen eu llygaid yn barhaus. Pechod anfaddeuol
> ydyw twyllo oes ar ôl oes o bobl. Carai rhai ohonom gael gwybod
> – gan mae rhywbeth o'r tu allan ydyw'r enaid – pa bryd, a sut y
> mae yn myned i mewn i gorff y plentyn – ac os y mae un enaid
> sydd gan y fam, o ba le y mae eneidiau'r plant yn dyfod?[15]

Mae'n rhaid y byddai clustfeinio ar sgwrs rhwng y ddau yn
ddifyr ac yn addysgiadol.

18

Crugiau Dwy, Rwsia a Phantycelyn

DYWED DR ROBERT Pope, wrth dafoli'r frwydr rhwng W. F. Phillips a Niclas, nad yw'n ei chael yn hawdd i gymryd y gŵr o Sir Benfro o ddifrif. Ac er yn cydnabod y perthynai iddo fawredd, mae'n feirniadol o'i safbwynt gwleidyddol:

Heb amheuaeth, roedd Nicholas ymhlith cymeriadau mwyaf lliwgar Cymru hanner cyntaf yr ugeinfed ganrif, yn fwy na dim oherwydd ei fywyd anarferol. Fe'i dadrithiwyd gan yr ILP ar ôl y Rhyfel Mawr oherwydd ei arafwch i gyflawni ei amcanion. Daeth yn aelod o'r Blaid Gomiwnyddol ac yn wrandawr ffyddlon i ddarllediadau 'Wncwl Jo' Stalin ar y radio. Roedd ei dderbyniad anfeirniadol o bolisïau Stalin a'i gyfareddu diweddarach gan Tseina y Cadeirydd Mao yn dangos diniweidrwydd os nad naiveté ei wleidyddiaeth – credai y buasai'r Wtopia Sosialaidd yn un llwyrymwrthodol![1]

Gellir deall y safbwynt. Ar un ystyr ni lwyddodd Niclas i sicrhau grym nac awdurdod o unrhyw fath yn ei ddwylo ei hun er mwyn cyflawni newid. Ni chafodd ei ethol i'r un dim, na'i ddewis yn aelod o'r un corff dylanwadol yn ystod ei oes. Aflwyddiannus fu ei unig ymgais i ennill etholiad seneddol. Prin yw'r ymgeiswyr sy'n llwyddo ar eu cynnig cyntaf. Ni ddaliodd ati yn hynny o beth. Deuai traethu'r gwirioneddd yn fwy naturiol

359

iddo na seboni a chynnig gwên fêl a maldodi babanod. Ni chynigiodd ei hun yn ymgeisydd ar gyfer yr un etholiad gydol ei gyfnod yn Aberystwyth, er ei fod mor wleidyddol effro.

Ni chyhoeddodd yr un llyfryn o faniffesto fel y cyfryw – ac eithrio *Cyflog Byw* yn 1912 – y gellid ei ystyried yn gynllun penodedig i ffurfio dyfodol gwleidyddol y genedl Gymreig. Ni chyfunodd athroniaethau Robert Owen, R. J. Derfel a Karl Marx mewn un cyhoeddiad hwylus. Prin y gellir ei ddychmygu yn aelod effeithiol o'r un pwyllgor. Byddai'n ddiamynedd ac yn amharod i gyfaddawdu. Ni ddisgyblai ei hun yn hynny o beth. Arall oedd ei anianawd. Heblaw am ei druthiau niferus am Rwsia prin oedd ei erthyglau yn canmol datblygiadau gwleidyddol na'r un dim arall o ran hynny, boed yn grefyddol neu yn llenyddol. Ei difyrio hi gyda gordd a wnâi gan amlaf. Er yn aelod cynnar o'r Blaid Gomiwnyddol ni chwaraeodd ran yn ei gweinyddiaeth.

Ni thrafferthodd foderneiddio ei ddeintyddfa. Ni ddatblygodd ei grefft i'w heithaf. Prin y gellir dweud iddo gymryd yr yrfa o ddifrif. Nid oedd yn ymwneud â datblygiadau o fewn y proffesiwn. Prin fod yna sicrach gyrfa ar gyfer llunio amodau byw cyffyrddus uwch na'r cyffredin i deulu. Doedd Niclas ddim yn ymboeni ynghylch hynny. Cyfrwng oedd y deintydda i'w alluogi i gyfarfod â phobl a chyfleu ei syniad ef o gymdeithas wâr a theg.

Ni ddisgyblodd ei hun i gyfyngu cyfarch ei nwydau rhywiol tuag at un ddynes yn unig. Fel gyda phob dim arall roedd ar dân i rannu ei serchiadau ag eraill. Pan ddeilliai plant o berthynas y tu fas i'w briodas nid anwybyddai ei gyfrifoldebau. Chwithig fyddai defnyddio ymadroddion fel godineb ac anffyddlondeb wrth drafod ei arferion rhywiol. Gwir fod Alexandra Kollontai (1872–1952), a ddisgrifid fel Menshevik a Bolshevik comiwnyddol yn ei thro, o bryd i'w gilydd yn annog rhyddid rhywiol ac yn dadlau na ddylid ystyried hynny'n anfoesol. Roedd hithau o'r farn fod rhywioldeb yn reddf ddynol yr un mor naturiol â syched a'r awch am fwyd.

Doedd hynny ddim yn golygu ei bod yn annog profiadau

rhywiol ar hap. Credai fod priodas a gwerthoedd teuluol yn rhan o'r drefn orthrymus, yn seiliedig ar hawliau perchnogaeth ac y byddai hynny'n cael ei chwalu'n chwilfriw maes o law pan ddatblygid gwir sosialaeth. Yng ngolwg Alexandra, a fu'n briod ei hun ddwywaith, cosb oedd unrhyw ffurf ar briodas ac amhariad ar y reddf naturiol. Cyhoeddodd ei *Theses on Communist Morality in the Sphere of Marital Relations* yn 1926 pan oedd yn Llysgenhad Rwsia yn Norwy.

Ni ddylid bod mor ffôl â dweud fod syniadau Alexandra Kollontai wedi dylanwadu ar Niclas y Glais. Ni phregethai ryddid rhywiol hyd yn oed os oedd yn coleddu hynny yn bersonol. Byddai hynny, mae'n siŵr, wedi'i alltudio yn y Gymru oedd ohoni. Cadarnhau y greddfau a deimlai eisoes ers dyddiau llencyndod ar lethrau'r Preselau a wnâi ei adnabyddiaeth o Gomiwnyddiaeth yn ei amryfal agweddau. Ni chafodd brofiad ar y ffordd i Ddamascus yn hynny o beth. Roedd ei reddfau gwleidyddol, crefyddol a rhywiol yn gynhenid ac wedi'u mireinio gyda threigl y blynyddoedd. Roedd yn ddyn golygus a thrwsiadus.

Wylodd yn hidl pan gollodd ei wraig ym mis Awst 1965, wedi 46 mlynedd o fywyd priodasol. Bu Alys yn graig iddo. Bu'n glymhercyn yn ei phlyg yn ei blynyddoedd olaf yn dioddef o wynegon. Ganddi hi oedd y cyfrifoldeb o gynnal yr aelwyd. Ni ellir dweud eu bod yn ddau enaid hoff cytûn yn yr ystyr ei bod hithau hefyd yn rhannu chwilen ei gŵr ynghylch Comiwnyddiaeth. Anaml y gwelid hwy yng nghwmni ei gilydd. Ond roedd hi yno gydol ei yrfa. Pan ddeuai ymwelwyr o'r wlad heibio, mynnai holi: "Oes gennoch chi wyau? Oes gennoch chi flodau yn y wlad? Dewch â blodau i mi nawr yn hytrach na'u rhoi ar fy medd." Byddai Niclas wedyn yn gwysio'r ymwelydd i ystafell arall er mwyn trafod "ein pethau ni". Ond byddai hithau'n siŵr o ddilyn.

Does dim amau gwerthfawrogiad nac ymlyniad Niclas tuag at Alys yn ei gerdd 'Aros Amdanaf', a welodd olau dydd yn *Y Faner* ym mis Tachwedd 1944 ac a gynhwysir yn y gyfrol *Dryllio'r Delwau*. Mewn gwirionedd, mae'n drosiad o gerdd gan

Konstantin Simonov (1915–1979) o Rwsia at ei wraig. Nid y soned yw'r mesur y tro hwn. Dyma fel y mae'n terfynu:

Aros di hyd oni ddelwyf.
Ni ddeall y rhai a flinodd ddisgwyl
Mai dy aros di a'm cadwodd yn fyw.
A phan ddelwyf, ni ddeall neb fy nychweliad
     Ond ni ein dau.
Ni fedrodd neb arall ddisgwyl fel tydi,
A'th ddisgwyl, y tu hwnt i ddisgwyl pawb.
     A'm dug yn ôl.
Aros amdanaf canys mi a ddeuaf drachefn.

Daw'r hanesydd David W. Howell, sy'n hanu o Saundersfoot, i'r casgliad yn ei lyfryn *Nicholas of Glais: The People's Champion* mai breuddwydiwr yn hytrach na gwleidydd oedd T. E. Nicholas, yn coleddu ffydd seml wrth ddyheu am sefydlu cymdeithas sosialaidd ar batrwm yr hyn a gredai oedd wedi'i orseddu yn Rwsia, pan ddisodlwyd y frenhiniaeth yno:

If that vision could at times blind him, if in his detestation of capitalism he was simply incapable of conceiving that Socialism might sometimes be in the wrong and so conveniently chose to ignore its faults, yet we must admire him for adhering to the truth as he saw it, no matter what the cost in terms of personal standing among his fellows. In his unwillingness to tolerate humbug or hypocrisy, his fierce denunciation of oppresion, he was a rebel, an outcast. His mission in life was to serve the underdog, he was from start to finish the people's champion.[2]

Wrth fwrw golwg o'r newydd ar yr hyn a ysgrifennodd yn 1991 am berthynas Niclas â Rwsia, deil David Howell at ei safbwynt, gan gymharu agwedd y Comiwnydd o Bentregalar i eiddo tad balch tuag at y ferch y mae'n dotio arni.

"Mae'n bosib bod y ferch yn ymddwyn fel hoeden o bryd i'w gilydd," meddai, "ond nid yw'r tad am wybod hynny. Mae'n troi llygad dall i'r mater ac yn dal i ystyried ei ferch fel cannwyll ei lygad waeth beth y mae'n ei wneud y tu ôl i'w gefn. Nid oedd Niclas yn barod i gondemnio Stalin pan ddatgelwyd yr erchyllterau roedd e'n gyfrifol amdanyn nhw, cymaint oedd ei gred a'i edmygedd o'r hyn a gyflawnwyd yn y wlad yn y blynyddoedd cynnar wedi'r Chwyldro," meddai.

Tra medrai, ni fu pall ar barabl Niclas boed mewn pulpud, darlithfa neu mewn cwmni. Câi wahoddiadau cyson, ac nid y lleiaf o'r rhesymau am hynny oedd y ffaith ei bod yn hawdd gwrando arno hyd yn oed pe na bai'r gynulleidfa'n cytuno â'i neges. Ei bregethu 'seinber', meddai Iorwerth Peate amdano. Nid yr huotledd o weiddi a chodi a gostwng ei lais mewn dull dramatig oedd ei eiddo. Gwrandawodd y Parch Gerallt Jones arno droeon a rhannodd bulpud ag ef yn Antioch, Crymych ar achlysur Cyrddau Ordeinio a Sefydlu ei frawd, Derek, yno ym mis Medi 1953. Gwelai fod ei rinweddau lleisiol yn nodweddiadol o'r pregethwyr hynny a fagwyd yn y darn o dir rhwng Blaen-y-coed yn Sir Gâr a Chrymych, pregethwyr megis Elfed, D. J. Lewis, y Tymbl, a W. B. Griffiths. Traethai am hyn yn ei gyfraniad i'r gyfrol *Proffwyd Sosialaeth a Bardd Gwrthryfel*:

Y llais bob gafael fel arian coethedig, yn glir ac heb frycheuyn arno. Ac at hynny ymadroddent yn rhwydd a diymdrech ond â phob cytsain a llafariad a deusain yn ei lle nes inni gael y Gymraeg ar ei godidocaf. Felly y siaradai T. E. N. Bob amser, mewn pulpud, ar lwyfan neu ar yr aelwyd, a'i oslef naturiol, mwynaidd yn eich denu i wrando. Fe'm tarawyd i flynyddoedd yn ôl gan rhyw debygrwydd rhwng y ddau bregethwr Dr Elfed Lewis a'r Parchedig T. E. Nicholas.

Ysgrifennid llawer, un adeg, am 'the wooing note' ym mhregethu rhai pulpudwyr. Y mae digon o bobl yn byw o hyd sy'n cofio hyfrydlais y gŵr o Flaenycoed. Ac ni bu trech gŵr na Dr Elfed Lewis am ddefnyddio'i lais peraidd yn odidog gelfydd; a'r 'wooing note' oedd hi bob tro. (Ac onid oes gan Niclas y bardd gân hyfryd iawn ei naws am hyn? – 'Cofio'r Llais' (Rwyn gweld o bell.)) Fe ddywedir wrthyf i Elfed fod yn siaradwr ar lwyfannau'r blaid 'Ryddfrydol' yng Nghymru yn ei dyddiau blodeuog, ond mi wranta' mai delfrydiaeth wlanog am oes aur i ddod, heb un llyffethair na neb yn tynnu'n groes oedd y nodyn ar lwyfan fel mewn pulpud.

Yr oedd nodyn lleisiol T.E.N. mor 'wooing' ag ansawdd llais Elfed, – ond arall hollol oedd y defnydd a wnâi efe o'i gyfaredd. Ei bwyslais ef ydoedd nad oedd unrhyw nefoedd ymlaen oni symudid anghyfiawnderau'r awrhon. A gyda gwatwar ysgafn a dychan effeithiol fe barai i'w wrandawyr synnu paham y dioddefent y fath dwpdra yn eu plith. Nis clywais erioed yn codi'i lais nac mewn pregeth na darlith; doedd dim angen iddo. Roedd y ffeithiau ar flaenau'i fysedd – a'i dafod, ac fe'ch cymhellai i chwerthin gydag ef am ben ffolinebau dynion.[3]

Yn union fel yr atebodd Wncwl Tomi pan holodd ei or-nai, Glen, sut yn y byd y gwyddai beth i'w ddweud pan draethai'n gyhoeddus, a hynny gan amlaf heb sgrapyn o nodyn: "'Machgen i, os oes gen ti rywbeth i'w ddweud fe ddaw'r geirie." Ac yn ystod ei oes faith roedd gan Niclas y Glais lawer i'w ddweud, a hynny p'un a ydych yn ei ystyried yn fwy o Gristion gloyw nag o Gomiwnydd rhonc neu i'r gwrthwyneb. Roedd yn dweud ei ddweud am ei fod yn breuddwydio y delai gwell byd i ddynion daear pan na fyddai unrhyw wahaniaethu yn llesteirio'r un unigolyn rhag cyflawni ei botensial.

Adleisia Sian Howys, yn ei thraethawd M.A., y sylwadau treiddgar hynny a wnaed gan T. Ivor Evans yn *Y Drych* yn 1915 ac Ithel Davies yn *Heddiw* yn 1940:

Cawr o ddyn oedd T. E. Nicholas. Bu'n berchen ar weledigaeth fawreddog, egni aruthrol a chariad di-ben-draw at fywyd. Ni allaf lai na rhyfeddu ato yn ei ddycnwch a'i ddyfalbarhad ym mrwydrau ei fywyd dros Grist, yr iwtopia Sosialaidd, y genedl a thros heddwch byd. Yn wyneb pob math o wrthwynebiad, a sen y dorf i garchar, ni fradychodd ei ddelfrydau unwaith. A fu neb tebyg iddo yng Nghymru erioed? Mawr ein colled am inni ei esgeuluso a'i anghofio. Yn sicr, ni fydd neb tebyg iddo. Oblegid, yr oedd i raddau helaeth, yn gynnyrch cyfnod arbennig yn hanes Cymru, sef y blynyddoedd cyn y Rhyfel Mawr. Yr hyn sy'n anhygoel yw iddo gadw at yr un ffilosoffi waeth pa newidiadau a ddaeth i'r byd. Ond, peidied neb â meddwl mai tipyn o 'relic' oedd Nicholas a bod ei genadwri yn amherthnasol i'r oes fodern. Roedd ganddo feddwl effro ar hyd ei fywyd ac fe fynnodd ymateb i bob digwyddiad o bwys ar lefel leol a rhyng-genedlaethol.[4]

Ond gwêl Sian, y sosialydd o Ystradgynlais, fod yna elfennau y gellid eu hystyried yn wendidau yng nghymeriad Niclas y Glais hefyd. Ar gownt ei gymeriad ni phetrusa wrth ddyfalu beth fyddai ei dynged pe bai'n byw yn Rwsia:

> Perthynai iddo y diniweidrwydd hwnnw a welir yn y rhan fwyaf o freuddwydwyr a phroffwydi. Yr oedd yn rhamantydd i'r carn. Peth digon rhwydd i'w wneud, mewn gwirionedd, fyddai tynnu athroniaeth Nicholas Y Glais yn ddarnau mân. Oblegid, y mae ei weledigaeth yn llawn anghysondeb ac afresymoldeb. Mae ei gariad at Rwsia, er enghraifft, yn gwbl naïf a rhamantaidd. Ni fynn wynebu yn realistig creulondeb a rhyfelgarwch a gormes crefyddol y wladwriaeth honno. Y tebyg yw petai Nicholas yn mynnu dweud ei ddweud yn Rwsia fe fyddai yn cael ei roi yn y carchar. Ond, beth sydd a wnelo breuddwydiwr â manylion ymarferol a pharadocsau dryslyd? Mae meddwl Nicholas yn gweithio ar lefel llawer mwy mawreddog na'r rhan fwyaf ohonom. Yr oedd, yn wir, yn ddyn eithafol, heb ddim i'w ddweud wrth lwydni cyfaddawd. Ni welai ond y du a'r gwyn mewn bywyd.
>
> Ei sbardun mawr oedd ei gred ddiysgog y byddai ei weledigaeth yn ei holl gyflawnder yn cael ei gwireddu rhyw ddydd. Yr oedd yn optimist o'r mwyaf. Mae ei ffydd a'i obaith yn awel iach i'n dyddiau synicaidd ni. Cadwodd ei olygon bob amser ar wawrddydd y tybiai nad oedd fyth yn bell i ffwrdd.[5]

Cyfeirir yn aml at Niclas fel heddychwr. Ond amodol oedd ei heddychiaeth. Gwrthwynebai'r Rhyfel Byd Cyntaf yn chwyrn. Mentrodd gyhoeddi llythyr agored yn y *Merthyr Pioneer* yn herian a dannod Syr Henry Jones am ei ran yn teithio'r wlad yn recriwtio bechgyn ieuanc i'r gad. Roedd Syr Henry mor amlwg â'r Cyrnol John Williams, Brynsiencyn a Lloyd George fel asiant recriwtio. Doedd y ffaith nad oedd gan Niclas yr un llythyren y tu ôl i'w enw yn mennu dim arno wrth fynd i blu marchog ac Athro Athroniaeth Foesol Prifysgol Glasgow. Mae'n debyg iddo fod yn annerch ar lwyfannau yng Nghaerdydd a Merthyr ar y pryd. Un o'i ddatganiadau cyfeiliornus yng ngolwg y gweinidog o'r Glais oedd: "I know nothing in our history more like the death on Calvary than the death of some of our soldiers." Mentrodd Niclas gynnig dehongliad penodol o'r ddrama ar Galfaria:

Mynydd bach yw Calfaria; nid oes ysbryd gan fynydd; felly, rhaid eich bod yn meddwl am ysbryd y dynion gymerodd ran yn y ddrama fawr adeg y Croeshoeliad. Yr oedd pedwar ysbryd yno. Yr oedd Milwriaeth yno yn gyrru'r hoelion drwy draed a dwylaw y Gwrthryfelwr Sanctaidd; yr oedd Offeiriadaeth yno yn bendithio gwaith y milwyr; yr oedd Mam yr Iesu yn wylo am fod ei bachgen hi yn cael ei lofruddio gan ddau allu mawr y wlad; ac yr oedd yr Iesu yno.

A wyddoch chi beth oedd yr Iesu yn ei wneud? Gweddïo dros ei elynion! Nid eu lladd, nid eu beio, nid ei bygwth ond maddeu iddynt! A oedd hynny yn iawn sydd gwestiwn na pherthyn i mi ei ateb ar hyn o bryd, ond dyna oedd yr Iesu yn ei wneud. Felly, nid ysbryd yr Iesu sydd ar feysydd Ewrop. Y mae ysbryd ei lofruddion yno; fe erlidir caredigion heddwch a brawdoliaeth, fe'u carcherir, fe'u gelwir yn fradwyr.

Y mae offeiriadaeth yno wrth ei gwaith o hyd, yn bendithio llofruddion gwaredwyr Ewrop, ac yn cefnogi gorseddau gwaedlyd y byd. Ond na ddywedwch fod ysbryd Iesu yno. Yr unig amlygiad o ysbryd Crist yno fu marwolaeth Miss Cavell; gweddïodd hi dros y rhai oedd yn eu niweidio. Ond y mae pregethwyr ac offeiriaid y wlad hon yn defnyddio coffadwriaeth y ferch hon i bregethu dial a dinistr.

Fe ddichon i chi weld hanes rhai o arglwyddi'r wlad yma yn Nhŷ yr Arglwyddi yn sôn am heddwch; a welsoch chi enw un esgob yn codi ei lais dros heddwch yn eu plith? Dim un. Y mae teyrnas Dduw wedi ei chymeryd oddi arnynt, ac wedi ei rhoddi i ereill. Y mae'r offeiriadaeth wrth ei hen waith heddyw, fel ar Galfaria, yn bendithio grym, a chledd, a magnel, a charchar. Ysbryd Calfaria wir! Ysbryd yr uffernau dyfnaf yn llywodraeth Duw.[6]

Nyrs o Norfolk a gafodd ei dienyddio yn 49 oed ar 12 Hydref 1915 am deyrnfradwriaeth oedd Edith Louisa Cavell.

Ei throsedd oedd achub bywydau milwyr clwyfedig o'r ddwy ochr yn ddiwahân a chynorthwyo 200 o filwyr y Cynghreiriaid i ddianc o Wlad Belg a oedd dan reolaeth yr Almaen. (Gwelir y llythyr cyflawn yn yr Atodiad.)

Roedd yr anghysondeb hwn ynghylch heddychiaeth yn peri pryder i J. Gwyn Griffiths wrth iddo adolygu'r gyfrol *Rwy'n gweld o Bell*. Ni fedrai gyplysu heddychiaeth â'r sôn am fyddinoedd yn gyrru treiswyr mas o bob gwlad. Er gwêl fod yna agwedd arall i'w awen hefyd:

> Y nef a'n gwaredo rhag y fath Armagedon gwaedlyd! A dyma'r diffyg sylfaenol yng ngwelediad Niclas. Diffyg onestrwydd yw. Oherwydd sut y gall ymhonni ar un funud fel heddychwr Cristnogol ac ar y funud nesaf ganmol y chwyldro sy'n lladd a llofruddio? Camarweiniol fyddai sôn gormod am y diffyg hwn. Cerddi am Gymru ac am bersonau a bröydd yw mwyafrif y cerddi hyn, ac ynddynt y mae'r bardd ar ei orau. Dyngarwr a brogarwr yw, a daeth i'w delyn lawer nodyn swynol, ac ambell harmoni ysbrydol mawreddog.[7]

Derbyniai Iorwerth Peate nad oedd Niclas yn heddychwr uniongred, gan ychwanegu nad oedd yn ei farn yn 'uniongred mewn dim ond ei ddynoliaeth' gan ddweud ymhellach:

> Fe ŵyr aml werinwr anffodus gymaint yw uchder a dyfnder a lled y ddynoliaeth honno. Ond fel Bardd a Chomiwnydd a Heddychwr a Gweinidog (priflythrennau bob tro!) y mae'n gwbl anuniongred yn aml. Dyna un o'i rinweddau pennaf. Ond y mae'n gyson; y mae ganddo sylfeini ac arnynt hwy yr adeilada'n ddi-feth.[8]

Ac roedd gan Niclas ei siâr o ddilynwyr pybyr a hynny mor sicr â bod yna felynwy y tu mewn i bob plisgyn wy. Ymhlith y werin roedd y mwyafrif, fel y tystia teyrnged Dewi Marteg iddo yn *Y Cloriannydd*, wythnosolyn Ynys Môn, ar achlysur ei benblwydd yn bedwar ugain:

> Nid yw T. E. Nicholas yn Gristion cegog nac yn Gristion dagreuol

nac yn Gristion poenus Haleliwia – Amen; y mae yn Gristion gwir
a golau, ac wedi saernïo ei grefydd mewn lleoedd geirwon a thrwy
brofiadau poenus, eto, fel Paul, wedi cadw ei ffydd a chadw hefyd
ei sirioldeb a'i ddireidi a'i hiwmor. Boed i genhadwr mwyaf ein
dydd yng Nghymru eto flynyddoedd lawer i deithio yn ei Fwlsyn
Bach a'r neges ei Feistr Mawr. A chaffed yn yr hwyr daith olaf olau
a thangenefeddus tua'r machlud, sydd yn borth bywyd gwir a drws
y nef.[9]

Wrth iddo wynebu ei ddyddiau olaf ei hun ac wrth i
henaint ei oddiweddyd, bu'n ddibynnol ar gylch o ffrindiau
i'w gynnal. Pwysodd yn drwm ar ofal Eluned Pugh, gwraig
weddw o Benegoes, ger Machynlleth, a ddeuai i aros ato o dro
i dro. Adwaenai'r teulu'n dda ers dyddiau cynnar y deintydda.
Anfonodd rai o'i sonedau o'r carchar atynt. Collodd hithau ei
gŵr yn 1941 a phrin yr âi Niclas heibio ei chartref heb alw
pan oedd ar ei deithiau. Cysylltai'n gyson â Hywel Davey
Williams, yr hen lowr o'r Rhigos a fu'n gweithio fel Gofalwr yn
yr Amgueddfa Werin yn Sain Ffagan wedyn. Trafod y dyddiau
cynnar a wneid gan amlaf.

Cofiai Hywel glywed Niclas yn areithio am y tro cyntaf ar
nos Sul yn y Palladium yn Aberdâr yn 1936 o dan nawdd y Left
Book Club. Yn rhannu llwyfan ag ef oedd yr Athro Harold Laski
(1893–1950) a John Strachey (1901–1963). Ers hynny, Hywel
oedd angor Niclas pan elai i'r cymoedd i bregethu a darlithio,
ac ymwelai Hywel ag Aberystwyth yn gyson yn ei dro. Yr un
modd deuai eneidiau hoff cytûn megis Annie Powell (1906–
1986), y Comiwnydd o'r Rhondda, heibio yn eu tro. Treuliodd
Niclas bythefnos hefyd mewn Cartref Iacháu Naturiol ym
Mryste ar un adeg, a hynny mae'n siŵr ar anogaeth Islwyn, a
oedd yn hyddysg mewn triniaethau o'r fath ei hun.

Yn 1962 daeth anffawd i'w ran pan oedd ar ei ffordd i gadw
cyhoeddiad yng Ngoginan yn y 'donci bach', fel y galwai ei
gerbyd A 30. Roedd nos Sul, 4 Chwefror yn noson arw, wleb
a thywyll. Wrth yrru trwy Gapel Bangor clywodd sŵn rhyw
ddyrnod yn taro'r car ond gan ddyfalu taw brigyn oedd wedi

syrthio oddi ar goeden aeth yn ei flaen yn ddifeddwl. Pan oedd ar hanner ei oedfa daeth PC Pugh i mewn i'r capel i gael gair ag ef. Esboniodd ei neges a chaniatáu iddo barhau â'i genadwri. Ond yr hyn a oedd wedi digwydd oedd fod Miss Mary Lizzie Rees, 74 oed, wedi ei chanfod yn anymwybodol a hithau ar ei ffordd i gapel Penllwyn. Roedd ei hymbrela ar agor a gwyddys ei bod yn drwm ei chlyw ac yn wan ei hiechyd. Bu farw ar 17 Chwefror. Roedd ei nith, Eirlys Mary Rees, yn ei dilyn ac roedd Evan Dewi Williams wedi cymryd nodyn o rif y cerbyd a yrrodd heibio ar y pryd.

Bu achos llys gerbron Ynadon Llanbadarn ddiwedd mis Mawrth. Yn ôl y crwner doedd dim digon o dystiolaeth i ddwyn cyhuddiad o ddynladdiad. Roedd y patholegydd, Dr W. H. Beasley, o'r farn nad oedd a wnelo ei marwolaeth ddim â'r ddamwain, a phwysleisiodd fod cyflwr ei hiechyd mor fregus fel y gallai fod wedi marw unrhyw bryd beth bynnag. Parhaodd yr achos am ddiwrnod cyfan a chynrychiolwyd Niclas gan Elystan Morgan. Pwysleisiodd y cyfreithiwr ifanc fod y cyhuddedig wedi bod yn gyrru er 1918 heb droseddu. Ni wadodd Niclas ddim o'r dystiolaeth yn ei erbyn a phwysleisiodd nad oedd wedi gwawrio arno, dan yr amgylchiadau, ei fod wedi taro person byw. Gollyngwyd y cyhuddiad yn ei erbyn o yrru'n ddiofal ond rhoddwyd dirwy o £10 iddo a gorchymyn i dalu costau o £3 3 am beidio ag oedi wedi damwain. Am nad oedd neb wedi gweld y gwrthdrawiad nid oedd yn bosib dyfarnu neb yn euog o drosedd ar sail dyfaliad. Roedd Niclas yn 82 erbyn hynny. Rhoddodd y gorau i yrru, a dibynnu ar eraill i'w gyrchu i'w gyhoeddiadau. Ni cheir gwell disgrifiad o'i henaint nag yn ei soned 'Y Diwedd':

Eiddil ac unig ar y dalar oer,
   Gwan a digalon ar y trothwy pell;
Ni chyffry'r gwaed pan gwyd y newydd loer,
   Ac ni ddaw breuddwyd am y dyddiau gwell;
Pob stori ddoniol wedi mynd yn hen,
   A'r cyfoed anweledig wrth y tân;

Ni ddeffry hiwmor daear heddiw wên,
  A daw y gwanwyn heibio heb ei gân.
Erys y difyr lyfr a'i gloriau 'nghau,
  A'r offer gwaith yng nghrog dan haen o rwd;
Mae stormydd angau'n gynnwrf yn y bae,
  A llif y glyn yn felyn yn y ffrwd;
Pallodd buander troed ac egni braich,
Mae cnawd a natur wedi mynd yn faich.

Ond dychwelwn i gloi at y dyddiau cynnar. Ni fu'r dyddiau hynny o fewn golwg i Grugiau Dwy erioed yn angof gan Niclas y Glais. Ni ddychwelai ar ei wyliau fel y cyfryw. Nid rhamantu ynghylch prydferthwch tirwedd y Preselau a wnâi. Ni hiraethai am yr un border bach. Ond dyrchafodd y werin a welai werth cydweithio a chyd-dynnu mewn cyni. Ac yn nodweddiadol ohono, parod oedd i feirniadu hefyd nid yn unig y landlordiaid a'r degwm ond agwedd un gweinidog yn benodol. Roedd y Parch Seimon Evans (1823–1885), Hebron gyda'r sychaf o bregethwyr a mwyaf sych-dduwiol o'u plith. Adroddid stori amdano yn cael ei wahodd i sychu Cors Fochno yn ymyl y Borth ar ôl i bob ymgais arall fethu. Ond methu wnaeth yntau hefyd. Sonia Niclas amdano'n ddiflewyn ar dafod yn ei getyn hunangofiant:

I ni blant, Seimon Evans oedd y gair diwethaf mewn santeiddrwydd a daioni, ac yr oedd ei ddigio'n fwy peryglus na digio Duw. Pan ddarllenais ei gofiant ymhen blynyddoedd, gwelais fod fy syniad cynt amdano, syniad a ddaeth i mi o draddodiad ardal, yn hollol anghywir. Dyn materol hollol ydoedd. Syniad materol oedd ganddo am bechod ac am ddaioni, ac am Dduw a nefoedd ac uffern. Nid oedd dyn ond dafad yn mynd dros y cloddiau, a'r gamp oedd rhoddi llyffethair ar droed y ddafad neu gau ei llwybrau â drain a'i chadw yn ei chynefin. Ofer apelio at synnwyr cyffredin y ddafad.
    Syniad materol felly oedd syniad Seimon Evans am ddyn; rhaid ei fygwth ag uffern, rhaid ei ddenu gan nefoedd; rhaid taranu barn uwch ei ben a chyfarth fel y cyfarthai ci ar ddafad ddisberod. Prin y buasai'n eistedd gyda phublicanod a phechaduriaid a

bwyta ac yfed yr un pethau â hwynt, er bod ei Feistr yno. Meddwi, rhegi, lladrata, godinebu – dychryn dyn rhag cyflawni'r pethau hyn oedd baich ei weinidogaeth. Yr oedd ofn ar ddyn feddwi a wynebu Seimon Evans wedi gwneud; ond wynebai cribddeilwyr a chybyddion ef yn eofn.

Nid oedd cadw gwg at frawd yn bechod marwol. Rhywbeth oedd corff dyn yn ei wneuthur oedd pechod. Syniad y pab am grefydd oedd ei syniad ef. Awdurdodi ar fuchedd a syniadau dynion, a'u traddodi i gythrel oni chydymffurfient â'i safonau materol ef. Wedi i mi dyfu a dechrau meddwl droswyf fy hun, aeth y darn gardd yn anialwch, a Seimon Evans, sant y fro, yn greadur mwy materol efallai, na'r dynion oedd yn meddwi a rhegi ar brydiau. Ni chymrodd drafferth i chwilio am achos y meddwi a'r lladrata, a phoeni ei ben ynghylch amodau byw ei aelodau.

Pe bai yn ei galon dipyn bach mwy o ddeall dynol, byddai'n barotach i edrych heibio mân wendidau dynion. Ni chofiaf iddo ddweud gair yn erbyn rhyfel, a bu amryw o rai go fawr yn ystod ei fywyd. Gadawodd waith felly i ddynion fel S. R. a chanolbwyntiodd ei holl waith ar bechodau'r cnawd heb gofio fod y cnawd yn gynnyrch trefn gymdeithasol anfoesol a gefnogid ganddo ef a'i fath.[10]

Fel ag erioed, os ei dweud hi ei dweud hi. Mae'r uchod yn gystal maniffesto o ddaliadau Twm Llety ag unrhyw ddatganiad Marcsaidd y daeth ar ei draws wedi dyddiau llencyndod. Arall oedd efengyl Niclas o gymharu ag efengyl Seimon Evans ei gynefin. Ac arall oedd y gwerthfawrogiad swyddogol o fuchedd y Parchedig Seimon Evans fel y nodir yn un o lyfrynnau 'Hanes yr Achos' lleol:

Yn ddiamau yr oedd Simon Evans yn un o fawrion ein henwad, ac y mae'n ddymunol sylwi iddo gael ei gydnabod trwy ei ethol i gadair yr Undeb yn 1881. Amlygir ei fawredd ymhob agwedd o'i fywyd a'i waith, – ym manyldeb digyffelyb y dydd-lyfr a gadwodd o'i febyd; yn ei ddiofryd yn nyddiau ei fachgendod i gyfrannu un geiniog o bob chwech at achosion dyrchafol; yn fwy na dim yn yr egwyddorion y seiliodd ei fywyd arnynt, a llymder manwl a di-dor ei reolau beunyddiol tuag at feithrin ymarweddiad ac ymadroddion bucheddol, a'i ymdrech ddiflino i oleuo a gwareiddio dyn trwy fawrhau Duw.[11]

Nid oedd gan Niclas amynedd at yr hyn a ystyriai'n grefydd ffals. Ond, serch hynny, codi o'i gynefin, fel y gwelodd ef hi, a wnaeth cenhadaeth fawr ei fywyd sef sefydlu gweriniaeth. Soniodd am yr egin weriniaeth honno droeon mewn darlithiau a rhaglenni radio. Diau fod yna elfen o ramant ynghlwm yn ei ddarlun, ond dyna sy'n euro realiti wedi'r cyfan.

Para'n fyw oedd y profiad o ddilyn y medelwyr ac yna'r dwsin ohonyn nhw'n torri mas i ganu emyn, i gwnsela ynghylch pregeth ac erthygl a chanu drachefn am helynt y fules honno a welwyd wedi'i gwisgo mewn du pan saethwyd y marchasyn fyddai'n cadw cwmni iddi. Ar yr alaw 'Llwyn Onn' y cenid 'Cân yr Asyn'.

Dadleuid ynghylch rhinweddau Myfyr Emlyn (y Parch Benjamin Thomas, 1836–1893), Siôn Gymro (y Parch John Davies, 1804–1884), Herber Evans (1826–1896) a Pennant Phillips (1842–1902) – Telyn Aur Sir Aberteifi – ac eraill yn y pulpud.

Gwyddai fod gan 'Y Dyn a'r Gaib' y gallu i'w godi ei hun uwchben ei galedi a cheisio hwyluso hynny fu cenhadaeth Niclas y Glais gydol ei fywyd. Nid anghofiodd benderfyniad dibetrus ei fam i neilltuo parlwr eu cartref i'r Parch D. J. Davies, Capel Als pan gollodd ei fam ac yntau'n llanc ifanc yn Waunfelen gerllaw.

Cafwyd ei gyffes ffydd yn y ddadl honno rhyngddo a D. J. Davies, Llundain, adeg y Rhyfel Byd Cyntaf. "Cefais i fy magu ar aelwyd gymharol dlawd; penderfynais yn ifanc os cawswn gyfle y buaswn yn gwneud rhywbeth dros y dosbarth y perthynai fy nhad iddo. Yr wyf wedi gwneud llawer o gamgymeriadau mewn bywyd, tebyg y gwnaf lawer eto, ond nid wyf wedi anghofio y dosbarth y perthynaf iddo. Nid yw digio brenhinoedd yn ddim yn fy ngolwg ond buasai troi'n fradwr i werin fy ngwlad yn ofid i mi," meddai. Ni chwenychai freintiau'r dosbarth uwch trwy gyfrwng addysg a ffafrau.

Cadwodd Niclas y ffydd hyd y diwedd. Roedd yn Gristion gloyw ac yn gomiwnydd rhonc. Pa well ffordd o dynnu at y terfyn na dyfynnu pennill cyntaf ac olaf un o'i gerddi, ac yntau wedi ei fynegi'i hun i'r fath raddau trwy gyfrwng barddoniaeth? Cyhoeddwyd y gerdd chwe phennill 'Breuddwydion sy'n Dyfod i Ben' yn rhifyn mis Rhagfyr 1916 o'r cylchgrawn heddwch byrhoedlog, *Y Deyrnas*:

Mi ganaf yng nghanol y ddrycin,
    Mi ddawnsiaf yng nghanol y mellt;
Dirmygaf dywysog a brenin
    Sy'n taro cyfandir yn ddellt;
        A daliaf i garu,
        A daliaf i ganu,
A gwlith ar y blodau a sêr yn y nen, –
Fe ddaw fy mreuddwydion rhyw ddiwrnod i ben.

Mi wn fod y goreu i ddyfod,
    A'r gwaethaf i ddarfod o'r tir;
Mi wn fod daioni'n ddiddarfod,
    A rhyfel i beidio cyn hir;
        Pwy omedd i'm ganu?
        Pwy omedd i'm gredu
Fod heddwch i ddyfod â Duw yn y nen?
Fe ddaw fy mreuddwydion rhyw ddiwrnod i ben.

Yn yr un cylchgrawn y cyhoeddwyd amlinelliad o natur 'y deyrnas' y dymunai weld ei sefydlu ar sail papur a draddodwyd ganddo gerbron Cwrdd Chwarter Sir Aberteifi yn 1917 yn anterth y Rhyfel Byd Cyntaf:

Mae'r Crist tragwyddol yng nghanol y frwydr. Ymleddir ei frwydrau heddyw gan ddynion sydd yn y carcharau; dynion wedi gwrthod croeshoelio'r Crist ar gais milwriaeth sydd ynddynt. "Heb gleddyf na grym arfau" yr ymleddir brwydr fwyaf y byd yn y wlad hon. Mae'n bwysig i grefydd a gwareiddiad pa un ai milwriaeth ynteu cydwybod sydd i ennill y dydd. Os oes ennill y byd i Grist i fod, rhaid ei ennill drwy ei arfau ef ei hun. Nid gweddus i Fab Duw ddefnyddio arfau uffern; nid gweddus chwaith i ganlynwyr Mab Duw fendithio arfau uffern ac arfau celwydd. Beth a olygir wrth fod Crist i lywodraethu'r byd? Golygir mai'r cymeriad o fywyd y bu efe fyw sydd i gael ei fyw gan bawb rhywbryd. Daw i lywodraethu'r byd mewn egwyddorion cyson â'i fywyd ac â'i ddysgeidiaeth. Mentro llywodraethu'r byd yn ysbryd Iesu yw menter fwyaf y byd.[12]

Na, ni pheidiodd Tomi'r Llety â breuddwydio. Ni syflodd Niclas y Glais o'r fan. Pe dychwelai heddiw mae'n rhaid mai'r un fyddai gweledigaeth y Cristion gloyw a'r Comiwnydd rhonc gan ddarfel byd amgenach na'r hyn a brofodd ar lethrau'r Preselau, ond sydd â'i wreiddiau yno. Cydnabu ei gyfeillion sosialaidd ei ddidwylledd. Fe'i darluniwyd i'r blewyn gan y bardd Idris Davies (1905–1953) o Rymni:

> He loves his Wales, her mountains and her seas,
> Her ancient tongue, her homespun melodies,
> But most the man on the common way
> Whose toil sustains that Wales from day to day.

Gwelodd golygyddion y cyhoeddiad Marcsaidd, *Cyffro*, Alistair Wilson a Mary Winter, fod dylanwad ei gynefin yn drwm arno wrth iddyn nhw neilltuo cyfran helaeth o rifyn Haf 1970 i ddathlu pen-blwydd Niclas yn 90. Dyma ddywed J. Roose Williams amdano:

> It was not, however a squalid poverty, deadening all creative impulses, and instead of making him resigned to his lot, rather fostered in him a proud independence and inspired him to revolt against a system of landlord oppression which bore so heavily upon the common people of Wales. He was born into a world which was mentally, morally and spiritually rich, the society of country craftsmen and small farmers, which cherished its own language and begat a native culture inspired by the twin ideals of religious Nonconformity and political Radicalism.[13]

Gwelodd y Parch D. Jacob Davies (1916–1974), y gweinidog Undodaidd, wedd arall ohono. 'Y Marcsydd Mwyn' oedd ei ddisgrifiad ohono mewn ysgrif yn *Yr Ymofynydd*:

> Roedd yn gymwynaswr bob modfedd ohono, yn gadael ei dâl am bregethu'r Sul i'r gweinidog oedd yn ymladd â'i dlodi; yn anghofio

danfon bil am y dannedd gosod a roes i ambell bererin, a phan euthum drwy bapurau Dewi Emrys drannoeth ei farw gwelais amryw amlenni yn cynnwys pwt o nodyn tebyg i hyn: 'Dyma bunt i ti – gofala ar ôl dy iechyd da thi'.[14]

Ei weinidog ei hun, y Parch Jonathan E. Thomas mewn teyrnged iddo yn Mlwyddiadur yr Annibynwyr a roes ddadansoddiad gyda'r mwyaf treiddgar a chytbwys o'i fywyd, gan bwysleisio'r wedd Gristnogol yn hytrach na'r wedd Gomiwnyddol. Ond dyna a ddisgwylid gan weinidog, mae'n siŵr. Byddai Niclas yn galw'n gyson ar aelwyd ei rieni yn Nhŷ Isa, Llanymawddwy:

> Yr oedd iddo galon fawr, a thosturi'r galon honno a symbylodd ei holl lafur a'i weithgarwch amrywiol gydol ei oes faith. Etifeddodd gydymdeimlad tuag at y diymgeledd oddi wrth ei fam, a dysgodd garu, er yn gynnar, werin syml onest llethrau'r Preseli a ffieiddio pob gallu a dylanwad a'i gormesai a'i hamddifadai o fywyd llawn. Trwy 'lygad y drws' hwn yr edrychai Niclas ar y byd, a lledu ei dosturi i anwesu gwerinoedd daear. Cafodd ddysgeidiaeth y Proffwydi a'r Efengyl yn sail gadarn i'w genhadaeth.
>
> Ymosododd yn llym ar bob sefydliad a oedd yn gormesu ac yn ecsploetio dynion, ac yn achos eu trueni, ac yn y goleuni hwn y gwelai pob brenhiniaeth, ac offeiriadaeth, militariaeth, a chyfalafiaeth. Doedd dim rhyfedd iddo gofleidio'r drefn newydd yn Rwsia a China a'u gwynfydu'n ormodol, a chyda gryn drafferth y ceisiai gysoni dulliau'r chwyldro â'i ddaliadau fel heddychwr. Bu'n heddychwr 'ymosodol' ar hyd ei oes ac yn wrthwynebydd ffyrnig i bob rhyfel, ac oherwydd diffyg cydymdeimlad eglwysi ac enwad y gadawodd y Weinidogaeth, cam y gofidiodd iddo ei gymryd lawer tro wedyn.
>
> Y dylanwad mwyaf fu arno, meddai ef ei hunan, oedd yr Efengyl, ac er nad oedd ei ddehongliad ohoni yn uniongred llwyddodd i bwysleisio a diogelu gwedd arni a aeth ar goll i laweroedd yng ngwres y Diwygiad sef ei goblygiadau cymdeithasol. Gwir y dywedodd Dewi Emrys amdano: 'Nid chwerwedd plaid a'i meddiannodd ond hiraeth pob enaid cythryblus am y porthladdoedd prydferth.' Camfarnwyd ef gan rai a glywsai'r daran ar ei wefus heb weld y cronfeydd o dynerwch yn ei galon.[15]

Ni welai Niclas ei hun, wrth gwrs, yr un gwrthdaro mewn arddel hanfodion y Bregeth ar y Mynydd ar y naill law a hanfodion Comiwnyddiaeth ar y llaw arall. Iddo ef roedd y ddau yn un. Ond o'i bwyso a'i fesur yn y glorian, tybed nad oedd y naill yn drymach na'r llall? Nid oedd yn ddyn i ddilyn y ddafad flaenaf. Torrai ei lwybr garw ei hun. Byddai wedi cadw at ei ddaliadau hyd yn oed pe na bai Chwyldro wedi digwydd yn Rwsia a hynny ar sail egwyddorion Robert Owen. Nid oedd yn un i ddilyn *diktats* y Blaid Gomiwnyddol yn slafaidd. Yn wir, amheua D. Tecwyn Lloyd, a fu ei hun yn Gomiwnydd am gyfnod, pa mor glòs yr oedd at y pencadlys Comiwnyddol yn Llundain mewn gwirionedd:

> Er cymaint y sôn am Niclas fel comiwnydd, ni bu ganddo, hyd y gwn, fawr ddim byd 'swyddogol' i'w wneud â'r blaid gomiwnyddol ac yr wyf bron â bod yn siŵr nad yr un peth a olygai ef wrth gomiwnyddiaeth a'r blaid gomiwnyddol gyda'i phencadlys yn Llundain. Fe glywais un aelod o gynghorau'r blaid yn dweud unwaith nad oedd Niclas yn ddigon uniongred farcsaidd; comiwnydd emosiynol ydoedd ac yr oedd ei genedlaetholdeb a'i gefndir yn y Weinidogaeth yn peri i farcswyr y llyfr gael amheuon. Roedd yn ormod o unigolyn i wneud comisar llwyddiannus a phetai wedi aros yn Rwsia Yncl Jo, hwyr neu hwyrach, byddai wedi cael ei 'hylifo' neu gael tiriogaeth helaeth ond oer Siberia yn stâd ac yn garchar; beth petai'r llinellau hyn am garcharu yn ymddangos yn *Pravda*:

> > Yma nid oes na chariad na thosturi,
> >   Na gair caredig i'r trueiniaid tlawd;
> > Dim ond rheolau nad yw wiw eu torri
> >   A thraed swyddogion mân ar hawliau brawd.
> > Ond pwy a fu'n dyfeisio'r lle digariad,
> >   A dwyn yr Iesu i'r anynol drefn?
> > Ai damwain yw'r anfadwaith, ynteu bwriad
> >   I gadw'r groes dragywydd ar Ei gefn?
> > Yma mewn cell, dan glo, gwadaf yr hawl
> > I glymu'r Iesu wrth beiriannau'r diawl.

Deg llinell sy'n troseddu yn erbyn pob dalen o ddeuddeg cyfrol gweithiau Vladimir Ilyich![16]

Disgrifiad pert yr hanesydd Hywel Francis o ddaliadau Niclas, yn ei lyfr *Miners Againt Fascism*, a gyhoeddwyd gyntaf yn 1984, oedd 'homespun Christian Communism'. Ymhelaetha'r gŵr, a fu'n AS Llafur Aberafan o 2001 tan 2015, ar ei osodiad trwy adrodd hanesyn amdano yntau a'i dad, Dai Francis (1911–1981), arweinydd Undeb y Glowyr, yn mynd i wrando ar Niclas yn pregethu:

"Crwtyn 11 oed oeddwn i. Etho i a nhad draw i gapel yr Annibynwyr yn Rhigos un nos Sul i wrando ar Niclas. Hywel Davey Williams, y comiwnydd, oedd ysgrifennydd y capel ac ysgrifennydd cyfrinfa'r Rhigos yn ogystal. Roedd fy nhad wedi cefnu ar y capel ers meitin ond yn bartnars gyda Niclas. Nawr, 1957 oedd hi ac i gomiwnydd roedd hynny'n golygu deugain mlynedd ers y Chwyldro yn Rwsia. Ein diddordeb ni oedd clywed beth fydde Niclas yn ei ddweud am Rwsia. Chawson ni ddim o'n siomi. Roedd Rwsia wedi anfon spwtnic i'r gofod i ddathlu. Ac ychydig cyn diwedd y bregeth dyma Niclas yn cymharu'r spwtnic i'r seren dros Fethlehem yn arwydd o amser gwell i ddod. Roedd fy nhad wedi'i blesio," meddai.

Hanesydd arall a gofia'n dda am ysbryd diwyro Niclas yw Syr Deian Hopkin pan oedd yn ddarlithydd ifanc yn Aberystwyth.

"Cofiaf iddo fod o gymorth i mi yn 1963 pan oedd CND am ddatgelu dogfennau cudd yn nodi fod gan y llywodraeth fyncers dwfn dan y ddaear i guddio ynddyn nhw adeg ymosodiad niwcliar. Roedd ganddo offer printio mewn sied yn yr ardd a dyna ble buom ni'n dau wrthi ffwl pelt yn cynhyrchu cannoedd o gopïau i'w dosbarthu ledled Cymru. Er ei fod dros ei bedwar ugain roedd wrth ei fodd yn tanseilio'r gyfundrefn gyfalafol unwaith eto!" meddai'r gŵr o Lanelli, a fu wedyn yn academydd a gweinyddwr blaenllaw mewn nifer o brifysgolion yn Llundain, yn ogystal â gwasanaethu fel Llywydd y Llyfrgell Genedlaethol yn ei dro.

"Ryw brynhawn wedyn, roeddwn yn sgwrsio efo Niclas ac yn siarad am hanesyddiaeth a minne ar fin dechrau dysgu pwnc arbennig blwyddyn gyntaf yn yr Adran ar Hanes Rwsia Sofietaidd – yn wir, dyna oedd fy mhrif gyfrifoldeb ymysg myfyrwyr blwyddyn gyntaf am y rhan fwyaf o'm gyrfa. Roedd Niclas yn awyddus i mi ddefnyddio cofiant Isaac Deutscher ar Trotsky – er ei fod ei hun yn hollol gefnogol o ymgyrch Stalin i achub Rwsia! Roedd ganddo ddigon o gyfarwyddyd, rhaid dweud. Dyn eithriadol!"

Roedd gan Deian Hopkin hefyd ran flaenllaw mewn trefnu cynhadledd undydd ar ran Cymdeithas Llafur Cymru yn Aberystwyth ym mis Hydref 1979, gyda'r bwriad o ddynodi can mlynedd ers geni Niclas. Gwahoddwyd W. R. Nicholas, James Nicholas a D. Ben Rees i ddarlithio a threfnwyd plac i'w osod ar wal yr hen gartref yn y dref. Ond ychydig ddyddiau cyn y dadorchuddio arfaethedig gan Islwyn ap Nicholas gwrthodwyd caniatâd gan y perchennog ar y pryd, Hywel Evans, Cynghorydd Sir Plaid Cymru uchel ei barch yn ddiweddarach.

Cychwynnais trwy gyfeirio at y llun hwnnw 'Y Tangnefeddwyr' o eiddo Aneurin Jones. Gorffennaf yn yr un modd. Er nad o'r un anian nac o'r un daliadau union, roedd yna gwlwm cysylltiol cryf rhwng y tri. Perthynai iddynt annibyniaeth barn a dogn helaeth o ddynoliaeth a brawdgarwch. Pan fu farw D. J. Williams ym mis Ionawr 1970 roedd Niclas yn cael triniaeth yn Ysbyty Bronglais. Clywodd y newyddion ar y radio pan oedd gŵr croenddu yn gweini arno. Roedden nhw'n bennaf cyfeillion. Wylodd y ddau. Meddai Niclas mewn nodyn a gyrhaeddodd law ei gyfaill Gwilym R. Tilsley (1911–1997) fel y noda yn y gyfrol *Proffwyd Sosialaeth a Bardd Gwrthryfel*:

> Yr oedd ein dagrau yr un lliw drwy'r nos. Joe a mi yn gwrando ar y radio. Dyn du yw Joe. D. J. wedi marw. Cofio ysgrifennu soned 'Penyberth' yn y carchar a'r bomiau. Methu cael odl. Wylo wrth gofio. Joe yn sychu fy llygaid ac wylo ei hun. Llaw ddu yn sychu dagrau hiraeth Cymro.[17]

Yn yr un ysbyty roedd Niclas, yn wynebu ei waeledd olaf, pan gyflwynwyd rhifyn Gŵyl Ddewi 1970 o'r cylchgrawn *Y Cardi* iddo a oedd wedi'i neilltuo yn rhifyn teyrnged iddo. Lyn Ebenezer oedd y negesydd. Roedd yr achlysur yr un mor emosiynol i'r ddau. Trysorai Lyn y gyfrol *Llygad y Drws*, a chofiai iddo ddysgu'r soned 'Llong y Plant' ar ei gof cyn iddo ddysgu 'Tedi' a 'Pwff, pwff trên'. Gwerthodd ddwsin o gopïau o'r gyfrol pan ddaeth Niclas i ddarlithio i Ffair-rhos. Cofiai am ei dad yn cael y driniaeth bôn clawdd i waredu dant drwg. Torrodd yr argaeau pan welodd Niclas gyfraniad Waldo yn y cylchgrawn. Meddai Lyn:

> Wylai Niclas yn huawdl wrth syllu ar yr erthygl, yn un peth am fod Waldo ei hun yn wael a hefyd am mai'r hen Waldo yw un o'r ychydig rai i weld pwysigrwydd ac arwyddocâd y gerdd 'Gweriniaeth a Rhyfel'.[18]

Ar achlysur diweddarach wrth dynnu at y terfyn gwelodd Lyn y frawdoliaeth rhwng Niclas a Joe:

> Wylodd y diwrnod hwnnw hefyd wrth wasgu llaw meddyg du a ofalai amdano, a'r meddyg ei hun yn wylo gydag ef. 'Bachgen, bachgen, dyma beth yw ystyr cariad,' meddai. 'Mae hwn mor dyner wrtho i a ninnau'r dynion gwyn wedi trin ei genedl ef fel anifeiliaid.'[19]

Cyhoeddwyd cerdd Niclas i Waldo yn ei gyfrol olaf *Rwy'n Gweld o Bell*. Roedd yn ei gofio pan oedd yng ngharchar Abertawe am beidio â thalu treth incwm fel protest yn erbyn rhyfela yn 1960.

Waldo
(yn fy hen gartref)

Euthum mewn breuddwyd i weled y bardd
A garodd Gymru a phopeth hardd;
Gwyddwn y ffordd drwy y drysau bob un –
Oni fûm yno am dro fy hun?

Eisteddai Waldo yn llawen a syn
Â'i lyfr a'i bensel a'i bapur gwyn,
A Chymry gwlatgar yn llenwi'r gell,
Cyfeillion y bardd o agos a phell.

Rhai o gymoedd y glo gerllaw
Rhai o Gaergybi ac Abermaw,
Rhai o Faldwyn ac Arfon bell,
A thorf o Ddyfed yn tyrru i'r gell.

Pob un â'i obaith, pob un â'i siom,
A phawb yn ofni trychineb bom,
A rhai o'r cwmni yn holi'n ewn
"Paham yr arhosi di i mewn?"

Doedd neb yn gwybod yr ateb yn llawn,
Ond pawb yn sibrwd, "Waldo sy'n iawn",
Atebodd yntau, a'i eiriau'n ras,
"Paham yr arhoswch chwi tu fas?"[20]

Nid Comiwnyddiaeth a ddeffrôdd Niclas i anghyfiawnder cymdeithasol. Roedd yr ymwybyddiaeth honno yn rhan ohono ers dyddiau llencyndod. Ni fyddai'n dyfynnu Karl Marx byth a beunydd. Roedd Robert Owen ac R. J. Derfel wedi dangos y ffordd iddo. Cael ei wthio at y Blaid Gomiwnyddol fu ei hanes am iddo gael ei ddadrithio gan y Blaid Lafur. Prin y gallai fynd ymhellach i'r chwith o ran daliadau gwleidyddol. "Bûm yn pregethu Comiwnyddiaeth cyn i mi wybod am Karl Marx," meddai mewn cyfweliad gyda D. Ben Rees ar dudalennau cylchgrawn Sosialaidd byrhoedlog a sefydlwyd gan fyfyrwyr yn Aberystwyth o'r enw *Aneurin* yn 1961. Gwnaeth hynny'n glir drachefn mewn cyfweliad gyda W. J. Edwards mewn rhifyn o'r cylchgrawn *Y Cardi*:

> Yr Efengyl a Robert Owen, y Cymro mwyaf a gododd ein gwlad
> ni, a ddylanwadodd fwyaf arnaf. Pwysleisia'r ddau mai'r hyn
> sydd o'i le yw'r drefn ac nid y bobl. Gwerth y ddau oedd iddynt
> ymdynghedu i newid y drefn. Dyna oedd cyfraniad mawr Robert

Owen gyda'i bwyslais ar gydweithrediad. Cafodd Howel Harris yr un weledigaeth wrth iddo sefydlu'r cartref i'r teulu yn Nhrefeca, byw'n gytûn a phopeth yn gyffredin, dyna wir gomiwnyddiaeth.[21]

'Buoch yn un o broffwydi Crist yn ein hoes,' meddai'r Dr Pennar Davies wrtho mewn llythyr o Goleg Coffa, Aberhonddu ym mis Hydref 1952, yn diolch iddo am daro heibio i sgwrsio â'r myfyrwyr. Gresynai droeon iddo adael y weinidogaeth. Daliodd i ddringo pulpudau capeli'r wlad gydol ei oes. Pe bai wedi'i sefydlu drachefn, diau y byddai wedi chwennych newidiadau. Mae ei farn ynghylch enwadaeth yn yr un cyfweliad hwnnw yn *Y Cardi* yn adlewyrchu safbwynt ei gefnder, William, yn y *Tivyside*, yn 1914:

Gweithia dynion o bob enwad yn ymyl ei gilydd am chwe diwrnod o'r wythnos, ar y seithfed dydd paham nas gallant gyd-addoli? Nid oes dim ond amharodrwydd yr arweinwyr yn atal undeb. A ydym yn fodlon talu'r pris? Credaf fod enwadaeth yn ddrwg digymysg am ei fod yn rhannu galluoedd ddylasai fod yn un. Ceidw enwadaeth ddynion i gweryla yng nghylch pethau bach, dibwys, ar draul esgeuluso pethau mawr, hanfodol. Yn gyntaf peth, rhaid dysgu crefyddwyr fod enwadaeth yn ddrwg. Mewn llawer pentre bach, gweithia dynion yn yr un gwaith, canant yr un emynau, darllenant yr un Beibl, siaradant yr un iaith, ond ânt i bedwar addoldy gwahanol ar y Sul.

Yn y pedwar addoldy y mae nifer yr aelodau yn isel, y canu yn wael, y beichiau ariannol yn drwm, ond myn enwadaeth dragwyddoli'r anhrefn. Gwrth-Gristnogol yw'r egwyddorion a roddodd fod i enwadau. Os dysgodd Iesu rywbeth yn bendant, dysgodd undeb dynion. Cymysgedd o amryw grefyddau a dogn go dda o baganiaeth yw crefydd yr enwadau heddiw. Rhoddir y lle olaf i Grist. Wedi penderfynu ar Gristnogaeth fel ein crefydd bydd yn rhaid dileu'r enwadau cyn y gellir ei mabwysiadu.

Hanfod Cristnogaeth yw Cariad a chariad yn unig a all ddileu ffiniau. Adeiladwyd crefydd fawreddog yn ystod yr ugain canrif ddiwethaf, ond pan dorrodd y llif-ddyfroedd a'r drycinoedd syrthiodd y cyfan, oblegid sylfaenesid hi ar y tywod. Rhaid dechrau o'r newydd eto a rhaid sylfaenu'r grefydd newydd ar graig. Deil honno'r argyfyngau a'r stormydd a chaiff dynion ynddi le i fyw

mewn cariad a heddwch. Ofnaf fod gorsedd a theml i orchfygu'r
Crist mewn dynion yn ein hoes ninnau eto, ond fe gyfyd y Crist ar
adfeilion teml ac ymherodraeth a geilw ei gyfeillion o'i amgylch
i greu bywyd newydd. Yn y byd newydd hwnnw bydd Undeb yn
teyrnasu.[22]

"Rwy'n gweld o bell," meddai Niclas, gyda phendantrwydd
gorchfygol. Glynodd at ei ddaliadau ei hun gydol ei oes
heb deimlo'r un rheidrwydd i lynu'n slafaidd at yr un gredo
gyfundrefnol, boed wleidyddol neu grefyddol.

"Gwelais y ddynoliaeth yn cymryd camau breision ymlaen
adeg chwyldro Rwsia hanner canrif yn ôl. A dyna pam yr wyf
mor llawen ac yn mwynhau bywyd, ac yn edrych ymlaen yn
obeithiol i'r dyfodol," meddai wrth lansio ei drydedd cyfrol ar
ddeg *Rwy'n Gweld o Bell*.

Dyfynnai eiriau Pantycelyn yn amlach na neb, 'Iesu, nid oes
terfyn arnat'. Taenwyd llwch y Parch T. E. Nicholas ar Crugiau
Dwy ei gynefin ym mis Tachwedd 1971 pan oedd yr hin mor
nodweddiadol aeafol ag yn nyddiau ei blentyndod. Cyflawnwyd
y ddefod gan ei or-or-or-nai pedair ar bymtheg oed, Wyn Owain
Phillips.

Ond fel tystiolaeth o'i archwaeth am y dramatig nid dyna'n
union sut y rhagwelai ei ddiwedd daearol mewn llythyr a
anfonodd at Awena Rhun ym mis Ebrill 1942:

> Gobeithio y caf fi fynd o'r byd yn ddisymwth, heb boen i mi
> na thrafferth i neb arall. Y mae marw yn beth hollol naturiol.
> Gobeithio y digwydd i mi ar ddydd cyfleus fel y gellir mynd â mi ar
> ddydd Sul i Bontypridd i'm llosgi, a mynd drwy Gwm Rhondda, a
> chael bechgyn Cwm Afon i ganu ar y dydd, a nifer o hen lowyr i'm
> hebrwng hyd enau'r ffwrn. Ac o bydd yno rhyw hen gyfaill i adrodd
> y gwasanaeth claddu, 'Tân i'r tân; fflam i'r fflam. Tafod i'r tafod
> tanllyd', ac yna cymysgu dyrnaid o bridd Cymru a'm llwch cyn ei
> hebrwng i ddaear Rwsia. Cartref tragywydd dyn yw'r wlad lle y
> mae'r pethau a gâr wedi eu sylweddoli, a naturiol i weddillion corff
> dyn orffwys ym mysg dynion sydd yn caru a chredu yr un pethau.
> Nid oes gan ddyn dewis dull ei fynediad allan, ond gobeithio y

bydd yn ddiboen a didrafferth. Yr wyf yn ddigon hunanol i gredu bod rhyw bethau yn fy mywyd na ellir eu claddu, yn wir byddai'n chwith gennyf feddwl y gellid fy ngosod mewn bedd i gyd. Hyderaf bod yna ryw bethau na ellir eu llosgi gyda'm corff, pethau a fydd yn cydgerdded â phwerau Cynnydd yn y byd newydd. Pan ddaw'r byd yn rhydd o dlodi a gorthrymder tybed a fydd dyn yn rhywle yn gweld hynny ac yn gallu dweud 'Dyna'r pethau a fûm i yn eu ceisio ganrif neu ddeng canrif yn ôl?' Y mae dyn yn ddigon mawr i feddwl y gall peth felly ddigwydd, ac yn ddigon bach fel nad all rwystro'r pethau hyn er iddo geisio gwneud hynny.[23]

A chyda golwg ar ei anfarwoldeb ei hun ymhelaethodd ymhellach mewn llythyr blaenorol a anfonwyd at ei gyffes gyfeilles:

Os daw dipyn o hamdden ymlaen yma, mi rof i chwi dipyn o'm hanes meddyliol a'r pethau y bûm yn gweithio drostynt. Ni chwenychaf i werin Cymru fy nghofio ond oherwydd yr ychydig a wnes dros ei hachos. Nid yw cofio i mi gael fy ngeni ar ddydd neillduol mewn man arbennig, a byw yn y tŷ hwn a'r tŷ arall, a chyhoeddi llyfrau yn y flwyddyn a'r flwyddyn, a marw a chael fy nghladdu neu fy llosgi, o un gwerth. Y gân a'r ysgrif a'r ddarlith sy'n bwysig; pa beth y bûm yn ymladd yn ei erbyn ac o'i blaid, dyna'r peth mawr. Sylwais lawer tro ar gofiannau Lenin nad oeddynt yn dweud dim fawr o'i hanes personol, hanes ei waith. Ar y cyntaf synnwn at hyn a theimlo braidd yn siomedig; ond wedi meddwl, ei waith oedd yn bwysig, a beth a ysgrifennodd mewn argyfyngau mawr a ddigwyddodd yn ei fywyd.[24]

Tebyg lle bynnag y taenid ei lwch mai aflonydd fyddent. Byddai'r awel yn siŵr o gydio ynddynt. Cadwodd Twm Llety yn driw i Rwsia a'r freuddwyd hyd y diwedd. Y Preselau a'i mowldiodd. Rhy'r darlun hwn o ddyddiau plentyndod yn un o'i fynych lythyrau at Evan Roberts, Llandderfel:

Rwy'n cofio gaeafau caled iawn pan oeddwn yn blentyn. Gan ein bod yn byw yn lled uchel ar y Preselau yr oedd eira yn aros yno yn o hir. Dechrau 1895 ydoedd. Bu'r gaeaf ar ei hyd yn oer

a llawer o rew, ond rywbryd ddechrau'r flwyddyn, daeth trwch o
eira a bu yno am chwe wythnos. Claddwyd llawer o ddefaid dan
y lluwchfeydd, a'n pennaf gwaith ni blant oedd chwilio amdanynt
a'u tynnu allan. Cawsom ugeiniau lawer allan yn fyw wedi bod yno
am wythnosau. Oni cheir hwynt allan cyn i'r eira doddi, fe'u boddir
wrth gwrs.

Bu'n amser hyfryd i lithro ar yr ia, digon ohono ar y tir, heb
eisiau mentro i lynnoedd. Ninnau'n troi dŵr allan o'i gwrs er cael
darn hir o ia ar y caeau, ac yno yr oeddym hyd hanner nos ar
noson loergan, heb ofidio fod y glo yn brin na dim arall. Rywsut
edrychaf yn ôl ar y gaeaf caled hwnnw gydag hyfrydwch. Daeth
rhyw fwynhad o'r oerni hir a'r eira am fod y peth yn newydd i ni, a
digon o gyfle i chwarae. Yr oedd mynd i'r ysgol allan o'r cwestiwn,
am fod gennym filltiroedd i fynd, a'r lluwchfeydd yn ormod.

Cofiaf i'm ffrind a minnau fynd i'r pentref, rhyw ddwy filltir
i ffwrdd, drwy lwybr a oedd wedi ei agor drwy'r eira. Nid oedd
sôn am fodurau'r pryd hwnnw na bws. Dim ond llwybr troed neu
geffyl oedd eisiau. Prynasom sigaret rhyngom, pethau go newydd
yn ein cylch ni ar y pryd. Ac wrth gychwyn adref yr oedd ffermwr
â cheffyl ifanc yn efail y go yn ei bedoli'r tro cyntaf. Nid oedd
neb wedi bod ar gefn y ceffyl, ac wrth fynd adref gofynnodd i un
ohonom ni fynd ar ei gefn. Cerddai'r ffermwr ar y blaen drwy'r
llwybr cul, a'r afwynau ar ei fraich, a'r ceffyl yn dilyn a minnau ar
ei gefn, a'm ffrind yn dilyn o'r tu ôl.

Er mwyn dangos i hwnnw nad oedd arnaf ofn syrthio, codais
fy nwy law i fyny uwch fy mhen yn sydyn. Os do, cafodd y ceffyl yr
ofn mwyaf dychrynllyd, a neidiodd heibio'r ffermwr ac hyd ei dor
yn y lluwch, a minnau'n gallu llithro'n rhwydd i ben yr eira caled.
Wedyn dechreuodd storm fawr, a'm ffrind oedd yn cael y bai iddo
daflu pelen eira at y ceffyl. Saif ambell ddigwyddiad fel hwn yn fyw
yn y cof, a phob tro y cofiaf amdano, ni fedraf beidio â chwerthin.
Yr oedd y peth mor ddisymwyth ac mor ddigrif i mi ar y pryd.

Yr oedd ein tyddyn ni'n ffinio â chomins mawr, filoedd o aceri o
dir eithaf gwastad, heb ond grug ac eithin mân yn tyfu arno. Rhyw
dri chwarter milltir i mewn ar y cwmins yr oedd bwthyn unnos, a
hen wraig yn byw yno. Deunaw yr wythnos o'r plwyf oedd ei holl
gynhaliaeth ar wahân i'r llaeth a'r caws a'r bara ceirch a gâi gan y
rhai oedd yn byw yn y tyddynnod. Arferwn fynd yn y gaeaf caled
uchod, i'w gweld bob dydd.

Awn i gyrchu dŵr iddi o ffynnon gyfagos, a mynd ag enwyn a

bara ceirch a phethau eraill iddi. Arferai siarad â hi ei hunan yn uchel. A minnau rhyw noson loergan, yn mynd yn ddistaw at y tŷ i wrando beth oedd ganddi i'w ddweud wrthi hi ei hun. Erbyn i mi wrando, siarad â Iesu Grist oedd hi, a chredu ei fod yno yn y tŷ. Wrth fynd adref teimlwn rhyw gymaint o ffydd yr hen wraig, a phrofi rhyw orfoledd ar y tywydd oer a'r trwch o eira. Gwyrth go fawr oedd atgyfodi'r Iesu yn y bwthyn hwnnw, a theimlo na laddwyd ef gan yr Iddewon na'i gladdu chwaith, – am byth. A oes dynion â ffydd felly yn awr?[25]

Gwyddai Niclas beth oedd caledi yn bymtheg oed. Roedd eisoes yn fentrus. A chafodd brawf o Grist yn yr eira liw nos. Ni wnaeth anwybyddu ei Grist weddill ei fywyd. Nid rhyfedd i Jâms Niclas ddweud amdano:

Ti yw craig Llety crugiau
Diwyrni gadernid yr oesau,
Garw fyd oedd i'th gryfhau
Ar sail yn y Preselau.

Gwelwyd ei styfnigrwydd, ei unplygrwydd a hwyrach ei anallu i weld yr un dim trwy lygaid eraill yn ei agwedd at chwaraeon. Nid oedd gan Niclas ddim i'w ddweud am yr un gamp a roddai gyfle i ddyn ddangos ei ddoniau corfforol. Ni chiciodd bêl erioed. Llawforwyn y cyfalafwyr oedd chwaraeon yn ei olwg. Chwaraeon iddo ef oedd rasus milgwn, rasus ceffylau a'r pyllau pêl-droed. Roedd betio ynghlwm â'r rheiny; cyfle i gyfoethogion wneud elw ar draul y werin. A doedd hynny ddim i fod yn nheyrnas Twm Llety. Afraid dweud y byddai er lles ei boblogrwydd pe bai wedi uniaethu ei hun â'r byd rygbi neu bêl-droed. Ond nid Niclas fyddai wedyn, siawns.

Nid arbedodd ei hun rhag dringo i bulpudau'r wlad cyn amled ag y medrai fel pregethwr llawrydd am y rhan helaethaf o'i oes. Yn ôl ei amcangyfrif ei hun, rhwng 1898 ac 1968, pregethodd mewn 544 o gapeli ei enwad ledled y wlad, heb gyfrif capeli'r enwadau eraill. Dim ond perfeddion Môn a rhannau o Ddinbych a Fflint oedd yn ddieithr iddo. Ac o'r 26 o gapeli'r Annibynwyr yn Sir Benfro ymddengys mai dim ond naw ohonyn nhw na estynnodd wahoddiad iddo. Tebyg mai yn y pulpud, o gofio iddo gael ei swyno gan rai o bregethwyr ei blentyndod, fyddai Niclas y Glais fwyaf cartrefol, yn pregethu chwyldro'r efengyl i gynulleidfaoedd o Gymry Cymraeg. Byddai bob amser yn barotach i ddyfynnu adnod o'r Beibl na chymalau o gredo Karl Marx.

Perthynai i'r blynyddoedd hynny y naill ochr i'r bedwaredd ganrif ar bymtheg a'r ugeinfed ganrif. Dyna'r cyfnod a'i mowldiodd, ac er ei fod ar dân dros newid amodau byw'r bobl gyffredin y cafodd ei hun yn eu plith, yn y cyfnod hwnnw yr oedd yn ei elfen. Roedd Herber Evans yn gymaint o ddyn ag R. J. Derfel yn ei olwg a chenadwri'r naill yn asio yn eiddo'r llall. Ef ei hun sy'n disgrifio cyfaredd y Dr Herber Evans, Prifathro Coleg Bala Bangor:

> Pan oeddwn i'n grwt, roedd ffrwd fach ar bwys ein cartre ni. Doedd wiw imi whare yn honno neu byddwn yn cael annwyd a byddai Mam yn gwbod fy mod i wedi torri'r rheolau. Rywbryd dyma siarad mawr fod Herber yn dod i bregethu i Lwyn-yr-hwrdd. Dillad parch a sgwrio wynebau oriau cyn dechrau'r oedfa. Mynd yno a'r lle'n orlawn. Toc dyma mwstwr y gynulleidfa'n distewi a'r dyn mawr ei hunan yn cerdded lawr yr ali i'r set fawr.
>
> Pregethai Herber ar y proffwyd Eliseus yn adfer mab y Sunamees. Disgrifiai'r proffwyd yn mynd i mewn i'r stafell lle roedd corff y bachgen. Ac yna eisteddodd Herber yn set y pwlpud a'i glust yn dynn ar y wal gefn yn dynwared y Sunamees yn gwrando megis trwy'r pared ar beth oedd yn digwydd. 'A'r bachgen a disiodd hyd at seithgwaith' meddai'r stori.
>
> A dyna lle'r oedd Herber yn sisial gyfrif – 'un dau tri pedwar pump'. Ac wedi cyrraedd 'saith' dyma fe'n gofyn i'r gynulleidfa 'Pam oedd y crwt yn tisian?' A chododd yn urddasol ar ei draed a dweud, 'Wedi cael annwyd oedd e wrth groesi'n ôl dros yr hen afon'. Ac i grwt a gafodd lawer annwyd yn y ffrwd wrth ei gartre, yr oedd y sylw'n gwneud synnwyr perffaith.[26]

Ac yntau wedi'i gyfareddu gan fawrion y pulpud, siom i'r

Niclas ifanc ychydig yn ddiweddarach oedd na chafodd fynd i gapel Blaenffos i wrando ar un arall o hoelion wyth y cyfnod a brodor o'r ardal, Myfyr Emlyn, nid am ei fod yn dioddef o annwyd ond am i'w fam farnu nad gweddus fyddai iddo fynd mor bell mewn clocs ac yntau heb esgidiau ar y pryd.

Doedd uchelgais bersonol Niclas ddim yn fawr, fel y datgelodd yn un o'r llythyrau a anfonodd at Evan Roberts, Llandderfel, un o'r werin a roddai glustiau parod iddo:

Gan fy mod yn dal syniadau arbennig, ofer fyddai i mi ddisgwyl ffafrau na chanmoliaeth. Credaf y gallaf ddweud heb ymffrostio na ymleddais erioed dros ddim i mi fy hun mewn safle nac ennill; ond bûm yn lled ffyrnig yn fy mrwydr dros fyd newydd. Nid ymladd â dynion a fûm, ond ymladd dros ddynion. Nid ydynt yn gweld hynny, ac ni ddisgwyliaf iddynt weld. Y mae nifer y cyfryngau'r ochr arall gymaint yn fwy na'r eiddof fi, fel mai ofer yw disgwyl llawer o gynnydd.[27]

Gydol ei oes nid ystyriai ei hun yn atebol i'r un meistr ond y Meistr ar y Groes. Pe bai Niclas yn atebol i feistr daearol byddai'n sicr wedi gorfod tymheru ei ddaliadau. Ond am y byddai hynny'n anodd, os nad yn gwbl amhosib iddo, ei dynged fyddai ei ddiswyddo droeon. A'i ymateb, bid siŵr, fel ymhob argyfwng, fyddai 'Iesu, nid oes terfyn arnat'. Roedd ganddo ddarlith ddwy awr o hyd am yr 'Hen Bant'. A gwadai'n ddiedifar bob cyfle a gâi yr honiad na ellid bod yn Gristion ac yn Gomiwnydd:

Y gwir plaen wrth gwrs yw na all dyn fod yn Gristion oni byddo hefyd yn Gomiwnydd. Sefydlwyd y Gymdeithas Gristionogol gyntaf yn Jerusalem gan ddynion glywodd yr Iesu'n pregethu; yr oeddynt yn ei nabod ac yn gwybod beth oedd ei syniad am Gymdeithas felly. Pan aethpwyd ati i sefydlu'r Gymdeithas, un Gomiwnyddol ydoedd. Methiant fu'r arbrawf am nad oedd aelodau'r Gymdeithas yn Gristionogion. Aethant i mewn i'r Gymdeithas er clod ac elw iddynt eu hunain. Ond ni ellir gwadu i'r dynion a oedd yn nabod Iesu sefydlu Cymdeithas Gomiwnyddol. Credaf fi, ac y

mae'n amheus gennyf a fedr yr un diwinydd brofi'n wahanol,
fod Comiwnyddiaeth yn wisg economaidd am ddysgeidiaeth
Iesu. Gwnaeth Rwsia fwy i osod yr hyn a ddysgodd Iesu mewn
gweithrediad mewn chwarter canrif nag a wnaeth yr eglwys mewn
dwy fil o flynyddoedd.[28]

Gwisgodd y seren goch ar labed ei got lwyd hyd y diwedd. A
lluniodd ei feddargraff ei hun ar lun englyn gyda'i baladr cryf
ond heb amynedd, mae'n siŵr, i gaboli'r llinell glo gloff:

> Gwerin y byd a garodd, – ar delyn
>   Brawdoliaeth y canodd;
>   Ac o'r nwyd a freuddwydiodd
>   A'i ing trem, i'w angau trodd.

Rhyfeddai D. Tecwyn Lloyd yn ei ffydd ddiysgog yng ngallu
dyn i greu gwell byd iddo'i hun:

> Sgrifennai fel y llefarai, yn eglur a phersain ac yn llawn ffydd
> a sirioldeb. Roedd ei ffydd am ddyfodol amgenach i ddyn yn
> nodedig. Clywais ddweud iddo, o'r diwedd, fethu â chynnal ei
> edmygedd o Rwsia; yr oedd y trais a wnaed ar Tsiecoslofacia
> ym 1968 yn ormod iddo. Ond yn hytrach nag ymgilio i ryw
> fewnblygiaeth tywyll, fel sy'n digwydd yn hanes llawer un, clywais
> ei fod wedyn yn edrych am yr Addewid tua China a Dywediadau
> Mao. Y ffydd a'r gobeithio hwn sy'n cyfri na bu erioed, hyd y gwn,
> yn fardd tywyll. Yr oedd yn medru gwrthsefyll y demtasiwn honno,
> yn enwedig yn ystod yr ugain mlynedd diwethaf, yn dangos grym
> ei bersonoliaeth ac, yn fwy syml, yn dangos ei fod yn fardd.[29]

Cydnabu'r Athro T. J. Morgan, a fedyddiwyd ganddo yn y
Glais pan oedd yn faban, ei fawredd:

> Mae'n rhaid i mi ddweud fod ton o edmygedd pur yn golchi drosof
> wrth feddwl fod yr hen Niclas wedi glynu, a glynu yn ddiollwng
> wrth y weledigaeth a roes iddo'r cyffro mawr 60 mlynedd ynghynt,
> ac er gwaetha'r holl brofedigaethau, a'r sen a'r dirmyg a'r siom a
> ddaeth i'w ran, yn arbennig o weld ei hen gymheiriaid yn ildio ac

yn parchuso, yn cadw ei olygon i edrych yn loyw a diwyro i'r un cyfeiriad, o ddyfodol pell 'y dydd yn dod'. Y peth mwyaf diddorol ynglŷn â Niclas yw, nid ansawdd ei farddoniaeth o safbwynt celfyddyd, ond ei bod yn adrodd hanes cymeriad hollol eithriadol, fel cymeriad mewn nofel neu ddrama fawr. Fe'i hanogais droeon i ysgrifennu ei hunangofiant: gweld yr oeddwn i fod defnydd mor wych ganddo ar gyfer y gwaith, helyntion ei yrfa ryfedd a'i gymeriad eithriadol.[30]

Ymgais i wneud iawn am yr hyn yr anogwyd Niclas i'w gyflawni, ac yntau heb lwyddo i ddwyn yr ysgubau i'r ydlan, yw'r gyfrol hon. A deil o bryd i'w gilydd i gynhyrfu ambell fardd o'r newydd. Sonia'r Prifardd Hywel Griffiths am y wefr a deimlodd pan ddaeth ar draws y gyfrol *Tros Ryddid Daear*, sef detholiad o gerddi gwleidyddol Niclas ynghyd â chyfieithiadau Saesneg, ac yn benodol y soned 'Yfory':

Nid oeddwn wedi clywed am y bardd erioed o'r blaen. Roedd y gerdd hon yn codi cwr y llen ar fardd newydd cyffrous, er ei fod wedi marw ddegau o flynyddoedd yn ôl. Roedd darganfod y rhethreg heintus o safbwynt yr oeddwn yn cydymdeimlo ag o yn gyffrous dros ben. Mae rhai llinellau'n mynnu aros yn y cof, yn enwedig 'gwelaf y llu banerog â'i lumanau'. Cerdd i danio gobaith yw hon, fel nifer o gerddi'r bardd. Doedd bywyd ddim cweit yr un fath ar ôl ei darllen.[31]

Nid rhyfedd fod Hywel, ac yntau'n gadeirydd Cymdeithas yr Iaith Gymraeg ar y pryd, yn un o'r rhai a sefydlodd Gymdeithas Niclas y Glais ar y cyd â'r Blaid Gomiwnyddol a threfnu i ailgyhoeddi'r gyfrol *Proffwyd Sosialaeth a Bardd Gwrthryfel* yn 2010. Roedd Hywel wedi ffoli drachefn wrth ysgrifennu rhagair i'r adargraffiad:

Darllenais y rhagair tanbaid yn awchus, gan feddwi ar y datganiadau pendant, digymrodedd. Darllenais y cerddi, a chael eu hysbryd chwyldroadol yn heintus. Dyma fardd gwahanol, bardd a oedd yn sgrifennu yn nauddegau a thridegau'r ugeinfed ganrif gydag ysbryd chwyldroadol mor wahanol i'r beirdd o'r un cyfnod yr oeddwn i yn gyfarwydd â nhw. Yn ei gerddi gwleidyddol mae'n bwrw ei lach ar gyfalafiaeth, hiliaeth a'r frenhiniaeth, ond ar ôl pob beirniadaeth mae ei obaith am ddyddiau gwell yn pefrio drwyddo, a'r sicrwydd y daw'r chwyldro o du'r gweithwyr yn ei gario tuag at y wawr nesaf.[32]

Ond cymdeithas nad yw, ysywaeth, yn ôl ei maniffesto, yn talu gwrogaeth i Gristnogaeth Niclas y Glais:

Ei hamcanion fydd dathlu bywyd, gwaith a syniadau T.E. Nicholas a lledaenu gwybodaeth amdanynt, ynghyd â thrafod llenyddiaeth a'r celfyddydau eraill o safbwynt sosialaidd, rhyng-genedlaethol a gwrth-imperialaidd.[33]

Fyddai'n ddim gan Niclas ddweud o bryd i'w gilydd iddo ganfod ei sosialaeth yn yr adnod o Lyfr Jeremiah (Pennod 22, adnod 13) yn yr Hen Destament: 'Gwae yr hwn a adeilado ei dŷ drwy anghyfiawnder, a'i ystafellau drwy gam; gan beri i'w gymydog ei wasanaethu yn rhad, a heb roddi iddo am ei waith.'

Cafodd Niclas ei drwytho mewn emynyddiaeth yn gynnar iawn ac er nad oedd yn gantor fel y cyfryw, fe lynodd wrth y geiriau gydol ei oes. Yn y Seiat Adrodd yng Nghrymych y dysgodd emyn Huw Derfel Hughes (1816–1890), 'Y gŵr a fu gynt o dan hoelion', a chanfod yn ddiweddarach iddo gael ei gyfansoddi wrth i'r awdur groesi'r Berwyn â'i bladur ar ei ysgwydd wedi bod yn cynaeafu yn Amwythig. Gwyddai Niclas fod yna chwys a chred a dyhead y tu ôl i gyfansoddi llawer o'r emynau mawr. Glynodd wrth y Gymraeg yn ei gwisg orau, yn mynegi'r gwirioneddau goruchaf.

Oni chafodd weledigaeth ar awr dywyll yn ei gell? Gweld y Crist yn ailosod breichiau a choesau wedi'u rhwygo oddi ar gyrff plant o bob lliw heb hidio, wrth winio, a oedd yr aelodau o'r un lliw neu beidio. Roedd ôl yr hoelion i'w gweld ar y dwylo. Cydradd oedd pawb a berthynai i'r ddynoliaeth. Dechreuad doethineb yw ofn yr Arglwydd, meddai rywbryd.

Er iddo esgyn i dros bum cant o bulpudau Cymru ar draws

yr enwadau, ni phregethodd erioed yn yr oedfaon hynny a ddarlledid yn fyw ar y radio ar foreau Sul ar un adeg. Tebyg y gellid dweud na theilyngai hynny am nad oedd yn weinidog gyda gofal eglwys. Ond hanner y gwir fyddai hynny. Er y byddai'n sicr o ddenu cynulleidfa luosog o wrandawyr, ni fyddai wedi rhoi ei air i'r awdurdodau rhag blaen i beidio â sôn am y frenhiniaeth a chynheiliaid y drefn ysbail. Mynnai bara'n driw i'w ddaliadau ei hun yn hytrach na chwennych poblogrwydd rhwydd. Deilliodd y daliadau hynny o'r Groes, ym marn Pennar Davies, wrth iddo gloi ei ragair disglair i'r gyfrol *Rwy'n Gweld o Bell*:

> Ond y mae ffydd Nicholas wedi ei gwreiddio yn y pen draw nid yn y gwerinoedd a dwyllwyd gan eu meistri nac yn y gwerinoedd a fyn eu twyllo eu hunain ond yn y Werin Greithiog a ddyrchafwyd ar y Groes i dderbyn y Frenhiniaeth.[34]

Yr hyn sy'n arwyddocaol yw mai Undeb yr Annibynwyr Cymraeg oedd cyhoeddwyr cyfrol olaf Niclas yn 1963. Mae'r siaced lwch yn ddadlennol. Dengys y dyluniad gwawr goch yn y pellter, twr eglwys yn ganolog uwchlaw'r bryniau ac yna'r Crist atgyfodedig a'r archoll amlwg ar gefn ei law ynghyd â chyllell yn barod i dorri carcharor yn rhydd o'i raffau. Awgrym efallai o'i addewid i gyd-droseddwr ar y Groes – 'Yfory byddi gyda mi ym Mharadwys' a'r canfyddiad ei fod yn medru rhyddhau pobl o bob math o gadwynau. Ymddengys mai Islwyn ap Nicholas oedd y dylunydd.

Ni wnaeth fflam ffydd Niclas erioed losgi'n isel. Yn y pen draw roedd gwirionedd Efengyl Crist uwchlaw gwirionedd Efengyl Marx. Cyhoeddodd ers dyddiau *Salmau'r Werin* nad ar gymylau'r nef ond yng nghalonnau dynion y daw Mab y dyn. Cyhoeddai hynny'n dalog gydol ei oes heb fod ganddo'r un llythyren y tu ôl i'w enw i honni arbenigedd. Dim mwy nag argyhoeddiad dwfn. Colsyn eirias na wnaeth erioed ddiffodd tra bu fyw oedd Tomi'r Llety.

Cyhoeddiadau Niclas y Glais

Salmau'r Werin (Ystalyfera, 1909; Hughes a'i Fab, Wrecsam, 1913)

Cerddi Gwerin (Cwmni Cyhoeddwyr Cymreig, Caernarfon, 1912)

Cyflog Byw (Pontardawe, 1913)

Cerddi Rhyddid (Abertawe, 1914)

Y Rhyfel Anghyfiawn (1915)

Nadolig Arall (Llangybi, 1915)

Dros Eich Gwlad (Llangybi, 1915; Pontardawe, 1920, 1930)

Y Gân Ni Chanwyd (*Welsh Gazette,* Aberystwyth, 1929)

Weithwyr Cymru, Cenwch eich hunain i ryddid (Aberystwyth, 1938)

Terfysgoedd Daear (Aberystwyth: Gwasg y Seren Goch, 1939)

Llygad y Drws Sonedau'r Carchar (Gwasg Aberystwyth, 1940)

Canu'r Carchar (Llandysul: Gwasg Gomer, 1942)

Y Dyn a'r Gaib (Dinbych: Llyfrau Pawb, Gwasg Gee, 1944)

Prison Sonnets (Llundain: D. Griffiths, 1949)

Dryllio'r Delwau (Tywyn: Gwasg yr Arad, 1949)

Meirionnydd (Llandysul: Gwasg Gomer, 1949, 1950)

Rwy'n Gweld o Bell (Abertawe: Gwasg John Penry, 1963)

Gornest Cyfalaf a Llafur (Gwasg Gwenffrwd, 1970)

Tros Ryddid Daear (Aberpennar: Llyfrau Niclas Books, 1981)

Atodiad

Cymanfa Fawr Llafur ym Merthyr, 1 Mai 1911
Anerchiad T. E. Nicholas, Glais
Merthyr Pioneer 6 Mai 1911

Yr ydym wedi cwrdd yma heddyw yn gymanfa o weithwyr ar ein ffordd i'r euraidd oes. Yr ydym er rhoddi ein llais o blaid cyfiawnder cymdeithasol. Y mae iachawdwriaeth bersonol wedi ei phwysleisio'n ddigon hir, heddyw rhoddwn y pwyslais ar iachawdwriaeth cymdeithas. Yr ydym yma i anadlu trefn ar ddyfnderau cythryblus cymdeithas, ac i siarad bywyd i'r esgyrn sychion orweddant ar ddyffrynnoedd Cymru. Llais llafurwyr Cymru yw'r llais cliriaf o blaid nefoedd a daear newydd. Yr ydym wedi dysgu bellach fod pob caethiwed yn orthrwm, ac fod pob rhyfel yn gam. Nid yr ochr arall i'r môr y mae gelynion y werin, cyfeillion i ni sydd yno, yng nghanol yr un brwydrau â ninnau, ac yn coleddu yr un gobeithion â ninnau.

Gelyn mwyaf gweithwyr Cymru yw y dyn hwnnw ddywed na chant weithio heb ei gennad ef, ac na chant weithio ond ar ei delerau ef.

Y mae uwch diben i fodolaeth dyn na gwneud dyn arall yn gyfoethog.

> Nid asyn wedi'i osod – i'w faeddu
>   Gan anfuddiol sorod;
>   A'i yrru gan ddyhirod
>   Dan ei faich yw dyn i fod.

Nid trefn Duw yw i un dyn fyw ar lafur llawer o ddynion. Trefn segurwyr yr oesau ydyw hynny. Gan mae'r gorthrymwyr hyn sydd wedi bod yn llywodraethu mewn byd ac eglwys, hwy sydd wedi llunio diwinyddiaeth y byd: ac y maent wedi gofalu tynnu llun Duw yr un fath â hwynt eu hunain, gan orfodi'r werin dlawd i addoli creulondeb yn lle cariad, a gormesdeyrn yn lle Tad!

Mae'r werin yn dechreu gweld drwy dwyll a dichell y mawrion erbyn hyn. Ond y mae eto yn rhy wan i daflu ymaith hualau yr hen gyfundrefnau. Gweithwyr Cymru luniodd y cadwynau sydd yn eu dal yn gaeth ar hyn o bryd.

Yn lle wynebu sefyllfa gymdeithasol y wlad, a llunio deddfau manteisiol i fwyafrif dioddefwyr y deyrnas – y mae'r mawrion wedi galw ymneillduwyr syml i regi'r tlawd, drwy bwysleisio mai angen mawr Cymru yw Dadgysylltiad. Y mae cyfreithwyr a thirfeddianwyr wedi ennill seddau yn y Senedd ar bwys y cwestiwn hwn am ddeugain mlynedd, a dydd blin i'r cyfreithwyr a'r tirfeddianwyr fydd dydd gorffen â chwestiwn dadgysylltiad. Fydd ganddynt ddim i gynnig i werin Cymru wedyn. Cyhyd ag y cedwir cwestiynau amherthnasol fel hyn o flaen y wlad, â'r mawrion ymlaen yn dawel i fyw yn fras ar enillion y werin dwyllir ganddynt.

Cwestiwn mawr Cymru yw Cwestiwn Gwaith, a Chyflog a Thylodi. Ac o dan yr holl bethau hyn gorwedd pwnc y tir.

O'r tir y mae holl angenrheidiau bywyd yn dod. Angen cyntaf dyn yw bwyd, dillad a chartref. Heb y pethau hyn, heb sicrwydd o barhad y pethau hyn, ac heb ddigon o'r pethau hyn, nis gellir cael moesoldeb uchel ym mywyd cenedl.

Heb amodau ffafriol i fywyd nis gellir credu mewn Duw. Y mae yr anhrefn, a'r gorthrwm, a'r gwasgu sydd yn y wlad ar hyn o bryd yn wadiad ar fodolaeth Duw sydd yn Dad. Amodau bywyd yw y gallu cryfaf yn ffurfiad cymeriad. Amgylchiadau bywyd ac nid credoau bywyd sydd yn penderfynu moesoldeb cenedl. Felly mae y cwestiynau cymdeithasol hyn yn fwy na chais am gyflog, y maent yn gais am gyfle i fyw i'r goreu. Y mae llais y prophwyd yn dod atom yn glir heddyw fel cynt gan ddywedyd: "Agorwch y pyrth fel y del yn genedl gyfiawn mewn, yr hon a geidw wirionedd."

Yr ydym wedi cwrdd yma heddyw i daflu golwg ar gymdeithas er gweld beth sydd allan o le ynddi, ac hefyd sut y gellir gwella yr hyn sydd allan o le. Anhrefn ganfyddwn ym mhob man. Bywyd yn mynd ar gyfeiliorn. Y gwan dan ei faich, y tlawd yn ei ofid, – a nifer fechan yn byw mewn gormodedd. Nid yw hyn frawdol nac yn gyfiawn. Yr ydym yma heddiw er ceisio gorseddu Iawnder a Heddwch ym mywyd cymdeithasol y wlad.

Gellir rhannu cymdeithas i ddwy ran:- y rhai sydd yn byw ar y byd, a'r rhai sydd yn byw yn y byd. Y rhai sydd yn difa llawer heb gynhyrchu dim, a'r rhai sydd yn cynhyrchu digon iddynt eu hunain ac i'r rhai sydd yn byw arnynt.

Gellir galw y rhai sydd yn difa llawer heb gynhyrchu dim yn segurwyr. A phroblem fawr yw problem y segurwyr. Mae'r segurwyr yn lluosog, ac y maent i'w cael ym mhob cylch. Y mae unrhyw un sydd yn difa mwy nag a gynhyrchir ganddo yn rhwym o fod yn difa yr hyn a gynhyrchir gan rywun arall. Nid yw pob segurwr yr un fath. Y mae graddau mewn segurdod. Gellir rhannu y rhai sydd yn byw ar lafur eraill i dri dosbarth.

I. Y rhai na fedrant weithio

Y mae llawer o'r rhain mewn cymdeithas. Ac nid oes un gweithiwr yn anfodlon iddynt fyw ar yr hyn sydd dros ben o'i enillion ef. Y mae y dall yn anaddas i gymeryd ei le ym mrwydr fawr bywyd. Yr afiach yr un fath. Amod gyntaf gwaith yw iechyd. Nis gall yr afiach gynhyrchu angenrheidiau bywyd ar gyfer ei hunan. Y gwallgof yr un fath, rhaid iddo yntau fyw ar garedigrwydd eraill. Y rhai sydd wedi cyfarfod â damweiniau, ac wedi colli aelodau, nis gellir disgwyl iddynt wneud rhan fawr beth bynnag er cynhyrchu moddion byw yn y wlad. Rhaid i'r rhai hyn fyw am byth ar yr hyn sydd dros ben o lafur gweithwyr. Dylasai y rhai hyn fod uwchlaw angen ac uwchlaw pryder yng nghylch y dyfodol. Heddiw y maent yn gorfod byw ar elusen ac ar gardod. Dylasid eu codi o fyd cardod i fyd cyfiawnder. Rhaid i gymdeithas drefnu yn ddigonol ar gyfer y rhai na fedrant weithio.

II. Y rhai na fynnent weithio

Pobl y mae'r gyfundrefn bresennol yn eu codi uwchlaw yr awydd, neu uwchlaw yr angen am weithio. Y mae ein trefniant cymdeithasol yn fanteisiol iawn i dyfiant segurwyr. Y mae un dosbarth heb awydd gwaith – dyna'r segur tlawd. Y mae dosbarth arall heb angen gwaith – dyna'r segur cyfoethog. Y mae pob un o'r ddau yn felldith a malldod ym mywyd y wlad.

O'r ddau, y felldith fwyaf yw y cyfoethog segur, y mae ei anghenion yn fwy, ac mewn canlyniad y mae yn difa rhagor o enillion gweithwyr. Y mae y tlawd segur yn byw ar gardod y byd. Crwydra'r ddaear i chwilio am yr hyn a gaiff heb fawr trafferth iddo ei hun. Y mae wedi mynd yn seguryn wrth fyw dan gyfundrefn sydd yn fanteisiol i ddadblygiad segurdod. Methu cael gwaith i gychwyn, mynd i gashau gwaith wedyn.

Y mae y cyfoethog segur yn byw nid ar gardod y byd ond ar enillion y byd. Y mae mawrion wedi llunio deddfau sydd yn ei gwneud yn gyfiawn iddynt gymeryd ymaith gyfran o enillion gweithwyr bob nos tâl. Hwy eu hunain wnaeth y gyfraith heb gydsyniad y gweithwyr. Cadwant y gyfraith mewn grym cyhyd ac y bydd y gweithwyr y wlad yn caniat-hau iddynt wneud hynny. Nid yw ffordd y cyfoethog segur yn ronyn mwy anrhydeddus na ffordd y tlawd segur. Y mae byw ar lafur y byd yn gymaint o waradwydd a byw ar gardod y byd. Nid oes le i segur ym mywyd cymdeithas. Ein hymgais fawr ddylai fod gwneud i ffwrdd â holl segurwyr y byd drwy eu gorfodi i gynhyrchu rhywbeth.

Mae dynion yn byw yn y tai goreu yn y wlad, eto nid hwy a'u cododd, y mae y rhai a'u cododd yn byw mewn bythynnod afiach a thlawd. Y mae dynion yn cael y dillad goreu yn y wlad, eto nid hwy a'u gwnaeth. Y mae y rhai a'u gwnaeth yn gorfod byw ar ychydig o ddillad, rhy fach i wynebu stormydd y byd.

Y mae dynion yn cael eu gwala a'u gweddill o fwyd ac o foethau, eto nid hwy fu yn trin y meysydd nac yn hau yr had. Y mae y rhai wnaethant hynny yn gorfod byw ar fwyd gwael, ac ar ychydig o hono, a'r ychydig hynny wedi ei wenwyno gan gyfalafwyr er gwneud elw mawr o hono.

Yn Llundain gwelir cannoedd bob nos yn cysgu allan ar lan yr afon yn y tarth, a'r llwydrew, a'r gwlaw. Nid am eu bod yn ofer. Nid am iddynt wario eu harian ar yr hyn nid yw fara. Y mae y rhai wariant fyw ar oferoedd yn byw yn y palasau gorau yn Llundain.

Bob nos y mae rhai yn taflu eu hunain i'r afon yn hytrach na gwynebu noson arall yn yr oerni. Yn groes i'r afon, yn y palasau, y mae yna foneddigion yn rhoi swper gwerth ugain mil o bunnau i'w cyfeillion. Nid ydynt wedi ennill yr ugain mil, nis gallent eu hennill mewn oes. Y mae yr ugain mil wedi eu cymeryd o enillion y gweithwyr sydd yn dlawd ar yr Embankment. Fel y canodd Islwyn flynyddau yn ôl fod y gweithwyr gynhyrchant olud y wlad yn dlawd –

Tra gwaria'u meistri gerwin
Fyrdd o aur ar foroedd o win.

Rhaid i segurwyr fedrant weithio gael eu gyrru allan o fywyd cymdeithas.

Mae yna ddosbarth arall yn byw ar lafur gweithwyr, sef:

III. Y rhai na chânt gyfle i weithio

Dynion yn dyheu am waith, eto yn methu ei gael. Dynion yn dibynnu ar ewyllys da ac ar fympwyon eraill am waith, felly yn cael eu taflu allan o waith yn aml. Cerddant y ddaear i chwilio am dano, ond nis cânt. Arhosant ar hyd y dydd yn segur am nad oes neb yn foddlon eu cyflogi

Dyledswydd gyntaf cymdeithas at yr unigolyn yw trefnu gwaith ar ei gyfer. Wrth fod allan o waith yn hir, fe â gwaith allan o ddyn. Rhaid i gymdeithas gynnal y di-waith neu drefnu gwaith ar ei gyfer. Yr ydym yma heddyw er ceisio symud awdurdodau'r wlad i drefnu ar gyfer y dosbarth hwn, yn lle eu gadael i fyw ar lafur prin, ac ar enillion prinnach gweithwyr.

"Rhoddwch i'r gweithiwr ei le, ni cheisia ond lle i weithio", eto y mae Senedd y wlad yn gwadu'r hawl hon o'i eiddo. A gwrthoda wneyd dim yn ddigonol i drefnu ar gyfer y diwaith. Cofied gweithwyr Cymru hyn, fod pob un sydd yn byw ar ryw un neu ryw rai sydd yn gweithio. Nid yw segurwyr y palasau na segurwyr yr heolydd yn gallu byw ar y gwynt, y maent yn byw ar gig a gwaed gweithwyr. Y maent yn afiechyd yng nghyfansoddiad cymdeithasol y wlad. Y maent yn ddarfodedigaeth ym mywyd goreu'r byd.

O'r palas brenhinol lawr i'r crwydryn – holl gylch segurwyr y wlad, y maent yn byw bob un arnoch chwi fel gweithwyr. Y mae'r dosbarth hwn yn sôn llawer am y Beibl, ac yn cyfrannu llawer er ei anfon allan i baganiaid byd, ardderchog o beth fyddai iddynt gofio un gair bach yn yr hen lyfr annwyl – "Yr hwn na weithio na fwyt-haed chwaith."

Ond nid segurwyr yw mwyafrif mawr cymdeithas. Mae'n wir mai segurwyr sydd wedi llywodraethu cymdeithas hyd yn hyn. Llywodraethir hi gan y lleiafrif segur. Y mae hollgyfoeth cymdeithas yn cael ei gynhyrchu gan weithwyr. Dwylaw gweithwyr yw cyfalaf cenedl. Nid yw pob gwaith mor ddefnyddiol â'i gilydd. Y mae llawer yn gweithio yn galed, ond nid oes gwerth yn yr hyn a wnânt.

Y mae yr heddgeidwaid yn gweithio yn galed (yn enwedig amser streic) ond buasai cymdeithas yn gyfoethocach pe baent allan o waith. Y mae'r milwyr yn gweithio yn galed, ond buasai'r wlad yn gyfoethocach pe baent allan o waith. Y mae'r cyfreithwyr yn gweithio yn galed, a'r barnwyr a'r swyddogion yn y carcharau, ond buasai cymdeithas yn gyfoethocach pe baent allan o waith bob un. Y mae yr hwn sy'n gofalu am gŵn y cyfoethog, ac yn edrych ar ôl seleri gwin y brenin yn gweithio yn galed, ond gweithio i ddifa yr hyn a gynhyrchir gan eraill y maent. Tylodi cymdeithas ac nid ei chyfoethogi wnânt. Dynion yn gweithio yn galed i ddifa yr hyn enillir gennych chwi ym mheryglon y danchwa a'r dyfnder.

Nid yw dyn sydd yn llunio broch aur i hoeden benwan mor *useful* i fywyd y byd â'r dyn sydd yn glanhau y strydoedd er cadw afiechyd draw. Am fod cynifer yn segur, ac am fod cynifer yn gweithio wrth waith di-les, y mae y rhai sydd yn gwneud gwaith buddiol yn gorfod gweithio yn galetach ac yn hirach na ddylasent. Amcan gwaith yw cynhyrchu angenrheidiau a chysuron bywyd. Pe bai pawb yn gwneud gwaith defnyddiol, gellid cynhyrchu digon ar gyfer holl angen pawb mewn amser byr. Felly buasai oriau gwaith llawer yn fyrrach, ac oriau hamdden llawer yn lluosocach.

Segurwyr a gweithwyr di-les y byd sydd yn gwneud oriau gwaith yn hirion. Gofynnir i ddynion wneud cymaint o bethau ag y gellid yn hawdd gwneud hebddynt. Beth pe bae yr holl filwyr, a'r heddgeidwaid, a'r cyfreithwyr, a'r barnwyr, a'r swyddogion yn y carcharau, yn gwneud rhan o waith defnyddiol y byd? Ni fuasai eisiau i lowyr Morgannwg yma weithio fawr dros hanner yr amser y maent yn gweithio nawr. Ac mi gawsent yr un faint o gyflog yn gywir, gan mai hwy sydd yn gorfod talu y gweithwyr di-fudd hyn am yr hyn a wnânt yn awr.

Amlinelliad o Bregeth Goffadwriaethol draddodwyd yn Siloa, Aberdâr, nawn Sul, 10 Hydref 1915 gan T. E. Nicholas, Llangybi. Luc xii 49: "Mi a ddeuthum i fwrw tân ar y ddaear" *Merthyr Pioneer* **16 Hydref 1915**

Yr wyf wedi darllen adnod yn destun sydd yn cynrychioli ysbryd Keir Hardie, ac o hyn allan ysbryd Hardie sy'n byw gyda ni. Y mae'r frawddeg yma yn digwydd yn y Testament Newydd yng nghanol darn o Ysgrythur sydd yn sôn am Ail-ddyfodiad Crist. Pryd y mae'n dod? Sut y mae'n dod? Credai dynion y pryd hwnnw ei fod i ddod ar unwaith a dod mewn cnawd yr ailwaith. Credai dynion ei fod i ddod ar gymylau'r nef, a disgwyliwyd amdano i ddod felly yn hir.

Ni ddaeth felly. Ni ddaeth yn y cnawd, ond y mae wedi dod. Pe delai yn y cnawd yr ail waith, ni wnelai ond rhoddi dwylaw i orthrymwyr y byd yrru hoelion drwyddynt. Daw efe mewn symudiadau a mudiadau, mewn chwyldroadau ac mewn dynion. Daw efe mewn addysg a gwyddoniaeth a diwygiadau cymdeithasol. Gwell gyda ni i Grist beidio o gwbl nag iddo ddod yn ei ffordd ei hun. Os na ddaw ar y llinellau osodir i lawr gennym ni iddo, gwell gennym iddo beidio dod o gwbl.

Daw o hyd o'r newydd mewn dynion da. Crist yn dod oedd Keir Hardie. Ac yn Keir Hardie daeth fel y daeth y tro cyntaf i 'fwrw tân ar y ddaear'. Mae'r tân yn cynhesu ar fynyddoedd Cymru, ac yn America, yn Affrica ac India, yn Awstralia, ac yn China bell; a rhyw ddiwrnod bydd wedi lledu dros y byd.

I. Y mae'r dynion sydd yn cynrychioli'r goreu yn y byd yn
    ddynion go anhawdd i fyw gyda hwynt.
Fel pob diwygiwr, yr oedd dosbarthiadau o ddynion yn cael fod presenoldeb Hardie yn beth go annymunol iddynt. Mae rhai dynion yn mynd drwy'r byd yn ddidramgwydd; fyddai neb yn meddwl am eu herlid, ac am eu starfio nac am wrthod gwaith iddynt. Dynion hollol ddiniwed, yn cynrychioli dim, ac yn foddlon i bopeth. Dynion sydd yn gadael y byd yn y fan lle cawsant ef. Ond y mae ereill yn bwrw tân ar y ddaear.

Y mae hanes yn profi mae'r cymeriadau sy'n bwrw tân yw cymwynaswyr goreu'r byd.

Wrth ddod i wrthdrawiad â drygioni'r byd deuir i wrthdrawiad â'r dynion hynny sydd yn byw ar ddrygioni'r byd. A dyna nifer fawr sydd yn byw ar drueni'r byd, ar feddwdod, ar ryfeloedd, ar dlodi'r byd! Rhaid dod i wrthdrawiad â'r dynion hyn wrth daro ergyd o blaid byd gwell.

Daeth Hardie i lanhau. Pe bae'r eglwys wedi dal mantais ar ei waith buasai ar ei hennill. Cyfaill y deml yw'r dyn sydd yn ei glanhau. Ond gwell gan offeiriadaeth fydol Filwriaeth na Sosialaeth, er fod y filwriaeth honno wedi damnio'r byd. Daeth i wrthdrawiad ag arferion y byd. Aeth i'r Senedd mewn gwisg na welsid yno o'r blaen; yr oedd y wisg honno yn arwydd fod gallu newydd wedi dod i Senedd Prydain.

II. Cam pwysig iawn yn iachawdwriaeth ydyw creu
   anniddigrwydd.

Daeth Hardie i wneud y bobl yn anniddig. Llonydd mae dynion
am gael, ac os cânt lonydd dyna bopeth yn iawn. Gwell gan
bobl gael llonydd na chael rhyddid, ac na chael cyflog uwch.
Llonydd – a chardod, dyna i gyd. Y mae gweithwyr y wlad hon
yn rhy ddiog neu yn rhy ddiegwyddor i roddi pleidlais dros well
amodau i'w bywyd. Pleidleisiant dros eu gorthrymwyr. Aeth
Hardie â chwyn y tlawd i Senedd gwlad, ac ni chafodd ddiolch
gan y tlawd am wneud hynny. Gwrthododd adael llonydd i'r
byd.

   Nid ydym yn foddlon ar bethau fel y maent. Yr ydym yn
gwahaniaethu llawer yn ein syniadau am bethau, ond cytunwn
i gyd nad ydyw'r byd hwn yr hyn ddylasai fod. Ond y mae
nifer fawr yn credu mai trefn Duw sydd ar feysydd Ewrop. Ac
nid delw dyn chwaith. Cred llawer nad yw'r byd yn aeddfed
i dderbyn gwelliantau. Ddaw'r byd byth yn aeddfed heb i
rywun fwrw tân ar y ddaear. Daeth y byd yn aeddfed i ddileu
caethwasiaeth am i rywun baratoi'r ffordd; daeth Senedd y
wlad hon i dalu sylw i'r tlawd a'i gwynion am i rywrai fwrw
tân ar y ddaear.

   Nid oedd Hardie yn foddlon ar y byd fel y mae heddyw.
Protestiodd yn erbyn y gyfundrefn fydol sydd yn dinystrio
bywydau dynion. Daeth i fwrw tân ar y ddaear, ac i greu
anniddigrwydd ym meddyliau dynion.

III. Y mae'r goreu o hyd mewn gwrthryfel a'r gwaethaf.

Rhaid ymladd y byd yn ei bethau salaf. Tra daliodd yr eglwys
i ymladd y byd, bu yn allu; ond pan wnaeth gyfaddawd â'r
byd, aeth yn fethiant. Y mae'r eglwysi rhyddion wedi peidio
bod yn ddim ond cangen o'r Blaid Ryddfrydol ers blynyddau;
dilynant y Blaid honno i bob man. Bu Cyngor yr Eglwysi
Rhyddion yn fawr eu sêl dros gadw'r Sabath, a dywedent fod
gwerthu melysion ar ddydd Duw yn drosedd yn erbyn y Deg
Gorchymyn. Ond pan ofynnodd y Llywodraeth Ryddfrydol am
ddynion i danio arfau rhyfel a lladd dynion ar y Sul cafodd

fendith yr Eglwysi Rhyddion yn hawdd ddigon. Cydymffurfio
â'r byd yw ein camgymeriad mawr.

Un o felldithion y gwledydd yw milwriaeth. Y mae'n ddrwg
ymhob gwlad ac ym mhob ffurf. Mae'n ddrwg yn y wlad hon,
mae'n ddrwg yn Germany. Y mae milwriaeth wirfoddol yn
ddrwg a milwriaeth orfodol yn ddrwg. O'r ddau ffurf, y waethaf
yw'r wirfoddol. Mae'n ddrwg pan fyddo yn gorfod lladd dyn
arall ar archiad swyddog neu frenin; mae'n llawer gwaeth pan
fyddo dyn yn lladd dyn arall o'i wirfodd.

Yr wyf yn cofio adeg pryd yr ystyrid hi yn waradwydd i
bregethwr fynd i lwyfan boliticaidd i ddadlau am hawl i fyw, os
byddai anffyddiwr ar y llwyfan hwnnw. Flynyddau'n ôl mewn
etholiad bûm yn cynorthwyo anffyddiwr; costiodd yn ddrud i
mi wneud; costiodd bopeth sydd yn talu ffordd i bregethwr yng
Nghymru ond erbyn hyn y mae'n beth anrhydeddus i fynd i'r un
llwyfan ag anffyddwyr i ofyn am hawl i farw. Gwelir offeiriaid
a phregethwyr ac anffyddwyr a *gamblers* y wlad ar yr un
llwyfan yn gofyn i ddynion ieuanc farw dros eu gorthrymwyr.
Y mae nifer fawr o esgobion y wlad yn *shareholders* mewn
gweithfeydd arfau, ac yn is-gadeirwyr i Gymdeithas Heddwch!
Tra byddo crefydd swyddogol y wlad yn cymeradwyo hyn,
y mae'n anobeithiol i grefydd. Daeth Hardie i fwrw tân ar y
ddaear ar gwestiwn milwriaeth.

IV. Rhaid i oruchwyliaeth y tân gael ei lle.
Rhaid glanhau a phuro, a pharatoi'r ffordd yn yr anialwch.
Rhaid agor y pyrth i'r genedl gyfiawn ddod i mewn. Gwnaeth
Hardie ei ran, a'r dynion sy'n cario ei waith ymlaen yw ei
olynwyr.

Teyrnged T. E. Nicholas i Keir Hardie
Merthyr Pioneer, 16 Hydref 1915

"Y proffwydi y rhai fuant o'm blaen i, ac o'th flaen dithau erioed a broffwydasant yn erbyn teyrnasoedd mawrion, am rhyfel, ac am ddrwgfyd, ac am haint. Y proffwyd a broffwydo am heddwch, pan ddel gair y proffwyd i ben yr adnabyddir y proffwyd, mai'r Arglwydd a'i hanfonodd ef mewn gwirionedd." Jeremiah XXVII 8–9

Keir Hardie wedi marw! "Nac adroddwch hyn yn Gath; na fynegwch yn heolydd Ascalon; rhag llawenycha merched y Philistiaid, rhag gorfoleddu o ferched y rhai dienwaededig." Wedi marw a'i waith ar ei hanner; wedi marw a mwy o'i eisiau ar y byd nag erioed. Y ffyddloniaid gasglodd o'i gylch flynyddau'n ôl, i gario allan ei ddelfrydau; pa le y maent? Rhai wedi eu llwgrwobrwyo; eraill wedi cymeryd swyddi dan y gelyn; eraill a'u ffydd wedi gwanhau yn y dydd blin. Ond daliodd Hardie hyd y diwedd. Er fod nerthoedd daear ac uffern yn ei erbyn. Gwelodd blaid Annibynnol yn tyfu yn gryf; gwelodd ddealltwriaeth rhwng gweithwyr y gwledydd yn dod i ben; ond bu fyw i weld y blaid greodd yn troi i gefnogi cad, ac i weld ysbryd brawdoliaeth yn marw ar feysydd Ewrob. Ac ystyried y gwaith mawr gyflawnodd, bu fyw yn hir.

Bu farw wedi torri ei galon. Y mae'r llais fu'n taranu barn i orthrymwyr wedi distewi, a'r llais fu'n cyhoeddi rhyddid i'r caethion, ac yn pregethu newyddion da i'r tlodion, wedi distewi am byth. Goleuni'r byd oedd efe; gollyngodd ffrydiau'r goleuni i fewn i ogofâu ofergoeliaeth; gyrrodd ar ffo fwganod y wlad, a chyhoeddodd ddydd newydd i werin y byd. Yng nghanol twrf y rhyfel y mae efe'n dawel a distaw; y mae'r blinedig wedi cael gorffwys; a chyffro'r annuwiol wedi peidio. Yr oedd ei wallt yn wyn fel y gwlân, a'i lygaid fel fflam dân; yr oedd ei lais fel barn i orthrwm, ac yn ei law yr oedd sêr gobaith y ddynoliaeth.

Ynddo ef cafodd Daioni, a Chyfiawnder, a Chariad a Heddwch fynegiant clir am hanner canrif. Y mae'r wasg gyfalafol yr wythnos ddiweddaf wedi talu gwrogaeth uchel iddo. Dywedai yr holl bapurau ei fod yn ddyn mawr. Gwyn fyd y rhai wyddent hynny cyn ei farw. Yr oedd rhai ohonom wedi deall fod Hardie yn ddyn mawr cyn ei fyned ymaith. Credodd rhai ohonom yn ei ddelfrydau cyn ei symud. Y papurau fu'n taflu digasedd a llysnafedd arno tra'n fyw; nid oedd ganddynt ddim ond canmoliaeth wedi ei farw. Y mae Prydain wedi lladd ei phroffwydi ac wedi llabyddio y rhai a anfonwyd ati; ac wedi adeiladu eu beddau wedi eu marw.

Yr oedd Keir Hardie yn ddyn ac yn ddyn mawr, ac yn ddyn da. Ni sibrydodd athrod cyfalafiaeth air yn erbyn ei gymeriad erioed. Yr oedd uwch law amheuaeth. Yr oedd yn Gristion; yr oedd yn Grist. Ynddo ef cafodd Tad y ddynoliaeth gyfrwng i fynegi ei hun. Ni fu llais cliriach mewn unrhyw oes o blaid daioni. Y mae dydd y proffwyd gau ar ben. Y proffwyd sydd yn ceisio gwaredu dynion rhag uffern mewn byd ar ôl hwn, ac yn cymell dynion i fynd i'r uffern waethaf sydd yn y byd hwn. Gwnaeth Hardie ei orau i gadw dynion rhag yr uffernau a lunir gan gyfalafiaeth. Daeth at yr ysbrydion yng ngharchar i bregethu hawliau dynoliaeth. Daeth i ddatod y rhwymau ac i barlysu braich yr hwn sy'n ewyllysio niweidio'r tlawd. Methodd ffafrau ei brynu; methodd bygythion ei ddychryn. Ar amnaid ei law symudodd cenhedloedd i'r goleuni.

Mae'n nos ar y byd heddyw, a griddfan, galar a gwae ymhob man; ond yng nghanol y nos y mae llais yn cyfeirio dynion i'r dydd. Llais Keir Hardie ydyw. Y mae efe yn fyw. Y mae efe yn rhydd. Y mae efe wrth ei waith. Mae yn anfarwol yn y delfrydau adawodd ar ei ôl i'r byd. Sangodd ar y marwor tanllyd, ond daeth o'r frwydr gan ymdaith yn amlder ei rym. Nis gall farw mwy. Yr oedd yn wron yn ystyr uchaf y gair. Nid gwroniaeth maes y gad, a thyrfa'r llofruddion oedd ei wroniaeth ef ond gwroniaeth y dyn feiddiodd wynebu byd yn nerth ei ddelfrydau. Cerddodd i'r trefydd, a bu ei law yn curo wrth ddrws yr hofelau; sibrydodd gysur i'r fam dlawd, a gobaith i blant y byd.

Esgynnodd pan oedd dail yr hydref yn syrthio, a phan oedd meibion glanaf y gwledydd yn syrthio mor ddiwerth ac mor lluosog â'r dail. Ond esgynnodd ef i blith eneidiau mawrion yr oesau; esgynnodd at Mazzini a Garrison, at Amos a Christ. Bydd llawer bachgen yn well byth ar ôl nabod Hardie, a llawer merch yn well ar ôl mynd drwy ramant ei fywyd. Bydd plant bach y dyfodol yn darllen hanes y gŵr mawr hwn, ac yn rhyfeddu at y driniaeth gafodd. Daeth i waredu'r gweithwyr; ni chafodd help y gweithwyr i'r graddau y dylasai. Daeth o fynyddoedd yr Alban i fynyddoedd Cymru; yr un oedd gelyn y gweithiwr yng Nghymru ac yn ei gartref ef; daeth yn olynydd i Henry Richard, a chariodd ei waith ymlaen.

Yr oedd yn byw i fudiad mawr ac i ddosbarth mawr o ddynion. Ni throdd oddi ar ei lwybr er i'w gyfeillion ei hud-ddenu lawer tro. Aeth llawer cyfaill ato i ddweyd 'Na fydded hyn i ti'; ond ni wrandawodd. Bu eiddilod y byd yn cyfarth gylch ei sodlau a gwaedgwn cyfalaf yn ei erlid, ond daliodd ei lygaid ar y sêr. Yr oedd ganddo ddelfrydau uchel, ond yr oedd yn ddyn ymarferol iawn. Chwerthinllyd oedd darllen yn y papurau newyddion amdano wedi ei farw. Dywedent ei fod yn ddyn o ddelfrydau uchel, ond pan oedd yn dod lawr i gylchoedd ymarferol gwleidyddiaeth, ei fod yn fethiant. Nid oedd yn seneddwr! Ystyrir Syr Edward Grey yn seneddwr; ac y mae hanner miliwn o'n pobl ieuainc wedi marw mewn canlyniad. Y mae damnio Ewrop yn ymarferol; y mae arwain y cenhedloedd i ryfel yn wleidyddiaeth ymarferol; y mae trethu bwyd y tlawd, a beichio gwerinwyr y byd yn wleidyddiaeth ymarferol.

Diolch i'r nefoedd nad oedd Hardie yn wleidyddwr ymarferol. Pe bae chwe chant o rai tebyg i Hardie yn senedd Prydain, a fuasem yng nghanol yr helbul hwn yn bresennol? Gadawaf i synnwyr cyffredin y bobl ateb. Gorfu i'r llywodraeth bresennol fabwysiadu nifer fawr o'i ddelfrydau yn yr argyfwng hwn. Talodd golygydd *Y Tyst* wrogaeth werthfawr iddo:

> Sosialydd cyson, cydwybodol oedd efe; ni chaffai neb a sawyr cyfalaf ar ei wisg – pa label bynnag fai arno – ddod yn agos i'w wersyll. Llwyddodd yn ei amcan. Y Blaid Lafur yw cofgolofn Hardie. Ac ar lawer ystyr yn wych ydyw. Yn ôl pob tebyg, tyfu

ac eangu a wna, ac mae'r mesurau Sosialaidd y bu raid i'r
Llywodraeth eu llunio yn yr argyfwng presennol yn mynd ymhell
i brofi nid yn unig fod deddfwriaeth o'r fath yn ymarferol, ond yn
anhepgorol a chyfiawn, a rhesymol o dan yr amgylchiadau.

Gellid ychwanegu fod deddfwriaeth o'r fath yn dda bob
amser. Os ydyw unrhyw beth yn dda amser rhyfel, rhaid ei
fod yn dda amser heddwch. Os ydyw yn iawn gorfodi dynion
fynd allan i ymladd dros eu gwlad amser rhyfel, onid ydyw yn
iawn eu gorfodi i fyw dros eu gwlad, ac i wneud eu rhan fel
dinasyddion o'u gwlad, yn amser heddwch?

Ond y mae'r proffwyd wedi marw. Bydd llawer un yn
awyddus am ei fantell. Ond rhaid cael ysbryd Hardie yn ogystal
â sedd ym Merthyr, cyn derbyn ei ysbryd a'i fantell.

Llosgwyd ei gorff. Llosgwyd ef i'w ryddid. Ac aethai
cymrodyr yno o bob man i dalu yr wrogaeth olaf iddo.
Huned yn dawel mwy. Caiff ei waith ei gario ymlaen gan y
ffyddloniaid. O'r tryblith presennol, daw trefn. Yr oedd Hardie
wedi gweld hynny cyn ei fyned ymaith. Gadawodd y gwaith yn
nwylaw dynion oedd yn credu ynddo. Gwelodd efe i ddyfnder
y broblem gymdeithasol, a chynigiodd feddyginiaeth; rhyw
ddydd mabwysiedir ei gynllun ef i ddod â'r byd i drefn. Rhaid i
weithwyr uno â'i gilydd; heb hynny ni cheir unrhyw ddiwygiad
mawr. Bydd y byd yn gyfoethocach fyth am ei fywyd ef. Nis
gall farw am fod y gwaith yn fyw. Cofied gweithwyr Cymru
amdano; y mae'r gwaith yn aros a chennym ninnau ran ynddo.
Yr wrogaeth orau i goffadwriaeth Hardie fydd ymdaflu i'r
gwaith. Huned mewn heddwch.

Llythyr Agored T. E. Nicholas at Syr Henry Jones
Merthyr Pioneer, 20 Tachwedd 1915

Annwyl Syr, – Nis gwn yn iawn beth yw'r dull uniongred
o'ch cyfarch; gan fod y tair llythyren uchod o flaen eich enw,
dichon y gwna'r cyfarchiad y tro. Yr wyf yn teimlo fod gennyf

rhywfath o hawl i'ch cyfarch fel hyn mewn llythyr agored, oherwydd fy mod yn ddyledus iawn i chwi mewn llawer modd. Pan ddarllenais eich llyfrau daethum o hyd i fyd newydd, cyfareddol. Plannwyd yn fy meddwl ddelfrydau nad ânt byth oddi yno. Ni feddyliais y deuai'r adeg byth i mi orfod troi i chwilio am arweinydd arall. Yr wyf yn teimlo'n wylaidd wrth anturio beirniadu un o athronwyr mwyaf y wlad; oni bai fod un arall mwy na ni ein dau wedi dweud fod Duw wedi cuddio pethau mawr ei deyrnas oddi wrth y doethion a'r deallus, a'u datguddio i rai bychain, ni fuaswn yn anturio eich cyfarch.

Y mae'r llythyr hwn wedi ei achosi gan eiriau lafarasoch yng Nghaerdydd ac ym Merthyr rai dyddiau yn ôl. Siarad yr oeddech mewn cyfarfodydd ymrestru. I chwi ddeall fy safle, dichon y dylaswn ddweyd fy mod yn gwrthwynebu milwriaeth yn Germany, ac yn gwrthwynebu milwriaeth yn ei ffurf orfodol yn y wlad hon. Gwn y cydnabyddwch fod milwriaeth yn ddrwg ar wahân i ryfel, ond yr ydych wedi talu rhyw gymaint o wrogaeth iddi ers tro. Os nad wyf yn camgymryd yn fawr, hen deitl milwrol ydyw 'Marchog'; yr hwn wisgir gennych chwi, a'r hwn a roddwyd i chwi gan y Llywodraeth fu'n gyfrwng i ddwyn rhyfel arnom ni yn y wlad hon. Y mae gwisgo hen deitl a sawyr milwriaeth arno yn gydnabyddiaeth fod y peth yn dda. Nis gallaf eich beio am gefnogi rhyfel; rhydd i bob dyn ei farn. Pawb sydd yn credu yn uffern i fynd iddi, onide? Ond credaf fod gennyf le i brotestio pan y dygwch enw Duw i'r drafodaeth, a hynny mewn modd nad yw'n adlewyrchu unryw anrhydedd ar Dduw. Y mae rhai ohonom yn ceisio perswadio dynion i gredu yn Nuw fel y datguddiwyd ef yn Iesu. Ai y Duw hwnnw y soniech amdano yn y geiriau hyn:

It is the necessary and sorrowful necessity that is laid upon us to take the lives of others in order to fulfil the will of God.

A fyddai allan o le i mi ofyn i chwi, pa Dduw ydyw hwnnw? Y duw ddatguddir yn Horatio Bottomley, yntau'r Duw a ddatguddir yn Iesu Grist? Credaf fy mod yn ddigon o athronydd Cristionogol i wybod mai nid Dadguddiad Iesu o Dduw oeddech yn feddwl. Y mae rhai ohonom wedi bod yn pregethu yn galed

drwy'r blynyddau i berswadio dynion i beidio credu yn y duw
y soniech amdano. Gwell peidio addoli Duw o gwbl nac addoli
duw creulon. Yr hen dybiaeth oedd fod drygioni'r byd yn cael
ei achosi gan y diafol, a gofynnid help Duw i wrthwynebu'r
diafol a'i waith. Ond yn ôl athroniaeth y dyddiau hyn priodolir
drygioni'r byd i Dduw, a gofynnir am gydweithrediad y diafol i
dragwyddoli'r drwg. Nid wyf heb ofni weithiau ein bod yn cael
ein dysgu i addoli'r diafol yn lle Duw.

Yr wyf yn berffaith sicr mai am y diafol yr oeddech yn
meddwl yng Nghaerdydd, er mai y gair 'duw' ddefnyddiwyd
gennych. Ewyllys y diafol ac nid ewyllys Duw ydyw i ddynion
ladd ei gilydd. Nis gwn a oes gennych blant; os oes bydd yn
hawdd i chwi ddeall yr hyn geisiaf ddweyd. Pe bae dau blentyn
yn cweryla â'i gilydd, a fyddai un yn cyflawni ewyllys y tad
wrth ladd y llall? Os oes gennych blant, bydd yn hawdd i chwi
ateb; os nad oed gennych blant, gofynnwch i ryw fam neu ryw
dad ateb y cwestiwn i chwi. Bydd yn dda i chwi gael dipyn o
athroniaeth mam a thad ar bwnc mawr fel hwn. Gwn yn dda
na fyddai un plentyn byth yn cyflawni ewyllys y tad wrth ladd
ei frawd.

A fynnwch chwi i mi gredu ac addoli Duw gwaeth na llawer
tad wyf yn nabod, ac na llawer mam? Beth yw athroniaeth
tadolaeth? Y mae Duw yn Dad i bawb, yn ôl dysgeidiaeth y
Testament Newydd; a fedraf fi gyflawni ewyllys y Tad Nefol
wrth ladd un o'i blant? Dichon i Grist wneud camgymeriad wrth
ddysgu Tadolaeth gyffredinol Duw, ond y mae ei ddysgeidiaeth
ef yn bendant. Ni raid dweud wrthych chwi pwy ddygodd y
rhyfel oddi amgylch; nid y bobl sydd yn lladd ei gilydd; nid lles
y bobl oedd mewn golwg wrth fynd i ryfel; a gwyddoch fod holl
wledydd Ewrop cyn ddyfned yn y camwedd â'i gilydd.

A allaf fi gyflawni ewyllys Duw drwy gario allan gynlluniau
annuwiol dynion annuwiol a meddw'r byd? A ydyw yn iawn i
ddyn ladd ei elyn? Dywed Crist fod lladd gelyn yn ddrwg mawr.
'Cerwch eich gelynion' oedd ei eiriau ef. Beth wneir ar feysydd
Ewrop heddyw? Nid lladd gelynion, ond lladd cyfeillion. Yn
eich araith dywedwch:

I dare you pacifists to say that this war of ours is waged from hate. It is not waged from hate.

Dyna eiriau pendant. Ystyriaf hi yn fwy o drosedd i ladd dynion ydym yn eu caru nag ydyw i ladd dynion ydym yn gashau. Lladd ein cyfeillion! Lladd dynion heb eu cashau! Mae'r peth yn amhosibl. Beth ydyw athroniaeth casineb a chariad? 'Lleddwch eich cyfeillion' yn ôl dysgeidiaeth Syr Henry Jones!

Dewch i ni weld beth oedd gennych i'w ddweud yn ychwaneg:

I know nothing in our history more like the death on Calvary than the death of some of our soldiers.

Mynydd bach yw Calfaria; nid oes ysbryd gan fynydd; felly, rhaid eich bod yn meddwl am ysbryd y dynion gymerodd ran yn y ddrama fawr adeg y Croeshoeliad. Yr oedd pedwar ysbryd yno. Yr oedd Milwriaeth yno yn gyrru'r hoelion drwy draed a dwylaw y Gwrthryfelwr Sanctaidd; yr oedd Offeiriadaeth yno yn bendithio gwaith y milwyr; yr oedd Mam yr Iesu yn wylo am fod ei bachgen hi yn cael ei lofruddio gan ddau allu mawr y wlad; ac yr oedd yr Iesu yno.

A wyddoch chi beth oedd yr Iesu yn ei wneud? Gweddïo dros ei elynion! Nid eu lladd, nid eu beio, nid ei bygwth ond maddeu iddynt! A oedd hynny yn iawn sydd gwestiwn na pherthyn i mi ei ateb ar hyn o bryd, ond dyna oedd yr Iesu yn ei wneud. Felly, nid ysbryd yr Iesu sydd ar feysydd Ewrop. Y mae ysbryd ei lofruddion yno; fe erlidir caredigion heddwch a brawdoliaeth, fe'u carcherir, fe'u gelwir yn fradwyr.

Y mae offeiriadaeth yno wrth ei gwaith o hyd, yn bendithio llofruddion gwaredwyr Ewrop, ac yn cefnogi gorseddau gwaedlyd y byd. Ond na ddywedwch fod ysbryd Iesu yno. Yr unig amlygiad o ysbryd Crist yno fu marwolaeth Miss Cavell; gweddïodd hi dros y rhai oedd yn eu niweidio. Ond y mae pregethwyr ac offeiriaid y wlad hon yn defnyddio coffadwriaeth y ferch hon i bregethu dial a dinistr.

Fe ddichon i chi weld hanes rhai o arglwyddi'r wlad yma yn Nhŷ yr Arglwyddi yn sôn am heddwch; a welsoch chi enw un esgob yn codi ei lais dros heddwch yn eu plith? Dim un. Y mae teyrnas Dduw wedi ei chymeryd oddi arnynt, ac wedi ei rhoddi i ereill. Y mae'r offeiriadaeth wrth ei hen waith heddyw, fel ar Galfaria, yn bendithio grym, a chledd, a magnel, a charchar. Ysbryd Calfaria wir! Ysbryd yr uffernau dyfnaf yn llywodraeth Duw.

Dewch i ni gael eich barn eto:

Never in our history have we had higher examples of the religious life than we have just now on the battlefields.

Gwn y cydnabyddwch fod crefydd yn beth da, ac fod amlygiadau o grefydd yn beth da i'w ddymuno'n fawr. Yr oedd llawer o achwyn fod crefydd yn colli tir yn y wlad, a llawer o weddïo am amlygiadau mwy o grefydd. A ellwch chwi yn gydwybodol feio Germany (a chaniatáu ei bod yn gwbl gyfrifol am y rhyfel) am gynorthwyo Prydain i roddi yr amlygiadau uchaf o grefydd yn ei hanes? Credaf y byddwch yn canmol Germany am dynnu allan amlygiadau uchel o grefydd ym mywyd Prydain. Ond y mae sôn am grefydd yn yr un byd â rhyfel yn wrthddywediad.

Soniwch am wladgarwch gau ac am ogoniant yr ymerodraeth, ac am wroldeb anianol, ond gadewch enw'r Iesu allan. Bydd ei eisiau arnom eto i'w ddysgu i blant bach ac i dlodion y byd; bydd eisiau'r enw hwn arnom i'w sibrwd wrth farw.

Wrth gynnig penderfyniad ar y diwedd soniech am 'Our Country'. Nis gwn faint sydd gyda chwi o'r wlad hon; nid oes gennyf fi droedfedd ohoni. Y mae un rhan o dair o'r hon yn dir ym meddiant aelodau o Dŷ'r Arglwyddi; eiddo'r arglwyddi'r ddaear. Y mae hanner tir y wlad yn nwylaw dwy fil a hanner o bobl. Y mae deugain miliwn o bobl heb droedfedd o dir ar eu helw. Rhaid iddynt dalu'n ddrud am hawl i fyw; a gall un perchennog ar ôl y llall eu gyrru oddi ar wyneb y ddaear os digwyddant synied yn wahanol iddynt hwy ar bwnc rhyfel a heddwch. Felly, nid gweddus sôn am 'ein gwlad'. Nid yw yn athronyddol gywir. Mewn gair, y mae'n gelwydd goleu.

Yr oeddwn yn synnu eich bod yn awgrymu i ni fynd i ryfel er mwyn amddiffyn Belgium. Gwyddoch mai un o ganlyniadau rhyfel ydoedd sarnu Belgium. Oni bae fod rhyfel wedi torri allan fuasai Belgium ddim wedi eu sarnu. Yr ydych yn cymysgu achos ac effaith, un o bynciau mawr dadleuon yr Ysgol Sul flynyddau'n ôl, fel y cofiwch. Buasai Belgium yn gyfan heddyw oni bai fod rhyfel wedi ei chyhoeddi rhwng y gwledydd mawrion. Aberthwyd Belgium fach ar allor balchder ac uchelgais y gwledydd mawrion.

Ymddengys eich bod yn groes iawn i filwriaeth orfodol; atolwg beth sydd allan o le mewn gorfodi i wneud yr hyn sydd dda? Gorfodir dynion i ofalu am eu teuluoedd, ac i gydymffurfio â deddfau iechyd, ac i gynnal brenhinoedd. Beth sydd allan o le mewn gorfodi dynion i ymladd gan eich bod yn credu fod yr achos yn deilwng? Milwriaeth sydd yn ddrwg, ac nid milwriaeth orfodol.

Rhaid sylwi ar un peth eto:

And you working men why are you so misled as to put the rights of labour against the rights of the State, when the State establishes every right? We belong to our country, and our country belongs to us.

Hawliau llafar ac hawliau Llywodraeth; y mae'r ddau hawliau hyn yn dod i wrthdrawiad o hyd. Y mae'r 'State' bob amser yn defnyddio ei hadnoddau i wrthwynebu hawliau streics. Beth wnaeth y 'State' mewn streics pan oedd llafur yn pwysleisio ei hawliau? Ewch am dro i Llanelly, a Dublin, a mannau eraill a holwch weithwyr. Y mae'r 'State' bob amser yn gwrthwynebu hawliau pawb ond y cyfoethogion a'r tirfeddianwyr. Pwy ballodd roddi pleidlais i ferched? Onid y 'State'? Nid rhoddi hawliau i lafur y mae y Llywodraeth, ond mynd â hawliau oddi arno. Onid teg fyddai i lafurwyr y wlad godi llais cyn mynd i ryfel; iddynt gael penderfynu a ânt i ryfel, ac a phwy y maent yn mynd i rhyfela.

Gwir a ddywedasoch 'We belong to our country'. Dyna athroniaeth cyfalafiaeth a militariaeth. Y wlad a'n pia, gorff ac enaid. Ond dichon y dylaswn ddweud pwy yw'r wlad. Hanner dwsin o lywodraethwyr uchelgeisiol. Hwynt hwy yw'r 'wlad'; ac y mae gwerin byd wedi gweld hynny erbyn heddiw.

Ond y mae hanner arall y frawddeg yn gyfeiliornus iawn; 'Our country belongs to us'. Beth feddyliech am frawddeg fel yna mewn gwaed oer? A ydyw yn cynnwys athroniaeth landlordiaeth? Na, nid y ni bia'r wlad! Nid oes gennym lais mewn dim yn y wlad lle mae ein buddiannau fel gwerin yn y cwestiwn. Dichon fod gennych chwi ddarn go lew ohoni, ond gallaf ddweud droswyf fy hun, a thros ddeugain miliwn o rai tebyg i mi, nad oes gennym hawl i fyw yma.

Dymunaf gyflwyno yr ychydig nodiadau i'ch sylw yn ostyngedig. Hyderaf eich gweld cyn hir ar y llwyfan yn dadleu dros heddwch a chymod; yno y mae eich lle, a chredaf mai yno y mae eich calon hefyd. 'Gwae y bugeiliaid sydd yn difetha ac yn gwasgaru defaid fy mhorfa, medd yr Arglwydd.'

Yr eiddoch yn heddychol,

T. E. Nicholas

Dogfen y Swyddfa Gartref (45/263275/f428)
Cyfarfod etholiadol Aberaman 29/9/1918

(Tanlinellwyd rhai brawddegau er mwyn tynnu sylw at ba mor fradwrus oedd sylwadau Niclas.)

Mr Chairman and Friends, this afternoon at Mountain Ash a question was put as to how could we hold a Keir Hardie Memorial Meeting without mentioning his name, the meeting being a Keir Hardie Memorial Meeting, and without bringing I.L.P. matter into the meeting, but I am glad to say that Hardie's soul remains with us. There are many things today we do not agree upon, but there is one thing we all agree upon and that is the world could be made better than what it is. Children that are being born are entitled to a better world to live in. We want to follow in the footsteps of the late Keir Hardie who always endeavoured to make the world better. Some people are quite satisfied with the world as it is, but I assure you I am not. The world could be made happier, joyous, and better freedom for the people.

People today are living in poverty and striving hard with the hope of getting happiness in the next world, but it is no use waiting for the next world. We want happiness here. When the Government were asked to make grants for the better education of the children, they said the country could not afford it, but when it to war, millions of money is being spent every day, and the Government are willing to spend the last shilling and the last man, <u>but I will tell you where the last shilling and the last man will be, is on the golf links at Criccieth</u>. The workman should make his own salvation and demand their share in the world. The land and the wealth of the country has been shared, but only amongst a few, and we want the workers to have their share. What is happening today on the battlefields of Europe is the work of the Kaisers of all countries and the method of diplomacy in this country, but Keir Hardie has felt the hand of God, and he came to see a better world. Several great people in days gone by have predicted better things, and so did Hardie. People do not live like brothers, there are always two classes in every nation.

There is a greater distance between a palace and a cottage in this country than what there is between a palace in this country and a palace in Germany, <u>and our King would rather see his son marry a high personage in Germany even now than see him marry a daughter in Glamorganshire</u>. We have boundaries in this country. I know a place in Cardiganshire where a gentleman from London comes down once a year to shoot game, and he claims the sole right in regard to the game on that particular land, then another gentleman claims the shooting rights on land adjoining, but the birds can be seen flying about anywhere, they know nothing about these boundaries; the same thing had happened in Europe, the Kaiser in Berlin said I must have my boundary extended. His cousin in England said I will not have that, <u>I will have the boundary where I think, and then came his brother-in-law from Russia and said, I want to have a say in regard to this boundary</u>.

Our means of worshipping God is very sinful, we ask Him

413

to save us here and destroy our enemies, but we are all God's children. We ask God to do things we would not ask a mother in Aberaman to do. If two boys in Aberaman went to fight each other, we would not ask the mothers to save one and destroy the other, but that is just what we are asking God to do.

Some time ago I had a letter from some people in London telling me what to preach and pray on a certain Sunday, that was from the War Aims Committee, but on that Sunday I preached from a part of the Bible where it tells you to be brothers and love one another, and not hate each other as we are all God's children. Hardie tried to make people brotherly. Keir Hardie stood for the rights of the people. Today in this country when you get old you are not wanted, your employers have no more use for you and then you have the workhouse before you.

The Government were recently calling for more men, to get them posters were posted on placards allover the country showing the picture of two hands clasped in each other. I say that was an insult. <u>They only want your hands. Of course, your body is accepted in the bargain</u>. Of course, I happen to belong to a class of people who are exempt from military service, being a minister of the Gospel, and they tell you this is a religious war, then I say it is the religious people who ought to fight these religious battles. The Government do not value men, but we want to save all people whether they are preachers or not. People make different things today, not because they are wanted, but to make profits, they do not provide for the people, but for their own selfish ends. I have seen women in Cardiganshire going over the cornfields picking up bits of corn that have been accidentally left behind after the harvesting, and you find the farmer having had a rich harvest, great ricks of it, and it is the husbands of those very women that have worked to make the harvest a success, and that is what we find, the people do not get what they themselves produce. Hiram Maxim invented machine guns, the most dangerous weapon now being used on the battlefield, and again he invented medicine to cure catarrh, there you have one invention to destroy lives, and another to cure people. He does not do that because the people require them, it is because he make money out of it, and again the Government is not prepared to tell the truth.

Some months ago I was before my betters in Cardiganshire because I said the truth, and after leaving the precincts of the court, a man said to me, "You must not say that again, Mr Nicholas," but I pulled the *Chronicle* out of my pocket to prove to him that I only said the truth, and he said, "But it does not pay to say the truth sometimes."

I live in a county where there is a lot of poverty, <u>workmen get only about 9/- a week in wages</u>, and I preach on the condition of things in Cardigan, they tell me they only want me to preach the Gospel and that is what they pay me for. I have to start in the Garden of Eden and follow on, as if it was not religion to preach about things nearer home. I will tell you three things about Cardiganshire, and I saw this everywhere I go: There are more people dying of *darfodedigaeth* in Cardiganshire than any other county. The workers receive less money in Cardiganshire than any other county. They have sunk more money in war loans in Cardiganshire than any other county. We want some of that money invested in the tanks for the improvement of little children in the county. I saw a cartoon in the paper some time ago representing the King of the Belgians, and the Kaiser speaking to him; the Kaiser said to the King of the Belgians: "You have now lost all. What have you to say now?" The King of the Belgians replied: "I might have lost all, but I have not lost my honour." <u>I say the honour of such men as Emrys Hughes*</u> <u>and others are as important as the honour of the King of the</u> <u>Belgians.</u>

They in this country do not value men's souls. We give the lives of the people to the kings but when it comes to the question of money, which could be given, it is quite a different matter. If money was conscripted we should have no end of protests, and long faces.

<u>"God keep the people"</u> is what we should say and not God

<u>save the King, an individual who has not sufficient talent to be Chairman of a Parish Council.</u>

* Roedd Emrys Hughes yn fab i weinidog a anwyd yn Nhonypandy. Cafodd ei addysg yn Abercynon ac Aberpennar. Fe'i carcharwyd am fod yn wrthwynebydd cydwybodol yn ystod y Rhyfel Byd Cyntaf. Priododd ferch Keir Hardie a bu'n AS Llafur dros Dde Ayrshire o 1949 tan 1969.

Dogfen y Swyddfa Gartref (45/263275/f.418)
Cyfarfod Aberpennar pnawn Sul 29 Medi 1918

A.S. 162 Owen Thomas and P.C. John Clarkson attended the meeting, and upon our arrival there we found a goodly number of people having congregated in the hall, and seated in the middle of the gallery were about 35 Discharged Soldiers, all wearing their silver badges. Upon our entering the hall, one of them shouted "More help for us." These men pending the arrival of the speakers sang patriotic songs at intervals.

Upon the arrival of the speakers, Mr W. C. Anderson, M.P. and the Rev. T. E. Nicholas, the I.L.P. element present gave them a rousing reception, and as a counter-attraction the soldiers booed.

The Chairman of the meeting, who is a Conscientious objector, made an appeal for a hearing for the speaker, but before he had said many words, questions were hurled at him by the Discharged soldiers, and he was unable to proceed. He then gave out a Socialist hymn 'Sons of Labour'. Order prevailed during the singing of this hymn, but no sooner had this finished than the discharged soldiers got up in a body and sang 'God Save the King'. Following this was a regular turmoil, shouts of "Are we downhearted? No.". Mr W. C. Anderson then got on his feet and attempted to address the meeting but was unable to proceed, questions in galore were put to him, and such expressions, "You are a sneak, what have you done for the discharged soldiers?", "You would let the Germans come here.", "Get these conscientiuous objectors off the stage, or else we will come down and do it.". At this stage a member of the Hall Committee got up and said, "It was given to understand that when we let the hall the meeting was to be confined to a Keir Hardie Memorial, and that no I.L.P. doctrine was to be introduced and that only, and if the speakers were prepared to give that undertaking he would appeal to the discharged soldiers to keep order." Mr. W. C. Anderson agreed to this, but the discharged soldiers wanted to know why there should be I.L.P. propaganda spread in the hall on the occasion of a Keir Hardie Memorial, but no answer was forthcoming from the platform, and a regular uproar followed, about two or three dozen people talking at the same time, and threats being made to throw two conscientious objectors who were on the platform, off. One of the members of the hall committee again appealed for order as he said the reputation of the hall was at stake. Mr W. C. Anderson endeavoured to address the meeting and spoke for about 20 minutes, but during the whole time there was shouting, booing and questions put. One question was, "You I.L.P. talk about profiteering, then why did Philip Snowden* hold large shares in the foreign meat company who were recently prosecuted for selling meat unfit for human consumption?" Anderson pretended he knew nothing about this. There was such a din throughout the whole time that the few words spoken by Anderson were not audible. Regular turmoil prevailed from now on, questions being put by the discharged soldiers in regard to Nurse Cavell and Captain Fryatt, and who was behind the Railway Strike. Things were assuming a rather ugly aspect when one of the members of the hall committee got on his feet and shouted, "I move closure." The meeting terminated in absolute disorder. The Rev T. E. Nicholas never attempted to speak, but we should have said that when he appeared in the hall, such remarks as, "Get your whiskers cut, don't rob the barber!" were hurled at him.

We think that will put an end to meetings being held in

Mountain Ash by this party, because in the first place the hall is not likely to be let them again.

* Roedd Philip Snowden yn AS Llafur dros etholaeth Blackburn er 1906 ac ar fin colli ei sedd. Dychwelodd i'r senedd yn yr etholiad canlynol. Fe'i penodwyd yn Ganghellor cyntaf y Trysorlys dros y Blaid Lafur yn 1924.

Roedd Edith Cavell yn nyrs a arbedodd fywydau milwyr o'r ddwy ochr. Cynorthwyodd tua chant o garcharorion rhyfel i ddianc yng Ngwlad Belg. Am hynny cafodd ei saethu gan yr Almaenwyr.

Yr un modd cymerwyd y Capten Charles Fryatt yn garcharor a'i orfodi i wynebu cwrt-martsial am iddo ddefnyddio ei long masnach i geisio taro llong danfor yr Almaenwyr yn 1915. Saethwyd yntau hefyd.

Roedd y cyfeiriad at streic y rheilffyrdd yn ymwneud â'r streic ddeuddydd yn 1911 pan laddwyd chwech yn Llanelli mewn gwrthdrawiad rhwng gweithwyr rheilffyrdd a milwyr. Hon oedd y streic gyntaf o'i bath yn ymwneud â'r frwydr i sefydlu undebaeth llafur. Amcangyfrifwyd fod 70,000 o weithwyr – 20,000 ohonyn nhw'n weithwyr rheilffyrdd – wedi cymryd rhan yn y streic.

Helynt y Preselau
Llythyr yn *Y Faner* 27 Tachwedd 1946

Diolch i bawb sy'n gweithio i arbed mynyddoedd y Preselau, Penfro, rhag eu troi'n fangre bomio. Bydd yn chwithdod mawr i fi, a fu'n chwarae ar lethrau'r hen fynyddoedd hyn, weld eu troi'n anialwch gan fomiau. Ond tybiaf weithiau mai rhoddi'r cert o flaen y ceffyl a wneir. Onid priodol i ni ddechrau'r pen arall, a chario ymgyrch ymlaen yn erbyn Gorfodaeth Filwrol?

O orfodi bechgyn i fynd i'r fyddin, rhaid cael lle iddynt fomio a dysgu eu crefft. Ynfydrwydd fydd dweud wrthynt am fynd i rywle arall i fomio. Sut y gall Sir Benfro ddisgwyl i'r bechgyn gymryd disgyblaeth filwrol mewn rhyw ran arall o Brydain?

Felly, y cam cyntaf mi gredaf yw gwrthwynebu gorfodaeth filwrol, a'n holi ein hunain: Beth yw'r amcan wrth fynd â'r bechgyn i'r fyddin? Bod yn barod yn erbyn pwy? Pwy yw'r gelyn sydd yn debyg o'n peryglu? Iwerddon? Gwlad yr Iâ? Yr Almaen? Yr Eidal? Neu efallai Siapan, lle y mae America yn prysur ail-godi'r hen allu milwrol o gwmpas yr Ymherodr? Yn yr Almaen y mae llawer o ffrindiau Hitler mewn swyddi pwysig; yr un fath yn yr Eidal, a mawr yw gofid llywodraethwyr Prydain ac America am i elynion Hitler ennill yr etholiad yn Ffrainc. Onid cefnogi ffrindiau Hitler a wneir yng Ngwlad Groeg?

Y mae'n bryd i weithwyr Cymru sefyll a gofyn i ba beth yr eir â'r bechgyn i'r fyddin, a thorri ar eu cwrs mewn gwaith ac addysg? Nid oes berygl i ni o unrhyw gyfeiriad ond oddi wrth y galluoedd milwrol a godir gennym yn Siapan, yr Almaen a Groeg, a mannau eraill.

Y mae llawer o fechgyn wedi dyfod yn swyddogion yn y fyddin, nid ydynt yn meddwl mynd yn ôl at eu hen waith; felly, naturiol i'r rhai hyn yw gofyn am fyddin fawr. Oni cheir bechgyn i'w disgyblu ni bydd iddynt hwy le na swydd yn y fyddin.

Y mae'n bwysig i werin Cymru sylweddoli i ble y'n harweinir gan y Blaid Lafur y dyddiau hyn. A da fydd sylwi ar ein polisi tramor. Y Comiwnyddion a'r Iddewon yw gelynion llywodraethwyr America a Phrydain; ac y mae'r Iddewon y tu mewn i'r gwifrau pigog gan Attlee fel gan Hitler. A gwyddom yn dda y rhoddir pob bai yn y byd wrth ddrws y Comiwnyddion. Yn America y mae y Negro hefyd yn wrthrych erledigaeth. Da fydd i werin Cymru sylwi ar y tueddiadau hyn mewn pryd, rhag i ni ein cael ein hunain mewn rhyfel eto.

I ddyfod yn ôl at y pwynt, os am arbed mynyddoedd Penfro, rhaid fydd inni wrthwynebu Gorfodaeth Filwrol. Rhaid hefyd mynd â phob gallu o ddwylo'r cadfridogion. Y maent, a'u cyfrif drwodd a thro, yn wrthwerinol. Gadael gormod o allu yn nwylo'r cadfridogion a fu'r felltith yn Sbaen. Pob llwydd i'r ymgyrch yn erbyn troi bryniau Penfro'n fangre bomio.

Nodiadau

1: Twm Llety

1 J. Lloyd James (Clwydwenfro), *Oracl ei ardal: hanes Siams Dafi, Pentregalar yng nghyda marwnad i'r diweddar Mrs Ann Morse, Abertigen* (Merthyr: Joseph Williams, 1901), t. 17.

2 Eirwyn George (gol.), *Estyn yr Haul, Blodeugerdd Ryddiaith o waith awduron Sir Benfro yn yr Ugeinfed Ganrif* (Cyhoeddiadau Barddas, 2000), t. 39.

3 Ibid., t. 40.

4 Ibid., t. 38.

5 Llythyr T. E. Nicholas at Awena Rhun 28/1/1942 (39) LlGC 20752E (Casgliad Dr Iorwerth Peate).

6 Eirwyn George (gol.), *Estyn yr Haul, Blodeugerdd Ryddiaith o waith awduron Sir Benfro yn yr Ugeinfed Ganrif* (Cyhoeddiadau Barddas 2000), t. 29.

7 T. E. Nicholas, *Darn o hunangofiant* (Archifdy Prifysgol Bangor MS 23359) t. 14.

8 Pamela Horn, *The Tithe War in Pembrokeshire* (Preseli 1982), t. 19.

9 Ibid., t. 21.

10 James Nicholas, *Pan Oeddwn Grwt Diniwed yn y Wlad* (Llandysul: Gwasg Gomer, 1979), t. 9.

2: Tomi Treherbert

1 Parch Emrys Jones / William J. Jones (gol.) *Carmel, Treherbert, Hanes yr Achos 1857-1957* (Gwasg Tŷ John Penry 1957), t. 52.

2 D. J. Williams, *Yn Chwech ar Hugain Oed* (Gwasg Aberystwyth, 1959), t. 109.

3 Ibid., t. 192.

4 *Y Cymro*, 18/2/1965, t. 12.

3: Tomi'r Gwynfryn, Llandeilo a Dodgeville

1   *Drafft o erthygl* (Archifdy Prifysgol Bangor MS 23359), t. 11.
2   *The Cambrian*, 18/10/1901, t. 6.
3   W. T. Gruffydd, *Hanes y Tabernacl, Ffairfach* (Gwasg Tŷ John Penry, Abertawe 1951) t. 37.
4   *Carmarthen Journal*, 25/10/1901, t. 2.
5   *Y Drych*, 28/1/1904, t.1.
6   Ibid., 15/9//1904, t. 6.
7   Llythyr T. E. Nicholas at Awena Rhun, LlGC 20752E, 5/3/1944, (94).
8   *Dodgeville Chronicle*, 2/9/1904, t. 5.

4: Dyddiau'r Glais

1   *Llais Llafur*, 17/1/1914, t. 5.
2   *Merthyr Pioneer*, 30/12/1911, t. 3.
3   *Y Tyst*, 28/1/1914, t. 6.
4   T. E. Nicholas, *Llygad y Drws; Rhagymadrodd D. Gwenallt Jones* (Gwasg Gee, 1940), t. 11.

5: Niclas a'r dwymyn gystadlu

1   *Tarian y Gweithiwr*, 3/11/1910, t. 3.
2   Ibid.
3   *Pembroke County Guardian*, 4/3/1910, t. 2.
4   *Herald of Wales*, 11/12/1909, t. 12.
5   *Tarian y Gweithiwr*, 16/12/1909, t. 3.
6   *Cardigan and Tivyside Advertizer* (Archifdy Prifysgol Bangor 23365).
7   *Y Dinesydd Cymreig*, 1/1/1913, t. 6 / *Merthyr Pioneer*, 11/1/1913, t. 6.
8   T. E. Nicholas, *Llygad y Drws*; *Rhagymadrodd D. Gwenallt Jones* (Gwasg Gee, 1940), t. 14.

6: 'Sarah' Llechryd

1   *Llythyrau'r Parch W. Rees at T. E. Nicholas*, LlGC 13694A, 26/10/10.
2   Ibid., 6/1/1911.
3   Ibid.
4   Ibid., 23/2/1911.
5   Ibid.,
6   *Cardigan and Tivyside Advertizer*, 16/9/1910, t.10.
7   *Y Deyrnas*, Tachwedd 1918, t. 15 (Bangor: Evan Thomas, Argraffwyr Gwalia, 1918).

8 Ibid.

9 Parch William Rees, *The Devil's Keys; Cloi Dirwest o Dŷ Dduw* (Ystalyfera: Ebenezer Rees, Argraffwr, 1888), t. 76.

10 Ibid., t. 63.

11 Ibid., t. 79.

12 *Michael D. Jones a'i Wladfa Gymreig: Dr R. Tudur Jones, 'Canu'r Celt a Dyfodol Cymru'*, t. 123, E. Wyn James a Bill Jones (gol.) (Llanrwst: Gwasg Carreg Gwalch, 2009).

13 *T. E. Nicholas, Proffwyd Sosialaeth a Bardd Gwrthryfel*, Dr. J. Roose Williams (gol.); '*T. E. Nicholas: Bardd o Ddyneiddiwr*, Prifathro Pennar Davies, t. 41 (Bangor: Argraffwyr Sackville, 1970. Ailargraffiad Aberystwyth: Cymdeithas Niclas y Glais, 2010), t. 34.

14 *Y Dyn*, Cyf 2 Rhif 2 1922, t.13.

15 Llythyr T. E. Nicholas at Awena Rhun, LlGC 20752E, 23/1/42 (38).

7: Keir Hardie a'r *Pioneer*

1 *Merthyr Pioneer*, 18/3/1911, t. 3.

2 *Tivyside*, 1/12/1911, t. 2.

3 *Merthyr Pioneer*, 28/12/1912, t. 3.

4 Ibid., 11/10/1913, t. 3 /*Geninen*, Hydref 1913, t. 242.

5 *Llais Llafur*, 10/12/1910, t. 1.

6 *Geninen*, Ionawr 1911, t. 20.

7 *Goleuad*, 6/9/1911, t. 9.

8 *Geninen*, Ionawr 1912, t. 16.

9 Robert Pope, *Y Ddraig Goch ynte'r Faner Goch? Yr ymryson rhwng G. W. F. Phillips a T. E. Nicholas yn Codi Muriau Dinas Duw, Anghydffurfiaeth ac Anghydffurfwyr Cymru'r Ugeinfed Ganrif* (Bangor, 2005), t. 90.

10 *Geninen*, Ionawr 1912, t. 14.

11 Ibid., Ionawr 1914, t. 21.

12 Ibid., Gorffennaf 1912, t. 154.

13 Ibid., Ionawr 1913, t. 23.

8: Llangybi a chymhelri

1 *Tarian y Gweithiwr*, 12/2/1914, t. 8.

2 *Y Darian*, 9/4 /1914, t. 5.

3 *Y Tyst*, 27/5/1914, t. 11.

4 *Cardigan and Tivyside Advertiser*, 20/2/14, t. 2.

5 Ibid., 27/2/1914, t. 2.

6   Ibid., 20/2/1914, t. 2.
7   Ibid., 27/2/1914, t. 2.
8   Ibid., 23/10/1914, t. 2.
9   Ibid., 6/11/1914, t. 2.
10 Ibid., 9/10/1914, t. 2.
11 Ibid., 16/10/1914, t. 2.
12 Ibid., 9/10/1914, t. 2.
13 Ibid., 6/11/1914, t. 2.
14 *Y Deyrnas*, Hydref 1916, t. 1.
15 *Cardigan and Tivyside Advertiser*, 27/11/1914, t. 2.
16 Ibid., 4/12/1914, t. 8.
17 Ibid., 11/12/1914, t. 2.
18 James Nicholas, *Pan Oeddwn Grwt Diniwed yn y Wlad* (Llandysul: Gwasg Gomer, 1979) t.16.

9: Dal ati ffwl pelt

1   *Merthyr Pioneer*, 9/1/1915, t. 6.
2   Ibid.
3   *Merthyr Pioneer*, 16/1/1915, t. 6.
4   *Llais Llafur*, 17/4/1915, t. 5.
5   Archif Glen George.
6   Ibid.
7   Ibid.
8   Dewi Eirug Davies, *Byddin y Brenin* (Abertawe: Gwasg John Penry, 1988) t. 159.
9   *Aberdare Leader*, 16/10/1915, t. 6.
10 *Merthyr Pioneer*, 16/10/1915, t. 6/*Geninen*, Gŵyl Ddewi 1916, t. 63.
11 *Y Cardi*, Gŵyl Ddewi Rhif 6 1970, t. 3.
12 *Y Drych*, 19/8/1915, t. 1.
13 "What a Welshman You Would Have Been": *Transatlantic Connections; Whitman US – Whitman UK*; M. Wynn Thomas (Iowa City: Iowa U. P., 2005), t. 243–245.
14 *Y Brython*, 20/8/1914, t. 4.
15 Ibid.
16 *Seren Cymru*, 31/7/1914, t. 11.

10: Stanton a'r etholiad

1   *Soul of the War*, Philip Gibbs (Llundain: William Heineman, 1916), t. 284.

2   *Cardigan and Tivyside Advertiser*, 19/4/1918, t. 4.

3   1/6/1918, KV 2/1750 National Archives.

4   Llythyr MI5, Ibid.

5   LlGC 20090C.

6   Ibid.

7   *Merthyr Pioneer*, 4/12/1915, t. 6.

11: Tynnu dannedd

12: Tynnu blewyn o drwyn

1   *Y Cymro*, 20/11/1937, t. 12.

2   Ibid., 12/2/1938, t. 5.

3   Ibid., 5/3/1938, t. 5.

4   Ibid., 26/3/1938, t. 5.

5   Ibid.

6   Ibid.

7   Ibid., 2/4/1938, t. 6.

8   Ibid., 16/4/1938, t. 5.

9   Ibid.

10 Ibid., 2/7/1938, t. 5.

11 Ibid., 23/7/1938, t. 12.

12 Ibid.

13 Ibid.

14 Ibid., 13/8/1938, t. 5.

15 Ibid.

16 Ibid., 20/8/1938, t. 5.

17 Ibid.

18 Ibid., 3/9/1938, t. 5.

19 Ibid., 27/9/1938, t. 12.

20 Ibid., 28/1/1939, t. 13.

21 Ibid., 8/4/1939, t. 13.

13: Ymrafael â'r *Cymro*

1   Archifdy Prifysgol Bangor 23358 29/8/1939.

2   *Y Cymro*, 2/9/1939, t. 12.

3   Ibid., 20/5/1939, t. 5.

4   Ibid., 8/7/1939, t. 5.

5   Ibid., 22/7/1939, t. 5.

6   Ibid., 29/7/1939, t. 5.

7   Ibid., 5/8/1939, t. 5.

8   Ibid., 19/8/1939, t. 8.

9   Ibid., 19/8/1939, t. 5.

10 Ibid.

11 Ibid., 26/8/1939, t. 5.

12 Ibid.

13 Ibid.

14 Ibid.

15 Ibid., 12/8/1939, t. 5.

16 Ibid., 9/9/1939, t. 3.

17 Ibid.

18 Ibid., 4/11/1939, t.1.

19 Ibid.

20 Ibid., 11/11/1939, t.1, 8.

21 Ibid., t. 8.

22 Ibid.

23 Ibid., 18/11/1939, t. 7.

24 Ibid., 25/11/1939, t. 5.

25 Ibid.

26 Ibid., t. 3.

27 Ibid.

28 Ibid.

29 Ibid.

30 Ibid., 16/13/1939, t. 1.

31 Ibid.

32 Ibid., 23/12/1939, t. 7.

33 Ibid.

14: Brixton a'r Prif Gwnstabl milain

1   Archifdy Prifysgol Bangor, 23359, t. 4/5.

2   Ibid., t. 7.

3   Ibid., t. 9.

4   National Archives HO45/23757 121999.

5   Archifdy Prifysgol Bangor 23363.

6   *Y Faner*, 14/8/1940, t. 4.

7   Ibid., 25/9/1940, t. 8.

8   *Y Cymro*, 24/8/1940, t. 5.

9   *Y Faner*, 28/8/1940, t. 4.

10 *Y Cymro*, 31/8/1940, t. 5.

11 *Y Faner*, 4/9/1940, t. 4.

12 Ibid., 25/9/1940, t. 4.

13 *Barn*, Mehefin 1971, t. 235.

14 Llythyr Niclas at Awena Rhun, 20752E, 10/7/1943, (76).

15 Archifdy Prifysgol Bangor 23356, 28/10/1940.

15: Terfysgoedd yr awen

1   T. E. Nicholas, *Llygad y Drws; Rhagymadrodd D. Gwenallt Jones* (Gwasg Gee, 1940), t. 18.

2   Ibid., t. 10.

3   *Barddoniaeth a Beirniadaethau Eisteddfod Genedlaethol Dinbych 1939* R. T. Jenkins, M. A., D. Litt., a Tom Parry, M. A. (gol.), t. 63.

4   Ibid., t. 57.

5   *Y Cymro*, 30/12/1939, t. 11.

6   *Y Cymro*, 12/8/1939, t. 12.

7   *Barddoniaeth a Beirniadaethau Eisteddfod Genedlaethol Dinbych 1939*, t. 111.

8   Dewi Emrys, *Beirdd y Babell* (Hughes a'i Fab, 1939), t. 7.

9   *Y Cymro*, 20/1/1940, t. 11.

10 *Western Mail*, 21/6/1939, t. ??.

11 *Y Faner*, 11/6/1941, t. 5.

12 *Rhondda Leader*, 14/6/1941, t. 3.

13 Ibid.

14 Llythyr at Kate Roberts Llyfrgell Genedlaethol 4333.

15 Llythyr at Awena Rhun, Llyfrgell Genedlaethol 20752E, 5/10/42, (56).

16 R. M. Jones, *Barn*, Ebrill 1983, Rhif 243, t. 105.

17 Gerwyn Williams, *Y Rhwyg – arolwg o farddoniaeth Gymraeg ynghylch y Rhyfel Byd Cyntaf* (Llandysul: Gwasg Gomer, 1993), t. 188.

18 *Yr Eurgrawn*, Ebrill 1943, t. 127.

19 *Y Tyst*, 7/1/1943, t. 1.

20 *Heddiw*, Cyfrol 6 Rhif 8 Mawrth–Ebrill 1941, t. 240.

21 Ibid., t. 244.

22 *Y Faner*, 22/5/1946, t. 7.

23 *Cyfansoddiadau a Beirniadaethau Eisteddfod Genedlaethol Pwllheli 1955* J. T. Jones (gol.), (Porthmadog), t. 83.

24 Ithel Davies, *Proffwyd Sosialaeth a Bardd Gwrthryfel*, t. 26. Adargraffiad t. 24.

25 Llythyr T. E. Nicholas at Hywel D. Williams, 25/8/1964, LlGC 14460D, (66/7).

26 Gerwyn Williams, *Tir Newydd – Agweddau ar lenyddiaeth Gymraeg a'r Ail Ryfel Byd* (Gwasg Prifysgol Cymru, 2005), t.128.

27 R. M. Jones *Barn*, Ebrill 1983, Rhif 243, t. 107.

16: Chwifio'r *Faner* a'r llythyru gered

1 *Y Faner*, 8/3/1944, t. 3.
2 Ibid., 22/3/1944, t. 4.
3 Ibid., 18/10/1944, t. 5.
4 Llythyr Niclas at Evan Roberts LlGC 21/1/1947, (1215).
5 *Y Faner*, 26/3/1947, t. 4.
6 Ibid., 9/4/1947, t. 5.
7 Ibid., 30/4/1947, t. 4.
8 *Y Cymro*, 2/11/1945, t. 4.
9 Archifdy Prifysgol Bangor 23362.
10 Ibid., 2/2/1946.
11 Ibid., 27/2/1946.
12 Ibid., 3/10/1946.
13 Ibid., 5/10/1946.
14 Ibid., 6/7/1950.

17: Awena, Evan a Dan

1 LlGC 20752E, 28/11/1942, (61).
2 Ibid., 7/1/1943, (65).
3 Ibid., 3/11/1941, (29).
4 *Y Rhedegydd*, 12/10/1939, t. 8.
5 *Barn*, Mehefin 1971, t. 235.
6 *Y Seren*, 28/11/1942, t. 4.
7 Llythyr at Evan Roberts LlGC, 17/8/1942, (1190).
8 Ibid., 18/9/1942, (1191).
9 Ibid., 31/9/1953, (1235).
10 Ibid., Y Groglith 1953, (1234).
11 Ibid., 3/10/1951, (1230).

12 *Atgofion Llafurwr i Ieuenctyd Cymru* (Goginan, 1956), t. 37.
13 Ibid., t. 9.
14 *Barn*, Mehefin 1971, t. 235.
15 *Atgofion Llafurwr i Ieuenctyd Cymru* (Goginan, 1956), t. 35.

18: Crugiau Dwy, Rwsia a Phantycelyn

1 *Codi Muriau Dinas Duw, Anghydffurfiaeth ac Anghydffurfwyr Cymru'r Ugeinfed Ganrif* (Bangor, 2005), t. 108.
2 David W. Howell, *Nicholas of Glais: The People's Champion* (Clydach Historical Society, 1991), t. 31.
3 *Proffwyd Sosialaeth a Bardd Gwrthryfel* (Bangor 1970), t. 15
4 Sian Howys, 'Bywyd a Gwaith Thomas Evan Nicholas 1879–1971', Traethawd M.A., Coleg Prifysgol Bangor 1986, t. 41.
5 Ibid.
6 *Merthyr Pioneer*, 20/11/1915, t. 6.
7 Archifdy Prifysgol Bangor 23363, toriad papur newydd, 16/5/1963.
8 *Y Cymro*, 3/6/1944, t. 4.
9 *Y Clorianydd*, 16/4/1960, t. 2.
10 Archifdy Prifysgol Bangor 23359.
11 Caleb a Stephen M. Rees, *Pen-y-groes Gyrfa Dwy Ganrif*, 1959, t. 13.
12 *Y Deyrnas*, Medi 1917, t.11.
13 *Cyffro*, Gaeaf 1970, t. 45.
14 *Yr Ymofynydd*, Ion / Chwef. 1972, t. 7.
15 *Blwyddiadur yr Annibynwyr*, 1972, t. 172.
16 *Barn*, Mehefin 1971, t. 236.
17 *Proffwyd Sosialaeth a Bardd Gwrthryfel* (Bangor, 1970), t.10.
18 *Y Cymro*, 28/4/1971, t. 7.
19 Ibid.
20 *Rwy'n Gweld o Bell* (Undeb yr Annibynwyr Cymraeg, 1963), t. 76.
21 *Y Cardi*, Gŵyl Ddewi Rhif 6 1970, t. 9.
22 Ibid., t. 10.
23 Llythyr at Awena Rhun, LlGC, 7/4/1942, (43).
24 Ibid., 23/1/1942, (38).
25 Llythyr at Evan Roberts, LlGC, 5/2/1947, (1216).
26 Archifdy Prifysgol Bangor 23359.
27 Llythyr at Evan Roberts, LlGC, 18/9/1937, (1223).
28 Archifdy Prifysgol Bangor 23360. Drafft o erthygl ar Rwsia a rhyfel 1939–45, t. 11.

29 *Barn*, Mehefin 1971, t. 236.

30 *Y Genhinen*, Haf 1971, t. 147.

31 *Barddas*, Rhif 310 Chwefror / Mawrth 2010, t. 20.

32 *Proffwyd Sosialaeth a Bardd Gwrthryfel* (Adargraffiad 2010) t. 2.

33 *Cyfansoddiad Cymdeithas Niclas y Glais* (Trwy law Robert Griffiths).

34 Dr Pennar Davies, Rhagair *Rwy'n Gweld o Bell*, t. 13.

Llyfryddiaeth

Chríost, Diarmait Mac Giolla, *Welsh Writing, Political Action and Incarceration* (Palgrave Macmillan, 2013)

Davies, Ithel, *Bwrlwm Byw* (Llandysul: Gwasg Gomer, 1984)

Davies, Parch. T. R., *Gwahanol Gymeriadau (Y Byw a'r Meirw)* (argraffwyd yn Swyddfa'r *Mercury*, Llanelli, 1910)

George, Eirwyn (gol.), *Estyn yr Haul, Blodeugerdd Ryddiaith o Waith Awduron Sir Benfro yn yr Ugeinfed Ganrif* (Cyhoeddiadau Barddas, 2000)

George, Eirwyn, *Gwŷr Llên Sir Benfro yn yr Ugeinfed Ganrif* (Gwasg Gwynedd, 2001)

Gibbard, Noel, 'Tywi yng Nghwm Tawe', yn Hywel Teifi Edwards a Noel Gibbard (gol.), *Cwm Tawe, Cyfres y Cymoedd* (Llandysul: Gwasg Gomer, 1993)

Gruffudd, W. T., *Hanes y Tabernacl, Ffairfach* (Abertawe: Gwasg Tŷ John Penry, 1951)

Horn, Pamela, *The Tithe War in Pembrokeshire* (Preseli Printers, 1982)

Howell, David W., *Nicholas of Glais: The People's Champion* (Clydach Historical Society, 1991)

Jones, Parch. Emrys, a Jones, William John, *Hanes yr Achos – Carmel, Treherbert 1857–1957* (Abertawe: Gwasg Tŷ John Penry, 1957)

Pope, Robert, 'Y Ddraig Goch ynte'r Faner Goch? Yr ymryson rhwng G. W. F. Phillips a T. E. Nicholas', yn *Codi Muriau Dinas Duw: Anghydffurfiaeth ac Anghydffurfwyr Cymru'r Ugeinfed Ganrif* (Bangor: Canolfan Uwchefrydiau Crefyddol Cymru, 2005)

Price, Gareth a Thomas, Wyre, *Nant Dialedd*, Teledu Cymru, 1966 (Archif Amgueddfa Werin Sain Ffagan)

Rees, Parch. Ivor T., 'Thomas Evan Nicholas 1879–1971', *Cylchgrawn Llyfrgell Genedlaethol Cymru*, Cyfrol XXXV, 2010

Rees, Stephen a Caleb, *Hanes Pen-y-groes ac Antioch – Gyrfa Dwy Ganrif* (Abertawe: Gwasg Tŷ John Penry, 1959)

Rees, W., *The Devil's Keys – Cloi Dirwest O Dŷ Dduw* (argraffwyd gan Ebenezer Rees, Ystalyfera, 1888)

Rees, W., *Teyrnas y Dyn Anfeidrol, Agoriad i Eglwys Philadelphia* (E. Rees, Ystalyfera, 1903)

Thomas, M. Wynn, 'What a Welshman You Would Have Been', yn *Transatlantic Connections: Whitman U.S., Whitman U.K.* (University of Iowa Press, 2005)

Thomas, R. D., *Hanes Cymry America* (Efrog Newydd: Utica, T. J. Griffiths, 1872, a Nabu Press, 2010)

Williams, D. J., *Yn Chwech ar Hugain Oed* (Llandysul: Gwasg Gomer, 1959)

Williams, Dr. J. Roose, 'T. E. Nicholas: Bardd o Ddyneiddiwr', yn *T. E. Nicholas, Proffwyd Sosialaeth a Bardd Gwrthryfel* (Bangor: Argraffwyr Sackville, 1970. Ailargraffiad – Aberystwyth: Cymdeithas Niclas y Glais, 2010)

Wright, Martin, *Wales and Socialism: Political Culture and National Identity before the Great War* (Caerdydd: Gwasg Prifysgol Cymru, 2016)

Ceir nifer o recordiadau ohono yn Archif Sain y Llyfrgell Genedlaethol hefyd.

Mynegai

Aberdâr 14, 24, 59, 86, 103, 144, 147,
   172-173, 176, 187–189, 203, 368, 399
Aberdare Leader 86, 171, 173, 179, 199,
   423
Abertawe 16, 40, 56, 64, 68-70, 84,
   86–87, 122, 127, 150, 186, 196, 221–
   222, 224, 270, 279, 289–290, 293,
   319, 341, 379, 392, 421, 423, 430
Aberteifi 18, 27, 31, 45, 103, 105, 113,
   150, 236, 273, 276, 290, 348
Aberteifi, Sir 31, 49, 60, 80–81, 83, 89,
   142–143, 147, 149–150, 165–166,
   179, 189–190, 196, 200, 219, 237,
   268, 273, 276, 283, 286–289, 372–
   373
Aberystwyth 15, 21, 24, 32–33, 57, 91,
   119, 129, 135, 145, 148, 159, 180,
   192, 200, 205, 209–211, 215, 217,
   220–221, 224, 236, 251, 269, 271,
   275–276, 278, 288–290, 296, 298,
   304, 315, 317, 324–326, 329, 347,
   354–355, 360, 368, 377–378, 380,
   392, 420, 422, 431
Ablett, Noah 171
Academi'r Gwynfryn 53, 59–60, 62–63,
   69, 72, 103, 128, 186
Aitken, William 125
Albrecht, Hans 329
Allen, Clifford 165-167
Allt-wen 78, 91, 122, 220, 280, 295
Anderson, John 272, 281, 291
Anderson, W. C. 201, 416–417
ap Gwilym, Gwynn 320
ap Huw, Ieuan 328
ap Iwan, Emrys 88
Aruja, Dr Endel 328

Asquith, Herbert 88
Auden, W. H. 224
Bacon, Alice 330
Baldwin, Stanley 334
Barn 8, 17, 19, 22, 67, 99, 148, 160,
   168, 178, 191, 194, 229, 240, 245,
   249, 256, 281, 288, 297–298, 304,
   308, 349, 370, 378, 403, 410, 426–
   429
Barrow-Williams, H. 185
Beasley, W. H. 369
Bebb, Ambrose 229
Bebb, Richard 306
Benjamin, Cynfelyn 71, 154–155
Berginosrw, Belamor 131, 138
Blaenau Ffestiniog 24, 132, 136, 212
Boncath 30–31, 52, 118, 156, 166,
   168–169, 191, 217
Bondfield, Margaret 128
Bowyer, Llywelyn 280
Brace, William 187
Brixton 13, 24, 268, 271, 275, 279,
   294, 425
Brockway, Fenner 165–166
Brown, Hugh Stowell 194
Bryan, Robert 33
Bryfdir, (Humphrey Jones) 280
Brynach, (John Davies) 102–103, 148,
   154–155, 157, 162

Cadogan, Arglwydd Alexander 338
Cadwaladr, Dilys 349
Cambrian News 195, 211, 213
Campbell, R. J. 62, 71, 84–85, 127
Caradog (Griffith Rhys Jones) 51

Cardigan and Tivyside Advertiser 65,
96, 102–103, 108, 113–114, 120, 122,
130, 150, 154, 157, 159, 161
Carmarthen Journal 65, 67, 71, 154,
421
Carnabwth, Twm (Thomas Rees)
25–28, 332
Cassam, W. H. 227
Castro, Fidel 218
Cavell, Edith Louisa 366, 409, 417–
418
Chamberlain, Neville 233, 241, 244,
246, 248, 252, 259
Chappell, Edgar 85, 190
Chríost, Diarmait Mac Giolla 287
Churchill, Winston 21, 338, 351
Ciwba 218, 353
Clarkson, John 202, 416
Clement, James (Alarch Ogwy) 77
Clifford, John 132
Clwydwenfro (Parch J. Lloyd James)
27, 420
Clydach 77–78, 87, 95, 149, 170, 428,
430
Comiwnyddiaeth 145, 257, 310, 325,
326, 338, 343, 352, 354, 357, 361,
376, 380, 388
Connolly, James 39
Cornford, John 225
Crwys (William Williams) 104,
304–305
Crymych 21, 23, 25, 31, 33, 34, 37, 42,
44–48, 56, 61, 64, 73, 83, 91, 113,
159, 288, 295, 363, 390
Cule, Cyril P. 264, 333–334
Cwmllynfell 97, 143, 150, 171, 333
Cymru 3, 6, 10, 12, 19, 22–23, 34,
39, 50, 55–56, 59, 62, 64, 73–75,
79, 85, 87, 89, 91-92, 94, 96–97,
100, 103-104, 108, 114-115, 119,
121, 123, 128–130, 133, 135–137,
139, 141, 150–151, 153, 156, 164,
181–182, 186, 190–191, 193, 200,
206, 209, 218, 220, 224, 229, 231,
233, 235–236, 239–241, 252–254,
259, 263, 266, 271, 273, 280–284,
287–288, 292, 299, 301, 302, 305,
308, 310–313, 315, 317, 320,
324–326, 333–334, 338–340, 345,
349–353, 359, 361, 363–364, 367,
377, 382–383, 390, 392–394, 398,
400, 402, 405–406, 419, 422–423,
427–428, 430–431
Cynan (Syr A. Evans Jones) 316, 318

Dafi, James (Oracl ei fro) 27–28
Dafydd ap Gwilym 134, 181
Daggar, George 292
Daily Express 270, 286, 292
Daily Worker 225, 291, 336
Daniel, J. E. 280
Davies, Aneirin Talfan 225
Davies, Arglwydd Llandinam 236
Davies, Ben 96
Davies, B. O. 333
Davies, Dewi Eirug 169, 423
Davies, D. Jacob 3, 374
Davies, D. J. (Capel Als) 30, 285, 306,
372
Davies, D. J. (Llundain) 161, 163–164,
302, 306
Davies, D. Marlais 156
Davies, D. Morlais 79
Davies, Ebenezer 26
Davies, Edmund 290
Davies, Gabriel 25–27
Davies, George M. Ll. 236–237, 329,
331, 335
Davies, G. M. 250–251
Davies, Idris 374
Davies, Ifor 316–317
Davies, Ithel 1, 79, 221, 271, 275, 290,
310, 312, 318, 364, 427
Davies, J. Eirian 350

Davies, John (Llangeitho) 190
Davies, J. P. 280
Davies, J. S. (Eilir Mai) 77, 92, 150
Davies, Owen 302
Davies, Pennar 6, 121, 381, 391, 422, 429
Davies, Rhys 227–228
Davies, Rosina 51
Davies, S. O. 85
Davies, T. 96
Davies, T. Eirug 315
Davies, T. Eric 232, 249, 263
Davies, T. R. 114
Davies, W. Alun 251–252
Davies, William 66–67
Davies, W. Mynwy 77
Davison, George 171
Derfel, R. J. 1, 19, 83, 104, 129, 133, 147, 171, 275, 311, 313, 320, 360, 380, 386
Dinas Mawddwy 24, 79, 221, 271, 273
Dinesydd Cymreig 104, 130, 421
Dodgeville 13, 24, 59, 70–73, 75–76, 88, 90, 99, 421
Dunnico, Herbert 199–200
Dyfed (Evan Rees) 317–318
Dyfed, Nathan (Jonathan Owen Reynolds) 55

Ebenezer, Lyn 379
Edwards, Clement 188
Edwards, Ifan ab Owen 288
Edwards, J. M. 305
Edwards, O. M. 94, 167, 221
Edwards, W. J. 216–217, 380–381
Eifionydd (John Thomas) 317–318
Eilian, John 255, 316
Elfyn, Menna 320
Emlyn, Myfyr 372, 387
Emrys, Dewi 254, 301, 303, 307–308, 313, 319, 341, 343, 375, 426
Ethé, Hermann 159

Evans, Caradoc 190
Evans, Daniel 37, 40
Evans, D. Arthen 97
Evans, David 97
Evans, D. Emlyn 96
Evans, E. D. 113
Evans, Eddie 153
Evans, E. Gwyndaf 300
Evans, Einion 255
Evans, Evan John 268
Evans, Gwilym 148
Evans, Gwynfor 341, 352
Evans, Harry 67
Evans, Herber 215, 372, 386
Evans, H. Meurig 320
Evans, Humphrey 280
Evans, Hywel 378
Evans, I. C. 78
Evans, John 45, 47, 65
Evans, Meredydd (Merêd) 346–347
Evans, Myddfai 72–73
Evans, R. Alun 216
Evans, Robert 216, 282
Evans, Seimon 370–371
Evans, T. Gwernogle 78
Evans, Thomas Meredith 75
Evans, T. Ivor 180, 364
Evans, William 41–42, 55, 86
Evans, William (Wil Cross Inn) 54
Evans, W. J. 175, 179
Evans, W. R. 19
Everett, Ernest 167
Fagge, Arthur 97
Fenner, Gaenor 5, 213
Fisher, Victor 189
Francis, Dai 224, 377
Francis, Hywel 3, 223–224, 377

Gandhi, Mahatma 132
Garbett, William Henry 290
Gaskell, Frank 188
Gee, Thomas 28, 39, 42, 47, 191, 279

Geninen 79, 91, 95–96, 98, 121, 133, 137–142, 149, 177, 179–180, 271, 317, 422–423

George, Eirwyn 16, 29, 420

George, Glen 10, 12, 17, 23, 31–32, 36, 38–39, 46, 48, 57, 61–62, 71, 74, 78, 80–81, 87–88, 118–119, 153–154, 166, 168–169, 176, 204–205, 217–218, 222, 225, 259–260, 286–287, 322–323, 353, 364, 423

George, Lloyd 140, 167, 169, 281, 365

Gibbs, Philip 192–193, 424

Glasier, Bruce 1, 143, 311

Glasynys (Owen Wynne Jones) 209

Gregory, R. T. 79

Grey, Edward 173, 405

Griffiths, G. A. 161

Griffiths, Hywel 6, 389

Griffiths, J. Gwyn 350, 367

Griffiths, John 171

Griffiths, W. B. 363

Griffith, T. D. 331

Gruffydd, W. J. (Elerydd) 21, 36, 316

Gruffydd, W. T. 67, 421

Guest, F. E. 197

Gwauncaegurwen 149, 171

Gwili (John Jenkins) 59–62, 65, 103, 136, 186

Gymro, Siôn 372

Hall, George Henry 205

Hardie, David 125

Hardie, Keir 1, 13–14, 16, 56, 62, 93, 114, 125, 127–128, 132, 137, 144, 159, 172–175, 177, 188, 201, 203, 205, 311, 399–400, 403–404, 412–414, 416–417, 422

Harries, Thomas 41

Harry, Dan 279

Hartshorn, Vernon 144

Heddiw 2, 25, 27–28, 103, 105, 115, 146, 150, 157, 168, 174–175, 218, 223, 225, 228, 231–232, 245–247, 251, 254, 259–260, 266, 284, 288, 299, 302–303, 307, 309–310, 325, 340, 343, 349, 364, 370, 374, 381, 395, 411, 426

Herald of Wales 102, 129, 421

Herbert, Sydney 269, 276–278

Hermon 20-21, 23, 33–37, 41, 65, 88, 151, 156, 342

Hill, Cyrnol Syr Edward Stock 178

Hinds, John 97

Hitler, Adolf 242, 244, 246–247, 250, 256–263, 270–271, 286, 289, 292, 306, 328, 338, 340, 343, 345, 352–353, 419

Hopkin, Deian 3, 377–378

Howell, David W. 11, 48, 76, 362, 428

Howells, Byron 354–355

Howys, Sian 364–365, 428

Hughes, Huw Derfel 390

Hughes, Iorwerth 326–327

Hughes, John 245, 247

Hughes, John Howard 289

Hughes, J. R. 175

Hughes, J. R. Lloyd 255

Hughes, Math R. 245–246, 248–249, 252, 254

Hughes, M. N. 330, 333

Hughes, Percy 325-326

Hugh, R. Leonard 237

Huws, Llyfni 329

Ifan, Wil 87, 294, 341

ILP 6, 39, 80, 84, 86, 140, 166, 170–172, 188–190, 193, 200–202, 205, 309, 313, 359

Inglis-Jones, Winifred 191–192, 196, 199

Ioan, Gareth 288

Ionawr, Dafydd 133

Jacob, H. T. 50–51, 56

James, John 128–129
James, Joseph 122
Jarman, A. O. H. 313
Jenkins, Dafydd 225
Jenkins, D, (Darrenfab) 86
Jenkins, Evans 68–69
Jenkins, Gwyneth Elizabeth 289
Jenkins, J. H. 200
Jenkins, T. P. 72
Jenkins, William 292
John, Dewi 4, 212–213
John, Islwyn 212
John, Mary 212, 215
John, Trevor 213
John, Will 292
Jones, Andreas 276–277
Jones, Aneurin 12, 18, 52, 378
Jones, ap Fychan 280
Jones, Ben 166, 169
Jones, Ben (Enfield) 194
Jones, Dafydd 11, 317, 319
Jones, Dai 'Tarw' 54
Jones, Dan (Goginan) 11, 220,
    251–252, 264, 269, 285, 331, 334,
    354, 357
Jones, David 117, 154, 192
Jones, D. Gwenallt 296, 421, 426
Jones, Dic 319
Jones, D. Llew 326
Jones, D. O. 280
Jones, D. Stanley 79
Jones, E. Aman 148
Jones, Edward O. 226
Jones, Elizabeth Mary (Moelona) 90
Jones, E. Pan 119
Jones, Francis 191
Jones, Geraint Halket 288
Jones, Gerallt 4, 363
Jones, Gwilym R. 150, 305, 329
Jones, Herman 348
Jones, J. Edryd 136, 171
Jones, J. Henry 365, 406, 409

Jones, J. Morgan 115, 280, 342
Jones, John (Talysarn) 236
Jones, J. Towyn 155
Jones, J. Tywi 78, 90, 136, 147,
    237–238
Jones, J. W. 5, 346
Jones, Morgan 115, 166, 280, 342
Jones, Moses Owen 50
Jones, P. 331
Jones, Philip 64, 66
Jones, R. M. (Bobi) 5, 308
Jones, Rolant 305
Jones, Rowland 172
Jones, R. Tudur 119, 215, 422
Jones, Tegwyn 11, 354
Jones, T. Llew 154
Jones, Vernon 3, 209, 316
Jones, W. Glenville 327
Jones, William Owen 66
Jones, W. J. (Gwilym Bedw) 77, 92

Koestler, Arthur 327
Kollontai, Alexandra 360–361
Krushchev, Nikita 353

Langdon-Davies, J. E. 199
Lansbury, George 128
Laski, Harold 368
Lenin, Vladimir 1, 62, 169, 199, 230–
    231, 233, 235, 237, 259, 308, 311,
    332, 344, 383
Levi, Thomas 229
Lewis, Bryn 213
Lewis, D. J. 363
Lewis, Eifion 21
Lewis, Elfed 363
Lewis, Glyn 253
Lewis, Roy A. 332
Lewis, Saunders 225, 231–232, 319,
    324, 334–335, 342, 349–350
Lewis, William 73, 83
Liebknecht, Karl 194

Lindsay, H. Edzell Morgan 178
Lindsay, Henry Gove 178
Lindsay, Lionel (Capten / Prif
   Gwnstabl) 178–179, 191, 202

Llais Llafur 39, 82, 85, 90, 94, 99,
   101, 127, 130, 135, 138, 143, 164,
   421–423
Llandeilo 11, 13, 29, 59, 64, 66–67, 69,
   71, 76, 127, 156–157, 421
Llandybïe 95, 239, 330
Llanelli 30, 34, 61, 72, 84, 107, 114,
   129, 285, 293, 317, 377, 418, 430
Llangybi 13–14, 24, 29, 31, 81, 89,
   143, 148–149, 159, 170, 189, 191,
   195–196, 220–221, 317, 335, 392,
   399, 422
Llechryd 13, 105, 107, 111, 113-123,
   164, 421
Lloyd, D. A. 328
Lloyd, D. Tecwyn 2, 288, 298, 334,
   347, 357, 376, 388
Lloyd-Jones, J. 297
Lloyd-Williams, J. J. 272–279, 286–288
Llundain 21, 24, 42, 44, 56, 75, 84, 91,
   96-98, 110–111, 122, 126, 132, 141,
   144, 149, 161, 163, 165, 169, 173,
   186-187, 189, 199, 214, 232–233,
   268, 284, 287, 289–290, 303, 313,
   325, 327, 337, 353–354, 372, 376–
   377, 392, 397, 424
Llwyd, Alan 320
Llwyfo, Llew (Lewis William Lewis)
   133
Lodge, Syr Oliver 109
Longfellow, Henry 104

Mabon (William Abraham) 187
MacDonald, Ramsay 1, 202–203, 219,
   226–228, 246, 250, 311
Macdonald, Tom 216
MacNeice, Louis 224

Mainwaring, Morgan R. 216
Mainwaring, W. H. 171
Markham, Edwin 74, 130, 296, 320,
   346
Marteg, Dewi 367
Marx, Karl 1, 62, 91, 128, 177, 211,
   275, 310-311, 360, 380, 386, 391
Mathews, Henry 178
Merthyr Pioneer 13–14, 39, 84, 88, 105,
   113, 121, 123, 125, 127–130, 138,
   149, 163–165, 171, 173, 175, 177,
   179, 205, 309, 365, 393, 399, 403,
   406, 421–424, 428
Merthyr Tudful 42, 59–60, 88, 114, 126
Milo, Gwalch 61
Mitford, Diana 272
Morgan, Bryn 213
Morgan, D. Elystan 192, 210, 369
Morgan, Dewi 211, 316
Morgan, Dyfnallt 350
Morgan, Herbert 129
Morgan, J. E. 160
Morgan, John 289
Morgan, J. Vyrnwy Morgan 186
Morgan, Sarah Ann 213
Morgan, T. J. 2, 73, 93–94, 388
Morganwg, Iolo 311, 313–315
Morgan, William Pritchard 177
Morris, John 272
Morris-Jones, John 167, 314
Morrison, Herbert 291
Morris, R. Owen 85
Morris, Sammy 222
Mosley, Oswald 271

Nefyn, Tom 335–336
Nicholas, Alice / Alys 15, 24, 68–71,
   74, 78, 80, 87–88, 90, 143, 208–209,
   330, 342, 361
Nicholas, Bet 29, 31, 37, 47
Nicholas, Dafi 29, 219–220
Nicholas, Islwyn 2–3, 15, 24, 69–71,

74, 87, 145, 209–212, 214, 216–217, 269, 271, 273, 275–276, 279–280, 282, 285–287, 290–292, 304, 312–315, 368, 378, 391, 397
Nicholas, James (Jams Niclas) 16, 321, 378, 385, 420
Nicholas, James (Parch) 65, 130
Nicholas, William 150–151, 153
Nicholas, W. Rhys 29, 58, 153
Nicholson, W. J. 79, 149
Noble, William ac Emma 335

O'Connell, Daniel 107
Owen, Ben 280
Owen, Daniel 220
Owen, Goronwy 134
Owen, Griffith 157, 162
Owen, John 63, 86, 346
Owen, John 'Dyfnallt' 304, 309, 318
Owen, John W. 72
Owen, Robert 19, 83, 129, 245, 275, 339, 360, 376, 380
Owen, W. P. 192, 195

Paliard, Leon 97
Pankhurst, Sylvia 169, 177
Parnell, Charles 39
Parry, Joseph 50
Parry-Roberts, R 332
Parry, Thomas 319
Parry-Williams, T. H. 6, 121, 301, 309
Peake, Osbert 292
Peate, Iorwerth 300–301, 313, 316, 363, 367, 420
Pembroke County Guardian 101, 421
Penderyn, Dic 313–314
Pentregalar 20, 33, 35, 48, 142, 156, 420
Phillips, Evan 306
Phillips, Henry 84
Phillips, Pennant 372

Phillips, W. F. 132, 135–136, 138–139, 221, 271, 359
Phillips, Wyn Owain 382
Plaid Cymru 169, 324, 352, 378
Poe, Edgar Allan 320
Pontardawe 92–93, 95, 171, 208, 238, 318, 392
Pope, Robert 6, 136–139, 359, 422
Powell, Annie 368
Price, Gareth 196
Price, Gwilym 5, 346
Price, J. 249
Price, Tom 97
Price, William 312, 314
Prichard, Caradog 297, 315–316
Protheroe, Daniel 78, 149
Pryse, Syr Edward 155
Pugh, Eluned 215, 368

Raine, Allen 95
Rees, David (Y Cynhyrfwr) 107
Rees, D. Ben 378, 380
Rees, Ebenezer 116, 122, 422, 430
Rees, Eirian 1, 79
Rees, Eirlys Mary 369
Rees, Ivor T. 56
Rees Jones, Edgar 177, 189, 203
Rees, Mary Lizzie 369
Rees, Nellie 110–111, 117
Rees, Rees 154
Rees, Thomas 25, 28, 47, 115, 156, 159, 342
Rees, W. Hopkin 107
Rees, William 105, 107–110, 113–114, 116, 119–120, 122–123, 164, 422
Rees, W. J. 122
Reynolds News 315
Richard, Henry 126, 177, 245, 254, 405
Richards, D. Gower 149
Richards, Jim 5, 346

Richardson, T. 128
Richards, Simona 2, 145–146
Richards, William Alfa 93
Roberts, Ellis 330
Roberts, Evan 134, 151–152, 332, 348, 352, 383, 387, 427–428
Roberts, George Fossett 278
Roberts, Goronwy 337–338
Roberts, Griffith John 315
Roberts, Humphrey 271
Roberts, J. C. 116, 246, 249–250
Roberts, J. O. 5, 346
Roberts, Kate 296, 426
Roberts, R. Silyn 128, 136
Roberts, S. R. 268
Roderick, W. D. 61, 136
Rowland, Daniel 95
Rowlands, John 320
Rowlands, Thomas 51
Russell, Bertrand 165–166
Russell, Geoffrey 272
Rwsia 3, 13, 74, 121, 168–169, 199, 210, 215–216, 219–220, 223, 226–228, 230, 232, 234–235, 238, 240–243, 246–251, 255–267, 270, 272, 282, 310–311, 323, 326–337, 339, 343–345, 348, 350–357, 359–362, 365, 375–378, 382–383, 388, 428

Rhondda 19, 46–52, 54–57, 65, 71, 86, 91, 171, 189, 226, 236, 292, 305–306, 313, 335, 368, 382, 426
Rhondda Leader 86, 305-306, 426
Rhun, Awena 32, 75, 123, 290, 307, 341, 343–344, 348, 382, 420-422, 426, 428
Rhydaman 24, 53, 55, 59–63, 67–70, 78, 84, 128–129, 149, 170–171, 222, 239, 330
Rhys, E. Prosser 280, 329
Rhys, Syr John 96

Samuel, Herbert 203
'Sarah' 13, 105, 107, 109–111, 120–121, 421
Seren 3, 92, 156, 185, 205, 255, 348–349, 357, 377, 388, 392, 423, 427
Seren Cymru 156, 185, 423
Simkins, Shan 4, 211
Simonov, Konstantin 362
Simpson, Brian 287
South Wales Daily News 43, 151
Soviet News 336
Soviet Weekly 215
Spender, Stephen 224–225
Stalin, Joseph 1, 6, 218, 238, 241, 246, 256–262, 264, 272, 311, 327, 332, 344–345, 351, 353–354, 359, 363, 378
Stanton, C. B. 144, 187, 189, 201–206
Stephen, Edward (Tanymarian) 50–51
Stewart, Bob 219
Strachey, John 368
Stuart-Bunning, G. H. 272
Swedenborg, Emanuel 115–116, 118

Tafolog (Richard Davies) 222
Tarian y Gweithiwr 98, 102, 147, 421–422
Taylor, A. J. P. 259
Tegid, Llew (Lewis Davies Jones) 221
Tegryn 30, 150, 193
Tennyson, Alfred 133
The Cambrian 11, 64, 66, 68, 421
The Welshman 156
Thomas, Alfred 178
Thomas, D. A. 177–178
Thomas, David 104, 129–130, 222, 309
Thomas, D. Myddfai 113
Thomas, Ebenezer (Eben Fardd) 45, 133
Thomas, Enoch 233
Thomas, George 65, 313
Thomas, G. Penrith 51

Thomas, Ianto (Ianto Llyged Toston) 54

Thomas, J. J. 334

Thomas, Jonathan E. 4, 375

Thomas, Margaret 330, 333

Thomas, M. Wynn 183–184, 423

Thomas, Owen 202, 416

Thomas, R. D. 71

Thomas, Rowland 243

Thomas, Tom 238

Thomas, William (Islwyn) 45, 55, 72, 92, 99, 103, 133, 209

Thomas, Wm J. 165

Thomas, Wyre 196

Tilsley, Gwilym 317, 378

Tisley, Harry Charles 289

Tito, Josip Broz 351–352

Treherbert 13, 48, 53–58, 313, 420, 430

Treorci 304–305

Trotsky, Leon 218, 247, 252, 260, 282, 344, 378

Tsieina 6, 108, 216, 226, 353–354

Vaughan-Davies, Mathew Lewis 155

Vincent, Syr Hugh 287

Wake, Egerton P. 171, 200

Walters, D. Eurof 77

Walters, D. D. (Gwallter Ddu) 129, 158

Waring, Elijah 314

Washington, George 59

Whitman, Walt 133–134, 183–184, 296, 320

Wickham, W. J. 72

Williams, Charles 244, 251

Williams, Daniel John 87

Williams, David John 289

Williams, D. Ernest 87, 355

Williams, D. J. 18, 20, 39, 48, 378, 420

Williams, E. Llwyd 349

Williams, Evan 269

Williams, Evan Dewi 369

Williams, Gerwyn 6, 308, 321, 426–427

Williams, G. J. 313–314

Williams, Gwilym G. 326

Williams Hughes J. 229

Williams, Hywel Davey 3, 319, 368, 377

Williams, Jack 222

Williams, J. E. 290

Williams, J. L. 148

Williams, John 11, 97, 365

Williams, John (A.S.) 135–136, 143

Williams, John (Brynsiencyn) 167, 365

Williams, John Edwal 179

Williams, John Roberts 255

Williams, J. Roose 121, 280, 282, 374, 422

Williams, J. T. 326

Williams, Lewis 233

Williams, Nantlais 67

Williams-Parry R. 341

Williams, R. H. 156

Williams, Rhydwen 319

Williams, Sioned 306

Williams, T. Rhondda 171

Williams, W. A. 122

Williams, Waldo 18–20, 179–180, 319, 332, 379–380

Williams, William 43, 45–46, 68–69, 104

Williams, W. (Pantycelyn) 37, 382

Wilobvexz, Berere 131

Wilson, Alistair 374

Wilson, Stet a Ben 171

Winstone, James 175, 188–189, 202

Winter, Mary 374

Wisconsin 11, 24, 31, 70–71, 74–76, 83, 156

Wolf, Max Werner 289

Wordsworth, William 133

Wyn, Dewi o Eifion (David Owen) 99, 275

Wynne, R. O. F. 325, 327

Wyn, Watcyn 24, 55, 59–62, 65, 69, 74

Y Brython 101, 185, 423
Y Cardi 379-381, 423, 428
Y Cloriannydd 367
Y Cymro 57, 163, 215, 222, 225, 227–229, 233–234, 236, 243, 245, 247–248, 250, 252–253, 255, 257, 259, 261, 263–264, 267, 279, 282–284, 291–292, 296, 299, 301–302, 313, 315, 317, 319, 324, 329, 338–339, 342, 345, 380, 420, 424, 426–428
Y Darian 143, 147, 194, 296, 422

Y Deyrnas 115, 156, 171, 179, 221, 237, 298, 342, 347, 373, 394, 421, 423, 428
Y Drych 71, 73, 94, 180, 270, 364, 421, 423
Y Faner 14, 39, 47, 134, 141, 188, 191, 203, 279–280, 283, 291, 304, 313,
320, 327–329, 334–335, 341, 348, 361, 418, 426–427
Y Ffindir 259–260, 263, 265, 272, 334
Y Glais 1, 4, 7, 9, 11, 13–16, 18, 22, 27, 29, 31, 48, 56, 72, 76-77, 79, 85, 87–92, 95, 103, 108–109, 111, 113, 122, 127, 129, 135, 142–144, 146–149, 170, 172, 180, 183, 195–196, 207, 213, 221, 237, 255, 268, 288, 291, 296, 306, 320, 328, 361–362, 364–366, 370, 372, 374, 386, 388–390, 392–393, 421–422, 428–431
Y Genhinen 73, 94, 429
Y Rhedegydd 341, 344, 348–349, 427
Y Tyst 89, 98, 148, 285, 309, 405, 421–422, 426
Ystalyfera 61, 84, 96, 116, 127, 190, 392, 422, 430–431
Ystradgynlais 87, 90, 92, 143, 149, 365
Yr Ymofynydd 374, 428

Hefin Wyn

Dyma'r drydedd gyfrol mewn trioleg mae'r awdur wedi eu cyhoeddi am dri o wŷr amlwg Sir Benfro. Cyhoeddwyd *Ar drywydd Waldo ar gewn beic* yn 2012 ac *Ar drywydd Meic Stevens – y Swynwr o Solfach* yn 2015. Cyhoeddodd hefyd ddwy gyfrol swmpus am hanes canu roc a phop Cymraeg, *Be Bop a Lula'r Delyn Aur* (2002) a gyrhaeddodd Rhestr Fer Llyfr y Flwyddyn a *Ble Wyt Ti Rhwng?* (2006).

Cyhoeddodd dri llyfr taith hefyd, sef *Lle Mynno'r Gwynt* (1992) am ei brofiadau ym Molifia, De America, *Pwy Biau'r Ddeilen?* (1994) am ei brofiadau yng Nghhanada a *Pentigily* (2008) am ei brofiadau'n cerdded ar hyd llwybr arfordir Sir Benfro a osodwyd ar Restr Fer Llyfr y Flwyddyn.

Hefyd gan yr awdur:

ar drywydd

y Lolfa

Waldo
ar gewn beic

Hefin Wyn

£14.95

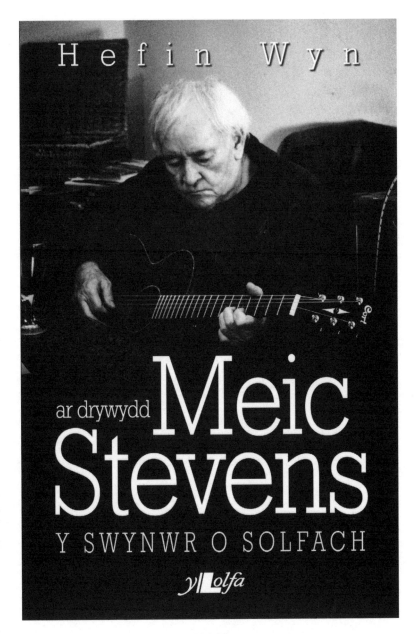

Hefin Wyn

ar drywydd Meic Stevens

Y SWYNWR O SOLFACH

y Lolfa

£14.99

Am restr gyflawn o lyfrau'r Lolfa, mynnwch
gopi am ddim o'n catalog
neu hwyliwch i mewn i'n gwefan

www.ylolfa.com

lle gallwch archebu llyfrau ar-lein.

*y**L**olfa*

TALYBONT CEREDIGION CYMRU SY24 5HE
ebost ylolfa@ylolfa.com
gwefan www.ylolfa.com
ffôn 01970 832 304
ffacs 832 782

Holwch am bris argraffu!
01970 832 304